가미가제 독고다이

가미가제 독고다이

김별아
장편소설

해냄

차 례 ★

올미꽃 7
진짜 아버지 41
홈, 스위트 홈 75
비밀 109
만남 145
그 여자 179
형 213
첫 키스 251
사육제 285
너의 마차를 별에 걸어라 321

작가의 말 360

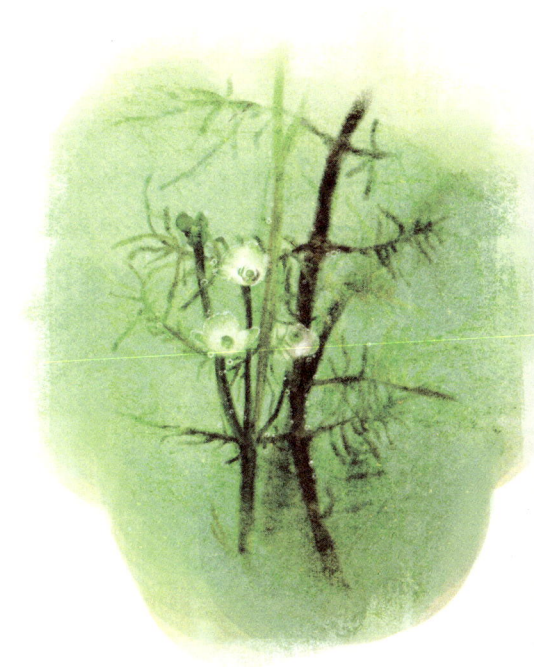

올미꽃

호락호락하지 않은 여자를 좋아하는 건 집안 내력이다.

지금 아버지의 서재에는 다섯 개의 구멍을 뚫어 삼합사로 제본한 누리끼리한 표지의 족보가 번드르르 짱짱하지만, 실로 우리는 유서 깊은 백정의 집안이다. 최초의 할아버지는 고려시대 거란의 침입을 막으려 외교전에 투입되었다 돌아오지 못한 충신 하공진이 아니라, 임진왜란 난리굿에 천애고아가 되어 팔도를 유람하다가 우연스레 백정의 집안에 양자로 들어간 이름도 알 수 없는 어떤 분이라 한다. 때는 바야흐로 나고 자란 땅에서 받은 가혹한 멸시에 원한 맺힌 백정들이 도공들을 끌고 가는 왜군의 배를 타기 위해 풍덩실 바닷자락에 뛰어들던 시절이었다. 그래도 비렁뱅이 고아보다는 백정의 아들이 나았던지, 혹은 그 역시 운명의 쏠라닥질이었던지, 이후로 그의 혈족은 내내 백정의 신분으로 살게 되었다.
 그 최초의 할아버지의 아들의 아들의 아들의…… 아들이, 내 할아버지 쇠날이였다. 자식은 생물 장사라 생선처럼 죽기도 하고 과일처럼 썩기도 해서 낳아놓고 반타작이 예사롭던 시대에, 그래도 증조할아버지는 맏아들인 할아버지에게 걸었던 기대가 꽤나 컸던 모양이다. 번쩍번쩍 빛나는 쇠 날이요, 서릿발이 뻗친 듯 날카로운 쇠 날이요! 그런데 이 멋진 작명의 문제점은 증조할아버지가 대장군도 용맹한 장수도 아니었다는 사실이다. 삿갓을 쓰지 못하고 동정이 달리지 않은 옷을 입은 백정으로 평생을 산 증조할아버지가 할아버지에게 쇠날이란 이름을 지어주며 떠올린 것은 청룡도가 아닌 회칼이었다. 적어도 증조할아버지에게는 적군의 목을 단숨에 날리는 것보다 쇠심줄을 단번에 끊는 일이 더 중요했다.
 어쨌거나 쇠날이 할아버지는 집안의 기대를 한 몸에 받으며 무럭무럭 자라났다. 낫 놓고 기역 자 모르는 백정 마을 사람들이 유일하게 아는 성인(聖人)은 공자도 맹자도 아닌 전국시대의 유명한 주방장 포정(捕丁)이었는데, 증조할아버지는 쇠날이 할아버지가 꼭 포정 같은 사람이 되어주길 바랐다.
 "그 칼이 움직이는 대로 뼈와 살이 갈라지면서 서걱서걱 나는 소리가 태평성대에 유행한 춤곡을 방불케 하였다지! 살점과 심줄을 건드리지 않고 큰 뼈를 다치게도 하지 않으니, 수천 마리의 소를 잡았지만 단 한 번도 칼을 바꾸지 않았다는 거야. 소를 눈으로 보지 않고 마음으로 보니 그 뼈마디와 뼈마디의 틈새가 환히 비쳤던 게지. 아아, 얼마나 놀라운 기술인가! 포정 어른이야말로 우리들의 성인이시지!"

하지만 임금 앞에서도 눈썹 하나 까딱 않고 소뼈에서 우둔살과 둥덩이와 안심과 등심을 차근차근 발라내던 포정과는 눈곱만큼의 닮은 데도 없이, 쇠날이 할아버지는 백정으로서의 재능을 전혀 보이지 않았다.

일단 할아버지는 피를 무서워했다. 어렸을 때부터 자기 몸이든 남의 몸이든 피가 흐르는 모습을 보면 기함을 하며 울어댔고, 또래들이 푸른 꼴밭을 종횡무진할 때에도 손을 벨까 겁이 나 낫을 잡을 때마다 벌벌 떨었다. 그러니 언감생심 목덜미의 동맥을 찔러서 자른 후 창자를 빼내고 가죽을 벗겨 각을 뜨는 일은 먼발치 구경조차 할 수가 없었다. 얼굴에 피칠갑을 하고 양손에 피를 묻힌 채 사발째 뜨끈한 소의 생피를 들이켜는 것으로 고단한 일과를 마감하곤 하던 증조할아버지로서는 마른하늘의 날벼락이나 다름없는 일이었다.

"어허, 사내놈이, 어허어, 백정의 자식 놈이⋯⋯!"

증조할아버지는 탁주에 소가죽을 안주 삼아 씹으며 끝맺음할 수 없는 말을 거듭거듭 되풀이했다. 백정 집안의 규칙대로 강똥을 싸는 듯 낑낑대는 산모 주위를 엎드려 돌며 '음매엄매' 소 울음소리를 내질렀던 것까지 새삼 낯 뜨겁고 억울하였다. 마을에선 제법 알아주는 칼잡이로 어깨를 으쓱거리며 살았는데, 어쩌자고 첫아들 놈이란 것이 아비를 빼쏘지 못했는지⋯⋯. 그럼에도 차마 증조할아버지는 증조할머니의 덩실한 엉덩짝을 향해 의심의 눈초리를 던지는 일까지는 하지 못했다. 부지깽이에라도 화풀이하고픈 마음이야 간절했지만, 증조할머니 역시 서방질을 했다는 덤터기를 참아낼 만큼 호락호락한 여자가 아닌 건 분명했던 모양이다.

쇠날이 할아버지는 그때부터 집안의 기대 대신 걱정을 한 몸에 받으며 비실비실 자라났다. 피만 보면 거품을 물고 쓰러지는 기벽도 고스란하려니와, 증조할머니가 아무리 사골 곤 국을 물처럼 대어 먹여도 배리배리 마른 몸에는 살이 붙지 않았다. 날 때부터 워낙에 왕방울 같았던 눈만 꾀꾀한 얼굴에서 떼굴거렸다.

그러니 생강짜에 주먹다짐이 예사인 백정 마을의 힘궂은 아이들 속에서 할아버지는 언제나 '밥'이거나 '봉'이었다. 예나 제나 어디라 없이 인간이란 종자들이 모인 곳에선 사내놈들은 서열부터 정하고 계집애들은 패거리부터 나누기 마련이다. 하지만 쇠날이 할아버지는 자리싸움을 벌이느라 수고로이 애쓸 필요조차 없었다. 아이들은 동물적인 본능으로 한눈에 쇠날이 할아버지의 허약함을 알아보았기에, 힘겨룸의 과정을 거칠 것도 없이 할아버지는 줄의 맨 끄트머리에 얌전히 자리 잡게 되었다.

"야, 녹슨 쇠날이! 너희 아버지 오늘 소 잡았지? 가서 우공태자 제사상에 올렸던 지짐이 좀 가져와봐!"

"이봐, 이 빠진 쇠날이! 오늘 밤 개울가에서 계집애들이 먹 감는 걸 구경 갈 건데, 따라와서 망이나 좀 봐. 너야 있으나 없으나 없는 거나 다름없는 놈이니까 굳이 풀숲에 숨어 숨죽일 필요도 없잖아?"

할아버지는 녹슨 쇠날이, 이 빠진 쇠날이라는 치욕스러운 별명으로 불렸다. 하지만 할아버지는 반항은커녕 거절할 염도 내지 못한 채 좀도둑질과 작패질의 들러리로 알뜰히 쓰였다. 어쨌거나 저쨌거나 사내로 생겨났으니 때로는 속에서 울컥 치밀어 오르는 무엇이 없지는 않았겠지만 차마 발끈하며 대들 수조차 없었다. 언제 다시 아이들이 밀도살한 집에서 훔쳐온 생간을 입안에 욱여넣을지 알 수 없었기 때문이다. 피가 뚝뚝 떨어지는 물컹한 생간이 혀에 닿는 순간 쇠날이 할아버지는 그 자리에서 기절해 사흘 동안 헛소리를 하며 앓았고, 그때부터는 어떤 억지와 강다짐에도 불평의 말 한마디 없이 고분고분히 따르게 되었다.

할아버지가 우울하고 지질한 어린 시절을 보내는 동안, 할머니는 그럭저럭 화려하고 제법 본때 있는 한때를 살고 있었다. 할머니는 할아버지와 같은 백정 마을에 살던 백정의 딸로, 특기할 만한 것이라면 그 동네에서 제일 반반한 처녀였다는 것이다.

"사내 못난 것은 대가리만 크고, 계집 못난 것은 젖통만 크더라!"

할머니를 직접 뵌 적도 없고 사진 한 장 남아 있지 않지만, 동네 사내들이 할머니에게 '히야까시〔희롱〕'할 때 가장 많이 외쳐댔던 말이 그것이었다는 걸로 미루어 보아 할머니는 서양 말로 부르는 '글래머'였던 모양이다.

할머니의 이름은 올미였다. '올미'는 논이나 연못가같이 축축한 곳에서 자생하는 다년생 풀의 이름이기도 하다. 여름에 달걀을 거꾸로 세운 모양의 흰 꽃을 피우는데, 암꽃과 수꽃이 따로 있다는 특징을 가지고 있다. 가슴이 큰 흰 꽃. 식물도감에서 찾아본 올미는 생각보다 훨씬 조촐하고 청초했다. 하지만 거기에 숨 막히도록 풍만한 가슴이 달려 있다고 상상하면 그림은 완전히 달라진다. 청순하면서 농염한, 가냘프면서 퇴폐적인, 그것은 동서고금을 막론하고 세상의 모든 사내들이 여자에 대해 꿈꾸는 절대적인 아름다움에 가깝다. 어지간한 괴벽을 가진 이상 성격자가 아니라면 예외는 없다고 보아도 좋을 것이다.

올미 할머니와 쇠날이 할아버지가 언제 처음 만났는지는 알 수 없다. 아마도 그들이 기억하지 못하는 천둥벌거숭이 시절의 어느 한때, 함께 땅강아지를 잡고 흙을 파 먹으며 어울린 것이 첫 만남이었을 게다. 할머니와 할아버지의 집은 엉성한 바자울로 경계 지은 이웃이었고, 증조할아버지와 외증조할아버지는 마을에서 소 잡는 실력으로 으뜸가고 버금가길 다투는 경쟁자이자 불알친구였으니 말이다. 아랫도리를 벗겨놓기 전까지는 사내아이와 계집아이의 구분이 불가능했던 때에 할머니와 할아버지는 쌍둥이 남매처럼 사이좋은 동갑내기였다. 하지만 아무도 가르쳐준 적 없는 암수의 본능으로 같잖은 내외를 하기 시작한 후로 할머니는 할아버지를 아예 개똥이나 소똥만큼도 여기지 않았다.

"저렇게 빙충이 같은 자식이 어디 또 있어? 안에선 애물단지요

밖에선 동네북이니, 이름이 아깝다. 이름이 아까워!"

　잘난 인물만큼이나 가칠한 성격에다 어려서부터 뭇사람의 시선을 받기에 익숙해져 콧대가 금강산 비로봉만큼이나 높았던 올미 할머니는 쇠날이 할아버지를 볼 때마다 경멸스러운 시선을 던지며 혀를 찼다. 할머니는 할아버지와 소꿉동무로 어울려 놀았다는 사실조차 부끄러워 행여 누가 알아챌세라 동동거렸다. 검불이의 멋들어진 휘파람, 벌개의 선물 공세, 바우의 힘자랑 앞치레에도 콧방귀 한 번 뀌지 않는 올미가 쇠날이와 알궁둥이를 맞대고 자라났다는 것 자체가 지울 수 없는 더러운 얼룩같이 느껴졌다.

　그런 할머니에 대한 할아버지의 감정이 어떤 것이었는지는 알 수 없다. 마을의 사내들이 거개 그러하듯 남몰래 군침을 삼키고 있었는지, 꿈에라도 감히 닿을 수 없는 상대라 지레 시르죽어 애써 데면데면하였는지. 어쨌거나 젖통 큰 계집에 맞비기는 대가리 큰 사내였던 할아버지는 '히야까시'를 당하고 펄펄 뛰는 할머니를 바라보며 예의 그 빙충맞은 미소만 헤벌쭉이 흘렸더랬다.

　당신은 우연의 운명을 믿는가? 나는 믿는다. 우연히 일어날 수밖에 없는 일들의 어처구니없고 생뚱맞고 기막힌 필연을 믿는다. 각자 못나고 잘난 것으로 주위의 이목을 끌며 서로 별 상관 없이 살아오던 쇠날이 할아버지와 올미 할머니가 부부의 연을 맺게 된 것 역시 어느 봄날에 벌어진 우연한 사건 때문이었다.

　그날 할머니는 일찌감치 설거지며 비질 따위의 집안일을 마치고 산들에 지천으로 돋아난 봄나물을 캐기 위해 집을 나섰다. 하필이면 그때 평소에 함께 몰려다니던 또래의 계집애들이 하나도 눈에 띄지 않았던 것 역시 필연을 만들기 위한 우연이었을 테다. 양민의 마을과 멀찌감치 떨어진 곳에 자리한 백정 마을의 뒷산은 골이 깊고 길이 외졌다. 그래도 짐승을 잡아 사는 사람들의 살기가 산기운에까지 치뻗었는지 여태껏 호랑이가 출몰했다는 말은 한 번도 들리지 않았다.

"비 한 번만 더 내리면 쑥이며 참나물이며 다 쇠어버릴 텐데……"

할머니는 빈 대바구니를 옆구리에 낀 채 잠시 망설였다. 한때거리가 족히 될 나물을 뜯고픈 욕심은 자글자글했지만, 대낮에도 어스레한 숲속에 혼자 들어가기는 아무래도 꺼림칙스러웠다. 하지만 호락호락하지 않은 여자들의 특징 중 하나는 아무러한 객관적 정황보다 자기 자신을 더 믿는다는 것이다. 때로는 그 믿음이 지나쳐 동티가 나고 사달이 빚어지는 한이 있더라도 말이다. 적어도 마을 뒷산에서 호환을 당할 리는 없다고 판단한 할머니는 이내 동행 없는 홑몸으로 산길을 헤쳐가기 시작했다.

여기서부터 분위기가 벌써 으스스해진다. 어렸을 때 나를 돌봐준 유모는 입심이 대단한 이야기쟁이였는데, 나를 먹꾼으로 앉혀놓고 떠벌리는 이야기의 대부분이 그녀가 아는 누구누구가 직접 겪었다는 괴담이었다. 귀신이나 도깨비가 불쑥불쑥 등장하는 건 아니었지만 귀를 기울이노라면 어느새 몸이 으쓱하고 털끝이 쭈

뻣해지는 이야기였다. 게다가 이런 괴담의 특징은 듣는 순간의 놀람이나 무서움보다도 듣고 난 후에 이어지는 공포의 후유증이 훨씬 크다는 것이다. 곱씹을수록 새록새록 떠오르는 끔찍한 생각을 떨쳐내려 뒤척이다 보면 나도 모르게 나 자신을 상황의 주인공으로 만들어버리는 통에, 나는 어려서부터 악몽과 가위눌림에 꽤나 익숙하게 되었다.

그 괴상하고 이상한 이야기들 중의 하나가 바로 올미 할머니처럼 홀로 산나물을 뜯으러 길을 나섰던 처녀에 대한 것이었다. 이야기 속에도 호랑이는 등장하지 않는다. 하지만 처녀는 해가 저물도록 집으로 돌아오지 않고 종무소식이다. 대바구니에 모지라진 찬칼 하나 달랑 들고 나간 딸이 돌아오지 않자 부모는 마을 사람들을 모두 동원해 산골짝마다 뒤지기 시작했다. 그럼에도 불구하고 처녀의 모습은 물론 오솔길을 지나간 흔적조차 발견할 수 없었다.

"하늘로 솟았나, 땅으로 꺼졌나! 대체 어디로 사라졌단 말이야?"

그 말을 할 때 유모는 눈을 크게 뜨고 흰자위를 번득이며 나를 똑바로 쏘아봤다. 나는 나도 모르게 손사래를 치며 "난 몰라요, 몰라!"라고 소리칠 뻔했다. 내가 모르는 것처럼 이야기 속의 동네 사람들도 처녀가 어디로, 어떻게, 왜 사라졌는지 깜깜부지였다. 그렇게 하루가 가고 이틀이 지나 마침내는 처녀의 가족들마저 처녀를 찾기를 포기하기에 이르렀다. 답답하고 궁금한 사람들은 제가 이해하고 상상할 수 있는 깜냥으로 이야기를 지어냈다. 남몰래 눈이 맞았던 장돌뱅이와 도망질을 쳤다, 맘먹고 새 각시를 물색하러 나온 음흉한 홀아비에게 보쌈을 당했다, 평범한 겉모습과는 달리 세상살이의 허망함을 뼛속 깊이 깨달은 처녀가 훌쩍 머리를 깎고 아무도 찾지 못하는 심산의 암자로 몸을 숨겼다…… 등등의 근거 없는 소문들이 어지러이 떠돌았다.

그런데 처녀는 꼬박 한 해가 지나 사람들의 기억 속에서 가물가물해질 무렵, 불쑥 그 모습을 다시 드러냈다. 엽총을 꼬나들고 으슥한 산골짜기를 헤쳐가던 사냥꾼이, 정확히 말하면 주인이 며칠째 먹이를 주지 않아 허기 때문에 감각이 최고조로 예민해져 있던 그의 사냥개가, 1년 전에 사라졌던 처녀를 발견했다. 오가는 사람이 드물어 흔적이 날 듯 말 듯한 오솔길에서도 한참을 떨어진 풀숲에서였다. 누더기 옷가지를 듬성듬성 걸친 해골로 발견된 처녀의 대바구니에는 말라비틀어진 고사리 한 무더기가 들어 있었다. 고사리를 꺾는 재미에 홀딱 빠져 풀숲으로 들어갔다가 길을 잃은 처녀가 끝내 날목을 찾지 못하고 생고사리만 씹다가 굶어 죽은 것이었다.

"고사리에 홀리면 뒤돌아볼 겨를이 없어. 손으로 하나를 꺾는 중에도 눈으론 다른 하나를 보고 있거든."

십 년도 더 지난 일이거늘 유모의 말은 여태 내 귓가에 쟁쟁하다. 흰 솜털이 송송히 돋은 연둣빛 고사리를 좇아 숲속으로 한 걸음 한 걸음 빨려드는 처녀의 달뜬 눈동자가 눈에 잡힐 듯 그려진다. 일본과 합방이 된 후로 호랑이는 조선 팔도에서 씨가 말라가고, 문명의 시대에 미신 타파를 외치는 목소리가 드높아 귀신이나 도깨비는 슬쩍궁 엉덩짝이나마 걸칠 자리조차 없어졌지만, 손에 하나를 움켜쥔 채로 눈으로 다른 하나를 좇는 인간의 탐욕만은 시대와 상관없이 여전하기 때문이다.

 이야기가 엉뚱하게 곁가지로 흘렀지만, 돌이킬 수 없는 결과를 낳은 올미 할머니의 먼산나물 역시 그런 탐심 혹은 부주의 혹은 자만심에서 비롯되었다. 탐심이나 부주의야 그렇다 치더라도 자만심까지 들먹이는 이유라면, 할머니는 호랑이는 경계했지만 사람은 경계할 줄 몰랐기 때문이다.

 올미 할머니는 되바라질 정도로 약고 당돌한 소녀였다. 어른들 앞에서도 머리를 꼿꼿이 들고 시시비비를 따졌고, 어설피 추파를 던지거나 희롱하는 사내들이 있으면 가차 없이 정강이뼈나 불알을 걷어찼다. 할머니의 일격은 잽싸고 손때는 매서웠다. 그런데도 아무도 할머니에게 천하고 버릇없다고 야단치지 않았다. 천한 것으로 따지자면 동네 사람 누구도 자유로울 수가 없으려니와, 버릇없기로 야단치려 해도 해사한 얼굴에 그 덜퍽스러운 가슴팍을 들이밀며 달려들면 젊은 사내는 물론이거니와 늙은 사내, 늙은 사내뿐만 아니라 심지어는 여자들까지도 어어어, 얼굴을 붉히며 물러서고야 마는 것이었다. 할머니는 자신이 가진 무기가 무엇인지 정확하게 알고 있었다.

 아무튼 우라지게 날씨가 좋은 봄날이었나 보다. 올미 할머니가 지난 봄비에 쑥 올라온 쑥들을 쑥쑥 뽑아 바구니를 채우느라 정신

올미꽃 19

없는 사이, 할머니의 등 뒤에서는 음흉하고 끈끈한 뭇시선이 오리걸음으로 한 발짝 한 발짝 움직일 때마다 들멍들멍하는 암팡진 엉덩이를 따라 좇고 있었다.

"저 실룩실룩하는 엉덩짝 좀 봐! 고년 참 볼수록 함함하네!"

"어디 사는 계집이야? 지금까지 어디 숨어서 우리 눈에 띄지 않았지?"

"저 아랫동네 사는 계집이겠지. 바구니 하나 달랑 들고 나온 모양새를 보면."

"아랫동네라면, 백정 마을? 아뿔싸, 천것 중에 천것인 백정들 가운데 저런 그럴싸한 계집이 있을 줄 내 미처 몰랐네!"

"계집이 잘나봤자 면류관을 쓰겠나, 사모관대를 하겠나? 계집이면 제각기 다른 맛이 있지. 양갓집 규수면 양갓집 규수 맛, 기생이면 기생 맛, 백정의 계집이면 백정의 맛!"

"백정의 맛이 어떤 건데? 쇠고기처럼 잘강잘강 씹히는 맛인가?"

소리 죽여 킬킬거리며 음탕한 눈빛으로 난잡한 말을 속닥대고 있는 그들은 사냥을 나온 이웃 마을의 한량들이었다. 주고받는 말 본새는 저자의 건달패나 진배없지만, 그래도 꼴에 양반가의 자제들이라고 사시사철 있는 핑계 없는 핑계 다 만들어 놀면서도 "일년 중 가장 좋은 풍경이 펼쳐지는 때가 봄의 며칠에 불과하니 이때만큼은 헛되이 보낼 수 없다"는 서치(書癡) 이덕무의 말을 들먹이며 봄나들이를 꾸민 터였다.

봄볕은 온몸에 스며들어 뼈와 창자 마디마디까지 노긋노긋이 저몄고, 할머니는 눈이 부시도록 예뻤고, 한량들은 각자 차고 온 호리병의 술을 일찌감치 비운 상태였다. 한량들은 거의 동시에 서로 눈을 마주쳤다. 무엇을 어찌 하자 머리를 맞대고 의논할 것도 없이 붉게 충혈된 채 이글거리는 그들의 눈동자가 한마음 한뜻으로 빛났다.

"너희들은 먼저 돌아가라."

개중에 우두머리 격인 진사댁 도령이 문뱃내 나는 입을 열어 조용히 말했다. 몰이꾼으로 따라 나왔다가 얼결에 뭔가 재밌는 구경을 하려나 기대에 가득 찬 표정으로 뒤편에 지켜 섰던 하인들이 실망감을 감추지 못한 채 비치적대는 발걸음을 옮겼다. 그리하여 목격자이자 구경꾼인 그들의 모습이 시야에서 사라지자마자, 산토끼와 노루와 꿩 대신 인간 사냥이 시작되었다.

"네 이년, 게서 꼼짝 말아라!"

풀숲에서 갑자기 뛰쳐나온 검은 그림자들에 놀라 올미 할머니는 엉덩방아를 찧었다. 흥분하여 앞발을 치켜든 말의 히힝대는 울음소리, 요란스레 딸랑거리는 말방울 소리, 맹수 떼처럼 왝왝거리며 달려드는 불한당의 함성 소리에 놀라 단번에 혼이 절반쯤 뽑혀 나갔다. 그래도 할머니는 잔짐승의 본능으로 까부라지는 몸을 일으켜 죽을힘을 다해 도망치기 시작했다.

"저년이 도망간다!"

"놓치지 마라! 퇴로를 막아! 저쪽이다! 그래, 그쪽이야!"

한량들은 본격적으로 몰이사냥에 심취했다. 지난해 무과 시험에서 떨어져 개망신을 당한 부장댁 도령이 이번엔 제대로 실력 발휘를 하여 말을 달렸다. 얼마 전 첫아들을 낳아 성대한 축하연을 베풀었던 초시댁 장남이 재치 있게 뒤편으로 돌아 마구발방 달리던 올미 할머니의 앞을 가로막았다. 가시나무, 옻나무 가릴 겨를도 없이 덤불을 헤치고 노근을 뛰어넘던 할머니는 더 이상 빠져나갈 곳을 잃고 제자리에 털썩 주저앉고 말았다.

"요 계집이 제법 사내를 홀릴 줄 아는구나. 그래, 앙탈도 없는 계집이 무슨 맛이겠냐? 하지만 더는 도망칠 생각을 하지 마라. 오늘 도련님들의 체련은 이쯤에서 족하다. 귀한 몸을 더 고단하게 했다가는 불벼락이 떨어질 줄 알아라!"

진사댁 도령이 핏발 돋은 눈으로 다가와 할머니의 짧고 좁은 옷고름을 향해 팔을 뻗쳤다. 그들이 원하는 것이 무엇인지는 너무나 자명했다. 차려입은 행색으로 보아 그들의 신분이 어떠한지도 알 만했다. 그들에게 백정의 딸이란 산토끼나 노루보다 나을 게 없는 존재였다. 주인에게 반항하거나 공경의 예를 보이지 않았다는 이유만으로 노비를 때려죽여도 죄가 되지 않는 판국에, 노비보다 몇 곱절은 천하디천한 백정 따위야! 겁탈을 당하는 것 정도는 문제가 아니었다. 여기서 소리 소문도 없이 죽임을 당해 묻혀버릴 수도 있었다. 그 사실은 뜨거운 숨을 내뿜으며 포위망을 좁혀오는 한량들뿐이 아니라 주저앉은 채 후들거리는 팔로 간신히 몸을 앙버틴 할머니도 불 보듯 훤히 알고 있었다.

하지만 올미 할머니는 역시 호락호락한 여자가 아니었다. 진사댁 도령이 옷고름을 잡아채려는 바로 그 순간, 할머니는 날카로운 송곳니를 도령의 팔뚝에 있는 힘껏 박아 넣었다.
"아악! 이년이, 이 쌍년이 내 팔을 물었다!"
진사댁 도령이 팔뚝을 싸쥐고 벌러덩 나자빠지는 동시에 할머니는 재빨리 몸을 일으켜 그를 타넘고 달리기 시작했다. 말고삐를 쥔 채 지켜보던 부장댁 도령이 부랴부랴 앞을 막아서자 어느 사이 손아귀에 가득 움켜쥐었던 흙을 그의 눈에 훌뿌렸다.
"아이고, 내 눈!"
급습을 당한 한량들이 나뒹구는 사이에 할머니는 경중경중 노루뜀으로 숲을 가로질렀다. 짚신이 벗겨져 맨발에서 피가 흘렀다. 너덜거리던 옷고름은 어느 사득다리엔가 걸려 뜯겨나갔다. 멀리 가지 못하리라는 건 알고 있었다. 아무리 빠르게 달려도 말을 몰고 쫓아오는 그들을 피할 수는 없을 터였다. 그래도 올미 할머니는 정해진 운명에 순순히 따를 수 없는 여자였다. 그 운명에 맞서 필사적으로 싸우는 것까지도 그녀의 운명이었다.
"요것이 천한 년치곤 제법 반반하다 싶어 곱게 다루려고 했더니 스스로 저승길을 재촉하는구나! 표독스럽기가 살쾡이 같으니 호랑이한테 갈기갈기 찢겨 죽어도 할 말이 없으렷다!"
진사댁 도령이 든 채찍이 할머니의 등판에 내리꽂혔다. 순식간에 흰 저고리에 붉은 빗금이 사납게 번졌다. 부장댁 도령의 발길질이 뱃구레를 정통으로 걷어찼다. 창자가 토막 나는 듯한 고통 속에서 할머니는 숨을 쉬지 못하고 꺽꺽거렸다. 이윽고 누구의 것인지 분별할 수도 없는 돌주먹 쇠주먹이 마구잡이로 날아들기 시작했다. 연달아 들이갈긴 주먹뺨에 입술이 터지고 쌍코피가 흘렀다. 세상이 온통 붉게 부풀어 올랐다. 그 와중에 치마가 뜯기고 속곳이 찢겨나갔다. 한량들의 우뚝한 오만이 욕망보다는 분노로 성급하게 밀려 들어왔다 빠져나갔다.

잔인한 우연이었다. 지독한 필연이었다. 올미 할머니는 온몸이 피투성이가 된 채 아득아득한 종달새 울음소리가 떠도는 봄 하늘을 바라보다가 까무룩 정신을 잃었다. 혼미하게 흔들리는 의식의 끄트머리에서 할머니는 문득 끼이익, 녹슨 쇠바퀴가 구르는 소리를 들었다. 그녀의 생을 관장하는 운명의 지침이 예상치 못했던 방향을 향해 급박히 움직이는 소리였다.

한량들은 올미 할머니가 죽은 줄로 알았다. 버둥거리며 저항하는 팔다리를 잡아 누르랴, 미리 허리끈을 풀고 기다리다가 순서가 오면 허겁지겁 품방아를 찧으랴, 저희도 저희가 벌인 짓거리에 압도되어 헤갈을 하다가, 피범벅이 되어 늘어진 알몸뚱이를 보고야 문득 정신을 차렸다.

"이년이 혹시…… 죽은 게 아닌가?"

초시댁 장남이 더듬거리며 입을 열었다.

"사람 목숨이 그리 쉽게 끊기나? 요망한 년이니 죽은 척이나 하는 거겠지."

부장댁 도령은 애써 떨리는 목소리를 진정하며 가죽신으로 할머니의 몸뚱이를 툭툭 찼다.

"어, 정말…… 죽은 모양이네? 손목에 맥이 짚이지 않아!"

"무슨 소리야? 가슴은…… 어라, 가슴도 뛰지 않는데?"

백짓장처럼 창백해진 공범들의 얼굴을 보고서야 멀찌감치 떨어져 앉아 헐떡거리는 숨을 고르던 진사댁 도령이 무릎걸음으로 다가왔다. 할머니의 코끝에 손가락을 대었다 떼어낸 그는 분노와 혐오가 뒤엉킨 얼굴로 빠드득 이를 갈며 내뱉었다.

"빌어먹을 년! 재수 없게스리…… 뭣들 해? 빨리 돌아갈 채비를 하지 않고! 이깟 짐승만도 못한 년 하나 죽었다고 넋을 놓고 앉아 있을 게 뭐야?"

할머니는 그 순간 정말로 죽어 있었다. 심장이, 혈맥이, 숨통이 잠시 잠깐 거짓말같이 작동을 멈추었다. 죽었다 살아났다는 희귀한 사연의 주인공들처럼 그 와중에 시퍼런 강물을 건넜다거나 빛을 따라 한없이 걸었다거나 하는 경험담은 전해지지 않지만, 할머니는 짧은 한때 분명히 이 세상에서 벗어나 있었다. 대중잡지의 믿거나 말거나 난에나 나올 법한 이야기인 건 사실이지만, 적을 만나면 휙 쓰러져서 혀를 밖으로 빼물고 숨쉬기를 멈추는 아메리카의 주머니쥐 같은 동물도 있는 걸 보면 지구상의 수억 명의 인간 중에 그런 신기한 재주를 피우는 이가 없으리란 법도 없다.

어쨌거나 올미 할머니는 죽는 바람에 살아났다. 흥분한 강간범들은 언제든 냉혹한 살인범으로 돌변할 준비가 되어 있었기 때문이다. 그들은 지방 토호인 집안의 위세에 기대어 거들먹거리는 시시풍덩한 날건달에 불과했지만, 실로 대부분의 범죄를 충동질하고 그 수위를 드높이는 건 특이한 악마적 심성이라기보다 감당할 수 없는 상황에 놓인 평범한 인간의 공포인 것이다. 내가 고사리에 홀려 길을 잃은 처녀 이야기에 가위눌리는 이유도 그와 같은 선상에 있다. 진정한 위협은 가까운 데 있다. 모두에게 익숙한 것, 익숙하여 방심하는 것이 더 무서운 법이다.

한량들이 허둥지둥 도망친 지 한참이 지난 후에야 비로소 할머니의 의식이 몸을 찾아 돌아왔다. 깊으나 불유쾌한 잠 같은 의식 불명 상태에서 깨어난 할머니가 맨 먼저 느낀 것은 지독한 한기였다. 처음 태어났던 때처럼 다시 태어난 할머니도 알몸뚱이에 피투성이였던 것이다. 하지만 할머니는 목이 터져라 울음을 터뜨리는 대신 이를 덜덜 맞부딪치며 뜯긴 치마와 찢겨나간 속곳을 주섬주섬 챙겼다. 치마와 속곳은 누더기가 되어 희멀끔한 허벅살을 가리기에도 역부족이었지만, 내동댕이쳐져 쥐엄나무 가지에 걸린 저고리는 고름이 뜯겨나간 걸 제외하곤 비교적 말짱했다. 너덜너덜한 천 조각이나마 걸치니 맨살일 때보다 훨씬 나았다.

되는대로 입성을 챙긴 다음 할머니가 한 일은 자신의 몸 상태를 살피는 것이었다. 부러진 곳은 없는가, 떨어져나간 살점은 없는가, 어디가 얼마나 상했는가? 외증조할아버지가 잡은 소의 부속물들을 챙겨 알뜰히 갈무리하는 데 익숙했던 할머니는 침착하게 환부를 파악했다. 채찍을 맞은 등판의 상처는 생각보다 깊었다.

할머니는 속곳을 벗어 가슴팍에서 등판까지 사선으로 동여맸다. 샅에서 끊임없이 흐르는 피 때문에 속곳을 걸치는 건 위안 외의 의미를 상실한 터였다. 남은 헝겊 오리로는 찢겨진 발바닥과 손바닥을 싸맸다. 문제는 발효된 술떡처럼 부풀어 오른 얼굴과 멈추지 않고 가랑이 사이로 흘러내리는 피였다. 할머니는 일단 얼굴은 포기하고 갈잎을 칡덩굴로 얽어 기저귀와 비슷한 모양을 만들어 허리춤에 둘렀다.

부러지지는 않았지만 어긋나 삔 것이 분명한 손가락으로 주섬주섬 이 모든 일을 하는 동안 해는 지고 꽃노을이 서쪽 하늘을 뒤덮었다. 우연은 잔인하고 필연은 지독했지만, 어찌 되었든 올미 할머니는 호락호락하지 않은 여자였다. 다시 태어나자마자 단번에 백 살은 더 먹어버린 듯한 할머니는 일손을 멈추고 골똘히 생각에 빠졌다. 이제 어떻게 할 것인가? 이대로 마을로 돌아갈 것인가? 무엇이 양반 자제들에게 돌림강간을 당하고 만신창이가 된 백정의 딸이 할 수 있는 최선의 행동인가?

좀처럼 믿기지 않는 이야기라는 것은 나도 알고 있다. 윤간을 당한 열여섯 살짜리 계집아이가 그처럼 이성적이고 냉정하다니! 물론 비정상적인 일을 당한 할머니의 정신이 완전히 정상이었다고 말할 수는 없다. 하지만 비정상적인 일을 당했다고 하여 정신까지 비정상이라고 볼 수도 없다. 할머니는 울고 싶었지만, 그와 동시에 울어봤자 아무것도 바뀌지 않는다고 생각했다. 이대로 목을 매달거나 우물에 몸을 던져 죽어버릴까도 궁리해 봤지만 양갓집 여자들이 목숨보다 더 중시한다는 정조라는 것이 죽음과 맞바꿀 만한 가치가 있는가는 아무래도 의심쩍었다.

  올미 할머니는 어느덧 하늘에 두둥실 떠오른 보름달을 바라보며 부풀어 오른 아랫입술을 잘끈 물었다. 삶을 포기하기엔 아직 이르다. 모든 것을 포기하리라는 다부진 각오를 할 수 있다면 처음부터 다시 시작할 생심도 내지 못할 바 없다. 첫 번째 삶은 자신의 의지가 아니었지만 두 번째 삶은 온전한 자신의 선택이다. 할머니는 쥐엄나무 뿌장귀에 의지하여 끄응, 천 근같이 무거운 몸을 일으켰다. 철퍼덕 주저앉았던 자리에 하혈한 피가 괴어 시커먼 용탕 하나가 동그마니 놓여 있었다. 그러나 할머니는 뒤도 돌아보지 않고 곧장 비척걸음을 내딛었다. 다시 시작된 삶의 첫발자국은 걸음걸음이 붉고, 뜨겁고, 비렸다.

  고사리 처녀의 괴담과 마찬가지로, 할머니가 사라진 지 사흘이 지나자 백정 마을의 떠들썩한 소동은 얼마쯤 소강 상태에 접어들었다. 식음을 전폐한 채 자리보전을 하고 누운 외증조할머니가 나날이 산송장의 모습으로 변해가는 것과 별개로, 한밤중까지 골짝골짝을 누비며 할머니의 이름을 목이 터져라 부르는 외증조할아버지를 뒤따르는 횃불 행렬은 점차로 줄어갔다. 어떠한 인정과 의리도 목구멍이 포도청이라는 절대 진리까지는 극복할 수 없었다.

  "올미 고것이 어디 보통 계집애였나? 같은 삼베옷에 맨발이래도 저 혼자만 조약돌처럼 해반드르르했지. 인물 좋으면 인물값 한다는 말이 그르지 않구먼."
 "봄 보지가 쇠 저를 녹이고 가을 좆이 쇠판을 뚫는다더니, 제대로 봄바람이 나서 도망친 게 틀림없어. 내 언젠가는 고것이 사고를 칠 줄 알았다니까!"
 조금은 미안하고 얼마간 객쩍었지만 남의 말만큼 재미난 것이 없다는 걸 아는 동네 사람들 사이에선 살금살금 헛소문이 떠돌기 시작했다.
 "그나저나 어느 놈팡이랑 눈이 맞은 거지? 올미 고것이 눈이 높기는 좀이나 높았나? 아무리 생각해 봐도 그럴 만한 건달꾼을 떠올릴 수 없는데 말이야."
 "바람이 울타리 세워놓는다고 막아지더냐? 장거리든 나루터든 장날이든 단옷날이든, 어느 때 어디서가 무슨 상관이랴? 제기랄, 아무튼 어느 놈인지 재수 옴팡지게 좋구나! 그 육덕 푸짐한 몸뚱이만 끌어안고 누워도 무릉도원이 따로 없을 테니!"
 졸지에 닭 쫓던 개 지붕 쳐다보는 꼴이 되어버린 사내들은 우물가나 빨래터에서 본 올미 할머니의 팽팽한 저고리와 꿀렁이는 누덕치마를 떠올리며 쓴입을 쩍쩍 다셨다. 어쨌거나 이쯤에서 올미 할머니의 난질은 기정사실화된 것 같았다. 하다못해 심화를 가라앉히지 못해 선잠에 빠졌다가도 벌떡벌떡 깨어 일어나는 외증조할머니와 외증조할아버지조차 정을 통해 함께 도망친 사내가 있다면 차라리 다행이다, 어쩌고저쩌고해도 백정보다 더 못한 신분은 없지 않은가, 반쯤은 자위로 반쯤은 체념으로 할머니가 난질했다는 사실을 받아들일 정도였다.

하지만 그때 올미 할머니는 사람들이 개코쥐코 떠들어대는 이야기들과 아무런 상관 없이 홀로 적막하고 고독한 시간을 견디고 있었다. 아니, 적막과 고독보다는 추위와 배고픔을 견디며 버텼다는 게 더 정확할는지 모른다. 어쨌거나 춥고 배고프니 더욱 적막하고 고독했다. 온종일 비몽사몽의 경지를 헤매던 할머니는 빈창자가 꼬일 지경에 이르러서야 캐어온 칡뿌리에서 흙을 대충 털어내고 질겅질겅 씹었다. 주먹뺨을 잘못 맞았는지 이를 너무 악물어서인지 턱관절이 어긋난 듯 뻐근하게 아팠지만, 달콤한 물이 배어날 때까지 끈질기게 곱씹었다. 칡뿌리를 다 씹고 나서는 천장에서 떨어져 바닥에 고인 물을 핥아 먹었다. 그렇게 겨우 허기와 갈증을 잠재운 할머니는 차갑고 단단한 돌바닥에 벌러덩 다시 드러누웠다. 한낮의 동굴은 어둡고 고요했다. 동굴의 터줏대감인 박쥐들은 거꾸로 매달린 채 날개를 망토처럼 두르고 잠들어 있었다. 길짐승도 날짐승도 아닌 그것들은 할머니를 덫에 채여 상처 입은 노루쯤으로 여기는 듯 무심하고 태연했다. 걱정이나 관심이나 일체의 감정을 없애기 위해서는 날거나 기기를 포기하고 거꾸로 어둠 속에 매달리는 수밖에 없는 걸까?

할머니가 처음 골짜기의 동굴에 몸을 숨길 때의 생각은 얼굴의 붓기가 빠지고 아랫도리의 출혈이 그칠 때까지 시간을 벌자는 것이었다. 이대로 끔찍한 모양새를 하고 집에 돌아갔다가는 외증조할머니가 거품을 물고 기절하는 모습과 외증조할아버지가 도끼를 움켜잡고 미쳐 날뛰는 모습을 보게 될 것이 분명했다. 하지만 시간이 흐를수록 부모를 놀라게 하면 안 되겠다는 알량한 효심보다 엉망진창 곤두박이친 제 앞날에 대한 염려가 더 커졌다. 또한 몸과 마음은 역행하기 마련인지, 몸이 시나브로 나아갈수록 돌아볼 경황이 없어 잊었던, 잊어버린 줄 알았던 마음의 상처가 도져 쑤시고 저렸다.

검불이가 멋들어진 휘파람을 불며 꾀어도 들썽거리는 마음을 단단히 옥죄었는데! 벌개가 장거리에서 사다 바친 비단 댕기며 삼작노리개도 눈 하나 깜짝 않고 물리쳤는데! 웃통을 걷어붙인 바우가 흐벅진 가슴팍을 울끈불끈하며 보리 가마니를 옮기고 떡메를 쳐도 미욱한 일소 보듯 깔낏하게 눈길을 돌렸는데! 손 한 번 잡아보고파, 입 한 번 맞춰보고파 쓸개를 다 빼놓고 절절매는 사내들을 돌멩이 보듯 외면하며 고이 지켜온 처녀성을 이토록 어이없이 잃다니, 그야말로 죽 쑤어 개 바라지한 꼴이 아닌가?!

올미 할머니는 정조를 잃은 것이 부끄러워서라기보다 억울해서 울었다. 그럴 바에야 별 볼일 없이 헤프기만 한 다른 계집애들처럼 즐길 것은 즐기고 받을 것은 받을 것을! 지금껏 밀고 당기며 물리친 모든 호의와 선물 공세가 이제는 물 건너간 일이라고 생각하자 걷잡을 수 없이 화가 나고 서러웠다. 물론 돌림강간을 당했다는 소문이 마을에 퍼져도 검불이와 벌개와 바우는 여전히 껄떡거리고 게걸거리며 달라붙을지 모른다. 하지만 그때는 휘파람도 선물도 힘자랑도 없을 테다. 한 번 꺾인 꽃은 무시로 발길에 챈다.

그때야말로 도드라진 아름다움은 치명적인 독이 된다. 할머니의 무기는 자신이 칼자루를 단단히 움켜잡고 있을 때에나 위력적이었다. 누구에게도 관심과 사랑을 받지 못하고 살게 된다면, 아니, 누구에게나 뒷말과 손가락질을 당하며 살게 된다면!

'안 돼! 그럴 순 없어!'

할머니는 헝클어진 머리를 세차게 흔들었다. 여태껏 도도하게 콧대를 세우고 세상 무서운 줄 모르고 살았던 만큼 변화된 상황을 인정하기에는 자존심이 허락지 않았다.

할머니는 머리를 싸안고 갖은 궁리를 짜내기 시작했다. 시간을 되돌려 처음 대바구니를 옆에 끼고 산길로 접어들던 그때로, 고개를 빳빳이 쳐들고 봄기운에 취해 는실난실 춤추듯 걷던 그 순간으로 돌아갈 방도를 찾고자 했다. 절대 만만하고 녹록하고 호락호락하게 당할 수만은 없었던 올미 할머니는 삐걱거리는 운명의 바퀴에 기름을 듬뿍 칠 방법을 찾기에 골몰했다. 어디로든 굴러라! 박쥐는 날짐승도 길짐승도 아니라지만 날기도 하고 기기도 하지 않는가? 저주처럼 일생을 거꾸로 매달려 산다 해도, 살기 위한 발버둥질은 죄가 아니리라…….

쇠날이 할아버지가 올미 할머니의 신호를 발견한 것은 보리밭에 거름을 내기 위해 쇠지랑물을 지게에 걸머지고 나선 길에서였다. 외지에서 흘러들어온 문둥이 가족이 일구고 살다 떠난 화전묵이에 봄보리를 파종하기 시작한 것이 올해 경칩 무렵이었다. 실상

인즉 천생 백정인 증조할아버지는 까다로운 도축 허가를 척척 받아내는 세돗집에서 청해온 일감만으로도 먹고살기에 충분했다. 그럼에도 불구하고 증조할아버지가 별 취미도 관심도 없는 농사일을 벌인 것은 오로지 백정으로서의 전망이 전혀 보이지 않는 쇠날이 할아버지 때문이었다.

"이이 모온 나안 노옴—!"

아무리 구슬리고 협박해도 소용이 없는 아들에게 화가 나다 못해 지친 증조할아버지는 쇠날이 할아버지를 부를 때마다 한마디 한마디를 신음처럼 내뱉었다.

"저엉 카알 으을 모옷 자압 게엣 다아 며언, 또옹 지이 게에 라아 도오 지여 라아!"

그때부터 쇠날이 할아버지는 매일 아침 외양간 뒤에 괸 검붉은 소 오줌을 퍼다 산중의 보리밭으로 나르는 일을 시작했다. 지린내가 진동하는 거름지게를 지고 다니는 쇠날이 할아버지는 백정 마을 사람들에게 또 한바탕 웃음거리 놀림거리가 되었고, 그 사정은 옆집에 사는 올미 할머니가 누구보다 잘 알고 있었다.

올미 할머니는 드리고 있던 댕기를 풀어 쇠날이 할아버지가 매일 보리밭으로 오가는 길모퉁이 나뭇가지에 묶어놓았다. 키 작은 싸리나무 위초리에 묶여 팔랑팔랑 나부끼는 그것이 꽃이나 나비가 아니라는 것쯤은 할아버지도 충분히 알았다. 쇠날이 할아버지는 어디까지나 피를 무서워하고 꺼려했을 뿐이지, 정신이 이상하거나 머리가 모자란 것은 아니었기 때문이다. 아니, 할아버지는 누구보다도 정확하게 할머니의 신호를 알아챘다. 댕기는 쇠날이 할아버지가 그토록 싫어하는 피를 닮은 붉은색, 그러나 올미 할머니의 삼단 같은 머리꼬리에서 더없이 어여쁘게 어울리던 그것이었다.

'올미다! 올미가 나를 부른다!'

할아버지는 떨리는 손으로 댕기를 풀어 움켜쥐고 진동한동 고개를 내휘두르며 할머니의 흔적을 찾기 시작했다. 할아버지의 예감이 어긋나지 않아 그로부터 머지않은 산비탈에서 검붉은 핏자국이 남아 있는 할머니의 속곳 한 조각이 발견되었다.

"올미야! 어디 있니? 나 쇠날이다! 쇠날이가 왔다!"

할아버지는 아주 오랜만에, 태어날 때의 첫울음 이후 거의 처음이나 다름없는 고고성을 내질렀다. 변성기를 지나 제법 굵어진 할아버지의 목소리가 인적 없는 산골짝에 메아리로 울려 퍼졌다. 할아버지는 알 수 없는 이유로 얼마간 기쁘고, 또 얼마간 슬펐다. 어쨌거나 마을 사람들이 모두 죽거나 도망친 것으로 생각하는 할머니를 빨리 찾아내야 한다는 생각에 마음이 망망하고 발걸음이 황황했다.

쇠날이 할아버지는 마침내 올미 할머니가 숨어 있던 동굴을 찾아냈다. 외증조할아버지와 마을 사람들이 사흘 밤낮을 꼬박 뒤지고도 찾지 못했던 산골짝의 작은 동굴이었지만, 할아버지에게 그곳은 낯선 장소가 아니었다. 필연의 요사일지언정 우연은 놀라웠다. 언젠가 할머니와 할아버지가 소꿉친구일 때, 그곳은 으름과 머루와 다래에 홀려 산속을 헤매던 천둥벌거숭이들의 비밀스러운 소굴이었다.

"여, 여기…… 있었구나!"

그 와중에도 무슨 보물단지처럼 지고 온 거름지게를 조심스레 굴 앞에 내려놓고 주춤주춤 동굴 안으로 들어온 할아버지의 몸에서는 고약한 쿠린내가 물씬 풍겼다. 하지만 할아버지는 제 몸에서 풍겨나는 냄새 때문에 할머니의 몸에서 풍기는 역한 피비린내를 맡지 못했다.

"배, 배고프지, 아, 않아?"

할머니는 말이 없었고, 할아버지는 몹시 당황한 상태였다. 할머니는 말을 하지 않았지만 할아버지는 이내 할머니가 굶주려 있다는 것을 눈치챘다. 할아버지는 허겁지겁 증조할머니가 꼭두새벽부터 일어나 정성껏 챙겨준 일밥과 샛요기까지 모조리 꺼내 펼쳤다. 동무들에게 녹슨 쇠날이며 이 빠진 쇠날이라고 놀림 받고 아비에게마저 지지리 못난 놈이라고 지청구를 들어도, 증조할머니에게 할아버지는 언제나 안쓰럽고 애틋한 무녀리였다. 증조할머니가 싸준 도시락은 장정 두셋은 너끈히 먹일 만큼 푸졌고, 심지어는 쇠고기 반찬까지 들어 있는 진수성찬이었다.

"머, 먹어."

올미 할머니는 난생처음으로 쇠날이 할아버지가 마음에 들었다. 우선은 할아버지의 도시락이 흡족했던 게 사실이지만, 어찌 된 일인지 꼬치꼬치 사연을 캐묻지 않고 먹을 것부터 챙겨내는 마

올미꽃 35

음 씀씀이가 제법 미더웠다. 할머니는 사흘 만에 포식을 했다. 수저질할 여유도 없이 맨손으로 음식을 입안에 쓸어 넣었다. 역시 죽지 않기로 결심한 건 잘한 일이었다. 굶주림이 가시고 뱃속이 든든하니 슬픔, 설움, 고통, 분노, 원한이 모두 부질없는 가슴앓이였던 양 하였다. 줄어드는 음식의 양만큼 낙낙해지는 할머니의 표정에 할아버지는 흐뭇하여 헤벌쭉 웃었다.

올미 할머니가 쇠날이 할아버지에게 달려든 것은 바로 그 순간이었다. 날랜 솔개 병아리 채듯 돌연하고 단호한 급습에 할아버지는 어어어, 얼떨결에 엉덩방아를 찧으며 나동그라졌다. 할머니의 몸부림은 갓김치를 배불리 먹자마자 도축장으로 끌려가게 된 소처럼 거칠고 세찼다. 할머니의 마음은 반절은 분노, 반절은 슬픔으로 가득 차 있었다. 할아버지는 순식간에 암소에 물려 꼼짝달싹 못하는 꼴이 되었다. 할아버지는 그저 놀랍고, 놀랍고, 또 놀라울 뿐이었다.

할아버지의 입안을 파고드는 할머니의 혀는 사나웠다. 그 뭉클하고 뭉근한 감촉은 짓궂은 아이들이 강제로 욱여넣던 생간과 비슷했지만 어쩐지 할아버지는 그것이 싫거나 역겹지 않았다. 할아버지가 얼떨결에 할머니의 입술을 빨았을 때, 사흘 동안 겨우 아물어가던 상처가 다시 터졌다. 순식간에 비릿한 피가 할아버지의 입안에 가득 고였다. 하지만 할아버지는 도리질을 치거나 구역질을 하는 대신 할머니의 상처에서 배어난 생피를 꿀꺽 삼켰다.

나는 이 대목에서 또다시 감탄한다. 인생은 신비로워라! 사흘 전까지만 해도 아무도 예상은커녕 상상하지도 못했던 일이 그 짧은 순간 필연적으로 우연히 벌어졌다. 할아버지는 할머니의 피를 삼킴으로써 마침내 피에 대한 무서움증을 극복했다. 오랫동안 집안 어른들을 걱정시킨 할아버지의 이상한 기벽이 비로소 완전히 고쳐진 것이었다. 언제나 고분고분 양순했던 할아버지의 다리밋자루가 갑자기 불끈 성을 내며 솟구친 것도 바로 그 순간이었다.

쇠날이 할아버지와 올미 할머니는 그로부터 다시 사흘 뒤 사이좋게 나란히 산을 내려와 마을로 돌아왔다. 그들이 어떻게 동네 사람들의 열벙거지와 같은 관심과 호기심을 잠재웠는지는 자세히 전해지지 않는다. 하지만 남들이 뭐라고 찧고 까불든 할머니와 할아버지는 꿈쩍도 하지 않았던 게 분명하다. 워낙에 호락호락하지 않기로 평판이 자자했던 할머니야 그러려니 하겠지만, 그동안 어리석고 미련한 뒤틈바리로 취급당하던 할아버지의 변신은 모두를 놀라게 하고 두렵게 했다. 사람들은 호락호락하지 않은 여자를 좋아하는 할아버지 앞에서 차츰 허튼 말을 삼가게 되었다.

쇠날이 할아버지는 가업을 이어 백정이 되었고, 올미 할머니와 결혼했다. 백정의 관례로 본디 소를 잡는 일은 가정이 있는 사람에게만 허락되었다. 할아버지의 첫 도축 의식은 증조할아버지의 특별한 준비하에 성대하고 엄숙하게 치러졌다.

"명심하시오. 세상 사람들은 이곳을 도살장이라고 부르지만, 우리에게 이곳은 도살장이 아니라 천궁(天宮)이오. 따라서 우리의 임무는 멱을 따고 각을 뜨는 데 있는 게 아니라, 이 세상에서 온갖 고통을 겪으며 열심히 일한 소가 하늘로 여행을 떠날 때 천상계까지 안내하는 일을 하는 것이오."

외증조할아버지가 이를테면 대부(代父)처럼 의식의 진행을 맡아 할아버지에게 훈시하였고, 할아버지는 이른 새벽 목욕재계를 마친 정갈한 몸으로 공손하게 머리를 조아려 가르침을 들었다.

"이제 집안의 신장(神杖)을 전하시오."

외증조할아버지의 지시에 따라 증조할아버지가 붉은 비단에 소중히 싼 칼을 할아버지에게 건넸다. 그것은 고조할아버지가 소를 잡을 때 썼던 칼로, 자식인 증조할아버지는 사용하지 않고 집안을 지켜주는 보물로 간직해 온 것이었다. 마침내 오랜 숙원을 풀게 된 증조할아버지는 감개무량하여 표정 관리를 하지 못하고 웃는 듯 우는 듯 성난 듯 기쁜 듯 얼굴을 자꾸만 씰룩거렸다.

"이제 우공태자를 모셔오시오!"

백정들이 모시는 우신(牛神)은 두 개의 커다란 뿔을 가진 늠름한 검정소의 모습이었고, 우공태자는 황금색으로 빛나는 구름을 타고 등에 화려한 붉은 비단을 걸치고 있었다. 하지만 우리의 우공태자는 황금색 구름 대신 볏짚을 버스럭버스럭 밟으며 불그죽죽한 천을 들쓴 채 천궁 안으로 끌려 들어왔다.

소, 아니 우공태자를 위한 독경이 시작되었다. 하늘로 여행을 떠나는 우공태자의 성불을 기원하며 그의 마지막 길을 밝힐 경문이 낭독되었다.

산천의 눈은 녹고

모든 산에 꽃이 필 무렵이면

풀 먹는 우공태자에게도

극락으로 여행을 떠날 때가 찾아온다네.

속세의 인간을 위해

괴로움과 슬픔을 견뎌낸다면

극락세계의 천왕(天王)께서도

우공태자를 칭찬하리라.

날렵한 칼이, 아니 신장이 허공을 가르고, 소의, 아니 우공태자의 목에서 피가 분수처럼 솟구쳐 올랐다. 할아버지는 먼 옛날 먼 나라의 전설적인 주방장 포정이 그러했듯이, 눈 깜짝할 사이에 소 한 마리를 해치웠다. 아니, 한 분의 우공태자를 고이 하늘나라까지 안내했다.

그로부터 꼬박 열 달이 지나 할머니는 떡두꺼비 같은 첫아들, 내 아버지를 낳았다.

진짜 아버지

할아버지는 할머니를 만나면서 백정으로서의 정체성을 찾았지만, 그 관계의 결과물인 아버지는 자신을 백정의 핏줄이라고 생각하지 않았다. 아버지는 언제나 궁금했다.
'내 진짜 아버지는 누구일까?'
할아버지와 달리 아버지는 어려서부터 칼을 다루고 고기를 써는 데 뛰어난 자질을 보였다. 선지피가 가득 찬 함지는 물론이거니와 금방이라도 얌전히 내리덮인 눈꺼풀을 젖히고 찡긋 윙크를 할 듯한 쇠머리를 보고도 눈도 깜짝하지 않았다. 잡은 소의 뼈에서 살을 발라내고 쇠족을 면도하는 일은 시키지 않았는데도 도맡아 했다. 그것만 따지자면 아버지는 누가 뭐래도 유서 깊은 백정 집안의 든든한 장자였다.
하지만 아버지가 쇠날이 할아버지를 생부라고 믿지 못한 까닭이 어른들이 놀림조로 말하는 '다리 밑에서 주워왔다'는 으름장 때문만은 아니었다. 우선 아버지의 외모는 할아버지를 전혀 닮지 않았다. 내가 아무리 후레자식에 불망나니란 소리를 들어도 조부를 인간의 피를 마시고 재생한 흡혈귀 드라큘라에 비유하기엔 뭣하지만, 어쨌거나 쇠날이 할아버지는 올미 할머니의 입술에서 터진 피를 삼키기 전까지 자타가 공인하는 안팎으로 볼품없는 쫄딱보에 지나지 않았다. 내 입으로 말하면 내가 후레자식에 불망나니란 사실을 증명하는 꼴이 되어버리고 말겠지만, 할머니의 '젖통'에 대비되는 부위가 할아버지의 '대가리'였다는 사실을 상기하면 쇠날이 할아버지의 형용이 대강 짐작되겠다.

아버지는 유난히 작으면서도 단단하고 야무진 머리를 가지고 있었다. 눈은 천궁으로 끌려가는 우공태자보다는 엄슬한 분위기를 풍기는 지옥의 문지기를 닮아 쫙 찢어진 눈초리에 갈고리눈이었다. 껑충한 키에 구부정한 어깨를 한 할아버지와 달리 키가 땅딸하고 어깨는 다부졌다. 그렇다고 아버지가 외탁을 하여 할머니를 빼쏜 것도 아니었다. 말한 대로 올미 할머니는 백정 마을에서 첫손에 꼽히는 반반한 인물이었다. 아들이 아니라 딸이었다면 아버지도 '글래머'가 되었을는지는 알 수 없지만, 객관적으로 결코 잘생겼다고 말할 수 없는 아버지의 이목구비에서 할머니의 흔적을 찾기란 쉽지 않았다.

"지금이야 언뜻 보기에 비슷한 구석이 없는 듯하지만, 이러니 저러니 해도 아들은 자라면서 점점 아비를 닮는 법이지."

이런 말을 하는 사람은 닮은 구석이라곤 찾아볼 수 없는 아들이나마 끔찍이 귀애하는 할아버지뿐이었다. 할머니는 입덧 한 번 하지 않고 임신 기간 내내 공주처럼 떠받들어져 지냈지만, 웬일인지 출산 후에는 울증에 빠져 아버지를 돌보는 일에 건성건성 하기 일쑤였다. 윗목에 밀쳐진 아버지를 강보에 싸안고 다니며 젖동냥을 하고 똥걸레치레를 하는 것은 모두 할아버지의 몫이었다. 그래도 할아버지는 못마땅한 낯을 보이거나 싫은 소리 한 번 하지 않고 자신과 조금도 닮지 않은 아들을 어르고 달래며 돌보았다.

하지만 아버지는 본능적으로 힘의 우열을 가리는 데 잽쌌다. 아버지의 어린 눈으로 보기에도 할아버지는 다정하지만 물러터진 약자였고, 할머니는 냉정하지만 빈틈없는 강자였다. 아버지는 할아버지가 입에 달고 사는 공허한 다짐보다 할머니의 확실한 한마디를 듣고 싶었다. 네 아버지는 소도 잡고 보리도 기르고 설거지도 잘하는 착한 백정 쇠날이가 분명하다고, 혹은 아니라고. 내가 스무 해 동안 겪어 아는 아버지의 성정으로 미루어 짐작하자면, 아버지는 전자보다 후자에 대한 기대를 품고 할머니의 입이 떨어지기만을 기다렸을 가능성이 더 크다.

그러나 할머니는 가타부타 아무 말이 없었다. 첫아이를 낳은 후에도 올미 할머니는 여전히 아름답고 농염했지만, 예전처럼 눈부시도록 생기발랄하지는 않았다. 그것이 출산의 후유증이나 육아의 고단함 때문이 아닌 것은 분명했다. 실제로 탯줄을 끊은 이후 할머니가 아버지를 위해 한 일은 아무리 후하게 쳐도 할아버지의 절반 정도밖에 되지 않았으니 말이다. 그렇다고 특별히 아버지를 학대하거나 할아버지에게 패악을 부린 것도 아니었다. 할머니는 그저 어쩔 수 없이 부닥친 두 번째 삶에 머슬머슬하였다. 기쁘지도 슬프지도 행복하지도 불행하지도 않게, 할머니는 남의 삶을 대신 살 듯 얼마간 무책임하고 얼마간 무심했다.

그런데 아버지가 열 살쯤 되었을 때, 이처럼 단순하게 시작된 의문을 확고한 의심으로 키운 사건이 일어났다.

"어쩌면 저놈은 어미 아비를 하나도 닮지 않았다냐? 쇠날이가 돌림젖 좀 먹여 달래서 몇 번 마누라 시켜 뱃구레를 불려준 적이 있는데, 갓난애 때도 그마마했지만 크면 클수록 점점 더 딴판이네."

"그런데 그냥 닮지 않았다 하기엔 뭔가 좀 이상하지 않어?"

"뭐가 이상해? 그래도 쇠날이는 씨도둑은 못한다며 언젠가는 애비 닮은 바탕이 드러날 거라고 큰소리를 치던걸. 제가 어렸을 때 변변찮아서 난데없는 업둥이 취급을 받았던 내력까지 들춰내면서 말이야."

"씨도둑은 못한다……? 문둥이 콧구멍에도 빼낼 마늘쪽이 있거늘, 도둑질하자면 그거라고 못할 건 뭔가?"

"어이쿠, 이건 또 무슨 소리야? 그럼 올미가 쇠날이 말고 샛서방이라도 봤다는 거야?"

"그게 말이지. 십 년 전에는 우리가 어리기도 하고 어른들도 뭔가 쉬쉬하는 분위기가 있어서 어물쩍 넘어가고 말았지만, 난 아무래도 올미와 쇠날이가 눈이 맞아 사고를 쳤다는 게 도무지 믿어지지 않았거든."

"그때 놀라고 황당했던 거야 동네 사람 누구를 잡고 물어도 하나같겠지. 하물며 벌개 자네는 올미한테 얼마나 공을 많이 들였나? 국밥집에 안찝 갖다주고 받은 돈을 삥땅해서 댕기며 노리개를 사다 바치다가 자네 부친한테 들켜서 싸리비로 좀이나 맞았나? 껠껠, 왜 얼굴이 갑자기 시뻘게지나? 지금도 생각하면 복장이 터지는가?"

"뭐? 그러는 네놈은 왜 밤마다 그 집 울타리 앞에서 입술이 부어터져라 휘파람을 불어댔는데? 그래서 뚜쟁이가 귀찮아서 구전을 포기하겠다고 악을 쓸 때까지 색싯감으로 오로지 젖통 큰 계집만 찾아댔잖아? 강샘 많기로 둘째가라면 서러울 네놈 마누라한테 네놈의 그간 행적을 확 불어버릴라!"

"에끼, 이 사람! 사내가 속 좁게 농담에 정색을 하고 역정을 내나? 왕배덕배 해봤자 다 지난 일, 어쨌거나 그때가 좋았지. 그런데 아까 하려다 만 건 무슨 소리야? 올미랑 쇠날이가 그렇게 된 데에 무슨 뒷사정이라도 있다는 거야?"

"뭐 확실하게 이렇다 말할 증거는 없지만, 저렇게 생판 닮지 않은 자식새끼가 나온 걸 보니 예전에 장거리에서 들었던 소리가 생각나서 말이야."

"그게 뭔데 이리도 사설이 긴가? 궁금해 똥줄이 타네. 빨리빨리 불어보라고!"

"벌써 몇 해 전에 들어서 기억이 가물가물하긴 한데…… 장터 주막에서 선술이라도 한잔 마시고 돌아오려고 아궁이 옆에 서 있는데, 마당에 멍석을 깔고 앉아 술추렴하던 하인배들이 떠들어대는 소리가 그날따라 귓구멍에 쏙쏙 들어오더란 말이야. 재 너머 백정 마을이 어쩌고, 젖퉁이가 여물박만 한 게 어쩌고 하는데…… 듣자니 그자들이 모시는 상전이라는 작자들이 어느 봄에 사냥을 나섰다가 노루 대신 계집을 잡아 한바탕 몸보신을 잘했다는 거야."

"그게…… 올미였다구?"

"그거야 확실치 않지. 그런데 아무리 들어도 장소며 때가 올미가 엿새 동안 사라졌다가 돌아온 정황과 얼추 맞아떨어지는 것 같더라니까!"

"그럼 쇠날이가 제 새끼라고 끼고 도는 그 아이가……?"

"그러니까, 그렇지, 누구누구라 했더라? 무슨 진사댁 도령에 무슨 초시댁, 무슨 부장댁 자제도 끼어 있었다고 들었는데……."

한때 올미 할머니를 짝사랑했던, 그래서 녹슨 쇠날이, 이 빠진 쇠날이에게 선수를 빼앗겼다는 사실에 울화병을 앓았던 이들의 입에서 새어나온 소문은 금세 온 마을에 짝자그르하게 퍼졌다. 아버지는 어느 날부터인가 자신을 바라보는 사람들의 눈빛이 야릇하다는 걸 느끼게 되었다. 동네 골목에서 자치기라도 하고 있노라면 수그린 뒤통수가 찌릿찌릿하였다.

하지만 정작 아버지가 소문의 실체를 알게 된 것은 다른 누군가가 아닌 할아버지를 통해서였다. 어디에선가 사람들이 찧어대는 입방아 소리를 듣게 된 할아버지는 성이 하늘을 찌를 듯 치받쳐 펄펄 뛰었다. 그때껏 아무도 그만큼이나 화를 내는 할아버지의 모습은 본 적이 없었다. 심지어 할아버지를 말하는 허수아비나 밥 먹는 장승도깨비 정도로 취급하던 할머니조차 기가 질려 말을 붙이지 못할 정도였다.

"어느 놈이냐? 어느 시러베자식 입에서 나온 말이냐?"

할아버지는 광에서 손도끼를 찾아들고 마을 여기저기를 휘돌아다녔다.

"검불이, 너냐? 그런 더러운 망발이 네놈 아가리에서 나왔더냐?"

굼벵이도 밟으면 꿈틀하고 참새가 죽어도 짹 한다지만 천하에 다시없는 순둥이로 여겨지던 할아버지가 눈이 뒤집히니 말리고 막을 사람이 아무도 없었다. 아버지는 행여 할아버지가 무슨 사고라도 칠까 봐, 혹은 할아버지를 저토록 미쳐 날뛰게 만든 그놈의 '소문'이라는 게 대체 무엇인지 궁금하여(이 경우에도 나의 예상은 후자에 가깝다), 잰걸음으로 마구발방 날뛰는 할아버지를 뒤쫓고 있던 터였다.

"아, 아니, 난 아니야. 나는 그저 벌개 놈이 지껄이는 말을 듣고, 참 희떠운 소리도 다 있다고 대꾸했을 뿐이라고!"

그동안 할아버지를 보면 어렸을 때 놀려먹던 버릇으로 퉁바리를 놓거나 잔심부름을 시키곤 하던 사람들이 할아버지의 손도끼

앞에서 벌벌 떨었다. 아버지는 그 모습에 얼마간 자릿한 쾌감을 느끼기도 했지만, 기실 아버지가 보기에도 제정신이 아닌 할아버지는 거칠디거친 백정 마을 사람들까지 겁먹게 할 만큼 포악하고 험상궂었다. 특히 그 부리부리한 방울눈에서 뿜어 나오는 섬뜩섬뜩한 광기의 빛이라니!

"버얼 개애? 이이 노오 우움 으으 새애 끼이, 며억 으을 따아 버어 리일 꺼어 다아!"

할아버지는 언젠가 증조할아버지가 했던 것처럼 한마디 한마디를 신음같이 내뱉으며 다시 경중경중 고샅길을 뛰어가기 시작했다. 하지만 그보다 한걸음 앞서 할아버지가 도끼를 들고 달려오고 있다는 소리를 들은 벌개는 이미 집을 비우고 몸을 피한 터였다. 측간과 쇠다락까지 샅샅이 뒤졌지만 벌개를 찾아낼 수 없었던 할아버지는 그야말로 울분을 주체하지 못해 용틀임하였다.

"이이 노오 우움 드을 아아! 후읍 시이 느은 내애 자아 시익 이이 다아! 이이 쇠애 나알 이이 으으 씨이 아앗 이이 라안 마알 이이 다아!"

그 순간 할아버지가 휘두른 손도끼가 허공을 갈랐다. 쩍! 무언가가 대번에 쪼개지고 갈라지는 소리와 함께 할아버지의 손도끼는 초가집의 나무 기둥 한복판에 깊이 박혔다. 흙벽이 흔들려 붉은 먼지가 푹석 날렸다. 곧이라도 집이 무너질 듯하여 아버지는 재빨리 울타리 밖으로 뛰쳐나왔다. 하지만 할아버지는 빈손을 늘어뜨린 채 남의 집 마루에 맥없이 걸터앉아 식식대며 황소숨만 몰아쉬고 있었다.

아버지의 본래 이름은 '훕시'였다. 훕시는 후대 혹은 후손이라는 말에서 나왔다는데, 흔히 아비와 꼭 닮은 아들에게 붙여주곤 하던 이름이었다. 하지만 애초에 아무리 따지고 우겨보아도 닮은 데라곤 찾아볼 수 없는 생김생김 때문에 의혹이 빚어졌으려니와, 할아버지의 손도끼 사건은 역으로 아버지의 의심을 더욱 키우는 꼴이 되고 말았다.

진실의 열쇠를 쥐고 있는 사람이 누군지는 뻔했다. 할머니가 나서서 딱 한마디만 해주면 좋으련만, 할머니는 끝끝내 소문과 사건에 대해 일언반구하지 않았다. 그렇다고 아버지가 먼저 나서서 할머니에게 이 모든 일의 내막을 캐물을 수도 없었다. 아버지는 할머니를 은근히 두려워했고, 사실은 아주 많이 좋아하고 있었다.

"훕시야, 아버지한테 와서 업히렴. 엄마는 피곤하시다."

"쉿! 훕시야, 마당에서 떠들고 놀지 마라. 엄마가 낮잠 주무시고 계시잖아."

집 안에서 뭔가 쏠라닥질을 할라치면 아버지는 언제나 할아버지의 주의를 들어야 했다. 그때마다 할아버지는 죽은피가 괸 듯 손톱 밑이 시커먼 집게손가락을 세워 뻐드렁니로 잘 다물어지지 않는 입술 한가운데에 꼭 붙이고 있었다.

아버지가 기억하는 세상의 첫 번째 장면 속에서 할머니는 자고 있었다. 그 후로 점점이 얼룩진 어린 시절의 기억 속에서도 할머니는 대개 자고 있거나 잠에서 막 깨어나 비몽사몽간을 헤매는 모습이었다. 하지만 다른 아이들의 엄마와 다르다고 해도 아버지는 할머니를 원망하지 않았다. 할머니는 잠들어 있을 때가 가장 할머니다웠다. 함지박을 이고 선지피나 소 내장을 나르고, 조롱박처럼 달린 어린아이들을 업고 안고 둘러메고, 삿대질을 하고 악을 쓰며 남편과 싸우는 일 따위는 아무래도 할머니에게 어울리지 않았다. 잠자는 할머니는 선녀 같았다. 정말 선녀가 있다면 울 엄마 같은 모습일 거라고, 아버지는 남몰래 생각하곤 했다.

파르르 떨리는 긴 속눈썹을 보니 할머니는 뭔가 꿈을 꾸는 모양이었다. 간혹 신경질적으로 미간을 찡그리는 것으로 보아 나쁜 꿈인 듯도 하였다. 하지만 곧 입술을 쫑긋 세우고 몇 마디 잠꼬대를 중얼거리더니 할머니는 다시 평화로운 표정으로 돌아갔다. 서쪽 하늘로 기우뚱 쏠린 해가 방 안으로 길게 햇살을 뻗쳐 할머니의 낭창낭창한 몸을 어루더듬었다. 할머니의 매끈하고 봉긋한 이마에 이슬 같은 땀이 송골송골 맺혔다. 그 땀방울에선 지린 꽃향기가 날 듯했다.

"엄마, 이제 그만 주무세요. 보리저녁이 다 되었어요."

지금쯤 일어나 보리쌀을 안쳐야 제때 저녁밥을 먹을 수 있을 텐데, 배에서 쪼르륵쪼르륵 앓는 소리가 났다. 하지만 할머니를 깨우는 아버지의 목소리는 천당의 문 앞에서 선녀를 호출하듯 자그맣고 부드레했다. 시간이 어떻게 흐르는지도 모르고 깊은 잠에 빠진 할머니의 풍만한 가슴이 해 떨어지는 서산 구릉처럼 완만한 곡선을 그린 채 오르락내리락하였다. 아버지는 그만 밀려오는 행복감에 가슴이 벅차 왈칵 울어버릴 뻔했다.

'엄마는 선녀다! 나는 선녀를 엄마로 두었다!'

아무래도 내 생각에 할머니에 대한 아버지의 회상은 억지스럽고 과장된 면이 다분하다. 아버지가 묘사하는 할머니의 잠든 표정은 갓난아이가 자면서 하는 배냇짓이나 다름없는데, 아무리 할머니가 두 번째 삶을 벙하게 살았다 해도 아버지에게 배냇짓하는 모습을 보일 만큼 덜떨어지지는 않았을 테니 말이다. 어쨌거나 보통의 경우에는 어미가 자식에게서 발견하는 별난 재미를 자식이 어미에게서 찾을 정도로, 할머니와 아버지 사이는, 아니 아버지가 생각하는 할머니는 기이하리만치 각별했다.

하지만 할머니를 사랑하면 할수록 아버지는 할머니를 이해할 수 없었다.

'엄마는 어쩌다 아버지 같은 인물과 결혼했단 말인가?'

할아버지는 최선을 다해 할머니와 아버지를 사랑했지만, 아버지는 할머니와 마찬가지로 그 사랑에 만족할 수 없었다. 아버지는 더 힘세고 더 용감무쌍한 아버지를 원했다. 지옥도 천 층 만 층 구만 층이니 아무리 천질인 백정 신분이라도 이왕이면 그 안에서 그럴듯하길 바랐다. 할아버지는 할머니를 만나 기벽을 고치고 칼잡이가 되긴 했어도 유약한 성정과 어눌한 말투까지 모두 고친 것은 아니었다. 할아버지는 다른 백정들처럼 겉치레가 아니라 정말로 소를 우공태자처럼 모셨다. 할아버지의 칼놀림이 날랬던 것은 좋은 솜씨를 뽐내기 위해서라기보다 조금이라도 소의 고통을 덜고 작업을 빨리 끝내기 위해서였다. 작업을 끝내고 뒤풀이를 할 때에도 할아버지는 생피를 마시거나 생간을 쑹덩쑹덩 썰어 먹지 않았다. 한마디로 할아버지는 자기 운명을 받아들이긴 했지만 그 운명이 정해준 일은 결코 좋아하지 않았던 것이다.

'차라리 내 아버지가 진사댁 도령이거나 초시댁, 부장댁 자제였다면!'

아버지의 마음속에서 요사스럽고 망령된 생각이 싹트기 시작한 것은 열 살 때의 바로 그 사건 이후였다. 아버지는 극단적인 성격에다 단순하기까지 했다. 그래서 아버지의 환심을 사려면 무슨 일이든 머뭇거리지 말고 단호하게, 재빨리 해치워버리면 그만이었다. 옳고 그른 것은 두 번째 문제였다. 할아버지의 손도끼가 그깟 초가집 기둥이 아닌 벌개의 머리통을 제대로 내리찍었다면 아버지는 아마도 할아버지를 생부로 인정하며 자랑스레 여겼을는지도 모른다.

아버지는 쑥대강이에 맨다리를 한 백정의 자식이 아닌 쾌자 복건에 가죽신을 신은 양반집 도령의 모습을 상상해 보았다. 기왕 복식을 갖춘 김에 말을 타고 때깍때깍 발굽 소리를 울리며 거리를 활개 치는 그림도 그려보았다. 상상만으로도 흡족하여, 아버지는 씩 웃었다. 문반도 좋고 무반도 좋다. 글이나 무예가 좋은 것보다 양반이라는 이름이 주는 고고한 분위기가 온몸을 짜릿짜릿 저리게 한다. 아버지는 내친김에 아예 자신을 양반의 씨앗이라고 믿기로 하였다. 문필이 있기로 정평이 나 있는 진사댁 도령도 좋다. 알부자로 소문 난 초시댁, 후대는 좀 시원찮지만 윗대로는 삼대가 무관으로 짱짱했던 부장댁 자제도 나쁘지 않다. 셋 중에 어느 하나를 골라잡아도 하는 수 없이 천직의 운명을 받아들여 비실비실 머리를 조아리며 소 멱을 따는 백정보다는 나을 것이다.

 아버지 밑으로 서넛의 동생이 있었으나 그들은 모두 할머니의 태내에서, 혹은 세상의 빛을 보자마자 죽었다. 그러다 겨우 하나 목숨을 건진 것이 똥지 고모였는데, 아버지 때와 다르게 이번에는 열 달 내내 입덧을 하여 꼬치꼬치 마른 할머니가 볼일을 보러 측간에 갔다가 똥자루 대신 뽑아낸 아이라 하여 그 험한 이름이 붙었다. 그나마 갓난아이가 똥통에 빠져 똥독이 오르지 않은 것은 그때가 마침 한겨울 된추위라 얼어붙은 똥 무더기 위에 살짝 얹혔다 건져진 덕택이었다.

 할아버지가 더운물로 닦아 배냇저고리를 입히고 겉싸개로 꽁꽁 싸낸 똥지 고모를 보는 순간, 의혹에서 비롯된 아버지의 희망은 마침내 확신으로 바뀌었다.

 "아버지, 아기가 아버지랑 판박이예요!"

 "허허, 네 눈에도 그래 보이냐?"

 "이것 보세요. 눈도 크고 머리도 크고 팔다리도 길쭉길쭉하네요."

 "그래, 꼭 갓난것 시절의 널 보는 것 같구나. 너와 꼭 닮은 동생이니 앞으로 오빠 노릇을 특별히 잘해야 한다."

 할아버지의 말에 아버지는 어리둥절하다 못해 경악하며 똥지

고모와 할아버지, 똥지 고모와 자신을 번갈아 뜯어보았다. 놀람으로 창백해졌던 아버지의 얼굴이 점차 분노로 불긋하게 달아올랐다.

'차라리 범한테 풀을 뜯어 먹고 토끼한테 고기를 먹으라고 하지!'

그들과 자신을 비교하는 것은 육식동물과 초식동물을 견주는 것이나 다름없었다. 언제까지 어린애 취급하며 눈 가리고 아웅 하려 하는가? 아버지는 끝내 모멸감마저 느꼈다. 아버지는 좁은 이마 아래 갈고리눈을 사납게 홉뜨고 옥수수수염같이 누렇고 가는 머리칼이 건성드뭇한 할아버지의 대머리를 노려보았다.

할아버지의 입으로 진실을 듣기란 불가능하다는 것을 깨달은 아버지는 기필코 할머니에게서 자신의 생부가 누구인지 캐내기로 마음먹었다. 하지만 그 기회는 쉽게 와주지 않았다. 똥지 고모를 낳은 후 할머니는 시름시름 앓기 시작했고, 고모의 젖동냥과 기저귀치레는 할아버지와 아버지의 노느매기가 되었다. 열여섯 살까지의 첫 번째 삶이 인생의 절정이자 전부였던 양, 할머니는 덤으로 받은 두 번째 삶을 함부로덤부로 얼넘길 모양이었다. 그래도 할머니는 병석에 누워서 칠 년 꼬박을 우대 받으며 살았다. 첫 번째 삶이 미인박명이었다면, 두 번째 삶은 가늘게 먹고 가늘게 살기인 셈이었다.

아버지는 호시탐탐 할머니의 자백 혹은 고백을 받아낼 기회를 노렸다. 그리고 마침내 처음이자 마지막으로 그 기회를 잡았다. 한두 달 전부터 곡기를 놓아 물 몇 숟가락 말고는 넘기지를 못하고, 며칠 전부터 수족이 뒤틀리면서 호흡이 고르지 못해 억지로 한숨을 토하는 것이 심상찮았다. 병문안을 왔던 외가의 먼 친척뻘 되는 아낙은 그게 바로 죽기 직전의 징조라고 귀띔했다. 아버지는 마음이 바빠졌다. 할머니의 죽음을 받아들이지 못한 할아버지가 비약을 찾는다 명의를 모신다 우왕좌왕 헤매는 사이에, 아버지는 할머니와 단둘이 남게 된 방 안에서 무릎걸음으로 조심스레 할머니에게 다가갔다.

"엄마!"

할머니는 여전히 단잠에 빠진 듯 나른한 모습이었다.

"엄마! 내 말 들리오?"

아버지의 연이은 부름에 할머니의 긴 속눈썹이 파르르 떨리더니 이내 무거운 눈꺼풀이 거슴츠레 열렸다.

"엄마, 가기 전에 말해주오. 내 진짜 아버지는 누구요?"

아버지의 목소리는 은밀하고도 다급했다. 이제야 비로소 잠에서 깨어나는 듯 할머니의 눈이 점점 크게 뜨여갔다.

"이 마당에 밝히지 못할 게 뭐 있소? 가기 전에 내게라도 진실을 말해 주오. 쇠날이한테는 말 안 할게. 나만 알면 되지 않소?"

바싹 말라 더뎅이가 앉은 할머니의 입술이 무슨 말이라도 하려는 듯 달싹거렸다. 아버지는 흥분과 긴장으로 숨도 쉬지 못할 지경이었다.

"뭐? 뭐라고? 누구? 누구라고? 잘 안 들려. 조금만 크게 얘기해 주오!"

아버지는 할머니의 마른 입술이 귓불에 닿을 정도로 바싹 다가 앉아 머리를 수그렸다. 그 바람에 아버지의 두터운 어깨에 눌린 할머니의 갈빗대가 우두둑 새된 비명을 질렀다.
"이이…… 호래자식!"
할머니의 마지막 말은 그것이었다. 아비가 누구인지 다그쳐 묻는 아들에게 아비 없는 자식이라는 욕설을 남기고 죽었다. 흰자위가 드러나도록 치뜬 할머니의 눈에는 원망과 분노가 선명하게 돋을새김되어 있었다. 그것은 아버지가 본 가장 무섭고, 볼썽사납고, 호락호락하지 않은 할머니의 모습이었다.
할머니가 숨을 거둔 후로부터 한 식경쯤 지나 걸음도 잘 못 걷는 파파노인을 의원이랍시고 둘러업고 할아버지가 돌아왔다. 노인은 수전증으로 벌벌 떨리는 손으로 할머니의 맥을 짚어보더니 체머리 떨듯 고개를 절레절레 흔들었다. 그것을 신호 삼아 할아버지의 대성통곡이 터져 나왔다.
"아이고, 여보! 아이고, 올미야! 내가 금방 의원님 모셔온다고 하지 않았어? 조금만 기다리라고 했더니, 어쩌자고 나 없는 사이에…… 어쩌자고!"
할아버지는 싸늘하게 식어가는 할머니의 시신 앞에서 가슴을 쥐뜯으며 울부짖었다. 그날 박쥐 똥이 굴러다니는 동굴에서 비릿한 피와 함께 머금었던 첫 입맞춤은 할아버지가 사람으로 태어나 가장 사람답게 대접 받았던 기억이었다. 한참을 몸부림치며 눈물 콧물을 빼던 할아버지는 방구석에 조용히 처박혀 있던 아버지와 눈이 마주치고서야 비로소 정신이 돌아온 듯하였다.

"흡시야, 네가 어머니를 임종하였구나. 그래도 네가 있어 다행이었구나……. 고맙다, 우리 아들아!"

할아버지는 아버지를 향해 엉금엉금 기어오다시피 다가왔다. 할아버지가 아버지를 포옹할 때에 할아버지의 앙상한 갈빗대에서는 우두둑 소리가 났고, 아버지는 흠칫 놀라 얼결에 할아버지를 힘껏 얼싸안았다. 할아버지의 어깨 너머로 꿈도 없는 깊은 잠에 빠진 듯 평화로운 할머니의 마지막 얼굴이 보였다. 아버지는 가만히 안도의 한숨을 내쉬었다. 할아버지가 돌아오기 전에 그 무섭고, 볼썽사납고, 호락호락하지 않은 표정으로 죽은 할머니의 부릅뜬 눈을 감긴 것이 정말 다행이었다.

아버지는 할머니의 장례를 치르고 얼마 지나지 않아 백정 마을을 떠났다.

'엄마는 죽었고 내 진짜 아버지는 여기 없는데, 내가 굳이 이 구질구질한 동네에 남아 있을 까닭이 뭐람?'

단봇짐 하나 달랑 걸머진 빈털터리였지만 아버지의 마음은 새털처럼 가벼웠다.

아버지는 19세기의 마지막 해에 태어났다. 그런 그가 오지의 백정 마을을 떠나 마주친 20세기는 온통 혼란으로 뒤죽박죽이었다. 사람의 새끼는 서울로 보내고 마소 새끼는 제주로 보내라는 말만 믿고 무작정 한성을 목적지로 삼았지만, 막상 한성에 도착해 보니 그곳은 이제 경성이라는 이름으로 불리고 있었다. 그런데 바뀐 것은 이름만이 아니었다. 법으로나마 양반 상놈의 구별과 천민 신분이 폐지된 지는 20년이 더 지났고, 조선이 일본에게 망한 지도 벌써 7년이 지났다고 했다.

'승객이 양반이라 해도 기다리는 법이 없는' 기차와 '금가루를 뿌린 듯 불야성을 이룬' 혼마치 상점가의 몽롱한 불빛은 아버지의 혼을 쏙 빼놓았다. 아버지는 나라니 민족이니 하는 것은 애초부터 몰랐다. 문제는 돈과 신분이었다. 예전에는 신분이 돈과 명예를 결정지었다면, 지금은 돈이 신분과 명예까지를 결정하는 것이 다를 뿐이었다. 아버지는 갑자기 엄청 억울해졌다. 이 개명세대를 진즉에 알지 못하고 촌구석에서 짐승과 다름없이 짐승들과 뒹굴며 살아온 시간이 아까워 미칠 지경이었다. 백정의 아들임을 부정하고 겁간에 의한 씨내리일망정 양반의 자식일 거라 믿으면서 지켜온 아버지의 얄팍한 자존심이 한순간에 불덩이 같은 욕망으로 화하는 순간이었다.

'돈! 돈을 벌어 출세해야 한다!'

아버지는 고작 열일곱 살의 소년이었지만 무섭도록 빠르게 세상에 적응해 갔다. 청계천 거지굴에 기거하며 동냥밥을 얻어먹고 다니던 아버지는 때마침 건설 중인 한강 인도교 공사 현장에 잡일꾼으로 일자리를 얻었다. 그야말로 거지가 꿀 얻어먹듯 천우신조의 기회를 잡은 것이었으나 그 모두는 아버지의 자기부정에서부터 비롯된 일이었다. 아버지는 거지꼴을 하고도 자신이 거지라고 생각지 않았고, 막일꾼으로 등짐을 지고 줄다리를 숱하게 오르내릴 때에도 자신이 막일꾼으로 머물 것이라고 믿지 않았다. 1917년 가을에 마침내 다리가 완성되었을 때에는 자신이 인도교 준공의 총지휘자라도 되는 양 자부심을 느꼈다. 훗날 자가용을 뽑아 시승할 때에도 아버지는 기사에게 제일 먼저 한강 인도교를 건널 것을 주문했다.

"보라구! 이게 바로 내가 만든 다리야!"

아버지는 다리를 오가는 사람들과 우마차 행렬을 바라보며 통행세라도 받아낼 듯 거들먹거렸다.

어쨌거나 강렬한 욕망과 자기부정은 아버지의 종횡무진에 가속도를 붙였다. 아버지는 막일꾼으로 일하며 벌어들인 돈을 악착같이 모으는 한편, 일본인 십장의 꼬붕 노릇을 하며 틈틈이 일본어를 익혔다. 일본인이 주인인 세상에서는 그들의 명령을 새겨듣기 위해서라도 그들의 언어부터 배워야 한다고 생각했던 것이다.

나카무라라는 흔해빠진 이름의 일본인 십장이 남색의 취향을 가지고 있다는 것은 공공연한 비밀이었다. 아무리 아버지가 돈과 출세에 눈이 멀었다 해도 비역질까지는 하기 싫었다. 하지만 다행인지 불행인지 나카무라는 아버지 같은 갈고리눈의 땅딸보를 좋아하지 않았다. 다만 나카무라는 남색의 상대인 '홍'이라는 미소년의 질투를 자극하는 수단으로 아버지를 이용하려 했고, 아버지도 이에 대해 아무런 이의가 없었다. 나카무라가 아버지의 품삯을 조선인이 아닌 일본인 노무자의 기준으로 셈해 지불하기 시작한 이후로, 아버지는 나카무라가 까라면 궁둥이가 아니라 머리통으로 밤송이라도 깔 심산이었던 것이다.

　나카무라는 보란 듯이 아버지를 옆구리에 끼고 다녔다. 아니, 나카무라는 아버지보다도 더 키가 작은 갈비씨였으니 밖에서 보기에는 나카무라가 아버지의 옆구리에 매달려 다니는 꼴이었다. 비위가 노래기 회 쳐 먹을 정도로 좋은 아버지였지만 가끔은 날구역이 목젖까지 치받쳤다. 그래도 나카무라가 던져주는 떡고물과 날로 늘어나는 일본어 실력에, 아버지는 목구멍으로 올라오는 거위침을 꿀꺽 삼키고 그 빼빼한 몸뚱이에 허벅지를 더 바싹 밀착시켰다. 그 꼴을 볼 때마다 홍은 염병쟁이 목이 타듯 지랄 발광 네굽질을 하며 괴로워했다. 아버지로서는 도저히 이해할 수 없는 일이었으나, 어쨌거나 사랑이라는 광증에 질투는 빼놓을 수 없는 쏘시개인 모양이었다.

　공사판 사람들은 일본인이고 조선인이고 할 것 없이 아버지를 싫어했다. 남색을 더 혐오하는지 아버지의 영악한 처신을 더 역겨워하는지는 알 수 없었지만, 그들은 아버지가 받아 챙기는 떡고물과 일본어 실력이 일취월장할수록 점점 더 아버지를 꺼려하며 따돌렸다. 그래도 아버지는 눈썹 하나 까딱 않았다.

　"흥! 개같이 벌어서 정승같이 쓰라 했거늘, 내가 언제까지 제깟것들과 같은 신세일 줄 아나? 두고 보라고! 머지않아 잠시나마 나랑 한솥밥을 먹었다는 걸 영광으로 여기게 될 테니."

　하지만 그토록 자신만만하다 못해 오만방자 기고만장한 아버지에게도 예기치 못했던 위기의 순간이 왔다. 예정된 준공일이 코앞으로 다가와 밤낮으로 마무리 작업이 한창인 때였다. 야간 작업을 하기 전 저녁밥과 함께 한두 잔씩 걸치곤 하던 반주에 취한 홍이 단도를 품고 아버지에게 덤벼들었다.

"이 더러운 새끼! 너 죽고 나 죽자!"

잃어버린 사랑의 상실감에 어설픈 취기가 더해져 홍은 완전히 이성을 잃은 상태였다.

"뭐야? 뜬금없이 이게 무슨 지랄이야?"

너 죽고 나 살 길은 찾을지언정 나까지 죽으며 너 죽일 작정은 전혀 없는 아버지는 행여 홍이 휘두르는 단도에 손끝이라도 베일까 몸을 사리며 외쳤다.

"굴러온 돌이 박힌 돌 뺀다더니, 왜 남의 것을 넘봐? 어디서 알랑방귀를 뀌며 이간질이야?"

"이놈이 어쩌자고 뜨신 밥 처먹고 식은 소릴 지껄여? 내가 언제 네 것을 넘봤다고 그래? 뭘? 도대체 뭘 넘봤다는 거야?"

아버지는 머리끝까지 분이 뻗쳐 씨근대는 홍과 대거리를 하는 와중에도 슬금슬금 뒷걸음쳐 조선인 인부들이 모여 있는 모닥불가로 향했다. 사람들이 싸움을 말리거나 홍을 진정시켜주리라 생각했던 것이다. 하지만 그건 순전히 아버지의 착각이었다.

"어라? 쪽발이 남색꾼의 양첩끼리 싸움이 붙었네? 그래, 빨리 머리끄덩이 잡고 맞겨뤄봐. 누구 후장이 더 삼삼한지 까서 대보기라도 하란 말이야!"

뜻밖에 터져 나온 사람들의 야유와 비양에 아버지의 얼굴이 후끈 달아올랐다. 그 찰나에 홍은 꼬나든 단도를 높이 추켜올렸고, 누군가 그 팔목을 잡아채어 칼을 빼앗는가 싶더니, 순식간에 홍과 아버지는 한 덩어리로 뒤엉켜 개싸움을 하게 되었다. 아버지는 그 와중에도 최소한 칼을 맞고 죽을 걱정은 덜었다고 생각했다. 죽지만 않으면 살 것이다. 살면 언젠가 이 모욕을 앙갚음할 때가 올 것이다. 하지만 홍과 아버지가 엎치락뒤치락하며 모닥불가를 구르는 동안, 아버지는 홍의 팔다리가 하나둘씩 늘어나는 듯한 환각에 사로잡혔다. 그런데 그것이 환각이 아니라는 사실을 깨달은 것은 불리한 자세로 밑에 깔렸던 아버지가 전세를 뒤집어 홍의 뱃구레를 타고 앉은 순간이었다.

"이런 똥갈보 새끼! 쪽발이의 밑구멍이나 빠는 주제에 어디서 깝죽거리며 위세를 부리려고 들어? 보자 보자 했더니 우리가 전부 보자기로 뵈나? 머리에 쇠똥도 안 떨어진 놈이 죽으려고 환장을 했구나!"

사람들은 사랑에 미친 멍청이보다 그 사랑을 조롱하는 장난꾼이 훨씬 미웠던 모양이다. 정작 칼을 빼들고 달려들었던 멍청이는 뒤편짝에 제쳐두고 밉살맞은 장난꾼이자 앞잡이에게 난장질이 쏟아지기 시작했다. 그제야 아버지는 이러다가 칼 대신 주먹에 맞아 죽겠구나 싶은 생각이 들었다. 죽으면 모든 것이 끝장이다. 죽어서야 장사 밑천을 만들겠노라 이를 악물고 꼬불쳤던 돈이며 이젠 제법 의사소통이 가능해진 일본어 실력 따위가 다 무소용이다.

당황한 아버지는 어떻게든 이 상황에서 벗어나보려고 몸부림쳤다. 하지만 얼굴 없는 주먹들은 익명성에 기대어 점점 잔인하고 악랄해졌다. 누군가의 쇠주먹이 정통으로 관자놀이를 후려치자 정신이 아득했다. 누군가의 세코짚신이 옆구리를 강타하는 순간 헉, 숨이 말려들었다. 아버지는 피투성이가 된 채 흙바닥을 뒹굴며 벌레처럼 버둥거렸다.

"아무도 믿지 마라. 아무도 믿지 마! 쓰러지면 밟고, 밟히면 올라타는 게 인간의 본성이다. 친구라는 말에도 속지 마라. 네가 버러지처럼 벌벌 기면 제일 먼저 낄낄거리는 게 친구라는 놈이다."

어렸을 때 내가 친구들과 어울려 놀다 사소한 일로 다투고 돌아오면 아버지는 나를 붙잡아 앉히고 한바탕 훈계를 하였다. 그때 아버지의 눈은 사나운 빛으로 번들거렸다. 치명적인 상처를 입고 홀로 밀림을 헤쳐 나온 맹수의 눈빛이었다. 나는 눈물 자국이 얼룩진 얼굴로 크게 고개를 주억거렸다. 아버지의 말에 수긍해서라기보다 아버지의 표정이 너무 무서웠기 때문이었다.

그런데 거의 맞아 죽을 지경에 처한 아버지가 구사일생으로 살아난 것은 뜻밖의 어느 한 사람 덕분이었다.

"왜들 이러는가? 그 아이가 나라를 팔아먹기라도 했는가, 의병을 밀고하기라도 했는가? 어른들이 저지른 수많은 죄업에 비하면 그 아이가 한 짓은 아무것도 아니네. 그만들 하게나. 그러다가 정말 생사람 잡겠네!"

광분한 사람들의 몰매질을 말리고 아버지의 팔목을 잡아끌어 일으킨 것은 '생원'이라 불리던 중늙은이였다. 원체 늙숙한 사람이라 다른 일꾼들은 그를 어렵게 여겨 함부로 말을 붙이거나 낮잡지 못했다. 체구가 건장하여 그럭저럭 막일을 견뎌내는 편이었지만 본래 이 바닥에서 잔뼈가 굵은 사람이 아님은 분명했다. 뜬소문에 그는 남도 어느 마을의 포의한사였는데, 나라가 일본과 합방될 때에 의병으로 나섰던 두 아들을 토벌로 잃고 떠돌이가 되었다고 하였다. 실제로 그의 입에서 그 사연이 나온 것은 아니었지만, 그때부터 일꾼들은 저희들과 달리 문리가 트이고 점잖아 뵈는 그를 '생원'이라고 부르기 시작했다.

생원은 쌍코피를 흘리는 아버지의 얼굴을 땀내 나는 베수건으로 닦아주었다. 아버지는 입안에 고인 침을 땅바닥에 퉤 뱉어냈는데, 피와 함께 뱉은 침에는 부러진 이 서너 조각이 섞여 있었다. 그런 아버지를 바라보는 생원의 얼굴에 복잡하고 슬픈 표정이 드리워졌다.

"돌아가서 좀 쉬게. 이대로는 오늘 잔업을 할 수 없어 보이네. 십장이 물으면 적당한 사정을 둘러대주겠네."

아버지는 부러졌는지 삐었는지 알 수 없는 다리를 절룩거리며 거지굴로 가기 위해 뒤돌아섰다. 그러다 불현듯 무슨 생각인가가 머리를 스쳐 뒤돌아보니 생원은 여전히 복잡한 표정으로 아버지의 뒷모습을 지켜보고 서 있었다.

"저어, 생원……님!"

아버지는 어색한 말투로 생원을 불렀다. 오른쪽 앞니 귀퉁이가 부서져나가 발음이 샜다.

"저기…… 생원님 성씨가 무언지를 알려주시겠습니까?"
"그건 뭣하러?"
"그냥 좀 알고 싶어서……."
아마도 생원은 아버지가 목숨을 구해준 은인을 기억하고픈 마음에서 성씨라도 알고자 했던 것으로 생각했을 것이다.
"나라 없는 백성은 아비 없는 자식과 같은데 성씨 같은 게 다 무슨 소용이겠나? 떠나온 고향이 진주 하씨 집성촌이었네만, 부질없지. 다 부질없는 일이야."
아버지는 하 생원에게 고개를 숙여 꾸벅 인사하고 다리를 질질 끌며 공사 현장을 떠났다.
'하씨, 진주 하씨라……!'
때마침 생원이 나서주어 천만다행이라는 생각이 들긴 했지만, 아버지는 은혜고 은인이고 별로 마음에 품을 생각이 없는 사람이었다. 다만 아버지가 생원의 성씨를 물었던 것은 아버지가 오랫동안 품어온 꿈을 언젠가 실현할 때, 기왕이면 그 점잖은 양반을 모뜨기 위해서였다. 돈을 벌어 출세하겠노라는 아버지의 꿈에 그날 이후로 목록 하나가 더 늘어났다. 아버지는 진주 하씨가 되기로 한 것이다.

한강 인도교 공사가 끝나고 인부들이 뿔뿔이 흩어져갈 때, 아버지는 나카무라의 주선으로 남산 기슭 진고개의 일본인 잡화점에 일자리를 얻었다. 원래 그 자리는 나카무라가 홍을 위해 마련했던 것인데, 홍이 나카무라를 따라 청진으로 가면서 어부지리로 아버지의 몫이 되었다. 홍과 나카무라의 인연이 고래 심줄처럼 질기기도 했지만, 여기에는 보이지 않는 전령의 역할도 컸다. 갑자기 사라진 나카무라의 종적을 좇느라 반미치광이 꼴이 된 홍에게 나카무라가 청진의 국제 호텔 공사 현장으로 갔다는 사실을 슬며시 귀띔한 사람은 다름 아닌 아버지였다.

잡화점에 면접을 보러 갈 때, 아버지는 품삯을 모은 돈 중에 과감하게 절반을 뚝 떼어 중고 양복 한 벌을 샀다. 그리고 나머지 절반의 돈으로 거지굴에서 나와 남촌에 쪽방을 얻었다. 동대문 근처 조선인 마을의 방값이 훨씬 헐했지만, 손수레와 물장수가 분주히 오가고 아이들과 개들이 싸댄 오줌의 지린내가 진동하는 그곳에서는 살기 싫었다. '내지인'이라 불리는 일본인들이 삼 할 넘게 사는 남촌에서 아버지는 일본인 시늉을 하고 살았다. 읽고 쓰기에는 여전히 일자무식이었지만 일본어로 말하는 실력만큼은 내지 출신 점원 못지않았다.

"다이스키, 다이스키요[좋아, 좋아요]!"

아버지는 간이라도 녹일 듯한 입심으로 손님들의 비위를 맞추며 물건을 팔았다. 양복점, 포목점, 과자점, 쌀집, 조선 토산품과 게이샤집까지 빽빽이 들어선 일본인 상점가는 활기가 넘쳤다. 그리고 그 현란한 진열장을 기웃거리는 사람들 중에는 일본인보다 조선인이 더 많았다. 진고개 상가를 보아야 서울 구경을 제대로 했다고 말하던 시절이었다. 그래서 조선어와 일본어를 동시에 할 줄 아는 아버지의 몸값도 덩달아 높아졌다. 그럼에도 불구하고 아버지는 조선어를 말할 때 일부러 서투른 척 더듬거렸다. 허울로나마 일본어를 하는 조선인보다는 조선어를 할 줄 아는 일본인 취급을 받고 싶었던 것이다.

이윽고 아버지는 처음 취직했던 잡화점에서 나와 토산품 가게를 거쳐 화공 약품 가게에 자리를 잡았다. 그때쯤 촌티와 빈티는 어느 정도 벗겨졌고 꿍쳐둔 돈도 제법 쏠쏠했다. 백정 신분에 거지굴 출신으로는 이만큼도 대단한 출세였다. 하지만 고작 상점 직원으로 만족할 아버지가 아니었다. 아버지가 월급을 두 배로 올려줄 테니 눌러앉아 있으라는 토산품 가게 주인의 만류를 뿌리치고 화공 약품 가게로 옮겨간 것은 그 화공 약품 가게 주인이 대단한 투자 능력을 가졌다는 소문 때문이었다.

애초에 투자와 투기는 한 끗 차이였다. 다만 투자가 이익을 얻기 위해 시간과 정성을 들이는 것이라면 투기는 최소한의 시간과 정성으로 그 이상의 이익을 얻고자 할 뿐이었다. '투자법을 배운다'는 그럴듯한 말을 내세우며 아버지가 진짜 배우고자 했던 것이 투기 거래였다는 사실은 말로 해봤자 입만 아픈 일이다. 아버지는 하루빨리 돈을 벌고, 출세하고, 진주 하씨가 되어야 했다.

화공 약품 가게 주인 야마모토가 한창 관심을 가지고 있던 투기, 아니 투자 품목은 쌀과 콩이었다. 그는 일주일에 세 번씩 꼬박꼬박 인력거를 세내어 인천 미두시장으로 갔다. 아버지가 태어난 해에 이미 생겨났다는 인천의 미두시장은 이를테면 조선 최초의

진짜 아버지 69

주식시장이었다. 하지만 주식회사라는 개념조차 없던 때에 곡물을 선물 거래한 뒤 시세 차이를 예측해 차액을 챙기는 미두시장은 옛적 투전 노름판과 다를 게 없었다. 이미 백정 마을에 살 때에도 어른들의 퉁바리에 아랑곳없이 투전판을 기웃거렸던, 조숙하기가 금줄 풀어 줄넘기할 지경이었던 아버지는 몇 번의 눈동냥 귀동냥에 미두시장이 돌아가는 논리를 완전히 파악했다.

"흥! 조선의 숱한 재력가와 한량들이 가산을 탕진했다기에 무슨 엄청난 일인가 했더니, 그래봤자 판돈이 좀 큰 것 말고는 동네 투전판과 진배없구만!"

하지만 아버지는 의외로 신중하고 진지한 면이 있었다. 자신의 주머니에서 돈이 빠져나가는 일만큼은 엄벙덤벙 섣불리 덤벼들 수 없었다. 처음에 아버지는 조금 던져 조금 먹고 짧게 들어가 짧게 빠지는 전술을 썼다. 조무래기 투기꾼들이 흔히 범하는 실수는 한몫 크게 잡아보려고 우르르 덤벼들었다가 둑 터지면 쓸려가는 개미떼처럼 재산을 거덜 내는 데 있는데, 아버지는 절대 그들과 함께 움직이지 않았다. 투기에는 기술이고 경험이고 경륜이고 다 소용없었다. 돈 놓고 돈 먹기, 그뿐이었다. 그러니 정보력이나 금력이 월등한 일본 거래상들에게 조선인들이 맥없이 농락당하고 패가망신하는 게 당연했다.

야마모토는 절대 아버지에게 수를 가르쳐주거나 패를 보여주지 않았다. 하지만 아버지는 분하거나 섭섭지 않았다. 오히려 철저히 냉정하고 이악스러운 주인의 모습에 신뢰감을 느꼈다. 맹수들은 서로 부축하지 않는다. 정글에서는 앞서 수풀만 밟아주어도 큰 도움이다. 야마모토의 화공 약품 가게에서 일하는 동안 아버지는 화공 약품보다 더 독한 생존력을 얻었다. 전에 가게에서 일하던 조선인 점원은 화공 약품에 중독되어 코가 뚫렸다지만, 아버지는 정글 같은 세상에서 살아남는 생존 본능과 잔머리가 뻥 뚫렸다. 물론 아버지는 코까지 뚫리기 전에 얼른 야마모토의 화공 약품 가게에서 나왔다.

이때만 해도 아버지는 부자가 아니었다. 하지만 부자가 될 준비는 충분히 되어 있었다. 만세운동이 온 나라를 휩쓸고 지나간 자리에서, 스무 살의 아버지는 동물적인 후각으로 돈 냄새를 맡았다. 일본 본토의 경제 상황은 유래 없는 호황이었다. 만세운동의 실패로 패배 의식에 빠진 조선인들은 제각기 살길을 찾느라 우왕좌왕이었다. 한판 크게 벌이기 딱 좋은 형세였다.

1911년에 일본인들이 주축이 되어 만들어졌던 주식현물조합은 1920년 경성주식현물취인시장을 설치하면서 본격적으로 거래를 시작하였다. 아버지는 시장이 열리자마자 가진 돈을 몽땅 털어 주식을 샀다. 창립 당시 1주당 금액은 12원 50전이었다. 전화로 전해지는 도쿄와 오사카 증권시장의 시세 등락에 따라 미친년 널뛰기를 하는 조선 증시는 아버지의 승부사 기질을 짜릿하게 자극했다. 극도로 흥분된 상태에서도 아버지는 냉정하게 판을 읽었다. 마침내 1년 후 1주당 가격이 145원까지 올랐을 때 아버지는 비로소 손을 털고 빠져나왔다. 최고가는 147원까지 급등했다가 다시

1년 뒤 42원으로 폭락했다. 노련한 꾼들까지 부도 사태를 맞고 망연자실할 때, 아버지는 회심의 미소를 지으며 또다른 투자처를 찾고 있었다.

이제 본격적으로 그럴듯한 사업가의 풍모를 갖춘 아버지는 주도면밀하게 신분 세탁을 모색했다. 아버지의 판단대로 돈만 있으면 무엇이라도 못할 게 없는 세상에 진주 하씨 족보를 구하는 일 정도야 땅 짚고 헤엄치기였다. 구한말에야 이런저런 필요에 의한 수요가 많아 양반 족보가 금값이었다지만, 일본이 통치를 하게 된 이후로는 매매 자체가 끊긴 상태라 시세도 저렴했다.

"안동 김씨도 있고 풍양 조씨도 있고 하다못해 전주 이씨까지 있는데, 꼭 진주 하씨 족보라야 하오?"

거간꾼은 꼭 진주 하씨 족보를 구해내라는 아버지의 요구에 난색을 표하며 말했다.

"잔말 말고 시키는 대로만 해요. 으리으리한 세도가 족보도 구해낸다면서 콕 집어 그것만 못 구한다는 게 말이 되냐?"

"아니, 사실은 여기가 이렇게 상전벽해되기 전부터 오막살이집에 살던 진주 하씨네가 하나 있는데, 그 집안 바깥양반이 하도 성품이 강강하여……."

지금은 경성의 유행과 상권을 주도하는 첨단 지대지만 조선시대까지만 해도 진고개는 비가 오면 질찰흙이 개펄을 이루는 변두리 소촌에 불과했다. 그래서 남산골의 벽면서생들이나 몰락 양반 외에는 거주는커녕 출입조차 꺼리던 곳이었다. 아직까지 진고개를 떠나지 못하고 뭉그적대는 토박이라면 어지간히도 궁상스러운 형편인 게 분명했다. 아버지는 갑자기 욱하고 성질이 났다.
"어디요? 그 오막살이가. 당장 앞장을 서요, 당장!"
아버지는 끝내 거간꾼을 앞세우고 오두막에 찾아갔다. 가보니 성품이 대쪽같이 곧다는 바깥양반은 내일 당장 죽어도 놀랍지 않을 중환자였고, 허울뿐인 반갓집을 지키느라 지지리도 고생을 해 폭삭 늙은 안주인은 난생처음 본 빳빳한 현금 뭉치 앞에 사시나무 떨듯 벌벌 떨었다. 아버지는 그들의 모습을 보며 통쾌감과 불쾌감을 동시에 느꼈다. 진주 하씨 족보를 빼앗듯 사오며 아버지는 입 안에 고인 걸쭉한 침을 퉤 뱉었다.

그토록 복잡괴기한 사연이 있었기에, 몇 해 전 창씨개명의 열풍이 불 때에도 아버지는 득달같이 관청에 달려가 이름을 바꾸는 대신 이제저제하며 한참을 버텼다. 진주 하씨 대신 가와모토〔河本〕상으로 불리게 된 아버지는 어쩐지 힘이 빠지고 슬퍼 보였다. 어쨌거나 성(姓)이 두 번이나 바뀌는 기묘한 과정에서 백정의 아들 홉시는 영원히 사라졌다. 아버지는 확실히 아비 없이 홀로 세상에 우뚝 선 아들이었다.

홈, 스위트 홈

호락호락하지 않은 여자를 만나기 위한 아버지의 여정은 호락호락하지 않았다.

 아버지가 어머니를 처음 만났을 때, 아버지는 유부남이었다. 그런데도 아버지는 어머니와 결혼했다. 그에 얽힌 복잡한 사연은 형에 대해 말할 때 다시 이야기하겠다. 한꺼번에 여러 가지 이야기를 하다가는 내 머릿속의 퓨즈가 끊어져버릴 것 같아서다. 정전이 되어버리면 나는 나를 둘러싼 이 모든 운명의 장난질을 처음 알았을 때처럼 자체 발광할 것이다. 사람들은 그럴 때의 나를 꼴통이라고 부른다.
 아버지는 족보를 사 신분 세탁을 하고도 완전히 만족할 수 없었다. 진주 하씨의 조상 하공진이 거란에서 박피(剝皮)의 형을 받아 죽었다는 이야기를 들었을 때에는 우연으로서의 필연의 기이함에 몸서리를 쳤다. 아버지는 할머니가 살아생전에 혼사를 치러야 한다고 쇠고집을 피우는 할아버지에게 등을 떠밀려 얼결에 첫 번째 혼인을 하고, 할머니가 "호래자식!"이라는 쌍욕을 유언으로 남기고 죽은 후 오랫동안 별러온 무단가출을 할 때까지 딱 한 마리의 소를 잡았다. 쇠날이 할아버지가 증조할아버지에게서 물려받았던 신장으로 우공태자를 천계로 모신 것이다. 하지만 아버지는 목을 치고 물러나는 데 그치지 않고, 누가 시키지도 않았는데 가죽을 벗겨 각을 뜨는 작업까지를 일사천리로 해냈다. 우공태자에 대한 경외감이라곤 눈곱만큼도 없었을 뿐더러, 아버지는 자기 운명을 거부하긴 했지만 그 운명이 정해놓았던 일은 꽤나 좋아했던 것이다. 그때 등 뒤를 절반으로 가른 후 피부와 근육을 분리시키던 순간의 짜릿한 느낌은 여전히 아버지의 손끝에 남아 있었다. 오랑캐들은 하공진의 가죽으로 북을 만들어 고려가 있는 남쪽 하늘을 향해 둥둥 쳤다고 한다. 실제로 아버지는 첫 도축을 기념하여 소가죽으로 작은북을 만들었다. 그걸 고향 마을에 두고 온 게 그나마 다행이었다.

　아버지는 여전히 자신을 양반의 씨앗이라 믿고 족보를 사서 공식적으로 양반의 성을 얻었지만, 가죽을 벗기던 손으로 가죽이 벗겨진 채 죽은 조상을 모신다는 것은 얼마간 꺼림칙했다. 아무리 낯가죽에 철판을 깐 아버지라도 마음 밑바닥에 고인 열등감까지는 제거할 수 없었던 것이다. 그래서 아버지는 결심했다.

'진짜, 진짜 양반 출신의 여자를 찾아 결혼하자!'
아버지의 계산 방식대로라면 양갓집 규수와 결혼해야 아버지의 핏줄 속에 흐르는 백정의 피가 희석되어 자식에게 전해질 터였다. 제아무리 기괴한 논리라도 아버지의 결심이 서면 끝이었다. 아버지는 그 즉시 '진짜 양반' 출신의 여자를 찾아 동분서주하기 시작했다.

아버지는 그때 경성의 최고 번화가 혼마치 일정목 거리 뒷골목에 사무실을 열고 무역업을 한답시고 실제로는 사채놀이를 하고 있었는데, 상조회의 간사까지 맡을 정도로 상인들 사이에 평판이 좋았다. 어쨌거나 밖으로 드러나 보이는 아버지는 자수성가한 어엿한 청년 실업가였다. 중신을 서겠다는 사람이 여럿 있었고, 그중에는 심지어 자기 조카를 소개하고 싶다는 일본인도 있었다. 일본 여자와 결혼할 생각은 해본 적이 없지만 어쨌든 아버지는 감격했다. 돈에는 피가 흐르지 않는다. 민족도 계급도 없다. 오로지 본디 생긴 그대로의 가치와 역할을 다하는 돈! 아버지는 그토록 순정한 돈이 정말 좋았다.

하지만 돈을 벌어 출세를 하고 진주 하씨가 되었다고 해서 마음에 드는 여자까지 쉽게 얻으리라는 법은 없었다. 무엇보다 아버지는 일본어는 물론 조선어도 듣고 말할 줄만 알지, 읽고 쓰는 데는 일자무식이었다. 그런데도 아버지는 가정교육은 물론 기왕이면 신식 교육을 받은 여자를 원했다. 가재는 게 편이요 솔개는 매 편이요 초록은 한 빛이라, 그런 여자들은 그런 남자들과 끼리끼리 어울리기 마련이라는 걸 알면서도 말이다. 여기에는 물론 호락호락하지 않은 여자를 좋아하는 우리 집안의 내력이 작용했으려니와, 밑바닥에서 맨손으로 시작해 스스로 일어난 자의 보상 심리가 있었다. 한마디로 아버지는 상장이나 트로피, 아니 훈장 같은 아내가 필요했던 것이다.

'위 사람은 불리한 조건에 불우한 처지를 딛고 마침내 목적을 달성했기에 그를 치하하여 이 훈장을 수여함!'

아버지는 상조회 청년 모임 회원들과 함께 동아부인상회의 창립 기념 음악회에 갔다가 처음으로 '신여성'이라는 말을 들었다. 음악회 자체가 처음이었던 아버지는 행여 졸기라도 하여 망신을 당할까 봐 미리 낮잠을 두 시간이나 자둔 터였다. 음악회는 예상대로 따분했지만 아버지는 그 따분함을 견디고 있는 자신이 흡족하여 음악이 연주되는 내내 여유 있는 미소를 띠고 있었다. 그때 음악회에 혜성같이 등장한 '신여성'이 바로 동경음악학교 성악과에 다니다가 귀국한 윤심덕이었다.

"저 여자구먼! 저 여자가 바로 동경 유학을 할 때 침을 질질 흘리며 따라다니는 청년 신사들의 수를 셀 수가 없다고 소문이 자자했던 윤심덕이야!"

"홍난파에 채동선에 우모에 박모에, 스캔들 파트너만 해도 한 손에 다 꼽을 수가 없다더군. 박정식이란 청년은 상사병으로 죽기까지 했다지?"

"지금 나이가 스물여덟이면 노처녀도 아니고 노파구먼! 그런데 키가 후리후리한 것이 몸맵시가 묘해서 도무지 그 나이로 뵈지 않는걸? 조선 유일의 소프라노라고 콧대가 높던 임배세의 시대도 이제 끝난 모양일세. 저 옥쟁반에 구슬 구르는 소리 좀 들어봐!"

모모 상회 사장이란 이름을 명함에 박고 다니며 경성에서는 방귀깨나 뀐다는 사내들이 늙은 여가수의 등장에 흥분하여 수런대는 모양을 보고 아버지도 덩달아 흥분했다. 윤심덕의 별명이 '왈녀'라는 이야기까지 듣고 나니, 자신이 찾던 여자가 바로 저런 여자라는 생각이 들었다. 음악회가 끝나고 이어진 술자리에서는 저마다 맥주 거품을 입술에 묻힌 채 한바탕 신여성 품평회가 벌어졌다.

"김원주에 나혜석에 윤심덕까지! 이제 조선의 여자계도 르네상스를 맞게 되는 건가?"

장사꾼은 장사꾼일 뿐이라고 자조하기도 하지만 어쨌거나 대부분의 청년 사업가들은 중등 교육 이상을 받은 이들이었다. 온몸으로 벌레처럼 기어 이 자리까지 올라온 백정 출신의 아버지와는 태생부터가 달랐다. 대구 갑부 누구 아들, 평양 무슨 병원집 아들, 전주 알부자 누구 아들……. 아무리 주눅 들지 않으려 기를 써봐도 때로는 살가죽이 다 벗겨지는 것만 같은 수치심을 느끼지 않을 도리가 없었다. 당장에 아버지는 '스캔들 파트너'에 '소프라노'에 '르네상스'까지, 쏟아지는 꼬부랑말의 뜻을 이해하지 못해 와이셔츠 겨드랑이가 척척해져가고 있었다.

좌중의 화제는 신여성이 구여성과 무엇이 어떻게 다른가로 옮겨지고 있었다. 아버지는 짐짓 무심한 척 맥주잔을 기울이며 대체 사내들을 이토록 흥분케 하는 '신여성'이란 족속의 정체가 무엇인가를 파악하는 데 신경을 곤두세웠다.

"천도교 지도자 이성환이 신여성이 갖춰야 할 일곱 가지 덕으로 꼽은 것이 있지 않은가? 우선 신여성은 지식이 있으므로 이해력이 있을 것이로다."

"옳거니! 구여성처럼 기막히게 답답하지는 않겠지."

"또한 신여성은 위생 관념이 있고, 가사 처리를 과학적으로 할 것!"

"그래, 만세운동 직후 중국으로 망명한 신채호도 비싼 생우유를 사다 줬더니 온도와 시간을 조절하지 못해 아들을 우유에 체해 죽게 만든 아내에게 절망해 이혼하지 않았던가? 가족 중에 병자가 있으면 구여성이야 미신을 따르지만 신여성은 냉큼 병원에 가겠지. 신여성이냐 구여성이냐가 죽고 사는 문제까지 좌지우지하는 경우지."

"그뿐인가? 사업을 하는 우리에게 진정한 파트너(새로운 서양 말이 다시 등장하자 아버지는 갑자기 사레가 들어 손수건에 얼굴을 묻고 한참을 캑캑거렸다)가 될 만한 인물이 신여성이지. 구여성은 수입 지출의 개념도 갖지 못하지만 신여성은 계산이 밝아서 가정 일기 하나라도 쓰지 않는가?"

이 대목에서 청년 사업가들은 일제히 잔을 들어 부딪쳤다. 그토록 알뜰살뜰 쓰임새도 많은 신여성과 만나지 못하고 집안이 정해 준 구여성에 코를 꿰인 처지가 대부분인지라 건배하는 얼굴들이 그림 속의 떡을 보고 입맛 다시듯 씁쓸했다. 그때 누군가가 아버지를 향해 말했다.

"조실부모하고 타향살이하는 하 사장이 부러운 날이 있을 줄 몰랐네. 어쨌거나 하 사장은 무궁무진한 가능성과 기회를 가진 독신이 아닌가?"

갑자기 아버지는 기분이 좋아졌다. 여기서 아버지는 부모를 잃고 고향을 떠나온 혈혈단신의 외로운 미혼이었다. 조상 누대로 살아온 고향에 번듯한 양친과 조강지처를 둔 기혼남들이 모두 부러워하는. 아버지는 적잖이 나온 맥주 값을 혼자서 몽땅 계산해 버렸다.

음악회에 가길 잘했다. 무슨 음악을 들었는지는 하나도 기억나지 않지만 지금까지 뜬구름 잡듯 생각했던 신붓감의 기준이 명확해졌다. 과학적인 지식을 가지고 자녀 양육을 바로 하는 신여성, 편지나 전보를 볼 줄도 알고 보낼 줄도 아는 신여성, 일의 동무가 되어 원고도 써주고 장부도 정리하고 서물도 대독하는 신여성! 그 신여성을 마누라로 척 들어앉히고야 말 것이다.

비틀거리며 집으로 돌아오던 아버지는 골목 어귀 전신주에서 바지춤을 헤치고 팽팽하게 부풀어 오른 오줌보를 시원하게 비웠다. 지나가던 똥개 한 마리가 친구하자는 듯 다가와 한쪽 다리를 들어올렸다. 평소 같으면 뱃구레를 인정사정없이 내질렀을 테지만, 기분이 한없이 좋았던 아버지는 킬킬거리며 똥개의 벌건 사타구니를 쳐다보았다. 아버지와 눈이 마주친 개는 어리둥절한 표정을 지으며 부르르 몸을 떨었다.

 사실 아버지가 처음에 목표로 삼았던 여자는 어머니가 아니었다. 어머니의 '베스트 프렌드'로 이화학당에 다니던 양희라는 여학생이 아버지의 거미줄 안에 걸려든 첫 번째 여자였다. 양희는 기생 강명화가 몇 해 전 선보여 장안의 화제가 되었던 단발머리를 하고 다닐 만큼 '울트라 모던'한 말괄량이였다. 반면 어머니는 약간 구식의 분위기를 풍기는 경성여고보에 재학 중이었으며, 기껏해야 개화기에 이미 유행한 검정 통치마에 구두를 신고 다녔다. 같은 고향 출신인 두 사람은 학교는 달랐지만 늘 쌍둥이 자매처럼 붙어 다녔고, 그래서 어머니는 자연스럽게 아버지와 친구의 데이트에 끼게 되었다. 둘만의 데이트는 지나치게 남의 이목을 끌기에 쌍쌍이 더블데이트를 하거나 주로 여자 쪽 친구들이 한두 명 끼어 무리로 만나던 시절이었다.

 하지만 양희와 어머니는 단짝이라 하기엔 여러모로 대조적이었다. 한마디로 양희가 빛이라면 어머니는 그림자였다. 해주에서 보통학교를 함께 다녔지만 연평도의 조기잡이 선단에 수십 척의 배를 소유한 아버지를 둔 양희와, 10여 년 전 선대로부터 물려받은 연백평야의 옥토를 독립운동 자금으로 기부하고 이른바 '안명근 사건'으로 옥고까지 치른 아버지를 둔 어머니의 처지는 사뭇 달랐다. 명분과 내용이야 어찌 되었든 양희는 부잣집 딸이었고 어머니는 빈털터리 불령인의 딸이었다. 남들이 다 존경한다 어쩐다 하여도 어머니는 외할아버지를 이해하지 못했다. 이해하지 못할뿐더러 미워하고 원망했다. 평생 사랑방에 틀어박혀 글만 읽던 촌샌님 주제에 나라를 구하겠노라고 선산 땅문서까지 갖다 바친 외할아버지를 생각하면 기가 막히고 코가 막혔다.

'수신제가치국평천하는 공으로 읽으셨나? 그 잘난 나라를 구하시려고 가족들의 안위 따윈 개에게나 던져주시겠다고?!'

양희가 음악회를 간다, 전람회에 간다, 영화관에서 라모네(레모네이드)를 빨며 최신작들을 섭렵하는 사이에, 어머니는 더부살이하는 외당숙네서 각다귀 같은 아이들의 숙제를 봐주고 학비 조달을 위해 수예품을 만들며 이를 득득 갈았다.

"양희 씨와 정선 씨는 좋은 곳을 고향으로 두셨군요."

"예, 황해도는 참 아름다운 곳이지요. 계운 씨는 황해도에 가보신 적이 있나요?"

"일전에 우리 상조회에서 총독부 재무국 직원들을 모시고 백천온천에 휴양을 갔었지요."

"연백에 있는 백천온천 말씀이셔요? 맞아요, 거기 물이 참 좋지요. 걸음하신 김에 풍광 좋은 장연해변에도 들러보셨나요?"

"아, 시간이 촉박하여 장연까지는 가보지 못했습니다. 거기가 그리 좋은가요?"

"바다 빛이 곱기는 동해바다고 모래가 곱기는 서해바다란 말도 있잖아요? 제가 진즉 계운 씨를 알았다면 연평도까지 구경시켜드릴 수 있었을 텐데 아쉽네요."

"연평도라면 양희 씨 아버님의 사업 무대 아닙니까? 정말 저를 아버님께 소개하실 정도로 생각해 주시는 겁니까? 그렇다면 저야 단번에 조선에서 가장 운 좋은 사내가 될 테지만 말입니다."

"어머, 계운 씨, 그런 뜻으로 해석하시면 곤란하지요. 떡 줄 사람은 생각도 않는데 김칫국부터 마신다는 속담을 계운 씨께 들려드리고 싶네요."

하하, 호호, 깔깔! 아버지와 양희가 방정을 떨며 요망스러운 웃음을 터뜨리는 동안, 어머니는 쓴웃음을 입에 문 채 발끝으로 흙바닥을 하비작거렸다. 백천온천과 장연해변은 고관들과 선교사들과 조선인 상류 계층을 위한 유흥지로 유명한 곳이었다. 거리마다 대형 호텔과 여관과 기생집이 늘어서 돈 잔치를 벌인다는 소문이 자자했다. 하지만 어머니는 그로부터 멀지 않은 데 살면서도 유람은커녕 구경조차 하지 못한 터였다.

타인과 비교를 하는 순간부터 불행이 시작된다지만, 어머니는 이토록 노골적이고 무자비한 열패감을 견딜 수가 없었다.

'모범상은 언제나 내 차지였고 공부도 내가 더 잘했어. 따지고 보면 얼굴도 빠질 것 없지. 양희 저 계집애의 뽀송뽀송한 피부는 매일 아침 두들겨대는 박가분 덕택인걸. 밤에는 파리에서 수입한 크림까지 바른다지. 그렇게 기생처럼 낯가죽에 돈을 처발라대는데 예뻐지지 않을 여자가 어디 있어? 이화학당에 다닌다고 턱을 쳐들고 다니는 것도 웃겨. 경성여고보에서 학비 면제를 약속 받지 않았다면 나라고 그깟 학교 못 갔을까 봐?'

마음속에서 시샘과 울화가 부글부글 끓었지만 어머니는 그럴수록 무표정하고 도도한 자세를 취했다. 양희가 헤픈 웃음을 흘리면 쌀쌀맞게 눈을 흘겼고, 양희가 아버지와 테니스를 치는 동안에는 끝까지 고집을 피우며 그늘에서 책을 읽었다. 어쨌거나 어머니는 양갓집에서 자신의 감정을 숨기는 교육을 잘 받고 자란 여자였다. 고상한 마음과 우아한 취향까지는 갖추지 못했어도 고상한 척 우아한 척하는 데만은 자신 있었다.

폭풍우로 산사태가 나고 집이 무너져도 그게 다 음탕한 젊은것들의 연애질 탓이라는 목사의 설교가 있던 시절이었다. 만세운동 이후 뜻있는 사람들은 해외 망명을 하거나 지하로 숨어들고, 거리거리에는 마음 붙일 곳 없는 가랑잎 같은 젊은 영혼들만 우울과 퇴폐의 소슬바람에 쓸려 다녔다. 서늘한 세상에서 그나마 뜨거운 것이 연애뿐이었다. 서대문에서 출발해 청량리 종점까지 가는 전차는 데이트를 하는 남녀로 항상 붐볐다. 춘천이나 청평은 알아주는 교외 유람지로 손꼽혔다. 풀장과 욕장 등 신식 놀이 시설이 잘 갖춰져 있는 인천 월미도 유원지도 빼놓을 수 없었다. 시내에서는 한강 인도교가 어깨를 나란히 하고 다정히 걸으며 사랑을 속삭이는 연인들의 천국이었다.

넉살이라면 변죽을 치고 넘는 아버지는 눈도 깜짝 않고 자기가 막일꾼으로 등짐을 져 날랐던 한강 인도교로 양희와 어머니를 인도했다.

"강바람이 참 시원하지요? 답답했던 가슴이 확 트이는 기분입니다."

"그러네요. 저기 흘러가는 강물 좀 보세요. 꼭 잉크를 풀어놓은 것처럼 짙푸르네요. 아, 저기 저 청년들은 보트를 타고 뭘 하는 건가요?"

"경주를 벌이려 하나 봅니다. 요즘 보트 경주가 한창 유행이라지요."

"아아, 멋지네요. 정말 청춘은 아름다워요!"

양희와 어머니를 만나러 나올 때 아버지는 한껏 멋을 부린 차림새였다. 가죽 구두는 파리가 앉았다 낙상할 만큼 빤질빤질 광이 나 있고, 쥐색 양복에 줄을 세워 다린 바지는 만지면 손이라도 베일 듯 빳빳했다. 하늘에는 먹구름 한 점 없는데 레인코트를 팔에 척 걸치고, 눈이 나쁠 일이라곤 해본 적도 할 일도 없으면서 둥근 뿔테 안경을 쓰고 있었다. 거기에 화룡점정으로 줄을 늘인 금시계까지 꿰어 차니, 땅딸보에 갈고리눈인 아버지도 제법 세련된 멋쟁이였다.

양희 역시 경성 신사에 뒤지지 않는 양장미인이었다. 쌀 두 가마와 맞먹는 가격의 하얀 굽 높은 구두를 신고 햇살이 튕겨져 나가는 흰 양산을 들었다. 화장법은 한창 유행하는 대로 시커멓게 눈썹을 그리고 짐승이라도 날로 잡아먹은 듯 입술에 붉은 연지를 잔뜩 칠했다. 얕은 코는 조금이라도 높아 보이도록 하얗게 분을 바르고 좁은 이마를 가리기 위해 머리털을 끌어내려 눈썹까지 붙였다. 반지와 금시계는 번쩍번쩍 빛나고, 바람이 불 때마다 날리는 헤치마[수세미] 코롱 향내까지…….

　양희와 아버지가 수작을 벌이는 동안 어머니는 인도교 난간에 기대어 선 채 말없이 강물을 내려다보고 있었다. 어쩌다 생기는 돈을 아껴 모아 큰 맘 먹고 한 켤레 사 신은 고무신이 어찌나 촌스러워 보이는지 치마를 끌어내려서라도 발을 숨기고 싶었다. 제 딴에는 멋을 부린다고 털실로 짠 자줏빛 목도리를 둘렀는데, 아직 날씨가 차지 않아 목덜미에 진득진득 땀이 찼다.

　'내 꼴이 꼭 이몽룡과 성춘향의 데이트에 망보러 따라 나온 향단이로구나!'

　어머니는 양희와 아버지로부터 우측으로 두어 발자국쯤 떨어진 곳에 서서 스스로를 향해 실소했다. 강바람이 갈래머리를 풀어헤치고 온 어머니의 뺨을 어지러이 스쳤다. 아무리 익숙해져도 번번이 더러운 것이 들러리를 서는 기분이었다. 하지만 어머니는 평소처럼 벤치에 우두커니 주저앉아 있는 편을 택하지 않았다. 나무 벤치는 좌측에 놓여 있었다. 그 와중에도 어머니는 왼편에서 바라본 자신의 옆모습이 오른편보다 낫다는 걸 계산하고 있었던 것이다.

　그렇다고 어머니가 처음부터 아버지를 의식했거나 딴마음을 품고 있었던 것은 아니었다. 하지만 아버지는 처음부터 어머니를 의식하며 딴마음을 품고 있었다. 양희와 데이트를 하면서도 아버지는 끊임없이 어머니와 양희를 저울질했다. 아버지는 연애가 아니라 결혼을 해야 했다. '양갓집' 출신의 '신여성'과.

　양희나 어머니나 외모는 별반 차이 없이 그럭저럭 반반했다. 양희의 미모가 화려하다면 어머니는 좀 소박한 대신 우아하고 고상하다고나 할까. 하지만 사실 아버지는 신붓감의 외모 같은 건 신경 쓰지 않았다. 기생집이나 게이샤집에 가면 얼마든지 입맛대로 예쁜 여자, 귀여운 여자, 잘빠진 여자를 만날 수 있는데 굳이 결혼할 여자에게 미모를 기대할 필요는 없다는 생각이었다. 양희는 데리고 나가면 누구나 한 번씩 뒤돌아볼 정도로 확 튀는 외양을 하고 있었지만 그게 돈의 힘이라는 것쯤은 아버지가 더 잘 알았다. 무엇보다 양희를 결혼 상대로 선택하는 데 망설여지는 점은 그녀의 집안이었다. 연평도에서 여러 척의 배를 소유하고 조기와 돈을 그러모으는 조씨는 아버지의 뒷조사에 의하면 본래 외거노비 출신이었다. 노비나 백정이나 오십보백보, 아버지가 그토록 중시하는 '양갓집'의 기준에는 턱없이 모자랐다. 풍양 조씨나 한양 조씨의 족보를 내세울지라도 실상인즉 조기 조씨나 다름없을 터였다.

아버지는 온몸으로 바람을 맞으며 그림자처럼 조용히 서 있는 어머니의 '왼편' 얼굴을 흘깃흘깃 쳐다보았다. 양희의 집안이 마음에 차지 않는 순간부터 아버지는 봉 아니면 꿩, 꿩 아니면 닭이라고 어머니를 곁눈으로 살피기 시작했다. 해주에서 알아주는 명문가 출신이라는 말만으로 아버지의 가슴은 설레었다. 집안이 쫄딱 망한 까닭이 독립운동 자금을 대다가 적발당했기 때문이라는 것도 생각해 보니 그럴듯했다. 독립이고 운동이고 쥐뿔도 모르고 관심도 없는 아버지였지만 세상이 언제 어떻게 요동칠지 모르니 발가락 한 개 정도 그쪽에 슬며시 걸쳐두는 것도 아주 나쁘지 않겠다 싶었다.

무엇보다 아버지가 어머니에게 점점 끌리게 된 것은, 우리 집안의 오랜 내력, 호락호락하지 않은 여자를 좋아하는 기질 때문이었다.

"우리, 이번 겨울엔 스키장에 갑시다."

"어머, 스키장요? 그거 참 근사한 계획이네요!"

"원산에서 기차를 타고 삼방까지 가서 며칠 묵었다 오는 거예요. 삼방의 스키장은 눈이 많이 오고 계곡이 유려해서 관광하기에 그만이랍니다."

"안변군 삼방 말씀이셔요? 거긴 질병에 효험이 있다는 약수로도 유명하잖아요?"

"그래요. 탄산천 약수로 온천도 하고 스키도 타고, 일석이조(아버지는 한자는커녕 한글도 못 읽고 쓰면서도 적절한 자리에 문자를 쓰는 데만은 놀라운 재능을 갖고 있었다)죠!"

"그래요, 우리 그렇게 해요! 얘, 정선아. 너도 같이 갈 거지? 길고 긴 겨울 방학 내내 집 안에 틀어박혀 있어봐야 뭐하니? 계운 씨 덕분에 함경도 유람이나 실컷 하자고!"

양희는 부잣집 외동딸로 귀애 받고 자란 여자답게 구김살이라곤 없었다. 하지만 시시때때로 자존심을 구기며 살아온 어머니의 반응은 절친한 친구의 무람없는 호의에도 꼬깃꼬깃했다.

"난 못 가."

"왜? 부모님이 허락하지 않으실까 봐? 내가 너희 어머니께 잘 말씀드릴게. 딸을 서울로 유학까지 보내신 분인데 그 정도야 이해

못해주시겠니?"

 순진하기가 쑥 같은 양희는 코맹맹이 소리에 양 어깨를 번갈아 흔드는 특유의 교태를 부리며 어린애처럼 보채었다. 경성에 가겠노라고 야반도주를 하다시피 고향을 떠난 딸을 반쯤 포기해 버린 외할머니 외할아버지를 설득하는 일이야 아무것도 아니었지만, 정작 어머니의 걱정은 따로 있었다. 스킨지 키슨지 이름도 민망스러운 그걸 타러 가려면 눈밭에서 뒹굴기에 그럴듯한 복식을 갖춰야 할 텐데, 용돈은커녕 친척집에서 더부살이를 하는 처지인 어머니가 그걸 마련할 요량이 있을 리 없었다.

 "겨울 방학엔 집안일도 도와야 하고 밀린 공부도 보충해야 하고······. 아무튼 난 못 가니 너나 가서 재미있게 놀다 와."

 "놀러 가봤자 며칠씩이나 논다고? 길어봤자 이삼일 아니겠어? 그러지 말고 같이 가자. 우리 엄마는 너라면 철석같이 믿으시는데, 네가 못 가면 나도 못 가잖아."

 순진한 데다 눈치까지 없는 양희가 계속 조르는 통에 어머니는 점점 더 기분이 나빠지고, 서러워지고, 우울해졌다.

 "정선 씨, 다시 한 번 생각해 주세요. 일체 경비는 제가 다 대겠습니다. 함께 여행하는 것만으로도 영광이니 부담은 전혀 갖지 마세요."

 그때 눈치가 너무 빨라서 문제인 아버지가 던진 한마디에 어머니는 마침내 폭발하고 말았다. 울고 싶은데 얼뺨 때리는 격으로 정곡을 찌른 아버지의 말에 그동안 참고 참았던 눈물이 한꺼번에 터진 것이었다. 어머니는 '오른편' 얼굴을 가릴 틈도 없이 도망치듯 자리를 피했다. 어머니의 오른편 얼굴에는 세 살 때 앓았던 마마 자국 몇 개가 오롯이 남아 있었다. 어쨌거나 아버지가 어머니를 결정적으로 낙점한 것은 그 '오른편' 얼굴을 본 순간이었다.

어머니는 늘 쌀쌀맞고 도도했다. 돈도 없고 내세울 것이라곤 별로 없는데도 그랬다. (사실 어머니는 돈도 없고 내세울 것이라곤 아무것도 없었기에 그럴 수밖에 없었다. 열등감을 숨기기 위한 포장지로는 자존심만 한 게 없으니까.) 아버지는 찬바람이 쌩쌩 부는 어머니의 태도에 승부욕과 도전 정신과 불끈 솟구치는 수컷으로서의 정복 본능을 느꼈다. 도살장에 끌려 들어가지 않으려고 네 다리로 앙버티며 용틀임하는 소에게 마취제처럼 감김치를 퍼 먹일 때의 기분이라고나 할까.

그에 비하면 양희는 너무 쉬웠다. 손을 잡으면 몸이 따라와 안기고, 입술을 더듬으면 가슴팍을 들이밀었다. 그러다 제풀에 자빠져 코를 꿰기 전에, 아버지는 양희를 차고 어머니를 선택했다. 어머니는 양갓집 출신에 신여성이었고, 결정적으로 윤심덕의 모교인 경성여고보에 다니고 있었다. 모든 것이 딱딱 맞아떨어졌다. 아버지의 선택이 단호했던 이유는 이런 명쾌할 수밖에 없는 단순함 때문이었다.

어렸을 때 우리 가족은 겨울철마다 스키장에 갔다. 거지반 강권에 가까운 어머니의 주장에 의한 것이었다.

"매운 겨울바람을 쐬어야 피부가 튼튼해져요. 추위에 면역성이 생기면 더위에도 강해지기 마련이고요."

하지만 나는 그 함경도 계곡의 칼바람 때문에 평생의 지병인 발가락 동상을 얻게 되었다. 어쨌거나 공식적으로 따뜻한 남쪽의 도시 진주 출신인 아버지는 스키장에 가도 좀처럼 여관에서 나오려 하지 않았다.

"여기까지 와서 이게 뭐예요? 다들 가족들과 함께 스키를 타며 즐기고 있는데, 나 혼자 나가라고요?"

어머니의 눈이 감파랗게 빛났다. 단순한 불평이나 앙탈이 아닌 분노와 증오로 사무친 눈빛이었다. 나는 뜨겁게 달군 팥 주머니 속에 발가락을 묻고 꼼지락거리며 여관방에 누워 버티는 아버지와 그 아버지를 매섭게 쏘아보고 있는 어머니 사이에서 눈치를 보았다. 긁어도 긁어도 얼음이 박힌 발가락은 가렵기만 했다.

"타고 싶은 사람이나 실컷 타쇼. 난 좀 내버려둬. 피곤해. 꼼짝도 하기 싫다고."

러시아에서 일본을 거쳐 수입한 담비 가죽옷에 코사크 캡을 쓴 어머니는 스크린에서 막 빠져나온 여배우처럼 보였다. 스키 여행을 준비할 때마다 어머니가 복장과 장비에 얼마나 신경을 쓰는지는 아버지도 잘 알고 있었다. 그토록 강박적일 정도의 집착이 어떤 기억에 대한 보상 심리인지도, 논리적으로야 설명하지 못하지만 충분히 느끼고 있었다.

"알았어요. 당신이 원하는 대로 다 해봐요. 윤식이 너는…… 너도 아버지랑 같이 구들장이나 지고 죽칠 거니? 좋아, 마음대로 해. 억지로 코뚜레를 끌고 나갈 수야 없지. 경식아, 장비 챙겨라. 우리 둘이라도 타러 가자."

어머니는 결국 형을 이끌고 밖으로 나갔다. 1931년에 제1회 조선스키대회가 열렸던 삼방 스키장의 슬로프는 다양한 난이도의 코스를 즐길 수 있어서 스키어들 사이에 인기가 높았다. 그래봤자 이름을 대면 알 만한 상류층들끼리의 오락이니, 정작 스키 자체보다 사교가 더 중요한 코스인 셈이었다. 어머니가 굳이 아버지와 나까지 끌고 나가고 싶어 했던 이유도 그것이었다. 단란한 가정, 원만한 가정, 명랑한 가정. 어머니는 온 세상에 그것을 보여주고 싶어 했다.

아버지와 어머니는 어쨌거나 '자유연애'를 통해 결혼했다. 돈을 벌어 출세하고 진주 하씨가 된 아버지는 양갓집 출신의 호락호락하지 않은 신여성인 어머니를 낚아챘다. 아버지의 꿈과 계획대로 모든 것을 이룬 셈이다. 하지만 아버지의 구애를 받아들인 어머니의 심리는 한마디로 설명하기에 어려운 면이 있다. 어찌 되었거나 배울 만큼 배우고 알 만큼 아는 어머니가 허세와 과장으로 포장된 아버지의 실체를 아예 눈치채지 못했다는 것은 아무래도 믿기 어렵다. 조선에서 제일 솜씨가 좋다는 제본공에게 맡겨 조선에서 제일 비싼 실과 종이로 포장한 족보에 대해서도 어머니가 전혀 몰랐다고는 장담할 수 없다.

더군다나 어머니가 아버지를 받아들이는 데 있어서의 가장 큰 난관은 그가 바로 자신의 '베스트 프렌드'와 사귀던 남자였다는 사실이었다.
"네가, 네가 어떻게 나한테 이럴 수가 있어?"
누군가에게 배신을 당하면 사람들은 왜 하나같이 그렇게 말하는 걸까?
"네가 어떻게 나한테 이럴 수 있냐고!"
대부분의 범죄는, 사기나 살인까지도, 모르는 사람보다는 아는 사람에게 더 많이 당하는 법이다. 아니까 속이기도 하고 죽이기도 하는 것이다. 배신이야 더더군다나 말할 것이 없다. 배신을 당했다고 생각하는 건 그 이전에 믿고 기대하고 의지했다는 증거다. 내가 어떤 사람을 믿고 기대하고 의지하는 일을 아예 않기로 마음먹은 까닭도 배신을 당하지 않기 위해서다. 배신의 결과물로 태어난 내게 그것은 태내에서부터 학습한 생존 본능일지도 모른다.
양희는 실연의 충격으로 자살 시도까지 했다. 기생 강명화를 따라 단발을 했던 그녀였기에 기생 강명화가 했듯 약을 먹었다. 그러나 강명화에게 연인 강병천은 목숨을 걸 만큼 지극한 사랑이었지만, 양희에게 아버지는 그 정도로 대단하고 끔찍한 사랑은 아니었다. 그래서 양희는 약을 먹고도 죽지 않았고, 비련의 여주인공이 되어 동경 유학을 떠나는 것으로 그 시끄럽기만 하고 별 실속도 없는 연애 사건을 끝냈다.
그런데 놀라운 것은 절친한 친구가 죽겠노라 약을 먹고 소동을 벌이는 가운데서 보인 어머니의 태도였다. 어머니는 애초에 아버지의 구애에 대해 시큰둥하고 시답잖아했는데, 어머니의 마음이 열리기 시작한 것은 양희의 음독 소동이 벌어지면서부터였다. 양희의 아버지인 조 선주가 경성까지 몸소 찾아와 아버지의 멱살을 잡는데도 아버지는 눈썹 하나 깜짝하지 않고 외쳤다.

"제가 선택한 여자는 양희 씨가 아니라 정선 씨입니다!"

하지만 진실을 곰파고 들자면 아버지의 이 말은 당당하고 도발적인 사랑의 선언 같은 게 아니었다.

"담보를 걸 테니 삼십 원을 융통해 달라고? 그럼 그깟 쓰러져가는 오막살이 말고 선산의 땅문서를 내놔!"

집과 땅 중에 값어치가 더 나가는 땅을 담보물로 취하듯, 아버지는 그저 돈은 있으나 집안이 못한 여자보다 돈은 없어도 집안이 좋은 여자를 택한 것뿐이었다. 조 선주의 으름장에 굴하지 않고 굳건한 태도를 취했던 것도 자신의 계산이 옳다는 확신이 있었기 때문이었다. 아버지는 절대 복잡하게 생각해서 이해하려 해서는 안 되는 사람이다.

그런데도 세간의 떠들썩한 소문 속에서 아버지는 갑자기 연애지상주의자가 되었고, 그 상대인 어머니는 사랑과 정열의 화신이 되었다. 자수성가한 청년 실업가와 미모와 재능을 갖춘 두 신여성의 삼각관계! 이광수의 베스트셀러 『무정』을 연상시키는 연애담에 호사가들은 누가 선형이고 누가 영채인가를 놓고 한바탕 입방아를 찧기도 했다. 그 전설을 완성시킨 것이 바로 양희의 자살 소동이었음은 두말하면 잔소리다.

그저 침묵을 지키며 모르쇠하고 있었을 뿐인데, 사람들은 어머니를 소설의 주인공으로 만들었다. 조금 당황스럽긴 했지만 어머니는 자고 나니 갑자기 유명해진 현실이 나쁘지 않았다. 지금까지 있으나 없으나 투명 인간 취급하던 급우들이 핼금핼금 곁눈질을 하며 수군거리는 모양이 흐뭇하고 통쾌하기까지 했다. 그래서 굳이 나서서 내막은 이러저러하다고 말할 필요를 느끼지 못했다. 실제로는 아버지와 단둘이 데이트를 한 적이 한 번도 없음을, 셋이 만나 먹고 놀러 다니는 중에도 긴장 어린 삼각관계는 아예 없었고 자신은 다만 그림자 같은 들러리였음을, 사실은 아버지가 어떤 사람인지 거의 알지 못한다는 것을, 어머니는 아무에게도 말할 수 없었다.

다시 내 어린 날의 기억 속에 남은 스키장의 풍경으로 돌아가자면, 뜨끈뜨끈하게 군불을 지핀 여관방에서 한잠을 늘어지게 자고 깨어났지만 그때까지도 형을 이끌고 스키를 타러 나간 어머니는 돌아오지 않은 상태였다. 옆에서 코를 드르렁거리며 잠들었던 아버지도 어느새 사라지고 없었다. 아마도 인근에 조성된 관광 단지 환락가에 출두한 모양이었다.

바야흐로 '에로 서비스'라는 요상한 말이 신조어로 유행하고, 일본의 '에로 낭자군'이 조선으로 몰려들던 시절이었다. 심지어 남촌 진고개에는 독일이나 러시아에서 온 여자를 고용한 카페까지 생겨났고, 북촌에서는 이에 대항해 조선 여배우들을 끌어내 카페 여급으로 내세울 정도였다. 이에 따라 아버지의 취향도 날로

잡식성으로 변해가, 기생과 게이샤와 서양 여급은 물론 경성과 인천과 삼방의 '에로 낭자군'을 다양하게 섭렵하기에 이르렀다. 그래도 아버지는 자신이 충분히 가정적이며, 그 정도 외유는 전혀 심각하지 않다고 생각했다. 아버지 역시 어머니와 마찬가지로 우리의 '모던 가정'을 깬다는 것은 꿈에도 생각지 않았다.

여관방에 홀로 남은 나는 배가 고팠고 좀 무서웠다. 그래서 식어버린 팥 주머니에서 발을 빼내어 어머니와 형을 찾아 나섰다. 함경도의 추위는 지독했다. 다들 기가 막히게 좋다는 삼방 스키장의 풍경이 내 눈에는 을씨년스럽기만 했다. 어느 찻집에선가 축음기에 건 이애리수의 노래가 시적시적 흘러나왔다.

 아아 가엾다 이내 몸은 그 무엇 찾으려고 끝없는 꿈의 거리를 헤매어 있노라

그때 내 나이는 고작 아홉에서 열 살, 그런데 나는 분명히 그 노래 가사가 내 마음을 정확히 대변해 준다고 생각했다. 그로부터 한참 시간이 지난 후에야 그것이 나라 잃은 슬픔을 노래한 〈황성옛터〉였다는 사실을 알았지만 말이다. 어쨌거나 나는 여전히 잠기운이 가시지 않은 상태에서 배고프고 무섭고 발가락이 가려운 채로, 끝없는 꿈의 거리가 아닌 끝없는 눈밭이 펼쳐진 스키장을 헤매어 다녔다. 정말 가엾기가 이를 데 없는 어린아이였다.

그리고 그 순간, 나는 일생을 통틀어 가장 잊을 수 없는 장면을

목도하게 된다. 가파른 슬로프에서 맹렬한 속도로 스키를 타고 내려오는 한 여인, 그리고 그녀의 뒤를 바싹 쫓는 아직 앳된 소년의 모습. 무엇을 기준으로 스키를 잘 탄다고 하는지는 모르겠다. 잘 타는 기준이 '빠르기'라면 그들은 그럭저럭 중간급쯤 되었다. 하지만 '노력'을 기준으로 삼는다면 그들은 단연 최상급이었다. 그들은 정말 열심히 스키를 탔다. 팔을 세우고 몸을 비틀고 다리를 꺾는 동작 하나하나에 신경을 곤두세우고 온 정성을 기울이는 것이 역력했다. 그런데 스키는 즐기기 위해 타는 것이 아니었던가? 그들의 아슬아슬한 활강에는 재미나 즐거움을 구하고자 하는 의지가 없었다. 무언가에 쫓기는 듯, 아니 무언가를 쫓는 듯, 그들은 입술을 단단히 물고 필사적으로 눈벌판을 헤쳐 나오고 있었다. 나는 마치 삶의 어떤 이면을 훔쳐본 듯한 느낌을 받았다. 당황스러웠다.

멍하니 서 있는 나를 발견한 두 사람이 거친 숨을 씨근거리며 다가왔다. 한바탕 싸움을 치르기라도 한 양 빳빳한 긴장으로 굳은 근육과 빠르게 온몸을 흐르는 피돌기가 느껴졌다. 자기 앞의 생을 무언가를 증명하기 위한 전투라고 믿는 사람들의 과다한 결기와 독한 투지였다.

"여기서 뭐하고 있는 거야? 스키를 타려면 장비를 챙겨 나와야지."

커다란 고글로 얼굴의 절반을 가린 그들이 내게 말했다. 뜨거운 입김이 찬 공기 속으로 희뿌옇게 피어올랐다. 나는 그때까지 그들의 얼굴 절반만을 보고 살았다. 낯설기도 하고 익숙하기도 한, 그들이 나의 어머니와 형이었다.

우리 집은 항상 새 집 같았다. 언제나 금방 칠한 회 냄새와 풀에 엉긴 벽지 냄새와 화학 약품 냄새 같은 게 풍겼다. 아무도 오래 머무르지 않는, 누구도 시간만큼의 마음을 내려놓지 못한 그곳은 영원히 썩지 않는 미라 같은 집이었다. 건조한 공기는 버석버석했고, 모두들 배부르게 먹고도 흐뭇해할 줄 몰랐다. 충족되지 않는 허기의 궁전, 불만과 불행의 고대광실이었다.

외양은 꽤나 그럴듯했다. 다락방까지 딸린 2층 양옥집에 정원에는 사시사철 잔디가 푸르렀다. 일하는 사람이 여럿 있었지만, 어머니는 종종 '에이프런'을 두르고 '도넛'을 튀겨 하얀 설탕 가루에 굴렸다. 형과 나는 팥죽 단지에 생쥐 달랑거리듯 수시로 주방을 드나들며 그것을 주워 먹었다. '카레라이스'를 좋아하는 나를 위해 어머니는 자주 그것을 요리했다. 매큼하고 향기로운 강황 냄새, 어린 나는 그것이 행복의 향내라고 느끼기도 했다.

아버지의 사업은 날로 번창했다. 주식과 사채놀이로 든든한 밑돈을 확보한 아버지는 부동산으로 눈을 돌려 하루가 멀다 하고 조선 팔도를 휘돌아다녔다. 그중에서도 아버지를 고만고만한 소부(小富)에서 실속 있는 알부자로 만들어준 것은 만주사변 이후에 급격히 성장한 나남 신도시 개발이었다. 지도에 이름도 나오지 않던 촌구석이 토지 구획 정리 사업으로 300만 평에 이르는 신도시가 되면서 불과 5~6전에 불과하던 임야의 평당 가격이 적게는 백 배에서 많게는 천 배까지 솟구친 것이었다. 한 시각이라도 먼저 덤비는 놈이 더 남는 판이라는 소문에 투기꾼들이 부나비처럼 몰려들었고, 돈 냄새를 맡는 데 신묘한 재주를 가진 아버지는 그들보다 반 시각쯤 앞서 판에 뛰어들었다. 물론 아버지가 그 개발 계획을 미리 알아낸 것은 평소 기생집과 게이샤집에 장부를 만들어 둘 정도로 공들여 와이로(뇌물)를 먹여둔 총독부의 고위 관료들 덕택이었다.

그리하여 아버지는 드디어 자가용을 샀다.

"이만하면 김종성과 백명권이 부럽지 않지?"

아버지는 최초의 '마이카 족'인 경성 갑부들의 이름을 들먹이며 어깨를 으쓱거렸다. 시승식은 앞서 얘기한 바와 같이 '내가 만든 다리'를 자랑하며 한강 인도교를 지나는 것으로 거행했고, 그해 가을에는 총독부 고관들을 싣고 금강산을 탐승하는 거창한 '드라이브'를 하기까지 했다.

"해금강 가는 길목에 적벽강이라고 있거든? 거기서 뗏목에 자동차를 싣고 강물을 건너는 거야. 바퀴 밑에서 강물이 울렁출렁 흔들리는 느낌이 얼마나 기막힌지! 꼭 젖퉁이가 말박만 하고 뱃살이 푹신푹신한 서양 계집을 타고 앉은 기분이더라니까!"

아버지는 어머니가 주방에서 저녁을 차리기 위해 그릇을 달그락거리는 소리를 들으며 형과 나에게 은밀하게 속닥거렸다. 당황스럽기는 형이나 나나 매한가지였을 것이다. 하지만 형은 행여 어머니가 이 이야기를 들을세라 얼굴이 해쓱해졌고, 나는 남자들만의 세상을 안다고 으스대는 소년처럼 과장된 관심을 보이는 것으로 충격을 감췄다.

"자동차만큼 놀고 연애하기에 그저 그만인 물건이 없어. 드라이브 길로는 세종로 총독부 건물에서 경성역까지 쭉 뻗은 대로와 남산의 잘 닦인 오르막길이 제격이지. 여자를 꼬드겨서 수작을 나누기에는 한적한 용산 교외가 최고이고 말이야. 중학교를 졸업하면 곧장 경성운전자양성소에 다녀서 운전면허부터 따. 가고픈 데마다 일일이 기사 달고 다니는 게 여간 번거롭지 않거든."

아버지는 아들들에게 참으로 알뜰하고 실속 있는 정보를 전했다. 나를 망가뜨린 건 아버지다, 라고 어린애처럼 앙알거리고 싶지는 않다. 하지만 내가 망가질 수밖에 없었던 데에는 아버지의 역할이 누구보다 컸다.

어머니는 알았을 것이다. 아니, 알았다. 아버지의 천박함, 난잡함, 졸부 근성, 용감하기 이를 데 없는 무식함을. 하지만 어머니는 이미 친구에게서 애인을 '가로채는' 순간부터 이 연극의 또 다른 주인공 역을 맡은 상태였다. 어머니는 언제나 관객들의 시선을 의식했다. 어머니의 무대는 신가정이었고, 어머니는 어렵사리 지어낸 이 무대를 기어이 스위트 홈으로 만들고자 했다.

신여성이 만든 신가정의 모습은 잡지에서 튀쳐나온 듯 완벽했다. 아침에 아버지는 일터로 출근하고 어머니와 아이들은 집에서 배웅한다. (어머니는 자주 외박을 하는 아버지와 으드득으드득 이

가는 소리를 내며 싸우면서도 아버지가 출타할 때면 꼭두새벽이라도 형과 나를 깨워 배웅을 시켰다.) 때때로 아버지가 아이를 안고 어르는 가운데 어머니는 오르간을 탄다. (아버지가 시끄럽다고 소리를 질러도 어머니는 끝내 고집스럽게 피아노를 쳤고, 가끔은 노래까지 했다.) 매주 토요일 저녁이면 집에서 밥을 짓지 않고 밖에 나가서 색다른 음식을 먹고 온다. 일요일이면 아이들의 손목을 이끌고 가까운 들판을 산보하고, 식구들이 모두 집 안에 모여앉아 머리를 맞대고 트럼프를 한다. (토요일 저녁에 외식을 하는 것은 빼놓을 수 없는 주중 행사였고, 일요일이면 우리는 재미가 없어도 꼬박 두 시간씩 트럼프 놀이를 해야 했다.) 매월 나오는 잡지는 밤에 아이들을 재워놓고 부부간에 평해가면서 읽는다. (매월 잡지를 읽어봤자 토론할 상대가 없었던 어머니는 시나브로 그 달의 잡지를 그 달 안에 읽어내기조차 버거워하는 눈치였다. 하지만 과월호가 다락 가득 쌓여도 정기 구독은 포기하지 않았다.)

어쨌거나 어머니는 기어코 모던한 신가정의 외양을 만들어냈다. 하지만 '애정과 공경이 조화된 가정'이라는 내용만은 결코 흉내 낼 수 없었다. 그리하여 그 외양과 내용 사이의 깊고 가파른 골을 미쓰코시〔三越〕와 미나카이〔三中井〕 백화점에서 채웠다. 어머니는 상가와 음식점과 현란한 네온사인에 홀려 배회하는, 젊지만 주머니가 가벼운 '혼부라'* 당을 바라보며 위로를 받고, 자신의 손

---

* 혼마치를 방황한다는 뜻의 일본 속어

에 바리바리 들린 명품 꾸러미에서 안식을 찾았다.

쇼핑에 못잖게 어머니가 집중한 것이, 불행하게도, 자식 교육이었다. 어머니는 구제 불능인 아버지를 제쳐두고 형과 나에게 열정을 쏟았다. 어머니는 어떻게든 과학적 양육 방식으로 자식을 기르는 '신시대의 어머니'가 되고자 했다.

"임신 중엔 입덧 때문에 고생을 했는데, 출산하고 보니 모유량이 부족한 게 가장 큰 고민이었어요. 그래서 영양의 균형을 위해 이유식에 신경을 많이 썼지요. 하루 세 번 죽을 쑤어 먹이고 소화제로 사과와 밤과 우유가 든 과자를 먹였지요. 시간을 정확히 맞추기 위해 침대 옆에 아예 시계까지 걸어놓고요. 아침에 밥을 먹인 후에는 따뜻한 햇볕에 내놓고 일광욕을 시키고, 낮잠을 재우고 점심을 먹인 후 밖으로 나가 신선한 공기를 쏘이게 하고, 다시 재운 후 저녁밥을 먹이는 거죠. 하루가 너무 짧더군요. 책을 보거나 음악을 들을 짬도 없었어요."

이쯤에서 어머니는 자수가 놓인 손수건으로 이마를 짚고 잠시 가볍게 한숨을 쉬었다. 책을 보거나 음악을 듣는 것이 절대 포기할 수 없는 중대사인 것처럼.

"그래도 어쩌겠어요? 세상에 사람 하나 기르기처럼 힘든 일은 다시없는 것 아니겠어요? 천 냥어치 만 냥어치가 될 아기 천사를 돌보는 것이 어머니로서 너무도 중한 책임임을 알고 있었기에 제 자신을 희생하기로 결심했지요. 제가 최선을 다해야 우리 조선에 좀 더 뜻있는 일꾼을 길러낼 수 있다는 생각을 하면서 육아의 스트레스를 이겨나갔죠."

어머니는 과학적이고 합리적이고 민첩하고 유능한 어머니의 이상적 모델을 연기하며 싱긋 웃었다.

"아, 그러셨군요! 정말 자녀 교육에 쏟는 정성이 대단하시네요. 부인이야말로 조선 어머니들의 귀감이 되기에 자격이 충분하십니다!"

잡지사에서 취재를 나온 기자들은 연방 탄성을 터뜨리며 어머니의 연기에 추임새를 넣었다. 그들은 어머니를 비과학적이고 불합리하고 둔하고 무능한 구시대 어머니들과 선명히 대비시켜 꽤나 교훈적이고 감동적인 기사를 지어낼 터였다.

나는 아직 어렸지만 어머니와 기자들이 주고받는 과장되고 가식적인 말들이 불편했다. 배가 고파 우는 갓난애에게 눈길도 주지 않고 '시간을 정확히 맞추기 위해' 뚫어져라 시계를 바라보았을 어머니를 떠올리자 갑자기 서러움과 분노가 치밀기까지 했다. 그래서 가족사진을 찍겠노라고 사진 기자가 형과 나를 거실 소파에 주저앉혔을 때 카메라 렌즈를 쳐다보며 방긋방긋 웃을 기분이 아니었다.

"자, 꼬마 신사분들! 좀 활짝 웃어보세요. 형님은 잘하시는데 동생은 왜 그러실까? 어머님이랑 형님 쪽으로 몸을 더 기울이고, 자아, 다시 한 번 김─치!"

나는 결코 웃고 싶은 기분이 아니었지만 그렇다고 억지로 웃지 않으려 고집을 세운 것은 아니었다. 다만 내 벌어진 입술에서 새어나온 웃음이라는 것이 어색하고 부자연스러웠을 뿐이었다. 원하는 장면을 건져내지 못한 사진 기자가 불만스러운 기색을 애써 감추고 고개를 갸웃거리자, 어머니는 불안하고 초조해지기 시작했다. 그 순간 내 왼쪽 어깨에 어머니의 '오른편' 얼굴이 닿았다. 어머니는 곰보 구멍에서 새는 듯 깔깔한 목소리로 재빨리 내 귓가에 속삭였다.

"이 머저리야, 빨리 웃어!"

나는 뭔가를 잘못 들은 듯싶어 고개를 돌려 어머니를 쳐다보았다. 어머니는 여전히 입가에 자애로운 미소를 머금은 채로 오른팔을 뻗어 반바지 아래 타이즈를 신은 내 허벅지 안쪽을 모질게 꼬집었다. 아아, 얼마나 따갑고 아팠던지 순간 눈물이 핑그르르 돌았다.

"자, 다시 한 번 찍습니다. 어머님은 아이들과 몸을 좀 더 붙이시고, 꼬마 신사분들은 솜사탕을 한 입 크게 베어 물 때처럼 입을 벌려 웃으세요. 다 같이 여기 보시고요, 찍습니다!"

미처 눈물이 고일 틈도 없이 카메라 플래시가 터졌다. 나는 어쨌거나 입을 벌씬 벌리고 눈을 휘둥그레 뜬 채 사진에 찍혔다. 웃음이나 울음이나 어차피 받침 하나 차이였다. 잡지에 실린 가족사진에서는 내 아픔이나 놀라움 같은 건 찾아볼 수 없었다. 그저 나는 순진무구 천진난만한 도련님의 모습으로 좀 멍하고 맹해 보일 뿐이었다.

내 허벅지 안쪽에 콩알만 하게 새겨진 피멍은 어머니의 오른편 얼굴에 패인 마마 자국과 같았다. 어머니는 왼편보다 오른편 얼굴에 훨씬 공들여 화장을 했다. 왼편보다 오른편에 백색 물분을 두 배쯤 더 발랐을 것이다. 하지만 그런다고 어머니가 오른편 얼굴을 가리지 않고 왼편처럼 당당히 내놓고 다닐 수 있었던 건 아니었다. 나는 꼬마 '영국 신사'처럼 포마드를 발라 머리를 빗어 넘기고 흰 와이셔츠에 빨간 나비넥타이까지 맸지만, 타이즈 속에 아무에게도 내보일 수 없는 검푸른 멍을 숨기고 있었다. 감추는 데까지는 감춰보겠지만 영영 들키지 않을 자신은 없었다.

어머니는 아버지가 알아본 대로 절대 호락호락하지 않은 여자였다. 하지만 사랑 없는 결혼생활을 감쪽같이 숨기고, 실체 없는 행복을 그럴듯하게 포장하고, 필사적으로 완벽한 아내이자 어머니를 연기하는 것만으로 어머니를 호락호락하지 않은 여자라고 부르는 건 아니다. 내가 어머니의 호락호락하지 않음을 진심으로 인정할 수밖에 없었던 이유는 따로 있었다. 그건 바로 형에 대한 것이었다.

비밀

쇼핑과 교육열로도 마음의 빈틈을 못다 채운 어머니가 한동안 열심히 교회에 다닐 때, 나는 예배가 끝난 뒤 어머니가 경성역 2층 양식당에서 사주는 서양 요리에 홀려 일요일마다 어머니의 손을 잡고 예배당으로 향했다. 처음에는 그리 나쁘지 않았다. 부모를 따라 나온 계집애들 중 몇은 꽤나 귀여워서 나는 거푸 술래 노릇을 하면서도 성 한 번 내지 않고 그 애들의 나풀거리는 빨간 리본을 쫓아다녔다. 코배기 선교사의 겨드랑이에서 나는 노리착지근한 냄새도 참을 만했고, 어머니가 잡은 손을 꾹 누를 때마다 자동인형처럼 어른들에게 꾸벅꾸벅 인사를 하는 것까지도 견딜 만했다. 교회에 가면 어쨌거나 어른들에게 존중을 받고 조금은 착해지는 기분이 들었다. 그러던 내가 결정적으로 교회에 다니기를 포기하게 된 것은 여름 성경학교에서 있었던 사건 때문이었다.

성경학교 모세반 담임선생은 배화고녀에 다니던 깡마르고 주근깨가 많은 여학생이었다. 자신을 '마리아'라고 부르게 했던 그녀는 믿음이 강한 데다 고집까지 셌다. 말이 여학교 졸업반 학생이지, 좀만 있으면 전도부인으로 경성 시내 골목골목을 휩쓸고 다닐 게 분명했다. 요셉반과 아브라함반은 율동을 배우고 물놀이도 가는데, 우리 모세반만 여름 내내 주구장창 성경을 읽고 외우고 쪽지 시험까지 봤다. 불만이 쌓이지 않으려야 않을 수 없었다. 아니, 그래도 참으려면 참을 수 있었다. 성경학교가 끝나면 어머니가 인력거를 잡아놓고 기다렸다가 진고개의 빙수집으로 데려가 앙꼬가 듬뿍 얹힌 빙수를 사주었기 때문이다.

나는 빙수 그릇을 받아들자마자 급한 마음에 앙꼬와 얼음을 마구 섞었다. 사각사각한 얼음 가루가 달콤한 앙꼬와 함께 목젖으로 꿀꺽 넘어갈 때의 그 짜르르한 느낌이라니! 강요당하는 믿음과 불편한 엄숙함까지도 한꺼번에 잊어줄 수 있을 만큼 시원하고 맛있었다. 하지만 급하게 뒤섞은 빙수는 금세 녹아 곤죽이 되고, 끝내는 죽탕을 들이켜듯 그릇째 들고 후루룩 마셔야 했다. 어머니가 그런 내 꼴을 보더니 말했다.

"한꺼번에 섞지 말고 조금씩 얼음산을 허물어서 먹어. 얼음 한 수저에 앙꼬 반 수저."

어머니가 시키는 대로 해보았더니 정말 얼음이 천천히 녹았다. 얼음은 얼음끼리 앙꼬는 앙꼬끼리, 끼리끼리라야 덜 망가지는 모양이었다. 어머니는 내가 그릇에 코를 박고 빙수를 퍼먹는 모습을 물끄러미 바라보다가 고개를 돌려 빙수집 유리창 너머로 시선을 던졌다. 건너편 제화점의 쇼윈도 앞에는 단발머리 여학생 몇이 모여 서서 전시된 구두들을 손가락질하고 있었다. 한여름의 햇살만큼이나 하얗고 눈부신 새 구두.

어머니는 불현듯 길고 깊은 한숨을 내쉬었다. 그리고 영국제 '쎈숀' 금시계를 찬 손으로 프랑스제 악어가죽 핸드백의 덮개를 열어 코티의 '시프레' 향수를 한 방울 뿌린 손수건을 꺼내 이마에 돋은 땀을 찍어냈다. 나는 축축하게 젖은 나뭇잎 향기인 듯도 하고 낙엽을 그을려 태우는 듯도 한 '시프레'의 향기를 좋아했다. 하지만 콧구멍을 크게 열고 벌름거리다가, 나는 문득 손수건에 가려진 왠지 쓸쓸하고 슬퍼 보이는 어머니의 얼굴을 엿보고야 말았다. 어머니에 대하여 내 마음속에 원망이나 증오가 아닌 다른 어떤 감정이 남아 있다면, 그건 바로 그때 빙수집에서 보았던 어머니의 표정 때문일 것이다.

어쨌거나 이러구러 여름 성경학교를 다니던 중, 마침내 결정적인 순간이 왔다. 인생에서 벌어지는 사건이라는 것들이 대개 그러하듯 그 출발은 사소했다. 중복인지 말복인지 아무튼 뙤약볕이 불화살처럼 쏟아져 내리던 어느 복날, 평소대로 열성적으로 성경 읽기를 지도하던 마리아 선생님은 비지땀을 찔찔 흘리는 아이들을 붙잡아 앉혀놓고「창세기」4장을 펼쳐 설명하기 시작했다.

"카인은 아우 아벨에게 '들로 가자'고 꾀어 들에 데리고 나가서 달려들어 아우 아벨을 쳐 죽였다. 야훼께서 카인에게 물으셨다.

'네 아우 아벨이 어디 있느냐?' 그러자 카인이 모르는 척 잡아떼며 대답했다. '제가 아우를 지키는 사람입니까?'"

지금은 무덤덤하게 이야기하지만, 그때 마리아 선생님이 읽어준 '카인과 아벨' 대목을 듣고 내가 받은 충격은 누구도 이해할 수 없을 만큼 컸다. 온몸에 와사삭 소름이 돋고 머리칼이 쭈뼛 곤두섰다. 나도 모르게 움켜쥔 주먹손에 힘이 들어갔고 등줄기를 타고 식은땀이 흐르기 시작했다.

"여러분, 말해보세요. 누가 나쁜 사람인가요? 누가 하나님의 말씀을 거역하고 하나님을 속였나요?"

"카인이요!"

빤한 답을 묻는 마리아 선생님의 질문에 모세반 아동들은 착하디착하게 빤한 답을 소리쳐 말했다.

"그래요. 카인은 살인을 하고 거짓말까지 했지요. 하지만 하나님은 모든 것을 알고 계셨기에 카인에게 속지 않으셨어요……. 야훼께서 말씀하셨다. '네가 어찌 이런 일을 저질렀느냐? 네 아우의 피가 땅에서 나에게 울부짖고 있다. 땅이 입을 벌려 네 아우의 피를 네 손에서 받았다. 너는 저주를 받은 몸이니 이 땅에서 물러나야 한다. 네가 아무리 애써 땅을 갈아도 이 땅은 더 이상 소출을 내주지 않을 것이다. 너는 세상을 떠돌아다니는 신세가 될 것이다!'"

오늘 성경학교가 끝나면 어머니는 '치킨'을 사주기로 약속했는데, 먹지도 않은 그 닭이 뱃속에서 홰를 치는 느낌이었다. 꼬꼬댁

꼬꼬꼬꼬……. 결국 나는 토하듯 소리쳤다.

"아니야, 아니에요!"

내 입에서 터져 나온 목소리는 생각보다 훨씬 컸던 모양이다. 일순간 교실은 쥐 죽은 듯이 조용해졌고, 그 긴장된 고요 속에서 광채 어린 마리아 선생님의 눈길이 곧바로 내게 날아와 꽂혔다.

"윤식이…… 뭐가 아니라는 거니? 대체, 뭐가?"

"그, 그럴 리가 없어요. 카인이 아벨을 죽였을 리가, 도, 돌로 쳐서 죽였을 리가…… 없어요."

나는 턱없이 더딜거리며 항변했다. 그 말더듬 소리를 귀 기울여 듣던 마리아 선생님의 표정이 야릇해졌다.

"여기, 성경에 쓰여 있잖니? 카, 인, 은…… 아, 벨, 을, 쳐, 죽, 였, 다!"

"어, 어떻게 형님이, 아, 아우를 도, 돌로 쳐서 죽여요? 뭐, 뭔가 하나님이 잘못 아신 게 부, 분명해요. 저, 절대로 그런 일은 없어요!"

나의 꼴통 기질은 난봉과 반항으로만 나타나는 것이 아니었다. 그것들이 나타나기 전, 천지 분간 못하는 어린애일 때에도 나는 타고난 꼴통이었다. 아버지는 허풍스럽지만 대범했고, 어머니는 고집이 세지만 침착했다. 하지만 나는 그들을 닮아 더욱 허풍스럽고 더욱 고집이 셌다. 나는 '진짜 양반' 여자와 결혼하여 '백정'의 천한 피를 희석시키겠다는 아버지의 치밀한 계획의 성과물이었다. 아버지는 흰 개와 검은 개를 교배시켜 회색 강아지가 나오길 기대했다. 하지만 실제로 세상에 나온 건 얼룩 강아지였다. 흰 털과 검은 털이 대비되어 흰 것은 더 희고 검은 것은 더 검게 보이는.

"윤식아, 잘 들어라."

마리아 선생님이 한쪽 무릎을 꺾고 내 앞에 앉아 눈높이를 맞췄다. 검정 통치마가 버석거리는 소리와 함께 내 무릎에 그녀의 앙상한 가슴뼈가 부딪혀 닿았다. 부드럽고 몰랑한 느낌이라곤 전혀 없는 마리아 선생님은 내 눈동자를 깊숙이 들여다보며 또박또박 말했다.

"성경은, 이해하는 것이, 아니야. 성경은, 하나님의 말씀은, 다만 받아들이면 되는 거야. 카인은, 아벨을 죽였어. 돌로 쳐서, 아우의 피로, 땅을 적셨어!"

마리아 선생님의 상기된 얼굴에서 까뭇까뭇한 주근깨가 선명하게 빛났다. 그녀는 나의 반발에 불쾌해하기보다는 또 다른 희열을 느끼고 있음이 분명했다. 모세의 시체를 차지하려고 악마와 다투는 대천사 미가엘처럼, 악마의 도전이 없고서야 천사의 숭고미가 돋보일 리 없다. 하지만 졸지에 의심으로 가득 찬 작은 악마가 되어버린 나는 '왜' 그런 생각을 했느냐고 묻지 않는 편협한 천사에게 실망했다. 그리고 그 실망감보다 더한 두려움에 몸서리를 쳤다.

"아니야! 형님이 그럴 리 없어!"

내가 교회 문을 박차고 나오며 마지막으로 외쳤던 소리는 '할렐루야'도 '아멘'도 아닌 그것이었다. 불신자에게 내려진다는 지옥불의 저주에도 아랑곳없이, 빙수와 치킨의 유혹까지도 물리칠 만큼,

나는 용맹무쌍한 소년 십자군이었다. 그리고 그때까지의 내 종교는 바로 '형'이었다.

다섯 살 터울의 경식은 나의 형이자 우상이었다. 그는 나보다 키가 컸고, 팔뚝이 굵었고, 힘이 셌다. 오뉴월 병아리 하룻볕 쬐기가 무서운 터에 5년이라는 세월은 어마어마한 간극인 게 분명하지만, 그런 부엉이셈을 할 요량도 없이 나는 그저 나보다 키가 크고 팔뚝이 굵고 힘이 센 형을 선망했다.

형은 완벽했다. 나의 과잉한 편애는 차치하고라도 그랬다. 형은 깎은 듯한 이목구비에 뽀얀 피부를 가진 미소년이었다. 가지런한 치열을 드러내고 활짝 웃을 때면 주위가 다 환해졌고, 무언가에 몰두하느라 미간을 살짝 찡그리는 모습까지도 한 폭의 그림이었다. 나는 형과 함께 거리를 걸을 때면 맞은편에서 다가오는 사람의 시선이 어떻게 쏠리는지 관찰하는 것을 재미로 삼았다. 특히 모래판에 물 빨리듯 저절로 눈이 끌린 여학생들이 스쳐간 다음에까지도 고개를 꺾고 멀거니 바라보다가, 뒤돌아본 내 눈길과 딱 마주쳐 새빨개진 얼굴로 총총히 도망질하는 모양을 보면 왠지 고소하고 통쾌한 느낌이 들었다.

형은 공부도 잘했다. 보통학교 때부터 줄곧 우등상을 놓치지 않은 모범생으로, 받은 상장만으로 자기 공부방쯤은 도배를 할 만했다. 그렇다고 꽉 막힌 책상물림도 아니라서 운동은 못하는 것이 없고 리더십도 있었다. 어려서부터 배운 검도는 수준급이었고, 베를린올림픽에서 손기정 선수가 금메달을 딴 후 조선 전역에 마라톤 바람이 불 때, 형은 체조 선생의 꼬드김으로 한동안 마라톤 선수가 되어볼까 진지하게 고민하기도 했다. 아버지가 아무리 친구라는 말에 속지 말라고 강조하다 못해 강요해도 형의 주위엔 늘 친구들이 들끓었고, 형의 친구들 덕분에 내 학창 시절은 지분거리는 불량패들에게서 완전히 자유로울 수 있었다.

"쟤가 하경식이 동생이래."

누군가 나를 그렇게 부를 때는 어깨가 으쓱해지는 느낌이 들었다. 그건 분명히 칭찬이었다. 나는 특별한 형을 둔 특별한 아이였다. 하윤식이라는 이름쯤은 불리든 말든 상관없었다.

우리 형제는 단 한 번도 싸움을 하지 않고 자랐다. 터울이 큰 탓도 있었지만 형이 항상 나를 배려하며 양보했기 때문이었다. 천둥번개가 내리치는 밤이면 나는 벌벌 떨며 형의 이불 속을 파고들었고, 딱지를 다 잃고 울며 돌아온 나를 위해 형은 잡지 한 권을 몽땅 뜯어 딱지를 접어주었다. 언제나 새 집 같은 허기의 궁전, 불만과 불행의 고대광실에서 내가 사랑에 주려 죽지 않고 살아난 것의 8할 이상은 형의 덕택이었다. 형이 있었기에 서로 사랑하지 않는 아버지와 어머니가 살얼음으로 지은 무대 위에서 연극을 벌이는 모습을 보면서도 견딜 수 있었다. 아버지의 난폭함과 어머니의 히스테리에 시달리면서도 미치지 않고 버텨낼 수 있었다.

그러하기에 아무리 마리아 선생님이 설득과 위협 공작을 편다 해도 나는 카인과 아벨의 이야기를 인정할 수 없었다. 형이 아우를 돌로 쳐서 죽이다니! 치킨을 포기하고 교회에서 집으로 돌아온 나는 곧장 형의 방문을 두드렸다.

"어, 윤식이 왔구나. 그런데…… 무슨 일이야? 무슨 일 있었어? 이 땀 좀 봐! 얼굴은 왜 이렇게 창백한 거니?"

침대에 걸터앉아 책을 읽고 있던 형은 당장에 달려 내려와 내 이마에서 흐르는 땀을 훔쳐주었다. 방금 목욕을 끝냈는지 형의 머리칼은 젖어 있었다. 형에게서는 형만의 독특한 냄새가 났다. 향긋한 비누 냄새와 건강한 몸내가 한데 섞인……. 하지만 이때까지도 나는 이런 사소하고 세세한 기억들이 훗날 나를 얼마나 괴롭히게 될지 전혀 예상하지 못했다.

"형, 혀엉……!"

맛난 걸 사주겠다는 것도 마다하고 삼복염천에 왜 생떼를 부리느냐고 어머니에게 한바탕 지청구를 들은 터에 형을 보니 참고 참았던 울음보가 터졌다. 나는 형의 품 안으로 뛰어들어 목 놓아 꺼이꺼이 울기 시작했다.

"도대체 무슨 일로 이러는 거야? 어머니께서 혼내셨니? 교회에서 누구랑 싸움이라도 했어?"

"그, 그게 아니라……."

나는 울음 끝에 딸꾹질을 하며 마리아 선생님에게서 들었던 충격적인 이야기를 형에게 일러바쳤다.

"카, 카인이 아벨을 죽였대. 딸꾹! 돌로 쳐서…… 형님이 아우를 죽였다는 거야. 형, 그럴 리가 없지? 아무리 성경에 나와 있다고 해도, 그게 다 진짜는 아닌 거지? 딸꾹! 거짓부렁일 수도 있는 거지?"

형은 억지를 쓰는 나를 보고도 웃지 않았다. 그때 형이 황당해서든 기가 막혀서든 웃음을 터뜨렸다면 나는 정말 마음에 큰 상처를 입었을는지도 모른다. 믿음이 무시되고 조롱당하는 것만큼 쓰라린 고통은 없으니까. 그래서 사람들은 종교라는 지극히 단순하여 선명한 이유 때문에 서로 죽고 죽이는 전쟁까지 벌이지 않는가.

"윤식아, 그건······."

아무리 나보다 키가 크고 팔뚝이 굵고 힘이 세다 해봤자 그때 형은 고작 중학생일 뿐이었다. 그는 성경을 거짓이라고 말하지 않는 동시에 내 마음을 다치지 않게 하는 방법을 찾기 위해 머리를 짜냈다. 하지만 물 좋고 정자도 좋은 데와 누이 좋고 매부까지 좋은 일이 쉽게 찾아질 리 없었다. 골똘히 묘안을 궁리하는 형의 얼굴은 난감한 표정에도 불구하고 아름다웠다. 섬세한 유리 공예품처럼 위태로워 더욱 눈부셨다. 물론 그때는 이런 아름다움이 훗날 내게 고통이 되리라는 것을 까마득히 몰랐다.

형은 더 이상 아무 말도 하지 않았다. 대신 나를 품에 끌어안고 아기 어르듯 가만가만히 토닥였다. 형만의 냄새가 나는 손수건으로 이마의 땀을 닦아주고, 형만의 부드러운 목소리로 노래를 불러줬다. 그때 형이 부른 노래는 방정환의 〈형제별〉이었다.

웬일인지 별 하나 보이지 않고 남은 별이 둘이서 눈물 흘린다.

그때는 아직 내가 함경도의 스키장에서 동상에 걸린 발을 구르며 〈황성 옛터〉를 듣기 전이었다. 형과 어머니의 절반의 얼굴만을 보고 절반의 진실만을 알았던 때였다. 어쨌거나 형은 형만의 방식으로 나를 위로했고, 나는 그 위로 속에 까무룩 잠들었다. 일절의 의심 없이 믿음으로 충만했던 그때가 내 생에 가장 행복했던 시절이었음은, 훗날 그 행복을 잃고 나서야 뼈저리게 알게 되었다.

사실 나의 외모는 아버지를 고스란히 빼쏜 것이다. 작은 머리통과 찢어진 갈고리눈과 다부진 어깨를 가진 땅딸보. 그에 비해 형은 아버지보다 어머니를 훨씬 많이 닮았다고 할 수 있었다. 어머니의 일견 냉정해 보이는 서늘한 미모는 형에게 이어져 빛을 발했다. 천사의 그것같이 해말간 얼굴은 '왼편'만이 아니라 '오른편'도 흠집 하나 없이 아름다웠다. 어쩌면 바깥으로 드러나는 성격도 얼룩덜룩하게나마 내가 아버지를, 형이 어머니를 닮은 듯했다. 나는 어렸을 때부터 거짓말을 하다가 들켜서 혼나기도 하고 친구들과 싸움질도 더러 하고 다녔다. 하지만 형은 내가 기억하는 한 절대로 정해진 선을 벗어나는 법이 없었다. 결벽하고, 섬세하고, 그래서 귀족적이고 우아했다.
  어린 내가 형을 열광적으로 숭배했던 이유 중의 하나는 아버지에 대한 실망감 때문이기도 했다. 아니, 실망감을 넘어선 절망감이라고 해야 옳을 것이다. 아버지가 신중하고 심각해질 때는 오직 돈 이야기를 할 때뿐이었다. 나머지 시간에 그는 시시하고 조잡한 취향을 가지고, 거칠고 수준 낮은 농지거리를 지껄이며, 관심사라곤 오직 먹고 자고 싸는 일밖에 없는 무식자와 조금도 다름없었다. 그러나 돈 이야기를 할 때에는 표정과 말투가 전혀 달랐다. 심지어 욕설 한마디 섞어 쓰지 않았다. 그는 마치 제자들을 이끌고 산상 수업을 하는 예수처럼 말했다.

"세상에 돈으로 살 수 없는 건 아무것도 없어. 돈으로도 살 수 없다면, 그건 길에 굴러다녀도 아무도 줍지 않는 쓰레기이거나 아예 세상에 없는 물건인 게야. 사람을 믿지 말고 돈을 믿어. 사람은 배신해도 돈은 결코 배신하지 않아. 돈만 있으면 귀신도 부린다지 않느냐?"

내가 자라날수록 아버지는 더욱 부자가 되었고, 아버지가 부자가 될수록 나는 더욱 그를 경멸하게 되었다. 그는 인생 전부를 돈으로 살 수 있다고 믿는 게 분명했다. 아버지는 돈으로 족보를 사고, 어머니를 사고, 마침내 명예까지도 샀다. 무슨무슨 협회의 이사, 무슨무슨 위원회의 회장, 알 수 없는 무수한 감투들이 그의 좁은 이마빡에 다닥다닥 붙었다. 그는 매일 '파티'를 했고, 누군가를 접대했고, 끝내는 여기저기 불려 다니며 연설을 하기 시작했다.

형 역시 그런 아버지를 싫어했다. 그래서 아버지에 대한 반감으로 자신과 외모와 취향이 비슷한 어머니에게 어떤 애착과 동질감 같은 것을 느꼈던 모양이다. 언젠가 만취한 아버지가 운전기사의 부축을 받으며 귀가해서 술김에 어머니의 허리를 끌어안으려고 허우적거린 적이 있었다. 그러자 어머니는 혹시나 아버지의 손끝

하나라도 닿을세라 진저리를 치며 몸을 피했다. 그 몸짓은 마치 아버지를 흉물스러운 뱀이나 쥐나 바퀴벌레 같은 것으로 여기는 듯했다.

"이이, 이런 배은망덕(연설을 하러 돌아다니기 시작하면서 문자에 대한 아버지의 집착은 더욱 강해져 혀가 꼬부라진 그 와중에도 문자를 썼다)한 계집이 있나!"

아버지가 금방이라도 한 대 후려갈길 듯 쇠소댕 같은 손을 번쩍 들어올렸다. 하지만 어머니는 머리를 싸쥐고 몸을 웅크려 방어 자세를 취하는 대신 고개를 빳빳이 세우고 턱까지 치켜든 채 아버지를 노려보았다. 두 사람 사이에 날카로운 살기가 번쩍거렸다. 일절 타협과 양보는 물론 눈곱만큼의 사랑과 연민도 없는 눈빛이었다. 그것이 바로 때깔 좋은 화보와 함께 잡지에 실렸던 '모범적인 모던 가정'의 실상이었다.

"아버지, 이러지 마세요!"

그때 형이 아버지와 어머니 사이로 뛰어들었다. 막 사춘기에 접어든 형은 그늘에서 자란 고사리처럼 몸은 야위었지만 키는 머쓱하여 아버지의 정수리를 내려다볼 정도였다. 내가 보기에 그 순간 아버지가 쳐들었던 손을 날린 건 얼떨결에 행한 일이었다. 슬그머니 내리기도 뭣하고 다짜고짜 휘두르기에도 뭣한데 다행이다 싶은 기색이 아버지의 불콰한 얼굴을 찰나에 스쳐갔다. 형은 어머니를 덮치듯 감싸고 그 손찌검을 대신 받았다. 짝, 하고 뺨을 후려치는 소리가 야경꾼의 딱따기만큼이나 경쾌했다. 나는 내가 도저히 흉내 낼 수 없는 효자 노릇을 하는 형에게 다시 한 번 감탄했다. 어머니와 아버지도 나처럼 형에게 감사하거나 미안해할 줄 알았다.

그런데 정말 이상한 일이었다. 형에게 마땅히 감사해야 할 어머니는 다정하게 감싼 보호의 가슴팍을 사납게 밀치고 형을 노려봤다. 물기로 번들거리는 어머니의 눈에는 아버지를 향해 던지던 것과 똑같은 싸늘한 증오의 눈빛이 서려 있었다. 형에게 마땅히 미안해하거나 차라리 화라도 내야 할 아버지의 행동은 더욱 괴이쩍었다. 킬킬, 캐들캐들, 키드득키드득, 아버지가 채신머리사나운 웃음보를 터뜨린 것은 바로 그 순간이었다. 아버지는 놀라 당황해 우두커니 서 있는 형과 형을 매섭게 노려보는 어머니를 번갈아 손가락질하며 파안대소하였다.

'다들 미쳤구나! 여긴 미친 집구석이다!'

대체 무슨 영문인지 알 수 없기로는 형이나 나나 매한가지였지만, 그때의 일로 형이 상처를 받았다면 나는 끔찍한 혐오를 느꼈다. 아직 어린애에 불과했지만 나는 내가 앞으로 꼴통으로 자라나리라는 것을 강렬하게 예감했다. 이런 집구석에서 자라나 정상으로 큰다면 그게 오히려 비정상이다. 나는 빨리 커서 망가져버리고야 말겠다고 입술을 깨물며 다짐했다.

그런데 그때 벌써 꼴통의 기질을 솔솔 보이며 쏠라닥질을 해대던 나야 그렇다 치고, 형은 뭔가? 왜 어머니는 모범생에 미소년인 아들에게 도끼눈을 뜨며, 왜 아버지는 효성이 지극한 맏아들을 시크무레한 문뱃내가 풍기는 입으로 비웃는가? 도무지 답을 알 수 없는 수수께끼 같은 일은 그 후로도 몇 번인가 거듭되었다.
 그중 하나는 보통학교 4학년 겨울 방학이 시작되기 직전의 일이었다. 인편으로 해주에서 외할아버지가 돌아가셨다는 기별이 전해 왔다. 독하기가 구시월 살모사 같은 어머니는 결혼 이후 십수년이 넘도록 단 한 번도 친정에 걸음을 하지 않았는데, 그 명분이라는 것이 바로 '출가외인'이기 때문이랬다. 그렇다고 어디서 사온 것이 분명한 진주 하씨 집안의 족보에 머리를 조아릴 생각도 없고, 그 사온 족보를 받들어 모실 만큼 천한 신분이었을 아버지네 본가(어머니는 내가 아는 한 아버지가 '백정' 출신임은 끝내 인정하지 않았다. 그건 아버지를 위한 것이 아니라 어머니 자신을 위한 부정이었다)의 귀신이 될 생각도 전혀 없으면서 말이다. 어머니는 그저 가고 싶지 않아서 고향에 가지 않았다. 또한 만나고 싶지 않아서 가족들과 연락을 끊고 지냈다. 그렇게 말하면 간단할 것을 어머니는 굳이 대의명분을 내세워 윤색하고 포장했다. 아버지가 밖으로 드러나는 사실만으로 판단해야 정확하게 이해할 수 있는 사람이라면, 어머니는 그와 정반대로 밖으로 내세우는 것들을 믿어서는 절대 이해할 수 없는 사람이었다.
 그래도 산 사람은 아무 때나 만나지만 북망산에 가는 사람이야 그럴 수 없으니, 어머니는 부친상을 치르러 갈 채비를 하기 시작했다. 별로 서두르는 기색은 보이지 않았다. 대신 어머니는 결혼 후 처음으로 찾는 고향에 어떤 옷을 입고 무엇을 사가지고 갈까를 신중하게 고민했다. 개선장군의 금의환향까지는 아닐지언정 어머니는 경성에서 잘 먹고 잘사는 티를 내고 싶었던 것이다. 어머니의 마음속에는 여전히 여학교 시절의 그 촌스럽고 가난한 계집아이가 들어 있었다. 방학이 시작되면 혼마치 부근의 일본 상점에서 사들인 명품 꾸러미를 바리바리 싸들고 귀향하는 것을 당연한 관행으로 여기던 친구들 속에서 빈손으로 우두커니 선 채 기차가 빨리 오기만을 기다리던 아이.

어머니는 가죽 코트에 여우 목도리를 두르고 금시계와 금반지를 꼈다. 화장도 평소보다 좀 진하다 싶을 정도로 공들여 했다. 그리고 조선 최초의 양과점인 남촌의 명치옥에 가서 카스텔라와 비스킷과 초콜릿을 몇 박스 샀다. 차림새와 행동만으로는 아버지의 장례식이 아니라 결혼식이나 동창회에 참석하는 길인 듯했다.

"어머니, 저도 함께 가면 안 될까요? 생전에 한 번도 외조부님을 찾아뵙진 못했지만 마지막 길에나마 손자로서의 도리를 다하고 싶어요."

중학교를 졸업하고 일본 유학을 준비하고 있던 형은 어머니를 따라 해주에 가고파 했다. 어머니가 이따금 비장의 무기처럼 꺼내곤 하던 외할아버지에 대한 추억담 때문인 듯했다.

"생활에는 무지하고 무능했지만 글씨만큼은 석봉과 추사가 부럽지 않다고 근동에 소문이 자자했지. 오죽하면 훗날 토매를 할 때에도 손은 빼놓고 해야 한다는 말이 다 있었겠어?"

펜글씨를 잘 써서 여러 번 상을 받았던 형은 자신의 재능이 외탁을 했다고 믿었던 게 분명하다. 그때부터 언뜻번뜻 드러나곤 했던 반골 기질 역시 독립운동에 자금을 댔다는 외할아버지에게서 물려받은 것이 아니라면 설명하기가 어려웠다. 세상이 다 알다시피 아버지는 대륙 진출에 박차를 가하며 조선을 병참기지화하려는 일본 정부를 옹호하는 연설을 하며 돌아다니는 사람이었고, 어머니는 오직 아버지를 물 먹이고 싶을 때만 맥맥이 이어온·선비 정신을 들먹였으니까.

하지만 어머니는 형의 열렬한 소망을 간단히 묵살해 버렸다.

"넌 갈 필요 없다. 쓸데없는 데 신경 쓰지 말고 유학 준비나 열심히 해."

어머니의 말투가 얼마나 냉랭했는지 옆에서 지켜보던 내가 민망할 정도였다. 듣기에 따라서는 주의를 흐트러뜨리지 말고 공부에 집중하라는 단호한 충고일 수도 있겠으나, 말이란 탁 해 다르고 툭 해 다르지 않던가. 그런데 무슨 말이든 일단 꼬아 듣는 천성이 삐딱한 내게는 선명히 읽히는 것이 세상의 정의와 인간의 선의를 믿어 의심치 않는 형에게는 보이지 않는 모양이었다. 아무튼 아버지의 말 중에 한 가지는 분명 옳았다. 많이 아는 것이 다 아는 것은 아니라는 것!

하지만 어머니가 정말 학업에 지장을 주지 않기 위해 장례식에 갈 필요가 없다고 말한 것이라면 가고파 하지도 않는 나를 부득부득 끌고 간 것은 무엇 때문인가? 공부 못하는 놈에겐 공부가 별로 중요하지 않으니 기말고사쯤은 제쳐도 상관없다고 여긴 것인가? 충동적인 결정은 아니었던지 어머니는 이미 학교에 결석 통보까지 다 해놓은 상태였다. 코 펜 송아지 꼴로 어머니에게 이끌려 경성역으로 향하는 나를 바라보는 형의 표정이 참담했다. 그래도 그때는 순진한 형도 약아빠진 나도 까맣게 몰랐다. 도무지 까닭을 종잡을 수 없는 일화들 밑에 숨겨져 있던 어처구니없는 비밀을.

해주의 외갓집에서 치렀던 할아버지의 장례식에 대한 기억은 별로 남아 있지 않다. 어머니와 나를 맞는 외척들의 분위기는 시종일관 서름했고, 갖가지 진기한 박래품과 선물 꾸러미를 풀어놓아도 좀체 감격하지 않는 친척들 때문에 어머니의 표정은 떨떠름했으며, 나는 시험을 제치고 학교를 빼먹은 것까지는 좋았으나 전통 유교식으로 치러지는 장례식이 따분하고 탑탑하기 이를 데 없었다. 그나마 시신의 손만 쑥 빼놓고 매장하는 구경거리라도 있으려나 기대했더니, 염포로 꽁꽁 묶어놓은 할아버지의 주검은 손은커녕 혼이 빠져나가기도 어려울 듯했다.

그래도 딱 하나 기억나는 게 있다면, 큰외삼촌의 셋째인가 넷째인 내 또래의 사촌이 캐러멜 상자를 양손에 움켜쥐고 유세를 떠는 나를 쨰려보며 던졌던 한마디다.

"친일파의 자식 주제에……!"

나는 그때 '친일파'라는 말을 처음 들었다. 말뜻은 정확히 알 수 없었지만 순식간에 기분이 더러워지는 것으로 보아 욕이 분명했다. 하지만 개새끼나 오사리잡놈같이 내가 기존에 알던 쌍욕의 느낌과는 뭔가 달랐다. 덜 거칠지만 더 날카롭게 어딘가 깊숙한 곳을 후벼 파는 느낌이었다. 그래서 평소처럼 욱하여 덤벼들어 개싸움을 벌이며 뒹굴 수가 없었다.

그 말은 정말 신경에 거슬렸다. 나는 결국 경성으로 돌아오는 기차 안에서 어머니에게 그 말뜻을 물어보고야 말았다. 내 입에서 '친일파'라는 말이 나오는 순간 어머니의 아름다운 '왼편' 얼굴은 곰보 자국이 남아 있는 '오른편' 얼굴보다 더 흉하게 일그러졌다. 나는 끝내 어머니에게서 그 말의 뜻이 무엇인지 설명 듣지 못했다. 하지만 어머니는 그 후로 외갓집과의 왕래를 완전히 끊어버렸다. 외할아버지의 사인이 특고 경찰에게 끌려가 고문을 당한 끝에 얻은 후유증과 나라를 잃은 백성으로 치욕스럽게 사는 울화병 때문이라는 것을 알게 된 것은 그로부터도 한참이 더 지나서였다.

아버지가 일본의 만주 진출과 함께 '동양 굴지의 기업 도시'로 변모한 흥남에서 열린 '읍 승격 기념대회'에 참가해 연설을 하고 돌아온 지 달포가량이 지난 어느 날이었다.

"여기 혹시…… 쇠날이라는 사람을 아는 사람이 있나요?"

이상한 차림새를 한 늙은이 하나가 이상한 말투로 이상한 이름을 들먹이며 우리 집에 찾아왔다. 그에게 대문을 열어준 건 나였다. 그런데 대문을 여는 순간 고약한 냄새가 쏟아지는 바람에 나도 모르게 코를 싸쥐어야 했다. 이상한 냄새를 풍기는 늙은이는 이름까지도 이상했다. 그의 이름은 '바우'라고 했다.

"쇠날이? 그런 이름은 처음 들어보는데……. 어머니께 여쭤보고 올게요."

나는 서둘러 대문을 닫고 마당을 가로질러 집 안으로 들어왔다. 늙은이는 문 밖에 세워두었지만 쿠리터분하고 쉬척지근하고 노리착지근한 몸내는 내 뒤를 바싹 뒤쫓아오는 듯했다.

"어머니! 쇠날이라는 사람을 아느냐고 묻는 사람이 찾아왔는데요. 이름도 괴상망측하네. 쇠날이가 뭐야, 쇠날이가? 어머니, 혹시 그런 사람 아세요?"

때마침 집에는 어머니와 나뿐이었다. 그래서 나는 그 순간 어머니의 얼굴을 스쳐가던 충격과 공포의 표정을 목격한 유일한 사람이 되었다. 어머니는 창백한 얼굴로 한동안 아무 말도 하지 않았다. 내게 묻어 들어온 낯선 노인의 고약한 몸내가 썰렁한 집 안을 유유히 휘돌아다니고 있었다.

그즈음에 이르러 우리는 본격적인 콩가루 집안이 되어가고 있었다. 하지만 그렇다고 하여 큰 싸움이 나거나 잦은 충돌이 빚어진 것은 아니었다. 누구도 책임을 지기는커녕 문제를 똑바로 바라볼 생각조차 하지 않았기에 우리 가족은 한 지붕 아래 잠들면서도 따로국밥으로 제멋대로 살고 있었다.

아버지는 친일파의 길을 착실히 걸어 각종 감투를 뒤집어씀은 물론 총독부의 관리들과 호형호제하는 사이가 되었다. 그들은 아버지가 '기마이〔선심〕'를 잘 쓰는 호남자라고, 구질구질하고 너절너절한 보통의 조선인들과는 격이 다른 인물이라고 추켜세웠다. 그들이 추켜줄수록 아버지는 더욱 세게 '기마이'를 썼고, 아버지가 '기마이'를 본때 있게 쓸수록 그들이 흘리는 노른자위 정보도 더 진해졌다. 대부분의 조선인들이 일본의 지배 아래서 못 살겠다 죽겠다 아우성을 치는 와중에도, 아버지는 어쨌거나 인생의 황금기를 누리고 있었다.

쇼핑과 교육과 종교로도 채우지 못한 어머니의 마음을 사로잡은 것은 뜻밖에도 영화였다. 어머니는 항상 형과 나에게 책을 읽어야 제대로 된 지식을 얻는다고 강조했는데, 실상 자신은 독서에 별로 흥미가 없어 보였다. 우아하게 나쓰메 소세키의 소설이나 프랑스 단편선을 무릎 위에 펼쳐놓고 찍은 사진은 몇 장 있지만, 사진 속의 그 책들을 다 읽었다는 증거는 어디에도 없었다. 그럼에도 뭔가 구여성과 다르고 싶고, 달라야만 하는 어머니는 예술의 언저리에서 이리 집적 저리 집적하다가 결국 영화라는 새로운 장르에 빠지게 되었다. 관람료가 없어 양희가 보고 온 최신작의 스토리를 귀동냥하고 여학교 동무들에게 본 척하며 말하던 일에 포한을 품은 듯, 어머니는 한 주의 절반 이상을 우미관과 단성사와 황금관에서 살다시피 하였다. 어머니는 괴기 영화 〈살인마〉부터 공포 영화 〈악마의 부첩〉을 거쳐 그레타 가르보가 주연한 멜로드라마 〈춘희〉까지 닥치는 대로 관람하며 소위 '극다광'이라는 새로운 족속에 편입되었다.

형은 일본 유학을 갔다가 1년 만에 돌아왔다. 무슨 사연이 있었는지는 알 수 없지만 일본에서 돌아온 형은 예전에 내가 알던 그 사람이 아니었다. 형은 다시 시험을 치러 경성법학전문학교에 들어간 뒤로 부쩍 거동이 수상쩍고 언행이 괴이해졌다. 가끔 친구라는 시커먼 장정들이 우르르 몰려와 형의 방에 처박혀 나오지도 않고 궁싯거리곤 했는데, 대체 무슨 수작들을 벌이나 궁금해서 엿들으면 '오르거나이저[조직가]'니 '레포[연락원]'니 하는 도무지 알아들을 수 없는 말들만 주고받았다. 형은 여전히 진지하고 성실하고 신중했다. 아니, 어렸을 때보다 정도가 심해져 너무 진지하고 너무 성실하고 너무 신중했다. 아무래도 그것이 문제인 듯했다. 형의 새 친구들은 어린 나를 불량배들로부터 지켜주던 옛 친구들과 사뭇 달랐다. 나는 한동안 그들이 "네가 경식이 동생이구나!"라고 말해주기를 기대하다가 결국 포기했다. 예전처럼 잘 웃지도 않고 세상 고민을 혼자 다 짊어진 듯한 표정을 짓고 있는 형은 낯설었다. 그때부터 우리 형제 사이는 슬금슬금 어색해지기 시작했던가 보다.

그리고…… 이 날콩가루 집안의 부스러기인 나, 나는? 나는 예상과 다짐대로 망가졌다. 고등보통학교에 들어간 뒤 목소리가 굵어지고 불거웃이 돋기 시작하면서부터 나는 방황을 빙자한 난봉을 시작했다. 하지만 조심하고 경계했을지라도 어차피 결과는 마찬가지였을 것이다. 내가 저지르고 다닌 모든 허랑방탕한 짓거리는 아버지가 이미 한 번씩 다 거쳐 간 퇴물이었으니까. 나는 나보다 훨씬 조숙하고 나만큼이나 막돼먹은 친구들과 어울려 다니며 종로의 다방과 기생집, 남촌의 카페와 게이샤집을 전전했다. 물론 우리가 나름 '모던 뽀이'의 흉내를 내기 위해 지불하는 비용은 만만치 않았다. 커피 한 잔이 15전이요, 맥주 한 병은 40전이었다.

그래봤자 '기마이'의 명수와 쇼핑 중독자를 부모로 둔 철모르쟁이는 돈이라니 돈이겠거니 하였지만, 훗날 그 누군가에게서 조선인 남자 노동자의 하루 일당이 60에서 80전밖에 되지 않는다는 이야기를 들었을 때에는 절로 얼굴이 화끈 달아오르는 것을 어쩔 수 없었다.

하지만 나라도 민족도 따지지 않는 돈이 출처나 나이 따위를 가릴 리 없었다. 아무리 사복 차림에 허우대가 멀쩡해도 앳된 기운이야 얼굴에 선명히 드러났을 터인데, 학생들은 아직 이런 데를 출입하기에 이르다고 말리거나 막는 사람은 아무도 없었다. 그리고 정해진 급여 없이 주로 팁으로 먹고살았던 여급들은 나이가 어린 것을 문제 삼기는커녕 나이가 어리다고 더 환영하며 과감한 에로 서비스를 감행하였다. 우리는 사실 두 손을 묶어놓는다 할지라도 상상만으로 '쌀 수 있는' 나이였다. 그런 차에 돈만 있으면 여자와 실제로 '할 수 있다'는 사실은 어떤 자극보다 강렬하게 우리를 흥분시켰다. 어린 악동들은 여학교 앞에서 러브레터를 들고 쭈뼛거리는 풋내기들을 비웃으며 과감하게 서양 여급을 고용한 남촌의 카페로 진출했다. 이런 일에 짝짜꿍이 잘 맞는 날라리패는 대륙을 향한 전쟁의 기운이 스멀스멀 감도는 식민지에도 어김없이 존재했다.

그래도 '바우'가 나타나기 전까지, 자랑은 아니지만, 나는 동정이었다. 평양 갑부 한가네 소실의 아들 병석이가 러시아 여자 니나에게 총각 딱지를 떼었다고 으스대고, 나와 같이 '친일파' 아버지를 둔 중추원 참의 이모 씨네 맏나니 태훈이는 독일 여자 릴데메에게 홀딱 빠져 '2차적 활동'을 하다 단속에 걸린 릴데메의 벌금까지 물어주는 판국에, 나는 그나마 진도가 늦은 편이었다. 그렇다고 순정파였다고까지는 말할 수 없지만, 절벽 끝에 발을 걸치고 뛰어내릴까 말까 하는 망설임과 초조함을 즐기는 상태였다고나 할까.

"그런 이름 따위 아는 사람은 없다고 전해라! 어디서 허튼소리를 듣고 찾아와서 찍자를 붙이겠다고 덤벼들어? 아무튼 못 배워먹은 것들의 몰염치라니, 정말 지긋지긋해!"

어머니의 반응이 지나치게 격렬한 것이 수상쩍었다. 어쨌거나 나는 아버지를 닮아 동물적인 감각이 발달한 편이었고, 다만 그 방향이 돈을 향해 쏠려 있지 않다는 점이 다를 뿐이었다. 나는 본능적으로 '바우'라는 인물이 뭔가 위험한 비밀을 간직하고 있다는 사실을 낌새챘다. 그래서 다시 대문을 열고 나가 초조하게 기다리고 섰던 늙은이에게 건들건들 말을 걸었다.

"어머니는 그런 이름을 처음 들어보셨다는데요? 노인장은 어디서 어떻게 알고 우리 집에서 그런 사람을 찾는 건데요?"

'바우'라는 늙은이는 낙담도 실망도 아닌 착잡한 표정으로 쪼그려 앉아 더러운 저고리 주머니에서 주섬주섬 잎담배를 꺼내어 말기 시작했다.

"이거 피워보세요."

나는 주머니에서 '피죤'을 꺼내 그에게 내밀었다. 술과 여자, 담배와 재즈는 '모던 뽀이'들에게서 떼려야 뗄 수 없는 장식이었고, 나는 처음 카페 출입을 시작할 때부터 '마코'를 건너뛰어 고급품인 '피죤'으로 담배를 배운 터였다. 늙은이는 내가 내민 담배를 무슨 왕의 하사품이라도 받듯 조심스레 건네받았다. 그래도 나는 라이터까지 꺼내는 만용은 부리지 않았다. 그에게 내가 누리는 부를 과시하기보다는 긴장을 풀어 뭔가를 캐낼 심산이기 때문이었다. 그는 길이 잘 든 부싯돌을 꺼내어 내 담배에 먼저 불을 붙여주고 자기 담배에 붙였다. 우리는 나란히 담배 연기를 내뿜었다. 부드러운 연기가 목구멍에서 폐부를 거쳐 콧구멍으로 뿜어 나오는 동안 늙은이의 주름진 얼굴은 어울리잖게 센티멘털해졌고, 나는 그가 뿜어내는 쿠리터분하고 쉬척지근하고 노리착지근한 냄새가 왠지 친근하게 느껴졌다.

"길주군 재덕에 있는 소 방목장에서 일하다가 단천까지 흘러들어갔구먼. 자네, 혹시 함경도 단천의 우시장을 아는가?"

갑자기 웬 우시장? 나는 소 굿거리 듣는 표정으로 뜨악하게 늙은이를 쳐다보았다.

"조선 땅에서 우시장이라면 수원이랑 단천을 최고로 치지. 대단한 곳이야. 흰 백립에 삿갓에 짧은 흑갓과 맥고모자를 쓴 사람들까지 뒤엉켜 사고팔고 흥정하고⋯⋯ 그야말로 장관이지. 거기 있으면 참 마음이 편했어. 철돈지 뭔지 쇳덩어리 괴물이 달릴 길을 만든다고 땅을 뺏기고 노력 동원에 시달리던 사람들이 하나둘씩 떠나 결국 사라져버린 고향 마을 생각이 절로 났지. 그런데 그

길에 흥남에 들렀다가, 장거리에서 무슨 연설인가를 한다고 높은 데 올라선 사람을 우연히 보았는데⋯⋯."

그렇게 판도라의 상자는 열리고 말았다. 고작 담배 한 개비의 후의에, 문전박대의 냉대를 당한 역심에, 어쩌면 켜켜이 쌓인 유랑의 설움에 바우는 주절주절 아버지가 감춰온 진짜 우리 집안의 비밀을 폭로하기 시작했다. 옛날에는 흐벅진 가슴팍을 울끈불끈하며 보리 가마니를 옮기고 떡메를 쳐서 올미 할머니를 꼬드기려 했다지만, 지금 바우는 소똥 지게조차 제대로 질 수 있을까 싶을 정도로 노쇠한 늙은이에 불과했다. 그나마 과거에 알아주는 항장사였다는 사실을 믿는다면 그 양기가 이제는 모두 입으로 뻗친 거라고 말할 수밖에. 나는 이쯤에서 뜬금없이 낭만주의자 병석이가 여자를 꼬드기기 위해 읊고 다니던 영시 한 구절을 떠올렸다.

초원의 빛이여! 꽃의 영광이여! 다시는 그것이 돌아오지 않는다 해도 서러워 말지어다.

사실 바우의 말을 어느 집 소가 우느냐며 무시해 버릴 수도 있었다. 다 믿기에는 너무 황당했을 뿐더러 어쨌거나 나도 진주 하씨 성을 가지고 살아가는 마당에 구구절절 궁상스러운 내력을 덜컥 내 조상의 이야기로 받아들이고 싶지 않은 반발심이 있었기 때문이다. 어쩌면 이 어수룩해 보이는 늙은이가 어머니의 말대로 무슨 꼬투리든 잡아내 해코지를 하고 돈을 뜯어내려는 사기꾼일 수도 있었다. 그런데 '피죤' 한 갑을 다 때려 조진 바우가 더는 할 말이 없다는 듯 잠방이를 털고 일어나려는 찰나, 아버지의 자가용이 멋들어지게 미끄러져 다가와 대문 앞에 멈춰 섰다.

어머니가 두꺼운 커튼을 드리운 골방에 틀어박혀 자신이 좋아하는 영화의 장면을 곱씹듯, 나는 지금도 그때의 풍경을 한 컷 한 컷 생생히 회상할 수 있다. 아버지는 자동차 문을 열고 내리며 자신의 과거를 아는(안다고 주장하는) 바우를 보았고, 그가 자신의 과거를 안다는(안다고 주장하는) 사실을 알아차렸으며, 순간적으로 여기서 그를 아는 체했다가는 자신의 과거(라고 주장되는 이야기)를 인정하는 꼴이 되어버린다는 사실을 깨닫고 신속히 표정을 수습하여 민첩하게 움직였다.

"여기서 뭐하는 게냐? 어서 들어가자. 점심을 부실하게 먹었나, 왜 이렇게 출출하지?"

아버지는 지금껏 갈고닦아온 안면 몰수의 기술을 총동원해 바우를 깡그리 무시하고 집 안으로 들어가려 했다. 하지만 아버지가 필요 이상의 힘을 쏟아 대문을 미는 순간, 보이지 않는 존재처럼 우두커니 서 있던 바우가 불쑥 아버지를 불렀다.

"얘, 홉시야!"

그 목소리는 그리 크지 않았다. 그런데 아버지는 그 낮고 칼칼한 목소리에 덜미를 잡힌 듯 돌발적으로 뒤를 돌아보고 말았다. 가족을 버리고 고향을 등지고 산 지 20여 년 만에 불린 이름이었다. 국민총력조선연맹 경성남부지구 선전문화위원회 위원 하계운, 아니 백정 쇠날이와 올미의 아들 훕시는 그처럼 어이없이 무장해제당한 채 자신이 필사적으로 떨치고 떠나온 과거를 멀거니 바라보았다.

판도라가 상자를 열었을 때 제일 먼저 나온 것이 아름다운 작은 새였고, 그 뒤로 징그러운 벌레처럼 구물거리며 질병과 재앙과 슬픔과 괴로움과 고통과 미움과 시기심과 자만이 쏟아져 나왔다던가. 어쨌든 어머니가 위선과 허세와 기만으로나마 가까스로 지키려 했던 '모던 가정'의 파랑새는 한순간에 날아가버렸다. 아버지와 어머니는 그로부터 2박 3일 동안 잠도 자지 않고 밥도 먹지 않고 싸웠다. 한쪽이 잠을 자려 하면 다른 한쪽이 베개를 빼앗으며 깨웠고, 한쪽이 밥을 먹으려 하면 다른 한쪽이 밥상을 둘러메쳤다. 제대로 잠을 잘 수도 밥을 먹을 수도 없는 집에서 선잠을 자고 눈칫밥을 먹으며 나는 더 이상 내게 유년이라는 것이 남아 있지 않다는 사실을 깨달았다.

누가 부부싸움을 칼로 물 베기라 했던가? 칼로 물을 베면 물은 썰리지 않을지 모르지만 물 묻은 칼은 녹슨다. 아버지와 어머니가 서로를 향해 비수 같은 말을 던지는 사이에 내 심장에는 쇳녹이 슬고 목구멍에서 녹내가 치밀었다. 내가 알려달라고 말한 적은 없었다. 그저 그들의 폭로전과 비방전을 통해 도무지 영문을 알 수 없던 수수께끼들이 하나둘씩 풀려나갔을 뿐이었다.

"아, 이게 대체 무슨 운명의 장난이란 말인가? 손 한 번, 발 한 번, 몸 한 번, 마음 한 번 잘못 움직이면 눈 한 번 깜짝일 찰나에 천 길 만 길 되는 구렁텅이에 덜컥 빠져버린다는 경고를 허투루 들었던 게 잘못이지! 인생의 꽃봉오리가 무참히 짓밟혀 혼란과 혼탁의 티끌과 물길에 뒤덮여버리고 만 사연의 주인공이 내가 될 줄이야!"

"얼씨구, 즉석에서 써 갈기는 영화 대본이 아주 기가 막히는군! 그게 옆구리에 신주 모시듯 끼고 다니던 잡지 나부랭이에 실린 '나는 이렇게 당했다'의 연재 기사 한 토막인가?"

"신주? 신주라는 걸 구경이나 해보고 소리야? 무식하면 용감하다더니 입에서 지껄이면 다 말인 줄 아나 보지?"

"그렇게 잘난 신여성께서 어쩌자고 무식꾼에게 속아 넘어오셨는가? 아니, 속기는 누가 속였다고 그래? 첩년 소리는 죽어도 못 듣겠다고 용천지랄을 하기에 깨끗이 호적을 정리해 바쳤지, 무명 한 필 없이 달랑 들어온 맨몸에 비단옷을 둘러줬지, 그런데 이제 와서 뭘 짓밟히고 뭐가 억울하다고?"

어머니는 결혼 전에 아버지가 유부남이라는 사실을 알게 되었다. 하지만 이미 경성 시내에 파다하게 퍼진 소문도 소문이려니와, 어머니는 아버지가 보장하는 안락한 미래를 포기할 수 없었다. 결국 어머니와 아버지는 거래를 하기로 했다. 어머니는 신사상과 신문화에 익숙한 사람들에게나 사랑의 화신으로 대접 받을 뿐 법적으로는 전 시대의 첩이나 크게 다를 바 없는 '제2부인'이 되지 않기 위해, 아버지는 고향을 떠나오기 직전 결혼했던 나름의

비밀 139

조강지처를 버려서라도 '진짜 양반' 출신의 아내를 얻기 위해. 그것은 비교적 공정한 상거래였다.

하지만 아버지의 노골적인 빈정거림에 어머니의 얼굴은 새파랗게 질려갔다. 손가락을 잘라 혈서를 쓰며 "영원히 사랑하자!"고 굳은 맹서까지는 하지 않았더라도 낭만적 연애의 흉내를 조금이라도 냈더라면, 어머니는 다른 신여성들처럼 제2부인은 첩년이나 노리개와 다른 차원이라고 당당하게 주장했을지도 모른다. 망할년 죽일 년 소리를 듣는 그녀들에게는 적어도 자신이 선택한 남자를 진심으로 사랑한다는 확신이 있었다. 하지만 오로지 가난과 가난한 가족으로부터 도망치기 위해 결혼을 택한 어머니에게 모던 가정과 스위트 홈의 환상은 공중누각에 불과했다. 어머니는 기어이 '제1부인'이 되고야 말았지만, 그 과정에서 너무 많은 것들을 잃거나, 얻지 못했다.

그러나 어머니는 여전히 호락호락하지 않은 여자였다. 어머니는 푸르르 분노의 불꽃이 이글거리는 눈으로 아버지를 노려보며 최후의 일격을 날렸다. 분명 대단한 한 방이었으나 정작 그것에 맞아 쓰러진 사람은 패를 다 보여주고도 결코 지지 않는 타짜인 아버지가 아니라 얼결에 그 도박판을 구경하던 나였다.

"그렇게 떳떳하다면 그 소리를 잘나디잘난 장남께도 해보시지? 네가 닮았다고 철석같이 믿는 신여성이 친모가 아니고, 널 낳은 어미는 천하디천한 신분의 여자라고! 어디 한번 직접 데려가서 소개라도 시켜주지그래? 내가 모르고 있을 줄 알았어? 녹슨 쇠날인지 이 빠진 쇠날인지를 장사 지내고 나서 그 천한 여자를 몰래 경성에 데려온 걸? 아니, 이참에 맡겨났던 아드님 다 키웠으니 찾아가라고 하시는 건 어때? 어쭙잖게 '주의자'까지 되신 대단한 아드님을 말이야!"

그 말을 마지막으로 아버지와 어머니의 싸움은 끝났다. 판도라의 상자는 깨끗이 비었다. 방문에 붙어 서서 엿듣고 있던 내 머리도 텅 비어버렸다. 한때 내 종교였던 형, 우상이자 마음의 보루였던 형은 나와 한 어머니의 한 배를 타고난 친형제가 아니었다. 어머니는 제1부인이 되는 대신 버림받은 여자의 아이를 맡았고, 차갑고 단단한 침묵 속에 비밀을 가둔 채 그 아이를 스무 살까지 키웠다. 모든 혼란스러운 사실 중에서 나를 가장 크게 놀라게 한 것은 바로 그 대목이었다. 어쨌거나 어머니는 정말 호락호락하지 않은 여자였다.

아버지와 어머니는 동시에 입을 다물었다. 그리고 다시 밥을 먹고 잠을 자기 시작했다. 아버지는 신도 실천과 직역봉공을 위한 국민실천운동대회에 연설을 하러 나갔고, 어머니는 전쟁이 시작되면 영화관도 문을 닫을지 모른다며 리처드 알렌과 클라라 보우를 한 번 더 보기 위해 종로로 외출했다. 그나마 내게 위로가 된 사실은 형이 이 소동에서 제외되었다는 것이었다. 어머니의 말대로 아마도 '주의자'가 되어버린 듯한 형은 '경성콤그룹'의 대규모 검거 선풍을 앞두고 어디론가 종적을 감춘 상태였다. 하지만 형이 자신의 출생에 관련된 비밀을 알아채지 못하게 되어 다행이라는 내 생각은 순진한 것이었다. 형은 결국 자기가 '적'이라고 부르던 사람들의 입을 통해 이야기를 듣게 되었고, 그것은 끝내 내용만큼이나 충격적인 결과를 낳았다.

나는 친구들과 몰려간 단골 게이샤집에서 만취하여 동정을 버렸다. 상대는 평소에 샤미센을 타며 내게 성긋이 눈웃음치던 하루미라는 게이샤였다. 봄의 아름다움이라는 뜻을 가진 이름과는 달리 하루미는 축 처진 유방과 접힌 뱃살을 가진 퇴기였다. 그래도 나는 그녀에게 동정을 잃었다고 표현하고 싶지 않았다. 바칠 만한 것이 아니었으니 잃었다고 아쉬워할 일도 없었다. 그저 초식동물이 아닌 인간에겐 있으나마나 별 상관 없다는 맹장을 뚝 떼어 내던진 기분이었다. 질깃한 푸른 풀을 되새김질하던 기억 따윈 까맣게 잊었다. 그리하여 그때부터 거리를 헤매고 술을 마시고 춤을 추고 노래를 하고 여자를 사는 본격적인 방탕의 세월이 시작되었다. 고작 열일곱 살에, 나는 철저한 폐허였다.

그러던 어느 날, 폐허인 채로 폐허의 거리를 떠돌다가 아버지를 만났다. 나는 아버지를 보았지만 아버지는 나를 보지 못했으니 만났다기보다 그냥 보았다고 표현하는 게 옳을지도 모르겠다. 그런데 우연히 본 아버지를 무작정 뒤쫓기 시작한 것은 내가 낮부터 마신 술에 살짝 취해 있었고, 아버지가 자동차는 어디다 버려두고 평소와 다른 수수한 입성에다 새끼줄에 자반고등어까지 매어 들고 상걸음으로 거리를 걷고 있었기 때문이다. 아버지는 오줌발조차 그쪽으로 뻗치지 않을 듯했던 북촌의 조선인 마을로 접어들어

비좁은 골목길 맨 끝 집으로 불쑥 들어갔다. 나는 취기로 알알한 정신을 수습해 야트막한 담벼락에 바싹 붙어 섰다.

"나, 왔어!"

아버지의 퉁명스러운 듯하나 정겨운 한마디에 집 안에서 버선도 신지 않은 중년 여인이 한달음에 튀어나왔다.

"아이고, 이거 자반 아닌감? 이 비린 걸 직접 사들고 오셨단 말이오?"

"무 숭덩숭덩 썰어서 깔고 고춧가루 듬뿍 뿌려서 잘 지져봐. 임자, 그거 잘하잖아."

아버지의 칭찬은 전혀 어색하지 않았고 칭찬 받는 여인의 표정도 지극히 자연스러웠다. 어색하고 부자연스러운 건 그런 아버지의 모습을 처음 보는 나뿐이었다. 여인은 어머니보다 늙고 못생기고 초라했다. 치마저고리는 새로 지어 입은 듯 그럭저럭 깨끗했지만 맨발의 뒤꿈치는 갈라져 새카만 때가 끼어 있었다. 아무래도 그녀의 모습에 '인텔리'이자 '주의자'인 형을 겹쳐보기는 어려웠다. 그래도 한 군데는 닮은 곳이 있었다. 손으로 지져낸 자반 토막을 부숴 아버지의 수저 위에 얹어주며 웃는 모습은, 형이 접어준 딱지로 내가 친구들의 딱지를 다 따 왔다고 자랑했을 때 고른 잇바디를 드러내고 활짝 웃던 형의 모습과 똑같았다.

아버지는 비린 것을 반찬 삼아 고봉밥을 먹고 마루에 벌렁 드러누웠다. 단추가 두어 개 풀린 셔츠 아래로 아버지의 뱃가죽이 허옇게 드러났다. 아버지의 배꼽이 참외배꼽인 것도 그때 처음 알았다. 낮술에 취하면 어미 아비도 몰라본다더니, 도무지 가시지 않는 취기 때문인지 나는 자꾸만 아버지가 낯설고, 아버지가 여인과 함께 있는 평화로운 풍경이 낯설고, 문득 내 삶까지도 낯설었다.
 아버지는 지금껏 인생에서 '진짜'를 찾아 헤매었다. 진짜 아버지, 진짜 양갓집 규수, 진짜 부와 명예와 권력……. 하지만 진짜를 찾아 헤매는 아버지는 가짜였다. 그래서 아버지가 '진짜'를 찾아다닌 여정은 다만 자신이 얼마나 '가짜'인가를 증명하고 다닌 것에 불과했다. 그것이 아버지와 여인이 함께 나눈 밥상 위에 앙상한 생선뼈와 함께 비릿비릿하게 드러나 있었다. 난생처음으로 아버지가 아주 조금 불쌍했다.

만남

호락호락하지 않은 여자를 좋아하는 건 집안 내력이지만, 그것이 내게도 해당될 줄은 몰랐다.

나는 예외일 줄 알았다. 그 잘난 집안의 내력이 내게까지 어김없이 대물림될 줄은 몰랐다. 그녀를 만나기 전까지 여자에 대한 나의 취향은 오히려 그와 정반대였다. 나는 버드나무 가지처럼 나긋나긋 휘어지고 담쟁이넝쿨처럼 착착 감기는 여자를 좋아했다. 기왕 비싼 값을 치르고 박래품을 취할 바에야 은근히 까다로운 러시아 여자나 아예 맞먹을 기세로 접대하는 척 접대를 받는 독일 여자보다는 절대 복종을 뱃속에서부터 훈련 받고 나온 듯한 일본 게이샤가 훨씬 나았다. 일상의 세계에서는 조선인이라는 이유만으로 일본인에게 상말을 듣거나 차별당한다고 하지만, 적어도 '오키야〔게이샤집〕'에 들어선 순간부터는 손님은 왕이고 황제고, 어느 뻥쟁이가 단단히 마음먹고 지어낸 바, 신의 자손이라는 천황이 부럽지 않았다. 원래 따라지들의 텃세가 더 세고 변두리의 색주가가 더 난잡한 법이다. 식민지까지 흘러들어온 게이샤들은 말이 좋아 게이샤지 실제로는 유녀에 가까울 정도로 본토에 비해 기예나 미모의 수준이 떨어졌고, 그럴수록 빨리 한탕을 잡아 돌아갈 생각에 돈이라면 물불을 가리지 않고 덤벼들었다.

물론 게이샤들 중에도 어떤 계집은 조금 뻣세고 어떤 계집은 좀 더 연삭삭했다. 나는 그 가운데 가장 부드럽고 사근사근하고 죽으라면 죽는 시늉까지 해 바칠 만한 여자를 골랐다. 얼결에 내 동정을 냉큼 집어잡순 하루미가 가당찮게 본처 행세를 하며 내가 가무로* 때부터 점찍어두었던 요네하치에게 질투를 부릴 때, 보료에 길게 누워 아편연을 뻐끔거리며 그들의 머리끄덩이 싸움을 지켜본 것은 내 난봉 생활의 하이라이트였다.

여자들끼리의 싸움은 묘하게 남자를 흥분시키는 뭔가가 있다. 그들의 얼굴에 손톱에 긁힌 상처의 핏자국이 번지고 옷솔기가 우두둑 뜯어져 어깨와 가슴팍이 언뜻번뜻 드러날 때마다 나는 그들을 대신해 신음하며 꼬았던 다리를 풀었다가 다시 꼬았다. 전통 가라테 경기에서 금지하고 있는 무릎 올려치기, 안면 타격, 머리카락 잡기 등의 기술까지 총동원한 개싸움에서 승리한 것은 노련

---

* 고급 유녀가 부리는 10세 전후의 소녀

하고 억센 하루미였다. 하루미는 봉두난발에 쌍코피가 흐르는 얼굴로 나를 바라보며 씩 웃었다.
"당신은, 내 거야!"
네 거? 쳇! 비위가 팍 상해버렸다. 나는 득의만만한 표정을 짓고 있는 하루미를 밀쳐내고 상처투성이가 된 채 울며 쓰러져 있는 요네하치의 손을 번쩍 들어주었다. 심판관의 자격으로 승패를 정하는 것은 어디까지나 나였다. 하루미가 억울하다고 용천지랄을 해도 소용없었다. 게임의 법칙을 모르는 선수는 프로가 아니다. 그건 원래부터 져야 이기는 게임이었다. 내게 힘세고 투지에 넘치는 여자는 필요 없었다. 혼자 한 걸음도 내디딜 수 없을 정도로 연약해야만 내게 완전히 기대어 몸과 마음을 다 바치리라 생각했다. 그건 정사가 절정을 향해 달려가는 중에도 어쩌다 어머니를 문득 떠올릴라치면 발기되었던 양물이 갑자기 시르죽어버리는 증상과 일맥상통한다고 할 것이다. 나는 여자에게 어떤 식으로든 짓눌리는 게 싫어서 그 편하고 재미롭다는 여성 상위 체위조차 하지 않는 지경이었다.
하지만 나는 운명을 믿는다. 어쩔 수 없이 믿게 되었다. 우연히 일어날 수밖에 없는 일들의 어처구니없고 생뚱맞고 기막힌 필연. 그녀를 처음 만났을 때부터, 나는 내가 결국 그녀를 사랑하게 되고야 말리라는 것을 알았던 게 분명하다. 그 감정은 우선 당혹감의 형태로 다가왔다. 마치 얼굴에 비누를 잔뜩 문질러 칠하고 더듬더듬 손을 뻗어 수도의 손잡이를 찾다가, 늘 있던 그 자리의 냉수와 온수 손잡이를 순간 헷갈려 왈칵 뜨거운 물이 쏟아져 나오는 세면대에 머리를 처박은 꼴이라고나 할까. 나는 그녀의 모습을 처음 보았을 때 알 수 없는 이유로 매우 당황했다. 도무지 내가 당황하는 이유를 알 수 없었기에 황당하여 더욱 당황했다.

사랑을 하면 그 사람의 좋은 면, 아름다운 모습만 보인다는 건 거짓말이다. 내 눈에는 그녀의 닳을 대로 닳아 나달나달해진 저고리 소매와 피로에 찌들어 무릎까지 흘러내려올 듯한 눈그늘과 가슬가슬하게 마른 입술이 선명하게 보였다. 처음에는 다만 그것들이 어쩌다 눈에 띄어 비위를 긁는 줄만 알았다. 그래서 자꾸 신경이 쓰이는 줄만 알았다. 하지만 시간이 지나면서 그 불편함의 정체가 바로 사랑이라는 사실을 깨닫고야 말았다. 사랑의 터무니없음, 어처구니없음, 그러나 어쩔 수 없음이라니!

같이 오입질은 하러 다닐지언정 입으로는 끝까지 순정파에 낭만주의자인 병석은 입버릇처럼 읊었다.

"사랑은 신흥 종교 같은 거야. 그 열에 들뜨면 세상 모든 것이 다른 방식으로 해석되고 갑자기 알 수 없는 힘을 얻지. 남들이 보지 못한 그 어떤 빛, 번쩍이는 무언가를 본 거야. 사이비라고 불리며 비웃음을 당한다 해도 어쩔 수 없어. 스스로 그것에서 지독한 환멸을 보기 전까지는 신비의 영역에서 빠져나올 수 없지. 다만 타인에게 쉽게 전도할 수 없을 뿐, 신도들에게는 절체절명인 게야!"

러시아 여자 니나에게 화끈하게 총각 딱지를 뗀 것까지는 좋았으나 그 와중에 임질에 걸려 오줌을 눌 때마다 오두발광을 하는 병석이 '사랑교'의 교리를 전파할 때는 어느 집 소가 우나 하고 귓등으로 들었다. 그렇게 몸도 목숨도 다된 절체절명의 감정이라는 걸 비웃고 조롱할 때에는 몸도 목숨도 다되었다는 게 대체 어떤 상태인지 몰랐다. 모르니 이해할 수 없었고, 이해할 수 없으니 오해할 수밖에 없었다. 그래서 그녀를 처음 만났을 때, 나는 그녀의 신념과 그녀가 힘주어 말하는 그놈의 사랑이라는 것을 내심 이죽대고 빈정거리며 냉소했다. 그러나 그때부터 이미 나는 스스로가 제정신이 아니라는 것을 서서히 눈치채고 있었다. 슬금슬금 내 상태가 불안해지고 있었다. 평소의 좌우명이 '남의 일에 신경 끄자'인 내가 어쩌자고 남의 신념과 사랑에 흥야항야하는가. 더구나 상대는 소고집으로 앙버티는 허름한 계집애에 불과하지 않은가.

지금에야 설명할 수 있지만, 그때 나는 그녀에게 도발하고 있었다. 내 조롱과 비웃음을 받아치며 호락호락하지 않은 모습을 보여달라고, 제발 그래달라고 간청하고 있었던 것이다. 그녀는 나를 실망시키지 않았다. 병석이의 까 내린 알궁둥이에 페니실린 주사를 내리꽂던 간호부보다도 더 단호하게, 그녀는 내 눈에 자신의 초점을 똑바로 맞춘 채 싸늘하게 뇌까렸다.

"이해가 안 된다고요? 이해할 수 없다고요? 이해하고 싶지 않은 건 아니고요? 그렇잖아요, 이해하려고 눈곱만큼도 노력해 본 적이 없잖아요. 그럼 그런 말 하지 말아요!"

아, 그토록 세차게 내 혈관으로 들이치던 검붉은 마조히즘의 쾌감! 화나고, 쪽팔리고, 자존심이 구깃구깃해진 채로 나는 완전히 그녀에게 반하고 말았다. 반한 데는 고치는 약도 없다는데, 나는 삽시간에 사랑에 감염되어 남의 일인 줄만 알았던 그 불치병 환자가 되고 말았다. 거친 머릿결은 물풀 같아 보였고, 독기 어린 눈동자는 머루 알처럼 오롯했다. 눈에 밟히고 마음에 밟히고, 눈에 삼삼하고 귀에 쟁쟁하고, 눈에 선하고 마음에 뭉클하여 잠시도 그녀를 생각하지 않고는 견딜 수 없었다.

처음에 친구들은 미친놈의 꼬락서니로 그녀를 따라 좇거나 그녀를 생각하며 몸부림치는 것 외에는 아무것도 할 수 없는 나를 웃음거리로 삼았다. 그들은 지금까지 익히 보아온 허랑방탕한 행동과 함께 지새운 수많은 환락의 밤을 근거로 나의 진심을 믿지 않았다. 아니, 그들은 나라는 놈에게 진심이라는 게 있다는 걸 믿지 않았다.

"사랑은 첫사랑이 뜨겁고 바람은 늦바람이 더 좋다더니, 하윤식이가 아주 제대로 증명해 주는구먼! 어쨌거나 산해진미라도 가끔씩은 질리기 마련일 테니, 보리밥에 된장국이라도 먹고 싶으면 실컷 먹어두라고. 인삼 녹용이 아니라 입에 당기는 음식이 바로 보약이라지 않던가?"

하지만 나는 나의 사랑을 조롱하는 그들을 미워할 수 없었다. 나조차 나 자신을 믿을 수 없는 지경에 어쩌자고 남을 원망하겠는가. 그런데 아무래도 조짐이 심상찮았는지, 언제부터인가 그들은 슬슬 나를 걱정하기 시작했다.

"개가 똥을 끊는 것보다 하윤식이 술과 여자를 끊는 게 더 어려울 것 같더니, 벌써 몇 주째인가? 달포가 넘었구먼! 요네하치도 불안한지 볼 때마다 자네 안부를 묻더군. 며칠 전엔 다른 데 단골을 튼 게 아니냐며 날 붙잡고 한참을 울기까지 했다고."

태훈이 난감한 표정으로 지청구 아닌 지청구를 했다.

"평양 기생 열 번을 얻어도 정은 다 든다고 했어. 사랑이, 인생이 끝나지 않을 거라고 믿는 작자들은 아무런 교훈도 남기지 못하고 죽게 되어 있어. 그건 죽는다기보다 뒈지는 거지. 언젠가 끝은 있는 거야. 아무리 뜨거워도 다 지나가는 바람이려니 해야 해."

'사랑교' 교주인 병석조차 평소의 그답지 않은 교훈적인 설교로 나를 다독이려 하였다. 하긴 교리라는 건 언제나 믿고 싶거나 믿게 하고 싶은 사람들의 이현령비현령이니까. 그럼에도 나는 멈출 수가 없었다. 속도를 조절해 늦출 수도 없었다. 다만 그 어느 설득과 으름장보다 두려웠던 말은 실떡실떡 사랑이 영 사랑 되고 턱턱 사랑이 영 이별 된다는 속담뿐이었다. 천천히 가지 못하고 너무 빨리 가서 그녀를 잃게 될까 봐, 그 생각만으로 가슴이 빠개지듯 아팠다.

사랑은 사랑 그 자체로 지극한 고통이었다. 하지만 내게는 그 밖에 다른 고통의 이유가 또 있었다. 그녀는 나를 사랑하지 않았다. 내가 아닌 다른 사람을 사랑했다. 그런데 더더욱 큰 문제는 사랑의 적수가 너무 막강하다는 것이었다. 그녀가 사랑하는 그 사람은, 바로 형이었다.

바우가 우리 집에 찾아와 평지풍파를 일으킨 날 이후로 형은 집에 들어오지 않았다. 출생의 비밀이 폭로된 것과는 아무 상관 없이, 형은 특별 고등 경찰이 지하 조직을 일망타진하기 위해 펼쳐 놓은 검거망을 피해 몸을 숨긴 상태였다. 처음의 얼마간은 가족 중 누구도 형이 어디서 무얼 하는지를 궁금해하지 않았다. 언젠가 그랬던 것처럼 친구를 만나러 일본으로 떠났거나 바람을 쐬러 금강산에 갔으려니 하였다. 그토록 철저한 무관심과 무책임 속에서 아버지는 아버지대로 어머니는 어머니대로 나는 나대로 들끓는 욕망을 기어이 충족하기에 눈코 뜰 새 없이 바빴다. 그러니 당연히 형이 얼마나 위험한 지경에 놓여 있는지도 몰랐다.

나는 이름만 걸쳐놓은 학교를 대충 가방만 들고 왔다 갔다 하고 있었다. 일본이 만주로 진출한 뒤로는 학교가 학교인지 군대인지 심히 헷갈리는 분위기라, 그 와중에도 경성제대나 동경제대를 목표로 책을 들입다 파는 일부의 독종들을 제외하고는 거의 대부분이 공부에 마음을 붙이지 못한 채 들썽들썽하였다. 중국의 어디를 점령했네, 어디까지 진출했네 하는 승전의 소식이 들릴 때마다 수업은 작파하고 동원령이 내렸다. 급우들이 낮에는 일장기를 밤에는 등불을 들고 거리를 행진하는 동안 나는 요네하치를 꿇어앉혀 놓고 툭 타진 기모노의 솔기 사이로 허옇게 드러난 등허리와 엉덩이 골을 어루만지며 사케를 마셨다. 어차피 가치 없는 일로 시간을 죽일 바에야 여자의 품 안에 파묻혀 시간을 잊는 편이 훨씬 나았다. 물론 그 모두가 대단하신 아버지의 빽과 돈을 활용한 결과

이지만 말이다.

"조금만 있으면 지나〔중국〕를 다 먹어치우고 짱꼬로*를 조선인과 일본인의 종으로 삼을 날이 멀지 않았다!"

아버지는 '도리우치〔수렵〕' 모자를 쓰고 콧수염을 기른 일본인들을 집으로 데려와 파티를 연 자리에서 그렇게 소리쳤다. 어머니는 골이 아프다는 핑계로 잠깐 얼굴만 비추고 다시 방에 들어가 문을 잠갔다. 곧 닫힌 문 저편에서 베니 굿맨의 스윙 재즈 〈싱싱싱〉을 번안한 손목인의 노래가 거금을 들여 장만한 독일제 유성기에서 경쾌하게, 그러나 완강한 거부의 외침처럼 터져 나왔다.

스윙, 스윙, 스윙, 스윙, 모두 같이 노래해······.

미라처럼 썩지 않는 허기의 궁전에 고소한 음식 냄새와 함께 노래가 울려 퍼졌다. 그러나 좌절한 신여성인 어머니와 상처 받은 꿀통인 나는 '친일파'에서 이제는 '군국주의자'로 일대 변신을 꾀하고 있는 아버지와 같이 노래할 수 없었다. 아버지와 도리우치들은 곧 '정복'할 대륙에서의 생활을 예행 연습하듯 중국 요리를 한 상 차려놓고 배갈을 부어라 마셔라 하며 목소리를 드높여 군가를 불렀다.

* 중국인의 비칭

갓데 구루조토 이사마시쿠[이겨 돌아오겠노라 하면서 용감하게]…….

얼마 전 아버지는 총독부의 시학관과 의기투합해 별안간 출판업자로 변신했는데, 아버지가 본토에서 수입해 배급한 『노라꾸로』라는 만화책은 어린아이들 사이에서 대단히 인기가 좋았다. 화장실에서 볼일을 보며 몇 장 펼쳐본 바로, 그것은 노라꾸로라는 이름을 가진 영리하고 재빠른 강아지를 주인공으로 한 만화였다. 노라꾸로는 주변의 강아지들을 규합해 부대를 만들어 아둔하고 추잡하고 도망치기에 급급한 돼지 부대 '돈로꼬'를 박살내는데, 노라꾸로의 강아지 부대는 가히 어떠한 난관에도 물러서지 않는 용감무쌍 천하무적이다.

단순하기 이를 데 없는 줄거리지만 연일 계속되는 과음으로 만성 토사병에 치질 초기 증상을 보이기 시작한 나도 한 번 잡으면 "옳거니!" 소리를 절로 내며 쉽게 화장실에서 나오지 못할 정도로 『노라꾸로』의 재미는 대단했다. (그러다 팬티를 추켜올릴 때쯤엔 짚불 위에 주저앉은 듯 화끈화끈한 엉덩이를 싸쥐고 한바탕 보릿대춤을 추어야 했지만!) 하지만 권선징악 같은 건 별로 믿지 않을뿐더러 결코 좋아하지도 않을 아버지가 웬일로 그런 만화책을 출판했는지는 오리무중이었다. 그런데 중국 요리를 먹고 기름기가 번들번들한 입으로 일본 군가를 부르는 아버지와 그의 친구라는 자들을 보니 단번에 그 의미가 파악되었다. 노라꾸로는 일본인의 상징이고 돈로꼬는 중국인의 상징이었다. 그러니 영리하고 용감무쌍한 일본인이 어리석고 경멸스러운 중국인을 지배하는 것은 당연한 일이렷다!

그러거나 말거나, 나는 다 귀찮고 재미없었다. 아무리 고상하고 우아한 것이라도 과다하게 심각해지면 유치하고 천박할 수밖에 없다는 걸 그들은 모르는 걸까? 애국이니 결사항전이니 하는 구호가 드높은 가운데 웃을 수도 울 수도 없는 블랙코미디가 여기저기서 펼쳐졌다. 찌그러진 울상에 뒤통수가 불거진 '쇼카이세키'*의 그림을 그려놓고 침을 뱉으라는 선생이 있지 않나, 이제는 소도 조선식으로 '음매' 하지 않고 일본식으로 '모오' 하고 운다고 해야 한다고 주장하는 작자까지 나서지 않나, 갈수록 태산이라더니 시간이 지날수록 점입가경이었다.

하지만 그렇게 불평과 불만에 가득 차 있으면서도 나는 형이나 형의 친구들처럼 맞붙어 싸우겠다거나 뭔가를 바꿔보겠다는 생각 따윈 하지 못했다. 같은 문화정치시대에 태어났다 하더라도 급우들 중에는 간혹 일본의 통치에 반발심을 갖고 '임시정부'니 '독립군'이니 하는 소리를 수군대는 무리가 있었지만, 나는 어떤 주의와 주장에도 완전히 마음을 열 수 없었다.

웬만하면 인정하고 싶지 않지만, 어쩌면 나는 정말 아버지를 닮은 것인지도 모른다. 아버지가 꼭 내 나이일 때 조선을 온통 들썩

---

* 장개석의 일본식 한자 발음

인 만세운동이 일어났다. 그때까지만 해도 친일이고 나발이고를 떠나 오로지 돈을 벌어 출세할 궁리에 골몰했기에 아버지는 아무런 감정도 없이 만세운동을 목격했다. 잡화점에 출근하면서도 보았고 인천 미두시장에 가는 길에도 보았다. 그런데 한창 혈기 왕성한 나이였음에도 불구하고 아버지는 소영웅주의나 객기로조차 단 한 번도 군중 속에 파묻혀 만세를 부를 생각을 하지 않았다. 싫고 좋고도 없었고 옳은지 그른지도 궁금치 않았다. 아버지는 그저 뒷짐을 지고 시적시적 주위를 맴돌며 시위대가 쫓기고 밟히고 칼에 찔리는 것을 '구경했다.'

그때 아버지가 눈앞에서 뿜어 나오는 동족의 붉은 피를 멀거니 바라보고 섰던 것은, 좀 생뚱맞긴 하지만 어머니가 여배우들이 키스하는 방법을 미혼 배우일 때와 기혼 배우일 때로 나누어가며 자세하게 설명한 여성 잡지의 기사를 오려 고이 간직한 것과 비슷한 이치로 설명할 수 있을 테다. 아버지는 자신이 무언가 손해를 보면서 타인이나 공동체를 위해 희생할 수 있다는 것을 상상조차 하지 못했다. 어머니는 낭만적인 사랑과 그 사랑의 모험을 안전한 장롱 서랍 안에 스크랩하여 간직하는 것에 만족했다. 그들은 어떠한 상황에서도 주판알을 튕기며 계산부터 맞췄다. 그것은 철저히 이기적인 사람만이 할 수 있는 처세였다. 그런 걸 보면 나는 정말 정교한 유전자 조합의 결과물이다.

그래도 어쨌든 형은 달랐다. 모두가 점차로 가졌던 주의 주장을 버리고 시국에 협력해 시국을 따라 살아가는 세상에서 고립되어 더욱 위험해진 '주의자'가 되기로 결심하다니! 일단 여기까지는 내가 믿고 존경하고 숭배해 온 형의 모습이었다.

아버지는 어머니에게 모든 집안일을 떠맡겼기에, 어머니는 시종일관한 무관심으로, 나는 내 난봉살림에 바빠 모르쇠 놓았던 형의 거취가 문젯거리로 떠오른 것은 고등계 형사 나카무라가 나타나면서부터였다. 물론 이 나카무라는 그 나카무라가 아니다. 형사 나카무라는 십장 나카무라와 이름만 같은, 다른 나카무라였다. 그런데 내가 잠시 헷갈린 것처럼, 아버지는 불현듯이 나타난 형사 나카무라의 이름을 듣고 오래전 헤어졌던 십장 나카무라를 떠올렸다. 어쩌면 우연의 일치로 형사 나카무라도 십장 나카무라 못잖게 키가 작고 볼품없는 갈비씨였다.

"당신의 아들 하경식, 가와모토 유지는 일급 불령선인으로 분류되어 있소. 그 사실을 알고 계시오?"

그래서 진지하고 정중했어야 할 첫 만남에, 나카무라의 입에서 나온 그 엄청난 말에도 불구하고, 아버지는 그만 킬킬 캐들캐들 키드득키드득, 특유의 방정맞은 웃음을 터뜨리고 말았다.

"내 아들이, 불……령선인이라고요?"

아버지는 가까스로 마음을 진정하고 표정을 수습해 이 중대한 상황에 대처하려 하였으나, 당코 바지에 싸인 형사 나카무라의 빈약한 허벅지를 보는 순간 물밀듯이 밀려온 기억에 다시금 휩싸였다. 아버지는 하마터면 당신이 그렇게 가르쳐주지 말라고 신신당부했던 청진의 주소를 홍에게 가르쳐준 것이 자신이라고 고백할

뻔하기도 했다. 적어도 홍과 나카무라의 관계에 있어서 아버지는 셰익스피어의 희극 『한여름 밤의 꿈』에 나오는 장난꾸러기 요정과 같은 존재였다.

"그게, 우스우시오?"

형사 나카무라의 안색이 싸늘하게 굳어졌다. 아무리 아버지가 국민총력조선연맹 임원들과 어울려 낮술을 한잔 걸친 상태라 해도, 낮술에 어미 아비는 몰라볼지언정 남색자 십장 나카무라와 고등계 형사 나카무라를 헷갈려서는 곤란했다.

아버지는 그즈음 좀 과하게 들떠 있었다. 양반 성씨에 대한 미련으로 미룰 만큼 미루다 한 것이지만 창씨개명도 마쳤고, 날로 회원이 늘어가는 국민총력조선연맹의 중추적 인물로 조직적인 황국신민화운동을 전개하고 있으며, 총독부 직원들과는 일본인과 조선인의 관계에서는 거의 불가능에 가까운 돈독함을 유지하고 있으니 그야말로 무서울 게 없었다. 성씨를 가와모토〔河本〕로 바꾸고 구니히로〔邦弘〕라는 새 이름을 얻으면서부터 아버지는 완전히 자신을 일본인이라고 생각하는 듯했다. 형에게는 유지〔祐二〕, 내게는 진〔刃〕이라는 새 이름이 붙었다. (아버지가 대체 무슨 생각으로 그런 이름을 지었는지는 알 수 없으나, 나는 개명한 내 이름이라는 것을 듣는 순간 쇠날이 할아버지를 떠올렸다. 나는 결국 유서 깊은 우리 백정 집안에서 가장 연민할 만한 사람과 같은 이름을 갖게 되었다!)

"아이고, 죄송합니다. 그런 뜻이 아니라……."

아버지는 형에게 어떤 혐의가 씌워져 있는가는 둘째치고 일단 자신의 실수를 수습하기 위해 허둥지둥하였다. 하지만 실제로 이 때만 해도 아버지는 사태의 심각성을 절실하게 깨닫지 못하고 있었다. 지금껏 아버지가 상대해 온 일본인들은 운 좋게도(혹은 나쁘게도) 저질에 하품(下品)이라 아무러한 상황이라도 적당히 '와이로'를 먹이고 '기마이'를 쓰면 한눈쯤은 질끈 감아주었다. 일본인들도 돈을 좋아하고 아버지도 돈을 좋아하니 일본인들과 아버지가 서로 사이좋게 지내는 건 당연하다는 것이 아버지의 막무가내 논리였다. 특히 경찰이라는 직업을 가진 작자들은 말단 순사부터 특고까지 판박이라고 보았다. 그들은 불령 조선인이나 불령 중국인을 잡아 조질 때는 피도 눈물도 없는 인간 백정이지만, 그 천성이 경박하고 금전에 취약하여 마음만 먹으면 가장 다루기 쉬운 족속이라는 것이었다.

 하지만 이 또한 운명의 장난으로, 형사 나카무라는 간도나 조선에서 밀정이나 고문 기술자 노릇을 하다가 공을 세워 벼락출세한 천출이 아니라 내지에서 정식으로 경찰학교를 졸업한 엘리트였다. 그는 전시 체제에 걸림돌이 되는 사상범을 일망타진하라는 특명을 받고 파견되어 이미 지하로 깊이 숨어든 비밀 조직의 실마리를 캐고 있었다. 결론적으로 말하자면, 아버지는 제대로 임자를 만난 것이었다.

 "우리는 조선 이름 하경식, 가와모토 유지가 최형철이라는 가명으로(나카무라가 이 가명을 말했을 때 나는 다시 한 번 가슴이 철렁했다. 어머니의 본가는 해주 최씨였고, 나에게 '친일파'라는 말을 처음 가르쳐준 외사촌의 이름은 민철이었다) 경성콤그룹의 조직가 이관술의 명령을 받아 연락원 노릇을 하고 있다는 것을 파악했소. 하경식은 경성법학전문학교의 학생 조직이 당국에 적발되었다는 것을 눈치채고 몸을 피한 것으로 보이오. 지금 경찰력을 동원하여 주변을 수색하고 있소. 만약 하경식이 집에 나타나면, 물론 우리가 예의 주시하고 있지만, 즉시 당국에 연락하기 바라오. 가와모토 상처럼 충직한 신민이 그런 불령한 자식을 두었다는 건 수치스러운 일이오. 충성심을 확인하는 의미에서라도 적극 수사에 협조하기 바라오."

형사 나카무라에게는 십장 나카무라에게 했던 것처럼 허벅지를 바싹 밀착시켜 비벼줄 수도 없었다. 아버지는 허겁지겁 봉투를 찾아 되는대로 지폐를 쑤셔 넣고 나카무라를 쫓아 나갔지만, 힘없이 어깨를 늘어뜨린 채 들어온 아버지의 손에는 그 봉투가 고스란히 들려 있었다.

"집안을 들어먹으려고 작정을 했나? 이런 천하에……."

아버지는 자신의 실수에 대한 후회와, 형사 나카무라에 대한 당혹감과, 난생처음 경험한 돈의 무력함에 대한 실망감을 뒤섞어 형에게 분노의 저주를 퍼부으려다…… 참을 수밖에 없었다. 아까부터 층계참에 기대어 서서 이 모든 상황을 '구경하던' 어머니와 눈이 딱 마주쳤기 때문이었다. 간만에 좋은 구경거리를 만났다 싶은 어머니의 얼굴에는 경멸과 함께 야릇한 회심의 미소가 떠올라 있었다. 아버지는 호락호락하지 않은 여자를 좋아했던 자신의 취향과 운명을 원망하며 고급스러운 실크 벽지가 발린 널벽에 머리를 쿵쿵 박았다.

도피극의 결말은 좀 시시했다. 형은 몸을 숨긴 지 두 달 만에 원산역에서 불심검문에 걸려 검거되었다. 그리고 나는 그녀를 만났다.
현옥.
나는 그녀를 '희망'이라고 불렀다. 함부로 열어젖혔던 판도라의 상자를 허겁지겁 서둘러 닫았을 때 맨 밑바닥에 남아 있었다는 단 하나의 미덕. 물론 입 밖으로 한 번도 내보지 못한 입안의 소리에 불과했지만 말이다.
현옥을 처음 만난 것은 쾨쾨한 곰팡내가 진동을 하는 구치감의 면회소였다. 검거된 지 석 달 만에야 허락된 가족 면회에 정작 가겠노라 나선 사람은 나뿐이었다. 아버지는 갈 수 없었고, 어머니는 갈 마음이 없었다. 형이 도피 생활을 하는 동안 나카무라는 집요하게 우리 가족 주위를 맴돌며 아버지를 들쑤시고 어머니에게 집적거렸다. 어머니를 성가시게 한 것은 무슨 흑심 때문이 아니라 아무래도 수상쩍은 우리 집안의 내력을 파헤쳐 심문에 도움이 될 만한 정보를 얻기 위해서였고, 그야말로 충직한 천황폐하의 신민이 되기 위해 안간힘을 쓰는 아버지에게 씨양이질을 한 것은 조선인과 일본인은 분명히 다르므로 엄격하게 구분되어야만 한다는 교훈을 가르치기 위해서였다. 아버지는 지금껏 호형호제하던 총독부 관리며 상조회 회원이며 모든 연줄을 동원해 형을 빼낼 방법을 강구했으나, 철두철미한 형사 나카무라에 의해 번번이 좌절되었다.

"경식이, 아니, 유지한테는 너나 가봐라. 나는 연맹의 중요한 행사를 준비하느라 바쁘다."

나카무라에게 지르밟힌 아버지가 납작한 목소리로 말했다. 아버지는 이런 예상치 못했던 난국을 가져온 형에게 몹시 화가 난 만큼이나 어떻게 하면 '주의자' 아들 때문에 잃어버린 '친일파'로서의 신용을 회복할 것인가 하는 궁리에 몰두해 있었다. 지금까지 내가 보아온 아버지라면 차라리 자식을 버리면 버렸지 돈과 명예와 권력을 포기하지는 않을 것이었다. 그나마 사식이라도 넣어주라고 두둑이 돈을 찔러주는 것만으로도 아버지의 부성애는 최고치에 도달한 터였다.

어머니? 어머니야 물어볼 필요조차 없었다. 지금껏 '모던 가정'을 유지하기 위해 완벽한 어머니 역할을 연기하던 어머니는 판도라의 상자가 열리는 순간부터 고대 소설 속의 계모로 둔갑했다. 어머니의 모성애, 아니 인류애의 최고치라면 형이 마치 처음부터 없었던 사람처럼 모른 척 완전히 신경을 꺼주는 것이었다. 가족 면회가 허락되었다는 소식을 듣고도 이삼일을 허송세월하며 흘려보낸 까닭에는 이 같은 콩가루 집안의 사정이 있었다.

나 역시 형을 면회하러 구치감에 가는 일이 흔쾌치는 않았다. 하긴 어느 누가 감옥소에 갇힌 형제를 보러 가는데 댄스 스텝을 밟겠는가? 여기저기서 주워듣기로 일본 경찰이 독립운동가나 주의자를 다룰 때는 아예 사람 취급을 하지 않는다고 하였다. 그 고문 방법이라는 것을 몇 가지 귀동냥하노라니 그만 말하는 녀석의 입을 막거나 내 귀를 틀어막고 싶은 심정이었다. 몽둥이찜질이나 주리 틀기는 기본이려니와, 엄지손가락을 묶어 천정에 걸고 온몸에 땀이 흐르고 대소변을 질질 흘리게 될 때까지 공중에 매달아놓는다. 삼면에 날카로운 못을 박은 높이 석 자에 불과한 나무 상자에 사람을 처넣고 네다섯 시간을 방치한다. 얼굴을 젖히고 콧구멍에다 뜨거운 물이나 고춧가루를 탄 물을 들이붓는다. 담뱃불로 알몸과 얼굴을 지지고 뾰족한 대바늘로 열 손가락의 손톱 밑을 찌른다……. 이건 숫제 사람 취급은 고사하고 짐승 취급조차 하지 않는 것이었다. 어머니가 좋아하는 공포 영화나 괴기 영화보다도 더 끔찍하고 무서웠다.

누군가는 이런 이야기를 들으면 분노할 것이다. 원한과 증오로 푸르르 떨며 복수심을 불태울 것이다. 형제의 복수를 위해 총을 드는 영화 속의 주인공은 얼마나 멋지고 당당한가? 그런데 오갈 데 없는 꿀통에다 겁쟁이인 나는 완전히 공포에 사로잡혀 소용도 없고 이치에도 맞지 않는 혼잣말을 중얼거렸다.

"형은 어쩌자고 그런 일을 벌인 거야? 그렇게 당할 줄 알았다면 하지 말았어야지!"

그토록 끔찍한 고문을 당한 형을 만난다고 생각하니 엄두가 나지 않았다. 아마도 고문의 상처가 얼마간 아물기를 기다리느라 검거한 지 석 달이 지나서야 가족 면회를 허락했겠지만, 나는 심지어 온몸의 구멍에서 피를 철철 흘리는 형을 만나는 악몽을 꾸기까지 하였다.

"윤식아, 내 몸에서 피가 멎지 않는다……."

형이 손톱이 다 빠진 열 손가락을 펴들고 나를 향해 다가온다. 손끝에서 폭죽처럼 피가 솟아오른다. 꿈은 총천연색이었다. 검붉은 피, 피, 피의 홍수…… 나는 가위에 눌려 버둥대다가 숨이 넘어가기 직전에 꺽꺽거리며 깨어났다. 아버지의 작명은 아무 의도가 없는 우연적인 것이었을 테다. 하지만 나는 쇠날이 할아버지를 이해하는 유일한 그의 핏줄이었다. 붉고 뜨겁고 압도적인 그것에 대한 공포는 내 유전자 깊숙이 잠복되어 있었다.

부풀어 오른 발가락이 슬금슬금 근지럽기 시작하는 걸 보니 겨울인가 보았다. 나는 부대끼는 마음을 진정하려 새벽까지 마신 술로 인해 부대끼는 배를 움켜잡고 구치소에 가기 위해 인력거를 잡아탔다. 예년보다 일찍 찾아온 추위에 인적이 드문 거리는 을씨년스러웠다. 기껏 눈에 띄는 사람들의 옷차림도 우중충한 색깔 일색이었다. 조선인들이 즐겨 입던 흰옷이 못마땅하여 먹물 물총을 쏘아대는 것으로도 모자라 얼마 전부터는 '국방색'이라 불리는 군청색 옷이 '국민복'이란 이름으로 거리를 장악했다. 남자들은 머리를 빡빡 밀고 2푼 길이로 깎은 뒤 '센토보오시'라는 병정 모자를 뒤집어썼다. 무겁고 차가운 겨울 하늘, 누가 군인이고 민간인인지 분간할 수 없는 사람들, 근실근실 가렵고 욱신욱신 쑤시는 발까지…… 그날 내 기분은 무엇으로도 달랠 수 없을 듯이 우울했다.

"가와모토 유지를 면회 왔습니다."

"수감인과는 어떤 관계인가?"

"동생입니다."

"가족 면회는 이 인까지 가능하다. 신청자는 일 인뿐인가?"

그렇다고 대답을 하려는 순간, 누군가가 내 옆구리를 꾸욱 찔러 왔다. 화들짝 놀라 쳐다보니 난생처음 보는, 그러나 어쩐지 낯설지만은 않은 여자가 내 옆에 서 있었다.

"아니오. 이 인입니다."

"수감인과는 어떤 관계인가?"

"……약혼녀입니다."

사무적으로 서류를 작성하던 구치소 직원이 돌연히 끼어든 그녀와 나를 번갈아 쳐다보았다. 말단 직원이라지만 장소가 장소인지라 무언가를 정탐하는 듯한 눈빛이 매서웠다. 그때 옆구리를 찌른 뾰족한 물체(나는 왜 그걸 언뜻 '칼'이라고 생각했을까?)에 힘이 가해졌다. 어제 마신 술이 다 소화되지 않아 꿀렁거리는 배가 다시금 요동을 쳤다. 나는 얼결에 고개를 주억거리며 왈카닥 게우듯 말했다.

"네, 맞습니다."

면회실의 딱딱한 의자에 걸터앉아 형을 기다리며 그녀와 나는 아무 말도 하지 않았다. 졸지에 예비 형수와 예비 시동생이 된 채, 아니 어쩌면 신분 위장의 공범이 된 채로 우리는 묵묵히 한 사람을 기다렸다.

형의 상태는 생각보다 나쁘지 않았다. 내가 두려움과 엄살로 너무 심한 상상을 미리 해두었기 때문일지도 모른다. 그럼에도 어지간히는 족대기질을 당한 듯 얼굴 군데군데 생딱지가 앉아 있었고 몸은 상당히 야위어 보였다.

"난 괜찮으니 너무 걱정하지 마라."

형은 의연하게 말했다. 어쨌거나 나는 주의에 대해선 쥐뿔도 몰라도 주의자들은 뭔가 남다를 것이라고 막연히 생각하고 있었다. 주의자라면 감옥에서도 보통 사람과 다른 모습을 보이리라 예상하긴 했지만 형이 정말 그러니 감동적이라기보다 신기했다. 말을 멋지게 해서 그런가, 형의 미모는 칙칙한 죄수복과 고문당한 상처의 흔적에도 불구하고 어두침침한 면회실 안에서 등불처럼 빛났다. 보통 사람이라면 인상을 지저분하게 했을 텁수룩한 수염도 애리한 미소년이었던 형을 성숙한 미남자로 만드는 데 일조를 했다. 나는 그곳에 간 목적도 잊어버린 채 입을 헤벌리고 형을 바라보았다. 거기까지만, 입아귀를 타고 흘러내린 침이나 훔치며 형의 행동거지와 미모에 감탄했으면 좋았으련만, 어쩌자고 내 눈길이 곁에 서 있는 그녀에게로 갔는지 모르겠다.

등불 앞에 선 그녀는, 화─안했다. 퀭한 눈은 번쩍 뜨여 광채를 발하고 더뎅이가 얹힌 마른 입술에도 연붉은빛이 돌았다. 그녀는 형을 뚫어져라 바라보며 한마디 한마디를 새기듯 집중해 들었다. 형이 태양계에서 스스로 빛을 내는 유일한 항성인 태양이라면 그녀는 태양 광선을 반사하여 빛나는 달과 같았다. 그 생각이 퍼뜩 내 머리를 스쳐가는 순간, 참으로 이상하고 야릇하게도, 내 심장으로부터 뻗친 불덩이가 쏜살같이 머리끝까지 치솟는 듯했다. 감동과 경의로 북받쳐 올랐던 흥분 또한 순식간에 싸늘하게 식어버렸다. 물론 나는 그때 그 요사스러운 감정의 변화가 무엇인지 전혀 알 수 없었다. 질투, 라는 말 따위는 생각도 못한 채 나는 맹렬하게 형을 질투하고 있었다.

"맡겨놓은 강아지는 잘 키우고 있지?"

"그럼요. 걱정하지 마세요. 무럭무럭 잘 자라고 있어요."

형과 그녀의 대화는 희한했다.

"그 녀석은 배앓이를 하면 풀을 뜯어 먹기도 해. 그럴 땐 말리지 말고 풀밭으로 데려다 줘."

"그럴게요. 아무래도 제가 감당하기 힘들면 그때 원래 주인에게 연락을 해서 데려가라고 할게요."

이건 무슨 개 풀 뜯어 먹는 소리? 무슨 은어이거나 암호인 모양인데, 뜻은 모르겠으나 그렇게 티 나게 암호와 은어를 쓰면 나무 책상에 바싹 붙어 앉아 한마디 한마디를 놓치지 않고 써 내려가는 교도관을 통해 어떻게든 수사관들에게 전달되지 않겠는가? 그러거나 말거나, 형과 그녀는 여전히 진지하게 제가 무엇을 가려 먹어야 하는지도 모르는 개새끼에 대해 이야기를 주고받았다. 그러다 보니 짧은 면회 시간이 어느덧 다 지났다. 판자벽에 뚫린 개구멍 같은 면회구가 철커덕 닫힌 후에야 나는 비로소 이 어리벙벙한 개꿈에서 깨어났다. 갑자기 뱃구레에 구멍이 뻥 뚫린 듯 허기가 밀려오는 걸 보니 이제야 술이 깨려나 보았다.

"저, 어디로 가시나요?"

면회실에서 나오자마자 가볍게 목례만 하고 돌아서 가려는 그녀를 잡아 세운 이유가 무엇이었던지, 나는 지금도 정확하게 설명할 수 없다. 그녀의 존재가 당황스러웠고, 그녀의 존재에 대해 지나치게 예민하게 반응하는 나 자신이 당황스러웠고, 이 당황스러움이 뭔가 심상찮은 일의 전조라는 것을 동물적인 감각으로 알아챘기 때문이리라.

"공장에 돌아가야 해요."

그녀는 차가운 말투로 짧게 대답했다. 하지만 나는 그녀가 공장에 다니고 있다는 정보를 얻어서, 기뻤다.

"거기가 어딘데요?"

내 질문에 그녀는 잠시 난처한 듯 입을 감쳐물었다가(그 동작 하나하나가 참으로 호락호락하지 않았다!), 아까 면회 신청을 할 때 내가 보였던 호의 아닌 호의에 대한 보상인 듯 마지못해 대답했다.

"인천에 있는 연초 공장이에요."

"그럼 인천에서 일부러 여기까지 오신 거예요?"

"교대 시간을 조정하느라 밤 기차를 타고 왔어요. 경성역이나 노량진역에 가면 제물포까지 가는 기차가 있어요."

"그럼, 제가 경성역까지 모셔다 드릴게요. 여기서 걸어가기엔 너무 멀고 추워요."

나는 그 말을 뱉자마자 후다닥 튀어 나갔다. 행여 그녀의 입에서 거절의 말이 새어나올까 두려워하며 구치감 담장 아래 대기시켰던 인력거를 부르기 위해 달렸다. 소낙비가 와도 뛰지 않는다는 양반 흉내를 내고자 해서가 아니라 나는 정말 웬만한 일이 아니라면 뜀박질 따위는 하지 않았다. 열일곱 살에 이미 폐허를 본 인생에게 무어 그리 급하고 바쁠 일이 있겠는가? 나는 그저 이 지루하고 지겨운 인생이 순간순간의 쾌락과 말초적인 쾌감으로 가득 차기만을 바랄 뿐이었다. 그래서 술이 서서히 깨어가는 지금쯤이 새로운 술판을 벌이기에 가장 적합한 시간이었다. 취기가 가시기 전에 얼른 새로운 취기를 채워야 했다. 그런데 나는 지금 왜, 무엇을 위해 달리고 있는가?

"이봐! 인력거를 정문 앞으로 갖다 대! 뭐해? 빨랑빨랑 움직이라고!"

인력거꾼을 닦달하며 인력거와 같이 뛰었다. 나달나달한 소매의 저고리를 입은 그녀가 구치감 정문 앞에 오도카니 서 있는 모습이 보였다. 제대로 된 외투도 걸치지 못한 그녀는 추워 보였다. 그럼에도 등을 꼿꼿이 펴고 턱을 끌어당겨 팽팽하게 긴장을 늦추지 않는 기색이 역력했다. 희망은 얼어붙지 않는다. 그간의 음주와 흡연과 운동 부족으로 잠깐의 달음박질에 금세 숨이 찼지만, 그녀를 위해 사소한 무언가라도 해줄 수 있다는 생각에 가슴이 벅찼다. 산골짝의 동굴 바닥에 펼쳐놓은 일밥과 샛요기를 허겁지겁 먹는 올미 할머니를 바라보던 쇠날이 할아버지의 심정이 꼭 이랬을까? 아마도, 그랬을 것이다.

그날 나는 결국 현옥을 쫓아 인천까지 갔다. 경성역에서 내려주고 곧바로 인력거를 돌리기는 했는데, 갑자기 내가 어디로 가야 할지 알 수가 없었다. 인력거를 세우고 뛰쳐나온 나를 보고 그녀는 황당하다 못해 거의 질려 하는 듯했지만 나는 정말로 갈 곳이 없었다. 집으로? 집에 가도 형의 상처 난 얼굴과 야윈 몸피에 대해 궁금해할 사람은 없었다. 요네하치를 만나러 남촌으로? 내가 아무리 꼴통에 막장이라도 이런 날까지 술에 취해 여자의 사타구니에 머리를 처박고 싶지는 않았다. 알 수 없는 이유로, 나는 끔찍하게 슬프고 뼈저리게 외로웠다.

"형이 그동안 어떻게 살았는지 알고 싶어요."

결국 나는 인정할 수밖에 없었다. 내가 어쩌다 스친 그녀의 옷깃을 놓치지 않을 유일한 방법은 형을 핑계 삼는 것이라는 사실을. 형에 대한 말이 나오자 냉정한 표정을 짓고 있던 그녀가 순간 움찔했다. 내가 기대했던 반응임에도 불구하고 명치끝이 찌르르 아팠다. 그래도 나는 그 틈을 놓치지 않기 위해 입에서 나오는 대로 마구발방 주워섬겼다.

"전 형이 가진 생각을 잘 몰라요. 우애는 좋은 편이었지만……워낙 터울이 많이 지니까요. 그래서 형이 어떤 생각으로 무엇을 위해 싸웠는지 궁금해요. 그러니까, 그동안 형은 몸을 피해 인천에 있었던 거죠? 그쪽……은 경식 형이 어떻게 살았는지를 알고 있는 거죠?"

그녀의 눈빛이 흔들리고 입술이 떨리는 것을 보면서 나불대는 내 입술은 더 바빠졌다. 물론 형은 한때 나의 우상이고 종교이다시피 했지만, 일본 유학을 다녀오고 사상에 빠진 후로 우리는 이미 예전 같은 다정한 형제 사이가 아니었다. 내가 그랬던 것처럼 형도 나에 대한 관심이 별로 없었다. 정말 관심이 있었다면 가장 가까운 곳에 있는 동생부터 포섭해야 마땅하지 않은가? 반쪽이든 온쪽이든 어쨌거나 피를 나눈 동생은 '친일파' 아버지의 주머니에서 나온 돈으로 만날 술 마시고 오입하고 패싸움이나 하고 다니는데, 형이라는 작자 혼자만 고귀한 '혈맹'을 내세우며 노동자 농민 동지들을 규합하고 다닌다는 건 어불성설이 아닌가?

그렇다고 내가 형에게 섭섭하다는 뜻은 결코 아니다. 솔직히 말하자면 나를 그 골치 아픈 일에 끌고 들어가지 않은 형에게 감사의 큰절이라도 바치고픈 마음이다. 그럼에도 나는 정말로 형을 간절히 이해하고 싶다는 포즈를 취해 보였다. 그녀가 나를 밀쳐내지 못하게 할 방법은 그뿐이었다.

"형철 씨는…… 아니, 경식 씨는 가족들 이야기는 전혀 하지 않았어요. 아버지가 그런…… 분이라는 사실도 검거된 후 취조 과정에서 알았지요. 저도 경식 씨가 검거되었을 때 잠시 불려가 조사를 받았거든요. 경식 씨가 그런 집안 배경을 가졌다는 사실을 알게 된 뒤로는 그간에 보여주었던 행동들이 더욱 존경스러웠어요. 비록 직업 혁명가가 아닌 학생 신분에 운동 경력 또한 그리 길지 않지만, 경식 씨는 모든 면에서 훌륭한 혁명가적 품성을 지니고 있었거든요……."

우리는 경성역 대합실 벤치에 나란히 걸터앉아 열차가 오기를 기다렸다. 르네상스와 바로크를 절충한 양식으로 지었다는 경성역사의 대합실은 '근대의 은총'처럼 아치형 천정을 통해 홀 가득히 태양빛을 끌어들이는 구조에도 불구하고 초겨울 추위로 썰렁했다. 생각 같아서는 2층 양식당 옆에 자리한 '티-룸'에 가서 따뜻한 커피라도 한잔 하자고 말하고 싶은데 곰곰이 생각해 보니 그곳에서 그녀 같은 차림새를 한 여자는 한 번도 본 적이 없었다. 뿐만 아니라 형을 팔아 따라붙는 걸 겨우 허락 아닌 허락 받아냈는데 여기서 커피의 '커' 자라도 꺼냈다가는 다 된 밥에 코 빠뜨리는 꼴이 될 터라는 건 내가 아무리 꼴통이라도 알 수 있었다. 차갑게 언 가죽 구두 안에서 발가락들이 반란을 일으키고 있었다. 나는 겉으로는 진지한 표정을 짓고 속으로는 추위와 가려움에 팔딱팔딱 뛰며 형을 찬양 고무하는 그녀의 말을 잠자코 듣고 앉아 있었다.

"경식 씨가 닮고자 했던 혁명가는 신화적 탈출로 유명한 경성 트로이카의 이재유 선생이었어요. 지금은 청주보호교도소에 수감 중이지만 이재유 선생의 일생은 피검, 고문, 재감, 탈주, 지하 활동으로 이어진 형극의 길이었지요. 경식 씨는 그 혁명가의 이름을 부를 때마다 가슴에서 피가 끓는다고 말했어요. 꼭 이재유 선생처럼…… 경식 씨는 이론에도 밝았지만 누구보다 따뜻한 마음을 가지고 있었어요. 언젠가 동지의 집에서 철야 회의를 했는데, 밤새

내린 눈이 골목길을 뒤덮자 다른 동지들이 다 자고 있는 새벽에 홀로 일어나 골목길의 눈을 다 치웠다는 일화는 지금도 동지들의 입에 회자되고 있고요……. 어때요? 어렸을 때도 경식 씨는 그렇게 마음이 따뜻한 소년이었나요?"

현옥이 하는 말이 조선말은 조선말인데 참으로 알아듣기가 어려웠다. 그래서 애써 놀라지 않은 척 이해할 수 있는 척 표정 관리를 하는 일이 힘겹고 거북살스러웠다. 같은 세대로 동시대를 살면서 이토록 다르게 생각하고 말할 수 있다는 게 충격적이었다. 그리고 그녀의 입을 통해 들은 형의 모습도 매우 놀라웠다. 내가 모르는 것이지만 어쨌거나 그것도 형의 일면일 테다. 하지만 차마 그녀에게 가파른 슬로프에서 맹렬한 속도로 스키를 타고 내려오던 어린 시절의 형에 대해 말할 수 없었다. 아무튼 형은 그때나 지금이나 눈[雪]에 대해 참으로 열렬하게 반응하는구나 하며 남몰래 감탄하는 것 외에는.

"기차가 연착되네요."

"글쎄 말이에요. 요즘 부쩍 이런 일이 잦네요. 아무래도 일제의 야욕이 아시아를 넘어 세계를 노릴 분위기인데, 어쨌든 경성역은 대륙행 국제 철도의 통과 역이니까. 여러모로 조짐이 심상찮아요."

"여기서 마냥 이러고 있지 말고…… 근처에서 요기를 하는 게 어떨까요? 점심때가 훌쩍 넘었는데 그쪽도 시장하실 거 아니에요?"

"그쪽, 이쪽 하니까 어색하네요. 제 이름은 현옥이에요. 조현옥. 경식 씨 동생분 성함은 어떻게 되시나요?"

"진······ 아니, 제 이름은 하윤식입니다."

"경식, 윤식, 그렇군요."

우리 형제의 이름이 별나게 우스울 리도 없는데 현옥은 실없이 쿡쿡 웃었다. 하는 말마다 생경하고 살벌하지만 그 행동만은 영락없이 사랑에 빠진 여자의 모습이었다. 상대에 대한 사소한 정보와 내력을 알게 되는 것만으로도 마냥 달콤하고 행복해지는 사랑의 청맹과니. 갑자기 속에서 불방망이가 불뚝 치밀었다. 나는 생전 처음으로 '하경식의 동생 하윤식'이라는 꼬리표에 염오를 느꼈다. 어쩌면 아벨도 카인의 돌에 맞기 전에 방망이로 카인의 뒤통수를 한 대 후려치고픈 충동을 느낀 적이 있지 않았을까?

"오늘 많이 도와주고 여기까지 인력거도 태워주었으니 점심은 제가 살게요."

현옥은 재빠르게 자리를 털고 일어나 앞장서 걸었다. 뒤에서 보자니 저고리만 낡은 것이 아니라 고무신도 닳을 대로 닳아 뒤축이 너덜거렸다. 다시금 가슴이 짜르르 저렸다. 행여 길 가는 사람이 미끄러져 넘어질세라 골목길의 눈을 다 치우는 마음이 따뜻한 혁명가가 제 여자 헌 고무신 하나 새걸로 개비해 주지 못한단 말인가? 저렇게 닳아빠진 고무신으로는 빙판이 아니라 숫눈길을 걷다가도 미끄러져 자빠지겠다! 이제 나는 심지어 형에게 화를 내고 있었다.

그래도 현옥은 씩씩하게 걸어갔다. 커다란 계기판이 설치된 역사 정문 아치를 지나, 기차가 닿았다 떠날 때마다 한바탕 법석이

나는 인력거 대기장을 지나, 봉래교를 건너 만리동으로 넘어가는 약현고개 방향으로 주저 없이 발걸음을 옮겼다. 나는 경성에서 나고 자랐지만 한 번도 그 동네 근처에 얼씬한 적이 없었다. 경성역이라면 으레 흰 빵과 샐러드 접시가 즐비한 양식당 경성역 그릴과 갓 볶은 커피 맛이 좋은 티-룸과 일등석 객실 의자의 푹신한 쿠션만이 떠올랐다. 그런데 현옥을 따라 약현고개를 오르며 나는 주변에 펼쳐진 풍경에 경악을 금치 못했다. 최신식 모던 건물인 경성역사의 코앞에 이처럼 지저분하고 초라하고 궁핍한 빈촌이 있으리라곤 상상조차 못했던 것이다.

"여기부터 저기까지가 모두 막일꾼과 빈민들의 주거지예요. 놀랍죠? 이토록 가까운 공간에서 극심한 빈부 격차를 확인할 수 있다는 것이."

현옥은 내가 한순간 칼인 줄만 알았던 가늘고 긴 손가락을 뻗혀 집이라기보다 움막이나 토굴에 더 가까운 오두막들을 가리켰다.

"권력과 자본을 가진 자들은 이들을 '나마제모노〔게으름뱅이〕'라고 불러요. 하루에 적게는 열 시간에서 많게는 열다섯 시간까지 노동하는 이들에게 느리고 해이하고 게으르다고 욕을 하지요."

구질구질한 건 딱 질색이었다. 비참한 모습 앞에서는 눈을 질끈 감아버리는 편이 나았다. 내 일이 아니었다. 남의 삶이었다. 싫다, 정말 싫다! 그런데도 입안에서 들끓는 악다구니를 차마 내뱉지 못한 채 나는 난전에 걸터앉아 현옥이 사주는 돼지죽 같은 밥을 꾸역꾸역 퍼 먹고 있었다.

"보기보다는 먹을 만하죠?"

그래도 좀 미안하기는 했는지 현옥이 나를 바라보며 싱긋이 웃었다. 야무진 입매로 호락호락하지 않은 표정을 짓는 것도 괜찮았지만 가지런한 잇바디를 드러내고 웃는 모습도 꽤 봐줄 만했다. 나는 입안 가득 돼지죽을 문 채로 크게 고개를 주억거렸다. 사실 그녀의 말대로 돼지죽같이 생기긴 했어도 맛은 그리 나쁘지 않았다.

그런데 그날은 내가 그녀를 처음 만난 기념일로만 기억될 운명이 아니었다. 돼지죽을 나눠 먹은 뒤 훨씬 친해진 기분으로 약현 고개를 내려와 봉래교를 건너 경성역 광장에 다다랐을 때, 우리의 눈앞에는 닭털 베개에서 터져 나온 흰 깃털 같은 종잇장들이 분분히 날리고 있었다. 현옥이 날랜 손길로 먼저 한 장을 잡아채 펼쳤다.

제국, 진주만을 결사 공습!

그 한 장의 호외 앞에 우리는 빳빳이 얼어붙었다. 바야흐로 새로운 전쟁이 시작된 것이었다.

그 여자

현옥을 만난 후 내게는 이상한 버릇이 하나 생겼다. 문득문득 심장이 바특하니 졸아붙는 듯한 통증 속에 나도 모르게 질끈 눈을 감는 것이었다. 길을 걷다가도, 인력거에 올라앉아 멍하니 거리를 바라보다가도, 밥을 먹거나 양치질을 하거나 친구들과 시시풍덩한 농지거리를 하다가도, 불현듯이. 그러면, 보였다. 암흑 속에서도 그 모습이 찬연히 보이는 것이었다. 어떤 사람을 기억한다는 것은 뇌엽에 간직된 시각적인 이미지를 끌어내 떠올리는 일이다. 그건 맹인이라 할지라도 '볼 수 있는' 독특한 영상이다. 멀리 떨어져 있어 비록 만날 수 없을지라도 기억 속에서는 언제나 볼 수 있다. 그것은 가슴을 후벼 파는 통증을 동반하는 일이었지만 나는 눈을 감았을 때 더욱 선명해지는 그녀를 포기할 수 없었다. 매일 들이붓는 술이나 아편을 넣어 만든 담배에조차 끄떡없던 내가 웬일인가 싶었다. 나는 그녀에게 중독되었다.

현옥의 아버지 또한 중독된 사람이었다. 거부할 수 없는 유혹의 씨앗을 피톨 깊숙이 간직한 폐인이었다. 현옥의 아버지를 마비시킨 독물은 도박과 의처증이었다. 도박이 먼저였는지 의처증이 먼저였는지를 따지는 것은 닭과 달걀의 선후 관계를 시비하는 일만큼이나 난해하다. 어쨌거나 그리하여 현옥은 때리는 아버지와 맞는 어머니, 돈을 빼앗아가는 아버지와 돈을 뺏기는 어머니, 의심하는 아버지와 의심 받는 어머니 밑에서 자라났다.

"이 쌍년! 어디서 어떤 놈이랑 붙어먹다가 지금에야 집구석으로 기어들어오는 거야?"

아버지는 사시사철 펼쳐져 있는 눅눅한 이불 위에 누워 뒹굴며 전력을 충전하다가 어머니가 들어오자마자 이단 옆차기로 일격을 날렸다. 제사 공장에서 하루 종일 명주실을 켜낸 어머니는 누에고치를 잃은 번데기처럼 몸을 말고 쓰러졌다.

"내가 어디서 누굴 만나누? 뒤 보고 밑씻개 쓸 짬도 없이 온종일 고치고름틀 앞에서 동동거리다 왔구면, 내가 번데기랑 눈이 맞겠소, 나방이랑 연애를 하겠소?"

현옥의 어머니도 현옥만큼이나 호락호락하지 않았다. 학교 문턱도 넘어보지 못한 무학자였지만 말발만큼은 누구에게도 밀리지 않을 정도로 타고난 유머 감각과 재치가 있었다. 하지만 어머니의 유머와 재치는 아버지를 맞상대하는 데 있어 약이 아니라 독이었다.

"이게 어디서 터진 입이라고 서방한테 꼬박꼬박 말대꾸야? 저렇게 윗구멍이 발랑 까졌으니 아랫구멍도 헤프기 마련이지!"

어머니는 비극적인 상황에서조차 어김없이 발휘되는 유머 감각 때문에 한 대 더 맞고 재치 때문에 한 방 더 차였다. 아버지의 의심처럼 어머니가 어딘가에서 다른 남자를 만나고 다니는 기미는 전혀 보이지 않았다. 어머니는 낙천적이고 통이 커서 이웃 아낙들이나 동료 여공들에게 인기가 좋았지만 결정적으로 남자들이 좋아할 만한 외모가 아니었다. (그것만은 다행스럽게도 현옥은 어머니보다 아버지를 닮았다.) 원래 집안의 부주가 그렇다는 어머니의 말을 믿는다면 하루에 한 끼만 먹어도 나날이 굵어지는 몸피는 붓기가 아니라 살집일 테다. 어머니의 별명은 '여사장'이었다. 열두 시간 동안 기계 앞에 붙어 서서 변소에 갈 때도 보고를 하고 허락을 받아야 하는 여공으로 살아가는 여사장. 그럼에도 아버지는 집요하게 어머니의 부정을 의심했다. 제사 공장에서는 번데기와 나방이, 염색 공장에서는 빨강 파랑 염료가, 신발 공장에서는 고무신과 구두가 샛서방을 대신하여 아버지의 타박과 추궁을 받았다.

아버지의 소나기매가 우수수 떨어질 때면 현옥의 자매들은 방구석에 웅크린 채 벌벌 떨기……보다는 무심히 각자의 용무를 보았다. 큰언니는 수틀을 잡고 한 땀 한 땀 자수를 했고, 둘째 언니는 장터에 내다 팔 나물에서 검부러기를 골라냈고, 잠이 많은 막내 동생은 그 난리통 속에도 쌔근쌔근 곯아떨어져 잤고, 현옥은 귀를 막고 책을 읽었다. 물론 이 기괴하도록 무사태평한 정경이 펼쳐지기까지는 손가락 발가락을 다 동원해도 셀 수 없는 무수한 악다구니와 눈물바다가 있었다. 하지만 아무리 악을 쓰고 울며 매달려도 어제와 달라지지 않는 오늘의 풍경에 자매들은 하나둘씩 제풀에 지쳐 나가떨어졌다. 눈짐작으로 어림할 수 있는 만큼이나 실제로 맷집이 좋은 어머니의 견딜성도 자매들의 무감각을 부추김질했다. 그들은 웬만한 매타작에는 눈썹 하나 까딱하지 않게 되었다. 그저 지긋지긋하고 징글징글하고 진절머리가 날 뿐이었다.

"때리소! 어디 때려보소! 내가 구들장 지고 누워버리면 나만 굶나? 온 식구 다 굶고 당신도 굶을 테니 어디 한 번 때려보소! 나도 이참에 한 며칠 푹 쉬고프고마!"

"이년아! 그렇게 맞아 죽고 싶다면 소원대로 해주마. 그깟 푼돈 좀 번다고 유세가 하늘을 뚫고 옥황상제 똥짜바리를 찌르겠구먼! 네년이 그렇게 낯짝이 두꺼우니 서방이 시퍼렇게 눈 뜨고 있는데 궁둥짝을 흔들며 서방질을 하고 다니지! 좋다, 오늘 제대로 끝장을 보자!"

하지만 그놈의 끝장은 오늘도 어김없이 와주지 않았다. 아버지는 주먹을 휘둘렀지만 헛방이 더 많았고, 어머니는 눈탱이가 밤탱이가 되는 지경에도 눈물 한 방울 흘리지 않았고(맷집인지 독기인지, 어머니의 파이팅은 언제나 놀라웠다!), 자매들은 싸움을 말릴 생각은 하지 않고 유유자적 수수방관이었다. 구경꾼 없는 싸움은 시시했다. 여자들의 철저한 냉담 속에 홀로 버둥질하며 분투하는 아버지는 무성 영화 속의 연기력 없는 배우처럼 우스꽝스럽고 괴이하였다.

 아버지의 의처증과 폭력에 집안 여자들이 그토록 의연하다 못해 도인의 풍모를 풍기며 대처하게 된 것은, 어쩌면 그보다 몇 배는 더한 도박의 폐해 때문이었는지도 모른다. 어머니가 번데기나 나방과 통정한다는 의심을 받으면서까지 벌어온 월급, 큰언니가 내심 혼숫감을 준비할 작정으로 수놓았던 구봉침(九鳳枕) 베갯잇, 작은언니가 한 푼이라도 더 받기 위해 장터의 채과상과 실랑이를 하며 벌어온 나물 값, 그리고 자매 중의 유일한 학생인 현옥의 월 사금이 아버지의 손끝에서 낱낱이 털렸다. 이조차 말리고 숨기고 애원해 봤자 아무 소용 없다는 현실을 깨달으면서 어머니와 자매들은 눈물을 거뒀다. 그들은 아버지가 보리쌀 한 톨까지 다 훑어간 텅 빈 집에서 한동안은 그가 나타나지 않을 것에 안심하며 피식피식 웃었다. 웃고 싶어서 웃는 게 아니었다. 미치지 않기 위해서는 웃을 수밖에 없었다. 그나마 실질적인 집안의 기둥인 어머니가 타고난 유머 감각과 재치의 소유자라는 사실이 자매들이 단체로 머리에 꽃을 꽂고 거리로 나서지 않도록 한 힘이었다.

 현옥은 이러한 집안의 그로테스크한 분위기에서 기하 문제도 풀고 소설책도 읽고 가끔씩 교회당 지하에서 열리는 비밀 강연회에도 나갔다. 현옥은 집안의 다섯 여자 가운데 가장 덜 웃는 편이었다. 미치지 않기 위해 웃는 대신 현옥은 무언가 새로운 것을 꿈꾸었는데, 선지자가 자기 고향에서는 좀처럼 인정받지 못하듯, 집안에서 유일하게 진지한 사람이었기 때문에 현옥은 부모와 자매들에게 배척 받았다.
"아버지와 어머니는 계급 사회의 피해자야. 부호의 외동아들로 태어나 온실 속에서 자라난 아버지는 제국주의의 침탈로 계급적 몰락을 겪은 뒤 정작 맞서 싸워야 할 적을 찾지 못한 채 자신을 파괴하는 길을 선택하고 말았지. 아버지는 자신을 파괴하는 동시에 어머니라는 약자를 착취하는 지배 계급의 모습을 보이고 있어. 어머니는 끊임없이 착취당하면서도 각성하지 못해 저항조차 하지 않지. 우리 집은 모순과 갈등으로 가득 찬 계급 사회의 축소판이야!"
현옥이 강연과 독서를 통해 배운 지식 용어로 가족의 문제점을 설명했을 때, 큰언니는 비단실이 꿰인 바늘을 든 채로, 작은언니는 나물 바구니를 품에 끌어안은 채로, 심지어 막내까지 부스스 선잠에서 깨어나, 와하하, 한꺼번에 웃음을 터뜨렸다.
"내 말이 우스워?"
"그럼 우습지, 안 우습냐?"
"그러니까 어디가 어떻게 우습냐고?"
"말도 웃기고 말하는 너도 웃기고…… 다 우스워, 다!"
울 수 없어서 웃었던 자매들은 알 수 없거나 알고 싶지 않은 이야기 앞에서 배를 잡고 뒹굴며 웃었다. 예전 같으면 현옥도 어느 순간 그들과 같이 웃음을 터뜨려버렸을는지도 모른다. 아무리 실없고 속없는 웃음일지라도 잠시잠깐 망각과 도피의 위로는 줄 수 있으니까. 하지만 그렇게 낄낄거리던 큰언니가 나이 터울이 스무 살이나 지는 홀아비와 강제 혼인하고, 많지도 않은 나이에 웃기만 하면 요실금 증세를 보여 달거리 때가 아니더라도 항상 개짐을 차고 다니던 작은언니가 주막집 식모로 팔려간 다음부터는 아무리 웃으려 해도 웃음이 나와주지 않았다.

"언니가 다음이야. 나는 그다음."

막내 동생은 그걸 우스갯소리라고 지껄였다. 잠기운이 가득한 도도록한 눈두덩에 웃음기가 어려 있지 않았다면 영락없는 미친년의 헛소리였다. 상황은 점점 나빠지고 있었다. 그동안 우열을 가늠하기 어려웠던 의처증과 도박 가운데 도박 중독의 우세가 확연해진 것도 엎친 데 덮치고 덮친 데 뒤덮치는 격이었다. 딸을 둘씩이나 팔았지만 집안 형편은 눈곱만큼도 나아지지 않았다. 어머니의 공장에까지 노름빚을 받아내려는 빚쟁이들이 몰려든 것으로 보아 빚은 눈덩이처럼 커져만 가는 게 분명했다. 용케 돈 냄새를 맡고 찾아온 빚쟁이들 앞에서 어머니는 월급봉투를 움켜쥔 채 소리쳤다.

"줄게! 줄 테니까 잠깐만 기다리라고! 한 달 동안 쎄 빠지게 일해서 번 돈인데 내 손으로 한 번 세보기는 해야 할 것 아니야?"

어머니는 빚쟁이들 앞에서 월급봉투를 뒤집었다. 그리고 셈이 끝나는 순간 남의 손아귀에 들어갈 몇 장 되지 않는 지전과 비루한 동전들을 하나하나 알뜰히 세었다.

어머니의 월급마저 빼앗기자 남은 식구들은 큰언니가 늙은 노랑이 남편의 눈을 피해 몰래 빼돌린 보리쌀로 미음을 끓여 먹으며 연명했다. 현옥은 학교를 그만둘 수밖에 없는 처지에 이르렀고 동생의 말대로 어딘가로 팔려갈 일만 남았다. 그 와중에도 계급 모순을 따지고 있었는지 어쨌는지, 현옥은 이대로 '자본의 노예'가 될 수는 없다고 생각했다. 도망쳐야 했다. 예나 제나 삼십육계 줄행랑은 꽤 쓸 만한 전술이다.

그래도 마지막까지 남은 미련 혹은 근심은 어머니와 동생에 대한 것이었다. 막내는 여전히 잠보에 철부지였고 어머니는 두 딸을 떠나보내고 난 뒤 부은 건지 포기한 건지 살이 더 쪘다. 하지만 현옥의 고민을 깨끗이 정리한 사건이 마침내 일어나고야 말았으니, 아버지가 오랫동안 염불을 외며 소원한 대로 어머니에게 간부(姦夫)가 생긴 것이었다. (놀라워라, 삶의 신비여!)

또다시 개털이 될 때까지 며칠 밤낮을 투전판에서 지새워 바야흐로 제정신이 아니었던 아버지는 돈을 가지러(뺏으러) 집으로 달려왔다. 때마침 현옥은 평소 그녀의 재기를 아껴주던 담임선생과 자퇴 문제를 상담하기 위해 학교에 갔고, 막내는 '이모'라고 부르던 어머니의 동무 집에 심부름을 갔다가 그 집 딸과 머리통을 붙이고 앉아 공기놀이에 한창이었고, 집에는 며칠째 지독한 몸살로 공장에 가지 못하고 몸져누운 어머니뿐이었다. 그런데 그날 안방에서 아버지에게 목격된 어머니는 혼자가 아니었다. 경성 흰한 대낮에 밤새도록 패를 만지다가 밑천이 궁하여 집에 와 자리를 보니 다리가 넷……도 아니고 셋이었다. 둘은 흐벅진 어머니의 것, 그리고 하나는 어머니와 같은 제사 공장에 다니는 외다리 반장의 것이었다.

"다리 셋 다 달고도 제대로 사내구실 하기 어려운 세상을 다리 둘로 어떻게 깡충깡충 살아가누……!"

언젠가 현옥도 태평양 같은 오지랖을 가진 어머니가 남의 걱정으로 지레 엉두덜거리는 소리를 들은 적이 있었다. 그러나 세상 사람들을 다 불쌍하게 여기는 누구보다 불쌍한 어머니를 진실로 불쌍하게 여겨주었던 단 한 사람이 깡충거리며 살아가는 바로 그 사내였다. 그들이 언제부터 어떻게 눈이 맞아 정인의 관계로 발전했는지는 세상에 딱 셋만이 알 것이다. 그 여자(어머니), 그 남자(외다리 반장) 그리고 (혹시 계시다면) 하늘의 그분.

평생토록 어머니의 부정을 의심하며 들볶았던 아버지는 이 번연한 증거에 쾌재를 부르며 죽일 테다 살려줄까 제대로 생살권을 행사해야 이치에 맞겠으나, (이 또한 신비하여라, 인간이여!) 아버지는 그렇게 하지 않았다.

"네 이년…… 갔다 와서 보자!"

아버지는 몸져누운 어머니가 걱정되어 찾아오며 외다리 반장이 들고 온 지전 몇 장과 쌀 한 자루와 돼지고기 두 근, 그리고 어머니의 머리맡에 뽑혀져 뒹굴던 은비녀까지 모조리 쓸어서 노름판으로 달려갔다. 아버지는 손목이 잘리면 발목으로, 발목이 잘리면 입으로라도 패를 잡고 덤빌 사람이었다. 이 대목에서 나는 현옥의 아버지를 이해할 수밖에 없을 것만 같아 심히 괴롭다. 중독이란 애초부터 그렇게 어리석고 맹렬해야 마땅한 것이다.

현옥이 학교에서 돌아왔을 때 집은 텅 비어 있었다. 어머니와 외다리 반장은 아버지가 낫을 들고 다시 돌아올 때까지 죽치고 앉아 기다릴 만큼 바보가 아니었다. 그들은 황급히 단봇짐을 꾸려 떠나며 '이모' 집에 들렀다. 공중에 올린 공깃돌을 검지로 땅을 찍고 받아내는 '고추장 찍기'에 막 성공한 막내는 '꺾기'를 하기 위해 손등에 공기 다섯 알을 가지런히 모으는 순간 어머니에게 손목을 잡혔다.

"아, 놔요! 이거만 성공하면 나이 먹기 백 년이라고요!"

막내는 그렇게 소리치며 끌려갔다고 한다. 남겨진 것은 막내의 손등에서 튕겨 나와 뒹구는 다섯 개의 공깃돌, 그리고 허허로운 자유를 무상 분배 받고 한꺼번에 100년은 나이를 먹어버린 듯한 현옥뿐이었다.

형을 핑계 삼지 말았어야 했다. 하지만 형을 핑계 삼을 수밖에 없었다. 물론 이것이 얼마나 누추한 변명인지는 잘 알고 있다. 도둑질은 하지 말았어야 했다, 하지만 그 물건을 훔칠 수밖에 없었다, 는 말과 뭐가 다른가? 그럼에도 불구하고, 비록 사실은 그러하지만 그것과는 상관없이, 나는 현옥을 한 번이라도 더 보고 싶었다. 그뿐이었다.

일본군이 호놀룰루의 진주만에서 미군을 기습 공격하여 단번에 2천 명을 죽이던 날, 나는 현옥을 따라 제물포역까지 갔으나 그녀가 기거하는 집을 알아내는 데는 실패했다. 현옥은 느긋하게 블랙

퍼스트를 먹으며 일요일 아침을 즐기던 미군들과는 달리 짱짱한 경계 상태를 늦추지 않았다. 하지만 일본 전투기가 공격의 고삐를 재촉하여 이튿날 아침 필리핀 섬을 폭격했듯, 다음 날 날이 밝자마자 나는 열차를 타고 인천으로 가서 현옥이 다니는 연초 공장 앞에 지키고 섰다.

하루 2교대의 살인적인 심야 노동을 마치고 쏟아져 나온 여공들 무리에서 현옥을 찾아내기란 쉽지 않았다. 피로에 찌들어 무릎까지 내려올 듯한 눈그늘과 가슬가슬하게 마른 입술이 마치 그 동네에서 유행하는 최신 화장술 같았다. 나는 몇 번이고 현옥보다 더 피로해 보이고 더 푸석푸석한 여공에게 속을 뻔했다. 여자는 뭐니 뭐니 해도 피부 고운 게 최고라며 도자기처럼 반질반질한 살성에 환장을 하던 내가 이게 도대체 무슨 꼴인가, 하며 자기혐오에 빠져들려는 찰나였다. 마침내 내 눈앞에 현옥이 나타났다.

경험하기 전에는 말짱 거짓부렁인 줄 알았다. 사랑에 빠지면 맹목이 되어 그 사람밖에 아무도 뵈지 않는다느니, 사랑하는 사람을 바라보면 불보살처럼 후광이 비친다느니, 그런 소리를 듣노라면 별 개뼈다귀 같은 수작이 다 있구나 싶었다. 애당초 배신의 결과물이자 철저히 서로를 사랑하지 않는 어머니와 아버지의 아들로 자라난 덕택에 내 나이에 나만큼이나 사랑에 대해 냉소적인 사람은 흔치 않았다. 몇 해 전 부민관에서 〈사랑에 속고 돈에 울고〉를 공연할 때에는 인산인해를 이룬 관객들 때문에 기마경찰대까지 파견되어 질서를 잡겠노라고 설치는 꼴을 보고 한동안 광화문 쪽으로 오줌발도 세우지 않았을 정도였다. 기생 홍도가 부잣집 아들 광호에게 바치는 사랑이라! 기생을 모르거나 부잣집 아들을 모르거나 둘 다 몰라야 그렇게 손수건이 젖도록 울어대며 신파에 매달릴 테다. 아나 사랑, 그깟 사랑, 염병할 사랑이라니!

하지만 지금은 그토록 비웃던 연애 지상주의, 사랑 지상주의자들에게 미안한 마음이 들었다. 정말로 눈부신 후광이 보였다. 그 숱한 여공들 사이에서 그 숱한 여공들과 외양으로는 별반 다를 것 없는 단 한 사람이 돋을새김되어 눈에 들어왔다.

"윤식…… 씨? 윤식 씨가 여기 웬일이에요?"

물론 현옥의 말투에는 의혹과 경계심이 가득했다. 하지만 불굴의 삶의 의지를 유머와 재치로 대신한 그 어머니의 그 딸답게 현옥의 입가에는 본능적으로 장난꾸러기 같은 미소가 떠올랐다 사라졌다. 여자를 궁금하게만 만들어도 꾀는 데 절반은 성공이다. 그렇게 열지 말라고 열지 말라고 제우스가 입다짐을 했는데도 뇌를 쏘삭쏘삭 간질이는 호기심에 결국 홀라당 상자를 열고 만 판도라도 치마를 두른 여자였겠다! 나는 오랜만에 선수다운 능력이 발휘된 데 대해 회심의 미소를 지을 뻔했으나, 웬일인지 그마저도 현옥 앞에서는 백치같이 헤벌쭉한 웃음으로 삐져나오고 말았다.

"혹시 저 기다리신 거예요? 경식 씨한테 무슨 일이라도 있나요?"

그 간질간질한 행복의 순간이 조금 더 길었다면 좋았으련만, 호락호락하지 않은 현옥은 얼핏 보였던 틈을 얼른 거둬들이고 내게 진짜 궁금해하는 것을 물었다. 알고 맞아도 아프긴 매한가지였다. 지금도 그녀의 입에서 형의 이름이 발음되던 순간의 고통을 잊을 수 없다. 내가 돌무더기였다면 우르르 무너졌을 테고 촛불이라면 훅 꺼져버렸을 테다.

"아니, 무슨 일이 있다기보다……."

"그럼요? 앞으로의 재판에 대한 정보라도 들은 건가요? 아무래도 동지들보다는 가족들이 소식에 빠르겠죠, 그렇죠?"

"기소된 뒤로 아버지가 여기저기 알아보고 계신 듯은 한데……. 아니, 추운 길바닥에서 이러지 말고 어디 좀 들어가서 이야기해요. 형 면회 일정도 같이 의논하고요."

아무튼 나는 그 아버지의 그 아들로 머리는 별 볼일 없을지 몰라도 잔머리 하나는 끝내주는 편이다. 오늘은 어떻게든 현옥의 거처가 어딘지 알아내기로 작심을 하고 왔으니, 그것이 무엇 때문이건 간에 일단 현옥이 내 이야기에 관심을 갖게 만드는 게 중요하다. 그녀의 미소, 근심 어린 표정, 허허로운 눈빛과 안절부절못하는 모습까지가 모두 내가 아닌 다른 사람 때문이라는 것을 알지만, 어쩔 수 없다. 문득 겁탈을 당해 도둑아이를 배었다는 소문을 들은 것이 분명함에도 올미 할머니와 혼인하고, 끝까지 어딘가에 있을 친아버지를 동경하며 헛꿈을 꾸는 아버지의 명예를 위해 손도끼까지 꼬나들었던 쇠날이 할아버지가 떠올라 울컥했다. 그 어리석고 못난 할배가 너무 잘 이해되어서 눈물이 날 지경이었다.

"어머, 콧물이 흐르는 걸 보니 감기 기운이 있나 봐요. 경성과 달리 인천 바람이 독하긴 독하지요. 그런데 어쩌나, 이 근처엔 빵집이나 국밥집도 없는데······."

눈물 대신 나온 콧물이 이렇게 고마울 수가 없었다. 밤새 술 퍼먹고 온 사람이 밤새 일하고 나온 사람의 걱정 덩어리가 된다는 건 아무리 양심에 털이 숭숭할지라도 미안한 일이지만, 나는 시치미를 뚝 떼고 한껏 아픈 표정을 지어 보였다. 사슴처럼 긴 목에 왕방울만 한 눈을 가진 형과 달리 거북이처럼 짧은 목에 갈고리눈을 한 내가 여자의 측은지심을 자극하려면 몇 곱절은 더 아픈 연기에 몰두해야 한다. 하지만 나는 정말 어딘가가 아팠다. 현옥이 나를 걱정하는 것보다 몇십 배 몇백 배는 형을 걱정한다고 생각하니 심장이 통째로 쥐어뜯기는 것 같았다. 아무리 떨치려 해도 새록새록 돋아나는 그런 생각에 연기가 아니더라도 나는 그 자리에 털썩 주저앉아버리고만 싶었다.

"할 수 없네요. 저희 집으로 가요."

야호! 소리칠 수는 없었지만 그래도 맥이 풀렸던 다리에 불끈 힘이 솟았다. 사실 현옥의 집을 알아낸다고 해서 뭘 어떻게 하겠다는 작심은 없었다. 현옥을 만난 것이 우연이었던 것처럼 그녀를 만난 이후에 내가 하는 모든 일들은 우연이나 다름없는 임기응변의 연속이었다. 또 하나의 진리를 새롭게 배웠다. 사랑은 어찌해도 계획적일 수 없다.

공단을 빠져나와 도심을 지나 한참 동안 매서운 바람 속을 걷노라니 어제 경성역 앞 약현고개에서 보았던 것과 비슷한 빈촌이 주위에 펼쳐졌다. 처음부터 순순히 현옥이 집을 가르쳐주겠노라 했어도 정확히 어딘지를 알아내기란 쉽지 않았겠다. 양의 창자처럼 구불구불한 골목이 하나를 돌면 다시 하나인 데다, 아무리 눈을 부릅뜨고 식별해 보려 하여도 게딱지만 한 오두막집이 이게 그거 같고 그게 저거 같았다.

가난한 사람들이 모여 사는 동네는 냄새부터가 달랐다. 골목골목에 지린내와 양념 타는 냄새가 얼기설기 뒤엉켜 배어 있었다. 먹고 싸고, 그게 삶의 전부라는 외침 같았다. 개새끼들만큼 애새끼들도 많았다. (강아지들만큼 아이들도 많았다, 라고 표현해서는 절대 전달할 수 없는 어떤 느낌이다.) 개새끼들과 애새끼들은 아무 데서나 짖어대고 아무 데서나 똥오줌을 싸갈긴다는 면에서 꼭 닮았다. 그렇다. 나는 그 어린 짐승들을 싫어한다.

"누나! 일 끝나고 이제 오는 거야?"

그런데 현옥은 자신을 향해 달려온 그 더럽고 시끄러운 어린 짐승을 덥석 품에 받아 안았다. 어린 짐승을 흉볼 것도 없이 나는 좀 덩치가 큰 짐승일 뿐인 게다. 순간적으로 나의 시선은 낡은 저고리 아래서 몰캉하게 눌리는 현옥의 가슴에 꽂혀버렸고, (이게 꼭 죄책감을 느껴야 할 문제인지는 모르겠으나) 불끈 솟아오르는 욕망을 느끼고야 말았다. 정신적인 사랑과 육체적인 사랑은 별개인가? 육체적인 욕망이 개입하면 순수하고 깨끗한 사랑이 훼손되는가? 갑자기 뒤죽박죽 혼란스러워진 생각과는 별개로, 좀 큰 짐승은 나이가 어리다는 이유만으로 무람없이 현옥의 품 안에 파묻혀 알랑방귀를 뀌는 어린 짐승에게 맹렬한 질투심마저 느꼈다. 마음만 같으면 어디 뒷골목으로 끌고 가 꿀밤이라도 제대로 한 대 먹이고 싶었다.

"그래, 우리 철이 하루 종일 잘 지냈어? 어디 보자, 누나가 우리 철이한테 줄 게 뭐 있으려나……?"

현옥은 낡은 저고리 소매에서 낡은 주머니를 꺼내어 뒤적거렸다. 그녀의 소지품들은 어쩌자고 하나같이 낡고 닳았을까? 정말로 그녀는 고향을 떠나와 경성에서 고학을 하는 동안 백 년쯤은 홀로 훌쩍 먹어버린 듯했다. 그런데 거친 손끝으로 전한 눈깔사탕 하나에 세상을 다 얻은 듯 활개 치며 달려가는 어린 짐승을 흐뭇하게 바라보는 현옥의 옆모습을 흘깃거리노라니, 어느덧 질투와 욕망은 가뭇없이 사라지고 내 가슴에는 박하사탕처럼 맵싸한 향기가 지펴 올랐다. 그 정체는 알 수 없었지만, 아릿자릿하였다.

"이사한 지 얼마 되지 않아 집이 어수선해요."

현옥은 대문 옆에 개구멍처럼 뚫린 쪽문을 통해 주인집과 분리된 셋방으로 앞장서 가며 말했다. 겸양의 말치레가 아니라 정말 언제라도 밤도망을 놓을 태세를 갖춘 듯 어수선한 단칸방이었다. 어쨌거나 새벽부터 설레발을 치며 인천까지 달려온 보람이 있었다. 작은 방 안에 현옥과 나 단둘이었다. 나는 곧이라도 심장이 목구멍으로 튀어나올 것처럼 긴장해 있었다. 현옥도 젊은 남자와 둘이만 있다는 것이 의식되는 듯 일면 어색한 표정이었지만 나를 집 안에까지 들인 까닭은 잊지 않고 있었다. 나는 그녀의 비상한 기억력이 미웠다.

"경식 씨와…… 함께 지냈던 곳은 바로 옆 동네예요. 집에서 검거된 건 아니지만 혹시나 해서 부랴부랴 거처를 옮겼어요."

심장 대신 비명 소리가 목구멍 밖으로 튀어나올 뻔했다. 그랬다. 기연가미연가 의심했던 대로 현옥과 형은 보통의 '동지' 사이가 아니었다.

"공장에 취직한 지 얼마 안 되어 동덕여고보에 다니던 중에 알고 지내던 선배를 통해 아지트 키퍼 제안이 들어왔어요. '개교 이래 최대의 재원'이라 불리던 박진홍 선배가 이재유 선생의 아지트 키퍼였던 것처럼, 모교 출신의 여성 활동가들에게는 남성 혁명가와 함께 거주하면서 부부로 위장해 신변을 안정적으로 보호하고 혁명가를 대신해 연락을 담당하는 역할이 종종 주어졌어요."

저간의 사정을 설명하는 현옥의 차분한 어조와는 상관없이 내 귀에는 '보호'나 '연락' 따위의 말 대신 '부부'라는 말만이 쟁쟁거렸다.

"……그렇게 경식 씨를 처음 만났죠. 제가 역할을 제대로 못해 고작 두 달 만에 검거된 것 같아 미안하고 안타깝지만…… 좋은 인연이었어요. 경식 씨는 아직 연마되지 않은 부분이 있긴 하지만 단련을 통해 훌륭한 혁명가가 될 소지를 충분히 가지고 있었죠."

현옥의 언니들과 동생이 왜 현옥의 말에 폭소를 터뜨렸는지 알 듯했다. 그녀는 듣는 사람의 처지와 입장에는 아랑곳없이 자신의 눈높이에 그들을 끌어다 놓고 말했다. 그것도 웃음기 하나 없는 참되고 착실한 태도로. 애초에 타고난 바탕이 다르고 이해 능력조차 없는 사람들 앞에서 턱없이 진지하게 이야기하는 그녀는 백치이거나 고단수의 코미디언 같았다.

"윤식 씨가 형을 이해하고 싶다고 하니까 어쩌면 조직의 기밀이라면 기밀일 수 있는 이야기라도 있는 그대로 말씀드리는 거예요."

"그럼…… 두 달 동안 현옥 씨의 보호를 받으며 은둔해 있는 동안 형은 무얼 했습니까?"

"아, 그에 대해선 보여드릴 게 있는데……. 급하게 정리를 하느라 거지반 태우고 없애고 했지만 이것 하나는 챙겨가지고 나왔어요. 경식 씨가 검거되기 직전까지 썼던 문건이에요. 꼼꼼히 한 번 읽어보세요. 경식 씨의 세계관과 현 단계에서의 투쟁 방향에 대한 생각이 담겨 있는 글이에요."

미치지 않기 위해 웃기도 하지만 울 수 없어서 웃기도 한다. 머릿속에서 감당할 수 없는 폭죽이 팡팡 터져 오름에도 불구하고 나는 자꾸만 피식피식 새어나오는 웃음을 참기 위해 어금니를 질끈 물어야 했다. 예의상 대충 훑어본 종이쪽에는 '혁명', '투쟁', '계급모순', '제국주의' 따위의 말들이 꼬리에 꼬리를 물고 반복되고 있었다. 이 세상에는 그런 말에 감격하고 감동하고 감화되는 사람들도 분명히 있을 것이다. 그런 말들을 풀죽 먹고 이 쑤시듯 하는 남자를 존경하고 사랑한다는 현옥 같은 여자가 있는 것처럼 말이다.

"이해가 잘되지 않거나 궁금하신 거 있으세요?"

하지만 나는 아무래도 짐승인 게다. 이해는커녕 호기심조차 생기지 않는 것은 차치하고 나는 그저 단 한 가지가 미치도록 궁금할 뿐이었다. 사람의 말로는 도저히 입 밖에 내뱉을 수 없는, 온몸의 피를 끓이는 짐승의 본능! 결국 격주로 한 번씩 만나 함께 가족 면회를 하기로 약속하고 현옥의 집을 나서며 나는 지린내 나는 골목길에 우두커니 서서 으르렁 왈왈 캥캥 짖었다.

"그러니까 '부부'로 '위장'한다는 게 도대체 뭐야? 같이 잤다는 거야, 아니라는 거야?"

이제는 더 이상 실없고 속없는 웃음조차 나와주지 않았다.

"가와모토 상…… 드디어 와주셨군요!"

빨간 주렴을 걷고 오키야에 들어서자 요네하치가 버선발, 아니 타비발로 달려 나왔다. 게다를 신기 위해 발가락이 갈라진 일본 버선 타비는 아무리 봐도 돼지 족발의 형상을 닮았다. 조선 사람들은 그것을 흉잡아 '쪽발이'니 뭐니 하는 말로 부르지만, 일본 계집의 향취에 흠뻑 빠져 있을 때 나는 그것을 맛난 족발인 양 침을 흥건히 바르며 쪽쪽 빨아 먹곤 하였다. 그 맛은 누릿하면서도 구수하고 빨면 빨수록 달곰하였다.

내가 물수건이나 들고 하루미와의 잠자리를 시중하던 요네하치를 점찍은 것도 그녀의 발 때문이었다. 어느 날 마루에 꿇어 엎드려 물걸레질하는 요네하치를 보았을 때, 내 눈길은 팽팽하고 암팡진 엉덩이가 아니라 민둥한 발뒤꿈치에 날아가 꽂혔다. 발도장을 눌러 찍어도 될 정도로 때가 꼬질꼬질한 다른 가무로들과는 달리 요네하치의 발뒤꿈치는 까놓은 달걀처럼 매끈하고 하야말갰다. 순간 한 입 크게 베어 물고 싶다는 충동이 일었다. 그 맛은 모찌나 마시멜로처럼 이국의 야릇한 단맛일 것 같았다.

식욕이나 성욕이나 무언가를 먹고 싸지르고픈 욕망인 건 마찬가지다. 하지만 나는 유방이나 엉덩이처럼 너무 노골적인 성애의 상징에는 입맛이 없었다. 가장 낮은 곳에서 함부로 다루어지며, 둔탁한 듯하나 예민하고, 억센 듯하나 무른 발이야말로 시르죽어 있는 뿌리를 단번에 불끈 치세울 만한 자극물이었다. 역겹다느니 그 냄새를 참다니 비위가 좋다느니 하는 친구 놈들의 지청구쯤은 간단히 무시했다. 발[足]의 에로스를 모르면 진짜 호색가가 아니라는 게 내 평소 지론이었다.

그런데 이상했다. 자꾸 이상하다, 처음이다, 나 자신도 놀랍다는 말을 반복하면 가뜩이나 신뢰감을 주는 데는 젬병인 터에 대포쟁이 취급 받기 딱 좋다는 걸 알지만, 이 또한 어쩔 수 없다. 어쩔 수 없음을 남발해도 어쩔 수 없다. 요네하치의 요염한 타비발을 보는 순간, 닳을 대로 닳아 뒤축이 너덜거리는 누군가의 고무신이 떠올랐다. 그 발이 지르밟고 가는 가시밭길, 괴로움과 어려움의 험로가 생각났다. 발갛게 달군 차돌을 삼킨 듯 가슴이 모질게 뜨거워졌다.

하지만 미안하다. 아무리 내가 사랑에 눈이 뒤집히다 못해 환장했다고 해도 형이 문건인가 뭔가에 쓴 대로 "노동하는 사람의 못

박인 거친 손과 검붉게 그을린 주름투성이 얼굴이야말로 참된 아름다움이다!"라고 구라를 치진 못하겠다.

"미워요! 요네하치가 보고 싶지도 않았어요?"

요네하치가 낭창낭창한 몸을 찰싹 붙여 감겨들며 콧소리를 냈다.

"요네하치는 그새 더 예뻐진걸? 새로운 단골이라도 생긴 거야? 그 손님이 마음에 들면 언제라도 '오빠(내가 요네하치에게 가르쳐준 유일한 조선말이 '오빠'였는데, 그 말을 가르쳐준 이후로 요네하치는 감탕질을 하면서 '오빠, 오빠!' 하고 신음을 흘려 나를 더욱 미치게 만들었다)'를 바꿔치기하라고!"

나는 얼마간 미안하고도 짜증스러워 대충대충 농말을 던졌다. 그런데 그 순간 요네하치의 입귀가 비쭉이 샐그러지나 싶더니 커다란 눈에서 닭똥 같은 눈물이 뚝뚝 떨어지기 시작했다. 요네하치는 어린애처럼 울며 소리쳤다.

"역시 그랬군요! 당신도 날 유곽의 그렇고 그런 계집쯤으로 생각했던 거군요!"

"무슨 소리야? 내가 언제 요네하치를 그렇고 그런 계집으로 여겨 홀대했다고?"

"지금 그러고 있잖아요! 당신 눈에 나는 마음 같은 건 없는 물건으로 보이나요? 그래서 필요하다는 사람이 있으면 누가 되었든 가져다 쓸 수 있다고 생각하나요?"

"왜 자꾸 엉뚱한 소리를 하는 거야? 내가 뭐, 뭘 어쨌다고 생트집을 잡아?"

나는 얼굴을 붉힌 채 말을 더듬었다. 이제 겨우 고보 졸업반에 다니는 열여덟 살짜리에게는 어울리지 않고 감당할 수도 없는 대화였다. 아무리 애송이 취급에 질겁하고 풋내기 티를 내지 않으려 기를 써도 눈물을 무기 삼아 덤비는 여자와 이런 식의 밀고 당기기를 하는 데는 턱없는 숙맥일 수밖에 없었다. 나이는 나보다 어렸지만 요네하치는 화류계에서 잔뼈가 굵은 노는계집이었다. 하루미에게 쥐어뜯긴 채 울며 쓰러졌던 것조차 노련한 연기가 아니었던가 싶은 생각이 문득 머리를 스쳐갔다.

"내 기명(妓名)이 왜 요네하치인 줄 알아요?『쇼쿠 우메고요미』* 의 주인공 이름이 바로 요네하치잖아요? 게이샤의 직업상 웃는 얼굴에 달콤한 말로 손님을 속이고 접대하지만 속마음엔 진정한 임을 향한 정렬정조를 가진 훌륭한 미녀가 바로 요네하치죠. 나는 당신에게 소설 속의 그녀 같은 진정한 여인이 되고 싶었다고요!"

용이 없는 바다에서는 메기가 꼬리를 치고 호랑이 없는 산골에서는 여우가 선생질을 한다더니, 차라리 "당신은, 내 거야!"라고 뻔뻔스럽게 소리치던 하루미가 나았다. 요네하치의 입에서 새어나오는 '진정'이라는 말을 듣는 순간 내 뱃구레 속에서 지라와 밥통이 공중제비를 도는 것 같았다. 나를 통해 잃을 것과 얻을 것을 정확히 계산하고 있는, 내가 듣기 좋아할 만한 말을 찾느라 쌀에서 뉘 고르듯 신중하게 눈알을 굴리는, 자신의 어리고 여린 점을

---

* 春色梅兒譽美. 일본 최초의 여성 독자를 위한 연애 소설

가장 완숙하고 강하게 활용하는 요네하치가……'진정'이란다. 그 '진정'마저 지어낸 진정이라면 클클하기 그지없고, 만분의 일이라도 그 '진정'이 진정이라면 그 또한 서글프기 한량없는 일이다.

"다른 여자가 생긴 거군요, 그렇죠?"

징징대며 신파극의 대사를 읊조리던 요네하치의 눈에서 갑자기 불꽃 같은 게 번쩍 튀었다. 그건 제법 '진정' 같았다.

"그만해! 피곤하니까 빨리 목욕 준비나 해. 그렇게 잔소리만 계속 지껄이면 이대로 돌아서 가버릴 거야!"

내 으름장에 찔끔했던 요네하치는 잠시 입을 다물었다가 내가 꼼짝없이 욕조 안에 갇힌 틈을 타서 다시 추궁을 시작했다.

"여자죠? 그렇죠? 그럼요, 다정했던 남자가 갑자기 냉담해지는 데는 새 여자만큼 확실한 이유가 없어요."

"여자는 무슨 여자? 쓸데없는 소리 말고 마사지나 좀 잘해봐."

"나보다 더 어려요? 나만큼 발이 작고 예쁜가요? 대체 어떤 년이 당신을 홀린 거예요?"

요네하치의 손길이 거칠어졌다. 손길만큼 입길도 거칠어졌다. 뒤축이 너덜거리는 낡은 고무신 안에, 짜깁고 덧기운 해진 버선 안에, 요네하치의 그것처럼 말랑말랑 보드레하고 에로틱한 발이 숨겨져 있을 거라고 상상하기는 아무래도 어려웠다. 손만큼이나 거칠고 굳은살이나 티눈이 박인 발일 것이다. 더군다나 현옥의 고무신은 보통 여자들의 것보다 훨씬 크기까지 하다. 눈 큰 사람 발 큰 도둑놈, 이라는 놀림조의 속담이 대번에 떠오른다. 도무지 내

취향이 아니다. '계급적 관점'이라도 빌려와 봐주려 해도 아름답다고 말하진 못하겠다. 못생겼다. 섰던 물건까지 주저앉힐 추물이다.

하지만 나는 그 발에, 형처럼 못생긴 걸 예쁘다고 구라를 치며 털걱거리는 헌 고무신을 신기는 대신, 꼭 맞는 새 꽃신을 신겨주고 싶다. 발자국 점점이 향기가 피어오르는 꽃길을 걷게 해주고 싶다……. 헛된 상상으로 입이 헤벌어지고 시야가 어롱어롱 흐려졌다.

그때였다. 요네하치의 왁살스러운 손이 물속에서 내 물건을 찾아 움켜잡은 것은.

"무슨 생각을 하는 거예요? 말해요! 말해! 어떤 년에게 홀라당 넋을 뺏겼냐고? 젖통 큰 양년? 발에 환장한 김에 전족한 뙤년에게라도 꽂혔나? 아니면 냄새 나고 촌스러운 조선년인 거야?"

전광석화 같았다. 전쟁을 시작하자마자 말레이시아에 상륙하고, 싱가포르를 점령하고, 필리핀으로 침공해 맥아더를 내쫓고, 마침내 전쟁 개시 백 일이 채 되지 않아 남양*과 서남태평양의 섬들을 석권한 일본군의 진공을 연상시키는 손놀림이었다. 싱가포르를 점령한 기념으로 학교에 다니는 어린애들은 고무공을 하나씩 선물 받았다지만 나는 항복 깃발을 내걸 틈도 없이 당장 방울 두 개를 빼앗길 지경이었다. 으으으…… 뿌리가 송두리째 뽑히는 것 같은 통증에 나는 소금 세례를 받은 미꾸라지처럼 용틀임했다.

＊南洋. 동남아시아에 대한 일본의 지칭

욕실 안을 가득 채운 훈김과 뜨거운 물 가득 풀어놓은 향료에서 뿜어 나오는 농향과 욕심과 질투와 상처 입은 자존심과 조바심에 취해 요네하치는 정신을 놓아버린 듯했다. 그토록 사나운 말도 행동도 광기로 번들거리는 눈빛도 여태껏 보지 못했던 것이었다. 그래서 나는, 갑자기 행복해졌다. 내가 아니라 내 돈, 아니 아버지의 돈줄을 놓칠까 봐 환장한 것이라고 해도, 누군가가 나를 미치도록 원하고 있었다. 그러나 그 행복감과 동시에 날카로운 슬픔의 송곳이 내 심장을 후벼 팠다. 가슴 깊숙이 품은 감정만으로 말하자면 나는 요네하치처럼 미쳐야 마땅하다. 하지만 나는 '진정'마저 연기하는 요네하치만큼도 솔직하지 못했다.

 부끄럽고 부러워서, 나는 격렬하게 몸을 뒤쳤다. 아무리 광기의 힘을 빌려 들이덤빈대도 요네하치는 사나운 욕심으로 자신의 초라한 권리를 뺏길까 봐 전전긍긍하는 계집애에 불과했다. 전세를 역전시키는 일격에 목욕통에 반쯤 걸쳐 있던 요네하치의 몸이 물속으로 풍덩 옮겨들어왔다. 욕조에 빠진 것도 어쨌거나 물에 빠진 거라고 요네하치는 본능적으로 사지를 버둥거리며 허우적댔다. 그 꼴이 우스웠다. 슬프도록 우스웠다. 볼썽사나운 알몸뚱이를 드러낸 채로 나는 눈물을 흘리며 웃어젖히기 시작했다. 그리고 무언가 다시 떠들어대려 입술을 달싹이는 요네하치의 입을 무언가 무서운 비명이 터져 나올 것만 같은 내 입으로 틀어막았다. 요네하치의 혀는 여전히 말랑했고 샘솟는 침은 달콤했다. 날것으로서의 욕망조차도 '진정'하지 않았다. 내 것이 분명한 추한 살점이 꺼떡

거리며 나를 비웃었다. 모든 생각을 멈춰버리려, 나는 물에 젖은 채 허벅지에 척척 감긴 요네하치의 치맛자락을 함부로 헤적이기 시작했다.

이 나카무라는 그 나카무라가 아니었다. 하지만 그 나카무라가 이 나카무라와 아무 상관이 없는 것도 아니었다.

어느 날 집에 들어가니 현관에 낯설고도 낯설지 않은 구두 한 켤레가 놓여 있었다. 거대 설치류가 질겅질겅 씹다가 퉤 내뱉은 듯한 그것은 나카무라 형사의 구두였다. 물론 나카무라가 방문했다는 사실에 놀랄 이유는 전혀 없었다. 나카무라 형사의 출입은 형의 부재와 함께 시작되었기에 나카무라가 우리 집에 없다면 형이 돌아와 있다는 의미일 테다. 하지만 지금껏 현옥을 만날 욕심으로 위장된 '가족 면회'에 협조한 일에 제 발이 저려 나는 살금살금(내 집에서 모양 사납게 살금살금 움직여야 한다는 사실에 짜증을 내며) 집 안으로 들어갔다.

전쟁이 해를 넘겨 계속되면서 세상은 점점 더 살벌해졌다. 남양 일대를 점령하는 과정에서 생겨난 수만 명의 연합군 포로를 관리하기 위해 대대적인 군속 모집이 시작되었다. 포로수용소의 군속이라면 악역을 도맡아 해야 할 것이 불 보듯 훤했지만 강제 지원병이나 강제 징용을 피하려 많은 조선의 청장년들이 이 일에 자원했다. 바깥의 분위기 못잖게 집안의 분위기도 살벌해졌다. 처음에 불면증으로부터 시작된 어머니의 신경증이 도를 더하면서 언제 어디서 히스테리로 발작할지 모를 지경에 이른 것이었다.

어머니의 우울증은 전쟁과 함께 깊어졌다. 유학을 보내려던 어머니의 계획을 무시하고 고보를 졸업한 후 뜬금없이 농림전문학교에 진학해 버린 나 때문은 아니었다. 재판에서 5년 형을 언도받고 그토록 악명 높은 서대문 형무소에 갇힌 형 때문도 물론 아니었다. 군속 모집에 잇따라 강제 지원병과 국민 징용령과 보국대로 마구 전장에 끌려가기 시작한 조선인들을 걱정해서는 죽었다 깨더라도 아니었다.

대동아(大東亞) 전쟁의 적국인 '귀축영미(鬼畜英美)'를 일상으로부터 축출하는 작업이 벌어지면서 어머니는 유일한 인생의 낙을 잃었다. 이제 극장에서 볼 수 있는 영화라곤 〈기미또 보꾸[그대와 나]〉나 〈무기또 헤이따이[보리와 병정]〉 같은 군국 영화뿐이었다. 상점의 간판에서 영어, 프랑스어 등 모든 적국어를 없애치우라는 지시가 실행되는 마당에 하물며 적국의 문화를 선전하는 영화를 그냥 놔두겠는가? 심지어는 하이칼라 머리를 하고 있으면 경찰이 '서양 머리'라며 빡빡 깎으라고 을러대는 지경이었다. 나 역시 집 밖을 나갈 때면 한여름에도 모자를 눌러써 길게 자란 머리카락을 숨겼다. (차라리 머리 가죽에 땀띠가 돋는 게 낫지, 폼에 살고 폼에 죽는 내가 어떻게 까까머리를 견딜 수 있겠는가!)

빛의 환상, 환각의 대리만족을 잃어버린 어머니는 대낮에도 두꺼운 커튼을 친 채 온종일 잠을 잤다. 어머니에 대해서라면 소와 개가 닭을 보는 것보다도 무심한 아버지조차 이럴 줄 알았으면 금지령이 떨어지기 전에 환등기와 필름들을 빼돌려놓을걸 그랬다고 후회할 정도였다. 하지만 어머니의 딱한 사정과 별개로 아버지는 물 만난 고기처럼 인생의 절정기를 만끽하고 있었다.

아버지는 국민총력조선연맹의 일개 위원이었다가 그 능력(?)과 성실성(!)을 인정받아 중앙조직으로 진출했다. 맨주먹으로 가출해 무작정 상경한 쇠날이와 올미의 아들 훕시가 이렇게까지 출세(?!)할 줄은 어머니도, 나도, 어쩌면 아버지 자신도 몰랐을 것이다. 그래서 그 소식을 처음 전해 들었을 때 내 머리에 가장 먼저 떠오른 말은 성경학교에서 마리아 선생에게 겨드랑이 살을 꼬집혀가며 외웠던 "네 시작은 미천하였으나 네 나중은 심히 창대하리라!"는 성경 구절이었다.

국민총력조선연맹의 중앙조직은 조선총독을 총재로 삼아 구성되었고, 지도조직은 정무총감이 위원장을 맡아 조선총독부 안에 국민총력운동 지도위원회라는 이름으로 설치되어 있었다. 아버지는 무슨 능력을 어떻게 보였는지 문화부의 실세로서 선전 활동을 후면에서 지휘 지원하게 되었는데, 조선인의 궁성요배와 경성부에서 열린 싱가포르 함락 축하 행렬도 아버지의 손을 거친 것이라고 하였다.

"쇼오난토* 점령 기념으로 어린애들한테 고무공을 나눠준 건 정말 멋진 생각이었어! 이제 고무가 많이 나는 남양을 점령했으

---

* 쇼와 시대에 남쪽에서 얻은 섬이라는 뜻으로 싱가포르를 지칭

니 앞으로는 고무공과 운동화를 얼마든지 얻을 수 있다는 걸 확실히 보여준 거야. 그러니 그동안 물자 부족으로 죽겠다 어쩌다 불평하던 소리가 단번에 싹 들어가버렸지!"

아시아를 제패하고 세계로 약진하는 대일본제국처럼 보무당당 욱일승천 기세등등한 아버지에게 딱 하나의 약점이자 골칫거리가 있다면, 형이었다.

"그놈은 우리 집에서 완전히 내놓은 자식입니다. 맘 같으면 호적에서 홀딱 파버렸으면 좋겠어요. 공부 좀 잘하고 인물 좋다고 오냐오냐 떠받들었더니 벌건 물이나 들어서 이 애비 얼굴에 먹칠을 하고 있지 뭡니까?"

아버지는 나카무라 형사가 찾아올 때마다 선수를 쳐서 형을 욕하고 흉보고 비난했다. 기를 쓰고 자신의 피해를 최소화하려는 아버지의 정성이 갸륵하고, 역겨웠다. 하지만 나카무라는 아버지의 열성에 별로 감동하는 것 같지 않았다. '와이로'도 아부와 아양도 충성의 다짐도 통하지 않자 아버지는 완전히 야코가 죽었다. 나카무라 앞에서는 언제나 쩍 벌리고 앉던 다리까지 얌전히 모아 붙이고 전에 없는 심각한 얼굴로 그의 일장연설을 경청하곤 했다.

그러나 평생을 뒷거래와 음모와 흉계로 살아온 아버지가 갑자기 뼛속까지 모범 국민으로 변할 리는 없었다. 아버지는 나카무라 앞에서는 고개를 열심히 주억거리는 한편 나카무라의 약점이나 나카무라에게 줄을 댈 수 있는 방도를 끊임없이 물색했다. 하지만 일본 본토에서 경찰학교를 졸업하자마자 조선으로 파견된 나카무라에게 별다른 인맥이라는 것이 있을 리 없었다. 그래도 아버지는 역시 불굴의 사나이였다. 심지어는 참으로 아버지다운 수작으로 독신인 나카무라의 하숙방에 여자를 들여 바치려다 하숙집 주인의 비협조로 실패하는 소동까지 벌였다.

그런데 그날은 집안 분위기가 뭔가 달랐다. 늘 거실 소파에 정좌하고 앉아 있던 나카무라의 모습이 보이지 않는 대신 식당 쪽에서 두런두런한 말소리가 들려왔다. 그것도 훈계나 심문 투의 딱딱한 대화가 아니라 사적으로 주고받음 직한 제법 화기애애한 말투였다.

"아, 진이 들어왔구나! 빨리 옷 갈아입고 내려오도록 해라. 나카무라 형사님이 우리 가족과 저녁 식사를 하고 가신다는구나!"

아버지의 느닷없는 말에 나는 맥주잔을 앞에 두고 식탁에 마주 앉은 나카무라와 아버지를 번갈아 쳐다보았다. 아버지는 산비탈을 굴러 떨어지다 썩은 칡뿌리라도 움켜잡은 표정이었고, 나카무라는 독선생에게 교습이라도 받은 듯 너무 천연덕스러워 도무지 속궁리를 알 수 없는 미소를 짓고 있었다.

"글쎄, 알고 보니 나카무라 형사님이 내가 한강 인도교 건설 현장에서 모셨던 건축가 나카무라 상과……."

아버지는 분위기 파악을 못해 어리벙벙한 나를 붙잡고 그 나카무라와 이 나카무라와의 관계에 대해 뭐라 뭐라 떠들기 시작했다. 그처럼 감격에 겨운 목소리로 대단한 인연인 듯 한참을 떠벌였으나 가만히 그 내용을 따져 들어보니 결국 사돈의 팔촌이나 팔촌의 사돈과 다름없는 결찌라는 소리였다.

"그래서 제가 나카무라 상을 도와 준공일을 코앞에 두고 소요를 일으킨 불순분자들을 모조리 처리했습죠. 그중에 한 놈은 흉측하게도 품 안에 숨겼던 단도를 꼬나들고 덤볐는데, 제가 이렇게 손목을 움켜잡고(아버지는 실감나는 설명을 위해 나카무라의 꼬챙이 같은 손목을 덥석 움켜잡았다), 요렇게 날렵하게 몸을 뒤채서(아무래도 날렵해 보이지 않는 아버지가 뛰룩뛰룩한 뱃살을 흔들며 허리를 꼬았다), 옆차기로 한 방에(아버지는 별로 올라가지 않는 다리를 한껏 찢어 올렸지만, 나카무라는 본능적으로라도 움찔하며 동요하지 않았다) 놈의 턱주가리를 으스러뜨렸죠!"

아버지는 어느새 남색꾼과 앞잡이의 개싸움을 김두한과 구마적의 결투인 양 과장해 떠벌리고 있었다. 저러다 엉정벙정 17 대 1로 붙어 싸워 이겼다고 대포까지 쏘겠다 싶더니, 아니나 다를까, 밉살맞은 앞잡이에게 몰매를 퍼부었던 인부들은 졸지에 아버지의 발차기를 한 방씩 맞고 낙엽처럼 떨어져 나간 불순분자로 둔갑했다. 아버지는 취기가 올라 벌게진 얼굴로 여전히 나카무라 형사의 손목을 잡은 채 소리쳤다.

"다이스키, 다이스키요!"

이건 왠지 으스스하고 께름칙한 희극이었다. 뻥이 분명한 아버지의 말을 뻥인 줄 알면서도 들어주는 나카무라와, 나카무라가 그 말이 뻥인 것을 알고 있다는 걸 알면서도 계속 뻥을 치는 아버지 사이의 화기애애한 분위기는 뭔가 새롭게 공모된 계략의 서막인

그 여자 211

듯만 하였다.

 아무튼 나카무라 형사는 그날 처음으로 우리 집에서 뭔가를 먹고 갔다. 실제로는 처음 먹은 뭔가치고 대단히 거창한 가이세키 코스였다. 아버지는 진고개의 일식당에서 두 번째로 잘한다는(왜 첫 번째는 아니고?) 주방장을 출장시켜 요리를 차리게 했다. 게다가 벌써 몇 달째 혼자 암실 같은 방에서 먹고 자는 어머니까지 불려 나와 식탁에 앉았다. 도대체 독사와 살쾡이 사이에서 무슨 음모가 꾸며지고 있는 것일까? 불길함과 호기심으로 나는 붕장어 마끼와 참치 사시미와 토란 튀김과 당근 카스텔라가 코로 들어가는지 입으로 들어가는지도 모른 채 젓가락질을 했다. 그리하여 결국은 입안에서 사르륵 녹아드는 미식의 향연을 구저분한 똥탈로 끝내고 말았지만, 그때 나는 까맣게 몰랐다. 앞으로 얼마나 더 놀라운 일이 기다리고 있을지.

형

우리는 몰랐다. 2주 전까지만 해도 허용되던 면회가 왜 사전 통보도 없이 일절 금지되었는지, 일반 면회도 아닌 가족 면회까지 금지하는 이유가 무언지, 도대체 영문을 알 수가 없어 쉽사리 발길을 돌리지 못하고 한동안 교도소 철문 앞에서 서성거렸다.
"그만, 가죠?"
할 수 없이 내가 먼저 입을 열었다. 추위가 한풀 꺾였다고는 하지만 아직 바람 끝이 매서웠다. 야간 근로를 마친 뒤 곧바로 새벽 기차를 타고 경성에 온 현옥의 얼굴은 피로에 실망감까지 겹쳐 핏기 없이 창백했다. 어디라도 따뜻한 곳으로 데리고 들어가 다리쉼을 시켜야겠다는 생각에 마음이 바빠졌다. 그렇지 않았다면 내가 나서서 현옥을 채근하는 일은 없었을 것이다. 현옥이 눈치를 챘거나 말거나, 지금껏 한 달에 두 번씩 1년을 넘게 만나면서 나는 단한 번도 내 주장을 드높인 적이 없었다. 언제나 현옥이 하자는 대로 했다. 시간 약속도 사식이나 차입품을 준비하는 것도 면회실에 들어가 주고받는 대화의 내용까지도.

현옥과 함께 만나는 형은 낯선 사람이었다. 웃음기 하나 없는 심각한 얼굴로 도무지 알아들을 수 없는 말들을 일사천리로 내뱉었다. 형을 만날 때의 현옥도 낯설기는 마찬가지였다. 진지하고 신중한 표정으로 형의 말 한마디 한마디에 귀를 기울이며 고개를 주억거렸다. 면회실에 들어서는 순간 나는 투명 인간이 된 것 같았다. 투명한 뇌와 투명한 창자와 투명한 심장을 가진…… 아무것도 아니었다.

아무리 내가 염치머리와 담을 쌓은 츱츱스러운 철면피라 해도 그 기분은 아무래도 익숙해질 수 없는 것이었다. 뇌와 창자와 심장까지도 시원했다. 아니, 서늘했다. 나도 형에게 물어보고픈 말이 있었다. 현옥에게도 할 말이 있었다. 같이 잤느냐 자지 않았느냐, 최소한 그런 저급한(그러나 사실은 여전히 정말로 궁금한) 질문까지는 입 밖에 낼 생각이 없었다. 다만 형에게 묻고 싶었다. 이게 형의 본모습이냐고, 내게는 한 번도 보여준 적 없는 형의 모습을 진짜로 믿어도 좋겠느냐고. 현옥에게는 말하고 싶었다. 그럼 나는 도대체 뭐냐고, 나는 그저 형을 만나기 위해 이용하는 수단에 불과한 거냐고.

하지만 당연히, 나는 묻지 못했다. 형은 내가 모르는 세계였다. 면회를 하면 할수록, 현옥이 형을 이해할 수 있을 거라며 건네준

'문건'이란 걸 뒤적이면 뒤적일수록, 나는 내가 알았던 형과 감옥 안의 형을 동일인으로 생각할 수 없었다. 다른 한편으로 현옥은 두려움의 대상이었다. 백전백패, 처음부터 나는 그녀를 이길 수 없으리라는 걸 알고 있었다. 왜냐하면 나는 그녀 앞에서 마음의 속주머니까지 뒤집어낸 빈털터리, 자청해 칼자루를 내주고 칼끝을 잡은 멍청이, 싸움을 해보자고 덤빌 수조차 없을 정도로 무력한 약자였으니까.

"무슨 꿍꿍이가 있는지는 알 수 없지만 이러고 버텨봤자 면회가 허락될 것 같지 않네요. 다음 주에 다시 와보도록 하고 오늘은 그만 가요."

"……어디로요?"

현옥의 질문에 갑자기 말문이 막혔다. 어디로? 그랬다. 형은 현옥의 유일한 출구이자 비상구였다. 그 순간 내 가슴에서 말문보다 몇 배는 육중한 철문이 덜컹, 내리 닫히는 듯했다.

"밥, 밥 먹으러 가지요! 시장하지 않으세요? 전 배가 일찍 꺼지는 체질이라 벌써부터 배꼽시계가 요란하게 울어젖히는데."

어쩔 수 없었다. 형과 현옥의 사이에서 내가 맡은 유일한 역할은 철없고 속없는 어릿광대뿐이었다.

"밥! 밥이라고요?"

백지장 같은 현옥의 얼굴에 파르족족한 노기가 서렸다.

"지금 이런 상황에서도 윤식 씨는 밥 타령이 나와요? 시국은 날로 엄혹해지고 당장 하루 앞을 내다보기 어려운 지경에, 갑자기

놈들이 방침을 바꾼 것이 무얼 의미하는지도 알 수 없는 상태에서, 배꼽시계가 울어대니 밥을 밀어 넣어줄 궁리나 한다면 도대체 사람이랑 돼지랑 뭐가 달라요?"

나는 단번에 돼지만도 못한 인간이 되어버렸다. 그 순간 좀 아슬아슬했다. 내가 아무리 그녀를 사랑하다 못해 숭배한다고 해도 그녀의 날카롭고 잔인한 말에 그간 쌓인 감정이 폭발해 나도 모르게 울컥할 뻔했다. 그런데 뜻밖으로 깨달은 것은 아무러한 정신적 사랑이라도 어쨌거나 정신적인 것만은 아니라는 사실이었다. 머리로는 당장이라도 이딴 말도 안 되는 외짝사랑 놀음 따위 집어치워버려야 한다고 생각하는데, 저런 선머슴같이 뻣센 '주의자' 계집애 따위는 줘도 안 먹겠다고 비양하는데, 몸이 따르지 않았다. 온몸이 온몸으로 적나라하게 저항했다. 말만이 아니라 실제로 꼬르륵대던 빈속의 허기가 순식간에 까마아득히 가셔버린 것이었다.

이토록 어이없는 지경에 이르러 나는 완전히 전의를 상실한 채 현옥의 황홀한 신경질과 감미로운 타박을 된통 뒤집어썼다. 현옥에게 귀동냥한 바로는 제네바인가 어딘가에서 합의한 국제 조약에 전쟁 중의 적군 포로라도 자국의 장병들과 다름없이 인간적인 대우를 해줘야 한다는 조항이 있다고 했다. 그런데 일본군은 그것을 위반하고 마음대로 포로를 학대하고 고문하고 죽인다고, 현옥은 관자놀이에 핏대까지 세우고 목소리를 높였다. 하지만 현옥은 정작 자신의 눈앞에 얼마나 애처롭고 불쌍한 포로가 붙잡혀 있는지는 눈치채지 못했다. 나는 그녀의 깊은 한숨에 학대 받고 짧은 미소에 고문당하고 내가 아닌 다른 누군가를 향한 뜨거운 눈빛에 살해되었다.

"미안해요……."

나는 무작정 사과했다. 그녀의 노기를 돋운 일이라면 설령 잘못이 없다고 해도 반성하고 죄가 없더라도 싹싹 빌 작정이었다. 하지만 다행히도 내가 사랑하는 현옥은 무방비의 포로에게 일본군만큼 무자비하거나 잔인하지는 않았다.

"아니에요……. 내가 미안해요."

인력거를 잡아타고 시내로 나오는 동안 우리는 한마디도 주고받지 않은 채 각자 차양 밖 풍경을 물끄러미 바라보았다. 전쟁이 전 세계를 뒤흔드는 판국에도 겨울은 가고 봄이 오고 있었다. 나치의 고동색 셔츠, 파시스트의 검은색 셔츠, 일본군의 담녹색 군복으로도 자연의 분홍과 연둣빛의 향연을 가릴 수는 없었다. 꽃과 새잎을 보노라니 마음이 조금 흐너졌다. 어쨌거나 나는 내가 사랑하는 여자와 한 지붕을 들쓰고 어딘가를 향해 달려가고 있다. 비록 그녀가 나를 사랑하지 않는다고 해도, 그녀와 함께 있는 순간 내 마음은 봄이었다.

"윤식 씨…… 배고프지 않아요?"

문득 현옥이 겸연쩍은 얼굴로 조심스럽게 물어왔다.

"괜찮아요. 현옥 씨 호통에 어마뜨거라 허기가 싹 가셨어요."

나는 진심으로 말했는데 현옥은 그 또한 어릿광대의 말장난이라 생각하는 것 같았다. 현옥의 아리송한 표정을 보며 나는 급히 덧붙여 말했다.

"정말 괜찮아요. 저는 현옥 씨만 보면 안 먹어도 배가 불러요."

부디 이 또한 말장난이라 여겨주길 바라며, 가볍고 방정맞게, 나는 진실을 말했다.

"아니, 제가 배고파서 그래요. 사실은 아까 화를 내기 전부터 저도 배가 고팠던걸요?"

이럴 때 나는 착각에 빠진다. 사상이나 신념 따위를 제쳐두고 성격과 취향으로만 따지면 현옥은 형보다 나와 더 어울리는지도 모른다. 현옥은 가끔씩 이렇게 엉뚱하다. 미간을 찡그리고 입을 감쳐문 채 심각한 표정을 짓는 것보다 이렇게 눈을 동그랗게 뜨고 아이처럼 빵시레 웃는 게 훨씬 더 잘 어울린다.

우리는 동시에 배를 잡고 웃어젖혔다. 영문을 모르는 인력거꾼이 무슨 일인가 하여 고개를 돌렸다가 길을 건너던 소쿠리 장수를 칠 뻔했다. 그 바람에 소쿠리들이 길바닥에 쏟아졌다. 큰 소쿠리, 작은 소쿠리, 흙소쿠리, 거름 소쿠리들이 데구루루 데굴데굴 사방으로 굴렀다. 소쿠리 장수는 팔다리로는 소쿠리들을 잡으러 따라다니느라, 입으로는 한눈을 팔다가 사고를 칠 뻔한 인력거꾼을 욕하느라 난데없는 오두방정을 떨었다. 그 모습을 보며 우리는 눈물을 찔끔거리며 거의 숨이 넘어갈 정도로 웃었다.

"이렇게 크게 웃어본 게 얼마만인지 모르겠어요. 윤식 씨 덕분에 정말 많이 웃었어요. 여기 가슴께가 싸해질 정도로요."

현옥이 손을 들어 앙가슴을 지그시 눌렀을 때, 이걸 발전이라고 해야 할지 퇴보라고 해야 할지 모르겠으나, 가슴보다 손이 먼저 내 눈에 들어왔다. 거칠고 여기저기 생채기가 난 손이었다. 검푸르게 얼어 있는 그 손을 끌어 잡아 품 안에서 녹여주고픈 충동을 억제하느라 내 가슴도 싸해졌다.

"뜨끈한 국밥 한 그릇 어때요? 이럴 때일수록 든든히 먹고 힘을 내야죠."

약현고개의 난전에서 이제는 제법 그 꿀꿀한 색깔과 냄새에 익숙해진 돼지죽을 한 그릇씩 나눠 먹고 우리는 만리재를 향해 걸었다.

"대체 무슨 일일까요? 지난번 면회에서는 다른 눈치가 전혀 없었잖아요?"

"글쎄요, 저들의 꿍꿍이를 알 도리가 있나요? 작년 초여름까지는 승승장구하던 놈들이 병참선이 넓어지면서 힘을 잃는 낌새가 보여요. 그런데 걱정스러운 건 이런 상황에서 사상범들을 어떻게 다루려는지……?"

"일본군이 힘을 잃고 있다고요? 지난번 전쟁 개시 일주년 기념식도 으리으리하게 벌였고 신문에선 연일 파죽지세로 적군을 무찌르고 있다고 떠들어대는데 현옥 씨는 전혀 다른 이야기를 하네요?"

"저도 자세히는 몰라요. 정보는 철저히 차단되었고 언론은 믿을 수가 없으니까요. 하지만 모든 경제를 군부에 예속시키고 물자와 노동력도 전쟁 수행을 최우선으로 동원하는 걸 보면 애초에 큰소리를 친 만큼 전황이 좋지는 않은 게 분명해요. 진짜로 승리가 눈앞에 있다면 이렇게 발작적으로 초조해하지 않을 거예요. 초조함이란 결국 불안에서 비롯되는 거니까요."

"그럼 일본이 전쟁에서 이기지 못할 수도 있다는 건가요?"

나는 나도 모르게 높아진 목소리에 놀라 재빨리 입을 틀어막았다. 당연히 승리하리라고 큰소리를 땅땅 치며 시작한 전쟁이었다. 학교와 거리 곳곳에 '승리의 그날까지 원하는 것을 참자!'는 표어가 나부끼고 시시때때로 전과를 축하하며 선전하는 시가행진이 벌어졌다. 영국의 주둔지인 홍콩과 싱가포르를 함락했다는 소식을 들었을 때는 이러다 정말 일본이 전 세계를 점령하겠구나 싶을 정도였다. 일본군이 세계 최강으로 군림하던 영국군을 물리쳤다니, 곧 천하가 천황의 한집안이 되는 팔굉일우(八紘一宇)의 시대가 올 것 같았다. 이제 제법 스스럼없는 태도로 집을 드나드는 나카무라는 맥주 한 잔에 깔깔한 목소리를 높이곤 했다.

"와가구니와 가미노 구니데 아아루〔우리나라는 신의 나라다〕!"

일본은 신의 나라이기 때문에 절대 전쟁에 지지 않는다는 말이었다. 그런데 참으로 신기한 것은 경찰학교를 졸업한 엘리트이자 냉철하고 분석적인 성격을 가진 나카무라가 그 이야기를 할 때만은 무지렁이처럼 턱없는 미신을 철석같이 믿는 모습을 보인다는 거였다. 그는 '아라히도가미〔살아 있는 신〕'인 천황을 보우하는 일본의 수많은 신들이 절대로 일본이 전쟁에서 지도록 보아 넘길 리가 없다고 신뢰가 철철 넘쳐흐르는 목소리로 말했다. 하긴 그 신이라는 것들의 숫자가 8만이나 된다니 쪽수만으로도 '젯타이〔절대]!'를 거푸 외칠 만큼 든든하긴 하겠다.

나는 어디서 누구에게도 들어본 적이 없는 말을 하는 호락호락하지 않은 현옥이 무섭기도 하고 놀랍기도 했다. 동시에 그런 현옥에게서 사랑과 존경을 받는 형이 부럽기도 하고 밉기도 했다. 그런데 무섭다가 놀랍다가 부럽다가 밉다가 문득 슬퍼지는 것은, 아무래도 현옥이 형을 사랑하는 만큼 형이 현옥을 사랑하지는 않는 것 같다는 느낌 때문이었다. 현옥의 눈동자에서 튀는 불꽃이 형의 눈동자 안에는 없었다. 가끔은 불덩이가 내 머릿속을 휘젓는 것 같은 기분이 들도록 다정한 눈빛을 보내기도 하지만 형이 '동지'인 현옥에게 품고 있는 감정은 사랑이라기보다 고마움에 더 가까운 듯했다. 하지만 그러다가도 내가 형이 현옥을 그리 열렬히 사랑하지는 않는다는 사실에 슬퍼질 까닭은 또 무언가 생각하면, 무섭다가 놀랍다가 부럽다가 밉다가 슬프다가…… 미칠 것 같았다.

우리는 휘적휘적 목적지 없이 걷다가 만리재 마루턱에 주저앉았다. 꽃샘바람을 피해 역전 다방 '돌체'에라도 가볼까 하였으나 전쟁이 시작된 뒤로는 설탕과 커피의 수입이 막히는 바람에 다방들이 단체 폐업을 하다시피 한 상태였다. 알아주는 커피 애호가였던 친구 병석은 '카페인 금단 현상'을 달래기 위해 백합 뿌리를 볶은 뒤 사카린을 넣어 만든 즙을 마시며 전쟁을 저주했다. 현옥과 형을 열외에 놓고 말하자면 영화를 보지 못하게 된 어머니와 커피를 마시지 못하게 된 병석 정도가 내 주변에서 찾아볼 수 있는 유일한 전쟁 피해자이자 전쟁 반대주의자였다.

"끔찍해요, 전쟁이란 거……."

현옥이 거친 손으로 부석부석한 얼굴을 감싸 비비며 주절주절 뇌까렸다. 조선인들을 빈사지경으로 몰아붙이는 공출과 징용, 날로 늘어나는 군수 공장과 인력 차출, 하루에 2합 3작으로 제한된 식량 배급……. 하지만 국방 헌금을 열심히 내는 친일파 아버지를 둔 덕택에 그 모두가 딴 세상 이야기 같기만 한 나로서는 그저 현옥이 무언가를 안타까워한다는 사실에 안타까워하며 비탈땅에 늘어선 헐벗은 나무들을 멀거니 바라볼 뿐이었다. 지금이 4월이었다면 좋았을 것을…….

만리재의 4월은 사방의 복숭아밭에서 피어난 희고 연붉은 꽃들로 도원경처럼 아름답다. 나는 꽃그늘 아래 양화요를 깔고 바구니에서 미리 준비해 온 것들을 꺼내 펼친다. 명치옥에서 특별히 주문한 초콜릿 케이크와 갓 볶은 원두의 깊은 향이 느껴지는 커피가 오늘의 메뉴다. 즐거이 피크닉을 준비하며 나는 다미아의 샹송 〈글루미 선데이〉를 흥얼거린다.

봄은 돌아와 꽃은 피어도, 그대 가버린 쓸쓸한 방 안에…….

지금은 적성국 노래라고 하여 금지된, 그러나 한때는 명동의 음악다방 '휘가로'에서 아침부터 저녁까지 울려 퍼지던 노래가 쌉쌀하여 더욱 멜랑콜리하다. 노래 가사는 실연 뒤의 쓸쓸한 풍경을 말하지만 나는 마침내 사랑을 쟁취한 감흥에 들떠 있기 때문이다.

그녀가 내게로 온다. 곱고 부드러운 손을 흔들며 날렵한 하이힐(기왕이면 빨간색이면 좋겠다)을 신고 또각또각 다가온다. 그녀가 나를 바라본다. 나만을 바라보며 웃는다. 만개한 복숭아꽃이 찬란하다. 하지만 복숭아꽃이 아무리 어여쁘대도 가지런한 잇바디를 활짝 드러낸 현옥의 웃음에 비길 바 아니다. 때마침 불어온 봄바람에 실려 꽃잎 한 장이 현옥의 이마에 닿는다. 꽃잎을 떼어주려 현옥을 향해 손을 뻗친다. 떨리는 내 손끝이 도도록한 그 이마에 막 닿으려는 순간…….

춘곤인지 식곤인지 돼지죽과 봄에 취해 잠시 정신이 까물까물했나 보다. 입귀를 더듬어보니 다행히 침을 흘리며 조는 추태는 모면한 것 같은데, 꿈속에서 만났던 현옥이 반갑게도 여전히 눈앞에 있다. 돼지죽과 봄이 내게만 작용한 것은 아닌 듯 그녀 역시 꼬박꼬박 조는 채로. 착각은 자유라니, 어쩌면 그녀는 내가 꾸었던 그 봄꿈 속에 아직 머물러 있는 게 아닐까? 내 말을 믿지 않으리란 건 뻔히 알지만 그때 내 손이 현옥의 얼굴을 향해 뻗어 간 건 내 의지가 아니었다. 나도 모르는 힘이 내 등을 떠밀어, 아니, 정체를 알 수 없는 어떤 힘에 이끌린 채 나는 그녀의 거친 뺨과 메마른 입술을 향해 손을 뻗쳤다.

그때였다. 현옥이 반짝 눈을 떴다. 아, 이제 끝장이다! 제대로 한 방 귀싸대기를 얻어맞고 다시는 볼 생각 하지 말라는 말을 듣겠구나 싶어 나는 어금니를 악물었다. 그런데 하나님, 오랜만에 갑자기 불러 죄송하고, 감사합니다! 어렸을 적 마리아 선생에게 혼나가며 열심히 성경을 외운 덕에 하늘이 아직 날 보우하시는지 어쨌는지, 그와 동시에 하늘에서 꽃잎처럼 하얀 무언가가 날아와 현옥의 이마에 사뿐히 내려앉은 것이었다. 드러난 모양새로는 내가 그것을 떼어주기 위해 손을 뻗은 것으로 자연스럽게 해석함직 하였다. 잠시 어색한 표정을 지었던 현옥도 대수롭지 않다는 태도로 내 손끝이 닿을 뻔했던 이마에 제 손을 가져갔다. 그 순간 현옥의 입에서 새된 탄성이 터져 나왔다.

"아! 뭔가 하였더니 눈이네? 봄눈이 오네요!"

마른하늘에 날벼락 대신 청천백일의 봄눈이었다. 꽃잎 같기도 하고 부서진 봄꿈의 한 조각 같기도 한 그것은, 부드럽고도 차가웠다.

내가 하늘의 편애를 받고 있다는 가당찮은 생각에 일침을 놓으려는 듯 그로부터 머지않은 어느 날 진짜 마른하늘에 날벼락이 떨어졌다. 간만에 학교에 나가 수업이란 걸 받고 나오려는데 교문 앞에서 누군가 나를 기다리고 있었다. 분명히 낯익은 얼굴이긴 한데 그 낯익은 얼굴이 서 있기엔 너무도 낯선 풍경이라 나는 게슴츠레한 눈으로 낯익은 얼굴을 낯설게 바라보았다. 현옥이었다.

"경식 씨가……."

언젠가는 '경식이 동생'으로 불리는 것만으로도 칭찬을 받은 듯 어깨가 으쓱했는데, 현옥의 입에서 형의 이름이 새어나오는 순간 반갑고 즐거웠던 기분이 단번에 가셨다.

"형이, 뭐요?"

어쩌면 내 말투는 턱없이 퉁명스러웠을 것이다. 평소 같으면 현옥에게 제대로 퉁바리나 눈 흘김을 당했을 터였다. 하지만 자신의 우상에게 불손하게 구는 나를 닦아댈 기력도 없는 듯 현옥은 얼빠진 표정으로 말을 잇지 못한 채 하염없이 나를 바라보았다. 당황할 틈도 황당함에 대처할 틈도 없었다. 그토록 호락호락하지 않은 현옥의 눈에서 순간 눈물이 주르륵 흘러내렸다.

형이, 최형철이, 하경식이, 가와모토 유지가 전향했다. 형극의 길을 걷는 혁명가의 이름을 부를 때마다 가슴에서 피가 끓는다던, 철야 회의를 끝내고 동지들을 위해 홀로 골목길의 눈을 치웠다던, 감옥 안에서 칙칙한 죄수복을 입고도 등불처럼 빛나던, '혁명', '투쟁', '계급 모순', '제국주의' 따위의 말들을 식은 죽 먹고 땅 짚고 헤엄치다 누운 소 타듯 하던 그가 자신의 사상과 이념을 바꾸어 '반혁명 세력'이자 '투쟁의 대상'이자 '지배 계급'인 '제국주의자'들에게 투항했다.

집에 돌아가니 현관에 나카무라 형사의 구두 옆에 낯선 구두가 한 켤레 더 놓여 있었다.

"봐라! 유지가 돌아왔다! 이 모두가 천황폐하의 은총이자 나카무라 형사님의 특별 배려 덕택이다!"

아버지는 이미 맥주와 사케에 잔뜩 취해 있었고 나카무라는 적국의 항복서를 받아낸 양 득의만만한 표정으로 입안 가득 도미회를 씹고 있었다. 그리고 그들의 맞은편에 반쯤 비워진 술잔을 앞

형 227

에 둔 형이 무릎을 꿇고 앉아 있었다. 예전엔 미처 몰랐다. 상상조차 하지 못했다. 형과 나카무라 형사를 동시에 한 자리에서 만나게 될 수도 있다는 것을.

사실 나는 1년을 넘게 구치감과 재판정과 교도소를 들락거렸어도 형이 신봉하던 그놈의 사상인지 신념인지에는 동화될 수 없었다. 현옥이 혹시 마리아 선생처럼 숙제 검사라도 할까 봐 형이 쓴 '문건'이란 것을 열심히 읽어보려고도 하였으나 종잇장마다 수면제를 발라놨는지 보다가 졸고 졸다가 말기 일쑤였다. 다른 한편으로는 '주의자'들의 주장이라는 것이 진지하면 진지할수록 우습고 엄숙하면 엄숙할수록 거북했던 탓도 있다. 그들은 뭔가 단단히 오해를 하고 있었다. 그들이 그토록 애지중지 떠받드는 '피지배 계급'은 세상이 어떻게 돌아가는지에 관심도 없이 입에 풀칠하기에 급급한 멍텅구리에 불과하고, 그들이 철천지원수처럼 여기며 타도하겠다는 '지배 계급'은 세상이 어떻게 공중제비를 돌아도 잘 먹고 잘살 길을 방공호처럼 뚫어놓은 철두철미한 악바리들이다. 바위에다 계란 쳐봤자 깨진 계란만 억울하다. 나는 도무지 이상이나 신념 같은 것에 취미를 붙일 수 없는 구제 불능이었다. 구제 불능의 현실주의자였다.

그래서 실제로 내가 형의 전향에 현옥처럼 충격을 받거나 분노할 이유는 전혀 없었다. 형이 이제야 헛꿈에서 깨어나 정신을 차렸다고 아버지처럼 쌍수를 들고 환영할 수까지는 없어도, 나도 어쨌든 형의 귀가가 반가웠다. 반가워야 마땅했다.

"오랜만이다, 진! 그동안 잘 지냈니?"

그런데 이게 어찌 된 영문일까? 형은 지난달 면회가 중단되기 전까지 격주로 꼬박꼬박 나와 현옥을 만났던 일을 깡그리 잊어버린 듯 행동하고 있었다. 하지만 거기까지도 이해하려면 못할 것이 없었다. 아버지와 나카무라 형사가 지켜보고 있으니 전향 전의 행적을 끄집어내기가 불편했을 것이다. 기를 쓰고 좋게 해석하자면 나와 현옥을 보호하려고 한 일일 수도 있다. 형이 그 말을 하는 동시에 나를 바라보며 씩 웃지만 않았어도 어쩌면 나는 형의 변화를 어쩔 수 없는 현실로 인정했을지 모른다.

그러나 그 웃음은, 달랐다. 뽀얀 피부야 수형 생활에 망가졌다 해도 깎은 듯한 이목구비와 가지런한 치열은 그대로인데 미소만은 주위를 다 환하게 하던 예전의 그것이 아니었다. 푸른 죄수복 대신 빳빳하게 다린 새 와이셔츠를 입었는데도 왠지 후줄근했다. 상처의 흔적은 온데간데없고 텁수룩하게 자랐던 수염도 깔끔히 면도했지만 산뜻하다는 느낌은 없었다. 차라리 쇠창살을 부여잡고 세상의 종말을 예고하는 예언자처럼 흰말의 엉덩인지 백마의 궁둥인지 알아먹을 수 없는 소리를 일사천리로 지껄일 때가 나았다. 형이 나를 향해 헤벌쭉이 웃을 때, 비위가 좋기로는 떡을 얻어먹겠노라 떡함지에 엎어질 나였지만, 난데없는 욕지기가 치밀었다. 형은 변했다기보다 상했다. 변했거나 상했거나, 어쨌든 썩은 게 분명했다.

"유지 군은 앞으로 어떤 계획을 가지고 있는가?"

나카무라가 비린내를 풍기는 입으로 물었다.

"일단은 중단했던 학업을 계속하기 위해 복학 신청부터 할까 합니다."

"그래? 그런데 학업도 중요하지만 시국이 엄중하니 청년 학도들이 상아탑에만 들어박혀 있을 수는 없지. 특히 유지 군은 천황 폐하와 제국에 갚을 빚이 많아. 그건 자네도 잘 알고 있겠지?"

족제비와 살쾡이의 우정이 그렇고 그러리란 건 충분히 예상되지만 감옥에서 출소한 날부터 빚 청산을 들먹이는 나카무라도 어지간하였다. 하지만 더 놀라운 것은 그런 나카무라의 오만무도에 눈썹 하나 찡그리지 않고 여전히 비굴한 웃음을 흘리고 있는 형의 태도였다. 나는 그들이 혹시 형에게 뇌세포를 녹이는 이상한 약이라도 먹인 게 아닌가 의심스러웠다. 차라리 무슨 약이라도 먹인 거라면 좋겠다 싶었다.

하지만 형이, 최형철이, 하경식이, 가와모토 유지가 전향한 이유는 따로 있었다. '적'들은 의외의 지점에서 형을 무너뜨릴 비책을 찾았다. 아버지의 속물성과 천박함을 경멸하며 어머니 대신 손찌검을 받길 자청하던, 정작 어머니는 고까워하는 외가의 독립운동 내력에 그토록 큰 자부심을 갖고 있던, 어머니의 성씨와 항렬을 따라 가명을 만들 정도로 애착과 동질감을 느끼던 형에게 내가 바우 할아버지에게서 얼떨결에 들었던 '출생의 비밀'을 까발린 것이었다. (물론 물증은 없고 심증뿐이지만, 이 대목에서 나는 나카무라 형사의 뛰어난 수사력보다 아버지의 고의적인 폭로를 의심하게 된다.)

 첨단 사상의 전위를 자처하던 형은 졸지에 '출생의 비밀' 운운하는 신파극의 주인공이 되었다. 쇠날이와 올미, 흡시와 곰이(내가 열일곱 살에 북촌의 조선인 마을에서 보았던 여인의 이름이 바로 '곰이'였다)의 내력이 아닌 밤중에 홍두깨로 형의 잘생긴 이마를 강타했다. 고려의 10대 명문가 중 하나로 해동공자 최충을 비롯한 숱한 학자들과 강강한 독립운동가인 외조부(?)까지 배출한 집안과는 사돈에 팔촌, 팔촌에 사돈만큼도 상관이 없다 했다. 과학적이고 합리적이고 민첩하고 유능한 '신여성'은 피 한 방울도 섞이지 않은 남이랬다. 비과학적이고 불합리하고 둔하고 무능하다 못해 두꺼비 껍질로 생인손을 치료하려다 상처가 덧나 비명횡사한 '구여성' 중에서도 가장 천하고 무식한 여인의 배를 타고났단다. 장미 가시에 찔렸다가 파상풍에 걸려 죽은 시인 릴케의 이야기는 낭만적이기나 하지, 왜 하필 하고많은 물건 중에서도 식초에 담가 팅팅 불린 두꺼비 껍질을 손가락에 친친 감고 죽어야 한단 말인가? 망자에게 할 말은 아니지만, 누가 봐도 정말 이름대로 미련 곰탱이 같은 짓이다.

 그렇지만 전향의 숨은 까닭을 알고 나서도 아리송함이 다 가시지는 않는다. 어쨌거나 저쨌거나 형은 노동자와 농민 등의 기본계급이 진정한 혁명의 주체 세력이라고 부르짖던 사람이다. 나는 죽었다 깨어나도 동의하기 힘든, '노동하는 사람의 못 박인 거친 손과 검붉게 그을린 주름투성이 얼굴'에서 참된 아름다움을 발견했다는 사람이다. 문건에 쓴 그대로를 믿는다면 심지어 형은 1920년대 백정의 차별을 철폐하기 위해 벌어진 형평사 운동에 큰 관심과 지지를 나타내기도 했다. (이걸 운명의 장난이라고 불러야 할는지, 아버지가 족보를 사서 얻은 하씨 성의 본관인 진주가 바로 형평사 운동의 시발점이란다.)

그러니 도대체 뭐가 문제란 말인가? 명문가 출신으로서는 자신만만하게 '해방'을 외치다가 백정 출신임이 밝혀지자 이마빡에 번갯불이라도 맞은 듯 안면을 바꾼 이유가 뭔가? 백정이라기엔 너무 똑똑해서 곤란한가? 백정이라기엔 너무 잘생겨서 곤란한가? 내 돌대가리로는 도저히 이해할 수가 없어서 짱구가 지끈지끈 아플 지경인데, 질펀한 술자리는 본체만체하고 화장실에 가기 위해 거실을 가로지르는 어머니를 향한 형의 눈길에서 뜻밖의 빛을 발견했다. 어머니를 바라보는 형의 눈빛이 아버지의 그것과 꼭 같았다. 혹시 형은 자신의 핏줄에 흐르는 것이 천한 백정의 피라서…… 창피하고 부끄러웠단 말인가? 열등감과 보상 심리를 느꼈단 말인가? 에이, 설마……!

"그럼요! 유지는 당장 내일이라도 결사보국의 전선에 뛰어들 준비가 되어 있습죠. 그렇지 않니, 유지야?"

채무와 채권 관계에 대해서는 일가견이 있는 아버지가 얼른 나카무라와 형 사이에 끼어들었다. 아버지의 부성애가 눈물겨웠다. 물론 그것이 어떻게든 불령선인의 아비라는 오명을 씻고 충성심을 과시하고자 하는 생존 본능에서 비롯된 것이라 할지라도 말이다. 그러나 그때까지도 우리는 여전히 몰랐다. 형이 한때의 '실수'로 인해 진 빚을 어떤 식으로 갚게 될지, 셰익스피어의 희극에서처럼 빚을 갚지 못한다면 '살 1파운드'를 도려내달라고 요구하는 채귀(債鬼)들에게 과연 무엇을 내주게 될지.

아니라면 오히려 이상한 일이겠지만, 형의 전향으로 말미암아 현옥은 큰 충격을 받았다. 공장에 찾아가보니 며칠째 결근 중이라고 하였다. 할 수 없이 기억을 더듬어 자취방으로 찾아갔다. 골목에 밴 지린내와 양념 냄새도 그대로이고 시끄러운 애새끼와 개새끼들도 그대로였으나, 나의 현옥만은 이전 같을 수 없었다.
"이거 좀 마셔보세요."
여자 혼자 앓아누워 있는 방에 성큼 들어갈 수 없어 마루 끝에 걸터앉은 채 나는 집에서 챙겨온 설탕을 물에 타서 현옥에게 건넸다. 마당에는 하루가 다르게 성해지는 봄볕이 따사로운데 어둑한 방 안에 새우등을 하고 돌아누운 현옥의 뒷모습은 여전히 한겨울이었다.
"이러고 있으면 어떡해요? 얼른 기운 내서 일어나요. 지금껏 그 고단한 옥바라지를 하며 버텨온 사람이 이렇게 쉽게 무너질 수 있는 거예요?"
뭐라고 채근하고 다그쳐도 현옥은 꿈쩍도 하지 않았다. 하지만 전향서를 제출하고 돌아온 가와모토 유지는 내가 알던 하경식도 아니고 당신이 알던 최형철도 아닌 아주 다른 사람이라고는 차마

이야기할 수 없어서, 나는 입에서 나오는 대로 위로가 될 만한 말을 주워섬겼다.

"형을 만나봐야죠. 만나서 자초지종을 듣고 따질 말이 있으면 따지고 그래야지요."

내 입에서 '형'이라는 말이 새어나오자, 순간, 현옥의 야윈 어깨가 움찔 떨렸다.

"경식 씨가…… 내 이야기를 해요?"

그랬다. 어쨌거나 현옥은 형의 전향 소식에 큰 충격을 받았다. 그의 철통같은 사상과 무쇠 같은 신념을 존경했던 '동지'로서 당연한 일이었다. 하지만 엄청난 배신감과 회의감에도 불구하고 여전히 그의 소식과 반응을 궁금해하는, 그건 단순한 동지애가 아니었다. 좋은 사람을, 사랑 받을 가치를 지닌 사람을 사랑하는 것은 당연한 일이다. 쉬운 일이다. 하지만 나쁜 사람을 사랑하게 만드는 것도 사랑이다. 사랑의 잔혹한 신비다. 나는 현옥을 이해할 수 있었다. 기어이 이해할 수밖에 없어서 가슴이 갈가리 찢기듯 아팠다.

"지금 당장은 형사가 찰거머리처럼 달라붙어서 곤란하지만 빠른 시일 내에 형과 둘이만 만날 기회를 만들어볼게요. 하고픈 이야기는 그때 다 해요. 지금은 현옥 씨 몸을 회복시킬 궁리만 하세요."

그제야 현옥은 허깨비 같은 표정으로 부스스 몸을 일으켜 앉았다.

"끼니도 계속 거른 거죠? 대체 몇 끼나 굶은 거예요? 일단 이것부터 좀 마셔요."

현옥은 마지못해 내가 건넨 설탕물 대접을 받아들었다. 그때였다. 그녀의 가슬가슬한 입술에 흰 사기대접의 가녘이 닿는 순간, 내가 정성스레 탄 설탕물이 그녀의 마른 입술을 적시며 서서히 입안으로 흘러들던 바로 그 순간, 나는 지금껏 짧은 생애에 한 번도 경험해 본 적이 없는 크고 깊고 강렬한 충동을 느꼈다.

아, 당신이 내가 말한 '충동'이라는 단어로 인해 무엇을 상상하는지는 알고 있다. 여태까지의 나를 알아온 사람이라면 너무도 당연히 그 충동이 입술을 훔치고 싶다든가, 그러니까 키스를 하고 싶다든가 하는 욕정이었으리라 생각할 것이다. 사실은 그 편이 내게도 더 편하고 익숙하다. 하지만 아무러하여도 그런 감정이 아니었기에 나는 낯설고 거북하여 흠칫 놀라기까지 하였다. 현옥의 가느다란 목으로 설탕물이 꿀꺽꿀꺽 넘어가는 모습을 지켜보며 나는 나를 사로잡은 기묘한 충동의 달콤쌉쌀함을 거푸거푸 되새겼다. 그것은 충동이면서 예감이기도 하였다. 그녀를 위해서라면 죽을 수도 있다는, 죽고 싶다는.

하지만 형과 현옥을 따로 만나게 할 기회는 쉽게 만들어지지 않았다. 일단 형이 너무 바빠서 붙잡고 무슨 이야기라도 나눌 틈이 없었다. 형은 아버지와 함께 꼭두새벽부터 집을 나가 한밤중이 되어서야 돌아왔다. 이전까지 우리 형제를 아는 (아버지와 어머니를 제외한) 사람들은 형이 어머니를, 내가 아버지를 빼쏘았다고 믿어왔다. 작은 머리통과 찢어진 갈고리눈과 다부진 어깨를 가진 땅딸보 대(對) 목이 길고 눈이 크고 피부가 흰 족속들.

하지만 서늘한 바깥 공기를 옷깃에 묻힌 채 현관문을 박차고 들어오는 아버지와 형은 얼핏 쌍둥이 형제처럼 보였다. 형과 아버지는 한밤중에 개선장군처럼 떵떵거리며 귀가해 맥주에다 통닭, 돼지고기 수육, 심지어 쇠고기 육회 따위의 동물성 음식을 폭식했다. 그들이 아귀처럼 요리를 입안으로 쓸어 넣는 동안 나는 화장실에서 어머니가 하루 종일 먹은 새 모이만큼의 음식들을 모조리 게워내는 소리를 들었다. 어쩌면 나도 어머니처럼 비위가 약해져 가는지 자주자주 속이 메슥거렸다. 형과 아버지에게선 땀내와 함께 코끝을 찌르는 악취가 났다. 뭔가를 지독하게 갈망하며 들쫓는 굶주린 야수의 냄새였다.

나는 초조해졌다. 날이 갈수록 형을 섬세하고 귀족적이고 우아한 미소년으로 만들어주던 어떤 분위기는 슬금슬금 사라져갔다. 매일 그렇게 야식을 먹으니 고작 20대에 아랫배도 불룩하게 나오는 것 같았다. 더 늦기 전에 현옥을 만나게 해주어야 한다는 생각에 마음이 바빠졌다. 이 초조함과 다급함이 무엇 때문인지 명확하게 설명할 순 없었다. 현옥이 애타게 형을 보고파 하니 그녀의 소망을 들어주어야 한다는 것만큼이나 형이 더 망가지기 전에 한때 '위장' '부부'(어디에 방점을 찍어야 할지 몰라 두 단어 모두를 강조하고야 만다)였던 옛 동지들의 재회를 주선해야 한다는 생각이 컸다. 형이 더 망가지고 상하는 모습을 누군가에게 들키기 싫었다. 나는 현옥을 사랑하는 것과는 또 다른 의미에서 형을 아직 사랑하고 있었나 보다.

지난해같이 기록적인 살인 더위는 아니었지만 1943년의 여름도 꽤나 더웠다. 그 무더위에는 불난 집에 풀무질하듯 날로 가열되는 전쟁의 광기도 한몫을 했다. 그때까지 내 마음속의 환란과 재난을 처리하는 데 급급해 전쟁이 났거나 말거나 심각하게 생각지 않았던 나조차도 달라진 분위기를 물씬 느낄 지경이었다.

그 여름을 고비로 대대적인 출정 광풍이 불었다. 7월에는 해군 지원병 제도가 실시되어 진해에 설치된 훈련소에 입소할 1기 응모자를 뽑아댔고, 8월에는 개정 병역법이 시행되어 징병제가 실시되면서 징병 적령자를 조사한다고 온 동네 호적을 재정비하고 난리였다. 그리하여 그 뜨거운 여름이 지나 9월에 이르러서는 징병제에 해당하지 않는 20세 미만의 소년들을 군대로 끌고 가는 소년지원병제가 시행되었고, 마침내 10월에는 일본 호적법의 적용을 받지 않는 조선계와 대만계 20세 이상의 대학 및 고등전문학교 재학생들을 훈련소 과정을 거치지 않고 바로 현역으로 편입하는 학도지원병제가 실시되기에 이르렀다. 결국엔 개나 소나 고동이나 웬만하면 전쟁터로 끌려가지 않을 방도가 없어진 것이다.

그래도 처음부터 강제성을 보이면 괜한 반발을 사겠다 싶었던지 총독부는 교활한 조선인들을 앞세워 멍청한 조선인들을 구슬리는 방법을 썼다. 현옥은 전황이 그들의 선전만큼 좋지 않으리라고 예상했지만 대본영의 호언장담과 언론 보도만 놓고 보면 대세는 이미 기운 듯했다. 그러니 눈치가 빠르기는 도갓집 강아지 같은 아버지가 선수를 놓칠세라 설레발을 치는 게 당연했다.

하지만 나는 더 이상 현옥과 형을 두고 볼 수 없었다. 어떻게든 두 사람을 만나게 해야 할 임무가 내게 주어져 있었다. 만나서 이해를 하든지 오해를 풀든지 제대로 헤어지든지를 매듭지어야 마땅했다. 현옥은 나날이 생기를 잃고 시들어가고 있었다. 가지런한 잇바디를 드러내며 아이처럼 활짝 웃는 것까지는 아니더라도 희미한 미소를 짓는 모습마저 보지 못한 지 오래였다.

그런데 장고 끝에 악수를 둔다더니, 괜히 안 쓰던 머리를 쓰다가 동티를 내고 말았다. 사실 나는 형이 아버지를 따라다니며 정확히 어떤 일을 하는지를 알지 못했다. 그저 뒷전에서 간단한 사무를 도우며 사상과 신념의 변화를 의심하는 이들의 눈을 눅잦히는 것으로만 생각했다. 사상과 신념 같은 건 어디에다 써먹는 개뼈다귀인지 몰라도 어쨌거나 나는 형의 변화를 온전히 받아들일 수가 없었다. 그렇다고 분노를 한다거나 증오한다고 할 수도 없고…… 다만, 슬펐다. 그래, 변한 형을 바라볼 때 내 가슴을 뻐근하게 옥죄는 감정은 다른 무엇도 아닌 슬픔이었다.

그날, 나는 며칠 동안의 추적(이랄 것도 없는 눈치 보기) 끝에 아버지와 형이 종로에서 한나절 동안 무슨 낭독과 연극의 밤인가 하는 행사를 홍보할 거라는 정보를 입수했다. 기회는 이때다 싶었다. 모양 빠지는 일에는 절대 나서지 않는 아버지가 길바닥에서 한나절 내내 버티고 있을 리 없고 종로에는 오가는 사람들이 많으니 형을 끌고 뒷골목으로 슬쩍 빠져도 별로 표가 나지 않을 것이었다. 난데없는 사랑 타령에 정신이 팔려 세상이 어떻게 돌아가는

지 모른 채 어리뻥뻥히 지내온 나로서는 낭독과 연극의 밤이라면 전쟁 전에 그랬던 것처럼 낭만적이고 감상적인 문화 공연일 거라고 생각할 수밖에 없었다.

이처럼 백일몽에 빠져 산다는 점에서 나는 어쩔 수 없이 어머니와 닮았나 보다. 영화를 볼 수 없어 우울증에 걸린 어머니의 유일한 소일거리는 한낮에도 두꺼운 커튼을 드리운 방 안에 틀어박혀 전쟁이 나기 전에 일본에 사는 동창생을 통해 구해 보던 《스타》 잡지를 뒤적이는 것뿐이었다. 흰 벽이 눈부신 대저택에 갇혀 살아온 재벌의 딸 클로데트 콜베르와 냉소적이고도 매력적인 신문 기자 클라크 케이블의 좌충우돌하는 로맨스에 가슴을 떨며, 어머니는 마흔을 코앞에 둔 나이에 웨딩드레스 차림으로 도망치는 신부의 환상에 빠져들었다. 담장 밖에 '귀축영미'의 악다구니가 아무리 드높아도 할리우드에 대한 어머니의 애정을 식게 할 수는 없었다. 어머니는 그 고양이상의 생김새를 특별히 좋아하던 여배우 시몬 시몽을 흉내 내어 검게 빛나는 옷을 입고 다리를 꼰 채 안락의자 안에 우울한 몸을 깊게 묻었다. '신여성'과 '모던 껄'들은 그렇게 사라져갔다. 자유연애를 주장하며 모던 가정을 꿈꾸었던 한 무리는 '현모양처'란 이름의 박제가 된 채, 가정에서 개인을 제국에서 민족을 해방하자던 다른 한 무리는 애써 얻은 사회적 지위를 잃지 않기 위해 '군국의 어머니'가 되자는 연설을 하고 다니며.

그리고 그들의 후예이자 그들과 같을 수 없었던 나의 현옥은 멍청하고 물정 모르는 내게 이끌려 동지이자 애인이었던 하경식을 만나기 위해 종로로 향하고 있었다.
"경식 씨가 거기 있는 게 확실한가요? 경식 씨가 나를 만나줄까요?"

경성역 광장에서 만나 종로까지 가는 동안 현옥은 끊임없이 같은 질문을 반복했다. 눈치가 없어도 너무 없고 이기적이라도 너무 이기적이라고 탓할 수도 있었다. 병석과 태훈은 현옥이 분명히 내 마음을 알면서 고의적으로 튕기며 이용하는 거라고 입에 거품을 물고 욕했다. 오입질을 하며 맺어진 우정이나마 그들은 참으로 든든한 친구들이었다. 하지만 그들의 충고가 결코 고맙지만은 않았다. 현옥은 3개월 16일 만에 비로소 웃었다. 그녀가 웃지 않던 봄은 겨울보다 더 추웠다. 그리고 여름이 이울어가는 이제야 그녀의 미소 속에서 나는 봄의 온기를 느낀다. 돌려받는 건 이미 포기했다. 아직 줄 수 있는 무엇이 남아 있다는 사실에 감사할 뿐이다.

현옥의 말투가 오늘따라 빠르고 급했다. 형을 만나면 할 말이 아주 많을 것이다. 아니, 할 말을 잃고 그저 하염없이 바라보기만 할지도 모른다. 현옥이 형을 사랑하는 만큼 형이 현옥을 사랑하지는 않는 것 같다는 느낌은 나의 착각이었을 것이다. 현옥의 눈동자에서 튀는 불꽃이 형의 눈동자 안에는 없다는 것도 질투에서 비롯된 지극히 주관적인 견해에 불과할 테다. 그들은 동지인 동시에 동지 이상이다. 더 망가지고 더 아프지 않기 위해 그들은 함께여야 했다. 제발, 나는 빌었다. 나 자신의 이런 터무니없는 위선과 자학에 대해 저주를 퍼부으면서도 진심으로 내가 사랑하는 두 사람의 행복을 빌었다.

그런데 인력거가 막 종각을 지나칠 때 갑자기 내 옆에서 종알거리던 현옥의 말이 뚝 끊겼다. 웬일인가 싶어 쳐다본 현옥의 얼굴은 그야말로 사색이 되어 있었다. 왜냐고 물을 필요도 없었다. 종각에서 종로3가로 향하는 대로변의 확성기에서 왕왕 울려대는 끔찍한 소음!

바다로 나간다면 물에 젖은 주검이 되고 산으로 나간다면 풀덤불 속의 주검이 되리.
다만 천황폐하의 곁에서 죽는다면 억울함이 없겠네!

일본의 명절 기념식 말미에 언제나 합창하는 노래 〈우미유까바〔바다로 나간다면〕〉가 울려 퍼지는 가운데 낯익은 목소리가 귓전을 때렸다.
"천재일우의 기회를 놓치지 말아야 한다! 대동아 공영권에서 조선의 발언권은 그냥 얻을 수 없고, 이 국가 비상시에 자기 몸을 던져 헌신함으로써 당당히 얻을 수 있다! 반도인의 운명은 우리 어깨에 달렸다! 조선 청년들이여, 과감히 전장에 나서라!"
그날 밤 개최될 '낭독과 연극의 밤'은 징병제 실시 감사 결의 선양을 위해 '조선문인보국회'가 주관한 것이었다. 마쓰무라 고이치*며

---

* 시인 주요한의 창씨명

최재서며 노천명이며 빵빵한 문인들이 총출동하리라고 확성기의 목소리가 기세등등하게 외쳤다. 그 순간, 어깨가 닿을락 말락 얼마간 떨어져 앉았던 현옥의 몸이 갑자기 내 쪽으로 기울며 쓰러졌다. 나는 아무런 의도도 의지도 없이 얼떨결에 현옥을 와락 품어안았다. 언젠가 혼몽한 꿈속에서 몇 번인가 품었던 몸이지만, 뭉클한 가슴이 팔뚝에 닿는데도 짜릿한 흥분조차 느낄 틈이 없었다. 대신 금세라도 으아아 비명으로 튀어나올 듯 배꼽노리로부터 불덩이가 치밀어 올랐다.

무게중심을 잃은 인력거가 비틀거리다가 고약한 소리를 내며 급정거하는 바람에 확성기를 잡고 섰던 선동적인 목소리의 주인공이 문득 우리 쪽을 쳐다보았다. 나는 얼결에 입안 가득 고였던 뜨거운 비명을 꿀꺽 삼켰다. 나와 내 품에 안긴 현옥을 번갈아 바라보며 당황한 표정을 감추지 못하는 그는, 형이었다.

당신에게 우연의 운명을 믿느냐고 물은 적이 있다. 나는 믿는다고, 우연히 일어날 수밖에 없는 일들의 어처구니없고 생뚱맞고 기막힌 필연을 믿는다고 말했다. 쇠날이 할아버지와 올미 할머니가 만난 것도, 아버지와 어머니가 만난 것도, 현옥이 형을 만나고 내가 현옥을 만난 것도 필연으로서의 우연이다. 올미 할머니가 겁간을 당하고 동굴 안에 숨어서 문득 만만한 소꿉동무를 떠올리고, 어머니가 스키장에 갈 형편이 못 된다는 시답잖은 이유로 왈칵 눈물을 터뜨리고, 현옥이 구치감에 불쑥 나타나 가족 면회를 요구한 것도 우연으로서의 필연이다. 그리고 그토록 호락호락하지 않은 여자들을 끝끝내 사랑할 수밖에 없었던 우리 집안 남자들의 어리석음도 우연으로서의 필연, 필연으로서의 우연이다.

그렇다면 지금부터 벌어질 황당한 우연까지도 필연으로 이해하지 못할 까닭이 없지 않은가? 아무리 친일파로서 충성을 맹세하고, 아무리 바깥세상과 담을 쌓고 살고, 아무리 전향을 하고, 아무리 사랑에 미쳐 있어도, 우리는 어쩔 수 없이 대일본제국의 식민지 조선에서 살아가는 2등 국민이었으므로.

나카무라 형사가 다시 나타났다. 지원병 출정, 징병 출정, 학병 출정, 소년항공병 입대, 소년전차병 입대, 정신대 입대 등의 환송 행렬이 연일 거리를 메우고, 총알로부터 병사들을 지켜주는 센닌바리*를 만든다며 까만 몸뻬 차림을 한 대일본애국부인회 회원들이 설쳐대기 시작한 새해 무렵이었다. 그런데 이번에 나카무라에게는 동행이 있었다.

"이쪽은 사이고 니시자와 대위입니다."

현관에 놓여 있던 광이 반드르르한 군화의 주인이 나카무라의 소개를 받고 절도 있게 거수경례를 했다. 일본군 특유의 약모를 벗어 탁자 위에 올려놓은 그의 허리에는 사제 94식 군도와 권총이 번쩍거리고 있었다. 아버지는 어쩔 줄 모르며 거의 머리를 다탁에

---

* 千人針. 무운을 가져온다는 미신으로 한 명의 여성당 하나씩 흰 천에 빨간 실로 천 개의 매듭을 떠서 만든 띠

찧을 정도로 깊숙이 허리를 굽혀 절을 했다. 고개를 드는 아버지의 눈동자가 어지럽게 흔들리고 있었다. 당황스러운 일에 직면하여 상황 파악을 위해 머리를 굴릴 때 드러나는 아버지의 버릇이었다.

"가와모토 상의 충군애국에 대해서는 평소에 나카무라 형사를 통해 많이 이야기 들어왔습니다."

"도모 아리가토〔대단히 감사합니다〕!"

아버지는 어느 때보다 정중하고 겸손하게 굴었다. 특유의 동물적 본능으로 아버지는 이미 자신에게 난감한 일이 닥칠 것을 예감한 게 분명했다. 나카무라보다 한참은 젊어 보이지만 흔들리지 않는 차가운 표정이 만만찮은 니시자와가 찻잔을 들어 잠시 입술을 축인 뒤 말문을 열었다.

"가와모토 상은 아버지 못잖게 훌륭한 아드님을 두셨더군요. 지난 과오를 청산하고자 멸사봉공의 자세로 제국을 위해 헌신하고 있다고 들었습니다."

"하이! 도모 아리가토! 허나 과찬의 말씀입니다. 아직도 잠시의 과실이나마 불충했던 죄를 씻기에는 많이 부족합니다."

"그래서 제가 이렇게 찾아왔습니다."

아버지의 말이 떨어지자마자 니시자와가 뼈마디와 뼈마디의 틈새를 가르는 회칼처럼 날카롭게 파고들었다.

"우리의 영광스럽고 높으신 천황폐하와 대본영의 충성스러운 지도자들은 바로 그런 젊은이들을 찾고 있습니다. 천황폐하께 충성을 다할 재능 있고 헌신적인 재원, 적을 향해 복수하는 독수리처럼 날아갈 젊은이들 말입니다."

말투는 열렬했지만 니시자와의 평면적인 얼굴에는 어떤 감정도 스며 있지 않았다. 그가 바로 조선의 민속에서 말하는 저승사자였다. 염라대왕과 동급인 천황의 명을 받고 그 명을 받잡는 즉시 죽은 목숨이나 다름없는 제물을 데리러 왔다.

"아, 소데스카〔아, 그렇습니까〕……?"

지금껏 오로지 삶의 욕망으로 충천한 일생을 살아온 아버지는 죽음의 옷깃을 펄럭이며 나타난 저승사자에게 별달리 바칠 말이 없었다. 그래서 자식의 목숨을 내놓으라는 소리에도 기껏 한다는 대답이 "아, 그렇습니까?"였다. 그 비굴하고 누추한 말투와 몸짓이 차마 눈뜨고 보기 어려웠다. 차라리 평소에 확성기에 대고 떠들어대던 대로 멋지고 당당한 사무라이의 부시도〔武士道〕에 따라 "조국을 위해 죽을 기회를 얻게 되어 기쁩니다. 천황께서 주신 영광에 몸 둘 바를 모르겠습니다!"라고 말했다면 봐주기에 제법 그럴듯했을까?

"유지 군은 현재 휴학 중이지만 법문계 출신이니 학도 지원병으로 출전하기에 지극히 적합하지요. 그래서 제가 니시자와 대위에게 유지 군을 추천하기는 했지만, 가와모토 상에게 너무 갑작스러운 제안이 될 것 같아 오늘 당장 입대 원서까지 받지는 말자고 했습니다. 이건 굉장히 예외적인 일이긴 한데 여기 니시자와 대위가 저와 개인적으로……."

나카무라가 밝힌 니시자와와의 관계라는 것이 언젠가 들어본

적이 있는 사돈의 팔촌이나 팔촌의 사돈…… 이랬다. 잠자코 무릎을 모은 채 그 희떠운 말을 경청하는 아버지의 얼굴이 배신감과 굴욕감으로 얼룩덜룩했다. 그래도 아버지는 홈시에서 하게운에서 가와모토 구니히로가 되기 위해 산전수전을 다 겪은 역전의 용사였다. 아버지는 나카무라에게 제대로 뒤통수를 얻어맞고 머리가 띵한 지경에도 그들을 배웅하며 기를 쓰고 한마디를 뱉어냈다.

"오늘 저희에게 영예로운 천황폐하를 대신해 거대하고 관대한 제안을 해주신 것을 영광으로 생각합니다!"

끝내 '살 1파운드'의 빚을 갚게 된 형은 그때부터 꿀 먹은 벙어리가 되어버렸다. 아버지는 아무 말도 못했고 어머니는 할 말이 없었다. 그 지경에 나라고 무어 지껄일 말이 있겠는가? 삽시간에 죽음의 검은 구름이 드리운 집 안은 무겁디무거운 침묵 속에 빠졌다.

숨 막히는 침묵을 견딜 수 없어 무작정 집을 나왔다. 하지만 갈 곳이 없었다. 어디로 가야 할지 알 수 없었다. 하릴없이 표어와 구호와 광기 어린 전쟁의 분위기가 넘실거리는 거리를 몇 시간째 헤매고 다녔다. 내 머릿속이 이렇게 복잡하고 어수선한데 당사자인 형은 어떨까 싶었다. 결국 이런 식의 교활한 함정에 빠져 총알받이로 끌려가려고 전향과 변절을 하였나 싶은 생각이 들면 나조차 기막히고 울화가 치미는데 형은 어떨까? 결과적으로 형을 함정 속으로 등 떠미는 데 일조한 아버지는 무슨 생각을 하고 있을까?

아버지가 지독하게 운 좋은 사람이란 건 사실이었다. 전쟁 중에도 아버지는 쌩쌩 잘나갔다. 생산물이 모두 통제 가격에 묶이자 실제 물가는 두세 배로 껑충 뛰었고, 특히 설탕과 분유와 석유와 밀가루 등은 통제되어 아예 상점에 나오지 않았다. 바야흐로 아버지의 특기가 발휘될 시점이었다. 아버지는 그동안 '기마이'를 쓰고 '와이로'를 먹이며 관리해 온 경찰서 경제 담당 경찰주임과 한통속이 되어 특별 배급품을 빼돌려 암시장에 내다 팔아 엄청난 이익을 챙겼다. 아버지가 특히 좋아하는 품목은 분유였다. 관공서에서도 높은 지위에 있는 사람에게만 배급되는 분유는 암시장에 나가자마자 불티나게 팔렸다. 자기 배는 곯아도 자식 배를 곯릴 수 없는 부모의 사랑이 아버지에겐 그저 어떤 불황에도 끄떡없는 보증 수표일 뿐이었다.

그럼에도 아버지는 죄책감이 없었다. 천벌 같은 걸 두려워하는 소박함도 없었다. 아버지는 입버릇처럼 말했다.

"인과응보가 어쨌다고? 원래 인과응보는 운에 따라 닥치는 대로, 걸리는 대로야!"

그러던 아버지가 딱 걸렸다. 자신의 행운을 능력으로 착각해 스스로를 지나치게 믿은 것이 실책이었다. 그런데 여기서 나를 엄습하는 더 나쁜 예감은, 자기와 상관없는 남의 일처럼 여기던 과보에 당첨되고도 아버지는 새삼스레 반성 따윈 하지 않으리라는 것이었다. 아버지는 결국 형을 전쟁터로 보낼 것이다. 기왕 그럴 거면 제대로 유세를 할 수 있는 특공대나 전투기 조종사로……. 설마, 정말 그러겠냐고? 꼴통에 불효자라도 아버지에 대해 너무 심하게 넘겨짚는 게 아니냐고? 나도 진심으로 내가 틀렸기를 바랐다. 생각이 거기까지 이르자 나는 갑자기 미친놈처럼 웃어젖히고 싶어졌다. 아니, 어린애처럼 목 놓아 엉엉 울고 싶어졌다.

요네하치의 알몸을 부둥켜안고 짐승처럼 몸부림치며 정사를 하면 이 혼돈에서 도망칠 수 있을까? 하지만 전선을 쫓아다니면 전쟁 특수를 톡톡히 누릴 수 있다는 소문에 유녀들이 절반쯤 빠져나간 오키야는 썰렁하기가 우리 집 못잖을 것이다. 병석과 태훈을 불러내 코가 삐뚤어질 때까지 부어라 마셔라 술판을 벌여볼까? 하지만 뛰는 놈 위에 나는 놈 있다고 병석과 태훈의 부친들은 이미 자식들을 병역을 면제 받는 군수 공장이며 기업체로 빼돌린 상태였다. 팔자에도 없는 공장장이며 관리 주임을 맡게 되었다고 툴툴거리지만 어쨌거나 그들은 머리에 총알구멍이 뚫린 시체가 되는 꼴은 면했다.

찬바람이 늑골을 파고들었다. 외로웠다. 치 떨리는 외로움에 사랑 말고 다른 위안이 있을 리 없었다. 결국 나는 발길이 이끄는 대로 현옥의 집을 찾아갔다. 현옥은 공장을 그만두고 무언가 새로운 사업을 도모한다며 칩거하고 있었다. 그날 종로에서 내 품에 쓰러져 안겼던 현옥은 그 후 충격에서 벗어났는지 어쨌는지 이따금 형과 만나는 눈치였다. 동지애인지 애증인지, 그들의 사랑이 어디로 어떻게 흘러가는지 나는 모른다. 형이 전쟁에 나가게 되었다는 사실을 전하면 현옥이 어떤 반응을 보일지도 알 수 없다. 하지만 내가 아는 한 가지 분명한 사실은, 내 마음은 여전히 내 것이 될 수 없는 그녀의 곁을 맴돌고 있다는 것이다.

내가 더덜거린 필연으로서의 황당한 우연은 여기서 일어났다. 오랜만에 나타난 내 앞에 현옥은 한 장의 종이를 내밀었다. 그리고 특유의 호락호락하지 않은 표정이 사라진 병한 얼굴로 불쑥 말했다.

"나, 떠나야 해요."

작년 가을부터 '몸시중'을 드는 처자들을 공출한다는 소문이 돌았다. 올해는 신년 벽두부터 신문마다 일본의 공장에서 일하는 조선 처녀들의 모습을 화보로 싣고 후생이 어떠니 복지가 어떠니 떠들어댔다. 열두 살부터 마흔 살까지 배우자가 없는 여자는 처녀와 과부를 막론하고 전면적으로 동원한다고 공포한 것은 그로부터 두어 계절이 더 지난 여름이었다.

하지만 현옥은 다른 여자들처럼 강제 동원되거나 납치되는 대신 아버지의 편지를 받았다. 어느 너그러운 순사께서 노름빚을 탕감하는 조건으로 현옥을 일본의 공장으로 보내라고 했다는, 아비 목숨 살리는 셈치고 몇 년만 열심히 일하고 오라는, 심지어는 공양미 삼백 석에 몸을 판 심청이를 들먹이며 충(忠)이 어쩌니 효(孝)가 어쩌니 일장 훈계까지 한 구구절절하고 구질구질한 편지였다.

나는 떨리는 손으로 현옥의 아버지가 편지와 함께 동봉했다는 종이쪽을 집어 들었다. 여자 정신대 지원서였다.

첫 키스

역 대합실은 마치 파장 직전의 도떼기시장 같았다.
"우리 아들 얼굴 한 번 더 보자! 아이구구, 내 아들, 아이고, 내 새끼……!"
마디 굵은 손으로 자식의 얼굴을 어루만지며 하염없이 우는 어미, 그리고 그 옆에서 꿀 먹은 벙어리 꼴로 애꿎은 궐련만 조져대는 아비.
"영광된 길을 가게 된 귀군이 참으로 자랑스럽소! 일억 총진군의 총탄이 되어 미영 격멸의 성전에서 우리 반도 청년들도 내지 청년들 못잖게 당당하고 용감하게 싸울 수 있다는 걸 보여주시오!"
그 와중에 분위기 파악을 못하고 축하와 격려를 한답시고 돌아치는 친일 인사.
화장실에 가니 평소의 똥오줌 냄새가 아닌 시큼한 악취가 코를 찌른다. 바닥에 널브러진 물컹한 것에 미끄러질 뻔했다 간신히 중심을 잡으니 인사불성이 된 채 토사물 위에서 어기적거리던 입영자가 똥 묻은 개 겨 묻은 개 흉보는 꼴로 낄낄 웃는다. 마지막 아침이랍시고 가족들이 모두 모여 앉은 식탁에서 반주 삼아 마신 몇 잔의 술이 확 깨는 기분이다. 그래도 아버지는 꿍쳐두었던 술 중에 가장 비싼 위스키의 마개를 땄다. 이 지점에서 새삼스러운 부성애에 감동해야 하는 걸까, 그 와중에도 남은 술을 정성껏 밀봉하여 애장품 창고에 다시 보관하는 용의주도함에 치를 떨어야 하는 걸까?

볼일을 보고 대합실을 한 바퀴 돌아 나오자니 눈앞에 펼쳐진 풍경에 절로 욕지기가 솟구친다. 정세고 전세고 나발이고를 다 떠나 전쟁이 내게 불쾌감을 불러일으키는 이유는 그 촌스럽고 후진 정서 때문이다. 오죽하면 전쟁 따위를 일으켰을까마는 당국자라는 치들의 미적 감각이란 것이 참으로 어지간하였다. 멜빵처럼 치렁치렁하게 '무운장구'의 띠를 엇갈려 맨 모양이 무슨 남사당패의 꼭두쇠들 같다. 머리에는 바탕에 온통 사인을 받은 히노마루〔일장기〕를 질끈 동여맸는데, 정중앙에 자리 잡은 시뻘건 동그라미가 망치로 마빡을 정통으로 얻어맞은 꼬락서니 같다. 중대가리에 가깝게 빡빡 밀어 친 헤어스타일은 형 같은 미남자나 겨우 소화할 수 있을까, 대부분의 병사들을 머저리처럼 보이게 만든다. 그런데 더 볼썽사나운 것은 자기네들끼리는 그게 겁나게 멋지고 되게 폼 난다고 굳게 믿어 의심치 않는다는 사실이다.

몇 년 사이에 세상은 무서운 속도로 뒷걸음쳤다. 전선이 넓어지면서 물자 부족이 심각한 상태에 이르자 새로운 정책이라고 나온 것이 '일본 전통문화로의 복귀'라는 낡디낡은 것이었다. 어느 고릿적에 무덤에 파묻혔는지 알 수 없는 퇴물들이 관 뚜껑을 박차고 뛰쳐나왔다. 책에는 가로쓰기 문장이 사라지고 읽다 보면 자꾸 줄이 헷갈리는 세로쓰기가 등장했다. 적국의 언어인 외래어가 금지되면서 별로 순수해 보이지 않는 순일본말이 무더기로 창작되었다. 코스모스를 가을벚꽃이라고 부르지 않으면 눈총을 받았다. 캥거루를 자루쥐라고 부르는 걸 잊은 교사는 좌천을 당했다. 아이들은 도레미파솔라시도의 계이름 대신 '하니호헤토이로하'를 입 모아 노래하며 언젠가 사이다라고 불렸던 '분출수'(병뚜껑을 따면 하얀 물기둥이 솟구쳐 오를 것만 같은 이름이다)를 마셨다. 가미가제와 사무라이라는 말이 전통적인 정신주의의 상징으로 심심찮게 들리기 시작한 것도 이 촌스러운 희극과 함께였다.

"지금부터 십 분 후에 소집을 시작하겠다! 빨리 개인적인 용무를 정리하라!"

군관의 날카로운 고함 소리에 대합실은 순간 정적에 빠졌다가 아까보다 더 큰 혼란으로 일렁거렸다. 울고, 한숨 쉬고, 떠벌리고, 벌겋게 된 얼굴을 비비며 신트림을 토하고.

그러나 우리 가족들은 말이 없었다. 평소 같으면 대합실 안을 활개치고 다니며 누구보다 큰 목소리를 낼 아버지조차 꿔다 놓은 보릿자루처럼 묵묵히 자리를 지키고 있었다. 아무래도 아까 만난 국민총력조선연맹 위원 때문에 기분이 상한 모양이었다.
 "가와모토 상! 내 진즉에 가와모토 상이 애국자라는 걸 알고 있었지만 이렇게 아들을 조국에 바치는 모습을 보니 새삼 감동이 북받쳐 오릅니다! 아들이라고 하나 있는 놈이 쓸모없는 병신이라 이처럼 중대한 시국에도 천황폐하의 은혜에 보답할 길이 전무한 저에 비하면 가와모토 상은 얼마나 대단한 행운아이십니까? 부럽습니다. 축하합니다. 부디 아드님이 큰 전공을 세우길 기대합니다!"
 하지만 그 위원이란 작자가 하나밖에 없는 아들을 '쓸모없는 병신'으로 만들기 위해 난데없는 입원에 수술까지 시켰다는 사실을 알고 있는 아버지는 표정 관리를 하지 못해 얼굴이 붉으락푸르락하였다. 어쨌거나 탁월한 팔방미인인 아버지의 계산으로도 충성심의 인정과 아들의 목숨을 맞바꾼다는 것이 썩 이문 남는 장사는 아니었나 보다.
 어머니는 억지로 역까지 끌려오기는 했으나 자신이 어떤 행동을 취해야 할지에 대해 전혀 준비되지 않은 상태였다. 어머니는 일단 자신을 지켜보는 사람들의 눈이 매우 많다는 사실에 질렸다. 너무 오랜만에 올라보는 연극 무대였다. 그래서 은퇴한 여배우는 어느 장단에 춤을 춰야 할지, 대합실에 가득 찬 다른 어머니들처럼 울고불고 해야 할지 군국 영화에서 본 어머니들처럼 강한 모습을 보이려고 허리를 꼿꼿이 세우고 미소를 머금어야 할지 몰라 어리둥절하였다. 어머니의 우울증은 점점 상태가 심각해져가는 게 분명했다. 천하의 불효자인 나조차 진심으로 어머니가 걱정될 정도였다.

그리고, 형이 있었다. 형의 공황 상태에 비하면 아버지와 어머니의 두려움과 절망쯤은 사소한 것에 불과했다. 형은 아버지와 어머니처럼 남의 시선을 의식할 틈조차 없었으니 말이다.

"윤식아, 어쩌면 좋으냐……?"

집을 떠나오기 전에 형은 내 손을 붙잡고 같은 말을 몇 번이고 되풀이했다. 그의 눈동자에는 이미 죽음의 음습한 기운이 깃들어 있었다. 하지만 나 역시 어떤 말로도 그를 위로할 수 없었기에 다만 힘주어 그의 손을 맞잡을 뿐이었다. 얼토당토않은 소리로 들릴지 모르겠지만 공포에 질린 형의 모습에서 나는 어린 시절 우상이자 종교였던 빛나는 소년을 발견했다. 무언가에 쫓기는 듯 무언가를 쫓는 듯, 아슬아슬한 활강에 온몸을 내던지던 어리고 어리석은 소년. 그 순간 질투도 미움도 어떠한 형태의 경멸도 말끔히 사라졌다. 형의 마지막 모습을 그처럼 아름답게 기억할 수 있다는 건 다행한 일이었다.

"전후로 각 오 보, 좌우로 각 이 보 간격으로 정렬하라!"

쇠못으로 유리를 빠각빠각 긁는 듯한 군관의 계목이 들려올 때 나는 고개를 휘돌려 사방을 두리번거렸다. 그녀가 올 것이다. 반드시 그럴 것이다. 입 밖으로 한 번도 내보지 못한 입안의 소리에 불과했지만 내가 '희망'이라고 불렀던 그녀.

그러나 우왕좌왕하는 사람들 틈에서 현옥의 모습은 보이지 않았다. 목을 빼고 까치발을 세워봐도 물풀 같은 머릿결에 머루처럼 검은 눈동자를 가진 호락호락하지 않은 여자는 찾을 수가 없었다. 아버지가 딴청을 부리며 외면했다. 어머니는 초점 없는 멍한 눈으로 나를 바라보았다. 형은 끝내 고개를 떨어뜨렸다. 가슴뼈가 이물리는 듯 저리고 아팠다. 하지만 그녀가 끝내 나타나지 않더라도 나는 결코 그녀를 미워할 수 없을 것이었다. 어쩔 수 없이 나타나지 못했더라도 이해할 것이며 고의로 나타나지 않았어도 이해할 수밖에 없었다.

인원 확인이 끝나고 입영자들이 돼지 떼처럼 몰려 기차에 오르면서 지옥행 급행열차를 떠나보내는 의식은 바야흐로 극에 달했다. 노래가 울려 퍼져 어미들의 울음소리를 지우고 깃발이 펄러덕대며 아비들의 우울한 얼굴을 가렸다. 기관차가 긴 기적 소리를 토해냈다. 철꺼덩철꺼덩하며 기차가 움직이기 시작했다. 그 순간의 심경이란 한마디로 표현할 수 없을 만큼 오묘하여, 절망과 회한과 공포와 체념과 분노와 후련함이 마음 깊숙이에서 마구 뒤엉켰다. 역사를 빠져나가 모퉁이만 굽이돌면 기차는 곧바로 죽음이라는 알 수 없는 심연으로 직행할 듯했다.

"이봐요! 이봐요!"

그때 와그작와그작한 소음을 뚫고 어딘가에서 낯익은 목소리가 들려왔다. 영화를 너무 많이 본 탓인가, 움직이는 기차를 따라 뛰며 마지막 작별 인사를 나누는 남주인공과 여주인공의 모습이 환영처럼 펼쳐지려는 찰나, 거짓말처럼 정말로 눈앞에 그녀가 나타났다.

"부디 몸조심해야 해요! 꼭…… 돌아와요!"

얼굴이 온통 눈물범벅이 된 현옥이 기차를 따라 뛰며 악다구니 치고 있었다. 나는 나도 모르게 차창 밖으로 손을 내밀어 뻗쳤다. 물에 빠진 듯 허우적대며 서로를 찾는 두 손끝이 닿을락 말락 가까워지는 순간 기차는 속도를 높여 플랫폼을 빠져나갔다. 나는 끝내 그녀에게 닿지 못한 손을 멋쩍게 끌어들였다. 영화 속의 장면이 몽땅 구라는 아니었구나! 그 와중에도 시시풍덩한 깨달음에 감탄하는 스스로가 기막혀 나는 자꾸만 피식피식 웃었다. 울지 않으려면, 미치지 않으려면, 웃는 수밖에 없었다.

"애인이었소?"

맞은편 좌석에 앉아서 그 광경을 지켜보던 입영자가 부러움인지 동정인지 혹은 단순한 호기심인지 가늠하기 어려운 말투로 물어 왔다.

"네, 사랑하는…… 여자이지요."

나는 한숨처럼 대답을 토해내고 눈썹에 닿도록 깊이 눌러썼던 모자를 벗었다. 무심코 머리를 쓸어 넘기려니 밤송이가 되어버린 허전한 머리통이 손끝에서 까슬까슬하였다. 차라리 땀띠를 견딜망정 까까머리는 질색이라고 펄쩍 뛰던 하윤식이의 꼴이 참으로 볼만하였다. 폼에 죽고 폼에 살기엔 너무 늦은 것 같은데, 이젠 무엇으로 살고 무엇으로 죽어야 할 것인가?

나카무라 형사는 내 말을 듣고도 언뜻 말뜻을 알아차리지 못한 듯했다. 아버지와 어머니, 그리고 형도 처음에는 내 말을 알아듣지 못했다.

"제가, 갈게요."

나카무라는 얼떨결에 이렇게 반문했다.

"어딜?"

"전쟁에, 제가 형 대신 나가겠다고요."

내 말이 좀 엉뚱하고 터무니없고 뜻밖이긴 했나 보다. 아버지는 대뜸 이렇게 되묻기까지 하였다.

"왜?"

왜? 왜 내가 형을 대신하여 학도병에 지원해야 하는가? 아니, 그건 단순히 대리 지원의 이유에 대한 질문이 아니다. 무슨 까닭으로 내가 형 대신 죽어야 하는가에 대한 물음이다. 왜?

굳이 이유를 대라면 얼마든지 주워섬길 수 있다. 말은 꾸밀 탓이니 구실 삼을 것이 차고 넘친다. 어쨌거나 형은 집안의 대를 이을 장남이다. (이 지점에서 어머니는 얼굴을 찡그렸다.) 형은 감옥에서 몸이 많이 상하여 힘든 군대 생활을 이겨내기 어려울 것이다. (이쯤에서 아버지는 못마땅한 듯 고개를 절레절레하였다.) 법문계가 아니라서 학도병 징집 요건에 해당되지 않긴 하지만 적성에 맞지 않는 농림전문학교에 가방만 들고 왔다 갔다 하는 것에 불과하니 형제 중 하나가 가야 한다면 젊고 건강한 내가 더 적합하다. (이 대목에선 말하는 나도 살짝 억지스럽다 싶었는데 나카무라는 의외로 그럴듯하게 들었는지 나의 효심과 우애와 충성심이 놀랍다며 오두방정을 떨었다.)

  나는 이 밖에도 내가 형 대신 전쟁터에 가야만 할 이유 몇 가지를 주저리주저리 떠들어댔다. 나 자신에게조차 별로 설득력이 없는 이야기였지만 말을 하다 보니 한 가지 소득은 있었다. 가슴을 짓누르던 불안과 공포가 서서히 사라지고 지금껏 내 삶을 지탱해준 '될 대로 되라' 정신이 되살아난 것이다. 어떤 말로도 내 결심의 이유를 온전히 설명하지 못할 것이다. 하지만 수만 마디 말로도 설명하지 못할 확실한 한 가지 이유가 내 안에 있다. 나는 간절히 그것을 바라고 원한다. 그러니 알 수 없는 미래 따위야, 될 대로 되라!

  "윤식아, 어쩌면 좋으냐……?"

  형이 내게 말했다. 그것은 질문이라기보다 탄식이었다. 형은 미칠 듯 애타는 삶의 욕망과 죽음에 대한 두려움과 나에 대한 죄책감 사이에서 갈팡질팡하고 있었다. 분명히 이성적으로는 그랬을 것이다. 하지만 스스로도 깨닫지 못하는 무의식의 세계에서 형은 안도의 한숨을 내쉬고 있었다. 그건 내가 출전의 결심을 내비쳤을 때 형이 보였던 첫 번째 반응으로 충분히 미루어 짐작할 수 있다.

  물론 형은 그럴 수 없다고, 그래서는 안 된다고 강력히 반발했다. 하지만 나의 동물적인 감각은 내 말이 떨어진 순간과 형이 반응을 보인 순간 사이의 짧고 깊은 간극을 놓치지 않았다. 형은 멈칫, 팽팽하게 조였던 의식의 끈을 풀었다. 크고 아름다운 형의 눈망울이 기쁨으로 흔들렸다. 그 후로도 나는 죽음에 직면하여 형의 경우처럼 무의식과 의식이 분리돼 대립하는 병사들의 모습을 여러 번 목격하게 된다. 만일 무의식이 의식을 이기고 승리했다면 곧이어 형이 내뱉은 말이 그럴 수 없다, 안 된다 따위가 아니었을 것이다. 통역하자면 아마도 이쯤이었겠지?

"휴우…… 다행이다!"

하지만 그런 무의식의 참말을 들었대도 나는 아무 상관 없었을 것이다. 본능에 솔직한 건 죄가 아니다. 대개의 사람들은 그걸 속이려다가 죄를 짓는다. 물론 지적이고 이성적인 형이 그런 속말이자 참말을 함부로 발설할 가능성은 매우 희박하지만 말이다.

"윤식아, 어쩌면 좋으냐……?"

형은 언제부턴가 나를 창씨 개명한 이름으로 부르지 않고 예전의 조선 이름으로 부르고 있었다. 그 부드럽고도 슬픈 목소리를 듣노라니 일절의 의심 없이 충만하고 행복했던 시절이 떠올랐다.

웬일인지 별 하나 보이지 않고 남은 별이 둘이서 눈물 흘린다…….

이번에는 내가 형을 품에 끌어안고 아기 어르듯 가만가만히 토닥여주고 싶었다. 술과 아편연과 정액 냄새가 묻은 손수건으로나마 이마의 땀을 닦아주고, 가래가 끓는 쉰 목소리로나마 노래를 불러주고 싶었다. 언젠가 나의 별이었던 형을 위해.

"한 가지 부탁이 있어."

이 마당에 못 들어줄 부탁이 어디 있냐는 듯 무엇이든 다 말해보라는 표정으로 형이 나를 바라보았다.

"현옥 씨를…… 돌봐줘."

결국, 말해버렸다. (그래도 '나 대신'이라고까지는 덧붙여 말하지 못했다.) 그 말을 들은 형의 얼굴이 문득 굳어졌다가, 핏기 없이 창백해졌다가, 열이 올라 벌겋게 달아올랐다. 그와 동시에 겉으로 드러난 얼굴 색깔과 표정의 변화보다 몇 배는 많은 생각과 감정이 형의 마음속에서 줄달음질쳤을 것이다. 형의 상상이 어디까지 뻗쳤는지는 알 수 없으나 충격을 받은 게 분명했다. 하지만 그렇다 해도 어쩔 수 없었다. 설령 형에게 뺨을 맞거나 욕을 먹는다 해도 (물론 지금 형이 날 때리거나 욕할 형편이 아니라는 건 계산하지 않아도 알 수 있지만), 후련했다. 내게는 두 사람 모두를 도울 힘이 없었다. 이렇게 그들의 곁을 완전히 떠나주는 것밖에는.

"현옥 씨의 아버지가 진 빚을 갚아주고, 결혼해. 당장은 빚부터 갚고 내가 떠나기 전에 약혼식이라도 올려줘."

"윤식이, 너……?"

"형의 손으로 뿌리고 다니지만 형도 선전물에서 떠드는 말을 믿진 않겠지? 이름이 좋아 근로정신대지 일단 끌려가면 어디서 어떻게 될지 알 수 없잖아?"

"윤식이, 너……!"

"두 사람 다 죽느니 하나 죽는 게 낫잖아? 엉뚱한 취직도 하고 가짜 병신도 만들고 고릿적 조혼 풍속까지 총동원되는 세상이야.

혼기를 훌쩍 넘긴 사람들이 결혼하는 게 뭐가 이상해? 그리고 형과 현옥 씨는 서로 사랑……하잖아?"

"윤식이, 너……?!"

나는 본래 '최선'이라는 걸 모르는 인간이다. '대충'이나 '그럭저럭'이 전부인 인생에서 무슨 일에도 최선을 다해본 경험이 없다. 그런데 막상 겪어보니 '최선'을 다하는 것도 제법 할 만한 일이란 생각이 들었다. 미련도 후회도 없었다. 나머지는 아버지와 형이 알아서 할 것이다. 나카무라의 일차적인 목표는 국민총력조선연맹 고위간부 가와모토 구니히로의 아들을 참전시켜 선전 효과를 드높이는 것이고, 현옥의 아버지의 주목적은 노름빚을 탕감 받는 것이니 말이다. 다른 서류나 절차 문제야 아버지와 형이 지금껏 갈고닦은 수완을 발휘해 처리할 것이었다. 그들의 분주함에 비하면 나는 별로 할 일이 없었다.

약속 장소에 휘파람을 불며 나타난 나를 병석과 태훈은 공동묘지에서 뛰쳐나온 생귀신처럼 쳐다보았다.

"왜 나를 그런 눈으로 보는 건데? '가와모토 진 군은 천황 폐하와 대일본제국의 충용한 병사로서 장렬하게 전사했습니다'라는 소리라도 전해 들었냐? 시간 나면 직접 가서 확인해 봐라. 아직 우리 집 대문에 '영령의 집'이란 문패는 걸려 있지 않다고!"

나는 킬킬거리며 담배를 피워 물었다. '피존'의 향기는 여전히 구수한데 내 입맛이 변한 건지 담배 맛이 썼다. 소문으로 듣자니 제국 군대의 보급품 중에 담배는 하루에 다섯 개비 정도밖에 되지 않는다고 하는데 이참에 담배를 확 끊어버릴까 싶은 생각도 들었다. 전하는 사람이나 듣는 사람이나 반신반의하지만 은밀하게 떠도는 말로는 보직에 따라 '뽕'을 지급 받을 수도 있다고 하니까. '뽕'에 대한 말을 듣는 순간 나는 이미 진하게 한 방 맞은 듯 이놈의 전쟁이란 것이 아리딸딸한 환각처럼 느껴지기도 하였다.

"윤식이 너, 미쳤냐?"

공장장과 관리 주임이 동시에 얼굴을 구기며 소리쳤다. 미리 말이라도 맞추고 온 듯 한입에 한목소리였다. 나는 갑자기 따돌림을 당하는 기분에 울가망해졌다. 그들에게 끌려가 최고급 요릿집에서 최고급 술에 헤엄을 쳤지만 다음 날 아침의 숙취는 최하품의 싸구려였다. 문득문득 남아 있는 기억의 장면에서 공장장과 관리 주임은 지금까지 내가 보아온 어떤 난행보다도 난잡하고 음란하게 물어박지르고 있었다. 암컷들의 새된 비명과 수컷들의 울부짖음이 뒤섞였다. 그것은 필사적으로 죽음을 거부하며 내지르는 절규였다. 사람들은 내 생각보다 훨씬 더 삶에 열광하며 살고 있었다.

요네하치의 반응도 크게 다르지 않았다. 그녀가 나를 바라보는 눈빛에는 존경과 두려움이 동시에 담뿍 담겨 있었다. 하지만 속으로는 나를 미친놈으로 생각하는 게 분명했다. 아무리 형제지간이라지만 남을 위해 죽겠다고 미친 지랄을 하며 나서는 놈과 더 이상 얽히지 않게 되어 다행이라는 기색이 역력했다. 그래도 요네하치는 내 허리에 엇갈려 감은 다리에 힘을 주며 속삭였다.

"내가 당신의 마지막 여자예요, 그죠?"

요네하치의 가장 큰 단점은 삼류 연애 소설을 너무 많이 읽은 것이었다. 내가 그녀의 예상(혹은 기대)대로 장렬히 전사라도 해 주면 요네하치는 늙어 쪼그라진 뒷방 늙은이가 될 때까지 전쟁 영웅과 그가 마지막까지 사랑했던 여인에 대한 눈물 없이 들을 수 없는 이야기를 지어낼 테다. 그날 밤 요네하치는 온전히 제 몫인 생의 희열에 겨워 몇 번이고 절정에 다다랐지만, 나는 결국 사정하지 못했다. 시르죽은 양물을 요네하치가 눈치채기 전에 얼른 사정한 척 연기를 했을 뿐이었다. 어쩌면 내게는 어머니의 연기력과 더불어 요네하치처럼 삼류 드라마나마 완성하고픈 엉큼한 욕심이 있었는지도 모르겠다. 하지만 어떻게 삶의 욕망을 움켜잡고 앙버티는 사람이 죽음의 문전을 서성이는 사람을 만족시킬 수 있겠는가?

주변 사람들의 반응을 접하고 나니 현옥을 만나기가 더 무서워졌다. 호락호락하지 않은 그녀가 내게 주제넘은 짓을 했다고, 네 까짓 게 뭔데 그러냐고 길길이 화를 낼지 몰랐다. 아니, 어쩌면 겉으로는 냉정을 가장하지만 속으로는 곰도 구르는 재주가 있고 굼벵이도 기는 재주가 있다더니 미친놈도 붙여둘 만하다고 가슴을 쓸어내릴지도 몰랐다. 어느 편이 되었든 확인하기에 두려운 건 마찬가지였다. 나는 자꾸만 그녀를 피하고 다녔다. 다만 형이 조심스레 흘리는 이야기를 통해 현옥의 주변이 정리되어 가는 상황을 어루더듬을 뿐이었다.

현옥의 아버지의 노름빚은 깨끗이 청산했다. 당장 결혼식은 치르기 어렵지만 약혼식을 치르며 혼인 신고를 할 것이다. 법적인 신분이 바뀌면 정신대 동원은 취소될 것이다……. 다행이다. 형은 내가 기대(혹은 예상)했던 것 이상으로 유능한 사람이었다. 두 사람 다 죽느니 하나가 죽는 게 확실히 낫다. 비록 그 하나가 나라고 할지라도.

피할 수 있다면 끝까지 피하려 하였다. 다른 사람들에게는 이리 둘러대고 저리 꿰맞추어 궤변으로나마 이유를 댈 수 있지만 현옥에게는 뭐라고도 할 말이 없기 때문이었다. 그리고 차라리 비난을 들을지언정 감사나 보답의 말 같은 걸 듣고 싶지는 않았다. 형의 행복과 현옥의 행복을 바라는 건 사실이지만 형과 현옥이 함께 나눠 갖는 행복에 대해서는 여전히 상상하는 일조차 버거웠다. 그렇다고 내 마음을 고백할 수도 없었다. 어떻게 죽음의 문전에서 어슬렁거리는 사람이 삶터에서 뿌리내려야 할 사람의 발목을 잡챌 수 있겠는가? 죽음과 삶은 잇닿아 있으면서도 가장 먼, 둘이자 하나였다.

"현옥이…… 말이다."

어느덧 우리 형제 사이에서 금기가 되어버린 그 이름을 형이 꺼낸 것은 약혼식을 올리기 이틀 전날이었다. 나는 진즉에 약혼식에 가지 않아도 될 구실을 만드는 구상을 마친 상태였다. 병석과 태훈은 전쟁에 나갈 나보다 더 큰 전쟁의 공포에 사로잡혀 매일매일 광란의 환송 파티를 열었다. 오늘 밤 그들과의 우라질 파티를 어영부영 마무리하고 경성역에서 기차를 탈 것이다. 경원선을 타고 철원과 평강과 검불랑의 고원을 지나 함경선으로 갈아타 함북의 끝자락 상삼봉까지 달려갈 작정이다. 경성에서 청진이 스물두 시간, 회령까지가 스물여섯 시간이니 술김에 충동적으로 열차에 몸을 실었다가 내처 북녘 일주를 했노라는 핑계가 그럭저럭 통할 것이다. 내가 약혼식장에 나타나지 않는다 해도 아무도 놀라거나 이상하게 여기지 않을 것이다. 아버지와 어머니는 영문을 모르는 대로, 형과 현옥은 내막을 너무 잘 아는 대로. 그런데 형은 어쩌자고 내 치밀하고 진지한 계획에 초를 치려는 것인가?

"현옥…… 씨가, 왜?"

"널 만나고 싶어 한다. 자꾸 피하지만 말고 만나서 자초지종을 이야기하고 할 말이 있으면 하고 그래야지."

아, 이 기시감이라니! 어디선가 들어본 이야기, 이미 겪었던 익숙한 설득의 장면이다. 흰 사기대접의 가녘에 가슬가슬한 입술이 닿던 순간부터 설탕물처럼 달콤한 충동과 예감이 온몸으로 퍼져 나가던 느낌까지가 고스란히 되살아난다. 하지만 내 입은 마음과 전혀 다른 소리를 내뱉는다.

"난 별로 할 말이 없는데."

보고 싶었다. 정말로 할 말이 없고 하고 싶은 말은 결국 할 수 없으리라는 걸 알면서도 만나고 싶었다. 하지만 너무 보고 싶고 만나고 싶었기에 나는 거짓말을 할 수밖에 없었다.

"내가 이렇게 부탁한다. 딱 한 번만 현옥을 만나줘."

형이 매달렸다. 매달리는 척했다. 마치 번거로운 청탁을 하는 것처럼.

"그렇다면 할 수 없지. 잠깐 얼굴 보고 축하 인사를 전해야겠어."

나는 어쩔 수 없었다. 어쩔 수 없는 척했다. 마치 헛생색을 내며 마지못해 청탁을 받아들이는 것처럼. 우리는 참으로 닮은꼴의 형제였다.

복숭아꽃은 찾아볼 수 없었다. 만리재의 4월은 얼떨결에 지나버렸다. 그 꽃그늘 아래서 소풍을 하는 나의 망상은 영원한 망상이 되어버렸다. 연붉은 꽃이 진 자리에 잎은 푸르게 무성한데, 현옥을 기다리는 동안 나는 발밑이 꺼져 지옥으로 빨려드는 듯 자꾸만 자꾸만 어두워졌다. 어둠 속에 내나 외로워졌다.

"윤식…… 씨!"

그래도 내 앞에 선 현옥과 마주 보았을 때 나는 기어이 웃을 수밖에 없었다. 울음을 터트리기 직전이라도 울상을, 죽기 직전이라도 그녀에게는 죽상을 보일 수 없었기 때문이다.

"에헤헤! 현옥 씨…… 아니, 이제 형수님이라 불러야겠네요. 형수님! 왜 이렇게 만날 약속 시간에 늦으시는 거예요? 우리 형 시간관념 철저하고 깐깐한 거 모르세요? 칠거지악은 옛말이라지만 그러다 신식 소박이라도 맞으면 어쩌시려고요?"

마음이 무거울수록 더 가벼워지는 내 입이 고마웠다. 나는 내가 무슨 소리를 하는지조차 모른 채 마구발방 지껄여댔다. 그런 내 모습을 현옥은 망연스레 바라보았다.

"여기 앉아 기다리실래요? 원두막에 가서 복숭아라도 좀 사올게요. 아, 참! 아직 복숭아가 익으려면 좀 더 기다려야겠구나. 몇 주만 지나면 꿀물이 줄줄 흐른다는 만리재 복숭아가 지천일 텐데, 아이고, 형수님은 남자 복은 있어도 식복은 없으시네요. 히히히!"

하지만 아무리 소리 높여 웃고 쉼 없이 떠들어대도 현옥을 완전히 침묵하게 할 수는 없었다. 내가 사랑했던, 사랑하는 그녀는 무엇으로도 막아 세울 수 없는 호락호락한 여자이니까.

"어쩌자고 그랬어요? 어쩌자고……"

현옥의 낮은 목소리가 가늘게 떨리고 있었다.

"뭘……요?"

아무리 아무것도 아닌 척 가장하려 해도 내 목소리 역시 더덜거리며 떨려 나왔다. 마음 깊숙이에서 그녀를 사랑했던 내가 소리쳤다. 마지막으로 고백하라고, 더 이상 시간이 없다고. 하지만 내 마음속에는 그보다 훨씬 단단한 내가 또 하나 있었다. 지금이야말로 유일한 고백의 기회라는 쏘삭질을 물리치며 그녀를 사랑하는 내가 나지막이 충고했다. 그녀를 편안하고 자유롭게 해주라고, 더 이상 시간이 없다고.

"그거, 사실은 그때 제가 술에 좀 취해 있었거든요. 그런데 나카무라 형사가 하도 꼴같잖은 우세를 떨며 식구들을 괴롭히기에 술김에 홧김에 찾아가서 곤조를 피운 거예요. 술에서 깬 다음엔 겁이 나서 도망쳐버릴까도 했었는데 서류에 도장을 박은 이상 사라지면 탈영병으로 처리한다지 뭐예요? 그래도, 괜찮아요! 전쟁터 나간다고 다 죽으란 법이 있나요? 막말로 죽고 사는 것도 복불복이지, 저는 제 행운을 꽤나 믿거든요. 헤헤헤!"

무슨 영험한 박수무당이라도 된 양 행운을 들먹이며 생사를 점치는 건 순전히 뻥이지만 최소한 형이 현옥에게 모든 내막을 이야기하진 않았으리란 사실만은 확신할 수 있었다. 여전히 형을 사랑하긴 하지만, 이제 나는 그를 너무 많이 알아버렸다.

"부디 형과 행복하게 잘 살길 빌어요. 형은 이제 현옥…… 아니 형수님의 생명의 은인이나 다름없잖아요? 제가 휴가 나왔을 때는 떡두꺼비 같은 조카도 하나 안겨주실 것을 부탁합니다아!"

나는 최선을 다했다. 내가 할 수 있는 한 최대로 경박하고 밥맛없고 덜떨어지게 굴었다. 현옥은 기가 막힌 듯 아무 말도 하지 못한 채 내 어릿광대짓을 멀거니 바라보았다. 복숭아나무의 진초록 그늘이 그녀의 얼굴 한편에 드리워 어룽거렸다. 나는 소리 죽여 한숨을 삼켰다. 그 와중에도 그녀는 눈부시게 아름다웠다. 얼마간은 부담감과 죄책감으로 나를 걱정하기도 하겠지만 사랑하는 사람과의 약혼을 앞둔 여자답게 환하고 화사했다. 쓰라린 채로, 기뻤다. 진심이었다.

"이거……"

더는 떨어댈 너스레도 없고 너스레를 떨 기운도 없었다. 이별의 의식은 짧고 간결할수록 좋은 법. 나는 자리를 털고 일어나며 가져온 꾸러미를 현옥에게 건넸다.

"약혼 축하 선물이에요."

주섬주섬 꾸러미를 풀던 현옥의 손길이 문득 멈췄다. 지금은 천지간에 찾아볼 수 없는 복숭아꽃, 그를 대신한 연분홍빛 싸개종이 안에 새 고무신 한 켤레가 가지런히 놓여 있었다. 언젠가 현옥의 집 댓돌 앞에서 나는 무릎을 꿇고 앉아 뒤축이 덜거덕거리는 헌 고무신의 크기를 쟀다. 내 손대중으로 한 뼘에서 새끼손가락 한마디가 빠지는 크기.

"사실은 빨간 하이힐로 사려고 했는데……. 헤헤, 근데 그건 새 색시에게 너무 선정적이잖아요? 여자한테 신발을 선물하면 도망가버려서 안 된다는 소리도 있던데 도망갈 틈을 주지 않고 제가 먼저 떠나니 문제없는 거잖아요, 그렇죠?"

끝까지 용을 써 희떠운 소리를 지껄였지만 가슴은 뻐근하고 먹먹했다. 내 인생의 가장 어리석고 덤거칠었던 한때, 나는 그렇게 한 여자를 사랑했다. 돌멩이를 품고도 보석처럼 빛날 수 있는 것이 사랑이라는 요사가 부릴 수 있는 마법이기에 세상의 어느 누가 나를 발에 채는 막돌로 보든 나는 홀로 반짝거렸다. 최소한 쓰레기로 망가져버릴 수 없었다. 그러니 현옥이 내게 고마워할 일은 없다. 감사의 인사를 바칠 사람은 오히려 나다.

"내일 모레 약혼식에서 못 봬도 섭섭해하지 마세요. 전 마지막으로 북방 미인들의 화끈한 환송이나 받고 오렵니다. 그럼, 부디 행복하게……."

아예 망부석이라도 된 듯 꼼짝 않고 고무신만 들여다보고 있는 현옥을 뒤로하고 발길을 돌렸다. 이게 끝이라고 생각하니 걸음걸이가 천근만근이었지만 앞만 보고 뚜벅뚜벅 걸었다. 마지막까지 폼 나고 멋지게 보이려고 그랬던 건 아니다. 돌아서는 순간 그리움으로 자욱해진 내 얼굴을 현옥에게 들킬까 봐 두려워서였다.

"윤식 씨……!"

나를 부르는 현옥의 목소리가 격앙되어 떨렸다. 차라리 화를 내주길, 내 일방적인 마음과 행동을 찰거머리 같은 색마의 광증으로 여겨주길, 그리하여 한 점의 미련도 없이 깨끗이 잊어주길. 나는 기어이 뒤돌아보지 않은 채 발걸음을 재촉했다.

"윤식 씨! 정말 당신이라는 사람……."

하지만 현옥은 역시 호락호락하지 않은 여자였다. 내 딴에는 꽤나 빨리 걸었다 싶었는데 어느새 현옥은 만리재 비탈을 쏜살같이 따라 내려와 내 앞에 버텨 서 있었다. 이번엔 진짜로 화가 난 듯 씨근덕거리며 나를 쏘아보는 현옥의 두 눈이 토끼눈처럼 빨갰다. 울었는가? 왜? 조용히 앉아서 마주 보든 씩씩대며 서서 마주 보든 우리가 나눌 이야기는 아무것도 없음이 자명했다. 현옥이나 나나 할 말이 없고 하고 싶은 말은 결국 할 수 없었다.

그런데 나는 참말로 오갈 데 없는 꼴통인 것이, 그 와중에 새빨개진 현옥의 눈과 지그시 깨문 입술을 바라보며 또다시 불쑥 솟구치는 강렬한 충동을 느끼고야 만 것이었다. 아니, 이번엔 저번에 당신이 넘겨짚었다 쿠사리 먹었던 바로 그 요망한 상상이, 맞다. 그녀를 위해서라면 죽을 수도 있다는, 죽고 싶다는 충동과 예감을 마침내 실현하게 된 지금, 나는 그녀를 으스러져라 부둥켜안고 입술을 훔치고 싶었다. 처음이자 마지막으로 뜨겁고 격정적인 키스를 퍼붓고 싶었다. 하필이면 약혼식을 올리는 동시에 혼인 신고를 하기 바로 이틀 전에, 죽으러 갈 날이 얼마 남지 않은 이 마당에.

"에이, 그깟 싸구려 고무신에 뭘 그렇게 감격하고 그래요? 우리 어머니 신발장을 보면 기절초풍하겠네요. 형이 그것보다 훨씬 좋은 예물과 예복을 마련하겠지만 그래도 약혼식에 기왕이면 내 선물을 신어주면 영광이겠고……"

병석이란 놈은 전차 안 같은 공공장소에서 별안간 물건이 고개를 쳐들어 난처해질 때 위기를 모면하는 방법 중 제일 좋은 것이 속으로 〈기미가요〉를 부르는 것이랬다. '천황의 대(代)는 천대만대로 작은 돌이 큰 바위가 되어 이끼가 낄 때까지……' 같이 칙칙하고 대책 없이 엄숙한 가사를 뇌까리다 보면 저절로 물건이 바람 빠진 풍선 꼴로 주저앉는다고. 나는 한편으로 충동을 떨쳐내려 노래라도 불러볼까 고민하며 다른 한편으로 현옥을 떨쳐내려 휘소리를 계속했다.

그런데 그 순간이었다. 봄꿈에서 보았던 복숭아꽃잎일까, 꿈결에서 깨어나 만났던 느닷없는 봄눈일까? 불현듯이 내 입술에 무언가 부드럽고 따뜻한 것이 들이닿았다. 하지만 그것은 복숭아꽃잎도 봄눈도 아니었다. 현옥, 내가 사랑하는 그 호락호락하지 않은 여자가 내 입술에 가만히 자기 입술을 포갠 것이었다.

현옥이 읽어보라며 권해준 한용운이라는 땡중 출신 시인의 시집에서 '날카로운 첫 키스의 추억' 어쩌고저쩌고하는 구절을 읽은 기억이 난다. 하지만 첫 경험부터 하루미에게 딥키스는 말할 것도 없거니와 중국의 비서 『소녀경』에 등장하는 아홉 가지 체위까지 단번에 가르침을 하사 받은 나로서는, 이 땡중이 제대로 땡중 노릇도 못해보고 구라를 친다며 코웃음을 쳤다. 그런데 지금 나는 언젠가 연애지상주의자와 사랑지상주의자들에게 그랬던 것처럼 한용운이란 시인에게 미안해진다. 지금껏 숱한 여자들과 입술을 빨고 혀를 말고 엉긴 침을 마시며 했던 키스는 진짜 키스가 아니었나 보다. 젠장, 이제는 하루미와 요네하치를 비롯한 그 여자들에게마저 미안해진다. 가짜인 내가 만났던 세상의 모든 사람들에게.

현옥과의 짧은 입맞춤은 날카로웠다. 달콤한 독침에 쏘인 듯 아프고 황홀했다. 내 첫 키스의 추억은 그러하였다.

"죽느냐 사느냐, 그것이 문제로다……!"

덴마크 왕자도 아닌 내가 난데없는 햄릿의 대사를 읊조리기 시작한 것은 그 '날카로운 첫 키스'를 '당한' 뒤부터였다.

어떻게 만리재를 벗어나 어떻게 경성역에서 표를 샀는가에 대한 기억은 머릿속에 남아 있지 않다. 연일 나의 입대를 구실 삼아 사육제를 벌이는 친구들과의 약속도 까맣게 잊은 지 오래였다. 나는 섬망증 환자처럼 흥분과 불안과 고민과 비애 속에 완전히 얼이 빠졌다가 무작정 기차에 몸을 싣고서야 무슨 일이 벌어졌는가를 비로소 깨달았다.

"맙소사……!"

나는 앞자리의 등받이를 두 손으로 움켜잡고 머리를 쿵쿵 찧었다. 센또보오시를 깊숙이 눌러쓰고 빳빳한 국민복을 입은 전형적으로 꼬장꼬장하고 교만한 부류의 일본인 승객이 고개를 돌려 사납게 눈을 흘기며 욕을 했다.

"빠가야로!"

평소 같으면 멀미가 나서 게우는 척하거나 술에 취해 된트림을 올리는 척하며 그 재수 없는 치에게 엿을 먹여줬을 텐데 그 순간엔 어떤 순발력도 발휘할 수 없었다. 빠가야로, 바보……. 나는 정말 욕을 먹어도 싼 바보인지 모른다. 곧 있으면 사지로 떠나야 할 처지에, 더군다나 이틀 후면 형수가 될 여자와, 키스라니!

험난한 철령을 관통하여 관북의 들머리 원산을 향해 가는 열차와 함께 나는 마구 덜컹거렸다. 열차가 삼방을 지날 때에는 다른 승객들처럼 목을 빼고 기암괴석의 장관이 펼쳐진 차창 밖을 내다볼 수조차 없었다. 어린 시절 겨울마다 찾던 여행지인 그곳의 풍경을 다시 보는 일마저 켕기고 찔렸다. 현옥을 돌봐달라고, 나는 형에게 부탁했다. 물건처럼 양도하거나 떠맡길 생각 따윈 없었지만 내가 그렇게 고백했을 때에는 현옥에 대한 사랑을 깨끗이 포기한다는 뜻이었다. 사랑은 죄가 아니다. 그러나 사람의 죄는 엄연하다. 나는 죽는 순간까지 형에게 고백할 수 없는 비밀을 간직하게 되고 만 것이었다.

"으으, 어쩌다가……."

하지만 차가운 차창에 이마를 기댄 채 낮은 신음을 삼키노라니 새록새록 '첫 키스'의 순간이 되살아났다. 마음속에서 흔들흔들

울걱울걱하던 것이 단순히 죄책감으로 인한 괴로움만은 아니었나 보다. 나는 초보 바둑꾼이 복기를 하듯 지치지도 않고 그 장면을 몇 번이고 반복해 되새김하였다. 희떠운 소리를 함부로덤부로 지껄이던 내 비루한 입술에 꽃잎처럼 눈송이처럼 가만히 닿던 그것! 알근알근하고 짜릿짜릿한 흥분이 다시 한 번 전류처럼 온몸을 휩싸고 돌았다.

　손끝으로 그것이 스쳐 닿았던 자리를 가만가만히 더듬어보았다. 아프고도 황홀하고 부드럽고도 따뜻한 그것의 흔적은 어디에도 없다. 하지만 영원히 지워지지 않을 기억만은 시구절대로 심장을 꿰뚫듯 날카롭다. 속세를 떠나 출가했다는 시인이 어떻게 그걸 알았다지? 그야말로 처음에 내가 넘겨짚은 대로 땡중이라는 명백한 증거가 아닌가? 나는 괴로워서 머리를 찧다가 야릇한 표정으로 몸을 꼬다가 이내 배를 잡고 낄낄거렸다. 그 순간 1년이 넘도록 현옥과 함께 형을 면회하러 다니며 겪었던 일들, 재미있고 우습고 황당한 기억이 물밀 듯 쏟아져 도무지 웃음을 멈출 수가 없었다.

　"키지카이네〔미친놈이네〕……!"

　앞자리의 일본인 승객이 신경질적으로 다시 뒤를 돌아보며 울퉁불퉁한 머리 한쪽에 집게손가락을 대고 빙빙 돌렸다. 확실히 재수 없는 놈이었지만 한판 뜨자고 덤빌 만큼 불뚝성이 치밀지는 않았다. 적어도 현옥을 생각하는 동안만은 나는 한 마리 온순한 양이 되었다. 찢어진 눈초리를 늦추고 앙다문 입아귀를 헤벌린 채

눈을 껌벅껌벅하고 입을 일기죽얄기죽하였다.

아무리 톺아보아도 현옥과 함께한 시간 동안 슬프고 괴롭고 불편했던 기억은 없었다. 언제나 새롭게 재밌고 배꼽이 빠지게 우습고 실소가 툭툭 터져 나오도록 황당했다. 3대 정승 없고 3대 거지 없다더니 호락호락하지 않은 여자를 좋아하는(사실은 그러다가 망한) 집안의 내력에서 뜻밖에 나처럼 운 좋은 경우도 있었다.

오라는 데도 갈 곳도 없는 여행길이었다. 나는 원산에서 내려 함경선으로 갈아타기를 포기하고 아직 개장하지 않은 원산 해수욕장으로 향했다. 어디에 머물든 시간만 죽이면 되는 것이니 굳이 멀리 갈 필요가 없었다. 오사카 출신이라는 여관 주인은 올해는 전쟁 때문에 해수욕장을 개장할 수나 있을지 모르겠다고 투덜댔다. 전쟁이 한창이고 식량을 배급 받아 먹고 징용과 징병으로 끌려가는 와중에도 누군가는 여전히 해수욕장이 제때 개장할 수 있을지를 걱정한다. 남들의 눈에는 내 사랑도 그런 사치벽으로만 보일까? 첫 키스로 인한 번민도? 누군가를 위해 대신 죽겠다는 결심도?

어머니는 나를 붙잡지 않았다. 어쨌거나 자기 배를 앓아 낳은 자식이 피 한 방울 섞이지 않은 누군가를 위해(물론 어머니는 나의 입대가 현옥과 상관 있다는 사실은 모른다) 죽겠다는데도 내 결심을 꺾으려 난동을 부리거나 읍소하지 않았다. 내가 입대 지원서에 도장을 찍었다는 소식을 전하러 어머니의 방에 들어갔을 때 어머니는 마마 자국이 패인 오른편 얼굴에 백색 물분을 펴 바르고 있었다.

"갑자기 너무 늙어 보이는 것 같아서 말이야……."

카메라 앞에서 제대로 웃지 않는다고 허벅지 안쪽을 모질게 꼬집던 어머니는 이제 없었다. 나는 어머니가 내 죽음을 담담히 받아들일 수 있으리란 생각에 마음이 놓였다. 인생이라는 연극에서 조연 배우 하나가 조용히 사라지듯.

"윤식아……!"

하지만 소식을 전하고 돌아서 나오려는 순간 어머니가 내 이름을 불렀다.

"날 용서해 줄 수 있니?"

여전히 나를 향해 등을 돌린 채 어머니가 말했다.

"용서 같은 거 할 일이 뭐 있어요?"

그 순간 나는 우리 모자는 살아서 다시 만나기보다 죽어서 만나는 편이 더 빠를 것 같다는 매우 요망하면서도 지극히 현실적인 생각을 했다. 호락호락함이 생명이던 어머니는 오래전에 이미 죽어 있었다.

"……고맙다."

나는 어머니의 마지막 말에 대꾸하지 않았다. 부모 자식 사이에도 예의란 게 필요하다면 그게 내가 보일 수 있는 최선의 예의였다. 입 밖으로 내뱉지 못하고 꿀꺽 삼킨 말은, 어머니가 진정으로 용서를 구할 사람은 내가 아니라 바로 어머니 자신이라는 말이었다.

아버지는 역시 내 기대(혹은 예상)를 저버리지 않았다. 아버지의 반응을 보면서 나는 사람이란 절대 근본까지 변할 수 없는 존재라는 사실을 다시금 확인했다. 족보를 사고 반가 출신의 여자와 결혼을 하면서까지 '핏줄 세탁'에 골몰했던 아버지가 반만이라도 백정의 피가 희석된 나를 포기하기는 쉽지 않았을 것이다. 하지만 일단 포기하기로 마음먹자 아버지는 놀랍도록 신속하고 기민하게 나를 버려 얻을 수 있는 것을 계산했다. 썩 이문 남는 장사는 아니라고 할지라도 최소한 손해는 볼 수 없기에.

지나전쟁* 때부터 시작된 전투기 헌납 운동은 대동아전쟁**이 벌어지면서 극에 달했다. 태훈이 아버지의 친구인 중추원 참의 손창식이 비행기 넉 대 값에 해당하는 40만 원을 쾌척했다는 소문이 한동안 장안의 화젯거리였다. 이에 질세라 휘문의숙을 세운 민영휘와 광산 부호 최창학 등 큰손들이 앞 다투어 거금을 내놓았다. 지역 사회와 종교계에서도 대규모의 성금 모금 운동이 벌어졌다. 이 자발적이고 열렬한 '애국 운동'에 대해 장삿속이 밝은 일본인들은 깔끔하게 응대했다. 일본 당국은 식민지 원주민들이 제대로 생색을 낼 수 있도록 헌금을 바친 이들이 원하는 이름을 비행기에 붙여주었다. 장로교에서 바친 전투기의 이름은 '조선장로호'였고 감리교에서 바친 것은 '감리교단호'였으며 지역 이름을 딴 경성제일호, 조선경북호, 경기시흥호 따위도 있었다. 이로도 모자라 내가 입대한 1944년에는 경성방직 사장 김연수와 화신백화점 창업

---

* 중일전쟁
** 태평양전쟁

주 박흥식이 조선항공공업회사와 조선비행기주식회사를 설립해 직접 전투기를 생산하기 시작했다.

충성 경쟁은 끝이 없었다. 아니, 충성이란 말로 뭉뚱그려진 내막을 곰파고 들자면 그건 차라리 투기 경쟁이라 할 만했다. 그들이 예상하고 기대하는 대로 일본이 전쟁에서 승리하기만 한다면 밑돈으로 깐 돈의 몇 십 몇 백 배가 돌아올 텐데, 이런 돈 놓고 돈 먹기에 빠지는 놈이 바보 아닌가?

아버지는 결코 바보가 될 수 없었다. 이거야말로 돈과 명예를 동시에 얻을 수 있는 기회였다. 하지만 아버지는 다른 부자들이 그러하듯 단번에 만 원쯤 덜컥 내놓아버리는 방법은 뭔가 맨송맨송하고 너주레하다고 생각했다. 아버지는 극적으로 성공(?!)한 사람답게 극적인 것을 광적으로 좋아했다. (이 점에서만은 어머니와 아버지가 꼭 닮았다.) 그래서 아버지는 우리의 학도병 입대 문제가 생기기 전부터 뻔질나게 진주를 오르내리기 시작했다. 몇 해 전 여의도비행장에서 열린 '전국 모형비행기 날리기 대회'에서 경남 대표로 1등 총독상을 차지한 진주의 '길야국민학교'에서 추진하는 전투기 헌납 운동의 자문 역할을 맡았다는 것이었다. (어쨌거나 아버지의 '본관'에 대한 집요한 애정만은 인정해 줄 만했다.) 코흘리개 꼬마들의 모형비행기 날리기 놀이가 어쩌다 전투기 헌납 운동으로 발전(혹은 왜곡)되었는지는 알 수 없으나, 아버지는 시시때때로 진주에 내려가 오전 수업만 받은 채 배를 쫄쫄 곯아가며 죽어라 장작을 패고 버들솜을 모으고 도꼬마리 열매를 줍는 아이들을 다그쳐댔다.

그리하여 최종적으로 나의 입대가 결정되었을 때 아버지는 우기고 뻗대어 결국 성공시킨 '길야호 보내기 운동'의 감격을 돌이켜 회상하며 기왕 전쟁에 나갈 바에야 전투기 조종사가 되는 게 어떻겠냐고 은근히 충고와 회유와 압박을 가하기 시작했다.

"전투기 조종사야말로 전쟁의 꽃이지! 천 명의 보병보다 더 큰 공로를 세울 수 있는 현대판 사무라이라고나 할까? 내가 스무 살만 어렸어도 당장 지원을 했을 텐데! 뭐, 일단 폼 나잖아? 조종사라면 여자들도 오줌을 질금질금 지리며 나자빠질 테고!"

아버지가 그 정도 말할 때에는 이미 게임이 끝났다고 봐도 좋을 것이었다. 내 앞에 놓인 선택은 육군 전투기인 '애국기'를 타느냐 해군 전투기인 '보국기'를 타느냐 하는 것뿐이었다. 그리고 나중에야 알게 된 사실이지만, '주의자'였던 형을 대신해 나를 입대시키는 데 나카무라 형사가 제시했던 조건이 바로 "아버지가 헌납한 비행기에 아들을 태운다"는 (그들 식으로) 극적이고 감동적인 선전이었다고 한다. 아버지가 인정하든 말든 나카무라는 끝까지 아버지의 머리 꼭대기에서 놀고 있었다. (아버지의 행태는 물론 황당하고 꼴사납지만 여기서 하나 짚고 넘어갈 사실은, 얄궂은 운명의 장난으로 내가 항공학교에 입소한 직후에야 첫 '가미가제' 공격이 시작되었다는 것이다. 어쨌거나 아버지는 내가 '자살특공대'까지 될 줄은 모른 채 그토록 열렬히 전투기 조종사를 권한 것이다.)

나는 철 이른 원산 해수욕장을 허위허위 걸었다. 지금쯤 황금정의 반도호텔 연회장에서는 형과 현옥의 약혼식이 성대하게 거행될 테다. 제정신으로는 아무래도 견딜 수 없을 것 같아 여관 주인에게 청하여 사케 몇 잔을 마시고 나왔다. 몇 주 만에 보는 여행객인지 모르겠다며 반색을 하던 주인은 직접 담갔다는 명란젓을 안주로 내놓으며 전쟁이 끝나면 내지로 돌아가 조선에서 배운 명란젓을 일본식으로 변형해 팔겠다는 포부를 털어놓았다. 전쟁이 끝나면, 전쟁이 끝나면…… 나는 무엇이 되어 있을까?

크다면 크고 작다면 작은 나의 문제는, 지금껏 죽음이란 게 무언지 단 한 번도 고민해 본 적이 없다는 것이었다. 그런 지경이니 유서 깊은 백정 집안의 무녀리였던 쇠날이 할아버지의 손자로서 피를 보기는커녕 상상만 해도 진저리를 치는 주제에 유혈극 한복판으로 들어가겠다는 객기를 부릴 수 있었는지 모른다. 단순하니 뻔뻔하고 무식하니 용감하다! 단순무식을 무기로 거머쥔 나는 죽음이 두려울 게 없었다. 그래서 입대 소식을 전해 들은 사람들 모두가 나를 이미 숨통이 끊긴 시체처럼 취급해도 아랑곳없었다. 어쩌면 나는 삶을 좀 지겨워하고 있었는지도 모른다. 이래 죽으나 저래 죽으나 결과는 어차피 다를 것 없지 않은가? 그런데 이상한 일이었다. 현옥의 입술이 내 입술에 닿는 순간 갑자기 삶과 죽음에 대한 분별심이 솟구쳤다. 죽기 싫어졌다. 맹렬하게 살고 싶어졌다. 나 자신도 전혀 예상치 못했던 삶의 의지가 퐁퐁 샘솟았다. 물론 현옥을 위해 죽을 수 있다는 생각은 변함없었다. 주먹을 불끈 쥐고 입술을 꼭 깨물며 한 다짐은 아니지만(난 생겨먹기를 그렇게 진지하고 엄숙한 종자가 아니다) 그녀를 죽음으로 몰아넣느니 내가 대신하는 편이 분명히 나았다. 하지만……

"죽느냐 사느냐, 그것이 문제로다……!"

물거품을 뿜으며 달려드는 파도 앞에서 나는 거듭거듭 스스로를 향해 질문했다. 어느새 나도 형을 닮아 속말이자 참말을 함부로 발설하는 걸 주저하게 된 건지, 진짜로 부르짖고픈 말을 통역하자면 아마도 이쯤일까?

"빌어먹을, 난 죽고 싶지 않아! 내가 사랑하는 여자와 함께 살고 싶다고!"

죽겠노라 자청하여 죽으러 가는 마당에 돌연 죽기 싫어진 것 역시 현옥 때문이었다. 그녀는 어머니와 아버지와 형과 요네하치와 친구들이 하나같이 숨 쉬는 송장으로 취급하는 나를 살아 있는 사람으로 보아준 세상의 단 한 사람이었다.

지금쯤 현옥이 어떤 옷을 입고 있을지 궁금했다. 분홍빛 치마저고리? 비단 기모노? 파티용 드레스? 무엇을 입었든 틀림없이 현옥은 내가 선물한 흰 고무신을 신었을 것이다. 한 걸음 한 걸음 너절하지만 포기할 수 없는 삶을 지르밟고 나아가는 그녀를 위해서라도, 나는 반드시 그 지옥으로부터 살아 돌아와야 했다.

사육제

군대는 웃겼다. 아니, 무시무시했다. 무시무시해서 더욱 웃겼다. 보충대에서 훈련 부대를 거쳐 항공 학교에 입소하기까지 나는 이 기묘한 수수께끼에 사로잡혀 어리떨떨하였다.
"정신 차려! 너희가 지금 어디 있는지 똑똑히 기억해라! 여기는 군대다! 민간 세상이 아니다! 언제까지 썩어빠진 사제 물에 젖어 있을 텐가?"
달리고 구르고 박박 기다가 채이고 얻어터지고 윽박질리며 눈물과 콧물과 위액까지 질질 흘리고 꽥꽥 토했다. 그 액체 중의 무엇에 썩어빠진 사제 물이 섞여 있었는지는 알 수 없지만, 어쨌거나 나는 울고 짜고 게우는 동안 물갈이를 하여 완전히 다른 인간이 된 것만 같았다.
술과 여자에 찌들었던 몸이 우라지게도 규칙적인 생활로 단련되었다. 잠은 (어쩔 수 없이) 줄고 근육은 (당연히) 늘었다. 몸이 고단한 것도 괴로웠지만 가장 큰 고통은 단연 배고픔이었다. 부모 복인지 식복인지 헷갈리는 복을 타고난 나는 지금껏 과식으로 배를 앓아본 경험은 있어도 배고픔으로 고통 받았던 일은 전혀 없었다. 제국 군대의 전투 식량은 잡곡밥에다 참깨를 섞은 주먹밥에 미소시루〔된장국〕와 장아찌가 기본이었다. 가끔 말린 생선과 건빵 따위가 나오긴 했지만 양 자체가 병아리 눈물만큼 감질나게 적었다. 그걸 먹고 대동아 공영과 세계 재패를 꿈꾸다니, 세계에서 가장 우수한 민족인지는 몰라도 기막히게 작은 밥통 속에 넘치는 욕망을 숨긴 족속임은 틀림없었다. 늘어질락 말락 하던 뱃살이 단단히 올라가 붙었다. 삶이 밥통 속에 다 구겨져 들어갈 만큼 단순해졌다. 자나 깨나 먹었던 것과 먹고 싶은 것을 생각했다. 솔직히 말하자면 나는 때때로 현옥보다 현옥과 함께 먹었던 약현고개 난전의 돼지죽을 더 그리워하기도 하였다.

군대라는 낯설고 요상한 집단에 적응하기 위해 몸부림치던 시기에 나는 좀 (사실은 많이) 무서웠다. 전시이니만큼 군율은 무시무시했다. 살벌한 구호와 구령 소리가 사방에서 몰아쳤다. 아주 작은 실수조차 상관들의 번득이는 눈에 속속들이 적발되어 눈알만큼이나 번들거리는 군화에 시도 때도 없이 정강이를 걷어차였다. 군홧발로 정강이뼈를 채이면 눈물이 찔끔 나도록 아팠다. 하지만 나중에는 그조차도 애교로 여길 정도로 끔찍한 구타와 단체 기합에 길들여졌다. 맞지 않기 위해 굳은 표정으로 눈을 부릅떴다. 채이지 않기 위해 번개같이 움직였다. 그렇게 덫에 치였다 간신히 풀려난 잔짐승처럼 겁에 질리고 신경이 곤두선 상태를 그들은 '군기가 들었다'고 불렀다.

그런데 그처럼 군기가 바싹 든 무시무시한 상황에서도 시시때때로 뭔가 참을 수 없이 우스운 기분이 훈도시 속에 둥지를 튼 살이 통통한 이[蝨]들처럼 스멀거렸다. 군대는 참 많은 걸 가르쳤다. 아버지가 알면 "봐라, 군대가 인간을 만든다!"고 큰소리를 칠 만한 것들이었다.

전략과 전술? 그딴 건 대본영의 지하 참호에서 심심할 때 하는 십자말풀이쯤 되는 모양이었다. 먹물 출신인 학도병들조차 전략과 전술에 앞서 가장 먼저 배워야 할 것이 욕설을 참고 모욕을 견디는 법이었다. 그런데 그보다 더 중요한 군사 기술이 군마의 말똥을 치우고 말발굽을 닦거나 내무반 청소를 하고 침상을 정돈하는 일이었다. 그리고 그것보다도 훨씬 더 중요한 운용 기술이 교관의 식판을 옮기고 군화에 광을 내는 일이었다. 아니, 그 모두를 뛰어넘어 가장 중요한 생존 기술은 따로 있었으니, 바로 나 자신을 위해 인정사정없이 남을 짓밟아야 한다는 것이었다.

군대라는 집단에서 한낱 개인이 할 수 있는 일은 아무것도 없었다. 그렇지만 아무것도 할 수 없을 듯하면서도 뭐든지 못할 것도 없는, 그것이 군대였다.

"아키히로 오시로! 가족 면회다!"

또 저놈이다. 아무도 해낼 수 없을 듯한 일을 누운 소 똥 누듯

해내는 놈!

　배속 근무 명령을 받기 전 보충대에 머무를 때에는 하오에만 훈련이 있었다. 육포라도 만들려는 듯 땡볕 아래 병사들을 줄 세워 놓고 우향우, 좌향좌, 앞으로 가, 뒤로 돌아, 뺑뺑이를 돌리는 제식 교련이었다. 줄이 삐뚤어지거나 발이 꼬이거나 자칫 동작이 굼뜰 때면 가차 없이 매질이 날아왔다. 병사들은 짭짜름한 비지땀을 양념 삼아 햇볕에 노릇노릇 구워져갔다. 얼마 지나지 않아 옆에서 쿵쿵 나무토막이 벌목되어 쓰러지는 소리가 나도 놀라지 않게 되었다. 일사병으로 의무실에 실려 가는 치들이 차라리 부러웠다. 나는 타고난 건강체인 데다 빌어먹을 규칙적인 생활로 체력이 나날이 좋아져서 현기증 한 번 일지 않았다.

　그런데 그 와중에도 모두가 저주하는 제식 교련을 제치는 방법을 용케 알아챈 녀석들이 있었으니, 가족이 면회를 오면 오후 훈련에서 빠질 수 있다는 이치를 재빨리 알아챈 꾀쟁이들이었다. 남들이 뭐라고 하든 그들은 꿋꿋하게 규칙을 활용했다. 그중에서도 오시로라는 잔머리의 대가는 부모형제는 물론 사돈에 팔촌까지 총동원해 매일 면회를 오게 하여 훈련에서 빠졌다. 처음에는 그 빤한 잔꾀가 얄미워 눈총을 주던 병사들도 나중에는 오시로의 열정과 끈기와 가족 사랑을 부러워했다. 훈련을 열심히 한다고 해서 이로울 건 전혀 없었다. 군대에서는 어떻게든 할 수만 있으면 어렵고 더럽고 힘든 일을 피하는 게 장땡이었다.

　그런가 하면 남방이나 중지* 전선으로 파견되는 대신 후방 부대에 남으려고 공작을 벌이는 치들도 있었다. 어디선가 얻어들길 군대는 보직이라는데, 보병과 포병의 차이도 아니고 최전선과 안전지대로의 배치가 걸린 문제였다. 갑자기 덴마크의 왕자들이 떼거지로 나타나 죽느냐 사느냐, 그것이(어떤 술수를 써서라도 사는 쪽의 해답을 얻어내야 할) 문제라고 아우성쳤다. 어쨌거나 햄릿은 곧 죽어도 왕자였던지라, 보충대의 유사 햄릿은 고급 장교들을 초청해 매일 밤 하렘(요정)에서 왕실의 파티(접대의 술판)를 벌였다.

머리는 몰라도 잔머리라면 남에게 빠질 게 없고 술판에서라면 접대가 아니라 바지랑대를 잡고 장대높이뛰기라도 할 수 있는 나로서는 그들의 수작이 먹혀 들어가는 꼬락서니를 지켜보며 무시무시한 군대에 대한 공포를 물리칠 수 있었다. 그런 잔머리와 뒷거래가 통하는 집단이라면 아무리 엄격한 규율로 포장을 해도 지레 공포에 사로잡힐 만큼 대단할 게 없었다. 면회 올 사람이 아무도 없고 떠나올 때부터 이미 갈 곳이 정해져 있었기에 얼마간 속이 쓰리고 배가 아픈 채로, 나는 무시무시하기보다 지독하게 우스운 군대에 시나브로 익숙해져갔다.

알고 보니 나는 군대 체질이었다. 어렸을 때부터 병아리를 까려고 알을 품고 있는 암탉도 잡아먹을 눈치라는, 칭찬인지 욕인지 모를 말을 듣고 자란 터였다. 빤질거리며 어렵고 더럽고 힘든 일을 피하는 데 나 만한 재능을 가진 사람은 많지 않았다. 작업이든

---

* 중국 중부

업무든 훈련이든 빵꾸가 나지 않는 선에서만 재빠르게 움직였다. 원체 그쪽으론 보고 배운 게 없기도 하지만 군대에서 양심의 가책이나 죄책감 따위는 줄 없는 거문고처럼 쓸모가 없었다. 배급품을 잃어버리는 사건이 발생하면 눈도 깜짝 않고 전우(!)의 배급품을 내 사물함으로 위치 이동시켰다. 다른 놈이 얻어터지든 뺑뺑이를 돌든 그건 내가 신경 쓸 바 아니었다. '무에서 유를 창조하는' 제국 군대 병사로서의 생존 본능이 있다면 그 역시 위치 이동시킬 배급품을 어디에서라도 찾아낼 테니 말이다. 배식 당번으로 국을 뜰 때는 젓지 않고 살살 국물만 퍼 담아 바닥에 남은 건더기를 내 몫으로 챙겼다. 군대는 요령과 줄이라는 진리를 한시도 잊지 않고 몇 번째 줄에 서야 가장 약한 몽둥이질을 받을 것인지 어떻게 머리를 박아야 덜 아프고 오래 버틸지를 면밀히 계산했다.

그리고 무엇보다도, 나는 내가 조선인이라는 사실을 숨기기 위해 최선을 다했다.

"고노, 기타나이 한토진노야로메!〔이 더러운 반도 놈아!〕"

'황은에 감동하여 고등 교육을 받고도 그 몸을 홍모처럼 여겨 용약 군에 지원'했다던 조선의 학도병들이 열렬한 환송 인파를 뒤로하고 군대에 첫발을 들여놓자마자 들었던 말이 바로 그 소리였기 때문이었다.

"내선일체라며? 일시동인이라며?"

누군가 억울하다는 듯 신음 대신 불만을 내뱉다가 (그나마 조선말을 모르는) 교관에게 적발되어 줄따귀를 스무 대쯤 맞았다. 그의 코와 입에서 붉은 분수처럼 터져 나온 핏줄기가 내 발치까지 튀었다. 나는 오르가슴을 느끼는 요네하치처럼 군화 속에서 발가락을 오므라뜨렸다. 그때부터 나는 잠꼬대로라도 조선말을 하지 않았고 내무반에서도 절대 고향을 밝히지 않았다. 그래봤자 행정반에 보관된 서류에는 조선 출신이라는 딱지가 선명하게 붙어 있겠지만 들키기 전까지는 끝끝내 숨기고 우기고 인정하지 않는 게 상책이었다.

제국군대는 사람이 아니라 짐승의 소굴이었다. 인간성보다는 야수성이, 이성보다는 본능이 지배하는 집단이었다. 시간이 지날수록 고통은 커졌지만 시간이 지날수록 나는 어쩌면 이곳에서 살아남을 수 있을지도 모른다는 실낱같은 희망을 품게 되었다. 현옥을 만나기 전까지 나는 오갈 데 없는 짐승이었고, 기차를 따라 뛰며 그녀가 외쳤던 마지막 다짐을 지키기 위해서라면, 언제 어디서라도 기꺼이 짐승이 되기로 했으므로.

군대를 구성하는 짐승에는 여러 종류가 있었다.

먼저, 개.

"이게 뭔지 아나? 이것이 바로 우리 부대를 지켜주시는 수호신의 정령이 깃든 보물이다. 야마토다마시이〔大和魂〕! 우리의 국민사상인 야마토 정신의 상징이다!"

훈련부대의 한초〔하사관〕는 인간의 껍데기를 쓴 개였다. 지금껏 개새끼니 개차반이니 하는 말은 여러 번 들어봤지만 한초 요시노처럼 완벽하게 미친개 같은 인간은 내 생전에 처음 보았다.

"어라? 이렇게 귀한 보물을 보고도 감동하지 않는단 말인가? 눈이 잘못된 건가, 머리가 잘못된 건가?"

이해할 수 없다는 듯이 고개를 갸웃거리던 요시노는 갑자기 그 '보물'을 높이 들어 줄지어 서 있던 신병들의 머리와 얼굴을 난타하기 시작했다.

"보물을 알아보지 못하는 것들에겐 눈과 머리가 필요 없다! 너희 놈들에게 달린 것은 눈깔과 대갈통일 뿐이다!"

요시노에게서 '보물' 세례를 받은 신병들이 비명을 지르며 머리통을 감쌌다. 순식간에 피를 흘리며 바닥을 뒹구는 부상자들이 속출하면서 대열이 무너졌다. 요시노의 화를 돋우는 원인은 언제나 이처럼 끊임없이 새롭게 생겨났다.

"요깟 쓸모없는 젖먹이들이 제국 군대의 야마토 정신을 욕보이는구나! 개성보다는 협동이고 부분보다는 전체이거늘, 총알도 폭탄도 아닌 그깟 꿀밤 한 대에 죽을 듯 엄살을 떨며 대오를 무너뜨린단 말인가? 저승의 신무천황께서 대노하신다! 너희는 우리 대일본제국의 수치다!"

그때부터 요시노의 일인극 '개의 축제'가 시작되었다. 그의 '보물'이 춤출 때마다 신병들의 머리가 깨지고 피멍이 들고 코피가 터졌다. 하지만 그는 어디까지나 '미학'과 '전통'을 중시하는 교양 있는 일본인이었다. 그는 '보물'을 휘두르며 멋진 대사를 마구잡이로 던졌다.

"꽃은 벚꽃, 사람은 무사! 짧게 피었다 지는 사쿠라의 아름다움이 바로 무사도로다!"

그의 '보물'은 단순히 '보물'의 가치를 모를 때만 분노하지 않았다. 군화가 파리가 미끄러질 정도로 반짝거리지 않을 때, 쇼토 라파(소등나팔)가 울렸는데도 침상에 반듯이 누워 있지 않을 때, 구호나 대답 소리가 그가 원하는 만큼 우렁차지 않을 때, '군인과 선원들의 제국 칙서' 5개 중점을 15분 안에 정확하게 외우지 못했을 때, 표정이나 분위기가 왠지 마음에 들지 않을 때…… 그는 야마토 정신의 상징인 '보물'로 신병들을 '교육시켰다'.

"일본의 야마토 마음은 아침 해의 향기를 풍기는 산 벚꽃나무!"

어느 날 요시노가 자신이 가장 좋아하는 시라며 에도시대의 학자 모토리 노리나가의 하이쿠를 읊던 날을 나는 좀처럼 잊지 못할 것이다. 그날의 광란적인 구타로 오전엔 신병 한 명의 눈알이 빠지고 오후엔 다른 신병 하나가 화장실에게 목을 매고 자살했기 때문이다.

희생 제물의 눈알이 빠질 때 나는 마침 그의 맞은편에 서 있었다. 어디를 어떻게 맞았는지는 보지 못했으나 갑자기 꼬리를 단 구슬 같은 게 튀어나와 그의 가슴 어름에서 덜렁거렸다. 말 그대로 머리가 완전히 비어버린 기분으로 얼없이 그의 얼굴을 쳐다보았다. 꾸역꾸역 붉은 샘이 솟아오르는 뻥 뚫린 검은 구멍을. 나는 기절하지 않으려고 마음속으로 〈기미가요〉를 열 번쯤 부르고 현옥의 이름을 백 번쯤 불렀다. 이 지옥에서 살아 돌아간다면 끊긴

가업을 다시 이어볼 수도 있겠다 싶었다. 지금처럼만 피에 단련된다면 소의 멱을 따는 게 문제가 아니라 소의 창자로 줄넘기라도 할 것이었다.

흔들리지 않는 기율 창조와 보이지 않는 전투력 발전을 목적으로 한다며 요시노가 쇠불알처럼 덜렁덜렁 들고 다니던 그 '보물'은 바로 북해도산 백목으로 만들었다는 '빠따〔야구방망이〕'였다. 개들은 무시무시하면서도 우스운 순간순간을 온몸으로 즐겼다. 군대와 전쟁은 그들을 위한 것이었다. 개판이었다.

개 다음으로는 돼지.

한때 열렬히 '모던 가정'을 꿈꾸던 어머니는 잡지 화보에서처럼 흔들의자에 기대앉아 양탄자에 쪼그려 앉은 나를 내려다보며 동화책을 읽어주곤 했다. 쳐다보노라니 목은 아프고 어머니가 의자에서 몸을 흔들 때마다 멀미가 나서 집중하기가 어려웠지만 그래도 그중에 기억나는 이야기가 하나 있으니, 주인공이 돼지다. 아니, 어쩌면 주인공이 사람이었는지도 모르겠지만, 구멍을 뚫은 좁은 상자에 돼지를 키워 뚫린 구멍으로 삐져나온 살만 베어 먹어도 영원히 고기를 얻을 수 있다는 좀 (사실은 많이) 황당한 허풍선의 이야기였다.

꾸역꾸역 가혹 행위와 지옥 훈련의 돼지죽을 먹고 부지직부지직 충성과 용기의 산똥을 싸는 돼지들은 군대에 가장 많이 분포하는 동물이었다. 돼지들은 이미 상자에 갇혀 꼼짝 마라 신세였다. 주는 대로 먹고, 먹은 대로 쌌다. 최후에는 반드시 승리하여 세계의 패자가 되리라는 약속을 추호의 의심도 없이 믿으며 "산보다 무거운 의무를 견디면 죽음은 깃털보다도 가볍다!"는 구호를 매일매일 목이 터져라 복창했다.

돼지들은 개의 만만한 먹이이자 장난감이었다. '타이코 빈타〔따귀 치기 시합〕'라는 게임은 요시노가 게으르고 패기 없는 돼지들을 위해 개발했다는 것이었다. 게임의 법칙은 간단했다. 1열과 3열이 애정 어린 주먹을 날려 선공을 하면 2열과 4열이 자신의 주먹에 몇 배의 정성을 더해 보답해 주는 것이다. 도저히 동료에게 강펀치를 날릴 수 없어 주저하던 일부 마음 약한 돼지들은 개에게 개처럼 얻어맞고 다시 돼지의 본분을 찾았다.

"그래! 바로 그거야! 세게! 더 세게! 왼쪽! 오른쪽! 이것 봐, 정말 멋진 게임이지 않은가?"

"하이, 한초! 그렇습니다!"

돼지들은 군대의 무시무시함에 완전히 압도당해 그 집단이 얼마나 우스운 곳인가를 끝내 알지 못했다. 돼지몰이를 당하는 줄 모르는(혹은 알면서도 어쩔 수 없는) 돼지들은 피가 눈으로 흘러들어 시야가 가려진 채로 이미 누구인지 정체가 무의미해진 상대를, 자기 자신을 향해 가장 강하고 날카롭고 원한 맺힌 주먹을 날렸다. 우둔한 돼지들을 길들이기는 어렵지 않았다. 그들은 주먹에 서린 분노와 발광에 가까운 악다구니를 애국심과 전투 의지로 아주 쉽게 착각했다.

개와 돼지만큼의 존재감은 아니지만 쥐를 빼놓으면 이 동물 농장이 휑뎅그렁할 것이다. 실로 왕초보다 똘마니의 위세가 더 꼴사납고 때리는 시어머니보다 말리는 시누이가 더 미운 것이 만고불변의 진리다. 쥐들은 개와 한솥밥을 나눠 먹고 사는 하사관들로부터 행여 자기들이 겪은 것을 신병들이 겪지 않고 건너뛸까 봐 시샘과 복수심에 불타는 선임들까지 다양하게 분포해 있었다.

나름 그쪽 바닥의 전문가인 내 직감에 따르면 요시노의 가학적인 가혹 행위의 바탕에는 일그러진 성욕이 도사리고 있는 게 분명했다. 요시노는 모든 체벌과 기합을 훈도시 차림으로 받도록 강요했다. 일본과 관련된 것들을 통틀어 내가 가장 좋아하는 게 타비를 신은 일본 여자의 발이라면, 제일 싫어하는 게 바로 남자의 속옷인 훈도시였다. 그건 처음부터 조선인들의 취향이 아니었고 아마도 끝까지 아닐 터였다. 어쩌면 말과 글을 빼앗기는 것보다 속잠방이를 포기하기가 더 힘든지도 모른다. 집 안에서도 조선말을 일절 쓰지 않는다며 '국어 상용의 가(家)'라는 패쪽을 대문에 붙여둔 골수 친일파라도 하카마 안에는 속잠방이를 걸치고 있을지 모른다고, 나는 목욕탕에서 나오는 아버지의 늘어진 알궁둥이를 바라보며 생각하곤 했다.

차라리 홀딱 벗는 게 더 나을는지 모른다. 훈도시만 꿰차고 차렷 자세로 서 있노라면 알몸뚱이가 된 것보다 더한 수치심이 밀려들었다. 앞줄에 선 병사의 소름 돋은 볼기짝을 바라보는 것만으로도 손발이 오그라들었다. 요시노는 음험한 미소를 지으며 훈련병들의 훈도시 앞자락을 툭툭 치고 다녔다. 들리는 소문에 요시노는 광적인 도우닌교〔胴人形〕 애호가라고 했다. 훈련 부대에서는 구경도 못했지만 배속이 끝나면 '1인 1개'씩 나눠준다고 약속된 도우닌교는 메이지시대부터 이용한 따뜻하게 데운 곤약이나 비비기에 적당한 말안장 따위를 대신한 자위 기구였다. 일본 최초의 남극 탐험대를 이끈 시로세 대위가 미처 이 물건들을 준비하지 못하는 바람에 근처에서 붙잡은 펭귄을 이용(!)했다는 전설의 괴사건 이후 군에서 자체적으로 도우닌교를 만들어 보급하기 시작했단다.

하지만 갑, 을, 병으로 나눠져 보급되는 군용 도우닌교의 '을' 형(하사관용)에 만족하지 못했던 요시노는 경찰이 민간에서 풍속법 위반으로 압수해 군에 보급하는 '사제' 도우닌교를 입수하여 이용한다는 것이었다. 오직 뻥 뚫린 '구멍'일 뿐인 그것을 붙잡고 헐떡거리는 요시노를 상상하면 들끓던 분노가 가라앉고 기분이 좀 풀리기도 했다. 그렇다, 그는 역시 사람이 아니다. 발광하며 짖어대는 병든 개일 뿐이다. 그렇게 믿는 편이 훨씬 마음 편했다.

그러나 그런 동물 애호 정신이 오래 지속되기는 쉽지 않았다. 요시노는 어떻게 하면 병사들을 더 두렵고 수치스럽게 만들 것인가에 대해 늘 성실하게 연구하는 하사관이었다. 딴에는 병사들을 수치심과 두려움의 극단까지 몰고 가야 하는 이유가 명백했다.

"서양 군대는 엄청난 물리력을 가졌고 양놈 병사들은 너희보다 대갈통 서너 개쯤은 더 크다. 하지만 지금까지 우리는 수천 명의 양놈들을 포로로 잡은 반면 양놈들에게 항복한 우리 병사는 고작 한 줌에 불과하다. 이것이 과연 어떤 의미인가? 전쟁에서 중요한 건 체력이나 물리력이 아니라 용기와 결단력과 정신력이란 뜻이다! 이것이야말로 일본 민족이 그들보다 우월하고, 대일본제국이 결국 전쟁에서 승리하리라는 이유다! 어떻게 생각하는가? 내 말이 옳은가?"

"하이, 한초! 그렇습니다!"

"그러니 용기와 결단력과 정신력을 기르기 위해,"

개가 갑자기 짖어대길 멈추면 사람들은 쥐 죽은 듯 숨을 삼켰다.

"연병장을 가볍게 스무 바퀴만 돈다. 실시!"

개처럼 혀를 빼물고 헐떡거리며, 돼지 먹따는 소리로 군가를 부르며, 우리는 꽁무니에 불을 매단 쥐새끼처럼 뛰었다. 코에서 단내가 나고 목구멍에서 쓴물이 올라올 때쯤엔 차라리 여기서 팍 죽어버리고 싶다는, 죽음을 초월한 제국군대의 용맹심이 절로 솟구치기도 하였다.

요시노의 교수법은 언제나 새로운 이유와 새로운 논리와 새로운 방식으로 창조되었다. 구보에서 낙오될 때면 일명 '전투기의 공격법'을 가르쳤다. 빠르게, 예상치 못하게, 치명적으로 몽둥이 세례를 퍼붓는 것이었다. '오지 생존 훈련'은 보통 점심 식사 후에 진행되었다. 막사가 돼지우리(!) 같다는 이유로 우리는 흙바닥에서 한 시간 동안 낮은 포복을 했다. 그 와중에 낙오된 몇몇은 비상식량이 떨어졌을 때를 대비한 특별 훈련을 받았다. 훈도시 차림으로 풀밭을 기어 다니며 풀을 뜯어 먹도록 하는 것이다. 그 특별 훈련을 받은 신병들은 방금 전에 먹은 점심을 시퍼런 풀과 함께 몽땅 토했다. 그야말로 개 풀 뜯어 먹는 짓거리였다.

그런데 이 모든 수치와 모욕을 더욱 부끄럽고 고통스럽게 만드는 게 바로 쥐의 역할이었다. 그들은 그것이 '필요'한 순간을 놓치지 않고 날쌔게 요시노에게 '보물'을 갖다 바쳤다. 자전거를 타고 병사의 뒤를 쫓다가 그가 쓰러지면 어물전 도는 솔개처럼 주위를 뱅뱅 돌며 낙오자의 탄생을 알렸다. 풀을 뜯어 먹고 토하다가 그만 실수로 훈도시의 뒷자락까지 적시면 "젖먹이가 푸른똥을 싼다!"며 숨이 넘어가라 웃어댔다. 하루 일과가 끝나면 만신창이가 된 신병들을 위해 쥐들은 입 모아 찍찍거렸다.

신페이, 신페이, 쿠추 미카키! 마타 네테 나쿠 노카요!
〔신병, 신병, 구두를 닦아라! 나중에 침대에서 울게 될 거다!〕

개와 돼지와 쥐 외에 극소수의 인간도 있었다. 그들의 종류는 매우 다양하여 이상주의자, 낭만주의자, 기독교 신자, 심지어는 공산주의자까지 있었다. 군복을 입고 줄을 서면 모두 같은 돼지처럼 보였지만 그들은 무언가를 몰래 숨기고 있다는 점에서 다른 동물들과 구분되었다. 그들은 일기를 썼고, 사물함 깊숙이 시집이나 성경이나 철학책을 넣어두고 있었고, 개의 난동과 돼지의 복종과 쥐의 쏘삭질에 끔찍한 치통을 견디는 듯한 표정을 지었다. 민간인으로 만났다면 분명히 내가 재수 없어 했을 부류였다. 하지만 갑자기 왜 그런 생각이 들었는지 모르겠다. 일본이란 나라가 그들을 총알받이로 써버린다면 전쟁에서 지는 것보다 더 큰 손해일 거라고! 내 코가 석 자인 주제에 남의 콧물감기 걱정하는 꼴이지만 말이다.

아버지가 보내겠다(고 나카무라 형사와 국민총력조선연맹 회원들 앞에서 호언장담했)던 비행기는 기초 훈련이 끝날 때까지도 도착하지 않았다. 일전에 만주국 군관으로 지원했다 탈락하자 혈서를 써 보내 충성심을 입증했다는 경상도 어디 보통학교 선생의 별명이 '특등 일본인'이라는 소문에 눈꼴이 세모가 되도록 질투심과 경쟁심을 드러내던 아버지였으니 얼마나 애가 끓고 속이 탈까 싶었다. 그렇지만 비행기 값 10만 원은 아버지로서도 쉽게 해결할 수 없는 거금이었다. 이럴 때 아버지가 어떤 심경일지 나는 충분히 예상할 수 있었다.

"돈! 돈을 더 벌고 더 출세해야 한다!"

아버지의 욕망이 불덩이처럼 치솟는 때는 얄팍한 자존심이 무너지는 바로 그 순간이었다. 아무리 시간이 지나고 신분 세탁을 해도 아버지는 백정 쇠날이의 아들 홉시로 혈혈단신 경성에 도착했던 열일곱 살 때와 하나도 달라진 게 없었다. 하긴 열일곱 살 때와 조금이나마 (나아진 것도 아니고) 달라진 채 관 두껑을 덮고 누울 수 있는 인간이 어디 그리 흔하겠는가?

어쨌거나 아버지의 비행기가 도착할 때까지 나는 조종사가 되기 위한 비행술을 익혀야 했다. 훈련 부대에서 짐승처럼 함께 굴렸던 동료들은 곳곳의 항공 학교로 흩어져갔다. 같이 개처럼 두들겨 맞고 돼지몰이 당하며 쌓인 더러운 정이지만 아쉬워할 틈도 없이 만나자 이별이었다. 그런데 군대에는 뭔 놈의 기밀이 그리도 많은지, 언제인지 모르는 채로 떠날 준비를 하고 어디로 가는지 모르는 채 기차와 트럭에 실렸다. 항공 학교에서 훈련을 받던 중에도 연습용 비행기가 모자라거나 연료가 모자라다는 이유로 분대가 재편성되어 전방 항공 부대로 배속되는 일이 잇따랐다. 이대로라면 지옥이나 (그럴 가망성은 별로 없지만) 천당에 도착해서야 비로소 "아, 내가 뒈졌구나!" 하고 알게 될 것 같았다.

그런데 바로 여기에 재미있고 놀랍고도 황당하고 기막힌 운명의 장난질이 있었다. 나중에 다시 이야기하겠지만, 이 과정에서 내가 현옥을 안심시키기 위해 지껄였던 '죽고 사는 것의 복불복'이 현실이 된 것이었다. 내가 처음에 물었다. 당신은 우연의 운명을 믿느냐고. 나는 믿는다고 했다. 우연히 일어날 수밖에 없는 일들의 어처구니없고 생뚱맞고 기막힌 필연을. 이건 시시풍덩한 허풍이 아니다. 잡귀 붙은 선무당의 넋두리도 아니고 여자를 꾀기 위해 날리는 뻐꾸기도 아니다. 나는 우연이자 필연인 운명이 내게로 성큼성큼 다가오는 것을 보았다. 그가 내 앞에 똑바로 마주 서 내 눈을 깊숙이 들여다보는 것을 보았다. 내 귀에 속삭이듯 다가온 그의 목소리는 낮고 침울하고 위협적이었다.

"너, 그따위로 굴지 마!"

항공 학교에서 만난 시게미쓰는 처음부터 나를 갈궜다. 특별한 이유도 없이 사사건건 시시콜콜, 40명 인원의 분대에서 나를 콕 집어서 시비를 붙였다. 가능한 한 눈에 띄지 않고 눈 밖에 나지 않으려 몸을 사리며 뺀질거려온 내게는 입대 후 처음 경험하는 사람으로 인한 시련이었다. (개에 의한 시련은 카운트하지 않겠다.)

"아, 씨발, 가뜩이나 힘들어 죽겠는데 저건 어디서 굴러온 개뼈다귀야?!"라고 성질대로 한마디 하려다가 간신히 참았다. 내무반에서 싸워봤자 군율이 이러쿵저러쿵 동지애가 어쩌고저쩌고하며 기합을 받거나 빠따를 맞을 게 뻔했다. 기분이 상할망정 한 대라도 덜 맞고 한 걸음이라도 덜 걷는 게 남는 거라는 지극히 이성적이고 현실적인 판단으로 나는 시게미쓰를 슬슬 피했다. 왜 나를 목표물로 찍어서 괴롭히느냐는 질문 따윈 할 필요가 없었다. 군대에서 "왜?"라고 질문하는 건 겁쟁이와 게으름뱅이밖에 없다고 항공 학교 교장 선생이 조회 때마다 누누이 강조하지 않는가? 공연히 긁어 부스럼을 만들고 싶지 않았다. 하지만 그 와중에도 무시할 수 없는 나의 동물적 감각은 시게미쓰와 나의 만남이 우연적인 필연이자 필연적인 우연임을 예감하고 있었다. 다만 그 우연과 필연의 정체가 무언지 알 수 없을 뿐.

"나는 조선에서 왔습니다!"

병영에서는 사적인 대화가 금지되어 있었기에 후보생들은 특별히 가까운 사이가 아니라면 서로의 내력은 물론 나이조차 정확히 알지 못했다. 그런데도 시게미쓰는 모든 분대원들이 지켜보는 자리에서 그렇게 스스로를 밝혔다.

'맙소사! 저, 병신 새끼!'

나는 경악하며 속으로(만) 외쳤다. 얼마 전 그에게 들었던 "그따위로 굴지 마!"라는 말을 고스란히 돌려주고 싶었다. 훈련부대에서 개와 쥐에게 돼지몰이를 당하며 치욕과 감정적 파탄 속에 분노와 증오를 키워온 이들에게 시게미쓰는 자신을 먹이로 내던진 것이나 다름없었다. 하지만 시게미쓰가 너무 노골적으로 자기 패를 펼쳐놓은 탓인지 아무도 그 판에 쉽사리 뛰어들지 못했다. 누구라도 앞장서서 그 '더럽고 뻔뻔한 조센진'에게 손가락질을 하면 우르르 달려들어 몰매를 치려고 서로의 눈치를 보며 긴장하는 찰나, 시게미쓰가 다시 입을 열었다.

"나는 조선에서 태어났지만 대일본제국의 영광을 위해 기꺼이 한 목숨을 바치기 위해 이곳에 왔습니다. 나는 일급 조종사가 되기 위해 전력을 기울일 것입니다. 우리의 조국을 지키기 위해 호랑이처럼 용맹하게 싸울 것입니다!"

'맙소사! 저, 미친 새끼!'

시게미쓰는 내가 조선 출신임을 눈치채고 있었다. 동종의 짐승들끼리만 느낄 수 있는 감각으로 나를 주시하며 으르렁댔던 것이다. 그러고 보니 시게미쓰라는 성(姓)은 보통 장(張)씨들이 창씨개명하여 쓰는 이름이었다. 나는 시게미쓰가 나를 같은 조선 출신으로 지목하여 자기 옆에 세울까 봐 두려웠다. 다른 분대원들이 내가 조선 출신임을 알게 될까 봐도 두려웠고 시게미쓰 옆에서 그와 비교당하며 훈련을 하게 될까 봐도 두려웠다.

시게미쓰는 훌륭한 조종사의 자질을 가진 뛰어난 후보생이었다. 처음 시작한 글라이더 운항 훈련에서부터 그는 놀라운 실력을 보였다. 사출 장치의 줄이 팽팽히 당겨지면 글라이더는 두둥실 상공으로 떠오르는데, 처음 허공에 뜬 기분은 자유롭기보다 무서웠다. 하늘에 멱살을 잡힌 기분이었다. 온몸만이 아니라 운명까지도 그 왁살스러운 손아귀에 움켜잡혀 휘둘리는 기분이었다. 정신없이 떠올랐다 정신없이 착륙하면 뒤집힌 속을 다스리기 위해 잔디 위에 가자미처럼 납작 엎드려 한동안 숨을 헐떡거려야 했다. 침이 질질 흐르고 눈물 콧물이 절로 나는 것이 아무래도 하늘의 영웅인 조종사에겐 어울리지 않는 몰골이었다. 그런데 시게미쓰는 다른 후보생들과 적이 달랐다. 그는 공기에 저항하지 않았다. 공기를 다스려 이용하는 방법을 정확하게 알고 우아하게 떠올랐다 우아하게 착륙해 가자미들이 널브러진 잔디밭을 유유히 가로질렀다.

　비행 훈련 외에 교육 받는 라디오 통신, 기상학, 항공학 등에서도 시게미쓰는 탁월한 학습 능력을 보였다. 그는 항공 학교에 새로 입학한 120명의 조종사 후보생 중에 가장 먼저 일명 잠자리라 불리는 훈련기 스카톤보를 탔다. 하지만 나는 같은 '조선 출신'으로서 그의 빛나는 성취를 축하할 수 없었다. 그 와중에도 짬짬이 틈틈이 바지런하게 그는 나를 향해 맹수의 이빨을 드러낸 채 <u>으르렁댔기</u> 때문이다.

　"멍청이! 그깟 것 하나 제대로 못해? 훈련 부대에서 한초에게 발기발기 찢기지 않고 살아 여기까지 온 게 신기하다!"

첫 스카톤보 비행에서 인터콤(내부 통화 장치)의 마우스피스 줄을 고정시키는 것을 잊어버려 교관에게 정강이뼈를 차이는 걸 본 시게미쓰가 빈정대며 조롱했다.

"그렇게 정신을 꽁무니에 차고 다녀서야 어떻게 공중전을 수행할 전투기 조종사가 될 수 있나? 낙오되어 패배자 취급을 받기 싫으면 훈련 중엔 아무것도 생각하지 말고 비행기 조종만 생각해!"

긴장과 어지럼증 때문에 계기판을 하나도 보지 못해 비행기가 취객 꼴로 비틀거리며 활주로에 착륙하는 것을 보고는 교관보다 더 혹독하게 내 정신 상태를 비난했다. 가뜩이나 힘든 훈련으로 몸이 천근만근인 터에 시게미쓰의 비난과 조롱 한마디 한마디가 날카롭게 신경을 긁었다. 그래도 나는 똥이 무서워서 피하는 게 아니라 더러워서 피하는 거라는 성현의 말씀을 가슴에 새기며 기어이 시게미쓰와의 충돌을 피했다. 시게미쓰에게 빌미를 주지 않으려 더 꼼꼼히 계기판을 읽고 장치를 점검했다. 치사하고 더러워서라도 그에게 뒤지지 않는 솜씨를 보이지 못하면 흉내라도 내야 했다. 참말로 미치고 팔딱 뛸 노릇이었다.

시게미쓰는 예상치 못했던 복병이었다. 죄도 없이 졸지에 덤터기를 쓴 돼지에 빗대어 흉보긴 했지만 전투기 조종사 후보생들은 제국 군대에서 자랑하는 정예 중의 정예였다. '조국'에 대한 충성심과 '국민'에 대한 애정도 대단하여 수도 동경이 사이판에서 날아온 미군의 B-29에 폭격당했다는 소식을 들은 날에는 훈련기도 겨우 타는 주제에 당장이라도 전투기를 몰고 나가 B-29를 모조리

박살 낼 듯한 기세였다.

"적의 폭격기에 조국이 폐허가 되느니 죽어버리는 게 낫지 않겠어? 사무라이의 부시도는 비루하게 삶에 연연하지 않아! 자존심을 잃은 삶이 어떻게 명예로울 수 있어? 우리는 대일본제국의 아들로서 신성한 유산과 미래를 위해 책무를 다해야 해!"

아무튼 공부도 적당히 해야지 너무 열심히 해서는 안 된다. 그들은 어렸을 때부터 학교에서 서구 세력이 세계를 거의 장악해 일본은 확장할 기회를 잃은 채 서서히 질식되어 가고 있다고 배웠다. 하지만 솔직히 말해 그건 공부라기보다 종교였다. 그래서 배울 만큼 배웠다는 이른바 '지성인'들이 미국인은 이상한 머리 모양과 창백한 피부를 가진 데다 다수는 비만이고 심지어 검둥이까지 포함된 야만족이라는 말을 거침없이 내뱉었다. 심지어 미국 해병대원들은 해병대에 입대하기 위해 자기 할머니를 죽여 잡아먹는다는 이야기를 역사 선생에게 들었다고 당당하게 말하기까지 하였다. 정말 그걸 믿는 거야? 정말? 정말! 그런 후지산 분화구의 개구리 같은 자들이 세계 제패를 꿈꾸다니! 차마 말은 할 수 없었지만 기막히다 못해 좀만 더 하면 재밌어질 지경이었다. 영화 속의 한 장면처럼 금발 머리에 흰 피부를 가진 코쟁이들이 돌아치는 천국을 공상하는 어머니가 이 소리를 들었다면 과연 어떤 표정을 지을까?

그런데 시게미쓰는 이런 '내지 출신'의 애국자들과는 좀 달랐다. 아버지나 그의 주변에 들끓는 충성 경쟁에 목숨을 건 '친일파'들과도 또 달랐다. 그는 훌륭한 조종사가 되어야 할 목적이 '조국'과 '국민'을 위한 거라고 힘주어 말했다. "……종복은 그의 군주를 충성스럽게 섬겨야 한다. 이 나라에 태어난 모든 국민은 이를 결심해야 한다!"는 천황의 칙어 2만 7천 자를 후보생 중 누구보다 빨리 줄줄 외웠다. 하지만 시게미쓰의 야릇한 애국적 태도는 충성스럽다고 말하기에도 꺼림칙하고 충성스럽지 않다고 하기에도 뭣했다. 그의 눈에는 모종의 이익을 얻기 위해 '특등 일본인'으로 인정받겠다는 희번덕거리는 광기가 아닌 뭔가 다른 열기가 있었다. 아아, 어렵다. 내가 이렇게 어렵게 말하는 것은 그를 이해하기가 정말 힘들었다는 증거다. 그처럼 알 수 없는 이유로 그는 누구보다 열심히 훈련 받았기 때문이다. 애꿎은 나를 갈궈대면서까지 훌륭한 조종사가 되기에 목숨을 걸었기 때문이다. 어느 (내지 출신) 후보생보다 더 우수한 성적으로, 어느 (내지 출신) 조종사보다 더 빠르고 정확하게……!

"나한테 왜 이러는 거야?"

두 손 두 발 다 들었다. 나는 결국 수수께끼를 풀지 못하고 시게미쓰를 변소 뒤로 끌고 갔다. 군대에선 겁쟁이와 게으름뱅이만 "왜?"라고 묻는다고? 상관없다. 까닭도 모른 채 갈굼을 당하다가 속이 터져 죽는 것보다는 겁쟁이나 게으름뱅이로 찍히는 게 차라리 낫다.

"넌 나한테 왜 이러는데?"

그런데 시게미쓰는 정말 견적이 안 나오는 놈이었다. 분명히 내가 먼저 질문을 던졌는데 왜 내가 자기를 변소 뒤로 끌고 왔느냐고 영문을 통 모르는 해맑은 눈으로 되묻는 것이었다. 그때 나는 순간적으로 이놈이 상식적인 머리론 이해할 수 없는 특이한 꼴통이란 걸 감지했다. 그래도 할 수 없었다. 현대의 사무라이를 꿈꾸는 제국 군대의 조종사 후보생들이 싸지른 비장한 똥오줌 냄새가 진동하는 변소 뒤까지 와서 '쎄쎄쎄'나 하고 돌아갈 수는 없는 노릇이었다.

"왜 나만 물고 늘어지냐고? 일급 조종사가 되고 싶으면 혼자 열심히 뺑이 칠 것이지, 물귀신이냐? 왜 사사건건 나를 끌고 들어가는 거야?"

나는 내친김에 쇠뿔을 뺄 기세로 덤볐다. 그런데 시게미쓰의 대답이란 게 걸작이었다.

"그건, 네가 조선 출신이니까."

"뭐?"

"입대하기 전 모교에 학병 독려 연설을 하러 갔지. 수백 개의 겁에 질린 눈들이 연단에 선 나를 바라보고 있었어. 나는 연설을 하는 대신 웃통을 벗었지……."

눈앞에 대충 그림이 그려졌다. 마이크를 내던지고 웃통을 벗어젖히는 시게미쓰와 당황하여 웅성거리는 그의 후배들. 이러나저러나 그림은 썩 나쁘지 않았겠다. 시게미쓰의 가슴 근육은 같은 남자가 보기에도 짱짱하니까.

"나는 후배들과 함께 구보를 하여 운동장 한 바퀴를 돌았어. 그러면서 군대에서 절대로 일본인들에게 밀리지 않겠다고 다짐했지. 기술이든 정신력이든 그들을 이기고야 말 거야! 조선인은 겁쟁이가 아니고 결코 호락호락하지 않다는 걸 보여줄 거야! 그러니 너도 정신 차려. 우린 조선 민족의 대표 선수라고!"

나는 아까부터 칠성구멍 주위를 윙윙거리는 똥파리 걱정도 잊은 채 입을 떡 벌리고 시게미쓰의 진지한 얼굴을 바라보았다. 말하자면 그는 조선 민족의 대표 선수로 올림픽에 참가하듯 전쟁터에 나왔다는 것이었다. 민족적 자존심을 지키기 위해 특출하고 충성스러운 이민족의 전쟁 영웅이 되겠다는 것이었다. 전쟁이란 게 원래 미친놈들의 개싸움이니 시게미쓰의 궤변 정도는 애교일지도 모른다. 어쨌든 변소 뒤의 회동 덕분에 한 가지 사실만은 분명히 확인했다. 이 끔찍하게 뒤죽박죽인 전쟁터에 제정신이 아닌 놈이 나 혼자만은 아니라는 것!

항공 학교에 입교한 지 한 달이 지나 처음으로 외출이 허락된 날이었다.

"외출은 오후 십육 시부터 오후 이십이 시까지 여섯 시간 동안이다!"

훈련 교관인 장교 사사키가 첫 외출에 들뜬 후보생들을 둘러보며 말했다. 사사키는 장교 다나카와 함께 공군사관학교 출신으로 비행 시간만 1천 시간이 넘는 베테랑 전투기 조종사였다. 하지만 사사키와 다나카는 여러 면에서 매우 대조적이었다. 다나카가 조종사의 기술이나 비행기의 성능보다 중요한 것이 정신력과 군기라고 주장하는 단순무식과인 데 반해, 사사키는 첨단 무기인 비행기를 다루는 조종술이야말로 정교한 과학이라고 강조하는 합리주의자였다.

사사키는 다나카보다 인기가 좋았다. 그가 '용의 파괴자'란 뜻을 가진 쌍둥이 엔진의 전투기 토류를 조종하는 모습을 보면 누구라도 홀딱 반할 수밖에 없었다. 사사키는 무거운 기계를 장난감처럼 가볍게 다루며 마치 로켓처럼 솟아올랐다. 고도를 유지하고 편대를 빨리 형성할 수 있기에 최단 거리로 이륙하는 것이 적기를 요격하는 데 무엇보다 중요한 능력이라는 그의 설명을 간결하게 실연한 것이었다. 이론은 전쟁에서 가장 나중의 것일 뿐이라고 흥분해 침을 튀기는 다나카와는 애초에 비교가 불가능했다. 후보생들은 사사키를 추종하며 우상이자 역할 모델로 삼았다. 다나카 역시 열 대 이상의 B-29급 비행기를 격추시킨 경력을 가지고 있음에도 불구하고 말이다.

그런데 그날의 사사키는 지금껏 보아온 냉철한 이성주의자의 모습과 전혀 달랐다.

"여섯 시간 동안 어디서 무엇을 하든 그건 각자의 선택과 자유다. 하지만 한 가지, 교관이라기보다 제군들의 선배로서 충고할 말이 있다."

그때 행정반에 다녀온 당번병이 한 사람에 비닐 딱지 한 개씩을 배급했다. 나는 단번에 비닐 포장 속 물건의 정체를 파악했지만 몇몇 순진한 학삐리들은 어리벙벙한 얼굴로 얼떨결에 그것을 받아들었다.

"조종사가 되면 한 가지 주의하여 지켜야 할 사항이 있다. 월경 중인 여자와는 절대 자지 마라!"

엥? 잠시 내 귀를 의심했다. 다나카도 아니고 사사키의 입에서 그런 말이 흘러나온 것이었다. 손아귀 안에서 '군용' 콘돔이 미끌거리며 바스락댔다.

"이 전통을 무시한다면, 제군들은 사고의 위험을 겪게 될 것이다. 미신 같지만 이런 사례가 여러 건 있다. 실제로 일어난 많은 사고들이 이 경고를 무시해서 생긴 것이었다."

사사키는 눈썹 하나 까딱하지 않고 평소처럼 진중하고 침착하게 말을 이었다. 최단 거리 이륙을 가능케 하려면 실속(失速)을 최소화해야 하고, 그러기 위해선 기계의 구조를 정확하게 이해하여 교묘하고 빈틈없는 조종술을 익혀야 한다던 바로 그 논리적이고 믿음성스러운 목소리였다. 좌중에는 킥킥거리는 소리조차 들리지 않았다. 누구 하나라도 먼저 웃었다면 다들 와그르르 폭소를 터뜨렸을 텐데, 사사키가 아니라 다나카가 말했더라면 피식피식 실소라도 흘렸을 텐데, 그처럼 정색을 하고 진지하게 말하니 웃을 수도 없고 못 믿겠다는 눈치조차 드러낼 수 없었다. 문득 일본은 신의 나라이기 때문에 절대 전쟁에 지지 않는다고 장담하던 나카무라 형사가 떠올랐다. 경찰학교와 공군사관학교의 교과 과정에 퇴마술이나 액막이는 들어 있지 않나 궁금할 지경이었다.

교관이자 인생 선배이자 박수무당인 사사키의 주의를 듣고 부대를 빠져나오며 나는 (고작) 한 개씩 주어진 그것을 살펴보았다. 정말 놀랍고도 대단한 제국 군대가 아닐 수 없었다. 그 '군용' 콘돔의 이름은 다름 아닌 '돌격1번'이었다. 후보생들은 모두 '돌격1번'을 손아귀에 꼭 쥐고 가까운 읍내로 '돌격'하기 위해 달려 나갔다.

전시의 읍내는 을씨년스러웠다. 영화관도 식당도 거의 다 문을 닫았다. 갈 곳이라곤 오매불망 '돌격대'의 기습을 기다리는 유곽들뿐이었다. 어쨌거나 '민간'의 거리 한복판에 서니 기분이 야릇했다. 그동안 시간이 어떻게 흘렀는지 알 수 없었다. 머리가 바닥에 닿자마자 곯아떨어지다 보니 꿈조차 사치였다. 꿈을 꿀 수 없으니 현옥을 만날 유일한 길조차 잃었다. 그래서 나는 잠시 이 멍멍하고 몽몽한 상태를 사랑을 잊은 것이라고 착각했다. 내게 더 이상의 사랑은 없다고……. 사랑을 잊거나 잃은 사람은 천해진다. 나는 다시 그녀를 만나기 전으로 돌아가버린 것만 같았다.

그런데 이건 참 괴상한 수수께끼다. 죽음을 눈앞에 두고 코끝에서 시체 냄새를 맡는 짐승들은 어찌하여 교미에 발작적으로 열광하는가? 굶주린 들쥐 떼는 무리지어 옮겨 다니는 중에도 서로의 목덜미를 물어뜯으며 끊임없이 흘레붙는다. 어렸을 적 뒷집에 살던 폐병쟁이는 동네에서 모르는 사람이 없는 색마였다. 나는 막상막하의 악동인 친구들과 담벼락에 찰싹 달라붙어 문고리가 단단히 걸린 방 안에서 아침저녁 가리지 않고 새어나오는 떡방아 소리에 귀를 기울이곤 했다. 어느 새벽 자다가 갑자기 벌떡 일어나 피를 왈칵 토하고 죽었다는 소리를 듣기 바로 전날까지도 악동들은 몸을 배배 꼬며 그 집 담벼락에 붙어 있었다. 눈앞의 죽음을 잊으려는 듯 코끝에서 몰칵몰칵 치미는 시체 냄새를 지우려는 듯 병사들은 적군이 아니라 여자를 향해 '돌격'했다.

하지만 막상 간이 칸막이가 쳐진 허름한 방 안에 들어섰을 때 내가 느낀 건 지금껏 죽을 둥 살 둥 북돋아 기른 용맹무쌍한 전의가 아니라 암담한 패배감이었다.

"빨리 해요!"

전쟁터에서도 그처럼 지독하게 심심하고 지루한 표정을 짓고 있는 사람이 있다는 게 신기했다. 입었다 벗었다 하기도 귀찮다는 듯 기모노 치마를 허리춤까지 추켜올린 창녀가 다리를 벌린 채 다다미 위에 누워 있었다. 나 같은 미식가에겐 모욕이나 다름없는 일이었지만 그래도 시장이 반찬이라니 까딱하면 허기에 꺼둘려 그 여자(라기보다는 요시노가 끼고 사는 도우닌교와 마찬가지인 구멍) 위에 엎어질 뻔했다.

"빨리 끝내요!"

시작도 하기 전에 끝내라고 재촉하며 신경질을 부리는 그 여자야말로 강적이었다. 그럼에도 불구하고 나는 뭣에라도 들린 듯 얼결에 '돌격1번' 콘돔의 비닐 포장을 벗겨 무기에 장착했다.

'제기랄, 육시랄, 염병할 놈의 전쟁!'

욕이 절로 입안에서 질근질근 씹혔다. 대상도 없는 적의가 불기둥처럼 솟구쳤다. 남극의 얼음산에서 버둥거리는 펭귄을 붙잡고 수간을 했다는 탐험대장까지도 이해가 갔다. 내가 진짜로 '돌격' 하고픈 곳은 콱 쑤셔 박아 찢어발기고픈 절망과 절망의 틈새였던 것이다. 대동아 공영이고 세계 제패고 내가 알 바 아니지만 폭탄이 없으면 물총이라도 마구 쏴 갈기고 싶었다. 깡그리 처부수고 점령하고 약탈하고 싶었다. 일단은 저 뻔뻔스럽고 몰염치하게 아랫도리를 벗어던진 적군부터!

그런데 바로 이때 내 개똥철학 운명론을 뒷받침하는 일이 다시 한 번 벌어진다. 거품을 물고 결전의 자세로 달려들던 내 눈에 음습한 참호보다 먼저 무방비의 무언가가 날아와 꽂힌 것이었다. 바로 적군, 아니 창녀의 발이었다. 타비까지 벗어젖힌 채로 노출된 그것은 꽤나 길쭉하고 못생긴 발이었다. 눈 큰 사람 발 큰 도둑놈, 이라는 놀림조의 속담과 함께 내가 의식적으로 무의식적으로 기억 속에서 지워버렸던 현옥을 다시 떠올린 건 너무도 자연스러운 일이었다. 그녀는 평화롭고 행복할까? 지금쯤 내가 선물한 흰 고무신을 신고 사뿐사뿐 어딘가를 걷고 있을까? 그 순간 지랄 발광 네굽질 하던 전투 의지가 사라지고 바글바글 졸아붙던 욕망이 스르르 무장해제되어 버렸다. 신비하고도 어리석은, 마법처럼.

"도대체 할 거예요, 말 거예요?"

"……미안해요."

천하의 난봉쟁이 하윤식이 옷 벗은 여자 앞에서 던지기엔 턱없이 어울리지 않는 대사인 걸 알지만 그 밖에 더 할 말이 없었다. 나는 넉 달 만에 처음 '돌격'할 수 있는 기회를 포기했다. 언제 다시 '돌격'할 수 있을지, 살아서 '돌격'이나 해볼 수 있을지 알 수 없는 지경에 스스로 싸움을 포기하고 항복했다. 오늘 밤이면 모포를 들쓰고 숯불 위에서 구워지는 오징어처럼 몸을 꼬며 후회할지도 모르지만, 그 순간만은 백기를 들고 투항하는 것이 내가 선택할 수 있는 유일한 길이었다. 허탈하지만 흔쾌한 마음으로 방을 나서려는 순간 아예 허리띠를 풀고 서서 기다리던 병사가 헐레벌떡 달려 들어왔다.

"가와모토! 너였구나. 기다리다가 숨넘어가는 줄 알았다!"

나를 밀치다시피 하며 방 안으로 '돌격'해 들어간 그는 같은 분대원인 카가와였다. 교토 출신의 유도 유단자로 체육대학에 다녔다는 카가와는 운동선수 특유의 단순하고 낙천적인 성격으로 다른 먹물들보다는 나와 제법 배짱이 맞는 놈이었다. 나는 카가와가 '돌격'을 끝내고 나올 때까지 유곽 앞에서 담배를 피우며 그를 기다렸다. 그때 담배 한 대를 태우며 내가 했던 생각은 그나마 카가와와 구멍동서지간이 되지 않아 다행이라는 것 정도였다.

그런데 한참 만에 카가와가 창녀의 방에서 나왔을 때, 나는 그가 정말로 무슨 필사의 돌격전이라도 한바탕 벌이고 온 줄 알았다. 반쯤 풀고 들어갔던 허리띠를 다시 꿰어 차지도 못한 채 카가와는 창백한 얼굴로 중얼거렸다.

"난 이제…… 어쩌면 좋으냐?"

"무슨 소리야? 저 계집이 아다라시를 먹었으면 살림이라도 차려달래?"

도대체 처음 만난 창녀에게서 무슨 대단한 충격을 받을 수 있는지 알지 못하는 나로서야 실없는 소리를 던지며 낄낄거리는 게 당연했다. 하지만 카가와는 다리에 힘이 풀린 듯 유곽 문간에 털썩 주저앉아 머리통을 감싸 쥐었다.

"저년이…… 거기에다 솜을 틀어막아서 생리하는 걸 숨겼더라고! 제 딴엔 한 푼이 아쉬워 그랬다지만…… 난 이제 어떻게 되는 거지?"

카가와는 조종사의 금기를 어겼다는 사실 때문에 정말로 괴로워하고 두려워했다. 일단은 그런 카가와부터 달래야 했기에 나는 엉너리를 부려서 여차저차 이러구러 그런 미신이 통할 리 없다고, 전국학생선수권대회 은메달에 빛나는 역사(力士)가 그깟 협박에 넘어가서야 되겠냐고 너스레를 떨었다. 하지만 나 역시 마음 한구석이 섬쩍지근한 건 어쩔 수 없었다. 누구에게도 털어놓을 수 없는 말이었지만 내 불운을 카가와가 가져간 것인지도 모른다는 기묘한 예감이 들기도 했다

그로부터 사흘 뒤, 조종사 후보생들은 곡예비행을 훈련하기 위해 대기선에 서 있었다. 활 모양의 궤도를 그리며 수평 회전하여 거꾸로 비행하는 곡예비행은 오장육부를 재배치하는 기분이 드는 고난도의 훈련이었다. 카가와의 순서는 바로 내 앞이었다. 나는 불안한 얼굴로 비행기와 하늘을 번갈아 쳐다보는 카가와의 등을 툭툭 치며 아무 일도 없을 거라고 속삭였다. 내 격려의 힘일 리는 없겠지만 그날 카가와의 비행은 어느 때보다 완벽했다. 조종석에

서 내려온 카가와는 그제야 좀 안심이 되는지 다른 후보생들처럼 어지럼증을 못 이겨 토사물을 쏟거나 쓰러지지도 않고 벌쭉 웃으며 대기선을 향해 걸어왔다.

그런데 순간 나는 내 눈을 의심했다. 머리통이 사라져버린 카가와의 몸통이 혼자 몇 발자국을 걸어오고 있었다. 활주로에서 맹렬한 속도로 날아온 비행기 프로펠러가 망나니의 칼처럼 카가와의 목을 댕강 자른 것이었다. 월경 중의 여자와 자면 사고가 난다는 건 미신이 분명하다. 카가와가 나를 대신해 생리하는 창녀와 잔 것은 우연이다. 정비 도중 프로펠러가 분리되어 날아온 건 정비병의 잘못으로 빚어진 사고에 불과하다. 하지만 문제는 연속적으로 일어난 이 사건들을 설명할 수 있는 게 우연과 미신 이외에는 없다는 사실이었다. 사사키는 영험한 박수무당이라기보다 전쟁의 속성을 잘 알고 있는 유능한 군인이었다. 미신적인 공포와 우연적인 생사의 엇갈림이 속출하는, 전쟁이야말로 우연이자 미신 그 자체였다. 푹 꺾여 쓰러진 몸통을 두고 데굴데굴 땅바닥을 구르는 카가와의 머리통은 여전히 벌쭉이 웃고 있었다.

운명은 곡예비행보다 더 메스껍고 어지러웠다. 교토에서 부모님이 올 때까지 시신을 보존할 드라이아이스가 없어서 죽은 지 하루도 되지 않은 카가와의 시체를 화장하고 돌아왔을 때, 내무반에서는 한 통의 편지가 나를 기다리고 있었다. 형이었다. 가족들은 모두 잘 지내며 나를 자랑스럽게 생각하고 무운장구를 빈다고 했다. 그리고 총독부 기관지《매일신보》의 기사와 흡사한 그 따분한 편지 끄트머리쯤에야 딱 두 줄의 알짜가 적혀 있었다.
"전시이니 만큼 결혼식을 생략하고 현옥이 지난달부터 집에 들어와 살기 시작했다. 지금 그녀의 배 속에는 네 조카가 자라고 있다……"

너의 마차를 별에 걸어라

1945년 1월 1일의 아침이 밝았다. 지짐지짐 겨울비가 내리는 어둡고 축축한 날이었다. 새벽부터 웬 놈의 특별 회합을 소집한다고 설칠 때부터 기분이 떨떠름하고 예감이 좋지 않았다.

"제군들!"

제3비행중대장 스즈키 대위는 항공 학교 교관 사사키와 다나카를 동시에 연상시키는 인물이었다. 물과 불을 섞어놓은 듯 완벽한 무표정과 고압적인 태도가 사사키보다 더 엄숙하고 다나카보다 더욱 음산했다. 조종사와 조종사 후보생을 포함한 백여 명의 중대원이 모여 있지만 바늘 한 개를 떨어뜨려도 쇠몽둥이 치는 소리로 들릴 정도로 강당 안은 쥐 죽은 듯 조용했다. 내가 정말 미칠 듯이 싫어하고 도저히 익숙해질 수 없(지만 강제로 견딜 수밖에 없)는 긴장 어린 분위기였다. 그래도 설날이라고 오조니〔떡국〕 한 그릇씩을 나눠주더니 이제 세배라도 받으려는 건가? 겉으로는 굳은 표정에 눈을 부릅뜬 사천왕 같은 모습을 가장한 채로 나는 속으로 아무에게도 들리지 않는 농말을 하며 긴장을 녹였다. 그래, 세배를 하면 세뱃돈은 주실 건가요?

"드디어 마지막 시간이 다가왔다. 우리는 중대한 결정에 직면했다!"

하지만 이놈의 제국 군대에 유머를 기대한다는 건 산 호랑이 눈썹을 찾는 일이나 매한가지였다. 그저 이렇게 다짜고짜 청천벽력 같은 선언으로 앞통수 뒤통수를 동시에 쳐서 정신을 쏙 빼고 가슴을 철렁하게 만드는 일에만 도사였다. 만약에 내가 살아서 이 지옥을 나가게 된다면, 카가와처럼 재가 되어서가 아니라 몸뚱이째 돌아갈 수 있다면, 타들었다 철렁했다 졸아붙었다 서늘해졌다 벌름거렸다 오그라들어 콩알만 해진 내 간덩이를 해부해 의학적 발전의 쾌거를 이루시라고 경성의전 외과부에 시신이라도 기증할 텐데!

그런데 지금은 이런 교수대 유머로도 긴장이 풀리지 않을 정도로 분위기가 살벌했다. 아무래도 뭔가 끔찍한 일이 벌어지고야 말 모양이었다.

"나는 믿어 의심치 않는다. 제군들 중에는 영광스러운 대일본 제국의 신성한 아들로서 조국을 위해 기꺼이 생명을 바치는 것을 두려워하는 자가 단 한 사람도 없으리란 것을!"

스즈키가 날카롭고 차가운 뱀눈으로 중대원 한 사람 한 사람을 쏘아보았다. 나는 눈알이 거의 튀어나올 정도로 힘주어 눈을 부릅떴다. 입대하여 지금까지 얻은 지식과 경험으로 미루어 보건대 이럴 때 자칫 눈을 내리깔았다가는 그야말로 작살이 나는 것이다.

"아니, 혹시 있는가? 스스로 이러한 영광을 받아들일 능력이 없다고 생각하는 자가? 진실하고 솔직하게 가슴에 손을 얹고 자신에게 물어보아 그런 생각이 드는 자가 있다면 손을 들라! 개인적인 의사를 표현할 수 있는 시간은 지금이 마지막이다!"

바닥을 알 수 없는 우물 같은 침묵이 흘렀다. 중대원들은 모두 알고 있었다. 스즈키가 말하는 '영광'이라는 게 무엇인지.

필리핀 레이테 만에 주둔한 제1해군항공부대 201전투기중대의 타마이 대령이 세키 유키오 중위를 은밀히 부른 것은 1944년 10월 19일이었다.

"자네가 이 영광을 받아들이겠는가?"

세키는 전쟁 전에 해군사관학교를 다니던 학생이었고, 스물세 살이었고, 신혼의 새신랑이었다. 그는 '영광'의 무겁디무겁고 거룩하디거룩함에 질려 한동안 고개를 떨어뜨린 채 말없이 생각에 잠겼다. 그리고 마침내 숙였던 고개를 들고 무겁디무거운 입술을 열어 떨리디떨리는 목소리로 말했다.

"이 임무를 제게 맡겨주셔서 감사합니다."

하지만 그 영광되디영광된 순간에 세키의 낯빛은 희디희다 못해 납독이라도 오른 듯 푸르뎅뎅했다.

"그런데 자네 안색이 왜 그런가? 이상스럽게 창백해 보이는구먼."

눈치라곤 국 끓여 먹은 타마이의 질문에 대한 세키의 대답.

"걱정하지 마십시오. 며칠째 설사를 앓고 있어서 좀 창백해 보일 겁니다."

그러자 그걸 해명이랍시고 곧이곧대로 받아들이는 타마이.

"음, 그렇군. 그렇다면 다행일세."

그리하여 마침내 지독한 설사병에 걸렸다 나았다는 세키는 곧 과부가 될 새색시에게 전할 머리칼 한 줌을 싼 종이를 맡긴 뒤 창공으로 솟아올랐다. 250킬로그램에 달하는 폭탄을 전투기 제로센에 싣고 날아가 미국 항공모함의 갑판과 선체 사이에 통째로 꼬라박았다. 세키의 폭탄이 터지면서 배 옆구리에 구멍이 났고 또다른 제로센이 세키를 따라 구멍 안을 파고들면서 항공모함은 검은 연기를 토하며 지그재그로 도망쳤다.

임무 수행 완료! 폭풍 같은 설사병을 이겨낸 세키는 제국 군대 최초의 자살특공대원으로 영광되디영광되게 적의 심장부에 꼬라박혔다. 세키가 이끈 부대의 공식 명칭은 '신푸〔神風〕도쿠베츠-고게키타이', 줄임말로 '독고다이'라고 부르는 특별 공격대였다. 하지만 요미가나*에 익숙지 않은 미군 내의 니세이〔일본인 2세〕들이 '신푸'를 '가미가제'라고 부르면서 나중에는 공식명보다 별칭이 더 유명해지게 되었다.

이게 얼마나 미친 짓인지는 미친놈들만 빼고 다 알았다. (아니,

---

* 한자를 일본어로 읽는 방법

어쩌면 미친놈들도 알고 있었을지 모른다.) 최초에 자살 공격을 명령한 해군중장 오니시와 그의 참모들도 분명히 알았을 것이다. 250킬로그램의 폭탄의 위력은 만만찮았지만 항공모함을 침몰시킬 만큼 대단한 건 아니었다. 할 수 있는 최대한이 화재를 일으켜 한동안 갑판을 사용하지 못하게 만드는 것이었다. 그런데 갑판을 망치는 정도의 '엄청난' 전과를 거두기 위해서는 조종사들의 '하찮은' 목숨이 무수히 필요했다. 타고난 흥정바치인 아버지를 붙잡고라도 물어보고 싶었다. 이게 도대체 이문이 좀이라도 남는 장사인가요?

파도를 박차고 수면 위를 스치듯 날아간 다음 해수면으로 뛰어올라 갑판을 치는 방법으로 폭탄을 풀어놓는다! 말이야 그럴듯하지만 실제로는 터무니없이 황당한 전술이었다. 육상 비행장에서 3년 항공모함에서 5년 이상 훈련한 일급의 조종사라도 탈출 가능성은 100분의 1, 항공모함에서 발사하는 대공포를 생각하면 생존 가능성은 1000분의 1이었다. 그런데 이제 겨우 편대 비행을 훈련하기 시작한 조종사 후보생들에게까지 이 '영광'을 받아들이라니! 맨땅에 헤딩하는 짓이었다. 그냥 나가서 뒈지라는 것이었다. 어머니가 좋아하는 공포 영화나 괴기 영화보다 더한 부조리극이자 엽기 쇼였다.

'이건 아니다! 이렇게 개죽음을 할 수는 없다!'

천근만근 무거운 침묵 속에 그런 생각을 했던 게 '반도 놈'만은 아니었던지 문득 '대일본 국민'의 손 하나가 머뭇거리며 올라갔다. 그러자 그 손을 신호 삼은 듯 떨리는 손 몇 개가 뒤따라 올라갔다. 그들은 영광을 거부하겠다기보다 다만 죽고 싶지 않다는 것이었다. 살고 싶다는 것이었다. 나도 살고 싶었다. 재고 따져볼 요량도 없이 오로지 사납고 세찬 삶의 본능으로 나는 바지 솔기에 단단히 붙였던 주먹을 꼼지락꼼지락하였다.

그런데 조심스럽게 손을 밀어 올리려는 바로 그 순간 어디에선가 번개 같은 주먹이 날아와 내 옆구리를 사납게 쥐지르고 달아났다. 숨이 훅 말려드는 충격과 아픔에 하마터면 신음을 흘릴 뻔했다. 하지만 여태껏 반강제로 다져진 용기와 결단력과 정신력으로 간신히 소리를 내는 실수는 피할 수 있었다. 눈물까지 핑그르르 돈 눈을 재빨리 굴려 이 육시랄 돌주먹의 주인을 찾았다. 아니나 다를까, 시게미쓰였다. 그는 불똥이 뚝뚝 떨어질 듯한 눈을 흘기죽거리며 나를 뚫어져라 바라보았다. 그의 눈빛을 통역하자면 이쯤이었다.

"손들면 안 돼! 조선인은 겁쟁이라는 소리를 듣고 말 텐가? 잊지 마, 우린 조선 민족을 대표하고 있다고!"

참으로 기가 막히고 코가 막히다 못해 미치고 팔짝 뛸 노릇이지만 시게미쓰와 그렇게 눈싸움을 하는 사이에 모두 일곱 개의 손이 스즈키에 의해 헤아려졌다.

"아, 소데스카[아, 그렇구나]!"

그런데 그 아슬아슬하고 아찔아찔한 찰나에 나는 스즈키의 입가에 희미한 미소가 스쳐가는 것을 보고 말았다. 제국 군대 병사들의 진실함과 솔직함에 감동한 웃음은 분명 아닌 것 같고, 뭔가가 예상했던 대로 맞아떨어졌을 때 짓는 싸늘한 회심의 미소였다.

"모든 것이 명백해졌다!"

스즈키는 이 공포 어린 긴장을 즐기는 듯 치켜든 손의 주인들을 한 사람 한 사람 노려보며 한마디 한마디를 또박또박 씹어뱉었다.

"제군들 중의 여기 일곱 명은, 공공연히, 불충을 인정했다!"

공중제비도 곡예비행도 이보다 더 어지럽지는 않을 것이다. 일곱 명에 속하지 않은(못한) 내 정신까지도 아뜩했다. 그러니 스즈키의 꾐수에 말려 손을 든 일곱 명의 솔직하고 진실한 얼뜨기들은 어떠했겠는가? 잿빛으로 변해버린 그들의 얼굴은 너무도 참혹하여 차마 쳐다보기가 애처로웠다. 하지만 스즈키는 흡족하다는 듯 쾌활하게 말했다.

"여기에 상관으로서의 내 의무가 있다. 이처럼 용기와 패기가 없고 명예마저 저버린 불충의 무리에게 꼭 필요한 훈련이자 임무를 제공하는 것이다!"

으으으, 그제야 비로소 상황을 파악한 일곱 명 중 한 병사가 쳐들었던 주먹으로 제 머리통을 치며 울먹거리기 시작했다. 가죽 군화 속에서 얼어붙은 발가락들이 미치도록 가렵고 쑤셔와 나는 입술을 힘껏 깨물었다. 분노와 쾌감이 뒤범벅된 스즈키의 새된 목소리가 더욱 높아졌다.

"……너희 일곱 명은 우리 기지의 첫 번째 공격대가 될 것이다!"

세상에 무슨 이런 개코같고 쥐뿔같은 경우가 다 있는지 모르겠다. 포술과 편대 비행을 몇 시간 훈련하고 항공 전술은 고작 맛보기로만 경험한 상태에서 졸지에 자살 비행 연습이 시작되었다.

"강철의 의지는 무엇이라도 이룰 수 있다! 민족의 전통적인 전투 정신으로 가득 찬 죽창 한 자루면 적을 극복하기에 충분하다!"

그토록 입이 닳고 침이 마르도록 자랑하던 불패의 연합 함대와 최첨단의 전투기도 다 끝장난 모양이었다. 바야흐로 죽창을 꼬나들고 한 사람이 적병 하나씩을 물고 늘어지자는 선전 구호가 드높았다. 이제 남은 것이라곤 코흘리개들의 손에까지 한 자루씩 쥐어 줄 죽창밖에 없다는 자백이었다.

"대일본제국은 신성불가침하다! 감히 제국의 영토에 침범하려는 자들에게는 신풍과도 같은 복수의 불벼락이 내릴 것이다!"

케케묵은 750년 전의 전설이 750년 후의 생사람을 잡고 있었다. 섬으로 쳐들어오려는 몽골군의 배를 뒤집은 텐시[하늘의 아들]의 신성한 바람이 다시 한 번 불어오리라고 여기저기서 예언의 작두춤을 추었다. 하지만 B-29가 본토의 도시 곳곳에 소이탄을 터뜨려 열 집 중에 여섯 집을 새카맣게 태워도 복수의 불벼락을 내릴 방도는 없었다. 제국군대가 보유한 제로센, 하야부사, 하야테, 히엔 등으로는 B-29의 속도와 고도를 따라잡을 수 없었다. 그나마도 남아 있는 비행기가 부족해 자살 공격인지 꼭두각시놀음인지를 하려면 훈련기까지 총동원해야 할 판이었다.

지휘관을 따라 250여 미터 상공으로 날아올랐다. 날개를 좌우로 흔드는 신호를 받으면 곧장 활주로에 페인트로 그려진 달걀 모양의 표시 안으로 내리꽂혀야 한다.

"스틱을 왼쪽으로 당기고, 출발!"

명령을 받은 게 아니라 최면에 걸린 것 같았다. 자살 연습을 한다는 것 자체가 허튼소리에 개수작이었다. 다 같이 노리끼리한 것이라고 똥인지 된장인지를 찍어 먹어보아야만 알겠나? 죽음을 연습하며 나는 죽었다. 한 번 죽고 두 번 죽고 거듭거듭 죽었다.

하늘과 땅이 뒤집혀 땅으로, 아니 하늘로 빨려들었다. 그 와중에 활주로의 흰 달걀은 금방이라도 알까기를 하여 거대한 병아리를 토해낼 듯 부풀어 올랐다. 아무리 짬밥이 모자라 배가 고프대도 그 달걀만은 먹고 싶지 않았다. 그런데도 달걀은 자꾸만 자꾸만 커다래지며 나를 향해 다가왔다.

"먹고 싶지 않다니까!"

나는 코끝에서 모락모락 풍기는 닭똥 냄새를 맡으며 스틱을 있는 힘껏 잡아당겼다. 머리 꼭대기로 솟구쳤던 피가 발끝으로 쏠리면서 눈앞이 캄캄해졌다. 쑥꺼덕 빠져나갔다 돌아온 혼백이 헤매었던 곳이 천당인지 극락인지는 알 수 없지만 이게 바로 말로만 듣던 죽었다가 살아난 기분이었다. 그런데 비행을 마치고 착륙했을 때 지휘관은 잔뜩 화가 난 얼굴로 대원들의 뺨따귀를 연달아 후려치며 빽빽거렸다.

"형편없는 겁쟁이들! 삼십 미터 이하가 목표라고 하지 않았나? 너희들 중 단 한 명도 목표를 완수하지 못했다!"

금방이라도 알에서 깨어난 병아리가 삐약삐약 울며 튀어나올 듯했던 그 높이는 고작 60미터에 지나지 않았다고 하였다. 이 훈련을 미친 짓이라고 여기든 말든 어쨌거나 쪽팔렸다. 쪽팔림은 수컷들의 숨이 붙어 있는 동안 끊임없이 그들을 어리석게 만드는 원동력일 것이다. 쪽팔려서 차마 도망치지 못하고 쪽팔릴까 봐 벌벌 떨면서도 앞으로 나아갔던 인류 역사 속의 수많은 수컷들에게 위로와 동정을!

두 번째 시도에선 나름대로 마음을 단단히 먹고 아랫배에 힘을 모았다.

"……긴장을 풀어. 쉽게 생각해야 해. 여기서 당장 죽는 건 아니잖아? 어렸을 때 철길 한가운데 서 있다가 누가 달려오는 기차를 가장 늦게 피하느냐를 내기했던 것처럼, 이건 그저 게임일 뿐이라고!"

하지만 막상 다이빙이 시작되자 눈앞에 펼쳐진 활주로는 달구어진 프라이팬 같고 나는 그 위에 떨어지는 달걀이 된 것 같았다. 껍데기가 부서져(파괴되어) 튀는 기름에 쏟아지고(폭발하고) 지글지글 익어가는(연소되는) 환상이 순식간에 나를 압도했다. 쪽팔렸다. 하지만 어쩔 수 없었다. 나는 또다시 젖 먹던 힘을 다하여 스틱을 잡아당겼다.

"고작 그것밖에 못해? 좀 열심히 해보라고!"

처음 시도보다도 더 높은 고도에서 기어를 잡아당긴 벌로 연병장을 뺑뺑이 도는 내게 시게미쓰가 으르렁거렸다. 그는 역시나

'조선 민족의 용감한 기개'로 장교를 제외한 후보생 중에서 가장 낮은 고도를 기록했다. 시금떨떨하긴 했지만 나는 시게미쓰의 시건방진 태도를 용서하기로 했다. 물론 그의 의도는 완전히 다른 데 있었지만 덕분에 함정에 빠지는 걸 모면했으니 생명의 은인이라고 불러도 아까울 게 없었다.

항공기지의 첫 번째 공격대로 '선발된' 일곱 명은 새해 첫날 이후로 이미 산목숨이 아니었다. 일곱 명 중 하나는 화장실에서 목을 맸다가 숨이 끊기기 직전에 발견되었고, 나머지도 완전히 넋이 나간 허깨비 꼴이었다. 최초의 가미가제 독고다이라는 영광되디 영광된 이름을 갖게 된 세키 유키오에게 주어졌다는 2계급 특진의 보상도, 전사자는 영혼의 왕국에서 수호 전사의 영광을 누릴 것이라는 신도(神道)의 약속도 그들에겐 아무런 위로가 되지 못했다. 특진이나 수호 전사나 다 죽고 나서야 얻을 수 있는 것이기 때문이었다. 명예고 영광이고 나발이고를 따지기 전에 일단 죽어야 하기 때문이었다.

나름 산전수전 공중전을 겪으며 길다면 길고 짧다면 짧은 스무 해를 살아왔지만 삶이 이토록 이상야릇하고 기기묘묘한 것인지는 미처 몰랐다. 때려죽여도 못할 것만 같던 자살 연습도 시간이 흐르면서 점차 익숙해졌고 비행 기량은 날로 향상되었다. 이게 과연 자신감 덕분인지 쪽팔림을 당하지 않으려는 안간힘 때문인지는 모르겠지만 드디어는 달걀 프라이가 되는 공포를 이기고 15미터 상공에서 기어를 당기는 수준에까지 이르렀다.

하지만 교관들은 이 성과에 만족하지 않았다. 모두가 비로소 능숙해졌다 싶은 순간에 그들은 새로운 훈련 방식을 제시했다. 1800미터 상공에서 시작해 10을 세고 900미터 상공에서 6을 세고서야 기어를 당기는 일명 '눈먼 봉사 다이빙'이었다. 처음에는 실눈을 뜨고 끊임없이 아래편을 힐끔거렸다. 하지만 결국엔 눈을 꼭 감고도 거뜬히 임무를 완수할 수 있었다.

"잘했어! 바로 그거야!"

그렇지만 군대에선 결코 좋은 게 다 좋은 것만은 아니었다. 교관들에게 처음으로 모욕과 체벌 대신 칭찬을 받은 그날, 첫 번째 공격대의 돌격 날짜가 정해졌다. 나름 성취감 비슷한 것으로 벌렁거리던 가슴이 순식간에 돌덩이처럼 딱딱하고 싸늘하게 굳었다. 잠시 착각했다. 이건 처음부터 살기 위한 연습이 아니라 죽기 위한 연습이었다. 나는 조종사가 아니라 고무 인형이었다. 쪼그라뜨리면 쪼그라든 대로 잡아 늘이면 늘어난 대로 내 삶은 결국 전쟁이라는 괴물의 손아귀에 사로잡혀 있었다.

"죽느냐 사느냐, 그것이 문제로다!"

이젠 그런 질문 따위도 소용없었다. 가미가제 독고다이 부대원들은 덴마크인도 아니고 왕자도 아니었다. 모여서는 왕왕거리며 조국을 걱정하고 민족을 따지고 천황에 대한 충성을 맹세하지만, 아무도 겪어본 적 없고 아무리 짱구를 굴려도 도저히 알 수 없는 죽음의 공포 앞에 홀로 서서는 턱없이 무력하고 가련한 사내아이일 뿐이었다.

첫 공격을 축하하기 위해 특식으로 나온 세키한[찰밥]과 도미구이에 밥통이 놀랐는지 허겁지겁 변소로 뛰어가 앉았을 때 누군지는 알 수 없지만 아마도 '선발된' 일곱 명의 '자원자' 중 하나의 것일 낮은 흐느낌이 내 알궁둥이를 때렸다. 주룩주룩 새던 설사가 문득 멈췄다. 부글부글 끓는 배창자와 가슴을 달래는 유일한 위로는 이번이 내 차례는 아니라는 사실뿐이었다. 나는 신음 같은 기합 소리와 함께 다시 한 번 아랫배에 세찬 힘을 주었다.

죽고 사는 건 복불복이라고, 나는 현옥에게 헤헤거리며 말했다. 비록 그녀가 죄책감을 갖는 대신 편안하고 자유로워지길 바라며 입에서 나오는 대로 지껄인 말이었지만, 그건 사실이었다. 전쟁터에서의 죽음과 삶은 능력도 의지도 용기도 아닌 순전히 복불복에 달려 있었다.

아버지가 해군에 '보국기'를 헌납하는 대신 육군에 '애국기'를 바치기로 마음먹지 않았다면 나는 육군이 아닌 해군에 지원했을 것이다. 일본 육군의 군기(라고 쓰고 체벌과 기합이라고 읽는다)가 워낙 유명하기도 하거니와 해군 장교들은 긴 머리가 허용된 반면 육군은 짧게 깎아야 한다는 이야기를 들었기 때문이었다. 그런데 공교롭게도 자살특공대가 먼저 설치된 곳은 육군 항공 부대가 아닌 해군 항공 부대였고, 시작이 빠른 만큼 희생도 컸다. 4월 1일 바보를 조롱하는 거짓말처럼 미군이 오키나와를 공격하기 시작한 이후 그 치명적인 혈전에 동원된 인원도 육군보다 해군이 곱절이나 많았다. 우연히 해군 대신 육군에 입대한 덕택에 나는 조금 더 살아 버틸 시간을 얻게 된 것이다.

6개월의 항공 학교 훈련 과정이 연료 부족으로 중단되어 전방의 항공 부대로 가서 훈련을 마치라는 명령이 떨어졌을 때에도 기막힌 우연이 재현되었다. 분대가 다시 편성되어 1분대와 2분대는 포모사로, 내가 포함된 3분대는 4분대와 함께 규슈로 보내졌다. 내가 3분대가 아닌 1분대나 2분대에 속했었다면 나는 이미 산 목숨이 아닐 것이다. 포모사 전투는 어이없도록 치열했다. 천황이 칙서를 내려 희생자를 추모할 만큼 대단한 성과를 거뒀다고 선전되었지만, 실제로 조종사들은 순양함과 구축함도 구별하지 못하는가 하면 돌고래를 적 잠수함으로 착각해 바다에 꼬라박는 황당무계한 실수를 저지르기도 했다.

만약 내가 여름이 아닌 봄에 입대를 하여 훈련을 '순조롭게' 마쳤다면, 만약 내가 '돌격'의 순간에 카가와에게 내 불운을 양보하지 않았다면, 만약 내가 특별 회합에서 시게미쓰의 제지를 받지 않고 손을 들었다면…… 지금쯤 나는 어떻게 되었을까? 그러나 앞서 지나간 '만약'들의 위태로움보다 나를 근심스럽고 괴롭게 하는 것은 앞으로 나를 기다릴 수많은 '만약'들이었다. 나는 내 행운을 꽤나 믿는다고, 또 그렇게 뻥을 쳤다. 하지만 이젠 아무것도 믿을 수 없었다. 시도 때도 없이 마구잡이로 튀어나오는 '만약'들에게 휘청휘청 꺼둘리면서 나는 살아 있어도 사는 게 아니었다. 다만 아직 죽지 않았을 뿐이었다.

그해 봄은 늦게 왔다. 연병장 귀퉁이 목욕탕과 변소 사이의 벚나무는 여전히 몽우리를 터뜨리지 않고 있었다. 나는 똥을 누러 갈 때마다 한 번씩 막 부풀어 오르는 계집애 젖부리 같은 그것들을 가만히 만져보곤 하였다. 현옥의 말이 옳았다. 일본은 전쟁에서 지고 있었다. 드높은 승전보 속에 금방이라도 전 세계를 점령할 듯 기세등등하던 그때, 누구에게도 쉽게 보이지 않던 패배를 예측한 현옥은 확실히 내가 여자 보는 눈이 있다고 자부할 만한 호락호락하지 않은 여자였다. 그녀의 말대로 초조함이란 결국 불안에서 비롯되는 것! 나는 잇몸이 시큰하도록 어금니를 악물었다.

'조금만 더 운을 믿어보자. 이 생지옥의 끝이 생각보다 얼마 남지 않았을지도 몰라……!'

오키나와에서 해군의 자랑인 전함 야마토가 침몰했다는 소식이 들려왔다. 수상 스즈키가 "우리의 승전은 오직 오키나와 전투에 달렸다. 국가와 국민의 운명이 그 결과에 달렸다!"고 강조했던 바로 그 오키나와였다. 수상이 구라를 친 게 아니라면 이제 패전은 정해져 있었다. 국가와 국민의 운명도 불 보듯 훤했다. 그런데도 천황과 대본영은 본토 사수를 위해 '일본 국민 1억 총옥쇄'를 부르짖으며 항전을 독려해댔다. 말이 좋아 '명예와 충절을 위해 깨끗이 죽음을 선택하는' 옥쇄지 1억의 목숨을 모조리 헛방 치는 데 꼬라박겠다는 개수작이었다. 원치도 않는 옥쇄를 당할 입장에서 보면 아무리 엄숙하고 비장하게 떠들어도 눈곱만큼도 멋있거나 폼

나지 않았다.

그 무렵부터 창졸간에 삼류 사무라이가 되어버린 조종사들은 무시무시한 인사로 서로를 배웅하기 시작했다.

"안녕! 야스쿠니 신사에서 다시 만나자!"

시도 때도 없이 미군기 헬캣과 무스탕이 날아와 폭격을 때리는 바람에 벚나무들은 피기도 전에 그을어 타 죽는데, 자살 조종사의 짧은 생애를 그렸다며 〈같은 벚나무의 꽃〉이라는 노래가 유행하기 시작했다.

우리는 달콤한 꽃을 흩뿌리게 운명 지어졌네. 용감하게, 다 같이, 우리 조국을 위해…….

'대일본 국민'들이 신비하고 아름답다고 열광하며 칭송하는 사쿠라와 자살특공대 조종사들의 연관성을 '반도 놈'인 나는 도무지 이해할 수 없었다. 죽어서 아름다운 게 아니라 죽어야 아름답다는데 어쩔 것인가? 이게 어떻게 스스로 청하여, 자발적으로, 기꺼이 죽는 것이란 말인가?

우리 부대에서도 벌써 수십 명이 이와지마로, 오키나와로, 가고시마로 떠났다. 하지만 그중에 돌아온 사람은 단 한 명도 없었다. 호기롭게 웃음을 지으며 떠난 '애국자'도 공포에 질린 얼굴로 눈물을 삼키며 끌려간 '겁쟁이'도 다 같이 죽음의 구렁텅에 꼬라박혔다. 그럼에도 불구하고 시게미쓰가 공격대로 선발되어 가고시마로 전출되기 전까지 내게 죽음은 여전히 남의 일처럼 낯설었다.

"명령을 받았다. 세 시간 후 떠난다."

명예롭고 영광된 전투기 조종사의 마지막을 준비하는 데 참으로 여유롭게도 내려온 통지였다. 시게미쓰는 동료들이 우울한 얼굴로 말없이 지켜보는 가운데 얼마 되지 않는 소지품을 주섬주섬 챙겨 작은 상자에 넣었다. 얼마 지나지 않아 그 상자는 '고 타다시 시게미쓰 중위의 유품'이라는 딱지를 붙이고 조선의 고향 집으로 보내질 것이었다.

"변소 뒤에서 잠깐 보자."

위로도 격려도 할 수 없어 어리떨떨한 표정으로 지켜보던 내게 시게미쓰가 스치듯 지나가며 속삭였다. 나는 그가 내게 무엇을 원하는지 전혀 예상치 못한 채 변소 뒤로 찾아갔다.

"담배 가지고 있어? 혹시 있으면 한 대만 줘."

구보 행군에 도움이 되지 않고 기압을 견디는 데도 불리하다며 담배를 멀리하던 시게미쓰가 내게 담배를 '줘달라고' 청했다. 나는 개가죽 지카다비〔각반〕 사이에 꼬불쳐두었던 담뱃갑을 꺼내어 그에게 건넸다.

"너라면 분명히 가지고 있을 줄 알았지."

킥, 시게미쓰는 웃음을 터뜨리며 봄 하늘로 담배 연기를 길게 내뿜었다. 전쟁이 깊어지면서 군에서까지 담배를 줄여 그 돈을 저축하자는 운동이 벌어지는 바람에 끽해야 하루 다섯 개비씩 지급되는 담배조차 점점 씨가 말라가던 터였다. 하지만 가뜩이나 사는 낙이 없는 병사들에게 금연과 절연은 무슨 개소리? 나는 원래 담배를 피우지 않거나 외출을 나갔다 오는 치들을 구슬려 자체적으로 보급 물량을 차질 없이 확보하였다.

"넌 무인도에 떨어뜨려놓아도 잘 살 거야. 아마 지옥에서도…… 살아남을 거야."

농담조로 건네는 시게미쓰의 말이 아니꼽거나 기분 나쁘지 않았다. 오히려 내 자생력에 대한 칭찬이자 생명력에 대한 축복 같았다. 사람이 죽을 때가 되면 평소에 않던 짓을 한다더니, 죽으러 가는 마당에 평상시와 다른 태도를 보이는 시게미쓰가 슬그머니 안쓰러웠다.

"피우고 싶은 만큼 피워. 난 나중에 더 구할 수 있어."

나는 선심을 쓰며 담뱃갑을 흔들어보였다. 시게미쓰가 다시 픽 웃더니 절레절레 고개를 저었다.

"아니, 담배는 한 대면 충분하고."

시게미쓰가 나를 똑바로 바라보았다. 어쩌면 학병에 지원하라는 연설을 하는 대신 후배들과 함께 운동장을 뛰기로 결심하고 웃통을 벗을 때의 눈빛이 그랬을 듯했다. 굳세고도 쓸쓸하고, 열정적이면서도 무기력한 반짝임.

"부탁 하나만 들어주라."

"뭔데 그래?"

"날 위해 노래 한 곡 불러줄 수 있겠어?"

내가 비록 아버지를 빼박은 선천성 음치지만 죽은 사람의 원도 풀어줄 판에 산 사람의 청이야 어찌 거절하겠는가?
"무슨 노래?"
"……아리랑."

아리랑 아리랑 아라리요 아리랑 고개를 넘어간다.
나를 버리고 가시는 님은 십 리도 못 가서 발병 난다.

지린내와 구린내가 몰칵몰칵 풍기는 변소 뒤에서 지독한 음치가 부르는 〈아리랑〉을 들으며 시게미쓰는 비로소 만족스러운 듯 미소 지었다. 처음 화류계에 발을 들여놓을 때 조선 기생집에 갔다가 얻어들은 노래라 어설프기도 어설펐지만, 사실 나는 제멋대로인 음정이나 박자보다도 내가 이 노래를 부르는 것을 행여 누군가에게 들킬까 봐 조마조마했다. 나는 할 수 있는 한 조선인이라는 사실을 숨기고 싶었고 민족 대표 선수 따윈 하고 싶지 않았다. 나는 처음부터 식민지에서 태어나 식민지에서 자라났다. 그래서 시게미쓰가 '조선 민족' 어쩌고저쩌고할 때마다 괜히 손발이 오글오글하고 몸이 배배 꼬이는 느낌이었다. 알려져봤자 불리하기만 한 배경을 뭣하러 누누이 확인한단 말인가? 굳이 입 아프게 '대동아 공영권'을 강조하지 않아도 나는 이미 한참 전에 사라져버린 나라를 아쉬워하며 추억할 요량이 없었다.

그런데 또다시 이상할 수밖에 없는 일이었다. 죽음을 목전에 두고 구태여 처량한 옛 노래를 청해 듣는 시게미쓰는 웃고 있는데,

누가 들을세라 벌벌 떨며 노래를 하는 내 눈에서 웬일인지 찝찔한 물기가 질금질금 배어 나왔다. 아니다. 아닐 거다. 이건 독한 똥오줌 냄새 때문에 마비된 코 대신 눈으로 삐져나온 물기일 뿐이다.

"고맙다."

시게미쓰가 간단한 세면 용품을 챙긴 배낭을 들쳐 멨다. 그 배낭이 너무 가벼워 보여서 내 가슴이 철렁했다. 그를 가고시마로 데려갈 트럭이 시동을 걸고 있었다. 갑자기 똥오줌 냄새에도 끄떡없던 비위가 뒤집히면서 세상의 모든 것이 역겨워졌다. 전쟁도, 군대도, 아직 살아 있는 나 자신까지도. 막 트럭에 오르려던 시게미쓰가 뭔가 잊은 게 있는 듯 내게 달려왔다.

"비상용으로 담배 한 개비만 더 줘줘."

나는 얼른 담뱃갑을 통째로 내밀었다. 하지만 그는 민족의 자존심을 지키는 대표 선수답게 딱 한 개비만을 깔끔하게 뽑아들더니, 내게만 들리게 나지막이 말했다.

"줘간 담배를 받으려면 내 이름은 알아둬야지. 나는 장성우야……"

시게미쓰가 아니라 장성우를 실은 트럭이 뿌연 먼지를 토하고 떠난 자리에서 나는 한동안 망연자실 멈춰 서 있었다. 해야 할 말이 있는데, 기회를 놓쳤다. 그리고 기회는 영영 다시 오지 않을 것이었다. 내가 처음으로 실감한 죽음은 그런 허탈하고 뼈아픈 상실감이었다.

"나는 하윤식이야……"

내 이름을 말할 기회를 잃었다. 그의 이름을 부를 기회를 잃었다. 꿔준 담배를 되받을 기회를 영원히 잃어버렸다.

지각생처럼 뒤늦게 왔던 봄이 시근벌떡 가고 성급한 우기가 시작되었다. 물불을 가리지 않는 미군 폭격기의 공습은 더욱 맹렬해져서 병영에도 머물지 못하고 쥐새끼처럼 방공호에 숨어 지내는 날이 이어졌다. 더 이상 훈련할 것도 교육 받을 것도 없는 조종사들은(이제 '후보생'이라는 꼬리표는 슬그머니 사라졌다. 노련하고 유능한 조종사들의 떼죽음이 우리를 등 떠밀 듯 진급시켰다) 좁아터진 지하 방공호에서 하릴없이 수음을 했다. 어떤 날은 열 번도 넘게 딸딸이를 쳤다. 적어도 하루에 열 번 이상 머리가 터질 만큼 죽음의 공포에 사로잡혀 헐떡댔다는 뜻이다. 그 와중에도 꼿꼿이 고개를 처들고 두리번거리는 그놈만이 유일한 삶의 징표였다.

"가와모토 진! 면회다!"

입대하여 본토로 건너온 이후 처음으로 누군가가 나를 찾아왔다고 했다. 염라대왕이 보낸 저승사자 말고는 아무도 날 찾을 리 없다고 생각했던지라 얼얼하고 떨떨하게 면회실에 들어섰다.

"그동안 잘 지냈느냐?"

어색한 웃음과 함께 인사를 건네는 그의 앞에서 나는 대답 대신 눈만 껌벅껌벅하였다.

"건강해 보이는구나. 술살이 피둥피둥하게 올랐던 몸도 단단해졌고. 그래, 하늘의 사무라이가 이 정도는 돼야지! 제대로 군인

폼이 나는구나!"

 폭탄을 피해 방공호에 숨었다가 기어 나온 사람에게 자다가 봉창을 두드리는 소리를 떠벌리는 걸 보고서야 나는 비로소 그를 실감했다.

 "아버지……가 여기 웬일이세요?"

 "내가 어디 못 올 데를 왔냐? 입대한 지 일 년이 다 되도록 아들 놈 얼굴을 못 봤으니 공사다망한 중에도 큰맘 먹고 겐카이나다[현해탄]를 건너왔지. 연맹의 일이 얼마나 바쁜지 말이다, '애국기' 기증 사업에만 신경 쓸 수가 없어서 진척이 더딘 지경이다. 그래도 아비의 불충함을 아들이 보상하고 있으니 일없지 않겠느냐? 어허허!"

 처음 면회실에 들어섰을 때 아버지가 낯선 사람처럼 느껴졌던 건 그사이 허옇게 센 머리 때문이었다. 무슨 일에 정신을 팔아 공사가 다 망했는지는 알 수 없지만 아버지를 마주 보고 있노라니 폭삭 늙은 나 자신을 거울로 들여다보는 기분이었다. 그래도 넌덕스럽게 허풍을 치는 모습이 실로 아버지답긴 했으나 왠지 찜찜한 기분을 떨칠 수가 없었다. 내가 아는 아버지는 무언가를 얻거나 잃지 않기 위해서가 아니라면 아들이 아니라 뭣을 위해서라도 쉽게 움쩍거릴 사람이 아니었다.

 "어머니는 잘 지내세요? 형이랑…… 형수는요? 형수는 이제 배가 많이 불렀겠어요. 아이랑 산모…… 모두 건강하대요?"

 형과 현옥과 그들의 아이에 대해 묻노라니 야릇하게 감상적인 기분이 들었다. 가슴 한구석은 여전히 후벼 파는 듯 아팠지만 애틋하고 오달진 감정이 그 상처를 덮었다. 나는 죽지만 한 생명이 태어난다. 내가 죽어 그들이 행복해진다. 솔직히 까놓고 말해 형에게 현옥을 양보하고 입대했다는 사실에 속이 쓰린 적도 있었지만, 공연한 허세와 만용으로 어처구니없는 일을 벌였다고 스스로를 책망한 적도 있었지만, 지금 이 순간 후회는 없다. 사랑을 위해 죽는 일이 어디 흔한가? 그만큼이나 가치 있는 사랑을 만난 건 얼마나 큰 행운인가? 나는 갑자기 근사하고 멋진 사람이 된 것 같았다. 천하의 난봉꾼이자 꼴통으로는 100년을 살아도 결코 맛볼 수 없는 뿌듯한 기쁨이었다.

그런데 아버지는 내 질문에 대한 대답 대신 엉뚱한 말을 툭 던졌다.

"혹시 너도 자살 비행사 명단에 들어 있는 거냐?"

갑작스러운 물음에 간이 떨어질 뻔했다. 하지만 아버지가 어떤 대답을 예상 혹은 기대하는지 알 수 없어 나는 다시 눈만 껌벅껌벅하였다.

"네가 입대한 직후에 다쓰시로라는 자가 「오장 마쓰이 송가」라는 시를 발표해서 조선에도 가미가제 특별공격대가 알려졌단다. 그런데 너는…… 설마, 아니겠지?"

나는 아버지가 슬며시 던진 암시를 냉큼 집어삼켰다.

"아니오. 전 그저 평범한 조종사입니다."

결국엔 알게 될 일이지만 알아야 할 수밖에 없을 때까지 가족들은 아무것도 모르는 편이 나을 것이다.

"그렇군……."

나의 대답을 들은 아버지가 긴 한숨을 내쉬는 게 무슨 의미인지는 알 수 없었다. 안도 혹은 실망?

"그런데 원수 영미의 항공모함을 깨는 건 좋지만 꼭 비행기를 통째로 갖다가 꼬라박아야 하냐? 폭탄을 떨어뜨리는 것만으로는 충분하지 않은 거야?"

아버지는 좀처럼 어울리지 않는 순진한 표정을 지으며 물었다. '애국기'를 헌납하기 위한 10만 원의 기금을 모으느라 엉덩이에 비파 소리를 내며 돌아쳐본 아버지로서는 마땅히 이해하기 어려운 일일 것이다. 역시 그랬다. 이건 누가 보아도 이문이 남지 않는 장사다. 하지만 나는 그에 대해서 무어라고 대꾸할 수 없었다. 아무리 눈치를 때려봐도 이미 작년 겨울부터 물자 부족으로 항공 전투에서 적기와 교전하는 것이 금지되었다는 것을 말할 분위기가 아니었다. 내 침묵을 어떻게 해석했는지 모르지만 아버지가 다시 물었다.

"지금 당장은 아니더라도, 너도 곧 자살공격대에 속하게 되는 게 아니냐?"

"아니오!"

나도 모르게 너무 크고 단호하게 튀어나온 대답에 나조차 놀랐다.

"그건 아주 기술적인 작전이기 때문에 경험이 많은 비행사만 가능합니다. 우리 같은 초짜들은 충분한 훈련을 받지 못했기 때문에 항공모함의 갑판을 때리기도 전에 대공포에 맞거나 바다에 꼬라박을걸요?"

앞의 대답은 거짓이었지만 뒤의 것은 참이었다. 오키나와 해전에서 구축함을 포함한 총 13대의 배를 침몰시키고 항공모함 10대를 포함한 총 174대에 손상을 가하기 위해 동원된 조종사는 육해군을 통틀어 2500명이 넘었다. 그럼에도 윗대가리들이 강조해 선전하는 건 2500이나 되는 젊은 목숨이 사라졌다는 사실이 아니라 200대도 안 되는 배가 망가지거나 가라앉았다는 그 아름답고 눈부시고 장엄한 전과였다.

"그렇다면…… 다행이다!"

나름대로 극렬한 친일파일망정 아버지에게서 애국적인 말 따위를 기대한 적이 없고 이 마당에 그런 걸 듣는다는 것 자체가 코미디겠지만, 이상했다. 아버지는 본디 타고나길 솔직하게 자기 감정을 밝히거나 표현하는 사람이 아니다. 아무리 좋아도 좋은 내색을 했다가 혹시 손해 볼 게 있지나 않을까 면밀히 검토하고 계산하여 충분히 좋아해도 괜찮다고 결론이 날 때까지는 불만이 가득 찬 얼굴로 불뚱대는 사람이다. 그러니 이렇게 솔직하게 나오는 게 오히려 불안했다.

"집에 무슨 일이 있는 거예요?"

나는 조심스럽게 아까 대답을 듣지 못한 질문을 다시 던졌다. 아버지의 얼굴이 금세 우글쭈글하게 일그러졌다. 그러고 보니 흰머리만 늘어난 게 아니라 기름기가 자르르 흐르던 팽팽한 얼굴에 주름살도 잔뜩 잡혔다. 무슨 사달이 나도 단단히 난 게 분명했다.

"네 엄마가……."

평범하고 보잘것없고 만만하고 호락호락해진 현실을 견디지 못해 구석방에서 마마 자국에 물분이나 펴 바르던 어머니가 결국……?

"자살을 하겠다고 동맥을 끊었다."

몽둥이찜질에 튀어나온 신병의 눈알과 프로펠러에 잘린 카가와의 목에서 뿜어 나왔던 피가 양동이째 정수리로 쏟아 부어지는 느낌이었다. 몸이 으쓱하고 털끝이 쭈뼛하도록 끔찍스러워 슬퍼할 정신조차 없었다. 나는 마음을 진정하기 위해 갈퀴손으로 머리통을 감싸 쥐고 박박 긁었다. 움켜잡고 쥐어뜯을 머리칼이 없다는 건 아무래도 유감이었다. 하지만 아버지의 용건은 여기서 끝이 아니었다. 언제나 사람 말은 끝까지 들어봐야 한다.

"그래서 병원에 갔더니 생명에는 지장이 없다고 하더라. 그런데 문제는…… 네 엄마가 아니라 형이다."

나는 화들짝 놀라 고개를 쳐들었다. 이게 무슨 삼류 추리물도 아닌데 반전에 대반전을 거듭한단 말인가?

"형이요? 형이 어떻게 되었다고요?"

"지난달에 연맹의 병사후원부가 반도 출신 학도병 위문단을 지나에 파견할 때 네 형이 노천명 여사를 포함한 몇몇 문인들을 수행하는 책임을 맡게 되지 않았겠냐? 그런데 북경에 도착하자마자 느닷없이 열병에 걸리는 바람에……."

거기까지 듣는데, 갑자기 형의 모습이 기억나지 않았다. 깎은 듯한 이목구비에 뽀얀 피부를 가진 미소년은 어렸을 때 읽은 동화책 속의 망토 두른 왕자와 헷갈렸고, 냉철하고 이지적인 혁명가는 종로 바닥에서 된목으로 손님을 끄는 싸구려 약장사와 뒤죽박죽되었다. 신기한 일은 형이 보이지 않는 대신 현옥이 떠오르는 것이었다. 신기루처럼 내 눈앞에 아른거리는 현옥은 뜻밖에도 동그스름하고 토실토실한 어린애를 품에 안은 어머니의 모습이었다.

"자살공격대에 자원자를 모집한다고 해도 절대 나서지 마라. 너까지 객사를 하면 곤란하지 않겠냐? 염병할, 그놈의 양의사는 배 속에 든 게 고추인지 조개인지 절대 가르쳐줄 수 없다고 뻗대지 않아? 이런 마당에 우리 집안의 대를 이을 사람은 너 하나밖에 없다. 넌 절대로 죽어선 안 돼!"

아버지가 무슨 말도 안 되는 소리를 되숭대숭하게 지껄여도 지금 내 귀엔 아무것도 들리지 않았다. 내가 현옥을 만나고, 사랑하고, 그녀를 위해 형 대신 입대를 한 모든 일들이 운명의 장난처럼만 느껴졌다. 그렇다면 내가 형에게 양보한 것은 사랑이 아니라 죽음이었을까? 전투기를 타고 자살 공격을 하든 광대 패거리와 여행을 하든 형은 어차피 죽을 운명이었을까? 불현듯 견딜 수 없는 죄책감과 혼란이 어깨를 짓눌렀다. 보름달처럼 배가 부풀어갈 현옥과 아직 태어나지 않은 아이를 위해 나는 이제 무엇을 할 수 있단 말인가?

아무튼 세상은 오래 살고 볼 일이다. 참으로 절묘한 시간에 이처럼 쓸데없는 생각이 들 만치, 뛰는 놈 위에는 나는 놈이 있고, 나는 놈 위에는 뛰는 놈과 나는 놈의 뒤통수를 후려치는 기막힌 놈이 있었다.

"우리의 승리는 낙관적이다!"

이제는 자살공격대를 수행할 호위 비행기마저 없는 지경에, 임무 수행 완료를 확인할 수 없어 편대의 지휘 비행기에서 마지막으로 보낸 신호의 초(秒) 수를 세어 어림짐작하는 주제에, 물똥 싸듯 폭탄을 갈기고 가는 적기에 격납고와 활주로는 물론 급수탑까지 파괴된 상황에, 여전히 끝까지 기어코 이긴단다. 국가가 긴급 상황에 처한 건 (어쩔 수 없이) 인정하겠지만 이 장렬한 자기희생을 통해 일순간 적들의 압도적인 만행을 저지할 거란다. 자신감과 낙천주의도 이 정도면 병이다. 불치의 중병이다.

그 병자들로부터 찰밥 한 공기와 미소시루 한 그릇에 말린 생선 조금과 달걀 한 개를 얻어먹고 나는 새벽빛이 부옇게 밝아오는 활주로 끝에 섰다. 기지에 남아 있는 비행기는 하야부사 일곱 대와 나카지마 열다섯 대를 합한 스물두 대가 전부였다. 나카지마는 노몬한전쟁*에서 일본제국육군항공대의 주력기로 끗발을 날렸다는, 그러나 이제는 노후한 퇴물 비행기였다. 나는 몇 시간만 있으면 그 퇴물 도라무캉에 실려 '특별 공격'에 나선다. 오늘이 내 제

---

* 1939년 관동군과 소련, 외몽고군 사이에 벌어진 전쟁

삿날이라는 뜻이다.

원래 하야부사 2대에 지휘관과 베테랑 하사관이 타고 10대의 나카지마에 신참 조종사들이 타기로 되어 있었으나 정비병들이 최종 점검한 결과 나카지마 두 대의 휘발유가 새는 바람에 8대만이 출격하게 되었다. 그 두 대의 나카지마에 타기로 예정되었던 조종사들은 명백히 '실망한' 표정을 지었다. 애국심이 강해서? 빨리 적선을 파괴하는 임무를 수행하고 싶어서? 지금껏 아슬아슬하고 기기묘묘하게 버텨온 내 운은 절정의 순간에 고장 난 비행기를 배정 받는 데까지는 이르지 못했지만 나는 그들이 왜 안도나 만족이 아닌 실망의 표정을 지었는지 이해할 수 있었다. 죽기보다 죽음을 기다리기가 더 힘든 것이다. 선발 인원이 발표될 때마다 간덩이가 콩알만 해지고 염통이 삐뚤어 앉고 쓸개가 빠지는 고통을 겪는 게 너무도 지겨운 것이다. 오늘 죽지 않으면 내일이나 모레 죽을 것이다. 풀뿌리를 붙잡고 돌벼랑 끝에 매달린 듯한 절망감이 무더운 날씨를 예고하는 골안개처럼 기지 안에 자욱했다.

"이제 더 이상 제군들에게 요청할 것은 없다. 다만 조국을 위해 영웅적으로 죽어라! 나는 제군들이 이 임무를 반드시 성공하길 바란다. 자, 황궁을 향해 경례하자!"

사령관의 호령에 따라 흰 천이 씌워진 탁자 위에 놓인 사케 잔을 비운 뒤 거수경례를 하고 남쪽을 향해 몸을 돌렸다. 말은 여전히 휘황찬란하지만 예전에 치러졌던 출정식에 비하면 턱없이 단순하고 초라한 의식이었다. '특별 공격'이 실행된 초기만 해도 육군항공대의 사령관과 참모 그룹의 장교들이 대거 참석했다. 주변 학교에서 동원된 고적대가 극적인 분위기를 고조시키는 음악을 연주하고, 비록 교복이 아닌 몸빼를 입었을망정 사쿠라 가지를 흔드는 여학생들도 있었다.

그런데 특별 공격도 어쩌다 한두 번이라야 신기하고 신선하지, 이런 출격이 너무 자주 있다 보니 이젠 더 이상 특별한 환송을 기대할 수 없었다. 격납고 앞에 줄지어 선 지상 근무원들은 월요 조회에 나온 사무원처럼 무덤덤했다. 비행장에 근로 동원된 남학생들은 좀 따분해 보였다. 심지어 사케 병 하나와 열 개의 잔을 올려놓은 탁자마저 낡아빠져 쓰러질 듯했다. 의미와 성과 따윈 둘째 치고 이젠 희소성마저 없는 것이다.

하지만 그들이 아무리 하찮게 취급해도 내게 목숨은 하나뿐이었다. 황궁이 어느 구석에 붙어 있는지는 모르겠지만 다른 머리통들이 쏠리는 방향으로 내 머리통을 수그리며 나는 천황인가 뭔가는 단 한 순간도 생각하지 않았다. 대신 나는 혼신의 힘을 쏟아 내가 아는 모든 신이라면 신, 절대자라면 절대자, 조상님과 귀신들과 온갖 신령하다고 알려진 것들의 이름을 불렀다. 그리고 내가 할 수 있는 가장 열렬한 기도를 바쳤다.

'살려주세요! 제발, 제발!'

짧은 의식이 끝나고 지휘관이 대원들을 원형으로 모이라고 지시할 때까지도 나는 멈추지 않고 빌었다.

'현옥을 지켜야 해요. 아이가 곧 태어나잖아요. 그러니 나는 여

기서 죽을 수 없어요!'

어리석고 부질없다는 걸 모르는 바 아니지만 나는 머리털 나고 처음으로 온 맘과 온 힘을 모아 간절히 기도했다. 내 운명을 관장하는 누군가에게 제발 한 번만 더 기회를 달라고 싹싹 빌었다. 하지만 어림 반 푼어치도 없는 소리 하지 말라는 대꾸인 양 어깨를 걸고 둥글게 모인 대형 뒤에서 지상 근무원과 학생들이 준비한 노래를 부르기 시작했다.

 싸움이 끝난 후, 우리의 시체는 흩뿌려질 것이다. 짙푸른 산기슭에, 바다 밑바닥에
 우리는 천황폐하께 목숨을 바칠 것이다. 우리는 후회 없이 죽을 것이다.

애처로운 가락과 비장한 가사의 상엿소리를 배경 음악으로 깔고 지휘관이 말했다.
"주의 깊게 들어라. 적선은 사백팔십 킬로미터 전방, 동경 이십 북위 삼십오 방향에 있다. 계획한 대로 두 대의 하야부사가 앞뒤를 맡고, 여덟 대의 나카지마는 삼 개 조로 나눈다. 속도는 시속 이백사십, 고도는 해발 백오십. 일 조와 이 조는 파도 뛰기 접근법을 쓸 것이다. 삼 조는 고공 접근한다. 하지만 공격법이 꼭 고정된 것은 아니다. 마지막 순간에는 너희가 스스로 방법을 선택해라. 단, 적기에 공격을 받더라도 최대한 대형을 유지하며 끝까지 지휘

에 따르도록 하라!"

뭔가를 듣고 있어도 듣는 게 아니고 보고 있어도 보는 게 아니었다. 인사불성이 되도록 술을 퍼마신 후 극장 맨 뒷자리에서 괴기 영화를 보는 것도 같고, 오키야에서 아편연을 빨다가 불시에 들이닥친 단속 경찰에 쫓겨 낯선 뒷골목을 헤매는 것도 같았다. 겉으로는 아무렇지도 않은 듯 훈련된 표정을 짓고 있지만 마음속은 불지옥에 아수라장이었다.

"이제 각자 자기 고향을 향해 돌아서 일 분간 묵상하자. 그리고 마지막 담배를 함께 나눠 피우자……."

다른 조종사들이 북쪽과 남쪽과 동쪽으로 몸을 돌릴 때 나는 홀로 바다 저편 서쪽을 향했다. 이젠 더 이상 조선인이라는 사실을 감추거나 속일 필요가 없었다. 하지만 '고향'이라는 그곳 하늘을 바라보아도 아무 얼굴도 떠오르지 않았다. 간절히 사랑 받길 원했기에 더욱 미워했던 가족도, 세상에 태어나 단 한 번 사랑했던 그녀마저도. 다만 뜨거운 울분과 설움이 가슴에 북받쳤다.

'왜 나야? 왜 내가 죽어야 해? 이유도 모르고 목적도 없이, 남의 나라, 남의 전쟁에서?'

나는 장성우에게서 배운 뜻밖의 분별심을 지금 이 순간 생생히 실감하고 있었다. 나는 이 나라 사람이 아니다. 이것은 나의 전쟁이 아니다!

마지막 담배를 비벼 끄고 마지막 거수경례를 한 뒤 활주로에 도열한 비행기를 향해 걸었다. 연료통은 딱 530킬로미터를 비행할 만큼 채워져 있었다. 미군 함대를 찾지 못한다고 하더라도 10분 안에 기지로 귀환한다는 건 불가능했다. 전투기 아랫부분에 폭탄을 장착해 두어 불시착도 불가능했다. 좌석은 학생들에 의해 꽃으로 장식되어 있었다. 낙하산을 입지 않아 몸이 가벼웠다. 이 낡아빠진 나카지마가 나의 관이었다. 이제는 아무에게도 들킬 걱정을 할 필요가 없기에 나는 조종석에 앉은 채 우우우 길고 깊게 소리 죽여 울었다.

시계 눈금이 정확히 6시를 가리키자 지휘관의 비행기가 이륙했다. 그는 조종사들만의 방식으로 날개를 흔드는 작별 인사를 하지 못했다. 250킬로그램의 검은색 폭탄을 뱃구레에 차고 기체를 흔든다는 건 위험했기에 작별 인사조차 금지된 것이었다. 그를 따라 첫 번째 나카지마가 날아올랐다. 나는 생전의 마지막 친구인 조종간을 꽉 움켜잡았다. 두 번째 나카지마가 날아올랐다. 모자에 꽃을 꽂고 전장을 향하던 고대 사무라이의 전통을 따라 학생들이 헬멧에 꽂아놓은 꽃을 잡아 뺐다. 꽃이 무슨 죄가 있으랴마는, 나는 그토록 사람의 피를 끓게 하는 광기의 상징을 용서할 수 없었다. 세 번째 나카지마가 날아오르면서 1조의 이륙이 끝났다. 내 순서는 3조의 마지막이었다. 내 뒤에 남을 것이라곤 노련한 감독관인 하사관의 하야부사 한 대와 흙먼지뿐. 삶과 죽음의 복불복도 여기서 끝이었다.

아리랑 아리랑 아라리요 아리랑 고개를 넘어간다.

나를 버리고 가시는 님은 십 리도 못 가서 발병 난다.

2조의 비행기 세 대가 연달아 하늘로 날아오르는 것을 지켜보며 나는 나지막이 노래 불렀다. 현옥에게 내 행운을 믿는다고 허풍을 떨었던 게 부끄러웠다. 돌아오라는 다짐을 저버리게 되어 그녀에게 미안했다. 사랑한 만큼, 미안했다.

그런데 뭔가, 뭔가가 이상했다. 내 앞의 비행기가 날아오르길 기다리며 멍하니 하늘을 바라보노라니 이미 이륙한 7대 중 1대가 곡선을 그리듯 진로를 바꾸는 모습이 눈에 띄었다. 각도상 착륙하려는 것 같았다.

'엔진 이상을 일으켰구나!'

당연히 그렇게밖에 생각할 수 없었다. 그런데, 그러나, 그는 너무 빠르고 가파르게 접근했다. 몇 달 전 폭격을 받아 부분적으로 파괴되어 임시로 복구한 격납고 쪽으로! 그 순간 고막이 터질 듯한 폭발음과 땅을 뒤흔드는 진동에 나는 본능적으로 조종석에서 뛰쳐나가 콘크리트 위에 엎치었다. 격납고 전체가 화염에 싸여 있었다. 검은 연기는 달아오르는 한여름 태양을 가리며 뭉게뭉게 피어올랐다. 격납고에 남아 있던 수천 갤런의 연료가 검은 연기가 되어 사라지고 있었다.

소방차가 도착해 진화에 나섰으나 모든 노력이 헛수고였다. 어설프게 세웠던 격납고가 다따가 무너지며 연달아 폭발하자 소방관들은 뒷걸음질하다가 호스와 엉키고 자기들끼리도 엉클어졌다.

그리고 그 난마에서 빠져나오기 위해 미친 듯이 몸부림치며 서로 발길질을 하였다. 황당한 와중에도 물뱀 같은 호스와 사람들이 뒤엉켜 레슬링을 하는 모습은 참을 수 없이 우스웠다. 그런데 웃다가 문득 생각해 보니 내가 있는 곳도 안전지대는 아니었다. 격납고와 머지않은 활주로에는 아직 750킬로그램의 폭탄이 쌔근쌔근 잠들어 있었다. 생각이 그에 미치는 순간 벌떡 일어나 미친놈처럼 내달리기 시작했다. 한참을 전속력으로 달리다가 롯의 아내처럼 얼핏 뒤돌아보니 나를 따라 같은 조의 조종사와 하사관도 정신없이 뛰고 있었다. 그래도 우린 소금 기둥 같은 건 되지 않았다. 등 뒤에서 꽝, 콰쾅, 쿵쿵 딱딱, 불꽃놀이 같기도 하고 며칠 후 히로시마에 떨어진 원자폭탄 같기도 한 발작적인 폭음이 연이어 들려왔다.

그제야 알 것 같았다. 간덩이가 붓다 못해 배 밖으로 삐져나와 제대로 사고를 친 용감한 조종사가 과연 누군지. 1조의 두 번째 비행기에는 카가와와 동향으로 교토제국대학에서 철학을 전공했다는 얼굴이 하얗고 목이 긴 샌님이 타고 있었다. 물론 그처럼 고상한 학문을 하는 책상물림이 나와 친분이 있을 리는 없었다. 하지만 누구도 상상하지 못했던 진짜 자살 공격의 주인공이 바로 그라고 확신하는 건 출정 전야의 파티에서 그가 노래 대신 읊었던 시 때문이었다.

"너의 마차를 별에 걸어라!"

다른 조종사들이 술에 취해 가곡 〈황성의 달〉부터 동요 〈뒤뚱뒤

뚱 물떼새)까지 돼지 먹따는 소리로 꽥꽥대는 동안, 설핏 술에 취한 나는 옆에 앉아 녹차만 홀짝이는 재수 없는 그치에게 말(사실은 시비)을 걸었다.

"그게 대체 무슨 헛소리야? 마차를 말도 아니고 별에다가 걸라니?"

"……초월주의자 에머슨의 말이지. 현실의 노예가 되지 말고 드높은 이상을 추구하라고! 하지만 비이성적인 광기가 뒤덮인 세상에서 이상 따윈 기대할 수 없지. 소모품으로 전락한 인간이 출구가 없는 곳에서 탈출하는 방법은 희생뿐이야. 누군가 자기희생을 해야만 죽음의 사슬을 끊을 수 있어. 비록 그 과정이 비극일지라도, 결과는 조금이나마 이상에 가까워지겠지……."

술이 아니라 녹차를 마셔도 취하는 놈은 취하나 보다. 무슨 뜻인지는 하나도 이해할 수 없었지만 나는 그쯤에서 괜스레 허탈한 기분이 들어 개똥철학자에게 시비 거는 일을 중단했다. 결국엔 그가 내게 마지막 행운을 선물하게 될 줄은 까맣게 모른 채.

나는 달렸다. 기름 타는 냄새가 코를 찌르고 목구멍에선 쇳내가 치밀었지만 이루 말로 표현할 수 없는 환희와 상쾌함을 느끼며 내달렸다. 미쳐 들끓던 태양이 사라진 검고 창백한 여름은 황홀했다. 살기 위해 헐떡거리며 뛰는 일은 행복했다. 그리하여 마침내 모든 것이 부서지고 터지고 짓이겨지는 대폭발의 순간 엄청난 굉음과 함께 불어온 뜨거운 폭풍에 등을 떠밀려 몇 미터쯤 날아가 처박혔다. 하지만 나는 역시 운이 좋았다. 마침 나가떨어진 그곳이 푹신한 풀밭이었다. 비릿한 들꽃 무더기에 코를 박은 채 나는 가슴놀이에 꿍꿍 윽박아두었던 황소울음을 길디길게 토해냈다.
"기다려줘……. 이제 곧 돌아갈 거야!"

작가의 말

궁극적으로 내가 원하는 것은 끊이지 않고 이어지는 이야기의 사슬이다.

『미실』에서 『열애』까지, 역사를 소재로 한 전작 다섯 편은 실존했던 인물과 실재했던 사건을 다룬 것이었다. 실존 인물과 실재 사건을 소설적으로 재구성하는 일은 매혹과 한계가 동시에 존재하는 작업이다. 박제된 과거가 아닌 현재와 조응하는 역사를 쓰기 위해 작가의 세계관이 개입되어 다양한 변주를 빚어내는 일은 매혹적이다. 하지만 역사적 사실을 변형하여 왜곡하지 않기 위해서는 소설만이 갖는 허구의 자유를 일정 정도 포기할 수밖에 없다는 한계가 있다. 이 매혹과 한계로부터 나의 고민은 다시 시작되었다.

제2차 세계대전의 마지막 단계인 태평양전쟁에서 세계인을 경악과 공포에 몰아넣은 일본군 가미가제 특공대가 처음 탄생한 것은 1944년 10월 필리핀 중부 군사요충지 레이테 섬에 대한 연합군의 총공세가 시작되기 직전이었다. 그것은 신이 불게 하는 바람[神風]이 절망적인 패배로부터 일본 민족을 구하리라는 기적의 신앙과, 죽음보다 명예를 중시한다는 사무라이 부시도[武士道]가 결합되어 빚어진 '인간 폭탄' 전술이었다. 1945년 8월 15일 최후의 19대가 출격할 때까지 필리핀 제도, 이와지마와 큐슈 해전, 오키나와 해전, 키쿠수이2 작전, 키쿠수이3 작전, 키쿠수이 4-10 작전과 일본군도 해전에서 약 4~5천 명(정확한 통계는 확인되지 않는다)에 달하는 젊은이들이 스스로 비행기를 몰아 미군 선박에 내리꽂혔다. 그런데 한편에서는 무시무시한 전쟁의 광기로, 다른 한편에서는 아름답고 순수한 죽음으로 주장되는 그 자살 공격의 성공 확률은 채 6퍼센트도 되지 않았다(2퍼센트 남짓이라는 설도 있다). 실제로는 무시무시할 것도 아름다울 것도, 아무것도 없었다.

그런데 신화에 의해서든 종교에 의해서든 민족적 책임감에 등을 떠밀렸던 일본인들과 달리, 창졸간에 삶이 아닌 죽음에 대한 '동등한 권리'를 보장 받고 특공대의 명단에 낀 이민족의 젊은이들이 있다. 2001년 8월 11일 자 《요미우리신문》에 나가이 아사미가 보도한 바로는 11명의 조선인 조종사가 가미가제 특공대에 속해 있었다고 하고, 『사쿠라가 지다 젊음도 지다』의 역자 이향철의 개인적 조사에 의하면 16명이 확인된다고 한다. 규슈 최남단 가고시마의 지란 마을에 위치한 '지란특공평화회관'의 기록에는 그곳에서 출격한 탁경현, 노용우, 이현재, 박동훈, 최정근, 이윤범, 김광영, 한정실, 임장수 등 조선인 조종사들의 이름이 남아 있다. 이 밖에 야스쿠니 신사에 합사된 조선인 2만 명 중 몇이 가미가제 특공대가 되어 목숨을 앗겼는지는 확인할 길이 없다. 그들이 '사케'를 마시고 '사쿠라'의 환송을 받으며 마지막 엔진을 가동할 때 무엇을 생각하고 어떤 감정을 느꼈는지도 알 도리가 없다.

비극이다. 우리 근현대사를 쓴다는 것 자체가 거대한 비극에 맞대면하여 슬픔을 감내하는 일이다. 하지만 비장하고 엄숙한 방식만으론 그 비극 속에서도 징그럽도록 끈질기게 존재했던 삶을 온전히 그려낼 수 없다. 기실 소수의 큰사람을 제외한 평범한 인간들의 삶이란 너덜너덜한 일상을 가까스로 짜깁기한 남루한 누더기에 불과하기 때문이다. 서너 명만 모여도 감시의 눈총을 받을 만큼 철저히 통제되어 개별화한 사회, 그러나 삼천만 중 단 한 사람도 자유로울 수 없었던 식민지 상황을 비장하고 엄숙하지 않게 그릴 방법은 무엇일까? 그리하여 결국 나는 그 비극 속에서 가장 희극적으로 살아가는 인물을 주인공으로 내세우기로 했다. 희극적일 수밖에 없어서 더욱 비극적이고, 인간적인.

여전히 정확한 자료가 공개되지 않아 '전설'이거나 '전설적 공포'가 되어버린 가미가제 특공대에 대해서는 일본보다 미국, 프랑스 등 서구에서 출간된 문헌의 내용에 의지할 수밖에 없었다. 『I Was A Kamikaze』(류지 나가쓰카: MacMillan Publishing Company, 1974), 『Kamikaze』(야스오 구와하라, 고든 T. 올레드: American Legacy Media. Clearfifld, 2007), 『Kamikaze Diaries』(오오누키 에미코: University Of Chicago Press, 2006), 『Blossoms in the Wind: Human Legacies of the Kamikaze』(M. G. 쉬프톨: NAL Trade, 2006), 『사쿠라가 지다 젊음도 지다』(오오누키 에미코: 모멘토, 2004) 등을 참고해 소설의 배경을 구성하였다.

이 소설은 '역사'가 아닌 '시대'를 쓰기 위한 첫 시도다. 사실은 아니되 사실보다 더 진실에 근접하는, 진실한 삶에 육박하는 허구에 대한 도전이다.

"대부분의 작가나 화가는 정상에서 멈춰버린다. 그다음은 성공작에 대한 자기 모방이 시작된다. 요컨대 우려먹기다. 창조가 아니라 자기증식이다."

감히 '정상'을 곁눈질할 깜냥은 아니지만 예술가의 자기복제를 경고하는 홋타 요시에의 말은 언제나 나를 아프게 다그친다. 간신히 익숙해지는 바로 그때가 새로운 출발을 준비해야 할 시간이다. 언제까지나 처음처럼, 미숙련의 노동을 달게 받아들이리라.

2010. 7.
김별아

가미가제 독고다이

초판 1쇄 2010년 7월 20일

지은이 | 김별아
펴낸이 | 송영석

편집장 | 이진숙 · 이혜진
기획편집 | 정진라 · 박혜미 · 박신애
외서기획 | 박수진
디자인 | 박윤정 · 박새로미
마케팅 | 이종우 · 한명회 · 김유종
관리 | 송우석 · 황규성 · 전지연 · 황지현

펴낸곳 | (株)해냄출판사
등록번호 | 제10-229호
등록일자 | 1988년 5월 11일

서울시 마포구 서교동 368-4 해냄빌딩 5 · 6층
대표전화 | 326-1600 **팩스** | 326-1624
홈페이지 | www.hainaim.com

ISBN 978-89-7337-257-7

파본은 본사나 구입하신 서점에서 교환하여 드립니다.

◇역자 약력

*우은수: 대학에서 경영학을 전공했다. 10대 시절부터 인간의 영성과 자연생태계, 종교, 영적 문제에 관심을 가지고 탐구해 왔다. 현재 생업에 충실히 종사하며 틈나는 대로 번역을 하고 있다.

*송몽채: 1971년 서울대학교 사범대학 영어교육과 졸업. 여수고, 진흥고, 광덕중고등학교에서 교사 역임. 저서로는 영성 관련 책인 '영혼이 머무는 곳(1993)'이 있음.

관세음보살, 모든 질문에 답하다

초판 1쇄 발행 / 2013년 5월 30일
저자 / 마저리 무삭치오 & 크레이그 호웰
옮긴이 / 우은수, 송몽채
발행인 / 朴燦鎬
발행처 / 도서출판 은하문명
등록 / 2002년 7월 30일 (제22-723호)
주소 / 서울특별시 종로구 수송동 58번지, 332호
전화 / (02)737-8436
팩스 / (02)737-8486
인터넷 홈페이지(www.ufogalaxy.co.kr)
한국어 판권 ⓒ 도서출판 은하문명

파본은 서점에서 교환해 드립니다.
가격 18,000원

ISBN: 978-89-94287-08-9 (03220)

자체가 (사람들의) 가슴의 경직성에 대항하여 반란을 일으킬 수도 있으며, 그럼으로써 그런 악조건들이 지진이나 홍수, 혹은 태풍, 또는 그밖에 것에 의해 분쇄되어야만 할 것입니다. 그리고 이것이 사람들이 가슴 속에 구축해놓은 벽을 날려버릴 것입니다. '성령(Holy Spirit)의 해'에는 사람들의 가슴이 자유롭게 될 필요가 있습니다. 사람들이 영과 함께 흐르는 것을 막는 것은 바로 가슴의 경직이기 때문입니다. 그리하여 이것이 우리의 오늘의 선물입니다.

마스터 모어(More)와 나는 지구상의 많은 사람들에 의해 표현된 남성과 여성의 균형을 시범적으로 보여주기 위해서 팀을 이루었습니다. 이런 균형은 여러분 자신을 한 남성이나 여성으로서가 아니라 세상적인 조건들을 초월한 한 생명으로 사랑할 때 옵니다. 그때 여러분이 균형을 얻을 수가 있습니다. 그런 다음에 당신들은 반대의 성(性)을 가진 한 사람과 진정한 동반자 관계를 이룰 수가 있는 것입니다. 그리하여 여러분은 자신의 반려자와 함께 참된 하나됨의 상태로 들어갈 수 있고, 균형을 이룰 수 있으며, 남녀 사이에 균형 잡힌 표현이 있게 되는 것입니다. 그리고 이는 사랑의 흐름에 열쇠가 되며, 다른 사람들을 매혹시키는 자석이 되는 것입니다.

그러므로 나의 사랑하는 사람들이여, 나는 이 모임을 조직한 사람들과 이 모임에 와서 가슴이 순수한 이들의 모임을 만드는데 크든 작든 여러 가지 면에서 도와주었던 사람들에게 우리의 감사함을 전합니다. 또한 지구를 물려받을 온순한 이들의 거대한 모임이 되도록 해주었던 사람들에게도 깊은 감사를 드립니다. 그리하여 진아(眞我)의 자비의 불꽃 속에서 나는 여러분에게 조건 없고 끝남도 없는 나의 영원한 감사한 마음을 드리는 바입니다.

없는 흐름이며, 지속적인 초월인 것입니다. 그리고 조건들이란 생명을 멈추려는 시도이며, 어떤 단계의 어떤 지점에서 생명을 구속하고 있는 것이 됩니다. 그리고 이것이 바로 죽음이며, 죽음의 의식(意識)인 것입니다.

용서가 열쇠이다.

그래서 며칠 전에 내가 언급했지만 다시 한 번 말하려 합니다. 즉 "용서가 이런 조건들을 극복하는 열쇠"라는 것입니다. 만약 여러분이 다른 사람들에게 원한을 갖고 있다면, 그때 그 원한은 당신들이 영과 함께 흐르는 것을 막아버릴 것입니다. 만일 여러분이 다른 사람들을 (자기의 목적대로) 바꾸고자 한다면, 그리고 자신의 기준에 의해 만일 그들로 하여금 그들이 얼마나 잘못되었는가를 보게 하려 한다면, 그리고 또한 만일 여러분의 기준에 근거하여 그들을 벌주려 한다면, 그때 당신들은 단지 자신을 벌하게 될 것입니다.

왜냐하면 여러분은 저항을 창조할 것이고, 상황이 어떻게 되어야 한다는 정신적인 이미지에 집착하면 할수록 영은 여러분을 자유롭게 해주기 위해 더욱 더 여러분을 (반대편으로) 끌어당길 것이기 때문입니다. 그러므로 다가오는 해에는 용서하지 않았고, 앞으로도 용서하지 않을, 그리고 그들의 과거를 돌아보려고도 하지 않을 사람들과 국가들이 이렇게 말하는 것을 보게 될 것입니다. 즉, "우리는 모든 것을 그대로 놓아두겠다. 우리는 과거에 일어났던 어떤 일에도 보상할 필요가 없다. 우리는 단지 그것을 그대로 놔두고, 우리 자신과 이웃만을 좋아할 필요가 있다."[11]

그러나 사람들이 이런 변화를 이루지 못하는 세상의 그런 부분들을 여러분은 알고 있으며, 그곳이 바로 문제들이 나타나는 것을 여러분이 보게 될 부분이기도 합니다. 그것은 전쟁이나 분쟁이 될 수도 있고, 경제적인 붕괴나 어려움이 될 수도 있습니다. 또는 자연

---

11) 이는 일제침략과 위안부 문제 같은 과거사를 계속 왜곡하고 정당화하려는 최근 일본의 뻔뻔한 국수주의적 행각을 생각나게 한다.(감수자 주)

그렇기에 여러분이 분리의 마음을 넘어서게 되면, 그때 여러분은 (신과) 일체가 되는 마음속으로 들어가게 됩니다. 그리하여 하나가 되어 있다면, 왜 신의 이미지가 필요하겠습니까? 여러분이 단지 멀리 있을 때만 이미지가 필요합니다. 왜냐하면 무엇인가가 있는데, 당신들이 그것과 합일(合一)된 상태에 있다면, 일종의 이미지를 통해 그것을 느낄 필요가 없기 때문입니다. 즉 여러분은 그것을 충분히 경험하고 있기 때문인 것입니다.

성령(聖靈)의 해

따라서 우리 모두가 전해 주었던 이런 가르침들과 이 행사에서 발언한 바 있고 '어머니의 해'를 통해 이야기했던 우리 모두는 여러분이 성령의 해의 입문식을 통과할 수 있도록 준비해왔습니다. 다가오는 해에 여러분이 자신을 사랑하지 않고, 또한 여러분에 대한 절대자의 조건 없는 사랑을 받아들이지 않는다면, 입문식을 통과할 수가 없습니다.

만일 여러분이 어떤 조건들을 갖고 있다면, 성모 마리아나 성 저메인, 그리고 엘로힘(Elohim)이 어제 말씀하셨듯이, 영(靈)과 함께 흐를 수가 없습니다. 영이 영의 적이 되는 세속의 인간적 마음에 의해 규정된 조건들에 맞추라고 한다면, 어떻게 여러분이 영과 함께 흐를 수 있겠습니까? 그럴 수는 없는 것입니다.

여러분은 영이 지구상의 세속적 조건에 따르게끔 해가지고는 상승할 수가 없습니다. 여러분은 오직 기꺼이 영으로 하여금 당신들을 이런 조건들 너머로 데려가게 할 때만 상승할 수 있습니다. 나는 여러분이 이것을 마음으로 이해하리라고 믿습니다. 하지만 다가오는 해의 과제는 이를 이해하는 것을 넘어서되, 그것과 하나가 되는 상태로 들어가서 그 영의 흐름을 최대한으로 경험하는 것이 될 것입니다.

왜냐하면 오로지 그런 영의 흐름 속에서만 생명이 존재하며, 멈춤 속에서는 단지 죽음만이 있을 수 있기 때문입니다. 생명은 끊임

절대자의 사랑은 인간의 조건들을 초월해 있다

나의 사랑하는 이들이여, 하지만 신(神)의 시각으로는 여러분이 결코 다른 사람들을 깎아 내림으로써 자신들이 올라갈 수 없다는 것입니다. 왜냐하면 물론 여러분이 다른 사람을 끌어 내리기 전에 당신들 자신부터 내려와야만 하기 때문인 것이지요. 이런 병증(病症)에 대한 우주적인 치료법은 여러분에 대한 하느님의 사랑을 받아들이는 것입니다. 하지만 절대자의 사랑이 조건을 갖고 있다고 생각하는 한, 여러분은 하느님의 사랑을 받아들일 수가 없습니다. 오직 하느님은 지구상의 한정된 조건들을 초월해서 인간을 사랑하신다는 것을 여러분이 수용하기 시작할 때만, 그대들은 하느님의 사랑을 받아들일 수가 있습니다.

나의 사랑하는 이들이여, 마치 여러분이 절대자의 사랑을 받을만한 가치가 없다고 보이게 하고, 또한 하느님의 사랑을 받기 위해서는 이 모든 세속적인 조건들에 맞게 살아야할 필요가 있는 것처럼 보이게 하는 이 모든 지상의 조건들은 분리의식인 타락한 존재들의 의식(意識)에서 나온 것입니다. 이 모든 것들은 독사의 마음을 가진 자들에 의해 규정되었습니다. 독사의 마음을 사용하는 데 너무나 숙달된 자들은 그들이 이곳 지구에서 "이것은 이러하다"라고 선언하면, 그것이 심지어 하느님의 현실 속에서도 그럴 것이라고 실제로 확신했습니다.

그리하여 그들이 스스로 종교운동의 지도자나 정치적 운동, 또는 회사의 지도자로 자처할 때 그들은 자기들이 어떻게 일이 되어야 한다고 선언할 수 있다고 생각합니다. 심지어 그들은 하느님도 이 점을 존중해야한다고 생각하기까지 합니다. 이것이 바로 종교들이 나서서 어떤 신(神)의 이미지를 가지고 그것이 일종의 이미지가 아니라 마치 실제인양 조장(助長)하는 것을 여러분이 보게 되는 이유입니다. 하지만 무한의 실재인 절대자란 분리의 마음으로부터 형성될 수 있는 어떤 이미지가 아니며, 그것을 초월해 있습니다.

해 어떤 조건에 맞게 살아야 한다고 생각한다면, 그때 여러분은 자신과 직접적인 사랑의 경험 사이에 놓여 있는 것으로 수용하게 되는 어떤 조건이든 그것을 충족시키기 위해서 끝없는 일과 고투 속에 갇히게 될 것입니다.

즉 여러분은 어떤 조건들을 충족할 때만 사랑을 받을 수 있다고 생각하며, 때문에 매 순간마다 여러분에게 흐르고 있고 내려오고 있는 사랑을 받을 수가 없습니다. 그러므로 여러분은 자기의 외부만을 바라보고 어떤 조건들에 맞게 살아가고자 함으로써 그 사랑을 적극적으로 거부하고 있는 것입니다. 그리하여 여러분은 지구상의 대부분의 사람들이 그들의 의식 안에 어떤 근원적인 성향을 갖고 있음을 알 것인데, 그것은 그들이 결여돼 있다고 느끼는 것에 대해 보충하려고 시도하고 있다는 것입니다.

그들은 조건에 맞게 살아야한다고 생각합니다. 그리고 그들은 현재 그런 조건들에 맞게 살고 있지 않다고 생각하며, 따라서 그들이 느끼고 있는 이런 부족한 점에 대한 보상을 찾고 있습니다. 그래서 여러분이 면밀하게 사람들의 행동과, 믿음체계, 그리고 사회까지 관찰한다면, 부족분에 대한 보상을 찾고 있는 저변의 성향을 보게 될 것입니다. 이것은 인간의 개인적인 삶과 상호 작용의 모든 면과 사회적 측면, 그리고 국가와 국제정책의 모든 측면에 영향을 끼칩니다. 즉 부족분에 대한 보상을 시도한다는 것입니다.

왜 사람들은 그런 식의 상스럽고, 잔인하며, 하잘 것 없는 방식으로 서로에게 대하는 것일까요? 그들은 어떻게 해서든 다른 사람들을 조종하고, 지배하며, 억눌러서 스스로에게서 부족하다고 느끼는 것을 보상하려고 합니다. 그리하여 여러분이 자신에게서 부족하다는 감각, 즉 이 부족함을 보충할 필요가 있다는 생각을 갖고 있다면, 그때 여러분은 다른 사람들을 깎아내리고, 그들이 여러분보다 아래에 있음으로써 자신이 올라갔음에 틀림없다고 생각하는 의식 속으로 빠져들게 되는 것입니다.

높은 곳을 향해 가는 계속적인 여정에 있기 때문입니다. 그런 다음 우리는 에테르의 영역 속으로 들어갑니다. 그런데 이곳에서도 여러분은 자신의 정체성이나 혹은 타인의 정체성에서 벗어나거나 교정하려는 유혹으로부터 봉인된 채 머뭅니다. 그리하여 여러분은 그 에테르계를 통과하여 더 높은 영적인 세계로 올라가는 것입니다.

그리고 이제 우리는 마치 지구 높은 곳에 체공해 있는 우주선 속에 있는 것처럼, 아주 먼 거리에서 지구를 바라보고 있습니다. 먼 거리에 있으면 전체적인 전망(展望)을 얻을 수가 있습니다. 여러분이 지구의 내부, 즉 지구의 역장(力場) 혹은 대중의식 속에 있지 않을 때는 지구 위에서 일어나는 일들을 보다 더 명료하게 볼 수 있기 때문입니다. 그에 따라 여러분은 모든 외적 모습들과 외견상의 문제들, 현상들 너머에는 근원적인 흐름이 있다는 것을 알게 됩니다.

그러므로 내가 여러분 앞에 제시하는 질문은 다음과 같습니다. "여러분이 지구상에서 일어나는 일들의 바로 핵심 또는 그 본질 속으로 들어갈 수 있다면, 그리고 만약 인간의 갈등과 문제를 일으키는 하나의 원인, 하나의 문제, 하나의 근본적인 흐름을 뽑아낼 수 있다면, 그 한 가지 원인이 무엇인가요?" 그리고 여러분이 매우 주의 깊게 바라본다면, 모든 외적인 모습들 - 여러분이 정상적인 환경 하에 있을 때 나타나는 여러분의 시야를 흐리게 하는 모든 것 - 이면에는, 그리고 이런 모든 현상들 너머에는 한 가지 원인이 있음을 알게 될 것입니다. 그것은 단순히 다음과 같습니다. 즉 **너무나 많은 사람들이 자기 자신을 사랑하지 않는다는** 것입니다.

인간 갈등의 근본적인 원인

여러분이 자신을 조건 없이 사랑하지 않을 때, 당신들은 사랑을 받는 단 하나의 방법은 어떤 조건들에 맞게 사는 것이라고 생각합니다. 물론 모든 사람들의 가장 기본적인 욕구는 사랑을 받는 일입니다. 그래서 여러분이 자기의 생명이 가장 갈망하는 것을 받기 위재께서 지금 나타난 것보다 더 많은 것을 나타낼 수 있다고 할지라도 사람들이 마음으로 구상하고 받아들일 수 있는 것보다 더 많은 것을 구현할 수는 없습니다.

그러므로 좀 더 많은 것을 구현하는 첫 번째 단계는 가능한 더 많은 비전(vision)을 갖는 것이고, 그리고 나서 그 미래상을 실제적인 가능성으로 받아들이기 시작하는 것입니다. 최종적으로 그것을 단순한 가능성으로 받아들이는 것이 아니라, 그것을 하나의 명백한 실재로서 받아들이는 겁니다. 이것이 우리가 오랫동안 일으키려고 작업해 왔던 의식의 변화이고, 이것은 더욱 많은 사람들이 현실로 받아들이기 시작함에 따라 점점 더 가까운 현실로 되어가고 있습니다.

더 높은 영역으로 여행하기

그러므로 여러분이 나와 함께 이 특별한 계단을 올라감에 따라서 여러분은 상승합니다. 먼저 육체적인 것을 통과하고, 그 다음에는 감정적인 것을 통과해서 올라가며, 그곳에서 여러분은 나의 자비에 의해 봉인됨으로써 여러분을 이곳저곳으로 끌어당기는 수 없이 많은 불균형적인 감정들 속에 빠져들도록 유혹받지 않을 것입니다. 그러나 우리가 감정계를 통과해 올라가고, 그런 다음 멘탈계를 통과해 올라갈 때 여러분은 나와함께 중심에 머물러 있을 것입니다. 거기서 여러분은 또한 수많은 유혹들로부터 봉인될 것인데, 그런 유혹들은 마음이 문제들을 푸는 것을 좋아하는 까닭에 생겨나는 어떤 종류의 논쟁, 추론(推論), 문제 해결 시도 같은 것들입니다.

하지만 물론 여러분은 나의 자비의 화염 내의 중심에 머물러 있습니다. 그러므로 여러분은 마음이 해결하기를 좋아하는 문제들은 바로 마음 자체가 만들어낸 바로 그 문제들이고, 그것들은 오직 마음속에만 존재한다는 것을 깨닫습니다. 그리하여 여러분은 무엇인가 해결하려고 하는 것 속으로 끌려들어 가지 않고 나선형(螺旋形)의 계단을 계속해서 오르는 것입니다. 왜냐하면 우리는 무언가 더 일상적으로 보고, 경험하고, 기대하고, 상상하는 아름다움에 의해 감동을 받을 수 있습니다. 아름다움은 상승한 영역(5차원의 에테르 영역) 속에서 우리가 항상 경험하는 것이며, 물론 우리는 아직 상승하지 못한 형제자매들이 똑같은 아름다움을 경험하기를 바랍니다. 그 이유는 오직 여러분이 자신의 내면에서 (그것을) 경험하고, 이 아름다움이 실제라고 받아들일 때만이 그것이 지구상의 물질세계 속에서 나타날 수 있음을 수용하게 될 것이기 때문입니다.

참으로 우리는 닫힌 체제에 관해서 이야기했습니다. 그리고 사람들이 열악한 환경, 가난과 존엄의 결여에 의해 둘러싸여 있을 때, 그 추악한 상태는 그런 닫힌 체제가 되어버립니다. 그리고 그들은 이것이 어머니의 세계가 표현할 수 있었던 모든 것이라고 믿게 됩니다. 그래서 그것은 자기 충족적(充足的)인 예언이 되는데, 물론 우리는 모든 사람들이 이 의식으로부터 상승하기를 바랍니다. 그리고 참으로 이런 이유로 이 경험을 위해 준비된 사람들의 영혼들이 나선형의 계단을 올라갔던 것이며, 그 계단은 육체로 이곳에 있는 여러분뿐만 아니라 우리의 가르침을 공부해 오며 기도를 통해 그것을 응응했던 사람들에 의해 세워졌던 것입니다.

진정으로 이번 어머니의 해에 어떤 기도나 디크리(decree)를 실행했던 전 세계의 모든 사람들은 나선형의 계단을 만드는 것은 돕는 데 힘이 돼주었습니다. 그리하여 한 해가 끝나갈 무렵, 사람들은 그들의 의식이 허용하는 높이까지 올라갔으며, 그들이 지구상에서 보는 어떤 것보다도 더 아름다운 것을 잠시 보았습니다.

그리고 이 아름다움을 경험하고 정상적인 생활로 돌아감에 따라서 그들은 그것을 자신의 존재 속에 갖고 갈 것입니다. 비록 그들이 이것을 지속적으로 기억하지는 못하더라도 더 큰 아름다움을 나타내는 것이 가능하다는 내적인 앎을 가질 것입니다. 사랑하는 형제인 마스터 모어(More)님이 "절대자와 함께하면 모든 것이 가능하다"라고 말씀했지만, 물론 그 한계점은 이것이 물질계에 오게 되면 모든 것이 자유 의지에 따른다는 것입니다. 그러므로 그 무한의 실

10. 지구 위에 놓여 있는 하나의 문제

(2011년 12월 30일. 이 채널링은 카자흐스탄의 알마티에서 행해짐)

    나, 관세음은 상상 속에서 여러분을 여행에 데려가기를 원합니다. 나는 여러분이 가슴과 러시아 언어의 아름다움으로 이 기도를 할 때에 그대들은 에테르적이고 영적인 영역 속으로 높이 이르는 나선(螺線)의 계단을 만들었다는 것을 인식하기 바랍니다. 이 기도를 하는 동안, 그리고 또한 지금 기도를 한 후에 천사들이 강림했으며, 사람들의 영혼은 여러분이 일찍이 상상할 수 있었던 가장 아름다운 8자 형태의 (에너지) 흐름 속에서 이 나선의 계단을 오르고 있었습니다. 이 흐름의 아름다움은 물리적인 지구 행성 안에서 여러분이 볼 수 있는 것을 훨씬 넘어서 있습니다. 그러나 그것은 의식이 높이 고양되었을 때 나타날 수 있거나 나타나는 것 이상은 아닙니다.

    아름다움은 모든 사람들이 미적 감각을 갖고 있기에 진정으로 보편적인 통합자(unifier)입니다. 모든 사람들은 멋진 아름다움, 즉리고 여러분은 마음이 자체 주변을 감쌀 수 없다는 것을 알 것입니다. 하지만 여러분 가슴은 그것을 넘어설 수 있으며, 해로움이 없는 진정한 불꽃과 주파수를 맞춥니다. 그것이 또한 진아의 진정한 자비의 화염인 것입니다.

따라서 나는 여러분에게 나와 함께 공부하고, 나로부터 개인 지도를 받을 기회를 줍니다. 이 메시지와 사나트 쿠마라(Sanat Kumara)님이 주신 것도 읽고 들어보세요. 나의 은거지로 데려가 달라고 (밤에) 요청해보세요.10) 그러면 여러분은 힘을 넘어선 참된 루비 광선의 열린 문이 되는 여러분의 운명실현을 방해하는 마지막 장애물로부터 자유로워질 것입니다.

그리하여 나는 또한 힘을 넘어서 있는 진정한 자비의 불꽃 속에 여러분을 봉인합니다. 이것은 진정으로 해가 없습니다. 그것은 전혀 해가 없을 뿐만 아니라 어떤 이원성적인 특성 또는 모습이 없습니다. 그리고 그것은 이원성적인 특성이 없는 가운데, 진아적 속성이 항상 더 많습니다. 그리하여 이 조건 없는 자비의 불꽃 속에 봉인합니다.

---

10) 관세음보살의 에테르적인 은거지인 자비의 사원(寺院)이 중국의 북경 근처에 위치해 있다고 한다. (감수자 주)

심(慈愛心)으로 지상의 사람들을 설복할 수 있겠습니까?" 그때 그는 자애심으로 사람들을 바꿀 수 있지만, 이는 오직 자애로움의 144가지 색조를 구현할 때만이 가능하다는 말을 들었습니다. 그리고 거기에는 분명히 활동적이고 남성적인 자애로움으로부터 매우 여성적인 자애로움에 이르기까지 폭넓은 범위가 있습니다. 그러나 144가지 자애로움의 색조 안에 힘을 위한 자리는 없는 것입니다.

여러분이 사람들에게 친절하라고 강요할 수는 없습니다. 그리고 힘을 통해 친절을 보여줄 수도 없습니다. 또한 사람들로 하여금 자비로우라고 강요할 수도 없으며, 또한 그들에게 힘을 통해 루비의 광선을 보여줄 수도 없습니다. 즉 영적인 영역에는 강요나 무력(武力)이 없습니다. 단지 타락한 의식의 세계에서만이 무력을 갖는 것입니다. 그리고 이것을 완전히 이해하기까지는 어떤 것이나 어떤 사람에게 보복하고자 하는 욕망에서 자유로울 수가 없습니다.

따라서 여러분은 이것을 염두에 두고 사물을 바라봄으로써 냉전(冷戰)에 관한 다른 시각을 얻을 수 있습니다. 공산주의 체제에서의 지도자들은 공산주의를 받아들이도록 세상에 강요해야만 한다고 생각하고 있었습니다. 그리고 자본주의의 지도자들도 악의 축에 관한 조지 부시(Geroge Bush)의 최근 연설에서 표현되었듯이, 자본주의와 민주주의, 그리고 자유를 세계에 강요할 수 있다고 생각했습니다.

그러나 여러분은 민주주의와 자유를 강요할 수는 없습니다. 그러므로 이는 단지 타락한 존재들의 거짓말인 것입니다. 그리고 타락한 자들의 거짓말에 대한 해독제는 부분적으로 지혜인데, 예수님이 말했듯이, 이때 여러분은 뱀처럼 현명해집니다. 그리고 그것의 다른 면은 비둘기처럼 온순하게 되는 것인데, 왜냐하면 이원성을 넘어서 있고, 그리하여 그 안에 무력을 갖고 있지 않은 순수한 불꽃에 주파수를 맞추기 때문입니다.

어떻게 하면 여러분이 힘이 있으면서도 해를 끼치지 않는 존재가 될 수 있을까요? "강력한 온순함"에 대해 깊이 생각해 보세요. 그다. 그 대신에 여러분은 이원성적인 가치 판단에 기초한 왜곡된 모습의 루비의 광선을 만들어 내게 됩니다. 그런 상태에서 여러분은 어떤 외적 모습들이 루비의 광선에 의해 판단되거나 소멸돼야 한다고 생각하며, 심지어는 어떤 사람들은 그 광선에 의해 심판받아 없어져야 된다고 하는 정도까지 가게 되는 것입니다.

하지만 루비 광선은 어떤 생명을 제거하기를 원하지 않습니다. 그것은 그 생명체를 함정에 빠뜨리는 외형만을 제거하기를 원합니다. 여기에 본질적인 차이가 있습니다. 그리고 오직 여러분이 그 차이점을 알 수 있는 지혜를 충분히 구현할 때만이 자신의 가슴 속에 루비 광선 불꽃을 만들어 낼 수가 있는 것입니다.

육체로 이곳에 있는 여러분 중의 많은 사람들, 이 지역에서 성장한 많은 사람들, 그리고 전 세계의 다수의 사람들이 이 자비의 불꽃을 구현하는 데 있어 상당히 진척돼 있습니다. 그에 따라 여러분은 144,000명의 일부라는 승인을 위한 토대를 세우고 있으며, 루비 광선 불꽃을 위한 열린 문이 되는 것이 여러분의 사명인 것입니다.

루비 광선을 구현하는 최종 단계

하지만 많은 사람들이 아직 마지막 단계는 밟지 않았습니다. 그리하여 나 관세음은 만약 여러분이 이 메시지를 여러 번 듣고 읽는다면, 그리고 여러분이 나의 만트라(眞言)인 '옴 마니 반메 훔'을 행하고, 밤마다 내 은거지를 방문하겠다고 요청한다면, 나는 어떻게 이런 최후의 이원성의 환상들을 꿰뚫어 볼 수 있는가를 개인적으로 가르쳐 주는 여러분의 교사가 될 것입니다. 그런 환상들은 여러분이 매달려야 하는 어떤 것이 있다는 생각에 빠뜨리고, 그렇기에 당신들은 어떤 방식을 다른 사람들에게 강요하지 않으면 안 되는 것입니다.

나의 사랑하는 이들이여, 아주 오래 전에, 주 마이트레야 대사님께서 카르마 위원회에 다음과 같은 질문을 했던 적이 있었습니다. "우리가 자애로움으로 그들을 이길 수 있을까요? 우리가 자애산주의 체제 안에서도 존재할 수 있고, 여전히 자비의 불꽃을 위한 열린 문이 될 수 있다는 것을 알고 있기 때문입니다.

그리하여 이것을 여러분은 중국과 중앙아시아 국가들에서 보았습니다. 어떤 세력이 와서 그들을 폭력으로 억압하기를 원할 때 사람들은 공격적이지 않았으며, 또한 폭력으로 대항해서 싸우지 않는 자비의 불꽃을 여러분은 보았습니다. 이것이 바로 여기 - 카자흐스탄(Kazakhstan)과 다른 이웃 나라들, 그리고 중국의 많은 지역들과 티베트 - 에서 어떤 체제 아래서도 핵심적인 정체성(正體性)을 유지할 수 있다는 내적 앎에 의해 외부의 세력을 감수하고자 하는 이런 자발성을 보는 이유입니다.

그리고 개혁, 개방이 있자마자, 여러분은 그 굴레를 벗어버리고 자신들의 불꽃을 더욱 공개적이고 명백하게 표현할 수 있는 것입니다. 이것이 여기에 모여 있는 여러분 모두와 (다른) 많은 사람들에서 볼 수 있는 능동적인 특성이며, 그들은 이미 이것을 구현했고, 폭력을 쓸 필요가 없다는 것을 알고 있습니다. 하지만 여러분은 또한 다른 사람들을 판단(비판, 혹은 심판)할 필요가 없습니다. 오로지 외형에 따른 이와 같은 판단으로부터 모든 사람들을 자유스럽게 할 필요가 있을 뿐입니다.

이것이 모든 사람들을 외형과의 동일시로부터 자유롭게 하는 진정한 자비의 불꽃입니다. 그리고 이것이 이곳 카자흐스탄과 이웃 나라들에서, 그리고 중국의 넓은 지역에서 여러분이 구현한 자질인 것입니다. 또한 이것이 히말라야 지역과 더 넓은 히말라야 전체에서 행성을 위해 닻을 내린 불꽃입니다. 그리고 이것은 루비 광선 불꽃에 대한 일종의 균형으로서 오래전에 이곳에서 구현되었던 화염인 것입니다.

참으로 여러분은 먼저 자비의 불꽃을 그 자체의 순수한 형태로 구현하지 않으면, 루비 광선 불꽃의 열린 문이 될 수 없습니다. 왜냐하면 만약 여러분이 모든 생명을 자유롭게 하고자 하는 소망과 하나가 되지 못했다면, 루비의 광선을 만들어 낼 수 없기 때문입니있었기 때문입니다. 즉 그들은 단순히 타락한 존재들의 교묘한 독사의 논리에 의해 올가미에 걸렸을 뿐입니다. 그들은 진정으로 이것이 더 나은 세계를 가져오리라고 믿었습니다. 그러나 물론 그 거짓말은 사람들이 그렇게 하도록 강요받으면 오로지 공산주의만을 받아들일 거라는 것이었는데, 그에 따라 그들에게 강요하는 것이 더 큰 선(善)을 위해 정당화 될 수 있었습니다.

즉 확실히 그들이 일단 강제로 공산주의를 받아들이게 되면, 결국 그것의 멋진 특성들을 알게 될 것이고, 따라서 공산주의를 자발적으로 받아들일 거라는 것이었습니다. 그렇지만 물론 그것은 사실에 의해 그 오류가 증명되었고, 그리하여 과거 소련 연방을 구성했던 공화국들은 공산주의 체제의 굴레에서 벗어날 기회가 생기자마자 그것을 받아들여 공산주의를 던져버렸던 것입니다.

따라서 여러분은 다른 나라들에게 공산주의를 강요했던 러시아와 러시아 국민들은 진정 사랑과 자비를 필요로 할 것이라고 생각할 수 있습니다. 더욱이 서방 자본주의 국가들이 공산주의 몰락으로 인해 옳았다는 것이 증명되었고 자본주의가 월등하다는 것이 증명된 것이 틀림없다고 생각할 수도 있습니다. 하지만 자본주의 체제는 단지 공산주의 체제에 대한 이원적인 양극성(兩極性) 체제에 지나지 않습니다. 그렇기 때문에 어떤 면에서는 서방세계는 러시아와 러시아 국민들보다 더 자비와 용서를 필요로 합니다. 물론 러시아 역시도 공산주의자 사고방식으로부터 구원될 필요가 있습니다. 하지만 아직도 충분히 많은 사람들이 그렇게 되지 못했습니다.

중앙아시아에는 내 가슴에 속한 사람들이 많이 있다

그렇다면 왜 나는 이 발표를 이 곳 중앙아시아의 심장부에서 하고 있는 것일까요? 그것은 중국의 많은 지역을 포함해서 이곳 중앙아시아의 사람들이 진정으로 나의 가슴의 사람들이기 때문입니다. 자비의 순수한 불꽃을 구현했던 사람들은 말하기를, "어떤 외부의 공격적인 힘이 와서 우리에게 공산주의 체제를 강요하기를 원한다면, 우리는 그 일이 일어나게 허용한다."고 말했습니다. 그들은 공그럼으로써 그 가르침이 부처님의 가르침이든, 그리스도의 가르침이든, 영적인 가르침과 접하게 된 수많은 사람들이 용서의 필요성을 알게 되는 것입니다. 왜냐하면 이들 두 스승들과 다른 대부분의 영적 스승들도 그렇게 언급했으니까요. 결국 이 사람들은 자기들의 삶과 혹은 다른 사람들이 그들에게 행한 것을 돌아다보면서 다음과 같이 말합니다.

"이 사람이 무엇인가 잘못을 저질렀지만, 나는 그를 용서하리라."

용서하고 나면, 그들은 용서했으므로 자신이 영적인 사람이 된 것이 틀림없다고 생각합니다. 하지만 자기들이 용서했던 사람들과 비교해서 자신을 영적이라고 생각하는 것은 그들이 여전히 외형에 의해 판단하는 이원성의 견해에 머물러 있음을 확인하고 재확인하는 것이 됩니다. 여러분이 옳고 그름, 영적이고 영적이 아니고, 혹은 더 영적이고 덜 영적이고 하는 것을 분별한다면, 아직도 이원성의 판단 속에 매달려 있는 것이기 때문입니다.

그래서 자비와 용서의 불꽃을 바라보는 더 높은 길이 있습니다. 그것은 그 무엇이든 이원성의 측면을 결코 갖지 않는 것입니다. 여러분이 자비의 불꽃을 확장하기 위해서 사람들이 여러분에게 무엇인가 잘못을 행할 필요가 없습니다. 자비의 화염은 옳고 그름을 초월해 있습니다. 잘못을 저지르지 않은 사람들, 하지만 세상적인 기준에 따라서 자기는 뭔가 옳은 것을 행했다고 믿는 사람들은 자신을 죄인이나 범죄자, 또는 그밖에 다른 어떤 사람으로 보는 사람들만큼이나 구원받을 필요가 있습니다.

왜 지옥으로 향한 길은 좋은 의도로 포장되어 있는가?

사실 이 세상의 세속적 기준에 따라 좋은 일을 하고 있다고 믿는 사람들은 자신이 무엇인가 잘못된 일을 했다고 생각하는 사람들보다 더 올가미에 걸려 있습니다. "지옥으로 향한 길은 좋은 의도로 포장되어 있다."라는 경구(警句)는 의미심장한 면이 있습니다.

왜냐하면 공산주의를 일으켰던 많은 사람들이 좋은 의도를 갖고 판단하는 것이기 때문이고, 그것이 여러분을 이원성의 올가미에 걸리도록 하는 것입니다. 그리하여 여러분이 이원성의 올가미에 걸려 있다면, 결코 루비 광선 불꽃을 위한 열린 문이 될 수 없습니다. 여러분은 자신이 루비 광선의 정신적 이미지를 창조했다고 생각할 수도 있습니다만, 그것은 루비 광선 불꽃의 단순한 이미지에 불과합니다.

여러분이 외형에 의해 판단하는 필요성을 초월할 때까지는 행위 속에서 진정한 루비 광선 불꽃이 될 수 없습니다. 그리하여 이 판단의 욕구를 초월하는 다양한 길이 주어져 있는데, 나 관세음은 하나의 방법을 알려주고자 합니다. 다시 말해서, 어떻게 하면 자비의 불꽃이 여러분이 판단의 욕구를 초월하는 데 도움을 줄 수 있는가 하는 것입니다.

이원성을 초월하기 위해 자비의 불꽃을 이용하기

다시 언급하지만, 자비와 용서는 거기에 투사된 이원성의 이미지들을 갖고 있습니다. 사람들은 다른 이들을 용서하기 위해서는 그 사람들이 어떤 조건에 맞는 행동을 해야 한다고 생각합니다. 심지어는 이것을 넘어서서 사람들은 용서하기 위해서는 다른 사람이 어떤 나쁜 일을 했어야만 했다고 생각합니다. 그런데 만일 여러분이 무엇인가 잘못된 일을 하지 않았다면, 왜 용서를 필요로 할까요?

하지만 나의 사랑하는 이들이여, 이 수준을 넘어선 곳에 순수한 용서와 자비의 불꽃이 있습니다. 이것은 어떤 잘못이 저질러지기 이전의 적극적인 용서입니다. 왜냐하면 여러분은 옳고 그름에 기초한 판단의 필요성을 초월했기 때문입니다. 여러분은 그들이 무엇인가 잘못했고 용서를 받을 필요나 받을만 하다는 생각에 기초해서 다른 사람을 용서하거나, 혹은 자비를 확장하는 것이 아닙니다. 여러분은 사람들이 나쁘다고 규정한 것뿐만 아니라, 옳다고 규정한 것도 태워버리는 것입니다. 그리하여 서로가 없다면 존재할 수 없는 두 가지 이원성의 양극단도 태워버리는 적극적인 자비의 불꽃의 흐름을 위한 열린 문이 되는 것이지요.

사람들로 하여금 자신들을 판단하도록 허용하라

나의 사랑하는 이들이여, 비록 루비 광선 불꽃이 남성적인 사랑의 성격을 갖고 있고, 따라서 외향적인 양상을 띠고 있으나, 판단은 전혀 그렇지 않습니다. 그것은 단지 사람들이 외모에 의해 판단하는 왜곡된 측면인데, 그들은 판단이 외향적인 속성을 갖고 있다고 생각합니다. 그리고 남을 판단하거나 다른 사람들의 판단을 끌어내는 데 눈을 돌리는 것입니다.

하지만 진정한 루비의 불꽃에는 판단이 없습니다. 이것이 여러분의 마음을 한계점을 초월하여 확장하도록 요구할 수도 있습니다. 왜냐하면 마음은 이것을 직선적인 방법으로는 이해할 수 없기 때문입니다. 하지만 가슴은 여러분이 이원성을 넘어서면 판단하지 않는다는 것을 알고 있지요. 그렇다면 어떻게 이원성을 초월할 수 있을까요? 여러분은 더 이상 이원성의 척도라는 필터(filter)를 통해서 보지 않음으로써 그렇게 할 수가 있습니다. 그리하여 여러분이 이것을 통해서 보지 않을 때 어떤 외형을 실제적인 것으로 보지 않습니다. 그렇다면 실제가 아니라는 것을 판단하는 필요성은 무엇일까요?

하나의 허상적인 발현이 다른 허상적인 발현보다 더 낫거나 못하다는 판단을 할 필요가 있습니까? 그럴 필요가 없는 것이 그 둘 다 모두 비실재적이고, 또한 사람들을 올가미에 걸리게 하기 때문입니다. 그러므로 여러분의 소망은 사람들을 자유롭게 하는 것입니다. 그렇다면 모든 사람들이 초월하기를 원할 때 남을 비판한다는 것이 무슨 소용이 있겠습니까? 이것은 하나의 허구가 다른 것보다 더 낫다 또는 못하다의 문제가 아닙니다. 그 이유는 비록 사람들이 좋다고 판단하는 것일지라도 그것이 그들을 올가미에 걸리게 하고, 이원성의 수준을 초월하는 것을 가로막기 때문입니다.

나의 사랑하는 이들이여, 많은 사람들이 현재 자신을 선량하다거나 영적이라고 생각합니다만, 그러나 자기를 악하거나 영적이지 않다고 판단하는 사람들과 마찬가지로 그들은 이원성의 함정에 빠져 있습니다. 왜냐하면 그것은 바로 자신과 타인을 외적 모습에 의해람들을 여러분이 보는 이유입니다. 그래서 사나트 쿠마라님이 지구에 가져오기로 결심했던 것은 진정 사랑의 제3광선의 남성적인 측면이었는데, 그것이 바로 루비 광선 화염(Ruby Ray fire)입니다. 나의 사랑하는 이들이여, 이제 여러분은 일단 우리가 루비 광선에 관한 개념을 여러분에게 전해주게 되면, 그때 말로 표현된 어떤 것이 물질세계로 들어간다는 것을 이해해야 합니다. 그리고 우리가 말로 표현된 개념을 주었을 때 사람들이 그 개념에다 그들 자신의 이원성적인 이미지들을 투사하는 것이 가능합니다.

그리하여, 지난 시여(施與) 동안 우리가 루비 광선에 관해 이야기한 이래로, 수많은 영적인 학도들이 그것 위에다 이미지들을 투사하였습니다. 그중 심지어 어떤 것들은 이원성의 불꽃처럼 보이는 것을 만들고 있었고, 더 높은 형태의 판단에 사용되기도 했습니다. 하지만 여러분도 알다시피, 루비 광선의 불꽃은 실제적으로 판단하지 않습니다. 그래서 예수님은 "외형으로 판단하지 말라"고 말하지 않았던가요? 이것은 여러분이 이원성을 넘어서게 되면, 외적형상에 따른 판단을 하지 않는다는 것을 의미합니다. 따라서 여러분은 사실상 사람들이나, 상황들을 판단하지 않는 것입니다.

여러분은 단순히 여러분입니다. 그리고 여러분은 내면의 신아적(神我的) 측면을 통해서 자신을 표현하며, 물리적으로 육화되어 있을 때의 여러분입니다. 그러므로 여러분이 이원성을 초월해 있지만 아직 육체로 있을 때는 다른 사람들을 판단하지 않고, 그들의 정신적 이미지나 행동도 판단하지 않습니다. 여러분은 여러분 자신이며, 다른 사람들로 하여금 그들이 여러분에게 투사하고 싶은 무엇이든 당신에게 투사하도록 허용합니다. 그리하여 그것은 그들 자신의 판단이 되는 것입니다. 그들은 그 불꽃을 받아들여 자기들의 외형을 초월하는 데 그것을 이용하는 대신에 여러분의 화염에다 투사함으로써 그들 자신을 판단하기 때문에 그들의 이미지는 고착돼 있는 자신의 모습인 것입니다.

해법은 없습니다. 하지만 각각의 영혼의 불꽃은 이 불꽃에 공명하는 사람들을 위한 자신만의 해결책을 갖고 있습니다.

그러므로 우리 승천한 대사들이 하고 있고, 또 해왔던 일의 핵심은 사람들로 하여금 그들이 지구에 내려오기 전에 본래 왔던 곳에 관계된 그들 중심 불꽃을 기억하도록 일깨우는 것입니다. 그리고 이것은 물론 그들로 하여금 그들이 누구인가를 기억하는 곳으로 데려가는 불꽃입니다. 그리하여 그들은 이 세상에서 그들의 화염을 표현하는 열린 문인데, 여기서 그것은 그들이 누구인지를 기억하게 할 수 있습니다. 또한 그것은 모든 사람들에게 외적형상 너머를 보고 그 불꽃에 채널을 맞추라고 호출할 수가 있는 것입니다.

사랑의 남성적인 면

수많은 화염들이 있긴 하지만, 그것들은 결코 서로 상충(相衝)되지 않습니다. 영적인 세계 속에는 갈등, 이원성, 또는 분리가 없습니다. 그리하여 사나트 쿠마라님이 자원해서 지구에 왔을 때, 그는 자연스럽게 그가 구현했던 불꽃을 가져 왔습니다. 금성은 종종 사랑, 또는 사랑의 행성과 관련돼 있다고 생각되어 왔습니다. 그리고 이것은 정확하게 사나트 쿠마라님이 금성으로부터 사랑의 불꽃을 가져왔기 때문입니다. 하지만 사나트 쿠마라께서 루비 광선 Ruby Ray)의 불꽃으로서 가져왔던 것은 사랑의 불꽃의 남성적인 측면이었습니다.

여러분이 이원성 속에 발을 들여놓을 때, 당신들은 영적인 불꽃 위에다 이미지(image)를 투사하게 됩니다. 그러므로 여러분은 자연스럽게 사랑의 제3의 광선을 갖게 되는데, 이것은 모든 영적인 학도들이 잘 알고 있는 것이고, 사랑의 어머니 측면, 또는 오메가라고 말할 수 있습니다. 그리하여 일단 하나의 개념이나 혹은 영적인 불꽃을 취하여 물질의 영역 속으로 가져오면, 사람들이 마음속에 품고 있던 이미지를 그 위에다 투사하게 되는 것은 불가피합니다.

이것이 정확하게 사랑이 무엇이고, 사랑을 표현하는 것이 무엇을 의미하는가에 관한 수많은 이미지를 가진 지구상의 그렇게 많은 사에 공개한 것입니다. 그리고 그런 소리들은 사람들을 어떤 불꽃의 정수로 되돌아가도록 부르기 위해 의도된 것입니다. 즉 이원성적인 투쟁을 만들어내는 심적성향의 타락한 존재들이 쉽게 익숙해진 그런 외적 차이들과 불화들을 넘어서라고 그들을 부르는 것이지요. 사나트 쿠마라(Sanat Kumara)님이 말씀하셨듯이, 사람들은 무언가 잘못되었고 뭔가 뜯어고쳐야할 필요가 있다고 하는 타락한 존재들의 말에 의해 꾐에 빠졌습니다. 이렇게 되면 이것은 모든 사람들에게 어떤 외적 모습, 조직, 그리고 철학을 받아들이게 함으로써 (새로운 체제가) 확립될 필요가 있다고 돼버리는 것입니다.

힘을 통한 평화는 없다

나의 사랑하는 이들이여, 소련 연방의 영향 아래 이 지역에서 여러분이 경험한 것을 생각해보세요. 공산주의 조직과 이념의 핵심은 무엇입니까? 자, 그것은 하나의 체제를 창조하려는 시도였으며, 이것이 그들에게 통합과 조화, 그리고 평화를 가져올 것이라는 위장 하에 그것을 모든 사람들에게 강요하는 것이었습니다. 그러나 모든 국민들에게 어떤 체제를 따르도록 강요하면 지구에 평화가 있으리라는 것은 낡은 거짓말입니다.

이것은 물론 타락한 존재들의 핵심적인 계획 중의 하나인데, 그들은 이 지구에 평화를 주기 위해 온 것이 아니기 때문입니다. 그들은 타락한 무리들이나 타락한 의식에 속하지 않고 어떤 목적이 있어 이곳에 있다는 의식을 가슴 속에 갖고 있는 이들을 함정에 빠뜨리기 위해 평화를 말하는 자들입니다.

그렇다면 여러분이 이 지구가 상위수준으로 상승하는 것을 돕고자 이곳에 왔다는 자신의 내적 앎을 균형 잡기 위한 핵심 열쇠는 무엇입니까? 그럼에도 여러분은 타락한 존재들에 의해 창조된 이원성적인 갈등에 자신이 빠지도록 스스로 허용함으로써 이 사명을 수행할 수 없지 않은가요? 이 딜레마(dilemma)를 해결하는 간단한

9. 자비의 화염을 구체화하는 방법

―――――✦―――――

(이 메시지는 2011 년, 12 월 28 일, 카자흐스탄(Kazakhstan), 알마티에서 주어졌다.)

　사랑하는 이들이여, 나 관세음은 자비의 불꽃 속에서 여러분에게 인사하기 위해 왔습니다. 왜, "옴(OM)" 소리가 전 세계적으로 알려져 있을까요? 그것은 이 소리가　합일(合一), 또는 하나됨의 바로 그 정수(精髓)를 구체적으로 표현하는 것이기 때문입니다. 그것은 영혼과 물질 사이의 하나됨뿐만 아니라, 매우 다른 외부의 환경 속에서 자라난 까닭에 흔히 모든 것을 차별해서 바라보도록 조건화된 이 지상의 사람들 간의 하나됨입니다. 그리하여 모든 외적 모습들 너머에 있는 숨겨진 동일성(同一性)을 바라보는 것이고, 하나가 되는 것입니다.
　그리하여 이런 외적 형상들에 고착된 초점 너머로 사람들을 부르고자 상승한 대사들의 집단인 우리가 이런 원초적인 소리들을 세상입니다. 그렇게 하지 않으면, 여러분은 그것을 여러분 삶과 공산주의와 같은 어떤 정권에 적대해서 갖고 다녀야 할 수도 있습니다.

그러므로 물질세계에서 충분히 구현하기 위해서는 자유가 자비와 용서의 불꽃과 함께 출발하는 것은 진정으로 필요한 일입니다. 그것 외에 어떻게 여러분이 행성 지구에서 자유를 얻을 수 있겠습니까? 그 방법 외에 어떻게 그대들이 차원상승하리라고 상상할 수 있겠습니까? 여러분이 참으로 날마다 놓아버리고, 날마다 무조건 용서하며, 증오, 분노, 혹은 여러분 내면에서 부정적인 감정을 일으키는 모든 것을 무조건적으로 용서할 때, 여러분은 날마다 상승하는 것이 되고, 또 상승할 수 있을 것입니다.

이렇게 말함으로써 나 관세음은 천사의 도시인 아르칸겔스크 위에서 나의 초점과 자유, 용서, 그리고 자비의 닻을 내립니다. 그리하여 이 자비의 화염이 어머니 입방체 속에 있는 씨앗처럼 심어집니다. 또한 그럼으로써 지구 행성에서 어머니 하느님의 화신(化身)이 될 수 있게 열려있는 모든 사람들이 내가 방사하고 진동시키며 매순간 구현하는 나의 현존에다 주파수를 맞출 수가 있습니다. 나는 자비와 용서의 현존 속에서 끊임없이 초월하고 있으며, 그렇기에 이 화염 안에는 시간조차도 없습니다. 그리하여 용서와 자비의 불꽃은 자유의 불꽃의 입문과정들을 진정으로 통과하기 위한 씨앗과 토대들의 하나로서 영원합니다.

이것은 또한 러시아 국가 전체에 대한 일종의 경고입니다. 즉 용서가 없다면, 그 나라와 사회는 자유롭게 되지 못할 것입니다. 만일 이 나라가 공개적으로 진지하게 역사를 공부하고 용서하지 않는다면, 그들의 이원성적인 과거를 넘어설 수 없을 것입니다.

나의 사랑하는 이들이여, 이로써 이러한 나의 메시지는 봉인(封印)되었습니다. 나는 관세음이고, 자비와 용서의 여신(女神)이며, 영원한 자유의 한 열쇠로서의 용서와 자비의 불꽃의 수호자입니다.

슨 궁극적인 목표를 성취할 것인가를 말하지 않아도 그 영이 당신들을 통해 무엇을 할 수 있는가를 목격하는 바로 열린 문과도 같습니다. 나의 사랑하는 이들이여, 이것이 모든 사람들이 경험할 큰 자유입니다.

이를 한 번 경험한 사람은 그것을 결코 잊을 수 없는데, 모든 지상의 조건들로부터의 해방감이 너무 크기 때문입니다. 또한 여러분의 마음이 영 위에 자리를 잡는 것, 즉 어떻게 영이 물질세계 안에서 진정으로 흐를 수 있는가에 익숙해지기 때문인 것입니다. 그리고 진정으로 영이 물질로 자유롭게 흐르게 하기 위해서는 여러분이 어떤 조건들에 의해 제약을 받아서는 안 됩니다. 또 그런 상태에서는 영이 어떤 조건들을 실제로 구현해서는 안 되는데, 왜냐하면 여러분이 이원성의 투쟁을 기꺼이 놓지 않았고, 기꺼이 용서하지도 않았으며, 자비의 불꽃을 기꺼이 표출하여 구체화하지도 않았기 때문입니다.

자비의 화염을 구체화하는 것은 거대한 자유이다.

나의 사랑하는 사람들이여, 어떻게 내가 자유와 상승을 성취했을까요? 나는 오직 자비와 용서 - 조건 없는 적극적인 용서 -의 불꽃을 통해 모든 것을 놓아버리는 것만이 자신의 진아(眞我)를 해방시키는 것임을 알았기에 그것이 가능했습니다. 무조건적인 용서를 하는 순간이 실질적으로 여러분의 진아라는 금자탑(金字塔)을 구축하는 순간인 것입니다. 그리하여 진정한 어머니를 구현하는 것이 여러분 마음속에 한결같을 뿐만 아니라, 열려진 문으로서의 여러분을 통해 구체화될 것입니다.

그것이 진실로 '어머니의 흰 입방체(the White Cube of the Mother)'의 가장 순수한 형태를 구현하기 위해서는 여러분이 단지 몇 가지만 용서할 수 있어야 하는 것이 아니라, 모든 것 - 즉 여러분 내면에 갖고 다니는 자신 또는 다른 사람에 반(反)하는 모든 것 - 을 무조건적으로 용서할 수 있어야만 함을 일깨워주기 위해 내가 여기 온 이유입니다, 또한 내가 여러분에게 메시지를 전하는 이유인 것다. 그 전투가 여기 아르칸겔스크 근처에서 정말로 지옥의 상황을 표출했던 것과 같은 피의 전투든, 혹은 포로수용소이든, 어떤 사람들의 목숨을 앗아가는 것을 영광스럽게 생각하지 말아야 합니다.

우주의 분쇄공을 기억하라

여러분 중의 어떤 사람들은 기억하겠지만, 나 관세음은 상트 피터스버그(St Petersburg)의 작년 행사에서 우주의 부수는 공에 관한 사념체(thoughtform)를 주었습니다. 이곳에서 나는 러시아의 모든 영적인 사람들에게 피의 러시아 역사로부터 오는 모든 구조물들을 놓아버리기 위해 상상력과 지혜, 그리고 높은 비전과 무조건적인 용서와 함께 적극적 의지를 사용하라고 일깨워주고자 합니다. 그리하여 러시아는 자체에 관한 어떤 부정적인 이미지를 갖지 않을 것이며, 러시아 사람들은 진정으로 (과거를) 놓아버릴 것입니다. 그럼으로써 그들은 어떤 영의 자유로운 흐름과 그 영이 진정 물질세계에서 러시아 사람들을 위해 자유과 궁극적인 자유를 구현하리라는 것을 믿을 수가 있습니다.

하지만 그것을 하기 위해서는 우리가 과거에 여러 번 말했듯이, 우선 의식이 변해야 하고, 어떤 종류의 전투에 참여하고자 하는 모든 의지를 놓아버려야 합니다. 어떤 것에 대항하여 싸우는 것, 혹은 말살시킬 필요가 있다는 외부의 적을 규정하는 것, 이런 모든 욕망은 어머니 안에 있는 영을 완전히 끌어올리기 위해서는 놓아버릴 필요가 있습니다. 그러므로 다가오는 '어머니 해'의 일부에는 사람들이 물리적인 사건들 속에서 우주거울에다 보냈던 것을 볼 수 있는 큰 기회를 제공할 것입니다. 그것은 모든 이원성과 이원성의 전쟁을 야기한 동일한 의식을 지구 행성에다 반사해서 되돌려 줄 것입니다. 그런 까닭에 용서와 자유는 깊이 생각해 보아야 할 말들입니다.

여러분이 "순수한 인식"이라는 단어의 조합을 생각한다면, 그에 따라 여러분은 영이 어떻게 흘러가서 무엇을 하고, 또 그 영이 무런 대중의식을 볼 기회를 주었던 것입니다.

그러므로 이원성을 넘어서 있고, 어떤 투쟁과 전쟁도 초월해 있으며, 살아있는 영의 자유로운 흐름이 끊임없이 자체를 초월을 하고 있음을 보고 있는 나 관세음은 러시아와 전 지구 행성을 위해 자비와 용서의 불꽃을 방출하고자 옵니다. 나의 화염의 힘은 너무나 강렬하기 때문에, 그 화염 – 용서와 자비, 그리고 연민의 불꽃 – 에 주파수를 맞춘 지구상의 모든 사람들은 이것의 방출을 느낄 수 있습니다. 그리고 물질세계에서 그들 자신의 신성구현, 또는 불성발현(佛性發現)을 통해서 이것을 이용할 수가 있습니다.

'어머니의 해' 말의 우주 거울

나, 관세음은 왜 추분(秋分)이 지나고 '어머니의 해'의 끝을 상징하는 달들의 시작점인 이 특별한 날에 이것을 말하는 것일까요? 내가 이것을 말하는 이유는 여러분도 알다시피, 물질계는 여러분이 직면해야 하는 모든 것을 반사해서 되돌려 주기 때문입니다. 일종의 위대한 교사로서의 물질세계는 여러분이 다른 이들에게 투사(投射)하기를 원하는 모든 의식(意識)을 여러분에게 반사해서 다시 돌려줍니다. 몇 년 전에 블라디미르 푸틴(Vladmir Putin) 대통령은 만일 그가 대통령이 된다면, 러시아 사람들이 꿀이 든 컵을 받기 전에 삼켜야 할 경제약인 쓰디쓴 정제(錠劑)가 있을 것이라고 말했습니다. 이것은 그 자신이 그 쓴 약을 삼킬 최초의 사람이 되어야 한다는 것을 우주에 대고 말하는 것이 아닐까요?

나의 사랑하는 이들이여, 자비와 용서의 불꽃과 자유의 불꽃은 서로 밀접한 관련이 있기 때문에 자비의 불꽃은 진정으로 자유의 천사의 또 다른 측면입니다. 그렇다면 어떻게 사람들이 물질계에서 자유로워질 수 있을까요? 어떻게 그들이 자기들의 전쟁 역사를 찬미하는 상태로부터 자유로울 수 있겠습니까?

그들은 오직 피 흘림의 과거와 이원성의 전쟁 이미지, 그리고 누군가의 생명을 앗아간 전투들을 미화하지 않고 그들 자신을 용서하고 그들의 적들을 조건 없이 용서할때만이 자유로워질 수 있습니

그래서 용서가 자유를 위한 궁극적인 요소가 되는 것인데, 만약 여러분이 영을 자유롭게 흐르도록 하지 않으면, 물질세계에서 영을 자유로이 구현할 수 없기 때문입니다. 그리고 여러분은 영이 진정으로 물질세계에서 이원성 투쟁에 참여하고 싶다는 것을 본 적이 있습니까? 아닙니다. 사랑하는 이들이여, 선과 악을 규정하고자 하는 것은 오로지 에고일 뿐인 것입니다. 에고란 단지 전투에서 누군가에게 저항하는 존재이며, 그 전쟁을 하는 동안 자신을 영웅으로 나타내고자 합니다. 또한 전쟁에서 승리한 지도자나 혹은 무엇으로든 귀환하면서 궁극적인 영광을 얻기를 바라는 분리된 자아인 것입니다.

1917년 혁명의 주목적은 파괴였다

여러분은 1917년에 차르(Tzar:러시아 황제)와 프롤레타리아(無産계급) 사이에 궁극적인 투쟁이 벌어지는 가운데 이 전투가 구체화 되는 것을 보았습니다. 여러분은 독사의 논리가 힘을 부여받았을 때 어떻게 그것이 러시아 제국의 사람들을 조종하여 차르와 대항하는 이원성적인 투쟁으로 유혹하는지를 본 것입니다. 이것은 궁극적으로 온 나라를 파괴했던 전투였습니다. 과거 당시에 오직 극소수의 사람들만이 "우리가 하고 있는 일이 진정 온당한 것인가?"라고 의문을 제기했습니다. 왜냐하면 대중 의식의 대부분이 이미 차르 권력을 무너뜨리는 것이 주 목적이었던 독사의 철학(공산주의 이념)에 사로잡혀 있었기 때문입니다.

나는 여기서 그 당시의 엘리트 지도자였던 차르가 러시아를 위해 가능한 가장 높은 계획을 그리고 있었다고 말하는 것은 아닙니다. 나는 차르를 칭찬하고 있는 것이 아니라, 오랫동안 러시아의 민중들 사이에는 누군가에 대항하려는 강한 역동성의 의식이 있었다는 것입니다. 따라서 그들 자신들 가운데의 어떤 집단이나 다른 국가들을 러시아 주민의 적으로 묘사하고 있었음을 말하는 것입니다. 그러므로 우주 거울은 심한 피 흘림의 역사를 통해 러시아에게 이들의 권익을 보호하고자 그 지역에다 군대를 증강하는 것은 러시아에게 매우 정당한 것으로 보입니다.

이원적인 투쟁을 정당화하기 위해서는 우선 적을 규정해야 한다.

군대를 만들기 위해서는 우선 여러분에게 대항하는 세력, 즉 물질세계에서 적으로 규정된 세력을 우선 정해야 하지 않겠습니까? 그리고 이는 여러분이 이원적인 투쟁에 적극적으로 개입함을 의미하는 것이 아닌가요? 일단 실제로 적이 있다는 것을 규정하게 되면, 실질적인 전투에 들어가기 위한 정당성을 갖게 되는 것이지요. 그리하여 그 전투에서 어떻게든 살아남을 수 있었다면, 외견상 전쟁의 승리처럼 보이는 곳에서 돌아와 분리된 자아에게 영광을 부여합니다. 하지만 승리로 추정되는 2차 대전에서 돌아온 후에 소련은 진정으로 자유스럽게 되었습니까?

사랑하는 이들이여, 이것이 바로 자유에는 용서가 필요한 요소인 이유입니다. 용서란 물질세계에서 영(靈)을 구현하는 데 통달하기 위해서는 여러분이 어떤 이원성적인 투쟁을 받아들여서는 안 된다는 것을 의미합니다. 용서의 화염이란 이원적인 투쟁을 초월하고, 자신을 어떤 사람이나 어떤 것에 대항하는 존재로서 보거나 그런 정체성을 만들지 않는 것입니다. 혹은 에고(ego)를 부추겨서 그 에고가 최종적으로 이원성의 투쟁에서 살아남을 때 그 에고를 찬양하지 않는다는 것을 의미합니다.[9]

---

9) 대사들의 메시지에서 자주 언급되는 이 "에고(ego)"라는 표현을 굳이 불교적 용어로 바꾸어 놓는다면, "아상(我相)" 정도가 될 것이다. 즉 이것은 개체로서의 내(我)가 있다는 중생의 미망적인 마음인데, 이렇게 개체적인 내가 있다 보니 중생은 그 나를 내세우고, 높이고, 과시하며, 또 남과 비교하려고 한다. 또한 에고는 기본적으로 매우 자기중심적이고 이기적이며, 쉽게 자만하고 교만해지는 성향을 갖고 있다. 에고란 이처럼 저급한 자아를 말한다. 그러므로 부단한 봉사와 헌신, 보살행 등을 통해 에고를 순화시키고, 또 이런 에고적 상태에서 점차 벗어나 궁극적으로는 그 에고를 보다 거대한 우리의 진아(眞我)에 복속시키거나 융합시키는 것이 모든 구도자들과 영적 추구자들의 최종적인 과제라 할 수 있을 것이다. (감수자 주)

신들을 통해 주는 것과 영(靈)의 나눔을 의미합니다. 이것은 자유롭게 주는 것이며, 영에게 자유를 주어서 물질에 표현되는 것이고, 물질에서 영의 자유로운 흐름을 방해하는 모든 것을 제거하는 것입니다. 그럼 왜 용서와 자비가 물질세계에서 자유를 경험하기 위한 데에 그렇게 필요한 요소일까요?

나의 사랑하는 이들이여, 그대들은 여기 아르칸겔스크(Arkh-angelsk) - 천사들(Angels)의 도시- 의 센터에서 전쟁의 영광, 즉 레닌(Lenin)이나 다른 군인 같은 거짓 영웅들의 영광을 보고 있습니다. 그들은 소련 연방을 위해 나치 독일이나 다른 누군가에 대항하는 전투를 하고서 모두가 흘린 피를 축하하며 의기양양하게 돌아왔습니다. 어떤 사람들은 죽었고, 그들은 전투에서 살아 돌아온 사람들이었습니다. 또는 그들은 세계 2차 대전 동안 호송과정에서 폭격을 받지 않고 최종적인 목적지인 아르칸겔스크에 도달한 사람들이라고 사람들은 축하하고 있습니다.

군사력이 무엇인지 생각해봅시다. 그것은 독사의 논리, 즉 외부에 항상 적이 있다는 교활한 철학에 속은 결과로서, 인류가 그렇게 오랫동안 빠져있었던 이원적 투쟁의 궁극적인 표출이 아닌가요?

물질 속에서 영을 구현하기 위해서는 이원성적인 투쟁을 포기해야 한다

나의 사랑하는 사람들이여, 그런 이유로 러시아의 군대가 그런 거대한 힘을 갖게 되었던 것입니다. 즉 러시아가 공산주의와 소련 역사를 통해서 그것이 나치 독일이든, 미국이든, 혹은 그 밖의 무엇이든 대항하고 파괴할 어떤 적이 있다는 것을 항상 국민들에게 선전했기 때문입니다.

오늘날에도 여러분은 러시아가 새로운 천연가스와 석유가 매장된 것으로 알려진 북극해 지역에 관련해 이런 이원성적인 분쟁을 일으키려고 시도하고 있음을 볼 수 있습니다. 그러므로 북극해에서 그

8. 용서와 자비는 물질세계 속에서 자유를 경험하기 위해 필요한 요소들이다.

(2011년 9월 24일, 러시아 아르칸겔스크(Arkhangelsk)에서)

　나, 관세음은 고요함과 순수의 의식으로부터 옵니다. 나는 물질세계 속으로 자비의 불꽃을 전하기 위해 이곳에 왔습니다. 자비와 용서는 물질이 진정으로 자유롭게 되기 위해서, 즉 모든 순수하지 못한 것으로부터 완전히 자유롭게 되기 위해 필요한 요소입니다. 그리고 그 불순물은 이제까지 육적인 마음이 상상할 수 있었거나, 물질에 가하고자 했던 그런 이미지(像)들입니다.

'용서'라는 말은 적극적으로 주는 것을 의미한다
　나의 사랑하는 이들이여 '용서(forgive)'라는 말에 관해 생각해 보세요. 그 철자 안에는 '주다(give)'의 단어를 갖고 있는데, 이는 용서의 의미가 "적극적으로 준다."의 의미를 갖고 있다는 뜻입니다. 이것은 열린 문(門)인 여러분을 통해서 적극적으로 주는 것, 즉 당할 것이나, 이때는 내 존재를 완전히 경험할 수는 없습니다. 하지만 둘 다 갖기를 원한다면, 정말로 나는 둘 다 줄 것입니다.

그리고 여러분이 나의 우주적인 분쇄공을 시각화하여 여러분 마음 속의 구조물들을 부수는 동안, "옴마니 반메 훔(Om Mani Padme Hum)"[8]을 발성하며 나를 부른다면, 나는 거기에 응할 것입니다. 그때 나는 여러분에게 적절한 도움을 줄 것이며, 따라서 여러분은 정체감과 지속성의 감각을 잃지 않은 채 구조들을 부술 수가 있습니다. 그리하여 이것이 여러분이 최대의 발전을 이루어내는 방법이며, 그대들은 더 이상 그 구조(3차원의 구조물들)에 대해 집착하려 하지 않고, 기꺼이 현실 자체에 의해 그것을 부수어지도록 놔둘 것입니다.

단 하나를 원하는지, 아니면 둘 다를 원하는지, 어떤 형태의 자비를 원하는지를 선택하세요. 그러면 나는 여러분이 선택에 따라서 원하는 형태의 도움을 주겠습니다. 선택은 여러분의 몫입니다. 러시아나 혹은 지구가 황금시대를 맞이할 것인가 아닌가는 진정 여러분의 선택에 달려 있습니다.

---

8) 〈옴 마니 반메 훔〉은 관세음보살본심미묘 육자대명왕진언(觀世音菩薩本心微妙 六字大明王眞言)이라 하여 관세음보살의 미묘한 본마음인 여섯 자의 크게 밝은 진언이라고 한다. 이 여섯 글자 진언을 외우면 그 위신력으로 육도(六道)가 공(空)해지고, 육도가 공한 곳에서 여섯 바라밀행이 나타나게 된다고 말해진다. 그러므로 경전은 옴 마니 반메 훔의 공덕을 이렇게 말한다. "이 진언을 외우면 머무는 곳마다 한량없는 부처님과 보살, 천룡팔부가 모여들고 한량없는 삼매법문을 갖추며 이 진언을 외우는 자의 권속과 후손들도 모두 해탈하고 뱃속의 벌레들까지 보살의 지위를 얻게 될 것이다."

(역주)

이, 그것이 "내가 깨달았나?"라는 질문에 대한 답은 항상 "아니야(No)"라고 하는 이유입니다. 왜냐하면 여러분이 질문을 할 필요가 있는 한은 깨달은 것이 아니기 때문입니다.

여러분은 여전히 아는 자와 알려진 것 사이의 간격을 봅니다. 당신들은 아직도 진리란 먼 거리에서 알 수 있는 자기 밖에 있는 어떤 것이라고 생각합니다. 하지만 질문이 사라질 때, 당신들은 진리의 영(Spirit of Truth)과 하나로 융합됩니다. 그리하여 여러분은 진리를 발견한 것이 아니라, 진리 자체가 됩니다. 그리고 그 때 여러분은 예수 그리스도와 함께 다음과 같이 말할 수 있습니다. "나는 길이요, 진리요, 생명이다." 그리고 그것이 여러분이 지구상의 행위 속에서 그리스도가 되는 때인 것입니다.

또한 그것이 여러분이 자유로워져서 지구를 뒤로 하고 떠나는 때입니다. 아니면 지구와 함께 계속해서 봉사하면서 다른 사람들에게 참고할만한 그들의 시스템 외부의 틀을 제공함으로써 그들을 자유롭게 해주는 것입니다. 즉 그들 또한 어떤 시스템은 단지 여러분을 여기까지만 데려올 수 있다는 것을 알 수도 있습니다. 그 시스템은 결코 간격(間隔)을 좁힐 수가 없습니다. 그 간격을 좁힐 수 있는 유일한 길은 마침내 여러분이 형체가 없는 존재이고 형태 속에 있는 어떤 것에도 제한 받지 않는다는 것을 깨닫고 받아들임으로써 어떤 시스템과 구조, 그리고 형태를 초월하는 것이기 때문입니다.

이것이 나의 선물입니다. 그리하여 나는 여러분에게 '자비의 여신'의 사랑을 부으면서 끝마치려고 합니다. 그 조건 없는 사랑은 때때로 여러분을 위로하고 지지하는 부드러운 사랑으로 그 자체를 표현할 것입니다. 하지만 그것은 또한 가끔 여러분의 영혼을 형태 속에 가두고 있었던 구조들을 부숴버리는 우주적인 분쇄공으로서 자체를 표현합니다.

그러므로 여러분이 원하는 것을 결정하세요. 당신들은 부드러운 형태의 자비를 원합니까, 그렇지 않으면 알파 형태의 자비를 원합니까? 부드러운 것을 원한다면, 나는 여러분이 그 경험을 하도록 만 하나의 질문을 명확하게 하기 위해서는 그 질문을 만드는 것에 관해서 기초가 있어야 합니다. 그 기초를 갖고서 여러분은 이미 하나의 시스템을 만들었고, 이제 그 시스템 안에 맞는 답을 찾고 있습니다. 그리하여 여러분이 창조한 그 시스템을 확인하고자 하는 것입니다.

하지만 궁극적으로 어떻게 여러분이 자유롭게 되고, 상승할 수 있을까요? 그것은 여러분이 형태의 세계에서 창조된 모든 구조물과 시스템들 - 그것들이 개인적으로 당신에 의하여 창조되었든, 혹은 다른 사람들에 의하여 창조되었든 - 을 놓아버릴 때입니다. 여러분은 형태가 없는 영으로 상승하기 전에 모든 구조들을 놓아버려야만 합니다. 따라서 여러분이 어떤 특별한 시스템에 기초한 질문을 계속하고, 그 시스템 안에서 그런 질문에 대답하는 영적인 교사를 계속 찾고 있는 한, 그대들은 진리를 발견하지 못할 것이고, 살아있는 진리를 찾지 못할 것입니다.

왜냐하면 살아있는 진리는 그 가르침이 서밋 라이트 하우스(Summit Lighthouse)7)에서 주어졌든, 아니면 다른 계통에서이든, 상승한 마스터들의 가르침을 포함하여 그 어떤 시스템에도 맞지 않기 때문입니다. 살아 있는 진리는 어떤 시스템에서도 포착될 수가 없습니다. 그리하여 당신들이 어떤 시스템을 따르든 간에, 여러분을 목적지에 데려다 주는 것은 - 가장 복잡한 시스템일지라도 - 시스템이 아닌 것입니다. 여러분을 목적지에 데려가는 것은 시스템을 초월할 때, 질문, 즉, Yes나 No로 대답할 수 있거나, 또는 여러분이 창조한 구조를 공고히 하는 다른 방식들로 질문하는 것을 초월할 때입니다. 그리고 그 시스템 안에서 질문에 딱 맞는 대답을 찾는 것을 중단할 때입니다.

언제 여러분이 깨달아 해탈하게 될까요? 그것은 "내가 깨달았나?"라는 의문이 쓸데없는 것이 되어 버리고, 더 이상 그것을 자신의 존재 안에서 찾지 못할 때입니다. 이 메신저(채널러)가 인식했듯

---

7) 미국의 유명한 영성단체의 이름이다. (감수자 주)

는 문제가 아니라는 것을 아십니까? 그렇습니다, 하느님은 너무나 커서 하느님도 들 수 없는 바위를 창조할 수 있습니다만, 그러나 그 때 하느님은 전능하지 않습니다. 하지만 하느님이 너무나 커서 들 수 없는 바위를 창조할 수 없다면, 이 역시 전능하지 않습니다. 그러나 여러분이 알다시피, 형태의 세계 속에 있는 모든 것은 유한하기 때문에 전능이라는 것이 없습니다. 그렇지 않다면 그것은 형태를 지니지 않았을 것입니다. 그러므로 그 수수께끼를 푸는 길은 그것이 이원성의 의식 상태에서 만들어졌다는 것을 깨닫는 것입니다. 그리하여 여러분이 그런 상태의 의식을 초월하고, 또한 그대들이 형태가 없는 하느님의 한 확장체인 무형(無形)의 존재라는 것을 인식할 때, 형태가 없는 하느님을 경험할 수가 있는 것입니다. 그리고 그때 여러분은 그 수수께끼가 아무런 의미가 없다는 것을 알고, 따라서 그 질문의 배후에 놓인 의식에서 자유롭습니다.

　나의 사랑하는 이들이여, 당신들은 여기에서 깊은 진리를 이해하겠습니까? 만약 여러분이 이 세상에 있는 모든 철학과 종교를 살펴본다면, 그런 잘못된 의식에 의해 영향을 받지 않은 것은 하나도 없다는 것을 알게 될 것입니다. 이것은 그것들이 반드시 어둠의 영적 집단들에 의해서 창조되었다는 사실을 의미하는 것은 아니지만, 잘못된 의식에 영향을 받았다는 것입니다. 잘못된 의식은 형태가 진짜이고, 그 형태는 영에 대해 힘을 갖고 있다고 말합니다. 그래서 실제적으로 지구상에서 무한의 절대자를 정확하게 묘사할 수 있다는 철학을 만드는 것이 가능합니다.

　하지만 형태가 없는 절대자의 완전성을 붙잡을 수 있는 형식을 가진 어떤 것을 창조하는 것은 불가능합니다. 그런 이유 때문에 현명한 사람들은 일종의 출발하는 디딤돌로서 하나의 시스템을 이용하지만, 만약 그들이 진정 살아있는 하느님을 알게 되면, 그 시스템을 넘어 가야한다는 것을 아는 지점에 이르게 됩니다. 그래서 너무나 많은 사람들, 심지어는 영적인 노정(路程)에 있는 사람들도 이것 저것에 관해 질문, 질문을 하며, 계속해서 질문을 합니다. 하지에 있는 그 어떤 것도 자신에게 영향을 미칠 수 없음을 알게 됩니다.

나의 사랑하는 이들이여, 이전의 시여(施與)에서 특정의 상승한 대사가 자신의 이름을 바꾸는 것은 불가능하다고 언급되었기 때문에, 이에 관한 문제는 여러분 앞서 토론했던 핵심 사안이었습니다. 그러나 상승한 대사는 형태가 없는 존재이고, 형상적인 어떤 것에 속박될 수가 없습니다. 말로 된 어떤 언급도 형태의 세계에서 만들어진 언어들에 의한 것입니다. 만일 여러분이 그런 말이 항상 유효하다고 믿는다면, 그대들은 자신을 타락한 의식 자체, 즉 그릇된 어둠의 영적집단의 의식으로 만든 것입니다. 왜냐하면 그들은 항상 여러분이 어떤 종류의 형상에 의해 제한되어 있고, 또 그 형상과 구조, 체제에 복종해야 한다고 믿도록 시도하기 때문입니다. 그런 까닭에 당신들은 그런 시스템에 따라 자신의 영(Spirit)의 표현을 제한해야만 하는 것입니다.

사랑하는 사람들이여, 오랫동안 제기되었던 한 가지 오래된 질문이 있습니다. 그것은 "만일 절대자 하느님이 전능하시다면, 너무나 무거워서 하느님도 들지 못하는 바위를 만들 수 있을까?"라는 질문입니다. 많은 사람들이 이 수수께끼를 풀기 위해 많은 정신적인 에너지를 소모했습니다. 하지만 나는 이것이 어떻게 이원성의 의식이 하느님을 포함한 모든 것에다 하나의 이미지를 투사하는가에 관한 완벽한 본보기라는 점을 지적함으로써 이 문제를 여러분에게 풀어줄 수가 있습니다. 이 수수께끼를 풀기가 불가능한 것처럼 보이게 만드는 것은 하느님이 어떤 종류의 형상을 갖고 있고, 따라서 형태에 의해 제한될 수 있다는 개념입니다. 하지만 하느님은 어떤 형태를 갖고 있는 존재가 아닙니다. 하느님은 형태의 원천이지만, 그 형태를 넘어서 있습니다. 그러므로 창조될 수 있었던 어떤 형상이나 바위도 오직 형태의 세계 속에만 존재할 수가 있습니다. 그러므로 그 형태는 형태가 없는 하느님을 제한할 수가 없는 것입니다.

여러분은 이것이 "예" 또는 "아니오"식의 단답형으로 질문에 답하다. 여러분은 이제 그런 타락한 의식에 의해 눈이 멀게 된 존재들, 즉 여러분을 비난하고, 여러분 안에다 의심을 만들기를 시도하는 존재들을 두려워하지 않게 됩니다.

여러분은 예수 그리스도가 그들이 그를 지배할 힘이 없다는 것을 알았듯이, 여러분도 그들이 여러분에게 아무런 힘을 갖고 있지 않다는 것을 알게 될 것입니다. 그리하여 여러분은 예수와 함께, "아버지시여, 그들을 용서하소서. 그들은 자기들이 하는 일을 모릅니다."라고 말할 수 있는 것입니다. 그리고 여러분이 이 말을 할 수 있고 참으로 온 몸과 마음으로 그것을 말한다면, 그때 여러분은 용서한 것이며, 그 의식에서 자유롭게 되는 것입니다. 여러분은 어떤 특정한 의식이나 형상이 여러분의 영을 지배할 힘을 갖고 있다고 생각하는 한, 자신이 그 형상으로부터 자유롭지 않다는 것을 이해할 수 있습니까? 그때 여러분은 그 의식으로부터 자유롭지 못합니다. 그대가 어떻게 어떤 것이 그대를 지배할 힘을 갖고 있다고 생각하고 있는데, 자유로울 수 있겠습니까?

물론 여러분이 자신이 어떤 형태를 가진 존재라고 생각한다면, 그때 당신들은 물질적인 세계에 있는 어떤 형태는 형태를 지닌 존재로서의 자신에게 힘을 갖고 있다고 생각할 것입니다. '의식적 존재'인 여러분이 형태가 없는 존재가 되는 것은 오로지 당신들이 실체(본성)에 연결될 때입니다. 즉 이는 세상의 형태 속에 있는 어떤 것도 당신에 대해 힘을 갖고 있지 않다는 것을 깨닫고 경험할 때인 것입니다. 단지 여러분이 낮은 의식과 동일시하고 있기 때문에 그것이 당신에게 힘을 갖고 있는 것처럼 보일 뿐입니다. 여러분은 본래 형태가 없는 존재입니다. 그리고 이것이 의미하는 바는 여러분이 자신을 한정된 의식과 동일시하는 것을 즉각 멈추는 힘을 갖고 있음을 의미하는 것입니다. 그리하여 여러분 자신과 존재를 그 낮은 의식으로부터 거두어들이고, 당신의 참된 상태인 무형(無形)의 존재로 돌아오는 것입니다. 이렇게 하여 여러분은 자기가 자신의 "진아(眞我)" 또는 "신아(神我)"의 한 확장체라는 것과 형상의 세계대자로부터 창조되고 하늘에서 내려온 인간인 그 존재는 진정으로 천국으로 돌아 갈수가 있습니다.

그런데 여러분이 그 존재를 그 의식으로부터 분리하게 되면, 의식은 실재하지 않는다는 것을 알 수 있습니다. 따라서 원래의 타락한 존재들, 타락한 의식과 가장 동일하다고 하는 존재들도 예수 그리스도가 십자가에 매달려, "아버지시여, 저들을 용서하소서. 그들은 자기들이 하는 일을 모르나이다."라고 말할 때의 부류에 여전히 머물러 있는 것입니다.

여러분은 이런 존재들, 즉 타락한 의식을 구체적으로 나타내는 사람들에게 손을 뻗치는 것이 전혀 불가능하다고 생각할 수도 있습니다. 즉 이성과 그리스도 의식을 갖고서는 여러분이 그들에게 접근할 수 없다는 말입니다. 그리고 이것은 사실입니다. 그러나 왜 여러분이 그들에게 접근할 수 없을까요? 왜냐하면 그들은 환상에 의해 눈이 멀어있기 때문입니다. 그들은 환상이 진리라고 믿기 때문에 가장 눈 먼 사람들인 것입니다. 그들은 완전한 환상은 절대적이고 오류가 없는 진리라고 믿고 있습니다. 이점이 바로 그들이 가장 무지하고, 눈이 멀었으며, 가엾게 생각되는 이유입니다. 여러분이 이 점을 알게 되면, 그들이 무지 속에서 행동하고 있다는 사실을 알 수 있습니다. 그리고 그들이 표현하는 의식도 비실재적인 것입니다.

그리하여 여러분이 자기가 영적인 존재라는 진실과 연결되기 시작할 때, 예수그리스도가 신성의 과정에서 언급했듯이, 실재적인 것은 비실재적인 것에 의해 영향을 받을 수 없다는 점을 인식할 수 있습니다. 즉 여러분은 자신의 존재 속에서 타락한 의식은 당신, 즉 당신의 영(靈)을 지배할 힘을 갖고 있지 않다는 것을 경험하기 시작할 수가 있습니다. 왜냐하면 물질과 형태는 영혼에 대해 아무런 힘이 없다는 것을 깨닫기 시작했기 때문입니다. 영혼은 물질을 넘어서 있고, 영은 형상을 초월해 있습니다. 여러분이 이점을 인식하고 경험하게 되면, 타락한 의식에 대해서 두려움을 갖지 않습니

그렇다면 어떻게 여러분이 용서할 수 있을까요? 그것은 소련의 도구(道具)의 일부분이었던 대부분의 사람들은 악하지 않았다는 것을 인식함으로써 그렇게 할 수 있습니다. 그들은 단순히 여러분의 눈앞을 가렸던 동일한 환상에 의해 눈이 멀어 있었던 것입니다. 그리고 만일 여러분이 어떤 환상에 눈이 멀지 않았었다면, 그것을 극복하기 위해 도전했을 것입니다.

그러므로 여러분 자신과 다른 사람들을 용서하십시오. 그리고 여러분이 목격했던 것은 인류에게 하나의 배움이었으며, 어떻게 의식(意識)이 물리적인 현실을 공동 창조하는가에 관한 일종의 교훈이었다는 것을 깨달으세요. 그리하여 여러분이 창조한 것이 여러분 자신의 상상력을 제한하고, 따라서 자신의 창조물로부터 자기를 자유롭게 할 수가 없는 것입니다. 다시 말해서, 당신들이 분리의 의식과 이원성(二元性)의 의식으로부터 공동 창조를 할 때는 프랑켄슈타인(Frankenstein) 박사에 의해 창조된 괴물이 그를 덮치고 파괴한 것처럼, 당신들 자신이 창조한 것의 노예가 된다는 것입니다. 이것은 에고(ego)에 관한 옛날이야기이며, 에고 의식을 통해 창조된 것입니다.

물론 이제 의문이 있게 됩니다. 여러분이 어떻게 타락한 천사들과 그들 배후의 의식을 용서할 수 있을까요? 이것은 의식과 그 의식을 자신과 동일시하는 존재 사이의 차이점을 인식함으로써 용서할 수 있습니다. 타락한 천사들은 원래 타락한 천사들로 창조된 것이 아닙니다. 그들은 하느님의 천사로 창조된 것입니다. 타락하기 전에 그들은 순수한 천사들이었습니다. 그리고 그들은 단지 분리의 의식으로 눈이 멀었기 때문에 타락한 것입니다. 이것이 우리가 일찍이 타락한 천사는 구원받을 수 없다고 말한 이유인데, 타락한 천사의 의식은 분리의식(分離意識)이기 때문입니다. 그리고 분리의 의식은 하나됨 속으로 들어갈 수가 없습니다. 한 존재가 분리의식과 동일시하는 한은 그는 구원받을 수가 없게 됩니다. 하지만 만약 타락한 존재가 스스로 분리의식으로부터 벗어날 수 있다면, 그때 절다. 하지만 여러분도 알다시피, 역사의 교훈을 잊는 것과 내면화(內面化) 하는 것은 다릅니다.

일단 역사로부터의 교훈을 내면화하게 되면, 비록 여러분이 그 교훈을 배우는 원인이 되었던 특정 상황을 잊는다고 할지라도 똑같은 잘못을 되풀이 하지는 않습니다. 그리하여 여러분이 과거의 기억으로부터 자유스러워질 때, 비로소 과거로부터 완전히 자유롭게 되는 것입니다. 이것은 여러분이 기억을 계속 갖고 있는 한, 그것은 여러분 의식에 영향을 주게 되고, 그로 인해 과거가 당신들에게 더 이상 어떤 영향이나 힘을 미치지 않는 미래를 진정으로 상상하거나 믿을 수가 없게 되기 때문입니다.

그렇다면 소련 연방이나 나치 정권이 궁극적으로 소멸된다는 것은 무엇일까요? 그것은 그 정권들이 국민들에 의해서 완전히 잊혀지는 것입니다. 나의 사랑하는 사람들이여, 왜 여러분은 망각의 베일이 드리워져서 지난 세기에 자신이 목격했던 엄청난 전쟁과 잔학행위에 관한 아무런 기억이나 기록이 없다고 생각합니까? 이는 자비로 인한 것입니다. 만일 사람들이 아직도 과거의 기억을 유지하고 있다면, 그들은 과거에 의해 계속 영향을 받을 것이며, 그것을 극복할 수가 없고, 또 과거로부터 자유로운 미래를 상상하거나 믿을 수가 없을 것입니다.

그런데 왜 여러분이 용서하지 않는 한은 자유롭게 되지 않을까요? 왜냐하면 자신들에게 해를 끼쳤던 사람들을 용서할 때까지는 당신들이 사람들이나 기관(機關)뿐만 아니라, 그 배후의 의식(意識)에까지 연결된 에너지의 끈을 계속 유지하고 있는 것이기 때문입니다. 이것은 여러분이 그 의식에게 자신의 생명력을 주는 것이 되며, 또한 그 의식이 유지되는데 기여한다는 것을 의미합니다. 즉 그 짐승(의식)을 살아있게 유지시키며, 비록 그것이 텅 빈 구조물일지라도 그 구조물을 존속하도록 하는 것입니다. 그렇다면 이제 그대들은 완전하고도 조건 없는 용서의 절대적인 필요성을 이해하겠습니까?

그러므로 이것은 여러분이 러시아와 러시아 사람들을 위해서 해줄 수 있는 강력한 시각화인 것입니다. 즉 어떻게 이런 구조물들이 보라색 불꽃 천사들과 여러분의 요구에 따른 유도에 의해 쉽게 정화될 수 있는 여러 조각으로 부수어지는가를 보는 것입니다. 여러분은 이런 보라색 불꽃 천사들을 이곳에 와서 (부서진) 조각들을 싣고 지구 중심부에 있는 보라색 불꽃 저장소로 옮겨가고 있는 트럭들의 군대(軍隊)로 시각화 할 수 있습니다. 그곳(지구 중심부)에서 이것은 소멸될 수 있고, 더 높은 물질로 변형될 수 있으며, 순수한 상태로 가속화될 수 있습니다. 그리하여 이것이 나의 알파 속성의 선물인 것입니다.

　내 선물의 오메가 측면은 영적인 사람들인 여러분이 도달할 필요가 있는 일종의 자각(自覺)인데, 이것은 러시아뿐만이 아니라 다른 국가들의 여러분 모두에게 가장 커다란 자극을 주기 위한 것입니다. 또한 그것은 러시아 출신의 사람들만이 아니라, 소련연방 및 억압적인 다른 체제에 의해 영향받아온 모든 사람들에게도 필요한 깨달음입니다. 그리고 그것은 바로 압제자로부터 진정으로 자유롭게 되는 유일한 길은 그 박해자를 조건 없이 전적으로 용서하는 것임을 깨닫는 것입니다.

　여러분은 (구) 소련 연방에서 그 국민들에 대한 억압을 볼 수 있었습니다. 그리고 여러분은 소련 연방에 의해 점령되거나 억압 받았던 다른 나라들에게 자행되었던 잔학 행위를 알고 있습니다. 이것들을 보고 다음과 같은 질문을 할 수 있습니다.
　"우리가 이것을 어떻게 용서할 수 있습니까? 어떻게 우리가 이런 일들을 우리 스스로 잊을 수가 있습니까?"
　이것은 전체주의 정권에서 경험했던 많은 나라에서 볼 수 있는 모습인데, 그 예를 독일에서 찾아볼 수 있습니다. 즉 그 곳에서는 독일이 나치(Nazi)같은 전체주의 체제로 가는 것을 방지하기 위해서는 자신들이 나치를 잊는 것을 결코 허용해서는 안 된다고 합니

맨 눈으로 보면 눈이 멀어버릴 것입니다. 그 이유는 이것은 태양만큼 강렬하기 때문입니다. 그리고 당신들이 시각화하거나 내게 요청을 할 때, 나는 나의 손을 움직이기 시작할 것이고, 보라색 불꽃의 공은 이동하기 시작할 것입니다. 그리고 여러분이 (나를) 부르고, 여러분이 해온 러시아를 위한 새로운 로사리오에 한정되지 않는 그런 로사리오 기도를 행할 때, 나는 여러분에게 이 우주적인 분쇄공을 어디로 향하게 할 것인가를 시각화하라고 요청하는 바입니다. 그러면 그것은 그곳으로 향해 돌입할 것이며, 그 뒤에 있는 의식(意識)을 부술 것입니다.

여러분은 - 이 도시의 이곳 여러분이 있는 빌딩에서부터 거리 너머까지 건너보이다시피 - 소련 (연방) 시절이나, 그 이전의 시절에 지어진 오래된 텅 빈 빌딩들이 있다고 시각화 할 수 있습니다. 그리고 여러분은 이것이 바로 하위 에테르(etheric)와 멘탈, 감정계 속에서 러시아 국가 전체에 걸쳐 있다고 마음으로 그릴 수 있습니다. 공산주의 시절에 건축된 이런 거대한 구조물이 존재하며, 그렇게 많은 사람들이 그들의 '진아'와 황금시대의 비전(vision)에 연결되는 것을 막았던 것은 바로 이런 구조물들이었습니다.

그리고 이것이 내가 부수고자 열망하는 구조물인 것입니다. 그리하여 이것은 여러분의 요구에 의해 더욱 쉽게 소멸될 것이며, 더 이상 러시아 사람들의 비전을 흐리게 하지 않을 것입니다. 그래서 나는 여러분이 자신의 요구에 따라 어떻게 이 보라색 화염으로 이루어진 분쇄공이 지구상의 아무도 멈출 수 없는 힘으로 휘둘러지는가에 관한 심상(心像)을 함께 나누기를 요청합니다. 물론 이것은 형상을 넘어선 것이며, 따라서 형상에 의해 제한될 수 없습니다. 그리하여 이것은 휘둘러지며, 일단 움직이기 시작하면 지구상에 있는 그 무엇도 이것이 앞으로 움직이는 것을 막을 수는 없습니다. 그리고 저급한 진동으로 형성된 어떤 구조물도 박살낼 수 있는 이 빛의 힘에 의해 이것에 부딪치는 그 어떤 것도 산산 조각으로 부수어질 것입니다.

로 오지만, 내가 당신들에게 주는 첫 번째 도구는 자비의 표현이 아닌 것처럼 보인다는 것을 나는 알고 있습니다. 하지만 여러분이 자비를 이해한다면, 그것이 진정으로 자비의 알파 모습이라는 것을 알게 됩니다. 단지 사람들을 안락하게 해주려고 애쓰고, 그럼으로써 그들이 현재의 여건들을 견딜 수 있는 것이 자비일까요? 또한 사람들이 굶고 있을 때, 단지 하루 이상 살 수 있을 만큼의 음식을 주고, 그리하여 여러분이 불명확한 미래에 그들에게 이런 음식을 계속해서 제공해 주는 것이 자비입니까? 그렇지 않으면, 한 걸음 뒤로 물러서서 "왜 사람들이 굶주리고 있을까? 기아(飢餓)를 만들어낸 여건을 변화시켜보자. 그래야 사람들이 자급자족할 수 있고, 미래에 스스로 배를 채우게 될 수 있을 거야."라고 말하는 것이 자비입니까? 이것은 굶주린 사람에게 물고기를 주는 것과 그가 스스로 먹을거리를 해결할 수 있도록 낚싯대를 주는 것의 차이점에 관한 옛 이야기입니다.

그러므로 자비란 단순히 사람들이 현재의 여건을 극복하게 도와주고자 하는 게 아닙니다. 즉 알파 측면은 사람들에게 현재의 여건을 변화시키는 힘을 주는 것입니다. 따라서 자비의 알파 측면의 표현으로서 나는 여러분에게 우주적인 분쇄공(分碎球)의 이미지를 전해주기 위해 왔습니다.

여러분도 알다시피 오래된 건물을 무너뜨리고자 할 때 큰 크레인(crane)을 이용하며, 그 크레인의 끝에는 커다란 쇠로 된 공(球)이 있습니다. 그리하여 크레인이 돌 때 그것은 쇠공을 움직이며, 그 공을 건물로 향하게 하여 그것을 쉽게 제거할 수 있게 여러 조각으로 때려 부숩니다.

이것이 자비의 여신 – 자비의 여신이라는 이 직책의 알파측면으로 – 으로서의 나, 관세음이 여러분에게 드리는 심상(image)인데, 나는 지구 저 위쪽에 서 있으며, 손에 줄을 들고 있습니다. 그리고 줄 끝에는 여러분이 상상할 수 있는 가장 강렬한 보라색 불꽃의 공이 있습니다. 이 불꽃은 너무나 강렬한 레이저 빛과 같아서 여러분이 여러분은 균형에 관해 들었을 것입니다만, 이것이야 말로 균형입니다. 얼마나 많은 사람들이 불복종하고 그 체제에 기꺼이 도전하는가에 비교할 때 얼마나 많은 자들이 그 체제의 하수인으로 행동하는 것이 가능하겠습니까? 일단 그 체제에 도전하고자 하는 사람들의 숫자가 그 심복들이 죽이고 투옥 - 더욱이 감옥이 수용할 수 있는 - 하고자 하는 자들의 숫자를 넘어서게 되면, 그 체제, 그 물리적인 권력체계는 무너지게 됩니다. 그리고 그것은 정확하게 왜 힘의 위협이 필요한 요소인지에 대한 이유가 됩니다만, 그 체제를 유지시키는 것은 권력 자체가 아니고, 속임수와 거짓말, 그리고 환상인 것입니다.

그리고 그것이 또한 심지어 물리적인 힘이 거기에 더 이상 존재하지 않은 이후에도 속임수와 그 의식이 아직도 러시아 국가 위에 검은 구름으로 걸려 있을 수 있는 이유입니다. 아울러 그로 인해 아직도 사람들과 그들의 지식, 의식, 상상력, 그리고 더 나은 미래에 대한 가능성이 억압받고 있습니다. 그리고 그 환상이 검은 구름으로 걸려 있는 한, 사람들은 새롭고 더 나은 미래를 자유롭게 받아들이려 하지 않을 것입니다. 그러므로 그들은 미래를 열 수 있는 지도자들을 끌어당길 수가 없습니다. 그 대신에 그들은 역시 환상에 눈이 먼 까닭에 러시아를 혼돈과 한계를 가진 현재의 상태 너머로 끌고 갈 방법을 볼 수 없는 그런 종류의 지도자들을 끌어당길 것입니다.

그들은 비전을 갖고 있지 않습니다. 왜냐하면 비전이란 낡은 의식이 사람들의 상상력을 억압하지 않을 때에 오는 것이기 때문입니다. 그리하여 내가 여러분에게 숙고해보라고 요청하는 문제는 어떻게 이 낡은 의식이 부수어질 수 있고, 어떻게 사람들이 구름들과 안개를 뚫고 황금시대의 가능성에 대한 현실을 볼 수 있는 정도까지 그것이 엷어질 수 있는가하는 것입니다.

그리하여 나는 여러분에게 두 가지 도구를 주는데, 그것은 알파(Alpha)와 오메가(Omega)입니다. 그리고 내가 비록 자비의 화염으

비록 공산주의 체제에서는 어떤 개인도 궁극적인 권력을 가진 적은 없지만, 적어도 스탈린 이후에는 그 (공산주의) 체제 자체가 그 체제의 최고 지도자를 능가하는 권력을 갖고 있었습니다.

그리고 이것이 배워야할 교훈입니다. 인간이 어떤 체제를 만들게 되면, 인간은 자신이 그 체제를 지배하는 힘을 갖게 되었다고 생각하지만, 사실은 그 체제도 마찬가지로 당신들을 소유하기 시작합니다. 그 체제는 어떤 개인을 단지 살아남기 위한 도구로 볼 것이기 때문인데, 그렇기에 그 체제에 동조하지 않을 개인들에게는 (존립할) 아무런 여지가 없는 것입니다

그리하여 여러분이 어떻게 타락한 체제가 작동하는가에 관한 역학을 이해하게 되면, 그 체제는 오로지 속임수를 통해서 작동한다는 것을 깨닫게 될 것입니다. 그것은 거짓 위에 지어졌습니다. 그리고 그것은 오직 대다수의 사람들이 그 거짓말을 믿고, 또한 그 거짓말 너머를 볼 수 없을 때만 존속할 수가 있습니다. 왜냐하면 일단 사람들이 그 거짓말을 알고서 그 진실되지 않은 것에 따르기를 거부하기 시작하면, 그 체제는 무너지기 시작할 것이기 때문입니다.

그러므로 (구)소련 연방을 볼 때, 그 체제를 적절히 유지시켜 주었던 것은 물리적인 힘이 아니었습니다. 이점은 이해하기 어려울지 모르겠으나, 여러분은 그 체제에 의해 전시된 절대적인 권력과 인간 생명에 대한 총체적인 경시를 경험했습니다. 하지만 현실은 심지어 소련 연방도 무제한으로 많은 사람들을 죽일 수는 없었는데, 체제 자체는 사람을 죽일 수가 없는 까닭입니다. 그것은 인간 생명에 대해 너무나 무감각해져 있어서 그 체제의 명령을 기꺼이 받아들이고자 하는 대리인들을 필요로 합니다. 그렇다면 어디에서 그 대리인들을 얻을까요? 그것은 오로지 사람들 중에서 얻는 것입니다. 그럼에도 생명에 대해 완전히 둔감해져서 그 체제를 적절히 유지하기 위해 수많은 사람들을 기꺼이 죽이는 자들을 충분히 발견하기 어려운 지점에 이르게 됩니다.

인식하는 어떤 것에 의해 묶여있거나 제한 받는다고 느낄 필요가 없습니다. 인간은 자신들이 감지하는 물체들에 의해 속박돼있지 않습니다. 왜냐하면 그대들은 육체, 감각, 외부의 마음을 통해서 자신이 감지하는 것 밖으로 자기를 투사할 능력을 갖고 있기 때문입니다. 여러분은 '진아(眞我)' 속에 정박해 있는 당신이라는 개체성의 보다 거대한 실재에 연결될 수 있습니다. 이것이 바로 신성, 또는 불성의 길입니다. 물론 공산주의 체제와 의식은 어떻게 타락한 존재들이 신성을 얻고자 하는 개인의 욕구를 완전히 억압해버린 체제를 창조하려고 시도했는가에 대한 하나의 실례(實例)입니다. 그들은 신성을 부정하거나, 혹은 신성의 구현이 불가능한 체제를 규정지음으로써 신성이 허구라고 정의하는 그런 많은 제도들을 창조하려고 시도했습니다.

다른 체제들은 물론 여러 종교들인데, 여기에는 가톨릭도 포함되어 있습니다. 이 가톨릭은 예수 그리스도의 진정한 교회라고 주장하고는 있지만, 그의 가르침의 핵심을 부정하고 있으며, 그것은 지상에 있는 모든 사람들이 신성에 도달할 잠재력을 갖고 있음을 부정한다는 것입니다. 물론 여러분도 또한 적어도 신성을 지닌 개인의 힘을 부정하는 자본주의와 과학적 물질주의를 갖고 있습니다. 게다가 거대 기업의 최고 경영자들이 그 기업의 부분을 이루고 있는 모든 사람들에 대해 거의 전체주의적인 힘을 갖고 있는 것을 보듯이, 신성을 이루지 못한 그런 자들의 힘을 어떤 식으로든 신격화하고 있습니다.

그러므로 여러분이 보는 것은 타락한 천사들이 신성을 부정하는 체제를 만들어 내려고 시도했다는 것이며, 따라서 참된 개성을 부정하려 한다는 것입니다. 하지만 그것이 에고(ego)를 통해서 생겨나는 그릇된 개체성을 부정하는 것은 아닙니다. 왜냐하면 그것은 어떤 인간들의 에고를 신의 상태까지 높이는 것이며, 고로 여러분이 이 세상의 모든 독재자들이나 공산주의 체제 안에서도 어떤 권력에 오른 자들을 보았듯이, 그들의 말은 거역될 수가 없습니다.

사람들은 모든 것에 대해 항상 확실한 대답 - 이런 대답들이 질문들에 대한 진정한 해답을 주거나 문제를 해결하지는 않지만 - 을 주었던 정치기관 시대에 익숙해져 있습니다. 하지만 그들은 (대중들에게) 확실하다는 인상을 주었고, 그것을 사람들이 갈망하게 되었습니다. 왜냐하면 그들은 자기 자신들 속에 있는 창의성과 접속할 수 없기 때문입니다. 그들은 창의성을 그들의 삶을 증진시킬 수 있는 기회로 보기보다는 하나의 위협으로 보고 있습니다.

여러분은 또한 비록 그들이 어떤 자본주의의 한 형태를 이용하고는 있지만, 실제로는 공산주의 정권의 정치체제 속에서 이들과 매우 비슷하게 행동하는 과두정치(寡頭政治) 독재자들이 출현하는 경향을 봅니다. 또한 그와 비슷하게 사람들을 억압하고 권력을 남용하는 것에 대해 조금도 양심의 가책을 느끼지 않는 범죄자들의 출현도 보게 됩니다. 여러분은 게다가 사람들에게 확고하고 무신경해 보이는 부패한 관료 제도의 출현을 보게 되는데, 그들은 다시 변화를 위협으로 간주하며, 그러므로 살아남고 자체의 힘을 선전하기 위해 변화를 억압하고자 합니다.

따라서 여기서 내가 설명하려고 하는 것은 비록 러시아가 더 이상 공산주의 체제를 갖고 있지는 않지만, 여전히 상당한 정도로 공산주의 의식을 갖고 있다는 것입니다. 사람들은 수십 년 동안 그들을 기만한 공산주의 의식으로부터 아직 자신들을 해방시키지 못했습니다. 그리고 그들은 이런 의식이 무엇인지를 충분히 알고 있지 못합니다. 그들은 그 너머를 충분히 보지 않았으며, 따라서 공산주의 체제나 의식에 대한 대안(代案)을 믿을 수도, 상상할 수도 없습니다.

그렇다면 공산주의 의식의 핵심은 무엇일까요? 그것은 앞에서 설명했듯이 정확히 개성(個性)과 창의성을 억압하는 것입니다. 또한 그것은 여러분이 영적인 존재라는 것을 부정하며, 당신들이 영적인 존재이기에 형태의 세계에 의해 제한받거나 한계 지워지지 않는다는 것도 부정합니다. 즉 여러분은 형태의 세계 속에서 경험하거나 어떤 사람도 실제로 일어나는 일을 온전한 그림으로 이해하지 못한다는 것입니다.

이것이 여러분들이 나치 독일에서 보았던 것이며, 거기서는 매우 적은 수의 사람들, 심지어는 나치 정부의 최고위급도 강제수용소 내에서 일어나는 일을 완전히 알고 있던 사람은 거의 없었습니다. 또한 이것은 (구)소련·연방에서도 볼 수 있었던 것이며, 그 체제의 모든 면이 어떻게 기능하는지를 알고 있었던 사람들은 극소수였습니다. 그리고 많은 경우에 지도자들은 그 체제 안에 있는 모든 구획(區劃) 안에서 무슨 일이 일어나는지 정확히 알지 못했습니다.

그리하여 그 억압체제를 완성하기 위해 성령(Holy Spirit)을 왜곡하게 되는데, 모든 것이 얼어있기 때문에 사람들이 어떤 종류의 추진력을 구축하는 것이 결코 허용되지 않습니다. 모든 것이 느리고 불가능하게 보이므로 변화는 일어날 수 없는 것처럼 생각되는 것입니다. 그리하여 모든 사람들은 체제가 너무나 폐쇄되어 있어서 그 체제를 어떤 결정적인 방향으로 움직이는 것은 불가능하다고 믿습니다.

그러므로 여기서의 내 요지는 그와 같은 폐쇄적인 체제에 노출되어 있던 사람들에게 무슨 일이 일어났는가를 여러분이 이해하도록 돕는 것입니다. 그것은 그들의 상상력과 정체감이 너무 심하게 영향을 받았기 때문에 심지어 그 체제가 더 이상 존재하지 않더라도 여전히 러시아에서 변화를 일으키는 것이 가능하다고 그들은 감히 믿을 수가 없다는 것입니다. 그들은 아직도 그들의 운명을 장악하는 데 있어서 무력감을 느끼며, 스스로 더 나은 운명을 감히 상상할 수가 없습니다. 그리고 이것이 바로 그들이 그 체제에 의해 남겨진 공백을 채울 수 있다고 주장하는 다양한 세력들에게 종속되게 되는 이유인 것입니다.

그것이 또한 인구 가운데 1%의 사람들이 공산주의로 되돌아가기를 바라는 이유인 것이지요. 그런 까닭에 다수의 사람들이 어떤 종류의 확신을 그들에게 주는 강력한 지도자를 갈망하는 것인데, 그 일단 사람들이 어떤 수준 이상의 힘을 가질 수 없다는 것을 받아들이게 될 경우, 어떻게 자신들보다 훨씬 더 큰 힘을 가졌다고 생각되는 엘리트들에게 대항해 일어서는 것이 가능하다고 믿겠습니까? 이것이 바로 여러분이 중세기 동안에 보았던 인간의 의식(意識)입니다. 즉 그때의 사람들은 정말로 귀족 계급이나 왕들에게 반대하면 살아남을 수 없을 정도로 그들이 어떤 초인간적인 힘을 가졌다고 믿었던 것입니다.

　그리하여 여러분은 과거 소련 연방에서 얼마나 많은 사람들이 정치기관에 의해 전시된 힘, 즉 권력 기계들에 의해 거의 최면이 되었는가를 알 것입니다. 그리하여 그 국민들은 이 기계에 대항하여 일어설 힘이 없다고 믿었으며, 또 그것에 대항하는 시도는 어떤 개인도 죽일 것이었습니다. 이것이 바로 여러분이 (어둠의) 엘리트들에 저항하여 일어서지 못하는 상황을 만들어 내는 이유인데, 사람들은 자기들이 엘리트들에게 맞설 힘이 있다고 상상하거나 믿을 수 없기 때문입니다.

　그러므로 앞서 설명한대로 권력 엘리트들은 그들의 힘에 맞서는 사람은 누구든지 기꺼이 죽인다는 사실이 의미하다시피, 그들이 힘을 악용하는 것과 마찬가지로 신(神)에 대해서도 왜곡시킨다는 점을 알 수 있습니다. 그렇게 되면 사람들은 (하느님) 어머니에 관해서도 그들 자신을 자체적으로 분열시키는 왜곡된 내용을 갖게 되는데, 그 이유는 누가 엿듣고, 누가 그들을 감시하며, 누가 당국에 말하는지를 결코 알지 못하기 때문입니다.

　이보다 더 한 것은 정보억제와 그릇된 정보선전을 결합하는 형태로 아들(삼위일체 가운데 성자(聖子)를 의미)의 요소를 왜곡한다는 것입니다. 그리하여 사람들은 무엇이 실체인지 모르고, 그들이 보는 현재의 체제를 대체(代替)할 수 있는 것이 있음을 알지 못합니다. 그래서 그들은 체제 안에서 일어나는 모든 일을 알지 못하는 것인데, 그 이유는 모든 것이 나누어져 있어서 그 체제 안에 있는 중요한 현상을 보기 시작할 것입니다. 그때 일어나는 질문은 다음과 같이 됩니다. "만일 의식(意識)이 물질의 형태를 창조한다면, 그럼에도 물질이 의식에 영향을 준다면, 그때 어떻게 의식이 형태를 초월할 수 있는가?"

소련 연방 시절에 존재했던 여건들은 의식 내의 정신적인 이미지들로서 출발했습니다. 그러나 일단 그런 정신적인 이미지가 선(線)을 넘고 물리적인 형태로서 구체화되자, 그때 그런 물리적인 형태들이 그 조건 아래에서 살고 경험하던 사람들에게 영향을 미쳤습니다. 그러자 그 물리적인 형태들은 자기들의 정신적인 발전을 외적 형태와 동일시하는 국민들의 의식에 영향을 주었습니다. 그들이 그 형태와 동일시하면 할수록, 그들은 이 조건들이 실제적이고 영구적이며, 또는 아마도 그것이 될 수 있는 단 하나의 길이라고까지 생각했습니다. 따라서 그 외적 조건들은 물질적 존재들로서의 그들의 정체감, 또는 그들 자신의 운명을 바꿀 힘이 없는 무기력한 존재들로서의 그 정체감에 영향을 미쳤거나 강화했습니다.

그리하여 문제는 어떻게 하여 개인이나 국가 전체가 과거로부터 벗어나서 실제적이거나 영원하다고 믿었던 조건들을 극복하는가 하는 것입니다. 그때 이것은 바로 아래로 향한 자체적으로 강화되는 나선(螺線)의 형성을 가능케 하는 구조입니다. 그리고 이것은 지구 행성 전체가 그것이 창조되었던 수준 이하로 떨어지거나, 또는 황금시대 이하로 떨어지게 하는 것이 가능하게 할 수도 있는 것입니다. 이로 인해 지구 전체가 도저히 인류가 멈출 수 없는 하향나선으로 빠져들게 만들 수가 있고, 따라서 전 행성이 파멸될 수도 있습니다.

이것이 바로 타락한 존재들과 거짓 교사들이 이해하고 있던 메커니즘(mechanism)입니다, 그리고 그들 자신들을 권력의 위치에 올려놓았고, 또 사람들이 그 권력 엘리트들에 저항해서 일어나 그들을 전복시키는 것을 매우 어렵게 했던 하향나선을 만들고자 그들이 이용한 메커니즘인 것입니다.

7. 우주의 분쇄공(分碎球)으로 여러분의 영혼을 제한하는 구조들을 부수어 버리자

(2010년 6월 12일, 이 채널링은 소련의 상트 피터스버그(Sanct Petersburg)의 한 행사에서 행해졌다.)

나는 고요한 적정(寂靜)으로부터 왔습니다. 관세음이란 명칭은 지구상의 시간으로 아주 오랫동안 나의 현존에게 기원하는 사람들 사이에서 사용돼온 이름입니다. 하지만 관세음은 단지 하나의 이름에 불과하며, 이름이 그 존재 자체는 아닙니다. 즉 그 이름이 곧 나인 것은 아니지요.
따라서 나는 살아있는 신(神)의 현존으로서 오며, 이 러시아와 과거 소련 연방의 일부였거나, 혹은 소련 연방에 의해 직접 영향 받은 나라 안에서 살고 있거나 살았었던 사람들을 위해 선물을 갖고 왔습니다.
내가 가져오는 선물은 자비의 화염과 조건 없는 용서의 화염입니다. 전체의 물질 우주는 의식과 매터-빛(Ma-ter light)에 투사된 정신적인 이미지들로 만들어졌다는 것을 이해할 때, 여러분은 매우 자신이 가진 무거운 짐들을 보낼 수가 있고, 또한 당신들이 갖고 있는 어떤 부담도 경감시킬 수가 있습니다.

따라서 우리가 이런 방출작업을 마무리 짓는 명상 음악을 들려줄 때 당신들은 이것을 할 수 있습니다. [명상 음악이 연주된다.]

그리고 당신들이 받고 있지 못하다고 느끼는 그 사이클로 들어가서 자신의 뜻을 고수하며 비난하고 충족되지 못했다고 느낀다면, 이는 둘 다 치료를 필요로 한다는 증거질환이 되는 것입니다. 그러므로 공개적으로 이것에 관해 논의해보고, 당신들의 관계를 새로운 방향으로 설정하도록 결정하십시오. 거기서 목표는 자아중심적인 낮은 욕망을 충족하는 대신에 서로를 치유하는 것입니다.

나의 사랑하는 이들이여, 이것은 성취를 실현하는 여러분의 (남녀)관계에 대한, 또는 만일 지금 어떤 관계가 없다면 (이상적인) 관계를 발견하는 것에 대한 핵심적이고도 가장 중요한 열쇠입니다. 그리고 그것은 당신들 속에 무엇인가 균형이 맞지 않는 것이 있기 때문이라는 사실을 알기 바랍니다. 그리하여 여러분이 서로가 그 균형을 이루도록 도울 수 있을 때까지 - 혹시라도 영적인 여정에서 만나는 당신들의 친구와 함께 일함으로써 - 그 균형과 치유를 위해서 노력할 필요가 있습니다.

나는 여러분의 짐을 짊어질 용의가 있다

나의 사랑하는 사람들이여, 나는 오랫동안 이야기했으며, 여러분의 오라(aura)가 지금 (빛으로) 넘치는 성배가 되었다는 것을 인식합니다. 그리고 내가 방출한 빛이 여러분 속에 있는 불균형적인 요소들을 휘저을 때, 당신들 중 어떤 이들은 동요를 느낄 수도 있습니다. 그러나 나는 마지막 시각화 작업으로서 요청합니다만, 이 시각화를 통해 여러분이 지구에 대한 거대한 봉사를 한다는 점을 인식하기 바랍니다. 나는 분명히 보답할 것이며, 당신들이 느끼는 모든 짐들을 나의 가슴에 담아갖고 있겠습니다.

나는 조용히, 또는 요란하게, 혹은 시각화에 의해서 여러분이 갖고 있는 어떤 짐이든 이를 인식하게 될 기회를 여러분에게 부여합니다. 그런 다음 관세음이란 존재가 이 메신저(채널러)의 외적 모습 위에 분명히 존재한다는 사실을 시각화하는 기회를 여러분에게 주는 바입니다. 그리하여 그대들은 메신저의 가슴 차크라로 알고 있는 곳 - 그것은 실제로는 나의 가슴과 겹쳐져 있는 곳 - 으로 여러분

균형을 이루어가는 관계를 실현하는 것입니다. 그에 따라 그들은 영적으로 홀로서기를 하게 되고, 더 이상 결합을 이루기 위해 다른 사람을 필요로 하지 않게 됩니다.

그렇다고 이것은 그들이 갈라져서 각자의 길로 가야함을 의미하는 것은 아니며, - 비록 어떤 일부 경우에는 그렇기도 하지만 - 많은 경우에 그것은 더 높은 수준으로 관계를 맺을 수 있다는 것을 의미합니다. 이때 그 관계란 타인으로부터 어떤 것을 필요로 하는 데 기초해 있는 것이 아니고, 다른 사람에게 아낌없이 주는 것과 그들 자신의 관계보다 더 큰 집단에게 자유롭게 주는 것을 의미하는 것입니다. 따라서 그 관계는 어린애나 가족을 통해서뿐만 아니라, 한 커플(couple)이 개인적으로 융합을 성취했을 때 그 커플이 접촉할 수 있는 더욱 큰 인간 집단을 통해 그 범위 훨씬 너머에 이르는 토대가 됩니다.

관계에 있어서 중요한 문제

모든 남녀 간의 관계에 있어서 핵심적인 문제는 두 쪽 다 다른 쪽으로부터 무엇인가를 필요로 하는 사실을 인식한다는 것입니다. 하지만 이기심 없이 주는 것과 적극적으로 받는 것이 없다면, 거기에는 충족이 있을 수 없습니다. 그래서 남녀 둘 다 자기가 현재 얻지 못한 무엇인가를 가질 자격이 있다고 느낀다는 점이며, 따라서 그들은 서로를 비난하게 됩니다. 그러나 사실상 상대방을 비난하는 것은 전혀 이치에 맞지 않습니다. 왜냐하면 상대방은 악의로 (자기 의견을) 견지하고 있는 것이 아니고, 대부분은 상처받고 자기 자신이 불완전하기에 그렇게 하는 것이기 때문입니다.

그러므로 그때 가장 좋은 방법은 서로 상대방이 치유를 하고 개인적으로 완전에 이르도록 도와주는 것입니다. 그리하여 여러분은 상대방에게 주기 시작하고, 적절한 8자형의 흐름을 확립할 수 있습니다. 물론 이것은 이 세상의 수많은 사람들 모두에게 가능하지는 않은 일입니다. 하지만 영적인 사람들인 당신들은 그 특별한 목적을 위한 관계에 접근할 수 있습니다.

두 적극적으로 주는 것과 받는 것이 결여되었기 때문입니다. 그러므로 8자 형태의 에너지 흐름에 접속하기 위해서는 모두 화합되어야 하는 것입니다.

그리하여 여러분은 이 오후에 이런 가르침을 통해, 그리고 마스터 모아(More)와 성모 마리아에 의해 주어진 다른 가르침을 통해 거대한 열쇠를 받았고, 이제 이것이 방출됩니다. 그래서 이 점을 깊이 생각해본다면, 여러분은 자신의 존재 속에서 남성과 여성 에너지들에 대해 더욱 커다란 이해를 얻게 될 것입니다.

여성들은 남성들과 균형을 맞추어야 한다.

나의 사랑하는 이들이여, 어떤 존재들이 자유 의지의 선택으로 합일의 상태를 떠나고자 한다면, 단 하나의 방법은 분리(分離) 속으로 들어가는 것입니다. 하나됨으로부터 분리되기 위해서는 적어도 두 가지 극성(極性)이 있어야 하는데, 그것이 바로 남성과 여성의 몸이 창조된 이유이며, 거기에서 새로운 생명은 아이들을 낳는 육체적인 결합을 통해서만 창조될 수 있습니다.

그러나 이것의 상징은 새로운 영적인 생명이 전통적인 결혼뿐만이 아니라, 우정 또는 전문적인 관계 같은 다른 많은 관계들 가운데 오직 남성과 여성의 결합을 통해서만 창조될 수 있다는 것입니다. 그것이 여성들이 남성들과 자연스러운 양극성을 형성할 때만이 오직 기업과 정부 안에서 진정한 균형이 이루어질 수 있는 이유입니다.

그러므로 지구상의 많은 사람들에게서 볼 수 있는 것은 그들이 거대한 일체감을 느끼는 열쇠가 결합하는 행위라는 의식수준에 도달해 있다는 것입니다. 즉 그것이 꼭 성(性) 행위뿐만이 아니라, 인간이 커다란 합일 감각에 이르게 되는 (모든) 관계 속에 있다는 것을 느낀다는 것이지요. 하지만 나는 이것이 단지 일시적인 단계에 불과하다는 것을 인식했으면 합니다. 그리하여 진정한 목표는 사람들 각자가 그들 자신의 내면 속에서 점차 남성과 여성의 보다 큰

이, 모든 것을 상반된 것으로 보는 이와 같은 이원성의 이미지들에 당신들이 얼마나 프로그램화돼 있는지를 깊이 생각해보기 바랍니다.

하지만 나는 여러분이 이런 이미지를 초월해서 모든 것이 확장과 수축의 양극성의 표현임을 인식했으면 합니다. 그리고 그 수축의 힘은 매우 능동적입니다. 사랑하는 이들이여, 받는 것은 실제적으로 매우 적극적인 활동이자 특성인 것입니다.

논의한 바와 같이 여성들은 남성들이 제공한 것을 받아들여야 합니다. 하지만 사랑하는 이들이여, 그들은 당신들이 믿도록 프로그램화된 대로 그것을 수동적으로 받아서는 안 됩니다. 그들은 능동적으로 받아야만 합니다. 왜냐하면 여러분이 그 8자 형태의 에너지 흐름에 접속하는 것은 오로지 능동적으로 받아들일 때뿐이기 때문입니다.

남성들이 준 것을 여성들이 받을 때

여러 세대 또는 무한히 긴 세월 동안 프로그램화된 대로 여자들이 남자들에게 순종적인 상태에서는 여성들이 적극적으로 받을 수 없습니다. 여성들은 자신의 적극적인 역할을 발견해야 합니다. 당신들이 적극적으로 받을 때에만, 또한 인정을 받을 필요가 있거나 감사하는 남성들에게 그들이 표현한 것을 되돌려 주는 것, 즉 그들에게 보답하는 것이기 때문입니다.

물론 당신들이 알다시피, 자신들의 즐거움을 위해 여성들을 이용하는 남성들도 있습니다. 그러나 대부분의 남성들이 그렇게 이기적인 수준에 있지는 않습니다. 따라서 만약 남성들이 제공한 것을 여성들이 받아들일 수 없다면, 남성들은 충족과 만족감을 느낄 수 없고, 진정 공허감만 느낄 것입니다. 이것은 성적인 결합 때뿐만 아니라, 전반적인 관계에서도 그렇습니다. 그래서 남성들은 (여성들이) 고맙게 생각한다는 것을 느낄 수가 없는 것이죠. 그리고 여성들 역시 그들이 감사하고 있다는 것을 느끼지 못합니다. 이것은 모되라고 하는 것이 아닙니다. 우리는 여러분이 나무의 마스터, 자연의 마스터, 그리고 당신 자신 본성의 마스터가 될 것을 요청하고 있는 것입니다. 하지만 당신들은 자연이란 것이 인간들의 의식을 표출하는 도구임을 인식하고 있습니다. 그러므로 어떤 사람들에게는 우스꽝스럽게 들릴지 모르겠지만, 나무들이 사랑과 용서와 기타 다른 신(神)의 특성들을 방사하는 것은 전적으로 가능합니다. 심지어는 나무들이 생산하는 바로 그 산소 원자들을 사람들이 마시고 낮은 진동으로부터 해방될 수 있도록 그들이 그 산소 원자들에다 사랑과 용서를 결합하기까지 한다는 사실입니다.

   나의 사랑하는 이들이여, 인간의 의학(醫學)도 산소가 진정 육체를 크게 정화하는 존재임을 알기 시작했다는 것을 모르십니까? 산소 원자는 인간의 몸속에 있는 많은 불균형과 불순한 것을 소멸시켜 버리는 능력을 갖고 있습니다. 따라서 자비와 용서가 산소 원자와 결합될 때는 한 사람의 물리적 육체를 넘어서 있는 거대한 존재(영혼) 속에서 영적인 변형이 분명히 있을 수 있는 것입니다.

모든 것은 확장과 수축이라는 신성한 양극성(兩極性)의 표현이다. 그리고 수축하는 힘은 매우 활동적이다. 즉 받아들인다는 것은 실제적으로 적극적인 활동이자 특성인 것이다. 관계 속에서 중요한 문제는 이기심 없이 주는 것과 적극적으로 받아들이는 것이다.

받아들이는 것은 적극적인 속성이다.
   그리하여 여러분은 신성한 여성으로서의 우리는 수동적인 관찰자가 아니라는 것을 내 음성을 통해 들을 것입니다. 활동적인 것은 신성한 아버지뿐만이 아니며, 우리는 참으로 활동적(적극적)입니다. 여러분에게 요청컨대, 아버지가 활동적이라면 어머니는 활동적인 것의 반대인 수동적이어야 한다고 인간이 알고 있는 것에서 보듯

다. 따라서 여러분은 부정적 또는 긍정적 이미지를 강화할 마음의 힘을 갖고 있는 것입니다.

이것이 진정으로 인류가 자연에 대해서 이미지들을 투사했던 방식이며, 이때 자연령과 정령들은 (그런 이미지들을) 물리적인 형태로 표출할 수밖에 없습니다. 그 이유는 내가 말했듯이, 그들은 자신의 존재 속에서 스스로 창조할 힘을 갖고 있지 않으며, 그것이 높은 진동이건 낮은 진동이건 인간들에 의해 방사되는 에너지를 취해야 하고, 그 에너지를 증식시켜야 하는 까닭입니다. 따라서 성모 마리아가 설명했듯이, (인간이 만들어내는) 각각의 부정적 에너지는 어떤 형태의 자연재해와 부합하기에 정령들이 가끔 격렬한 폭풍우, 지진, 그리고 다른 재앙의 형태로 그 부정적인 에너지를 표출하는 것을 여러분이 때때로 보게 되는 것입니다.

인간은 영혼과 물질의 관계 속에 있다.

그리하여 나의 사랑하는 이들이여, 여러분은 - 이런 명상과 공동창조자로서의 역할을 받아들임으로써 - 천상과 지상 사이의 (어떤) 관계 속에 앉아 있습니다. 즉 여러분은 8자 형태 흐름의 관계 속에, 즉 영혼과 물질 간의 접점(接點) 속에 앉아 있는 것입니다. 따라서 여러분은 이 순간에 창조주 비전(vision)의 초기 때부터 예정된 바와 같이, 영(Spirit)이 그 자신을 물질 속에다 표현하기 위한 열린 문들입니다.

그래서 우리는 여러분에게 평화로움의 감각과 느낌을 기억할 것을 요청하는 것입니다. 하지만 이것은 일종의 역동적인 평화이며, 여기서 당신들은 어디 멀리 떨어진 숲속의 장소에서 수동적으로 명상하는 것이 아닙니다. 왜냐하면 여러분은 삶에서 떠난 것이 아니며, 단지 자신의 정상적인 삶에 머물러 있지만, 삶에서 떠나지 않은 채 숲과 하나가 되었기 때문입니다. 당신들은 영과 물질 사이의 더욱 큰 하나됨을 알고 있으며, 그것이 나무들을 통해 어떻게 표현되는지를 시각화할 수 있습니다.

나의 사랑하는 이들이여, 우리는 여러분이 나무를 껴안는 사람이 그랬던 것처럼 - 그들 앞에 설 권리를 갖고 있습니다. 그리고 그들이 덫에 걸려있는 저급한 상태에 머물러 있는 대신에 더 나은 선택을 할 수 있다는 것을 인식시키기 위해 그들에게 도전하십시오.

따라서 여러분은 자비의 남성적인 특성을 받아들이고 그것이 용서의 여성적인 특성이 되도록 허용함으로써 용서하고 과거를 넘어 일어설 수 있음을 알리고자 사람들에게 도전할 권리가 있습니다. 그런 다음 8자 형상의 (에너지) 흐름에[6] 접속하여 먼저 여러분 자신을 용서하고, 다음으로는 다른 사람을 용서하세요. 그러면 자비가 위로 다시 방사되고, 남성적인 성질에 의해 증폭되는데, 그리하여 결국 8자형의 흐름이 강화됩니다.

이것은 여러분의 권리이고, 천부적인 권리입니다. 그리고 이것은 어떤 방식으로든 자유의지의 법칙을 위반하지 않습니다. 비록 그들이 에고(ego) 속에 너무 깊이 갇혀 있기 때문에 그것이 위반이라고 말하는 사람들이 있을지라도 말입니다. 즉 그들은 "당신은 우리를 혼란스럽게 만들 권리를 갖고 있지 않아."라고 말할 것입니다. 하지만 그리스도를 발현하는 사람들은 적그리스도 의식의 덫에 걸려있는 사람들을 휘저어 놓을 권리가 있습니다. 그리고 그것이 진정으로 예수 그리스도가 모든 사람들이 볼 수 있도록 시범을 보인 그 권리인 것입니다. 그리고 그것은 그가 보여주었던 훌륭한 예증의 가장 강력한 모습이었으며, 그것이 왜 거짓 교사들이 그 본보기를 없애버리려고 그렇게 안달했는가에 대한 정확한 이유인 것이지요.

하지만 여러분은 진실과 실체를 알고 있고, 자신들이 누구인지를 알고 있습니다. 그리고 당신들은 지구와 땅위에 있는 나무들과 지구 위에서 살고 있는 모든 생명체에 대해 지배할 권리를 갖고 있습니다. 왜냐하면 〈창세기〉에서 하느님이 아담에게 지구상에 있는 모든 짐승들과 식물에게 이름을 짓는 권리를 주었다고 했듯이, 사물에 이름을 부여하는 것은 작명할 때 당신들이 -마음과 함께- 그 사물에다 어떤 모형(母型:matrix)을 부여하는 것이 되기 때문입니

---

[6] 8자 형태의 에너지 흐름이란 천상과 지상, 영과 물질사이에 영적인 에너지가 8(∞)의 모양으로 영원히 순환되는 것을 의미한다. (감수자 주)

6. 그리스도를 발현하는 사람들은 적그리스도 의식의 덫에 걸려있는 사람들을 흔들어 놓을 권리가 있다

다른 사람들에게 도전할 여러분의 권리를 이해하기

우리는 물론 각 사람들의 자유 의지를 존중합니다. 우리는 이것을 여러분이 누군가에게 억지로 적용해서 시각화하길 요청하는 것은 아닙니다. 하지만 우리는 여러분에게 자신의 시각화와 차크라들을 통해 이 빛을 불러내는데 있어서, 당신들은 다른 사람들에게 그들이 흡입할 수 있는 산소를 통해 아버지의 자비를 받아들이거나 거절하는 선택권을 부여할 그런 권리를 갖고 있음을 마음에 그려보라고 요청합니다.

사랑하는 이들이여, 이것은 물리적인 육체를 갖고 있는 공동 창조자로서의 당신들 권리입니다. 그런데 여러분은 항상 자유 의지를 존중해야 하지만, 사람들이 기꺼이 선택을 하려 하지 않을 때는 존중할 필요가 없습니다. 왜냐하면 그들은 눈 먼 지도자들에 대한 그들의 의지를 포기했으며, 로봇처럼 되었기 때문입니다. 당신들은 – 예수 그리스도가 육화했을 당시에, 또 석가모니 부처님이 육화했을 당시에 들)과 당신들이 방사하는 빛의 도움에 의해 실제로 자비와 용서의 영적인 에너지를 산소의 바로 그 원자들과 결합하는 능력을 갖고 있다는 사실입니다.

이제 우리는 자비와 용서가 산소 원자 자체와 결합되어 있다는 사실을 시각화하라고 여러분에게 요청합니다. 확실히 여러분은 원자핵과 전자 사이에는 공간이 있다는 사실을 알 것입니다. 그리하여 여러분은 모든 부정(不淨)한 것들을 씻고 나무들에 의해 빛을 받으면서 공간은 이제 자비와 용서로 가득 채워짐을 보고 있습니다.

그러면 사랑하는 사람들이여, 무슨 일이 일어날까요? 일어날 일은 사람들이 자비와 용서를 운반하고 있는 높은 진동의 산소를 들이마셔야 한다는 것입니다. 그리하여 우리는 사람들이 자비를 느낄 수 있는 기회를 갖고, 그것을 받아들이며, 그렇게 함으로써 자신들과 다른 사람들에게 하는 용서 (자체)가 되어버릴 때까지 이것을 받아들이는 것을 시각화하기를 요청합니다.

따라서 그 흰 빛의 첫 번째 과업은 이 대륙의 전쟁들을 통해 흘려져 땅으로 스며들은 모든 피를 소멸시키는 것입니다. 그리고 아카식 기록들(Akhasic records)과 지구의 네 가지 하위 체(體)들 속에 있는 기록들은 그 빛에 의해 소멸되며, 모든 피 흘림과 죄 없는 사람들의 피 흘림은 그 빛에 의해 정화될 것입니다. 그것은 칼리의 흰 빛에 의해서 즉시 불탈 것이고, 아직도 피를 마시고 있는 모든 악마들을 불태울 것입니다. 그리하여 그 악마들도 끌어올려지거나, 다른 곳으로 데려가질 것입니다.

이제 여러분은 유럽 대륙의 바로 그 초석(礎石)으로서 멀리 스칸디나비아 속으로 확산되고 남유럽, 동유럽, 우크라이나, 그리고 옛 소련 공화국으로 확장되는 이 흰 빛의 조화로운 통합을 창조했습니다. 따라서 우리는 여러분에게 지금 사랑과 자비가 내려짐을 보라고 요청합니다. 그리하여 자비와 용서가 유럽 대륙 밑의 토양 전체에 퍼질 때, 마치 얼음 위에서 미끄러질 때 마찰이 없어지는 것처럼, 말하자면 그것은 흰 빛 위를 활주하는 것입니다.

그리고 이제 우리는 자비와 용서가 대륙 전체를 통해 나무들에 의해 흡수되는 것을 시각화할 것을 그대들에게 요청하는 바입니다. 나무들은 뿌리 속으로 그것을 흡수하고, 그것은 나무줄기를 통해서 위로 오르기 시작하며, 아직 잎을 가진 나무들을 위해 가지와 잎을 통해 확산됩니다. 나의 사랑하는 이들이여, 비록 북쪽에 있는 나무들이 잎을 떨어뜨렸을지라도 그 나무들이 아직 아름다운 옷을 입고 있다고 시각화해볼 것을 요청합니다. 그리하여 그 나뭇잎들은 자비의 보라색과 라벤더(lavender) 보라색, 그리고 용서의 핑크 빛을 비추기 시작하고 있습니다. 그들은 그 빛을 대기권에 비추고 있는 것입니다.

하지만 사랑하는 이들이여, 그 이상의 것이 있는데요, 심지어 물질의 본질도 서로 다른 형태들을 취하는 매터-빛(Ma-ter Light)으로 만들어졌다는 것을 인식해야 합니다. 그리하여 나무들이 그들의 잎에서 산소를 만들어낼 때, 그들은 또한 엘리멘탈들(대지의 정령입니다. 모든 사람들을 다 용서하도록 하세요. 왜냐하면 여러분이 하느님의 자비로 가득 찰 때, 그리고 그 자비를 받아들일 때, 그것은 용서로 변형되며, 다시 이것은 여러분을 변형시켜서 자유롭게 해주기 때문입니다. **용서가 없으면, 자유도 없는 것입니다!**

　여기서 여러분은 어떻게 영혼의 자리 차크라가 (빛으로) 가득 채워진 성배가 되는지, 그리고 그것이 어떻게 차크라의 주변으로 넘쳐나는지를 느끼게 될 것입니다. 그것은 액체의 빛으로 가득 흘러넘치며, 여러분은 보라색의 자비와 용서의 색을 띤 강력한 핑크빛을 보게 되는데, 그것이 이제 척추의 기저(基底) 차크라 속으로 달려 들어갑니다. 이것이 어떤 경우에는 신세대의 투시자(透視者)들에게 자주 보이는 왜곡된 색깔인 붉은색을 띨 수도 있습니다.

　그리하여 용서와 자비의 핑크빛과 보랏빛이 어떻게 변형되고 붉은 빛인 붉은 에너지와 낮은 진동이 높아져서 점점 더 핑크빛과 보랏빛으로 변하는지를 보세요. 또 궁극적으로는 너무 순수해진 까닭에 기저 차크라가 투명해지는 것을 보십시오. 그리고 그 투명성 속에서 당신들은 이 차크라 내부 깊은 속에 하얀 작은 점들이 있는 것을 보게 될 것입니다. 그리고 그 흰 빛은 커지기 시작하여 신성한 어머니의 순수성을 비추고, 흰 빛을 통해 모든 어둠을 불태우는 칼리(Kali) 신의 격렬한 상태도 비출 것입니다.

　이제 우리는 여러분에게 어떻게 자신의 척추 기저 차크라가 흰빛으로 매우 가득 차서 넘쳐흐르고, 또 그 액체의 빛이 땅 속으로 흘러가 흡수되어 성배(聖杯)가 되는지를 시각화해보라고 요청합니다. 사랑하는 이들이여, 비록 흙은 농후하고 조밀하지만, 빛은 그렇지 않습니다. 그래서 빛은 매우 빠르게 흙을 통해서 퍼집니다.

　그러므로 나는 여러분에게 자신이 앉아있는 그 장소 밑에 있는 흙이 어떻게 흰 빛으로 젖는가를 시각화 해보기를 요청하고자 합니다. 그러면 갑자기 눈 깜짝할 사이에 그 흰 빛은 모든 유럽 대륙 위로 퍼집니다. 그리하여 전 유럽 대륙 위의 흙은 어머니의 흰 빛으로 적셔집니다.

은 크라운 챠크라의 연꽃 모양의 성배, 즉 장미꽃 밖 아래를 향해 달립니다. 그리하여 그것은 많은 에머럴드(emerald) 빛의 녹색 꽃잎을 개화(開花)합니다. 그리하여 그 성배가 채워지면, 빛은 목 아래를 달려 내려가고, 그것은 다시 아름다운 전기적(電氣的)인 푸른색으로 열립니다.

그런 다음 다시 목 차크라가 넘치면, 빛은 가슴 속으로 흘러들어오고, 아름다운 장미꽃 잎의 성배로서 열리며 재빨리 자비와 용서로서 채워집니다. 그리고 그것은 태양신경총(스와디스타나 차크라) 속으로 달려 들어가며, 그 차크라는 이제 완전히 열리게 됩니다. 이 태양신경총이 오랫동안 열려 있지 않을 수도 있는데, 그 이유는 세상의 부정적인 에너지를 받아들이지 않을까하는 두려움에서입니다. 그러나 당신의 태양신경총이 자비와 용서의 빛으로 넘치도록 채워져 있을 때는 받아들이는 것을 두려워할 필요가 없습니다. 이때는 어떤 낮은 에너지도 태워버릴 것입니다. 그리하여 더 이상 두려움과 혼란이 없고, 오로지 원래의 계획이었던 평화만이 있도록 태양신경총이 안정됩니다.

그리고 그때 다시 태양신경총이 빛으로 흘러넘칩니다. 이는 영혼의 자리(Seat of the soul) 차크라 속으로 흘러 들어가는 거의 액체와 같은 물질, 즉 액체의 빛이며, 거기서 영혼은 이제 두려움, 근심, 그리고 의심으로부터 깨어납니다. 그리하여 영혼은 남성적인 속성의 자비 속에 봉해집니다. 또한 여러분은 절대자가 당신들이 저지를 수 있었던 어떤 잘못도 용서함을 알고 그 자비를 통해 구원의 안도감을 느끼는 가운데 그 때 영혼은 자유로워져 그 자비를 받아들일 수 있게 됩니다. 그리고 하늘로부터의 자비를 받아들이는 가운데, 자신을 용서하는 것입니다.

그리하여 자신을 용서하면, 현생과 전생(前生)에서 당신들에게 해를 끼쳤던 모든 사람들을 용서할 수 있게 됩니다. 심지어는 당신들에게 위협을 가했을 수 있는 다른 나라의 사람들, 정부(政府) 출신의 사람들, 그리고 권력 엘리트들, 이들 모두를 또한 용서하는 것들이여, 흙은 국가의 국경 저 너머로까지 확장되고, 나무들은 경계선을 가로질러서 자란다는 것을 당신들은 보지 않습니까? 인간들은 인위적으로 지도 위에 선을 그렸지만, 그것은 자연스럽지 못하며, 이는 인공적인 분리인 것입니다. 따라서 여러분이 일단 흙은 국가의 경계 너머로 확장되고 나무들이 모든 나라에서 자란다는 것을 인식하면, 거기에 통합의 요소가 있다는 것을 알게 될 것입니다. 그리하여, 우리는 자비와 용서라는 알파-오메가의 양극성(兩極性)을 형성함으로서 여러분을 - 성모마리아와 나의 - 명상을 통해 데려가고자 합니다. 그리고 우리는 여러분이 눈을 감고 안락한 자세로 앉기를 요청하는 바입니다.

나의 사랑하는 이들이여, 나는 이제 여러분이 자신의 가슴 속으로, 그리고 가슴 차크라(chakra) 속으로 들어가기를 바라며, 정말로 숲 속에서 발견할 수 있는 것처럼, 평화와 정적, 그리고 고요함이 있는 가슴의 방으로 들어가십시오. 하지만 여러분이 숲에서 보듯이, 그것은 죽어있는 고요함이 아닙니다. 그것은 향기와 함께 살아 있으며, 산소 냄새들로도 그러한데, 동양에서 '프라나(prana, 生氣)라고 말하는 그것은 공기 속에 있고, 공기를 흠뻑 적시고 있습니다.

이제 목 차크라와 제3의 눈을 통과해 크라운 챠크라(crown chakra)[5]까지 당신들의 의식을 끌어올려 보세요. 그리고 그 크라운 차크라를 통해서 여러분 각자는 자신의 '진아(眞我)' 또는 '신아(神我)에 도달할 수 있습니다.

그리고 여러분은 어떻게 크라운 차크라의 연꽃이 열리는가를 느낄 수 있도록 자신에게 허용합니다. 그것은 당신들의 '진아'의 빛을 향해 열립니다. 나 관세음과 성모마리아는 이 순간에도 그 빛을 당신들에게 비춥니다.

그럼 이제, 그 빛이 당신들의 크라운 챠크라를 채우도록 허용하세요. 이제 여러분의 크라운 챠크라는 채워 넘치는 잔이 되고, 빛

---

[5] 크라운 차크라는 정수리, 즉 백회(百會) 부위에 해당되며, 다른 말로 〈사하스하라 차크라〉라고 칭한다. (감수자 주)

이, 농업 용지용 공간을 만들기 위해 일부만 벌목(伐木)하는 것이 가능할 것입니다.

이제 여러분은 자연령에 관해 더 큰 이해를 얻었습니다. 따라서 우리는 이런 이해를 어떻게 여러분이 인간으로서 실제로 우선 자연령들에게, 그 다음에는 나무들 자신에게 빛을 방사하는 영적인 에너지의 통로가 될 수 있는가에다 묶어 넣습니다. 하지만 그런 공동 창조자들이 되기 위해서는, 그리고 창조자의 역할을 충족시키기 위해서는 여러분이 어머니 지구에게 존재할 권리가 있다는 것과 어머니 지구와 연결돼 있다는 것을 받아들일 수 있도록 스스로에게 허용해야 합니다. 왜냐하면 비록 여러분이 영적인 존재일지라도 자신의 영성을 - 또는 영성을 표현할 잠재력을 - 몸을 통해서 표현하고 있기 때문입니다. 그리고 육체적인 몸은 지구의 본질과 동일한 재료로 이루어져 있습니다.

비록 여러분이 "흙에서 왔으므로, 흙으로 돌아가리라."라고 말하는 성경의 가르침에 오류가 있음을 보고 있기는 하지만, 그대들의 몸이 물질, 즉 원자, 전자, 분자, 그리고 세포 등의 질료로 나타나는 매터-빛(Ma-ter Light)에서 왔다는 것은 진리입니다. 그리고 그 몸을 통해 당신들은 지구, 지구 어머니, 그리고 심지어는 흙 그 자체와 직접 연결되는 것인데, 그 물리적인 본질은 나무가 자라나는 바로 그 원천입니다.

나무들에 의해 지구를 통과해 순환하면서 자비와 용서를 산소 분자들에게 묶는 명상하기, 그리고 인간들에 의해 생성된 전쟁과 증오의 모든 기록이 있는 지구를 정화하기

나무에 관해 명상하기

그리하여 이것을 인식하면, 여러분은 그 흙에 연결될 수 있다는 것을 알게 됩니다. 여러분은 대지와 흙을 지배하게 될 것이고, 이는 또한 국가와 대륙을 지배하게 되는 것입니다. 나의 사랑하는 이

"만일 자연령들이 인간들을 필요로 하고, 인간들이 나무를 필요로 했다면, 인간이 있기 전에는 자연령들이 어떻게 나무를 만들었을까?" 하지만 이 미스터리는 물론 신비한 것이 아닌데, 당신들이 거주할 인간의 육체가 있기 전에 자연령들이 나무를 만들어내도록 허용하는 최초의 에너지를 제공했던 것은 진실로 상승한 무리들(마스터들)이었기 때문입니다.

공동 창조자로서의 여러분의 역할을 이해하기

그리하여 충분히 많은 숫자의 존재들이 인간의 몸으로 탄생하는 순간에 우리 상승한 대사들의 무리들은 당신들이 공동 창조자로서의 역할을 수행할 수 있도록 하기 위해 점진적으로 철수할 수밖에 없었습니다. 이것은 현재 진행 중인 과정이며, 우리는 이 일을 진행해야 하는데, 이것이 자연의 모든 면에 영향을 미칩니다. 이것이 바로 불균형적인 기후 형태라든지, 혹은 어떤 종(種)이 사라진다든가, 또는 과거에 숲으로 덮혔던 지역이 사막으로 변하는 사막화와 같이 때때로 자연이 실행하는 것을 당신들이 보는 이유입니다.

이것은 법칙에 의해서 우리가 모종의 에너지를 회수해야하기 때문이지요. 만일 사람들이 제 역할을 제대로 하지 못한다면, 인간들의 탐욕이라는 힘에 의해 숲이 파괴된 지역을 비옥하게 하고 녹색으로 만드는 충분한 에너지는 없을 것입니다. 즉 영적인 에너지가 없기 때문에 새로운 식물은 자라나지 못할 것입니다.

나의 사랑하는 이들이여, 만일 사람들이 기꺼이 공동 창조자가 되려는 자발성과 그렇게 되는 것을 허용했던 자각을 갖고 있다면, 그들은 특정한 지역에서 모든 나무들을 잘라내지는 않았을 것입니다. 그들은 경치에서 나무의 가치와 필요성을 인식하면서 숲과 개활지(開豁地) 사이에 어떤 균형을 유지할 것입니다. 그리하여 보다 큰 조화를 보게 될 것이며, 그에 따라 당신들은 녹색의 숲 대신에 거대한 사막이 형성되는 것과 같은 실제로 균형을 뒤엎는 일이 없

천수관음도(千手觀音圖)

사랑하는 이들이여, 그리하여 대부분의 사람들이 그 진가를 알지 못하는 자연령들은 나무를 통해 움직이는 물, 광합성 작용을 통한 공기의 생산, 그리고 태양 에너지의 생명부양 물질로의 완전한 전환처럼 생명의 순환을 유지시켜주는 존재들입니다. 이것은 자연령들에 의해서 이루어집니다. 그러나 자연령들은 그들 자신만으로는 스스로 존재할 수가 없습니다. 그들은 직접 영적세계에서 에너지를 끌어와서 자급자족할 만큼 충분히 높은 의식과 자각 수준에 있지 못합니다.

인간으로서의 당신들은 영적세계로부터 오는 에너지를 위한 열린 문이 될 능력을 지닌 지구상의 네 가지 하위 체(體)들4) 속에 있는 유일한 존재들입니다. 그리하여 만일 지구상에 인간들이 없다면, 그 '원소적인 존재들(elemental beings)'은 그들에게 영적인 에너지를 공급해줄 다른 존재를 필요로 할 것입니다. 물론 여러분의 분석적인 마음은 다음과 같이 말할 수도 있습니다.

---

4) 여기서 말하는 4가지 하위 체들이란 곧 육체, 아스트랄체(감정체), 멘탈체(지성체), 에테르체를 의미한다. 이 몸들은 서로 겹쳐져 있는 복체(複體)들이다.
(감수자 주)

것을 생각하도록 당신들의 주의를 끄는 것입니다. 나무가 없이는 살 수 없다는 것은 우리는 알고 있습니다. 우리는 인간이 숨을 쉴 수 있는 산소를 나무들이 만들어내고 있다는 것을 배웠으므로 나무가 없이는 생존할 수 없다는 것을 지적(知的)으로 알고 있습니다. 나무가 없다면 공기도 없습니다. 확실히 여러분이 숨 쉬고 있는 산소와 대기권이 없다면, 그대들의 특별한 생명 형태(인간)는 존재할 수가 없는 것입니다.

자연령을 이해하기

 하지만 나는 이것 너머에는 더욱 깊은 메시지가 있다는 것을 말하고 있습니다. 그것은 하나됨(Oneness)의 메시지입니다. 비록 나무들이 많은 면에서 여러분과는 다르지만, 나무와 여러분은 상호보완적인 시스템을 형성하고 있으며, 그곳에서 나무는 산소를 만들어냅니다. 하지만 우리가 알고 있듯이 나무는 사람들을 필요로 하고 있습니다.

 그럼 나무란 무엇일까요? 그것은 하나의 도관(導管)이며, 열려진 창문입니다. 그것은 뿌리를 통해 흙으로부터 물을 흡수하고, 그 수분을 줄기 위쪽 잎까지 옮기고, 공기 중에 습기를 만들며, 이는 비가 됩니다. 하지만 당신들도 알다시피, 그 자연의 순환도 그 자체로는 존재할 수가 없습니다. 그것은 자체적으로는 스스로 존재할 수가 없는 것입니다.

 자연에 있는 모든 것은 형태의 '(4대) 원소의 존재들(elemenatal beings)' 또는 '기본적인 건축가들'이라고 불리우는 자연령(自然靈)들에 의해 만들어졌습니다. 비록 소수의 사람들이 시대를 내려오면서 그 존재들을 알고 있기는 했지만, 대부분의 사람들은 이를 알지 못합니다. 그들은 상당히 부정확한 방법으로 묘사되었으며, 특히 땅의 요정(妖精)이라는 각인된 이미지가 형성되었습니다. 그들 모두가 산타클로스의 소형 버전(version)처럼 보이는 것은 아니며, 훨씬 더 다양하고, 창조적입니다.

할 수 있을 것인가?" 그리하여 사랑하는 이들이여, 내 자신이 그렇게 말합니다만, 우리가 할 수 있는 탁월한 해결책은 나무를 이용하는 것입니다.

그래요, 내가 여러분을 놀라게 한다는 것을 나는 알고 있습니다. 왜 나무가 영적인 성장과 관련이 있다는 것일까요? 나무의 영적인 중요성과 우리가 나무로부터 배울 수 있는 것에 관해 간단히 이야기하도록 하겠습니다. 우리는 우주에 있는 모든 것이 학습을 위해 만들어졌다고 말했습니다. 모든 것이 여러분에게 배움의 경험을 주기 위해 계획된 것입니다. 나무들은 여러분을 가르치기 위한 메시지를 갖고 있습니다. 그리하여 감히 말하지만, 나무들을 설계하고 만드는 데 책임이 있는 영적인 존재들과 정령(精靈)들은 당신들의 주의를 끌고, 당신들이 그 메시지를 듣도록 하기 위해 상당한 노력을 기울였습니다.

겨울의 메마름과 봄의 기쁨으로부터 여러분에게 최대한의 대비되는 모습을 나타내 보여주기 위해 나무가 어떻게 겨울에 발가벗으며, 봄에 거대한 녹색의 폭발 속에 옷을 입는가를 생각해 보세요. 여러분이 통상 봄의 녹색을 감상할 때에 인간의 눈은 그것에 익숙해져 버립니다. 그리고 여름의 열기 속에서 시각은 약간 무디어지며, 따라서 당신들은 나무들을 당연한 것으로 생각하지요. 그래서 인간들의 주의를 다시 끌기 위해 나무들이 "우리는 여기에 있어요. 우리의 말을 들어보세요. 우리는 여러분에게 가르칠 무엇인가를 갖고 있어요."라고 말하면서 가을에 황금과 오렌지 색깔로 자신들을 변형시킵니다. 그래도 여러분이 듣지 않는다면, 나무들은 호소할 수 있는 한 가지가 있는데, 그것은 그들이 모든 잎을 떨어뜨리고 발가벗는 것입니다. 여러분은 그들이 왜 추운 겨울에 발가벗은 채로 서 있고, 여름에 잎으로 옷을 입는가를 의아스럽게 생각할 수도 있겠지만요.

이 모든 것은 여러분의 주의를 끌기 위한 것입니다. 이는 여러분이 "나무가 없이 우리가 이 행성위에서 살아남을 수 있을까?"라는 그리하여 이 자비와 용서에 관한 8자형의 흐름은 비록 확실히 이런 개념들이 정상적으로 논의되지는 않았지만, 그 개념들과 기꺼이 씨름했던 여러분 자신의 개인적인 마음에서부터 시작할 수 있습니다. 그리고 사실 여러분 중 상당수가 모든 성(性)에 관한 것들이 금기시되고 공공연하게 이야기되지 않는 나라와 문화에서 온 것을 우리는 잘 알고 있습니다.

또한 당신들 가운데 많은 이들이 스스로 자신이 남녀가 그들의 문제에 대해 공개적으로 이야기하는 전통이 없는 문화와 국가로부터 왔다는 것을 알 수 있습니다. 따라서 나는 여러분에게 이곳에 참여하여 경청하려는 여러분의 자발성에 대한 우리의 감사함을 알아달라고 부탁하고자 합니다. 그렇게 하는 가운데 여러분은 그것을 자신의 의식 속에서 받아들이는 것이고, 그에 따라 여러분 모국의 대중의식 속에서 그것이 수용되기 때문입니다. 그러므로 비유적으로 다시 말하면 우리는 사람들이 그들 주변에 세워 놓은 요새들을 처음으로 뚫어야만 하는 예리한 투창을 갖게 되는 것입니다.

나무의 영적인 중요성과 나무로부터 배울 수 있는 것. 그리고 자연령(自然靈)의 중요성과 어떻게 그들이 생명의 사이클을 생성하고 우리를 지구 어머니와 직접 연결해주어 인간과 함께 하나의 전체를 형성하는가에 대해서

인간이 나무에서 배울 수 있는 것

성모마리아와 나는 여러분이 말한 바대로 우리의 가슴을 함께 모읍니다. - 비록 우리의 마음은 항상 함께하는 상태에 있다고 말하고 싶지만요. - 그럼에도 우리는 다음과 같이 말하며 가슴과 마음을 더 크게 하나로 융합하게 되었습니다. "우리가 어떻게 이 모임을 이용할 수 있을까? 우리가 사람들이 유럽에다 자비와 용서를 방사하는 최대의 효과를 거두고자 함께 모이려는 자발성을 어떻게 활용치적, 그리고 심지어는 군사적인 하나됨뿐만 아니라, 더 나아가 다른 수단을 통해서 강요된 상태의 하나됨도 아닌 진정한 평화를 가져오는 특성 말입니다. 물론 그 특성은 모든 국가들을 하나로 느끼게 해주는 자비 대 자비인데, 왜냐하면 우선 강한 국가가 약한 국가를 돕는 자비를 베풀기 때문입니다. 그리고 약한 국가는 그런 도움을 수용하고, 그런 도움을 받는 가운데 강한 국가들에게 용서를 베푸는 것이며, 더 나아가 그것은 또한 그들 자신을 용서하는 것이기도 한 것입니다.

이렇게 되면 8자 형태의 (에너지) 흐름이 알파에서 오메가로 갔다가, 다시 알파로 되돌아오는 흐름을 갖게 되므로 그 흐름이 완전하게 됩니다. 즉 이는 오늘 오후에 했던 거대한 토론 가운에 당신들이 언급했던 깨어진 8자형의 흐름이 되지 않게 되는 것이지요. 이 일은 내가 이야기 했던 대로 매우 중요한 것입니다.

모든 분쟁은 자기 가정에서 시작된다

실제로는 남성과 여성을 초월해 있지만, 분명히 남녀를 망라하는 남성과 여성 에너지 사이에 그 융합을 갖는 것은 정말로 중요합니다. 그리고 남성 에너지를 나타내는 사람들로부터 자비의 확장이 있어야만 합니다. 그 자비는 여성 에너지를 나타내는 사람들에 의해 받아들여져야 하며, 먼저 자신에게 적용되고, 그런 다음 남성 에너지를 나타내는 사람들에게 베풀어지는 용서로 바뀌어져야 하기 때문입니다.

그리고 그들은 그때 그것을 서로 받아들이고 용서해야 합니다. 그렇게 되면 모든 것을 용서하고 과거 남녀 사이에서 비롯된 정신적인 상처를 놓아버리게 됩니다. 언급했다시피 모든 분쟁은 가정에서 시작됩니다. 그것은 개개인의 가정에서 출발하여, 확장된 다른 가정들, 마을, 도시, 국가, 그리고 마침내 영적인 것을 형성하게 되는 전체 대륙으로서 가정이랄 수 있는 즉 유럽 (연합) 국가로까지 확장됩니다.

던 사람들이 자비의 불꽃을 위한 열린 문이 되었기 때문입니다.

자비는 남성적이고 용서는 여성적이다

자비는 용서와 약간 다른 특성을 갖고 있습니다. 자비는 실제적으로 남성적인 면을 갖고 있으나, 용서는 여성적인 모습을 갖고 있습니다. 자비는 아버지의 확장하는 힘을 나타내면서, 어떤 힘, 또는 어떤 팽창력을 갖고 있습니다. 즉, 자비는 타인들에게로 확장되는 것입니다. 여러분은 힘을 갖고 있으면서 다른 사람들의 생명이나, 소유물, 또는 어떤 것이든 그들로부터 그것을 취하고자 하지 않을 때 자비를 행할 수 있습니다.

그리하여 자비란 감정체(感情體)의 물을 조용하게 만드는 기름이며, 전체 대륙에서 우리가 이 전쟁, 이런 종류의 전쟁이 일어나는 것을 허용하지 않겠다는 의식을 불어 넣는 것입니다. 따라서 자비란 전진과 성장의 필수적인 부분입니다. 자비가 없다면, 어떻게 거기에 용서라는 여성적인 면이 있을 수 있겠습니까? 또한 전쟁이나 충돌에는 항상 승자 또는 외관상 이긴 자처럼 보이는 쪽이 있기 마련이며, 승자는 그런 이점을 가지고 상대를 압박하지 않겠다고 결정하고, 자비를 베풀어야만 합니다.

그러므로 여러분이 독일에서 보았던 그 자비의 특성은 이러했습니다. 즉 다름 아닌 독일을 재통일하도록 했던 중요한 요소들 중의 하나인 이 자비는 너무 오랫동안 공산주의 치하에 있었기 때문에 통일된 독일이 어떻게 되어야 할 것인가에 대한 의지나 비전(vision)을 갖고 있지 않은 동독의 형제자매들에게 진정으로 서독 국민들이 베풀었던 그런 형태였습니다. 그리하여 진정어린 노력이 있었습니다. 그것은 지배하지 않고 진심으로 재결합하면서 시종일관 독일을 유럽 국가들의 가족 내에 자체의 자리를 채울 수 있는 응집력 있는 전체로서의 독일로 가져가려는 노력이었습니다.

그렇다면 유럽 통합을 가속화하고 유럽의 정신을 치유할 수 있는 특성들 가운데 하나는 무엇일까요? 그럼으로써 물리적, 경제적, 정지어는 행성적인 규모의 재통합을 도와줄 수 있는 하늘에서의 양극성을 형성할 수가 있습니다.

자비심이 3차 세계대전을 막았다

이원성(二元性)에 의해 눈이 먼 권력 엘리트들이 독일 국가를 인위적으로 두 쪽으로 나눌 것을 결정했을 때, 우리는 부서진 하나됨(Oneness)의 의식을 창조하기 위해 독일과 유럽을 재통일하는 필요성에 관해 이야기했습니다. 그리하여 독일 중의 하나는 자본주의가 만들어졌고, 다른 하나는 공산주의가 되었는데, 그 결과 그들은 어떻게 자본주의와 공산주의 간의 충돌이 더욱 거대한 규모로 그 자체를 펼칠 수 있는가를 보기 위한 완전한 실험실을 가졌던 것입니다.

나의 사랑하는 이들이여, 그 충돌이 대규모의 3차 세계대전으로 발전하도록 만드는 것이 정말로 그들의 의도였습니다. 그럼 왜 그렇게 되지 않았을까요? 그것은 당시 충분히 전쟁을 경험한 사람들이 독일과 소련 연방, 그리고 동유럽과 서유럽에 많이 있었기 때문입니다. 심지어는 영적인 균형을 유지하기 위해서 전쟁 직후에 육화된 많은 존재들이 있었습니다. 그리하여, 1차 세계대전이 2차 대전을 위한 무대를 만들었던 것과는 달리, 2차 세계대전은 3차 세계대전을 위한 발판이 되지는 않았습니다. 그러나 또다시 이 지속적인 갈등의 끈을 어떻게 하면 계속되게 만들 것인가에 관한 권력 엘리트들의 한 실험으로서 세계를 영원한 전쟁의 상태로 유지시키고자 했었습니다.

나의 사랑하는 이들이여, 다시 말해 그들은 냉전(冷戰)이라는 형태로 영원한 전쟁의 상태를 창조했던 것입니다. 하지만 그것도 지속되지는 않았으며, 열전(熱戰), 즉 오직 핵폭발로부터 올 수 있는 너무나 뜨거운 전쟁으로 비화(飛火)하지는 않았습니다. 그렇다면 나의 질문으로 되돌아가 봅시다. 왜 3차 대전은 일어나지 않았을까요? 그 이유는 이 전쟁이 일어나지 않도록 균형을 잡겠다고 맹세했

5. 우리는 유럽의 정신을 정화하기 위해 나무들을 이용할 것이다

(2008년 11월 1일)

3차 세계대전을 방지하고, 유럽의 진정한 영적 재통합을 가져온 것은 용서에 대한 남성적인 양극성(兩極性)으로서의 자비였다.

사랑하는 이들이여, 여러분이 주로 서양에서 알려져 있는 신성한 어머니로부터 들었던 바와 같이, 나 관세음은 주로 동양에서 알려진 신성한 어머니를 대표해서 이곳에 왔습니다. 물론 성모마리아와 나는 우주의 영적인 존재들이긴 하지만, 우리는 하나로 융합해 있으며, 동양과 서양 사이에서 하나입니다.
 그럼에도 성스러운 (창조주) 어머니와 그 신성한 어머니의 특성에 대해 동양과 서양 사람들이 서로 약간 다른 초점을 갖고 있기에 우리는 지상에서 양극성의 씨가 될 수 있고, 동양과 서구 유럽, 심같이 말씀하시는 것을 이 기회에 나에게 증명하도록 하세요. "너희들의 가슴 속에 그 축복을 받을 수 있는 공간이 없을 만큼 내가 축복을 쏟아 부으리라." 그리하여 여러분의 가슴은 용서로 흘러넘치는 컵이 될 것이며, 그럼으로써 여러분이 이곳을 나가 그것을 다른 사람들에게도 마찬가지로 전해줄 수 있는 것입니다.

이제 나는 여러분을 내 가슴 속에 봉인합니다.

나의 사랑하는 이들이여, 이 지구상에 있는 수백만 명의 사람들이 이곳에 오랫동안 있어왔던 고대의 영혼들이었다는 사실을 인식함으로써 그들의 시대를 전개하기 시작할 시기입니다. 그리고 그대들은 물질세계의 즐거움들 속에 몰두할 충분한 시간들을 지금까지 가졌습니다. 하지만 지금은 여러분이 어디서 왔는지, 왜 이 지구에 왔는지를 알아야 할 때이며, 확실히 이는 현대 사회에서 이용 가능한 잡다한 모든 일에 빠지지 않는 것입니다. 그것은 당신들의 더 큰 목적을 발견하는 일이고, 지구에 진정 풍요로운 삶을 가져오는 일입니다. 또 그것은 물질적으로 풍요롭지는 않을지라도 거기서 당신들은 영혼과 물질, 무한과 유한, 그리고 아버지와 어머니의 융합을 이루게 됩니다.

　그리하여 사랑하는 이들이여, 나는 당신들의 참석에 대해 감사하고, 가슴의 불꽃을 일으키려는 여러분의 자발성과 그 빛이 당신들의 가슴을 통과하여 흐르게 한데 대해, 그리고 이런 로사리오 기도를 해준 데에 또한 감사드립니다. 오늘 이 두 가지 로사리오 기도를 행하는 가운데 여러분은 이 세상에 있는 많은 사람들에게 가슴을 정화하는 기회를 가질 수 있도록 그들의 가슴을 열어젖혔습니다. 이것은 용서하지 못하는 강렬한 감정을 경감시키는 일이며, 따라서 그들은 깨어나서 다음과 같이 말할 것입니다. "아, 우리는 모든 것을 놓아버리고, 또한 과거를 용서하며, 사랑과 빛, 그리고 평화의 새로운 날이 밝게 빛나는 태양 속으로 들어가야 한다."

　그리하여 나 관세음은 용서의 거대한 불꽃 속에다 여러분을 봉인합니다. 따라서 나는 당신들이 갖고 있는 개인적인 어떤 용서 못하는 감정들, 또는 여러분이 그 속에서 성장하고 어떤 이유로든 사람들이 용서하지 못했던 대중의식이나 집단의식 속에 존재하는 무용서를 나의 용서의 불꽃 속에다 쏟아 부을 기회를 드립니다.

　그리하여 사랑하는 이들이여, 나는 여러분을 나의 용서의 불꽃 속에 봉인하며, 또한 당신들이 그것 속으로 보내고자 했던 어떤 용서못함도 태워버릴 것입니다. 그리하여 궁극의 신(神)께서 다음과

활의 모든 면을 영적인 것으로 만들 때 얻을 수 있는 것이며, 따라서 여러분이 행하는 모든 일은 당신들 영성의 표현입니다.

그리하여 생활의 모든 면에서 자유를 얻는 것입니다. 나의 사랑하는 이들이여, 이것이 영적인 자유입니다. 그리고 교회 생활과 일상생활, 또는 실제 생활 사이에 이런 분리 - 교회와 국가 간의 분열이 아닙니다. 비록 이 분열도 없어져야할 것이지만요. - 가 있는 한, 그것은 달성될 수 없는 것입니다.

하지만 우리가 "전쟁이 없게 하는 기술" 속에서 말하듯이, 진정한 삶이란 모든 것이 영혼과 무한의 표현이라는 사실을 인식할 때만이 가능합니다. 사랑하는 이들이여, 여러분에게 보장하건대, 무(無)-전쟁의 기술은 상승한 초인집단인 승천한 대사들, 또는 대백색형제단(The Great White Brotherhood) 전체의 표현입니다.

인류를 과거로부터 성 저메인의 황금의 시대로 데려가기 위해 요구되는 의식(意識)의 관해 물질세계 속에서 표현 가능한 그 이상의 보편적 표현은 없습니다. 그것은 오직 그들이 자신의 무한한 기원, 무한한 원천, 무한한 존재를 받아들임으로써 전쟁에 대항해 전쟁선언을 결정하지 않고 무-전쟁의 의식을 통해 전쟁에 관한 의식을 변화시킬 때만이 이루어질 수 있습니다. 또한 그들이 이 무한함이 이 유한함 속으로 흐르는 열린 문이 될 때, 그리고 오직 그 흐름이 이 유한한 세계로 흘러 황금시대를 구현할 때만이 참된 삶이 가능할 것입니다.

당신들의 영적인 시대에서의 활동을 준비하라

그리하여 사랑하는 이들이여, 여러분도 느끼겠지만, 나는 사랑으로부터, 그리고 모든 어머니들의 아이들에 대한 사랑으로부터 솟아오른 어머니 가슴의 불꽃을 당신들에게 드립니다. 그 어머니들은 아이들이 하향나선 속으로 빠지지 않도록 그들을 끌어 올리면서 귀에다 "너희들이 자기 자신의 시대 활동을 시작할 시간이다."라고 엄격하게 말합니다.

이 문제에 대한 기독교의 단 하나의 탈출구는 교회에서 여성들이 어떤 지위를 갖도록 문호를 개방하는 것입니다. 사랑하는 이들이여, 다음은 내가 당신들에게 주는 예언인데요. 오로지 여성을 위해 문호를 개방하는 교회만이 다음 몇 십년동안 살아남을 것입니다. 다른 교회들은 위축되어 보잘 것 없게 될 것입니다.

왜냐하면, 오늘날 사람들의 영적인 욕구를 충족시켜 줄 실질적인 지식을 가진 사람들은 여성이자, 여성의 영향력이기 때문입니다. 따라서 그들은 한계를 초월해 기독교 운동을 오늘날 영적인 사람들과 관련 있는 운동으로 끌고 갈 수가 있습니다. 그런 운동은 실질적으로 그들의 욕구에 응할 수 있고, 그들로 하여금 영성(靈性)을 매일의 생활에 적용하도록 허용하기 때문입니다. 따라서 그들은 아버지 하느님을 하늘 저 멀리 있는 존재로 묘사하는 판에 박은 왜곡의 상례(常例)로부터 벗어날 수가 있습니다. 그리고 바로 그런 왜곡이 교회생활과 일상적 삶 사이에 분리 상황을 초래했던 것입니다.

그렇기에 당신들은 일요일 날 몇 시간 동안 교회에 갔다가 나올 때 하느님에게 다음과 같이 말합니다, "오, 하느님이시여, 저를 다음 6일 동안 홀로 내버려 두세요. 그러면 다시 오겠습니다." 사랑하는 이들이여, 이것이 보병궁 시대에 사람들에게 어울리는 종류의 영성은 아닌 것이지요. 왜냐하면 진정한 영성이란 여러분이 살고 있는 자신들의 일상생활 속에서 무엇인가를 행하는 것이 필요하기 때문입니다. 그렇지 않다면, 나의 사랑하는 이들이여, 오늘날은 영적인 자유의 시대이므로, 또 그것은 더 이상 이 시대에 여러분이 필요로 하는 것을 줄 수가 없기에 간단히 사라지게 될 것입니다.

영적인 자유를 이해하기

그러므로 영적인 자유는 여러분이 히말라야로 가서 동굴 속에 앉아 아무런 세속적인 의무도 없이 그곳에서 자신이 영적인 자유를 얻었다고 생각하는 어떤 것이 아닙니다. 영적인 자유는 당신들 생

있습니다. 하지만 어머니는 어떻게, 그리고 언제 그 일이 이루어져야 하는가를 알고 있는 존재입니다. 균형 속에 있는 어머니는 시간과 주기(週期), 또 어떻게 과제를 성취하는가에 관한 실제성에 통달한 존재입니다.

사람들이 말하듯이, 필요는 발명의 어머니입니다. 그리고 변화에 대한 어떤 필요성이 '있을 때, 어머니 - 어머니의 요소, 어머니의 측면, 그리고 그들의 신체적인 성(性)에 관계없이 모든 사람들 속에 있는 신성한 여성성 - 는 일이 어떻게 실제적이고, 구체적이며, 날마다 세부적으로 이루어져야 하는가를 아는 존재라는 의미에서 그것은 사실입니다.

왜 여성이 기독교를 변화시켜야 하는가?

나의 사랑하는 이들이여, 이것이 물론 오늘날의 문화 속에서 여성들에게 사회에서 더 큰 영향력이 주어져야 하는 이유입니다. 이것은 특히 종교에서, 그리고 종교들 중에서도 특히 그리스도 교회에서 그래야 합니다. 성모 마리아가 언급한대로 여러분이 이 특별한 장소에서 보듯이, 지금 미국의 교회 운동에서 진행되고 있는 많은 것들을 한 특정 기독교 교회에서 보여주고 있습니다. 즉 기독교 교회에 소속된 많은 여성들이 권리를 박탈당했다고 생각하고 있고, 그들 자신의 종교에 의해 축출되었다고 느끼고 있는 것입니다. 왜냐하면 그녀들은 자신들이 더 큰 부분을 차지하고 있기에 그 종교에서 더 큰 역할을 해야 한다는 것을 알고 있기 때문입니다. 그러나 그녀들은 기존 전통에 따라, 또 고착되고 굳어진 까닭에 변화하지 않는 지도자들에 의해서 그렇게 하는 것이 허용돼 있지 않습니다.

자, 나의 사랑하는 사람들이여, 오늘의 기독교의 현실은 현대인들의 영적인 욕구를 더 이상 충족시킬 수 없는 종교라는 것입니다. 그리고 이에 대한 이유는 기독교가 (하느님) 아버지 요소의 불균형적인 적용 속에 고착되어 버렸기 때문입니다. 따라서 교회는 신성한 여성인 (하느님) 어머니의 실제성을 잃어버렸습니다. 그러므로 이것은 차별을 했던 사람도 마찬가지입니다. 왜냐하면 그것은 이 행성에서 작용하는 기본적인 역학을 다시 작동시키는 것이기 때문입니다. 즉 여러분의 의식 속에 어떤 불균형을 갖고 있든지 간에 반드시 그것과 반대의 불균형을 갖고 있는 어떤 사람들을 자기에게 끌어당기게 되는 것입니다. 이는 불가피한 충돌을 가져오기 위해서인데, 그때 그런 상황이 여러분에게 (그런 경험을 통해) 초월할 기회를 주게 됩니다.

왜 오직 여성들만이 기독교를 현대인들의 영적인 욕구를 만족시킬 종교로 끌어올릴 수 있는가에 대해 이해하기

신성한 어머니의 직접성(直接性)

나의 사랑하는 이들이여, 나는 이것이 어머니의 온화하거나 상냥한 시각이 아니라는 것을 알고 있습니다. 이것은 엄격한 어머니이며, 현실적인 어머니입니다. 그러나 어머니가 신성한 아버지와 동등하다면, 어머니는 실제적인 현실주의자입니다. 어머니는 다음과 같이 말하는 존재입니다. "이것은 우리가 우리 자신을 발견한 그 상황으로부터 옮겨가기 위해 필요로 하는 것이다."

그리고 어머니는 어떻게 이것이 성취될 수 있는가를 알고 있는 존재입니다. 그리고 어머니는 그것에 관하여, 그리고 우리가 옮겨가기 위해 무엇을 변화시킬 필요가 있는가를 사람들에게 말하는 것에 관해서는 주저하지 않는 존재입니다. 왜냐하면, 나의 사랑하는 사람들이여, 어머니는 일이 어떻게 이루어져야 할 것인가, 그리고 물질세계 속에서 어떻게 이루어질 수 있는가에 관해 잘 알고 있는 존재이기 때문입니다.

그녀는 그런 존재입니다. 또한 그녀는 물질적인 영역에 관해 통달한 절대자의 표현인 것입니다. 아버지는 전반적인 비젼(vision)을 갖고 있는 존재이고, 따라서 무엇이 해야 할 필요가 있는가를 알고 얽매여 있는 그 의식으로부터 당신들 자신을 자유롭게 해준다면 어떻게 될까요?

그렇게 되면, 여러분은 우주거울에게 이렇게 말하게 됩니다. "우리는 더 이상 과거에 우리가 경험했던 잔학행위들을 겪고 싶지 않다. 우리는 긍정적인 삶의 상황을 경험하기를 원한다." 그러면 우주거울은 다음과 같이 말할 것입니다. "오, 나의 사랑하는 이여, 나는 수천 년 동안 여러분에게 풍요로운 삶을 줄 수 있기를 기다려 왔습니다. 왜냐하면 여러분에게 그것을 주는 것이 나의 큰 즐거움이기 때문이지요. 이제 여러분이 그것을 원했으니 확실히 그것은 여러분의 것이 될 것입니다."

사람들은 자기 자신들을 차별하고 있다

그러므로 사랑하는 이들이여, 보다 깊은 이해를 하고 싶으면 다음의 질문을 자신에게 해보기 바랍니다. 즉, "누가 미국에서 원주민들을 차별하는가? 누가 흑인들을 차별하는가? 혹은 누가 '히스패닉'[3]이나 어떤 국적의 인종을 차별하는가?"

그들은 과거에 대한 집착과 용서하지 않음에 집착을 유지함으로써, 바로 스스로 자신들에 대해서 차별을 하고 있는 것입니다! 그것에 의해서 최초의 장소에서 차별을 일으켰던 바로 그 의식(意識)을 계속 유지하거나, 혹은 더욱 강화하고 있는 것입니다.

이것은 어떤 이유로 다른 사람들을 차별하고 있는 사람들이 잘못이 없다거나 책임이 없다고 말하는 것이 아닙니다. 하지만 사랑하는 이들이여, 차별을 받았던 사람들이 그 의식을 기꺼이 놓아버리지 않는다면, 그들 자신이 차별에서 자유롭게 될 수 없습니다.

---

3) 히스패닉(hispanic)은 스페인어를 쓰는 중남미계 미국 이주민과 그 후손을 말한다. 라틴아메리카에서 왔다고 해서 라티노(latino)라고도 불린다. 히스패닉은 중남미 인디언들이나 흑인들과 섞이면서 많이 달라졌고, 미국에 이주하면서도 또 다른 독특한 문화를 형성해가고 있다. 2007년 미국 내 히스패닉 인구는 4,900만 명에 달한다. 전체 인구 3억 명 중 14%에 해당하며, 흑인(13%)보다 많은 숫자다. 많은 히스패닉들은 3D 직종에서 일한다. 이는 당장 미국사회가 필요로 하는 분야들로, 특히 뉴멕시코(히스패닉 비율 42.1%) 캘리포니아(32.4%) 텍사스(32%) 애리조나(25.3%) 네바다(19.7%) 주 등은 이들이 없으면 경제가 제대로 돌아가지 않을 정도로 비중이 커졌다.

어떤 일을 할 수 있기 전에, 당신은 틀림없이 이미 그 어떤 일을 자신에게 행했다는 것입니다.

그러므로 다른 사람들을 나쁘다거나 사악하다하기 전에 당신들은 반드시 먼저 당신들 자신을 심판했다는 것입니다. 즉 여러분이 다른 사람들에게 복수를 원할 수 있기 전에, 당신들은 자신을 작은 정신적 상자 안에다 넣어 놓음으로써 이미 자신에게 화를 내고 당신들 자신에게 복수를 했음에 틀림없는 것입니다. 그러면 여러분이 그런 정신적 상자로부터 우주의 거울에다 보내는 신호는 무엇일까요?

사랑하는 이들이여, 여러분이 진실로 오늘날 많은 미국의 원주민들이나 흑인들을 바라볼 때, 그들이 무의식적으로 말하고 있는 것이 무엇일까요? 그들이 우주 거울을 향해 말하는 것은 "과거 우리 민족에게 자행했던 잔학 행위는 충분하지 않다. 우리는 그것을 놓아버려서는 안 된다. 우리는 더 많은 포악(暴惡)과 인종차별을 원한다."입니다. **이것이 바로 당신들이 그 '용서 못함'의 의식 상태를 갖고 있을 때, 우주 거울에 보내는 메시지인 것입니다!**

그러므로 사랑하는 이들이여, 자유 의지의 법칙이 이 지구상에서의 현실이라고 할 때, 여러분의 소망대로 응해서 그 고통을 주는 것 이외에 우주의 거울이 무슨 일을 할 수 있겠습니까? 그럼에도 미국에서 더 이상 그런 고통을 겪는 것은 가능하지 않습니다. 왜냐하면 더 이상 원주민들이나 흑인들에 대한 (과거와 같은 심한) 박해가 없기 때문이지요. 그런고로 과거를 놓아버리지 않는 그런 영혼들은 물리적인 잔학 행위를 경험할 수가 있는 다른 어딘가로 태어나야만 하는 것입니다.

사랑하는 사람들이여, 그와는 달리 모든 사람들 ―나는 단지 원주민들이나 흑인들을 말하는 것이 아니고, 분명히 이 세상의 모든 사람들을 지칭하는 것입니다― 을 생각할 때, 세계역사를 보면 그들 역사의 어떤 시점에 한 집단이 다른 어떤 집단에 의해 침략을 받지 않은 집단은 없었다는 것이며, 따라서 이 모든 사람들이 모두 서로를 용서하면 어떨까하는 것입니다. 만약 여러분이 과거를 놓아버리고, 과거에 나의 사랑하는 이들이여, 신적현존인 용서의 불꽃, 자비의 불꽃은 자유로 가는 단 하나의 방법입니다. 과거는 과거이고, 이미 지난 일입니다. 과거를 변경시킬 수는 없습니다. 따라서 당신들은 과거로 되돌아 갈 수는 없는 일이고, 과거에 이루어진 잘못을 바르게 할 도리가 없는 것입니다.

사랑하는 이들이여, 나의 말을 듣고 있습니까? 그것은 불가능합니다. 따라서 당신들이 할 수 있는 단 하나의 방법이 있습니다. 즉, 그것은 일어난 모든 일을 용서하고, 과거를 놓아버리는 것입니다.

용서하지 않음으로써, 여러분은 우선 자신을 해친다.

사랑하는 사람들이여, 피해자 의식 속에 있는 사람은 당장 이렇게 말하겠지요. "난 용서할 수 없어. 왜 내가 그들을 용서해야 한단 말이야? 그들은 우리를 침범한 자들이야. 왜 내가 그들을 용서해야 하지? 그들은 처벌 받아야 마땅해! 그리고 백인들은 미국을 점령했어. 그들은 충분히 처벌받지 않았다구!"

하지만 당신들이 이런 의식상태 속에 있다면, 그들은 결코 충분히 처벌 받을 수가 없습니다. 왜냐하면 그들이 충분히 벌을 받았다고 여러분이 느낄 수 있는 단 하나의 길은 시계를 거꾸로 돌려놓고 잘못된 일을 바로 잡는 것이기 때문입니다. 그러나 그런 일은 이루어질 수 없기 때문에 그들이 처벌 받아야 한다는 당신들의 욕망은 결코 충족될 수 없습니다. 그것은 결코 끝이 없는 바람이며, 복수나 처벌에 대한 억누를 수 없는 갈망일 뿐인 것입니다.

나의 사랑하는 이들이여, 그것이 여러분에게 어떤 작용을 할까요? 그것은 당신들을 "용서하지 못함"의 의식 속에 가두어 버립니다. 그래서 당신들은 예수님의 심원한 진리를 인식해야만 합니다. 즉 그 진리는 "다른 사람들이 당신에게 해주기를 바라는 대로 그들에게 행하라." 인 것입니다. 그러나 오늘날 대부분의 기독교 신자들도 이해하지 못하는 여기에 숨겨진 뜻은 당신이 다른 사람들에게던 옛날 – 솔직히 말해서 당신이 그 당시에 산다면, 별로 좋지도 않을 것이지만 – 로 돌아갈 것이라고 생각하면서 과거에 매달려 그 낙원을 돌아다보고 있습니다.

어떻게 과거의 어떤 것으로부터 옮겨갈 것인가?

그래서 사랑하는 사람들이여, 내가 여기서 당신들에게 주고자 하는 전망은 그들이 다른 종족과 혼혈이 되었든, 그렇지 않든, 그들의 혈통이 원주민에까지 거슬러 올라갈 수 있는 미국에서 원주민의 후손들에게 적용되는 관점입니다. 이것은 또한 그들의 선조가 아프리카에서 노예로 데려와진 흑인들, 또는 그들의 혈통이 미국에서 아직 융합되지 않은 다른 문화로 거슬러 올라갈 수 있는 사람들에게 크게 적용됩니다.

당신들은 기꺼이 과거를 놓아버리겠는가? 아니면 피해의식 속에 머물러 있음으로써 여러분 자신을 벌하려는가?

정말로 모든 배경의 모든 사람들과 관련된 단 하나의 질문은 다음과 같습니다. "당신은 예수 그리스도가 말한 대로 기꺼이 행하고, 당신의 달란트를 증식 하시렵니까? 당신은 더 나은 사람이 되겠습니까? 그렇지 않으면, 과거라는 땅 밑에 당신의 달란트를 묻고 과거에 매달려 있으렵니까?"

그러므로 사랑하는 사람들이여, 여러분이 기꺼이 앞으로 나아가려 한다면, 과거에 대한 당신들의 집착을 놓아버릴 방법을 찾아야 합니다. 나는 당신들이, "난 더 이상 미국의 원주민이 아니야."라는 말을 할 필요가 있다고 말하는 것이 아닙니다. 여러분은 과거를 부정할 필요는 없습니다. 나는 여러분이 과거에 묶여서 그것을 부정적인 감정으로 바라 볼 필요가 없다는 것입니다. 당신들은 자신들의 선조들과 (당신들의 땅에) 들어와서 그 선조들에게 무엇이든 자행한 자들, 그 둘 다를 용서할 방법을 찾으라는 것입니다.

입니다. 그들은 우리에게 적대적인 행위를 저지르고 있는 사람들입니다. 그들은 우리를 파괴했던 자들입니다. 그들은 변화해야 할 사람들입니다."

미국 원주민들은 말합니다. "우리는 백인들로부터 홀로 남겨졌어야 했습니다." 또한 백인 정착민들은 말합니다. "이들 원주민들은 그들의 땅을 우리에게 주고서 서쪽으로 갔어야만 했습니다." 물론 두 그룹 다 고지식합니다. 하지만 그들은 자기 자신들을 기꺼이 바라보려고 하지 않기 때문에 모두 장님인 것입니다. 그래서 각각의 그룹은 희생자 의식 속으로 들어갔으며, 그곳에서 다른 그룹이 자기들에게 대적하는 것을 봅니다.

따라서 그들이 서로 협력하고 균형을 잡아 그들 양쪽 모두가 과거의 낡은 의식을 초월할 가능성은 - 현실적으로 - 없습니다. 그 대신에 당신들이 보았던 것은 이 대륙에만 유일한 것은 아닙니다만, 필연적인 대립이었습니다. 그리고 그것을 전 세계에서 보았으며, 현재도 보고 있는 것입니다.

그리하여, 여러분이 현재 보는 것은 그와 같은 대립이 발생할 때, 그것은 말하자면 더욱더 구체화된다는 것이지요. 하지만 실제적으로 (다른 단계로) 옮겨가는 사람들이 있습니다. 그리고 이것을 당신들은 오늘날 심지어 미국에서도 볼 수 있습니다. 즉, 어떤 원주민들은 옮겨 갔으며, 미국 사회의 일원이 되었습니다. 그리하여 그들은 자신들을 우선 미국인으로 생각하지만, 원주민의 배경을 가진 미국인으로 생각하는 것입니다. 그들이 자신들을 미국인들로 생각하는 것은 마치 유럽에서 온 많은 정착민들이 자신들을 더 이상 유럽인들로 생각하지 않고 유럽의 배경을 가진 미국인으로 생각하지만, 먼저 미국인으로 생각하는 것과 비슷한 것입니다. 그리하여 이것은 그들이 과거의 의식을 넘어섰으며, 인생에서 전진을 계속하고 있음을 의미합니다.

하지만 여러분은 또한 그런 낡은 의식에 고착돼 있는 사람들을 봅니다. 그들은 잃어버린 낙원을 재건할 길만 찾을 수 있다면 좋았하여 내파되거나 모든 것을 날려버리는 전쟁으로 파멸되는 것을 보는 것보다는 낫습니다.

그래서 여러분도 알다시피 이 행성 위에서 일어나는 일은 성모 마리아가 언급했듯이, 자기 자신을 물질세계 내의 특성들에 기초해서 동일시한 사람들과 그 집단들이 이곳에 있으며, 그들은 서로 영향을 미치고 있다는 것입니다. 그리고 그런 상호작용 속에서 그들은 서로의 의식 속에 있는 불균형적인 것이 가시화되도록 만듭니다.

그리하여 사랑하는 이들이여, 절대자 아버지 측면으로서의 불균형을 지닌 사람들의 유입을 그들에게 끌어당긴 것은 정확히 말해 어머니 측면 속에 있는 이 대륙 원주민들의 불균형이었습니다. 그러므로 두 집단의 사람들이 같이 모이는 가운데 각 집단은 서로 다른 집단 속에 있는 그 불균형을 볼 기회를 가졌던 것입니다. 하지만 그런 경우, 이것은 그 거울 속을 슬쩍 한 번 보고서 그들 자신의 눈 속에 있는 들보를 보는 기회로 삼아 다음과 같이 말하기 위한 것입니다. "우리가 어떻게 불균형 상태가 되었으며, 어떻게 하면 우리가 보다 더 균형 잡힌 상태로 될 수 있는가?"

이것이 영적으로 가장 깨어 있는 상위 10% 사람들의 특징입니다. 그리하여 다른 사람들을 만났을 때, 혹은 서로 다르거나 어려운 물질적 환경을 만났을 때, 그들은 그 거울을 보고서 다음과 같이 말합니다. "이것이 내 자신에 관해 나에게 무엇을 가르쳐줄 수 있을까? 이것이 어떻게 내가 변화할 필요가 있는가에 관련해 무엇을 가르쳐줄 수 있는가? 그럼으로써 나는 더 높이 올라설 수 있고, 내가 우주거울로부터의 반사작용이라고 인식하는 이런 특정 상황을 더 이상 촉진(악화)시키지 않을 수 있다."

피해자 의식을 넘어서기

하지만 사람들이 기꺼이 상황을 그렇게 받아들이지 않을 때 그들은 피해의식(被害意識) 속에 빠져들게 됩니다. 그리하여 한 집단 소속의 사람들은 다음과 같이 말합니다. "우리는 다른 그룹의 희생자입니다. 따라서 이 행성은 해체될 것입니다. 왜냐하면 이 행성은 더 이상 생명체들의 영적성장을 위해서 적당한 행성이 아니기 때문입니다. 그리하여 단지 생존하기 위해 소모하는 대신에 영적인 성장을 추구하기 위한, 실제적으로 사람들에게 자유와 물질적 자유로움을 주는 이성적인 문명의 상태로 돌아가는 데는 너무나 많은 시간이 걸렸을 것입니다. 그래서 사랑하는 이들이여, 이것은 보다 거대한 알파 전망인 것입니다.

오메가(Omega) 전망

사랑하는 이들이여, 그러나 이제 나는 신적자아인 진아(眞我)의 여성적인 현존으로서 또한 여러분에게 오메가 전망을 전해주고자 합니다. 그 전망이란 지구 위에서 일어나는 모든 것이 성장을 위한 기회로서 일어난다는 것입니다. 만약 여러분이 지구 행성에 관한 거대한 그림을 제시해 주는 마이트레야 대사님의 책을 읽어본다면, 먼 과거의 한 시점에 이 지구에는 자기들 의식에 너무나 고착되고 갇혀 있었기에 기꺼이 상승하려 하지 않고 하향 나선(螺線)을 창조한 인간들이 있었다는 것을 그가 어떻게 설명하는지를 보게 될 것입니다.

그리고 이것은 성모 마리아가 설명했듯이, 많은 정도로 세계의 모든 곳에 있는 원주민들에게서 볼 수 있는 정신구조인 것이지요. 그리하여 이 지구상에서 궁극적으로 지성체들을 파괴할 하향나선을 허용하는 대신에, 다른 행성계들로부터 온 생명체들의 파동이 지구에 육화하도록 허가하는 것이 우주 위원회로부터 결정되었습니다. 그리하여 말하자면 항아리를 휘저어서 스스로를 초월하지 않은 인간들과 균형을 맞추는 세력을 제공하고자 했던 것입니다.

이것은 대체로 성공적인 과정이었습니다. 물론 사람들의 의식의 차이들 - 특히 집착과 옛날의 의식을 기꺼이 초월하려 하지 않는 낡은 의식 - 은 언급되지 않은 물리적인 재난을 촉진했습니다. 그럼에도 사랑하는 이들이여, 이것이 한 행성이 하향적인 나선을 자체 강화이와는 반대로 세상에 대해 전망해볼 때, 만일 미국이 그때 건국되지 않았더라면, 그리하여 강력한 국가로 성장하지 않았더라면, 지구상에서 공산주의자 무리들이 모든 대륙을 침략하는 것을 저지하는 힘이 존재하지 않았을 것입니다. 그리고 그렇게 되었더라면, 여러분은 - 공산주의 이념과 스탈린과 그 외의 러시아 지도자들이 국민들을 어떻게 대했던가를 당신들이 진실로 보았던 대로 - 인간 생명의 가치를 존중하지 않는 자들의 집단에 의해 지배되는 행성을 갖게 되었을 것입니다.

더 큰 그림 보기

그래서 사랑하는 이들이여, 여기서 내가 당신들에게 주려고 하는 것은 알파(Alpha) 전망(展望), 즉 궁극적인 관점입니다. 이것은 필연적으로 이루어질 큰 그림인 (절대자) 아버지의 관점입니다. 그리하여 원주민들이 부당하게 취급받았고 살육 당했다는 느낌 대신에 당신들은 이것을 완전히 다른 시각에서 볼 수가 있습니다.

다시 말해 미국의 원주민들이 모든 인류와 행성의 이익을 위해 희생했다는 시각으로 볼 수 있는 것입니다. 왜냐하면 나는 분명히 말할 수 있는데, 만일 이 행성이 공산주의에 의해 침탈당했다면, 이 행성 위에 있는 지성체들의 생존할 수 있는 날짜는 그리 많지 않았을 것입니다.

그리고 여러분은 이미 오늘날 보고 있는 것보다 더 거대한 자연재앙들을 목격했을 것입니다. 왜냐하면 어머니 지구 자신이 사람들이 전 세계적인 규모로 취급되는 방식에 대항하여 반발했을 것이기 때문입니다. 그리고 문명이 어떤 형태로든 파괴되는 거대한 변동을 지구가 겪게 되는 것은 시간문제였을 것입니다. 그리하여 인류는 지구 이곳저곳에 뿔뿔이 흩어진 소수의 생존자 무리들만 남았을 것입니다.

사랑하는 이들이여, 앞으로도 만일 그런 일이 일어난다면, 지구가 계속해서 존재한다는 것에 대한 우주적인 정당성은 없게 될 것

하는 이들이여, 러시아가 틀림없이 그렇게 되었을 때, 세계를 정복하여 공산주의의 행성으로 만들고자 하는 욕망으로 발전했으리라는 사실을 이해할 것입니다. 그렇다면 당신들은 러시아의 공산주의자들이 틀림없이 북 아메리카 해변으로 왔으리라고 생각하지 않나요? 분명히 여러분은 1930년대나 1920년대에 그들이 이 해안으로 몰려왔으리라는 것을 알 수 있습니다.

그리고 나의 사랑하는 이들이여, 서부 유럽에서 온 백인 정착민들이 원주민들에게 거칠었다 해도 그것은 공산주의 침략자들이 북 아메리카의 원주민들에 대해 자행할 수 있는 것에 비하면 아무 것도 아닐 것입니다. 백인 정착민들이 최초로 이 대륙에 왔을 때 갖고 있었던 무기들을 생각해 보세요. 확실히 그들은 총을 갖고 있었습니다. 그러나 그들은 한 번에 한 발만 쏠 수 있는 부싯돌 발사장치를 한 '구식소총'을 갖고 있는 것에 불과했습니다. 그러나 공산주의 침략자들이 1920년대와 1930년대에 왔다고 한다면, 그들은 기관총, 비행기, 수류탄, 그리고 대포를 갖고 있었을 것입니다.

나의 사랑하는 이들이여, 여러분은 일어날 수 있는 학살을 상상할 수 있습니까? 왜 이런 말을 하는가 하면, 만일 북 아메리카의 원주민들이 홀로 남겨졌다면 복잡한 무기들을 발전시킬 수가 없었을 것이란 사실을 여러분이 인식해야 하기 때문입니다. 그들은 총포를 발전시킬 수가 없었을 것입니다. 그들은 계속 활과 화살을 가졌을 것입니다. 그런 것으로 현대 무기에 대항할 수 있었을까요?

그러므로 사랑하는 이들이여, 여러분도 알다시피, 나는 원주민들에게 일어난 일을 밝히려고 하는 것도 아니고, 백인 정착민들이 원주민들에게 저질렀던 잘못된 일을 옹호하려고 하는 것도 아닙니다. 나는 단지 여러분이 이 행성에서의 역사의 필연성을 바라볼 때, 만일 서부 유럽의 백인 정착민들이 그 때 오지 않았더라면, 오늘날의 미국 원주민들이 더 나은 상태가 되지 못했을 것이라는 전체적인 관점을 제공하려고 하는 것입니다.

훨씬 적었던, 수많은 죽음을 초래한 2차 세계 대전도 피할 수 있었거나, 매우 다른 양상으로 나타났을 것입니다.

변화는 시대의 명령이다.

그렇지만 사랑하는 이들이여, 내가 과거를 들추는 이유는 당신들을 돕기 위한 것입니다. 특히 여러분 가운데 원주민들과 가까운 사람들이 변화가 지구 행성 위에서의 시대적 명령이라는 사실을 깨닫는 것을 돕기 바라기 때문입니다. 그것은 단지 변화뿐만 아니라, 성장, 또는 초월을 위한 것입니다.

그러므로 사랑하는 사람들이여, 콜럼버스(Columbus)로 육화했던 성 저메인님이 미국을 발견하지 못했더라면, 어떤 일이 일어났을까 하는 것에 대해 잠시 살펴봅시다. 만일 콜럼버스가 어렸을 때 말에서 낙마하여 목을 다쳤다고 해봅시다. 하지만 그렇다고 하더라도 미국 대륙은 궁극적으로 (다른 누군가에 의해) 틀림없이 발견되었을 것입니다. 그것은 더 나은 배(船)의 발전과 지구는 둥글고 우주의 중심이 아니라는 이해에 기초해서 불가피했을 것입니다.

토론을 위해 유럽으로부터 백인 탐험가들이 미 대륙에 와서 그곳에 살고 있는 원주민들을 보았다고 가정해 봅시다. 지금 원주민들이 가끔 그 당시를 회상할 때, 그들은 만약 백인들이 선량한 사람들이었다면 그 당시 원주민들의 문화를 바라보고는 거의 다음과 같은 말을 했을 거라고 기대를 하는 것처럼 보입니다. "이 사람들은 매우 멋진 사회에서 살고 있네요. 우리는 고향으로 돌아가고, 그들을 그대로 놔둡시다." 토론을 위해서 그런 일이 일어났으며 그때 최초의 유럽 탐험가들이 다음의 말을 했다고 가정해봅시다.

"우리는 고향으로 돌아가서 그 곳에 머물 것이다."

사랑하는 이들이여, 그럼 유럽의 역사에 관해 여러분이 알고 있는 사실을 객관화해 봅시다. 당신들은 러시아에서 볼셰비키(Bolshevik) 혁명이 불가피하게 일어나는 것을 알고 있습니다. 러시아가 공산 국가로 되는 것도 알고 있습니다. 그렇다면 나의 사랑

예를 들면, 개인과 모든 사람들에 대한 가치, 그리고 모든 사람들 사이에 풍요를 확산할 필요성에 대한 더 큰 존중을 보았을 것입니다. 그리고 여러분이 많은 원주민들에게서 보았듯이, 그들에게는 다른 사람들보다 더 특별히 부유한 사람들이 없었습니다. 또한 그들은 서로를 돌보고 있었으므로 평균보다도 특별히 더 가난한 사람도 없었습니다. 많은 초기 (백인) 정착민들도 마찬가지로 살아남기 위해서 서로가 밀착될 필요가 있었기 때문에 그들의 작은 공동체 속에서 원주민들과 비슷하게 행동했었습니다.

하지만 미국이 성장함에 따라서 이런 것들로부터의 일탈이 생기기 시작했습니다. 그리하여 당신들은 어떻게 힘을 가진 엘리트(elite)들이 점진적으로 미국 정부를 침탈했으며, 그 결과 그들이 개인의 가치와 존엄성을 훼손했다는 것을 알고 있습니다. 그들은 최초로 미국에서 혁명을 일으킨 사람들(독립을 주도했던 지도자들)과 모든 사람들이 동등한 권리를 가진 사회를 창조하고자 했던 그들의 소망과는 너무나 이질적(異質的)인 정신구조를 창조했던 것입니다.

그들은 중세의 봉건 사회에 훨씬 더 가까운 사회를 창조했는데, 거기에는 태어날 때부터 귀족인 그런 귀족 계급은 아니지만 부유한 권력 엘리트들이 존재합니다. 그들 중 많은 이들이 태어날 때부터 그런 위치에 있습니다. 그렇지만 어떤 사람들이 충분히 많은 돈을 축재함으로써 그 클럽(파워 엘리트 집단)의 멤버가 되는 개방성이 있기는 합니다. 그러나 비록 그렇게 된다하더라도 그들이 말한 바대로 그들은 태어날 때부터 많은 재산을 물려받는 사람들처럼 값이 나가지는 않을 것입니다.

그리고 힘을 가진 엘리트들과 그들의 정신구조가 역전되었다면, 다른 재앙들도 피할 수 있었을 것입니다. 예를 들어 미국은 1차 대전에 전혀 참가하지 않았을 것입니다. 왜냐하면 금전적인 이득을 위해서, 그리고 미국 사회에 대한 그들의 권력을 증대시키기 위해서 미국을 조작했던 사람들은 진정 이 파워 엘리트(power elite)들이었기 때문이지요. 이와 마찬가지로, (발표한 숫자가) 실제보다도

운 것을 채택하고 그들 자신을 단순한 미국 국민이 아닌 성모 마리아가 언급한대로 신아(神我)를 지닌 온전한 국민의 일부로 받아들임으로써 실질적인 미국의 원주민들이라는 이름에 걸맞게 살 수 있었을 것입니다. 나의 사랑하는 이들이여, 그리고 그것은 이 미국의 새로운 실험 속에서 그들이 융합할 수 있는 훨씬 더 건설적인 방법을 발견하게 했을 것입니다.

나의 사랑하는 사람들이여, 비록 상당히 고정된 문화가 있었던 유럽에서 많은 백인 정착민들이 왔었지만, 그들은 확립된 문화, 도시, 법, 관습이 없었던 신세계에 왔다는 사실을 알고 있습니까? 그리하여 그들은 새롭게 시작하는 기회를 가졌습니다. 따라서 그 초기의 식민지에서 진행되었던 많은 일들이 하나의 실험이었습니다.

그리고 만일 원주민들이 기꺼이 실험을 하고자 했더라면, 그들은 백인 사회에서 융합할 수 있는 길을 발견할 수 있었을 뿐만 아니라, 이 새로운 미국 사회를 만들어가는 길도 발견할 수 있었을 것입니다. 그러나 나의 사랑하는 이들이여, 그들은 과거를 놓아버릴 능력이나 의지가 없었기 때문에 융합될 수가 없었습니다. 그리하여 그들은 백인 이주민들의 유입에 의해 말하자면 방황하게 되었던 것입니다. 그리고 그런 까닭에 원주민들에 의해 유지되었던 (창조주) 어머니에 대한 헌신이 기독교 이주민들의 (창조주) 아버지에 대한 불균형적인 헌신을 균형 잡을 수 있었던 거기에 조화로운 균형이 존재하지 않았던 것입니다.

미국에서 어떤 균형이 이루어질 수 있었던 것인가?

그래서 사랑하는 이들이여, 양 쪽에서 더 큰 균형이 있었더라면, 보다 위대한 융합이 일어날 수 있었을 것입니다. 그리하여 당신들은 진정으로 아버지와 어머니 사이에 더욱더 큰 균형을 갖춘 매우 다른 나라를 볼 수 있었을 것입니다. 아울러 여러분은 미국 사회에서 일어났던 수많은 (인종차별) 시위를 보지 않았을 수도 있는 것입니다.

리고 돌아서서 여러분 자신의 존재와 집단의식(集團意識) 속에 있는 신적현존의 솟아오르는 태양을 바라보기를 거절한다면, 어떻게 새로운 날을 맞이할 수 있겠습니까?

한 번 잃어버린 낙원은 언제나 잃어버리게 될 것이다

그래서 나의 사랑하는 이들이여, 다시금 당신들은 미국 원주민들에게 나타난 모습을 보고 있고, 그들이 오늘날 어떻게 과거에 집착하는지를 보고 있습니다. 여러분은 백인들이 미국에 오기 전과 온 후에 그들이 어떻게 처신했는지 알고 있습니까? 그들은 잃어버린 자기들의 문화를 완전하고 목가적(牧歌的)이며, 백인들이 오지 않았다면 결코 변하지 않았을 어떤 것이라고 생각합니다.

나의 사랑하는 이들이여, 하지만 여러분은 과거에 있었던 것과 결코 다시는 재현되지 않고 어떤 식으로든 존속하지 않을 것에 대한 집착을 보고 있습니다. 왜냐하면 진정으로 생명 그 자체의 힘은 미국 원주민들이 옛날의 삶의 방식을 넘어서게 했을 것이기 때문입니다.

그래서 나의 사랑하는 사람들이여, 여러분이 낙원을 잃어버렸다고 생각한다면, 다시 말해 낙원이 과거에 있었다고 생각한다면, 나는 그 과거를 놓아버리고 미래를 마주보기 시작하면서 **미래의 씨앗은 영원히 지금**이라는 것을 인식할 때까지 당신들에게 그 낙원은 항상 잃어버린 것이 될 것이라고 말할 것입니다.

그러므로 사랑하는 이들이여, 원주민들이 백년 또는 이백년 전에 (새로운 단계로) 옮겨가서 과거를 기꺼이 뒤에 남겨두어야만 했다는 것을 이해할 수 있겠습니까? 그들은 다음과 같이 말해야만 했었습니다. "변화할 시간입니다. 우리가 백인들처럼 될 필요는 없습니다. 하지만 우리는 변해야 합니다. 우리는 삶에 대한 우리의 낡은 시각을 뛰어 넘어야 합니다." 그래서 그들이 그런 일을 좀 더 기꺼이 할 수 있었다면, 그들은 (타인종과) 융합될 길을 발견할 수 있었을 것입니다. 그래서 그들은 옛날의 문화를 유지하면서도 새로

3. 자유는 오직 모든 것을 용서함으로써 얻어진다.

(2008년 3월 22일)

콜럼버스가 미국을 발견하지 않았더라면, 무슨 일이 일어났을까 하는 것에 관한 고찰 - 만약 미국의 원주민들(인디언들)이 좀 더 기꺼이 과거를 넘어서고자 했더라면, 백인 정착민들의 남성적인 요소에 여성적인 균형을 제공함으로써 미국에 중요한 기여를 했을 것이다.

나의 사랑하는 사람들이여, 동양의 신성한 어머니의 대표자로서 나 관세음은 당신들에게 다가섭니다. 여러분은 나의 현존과, 자비의 화염, 그리고 용서로부터 방문을 받았습니다.

사랑하는 이들이여, 사람들이 낡은 패턴을 넘어서서 황금시대의 새로운 날로 올라서도록 도와주는 것은 무엇일까요? 나의 사랑하는 이들이여, 그것은 용서임이 틀림없습니다. 만일 여러분이 과거의 집착들 속의 덫에 걸려서 항상 어둠을 향해 뒤만 돌아다본다면, 그 있습니다. 하지만 나는 말하건대, 비록 이 기념물이 필요하기는 하지만, 그것이 과거를 향해서 바라보고 있다는 것입니다. 그런데 나는 과거를 기억하는 데 바쳐진 장소에 불꽃을 정착시키기를 바라지 않고, 오히려 그 불꽃이 미래를 위한 결정에 헌정(獻呈)되기를 바랍니다.

따라서 나는 홀로코스트 기념물은 독일 국민들에게 진일보(進一步)된 발걸음이라고 충분히 인식하고 있습니다. 왜냐하면 이 기념물을 만듦으로써 독일은 과거를 다루는 데 있어서 중요한 발걸음을 뗐기 때문이지요. 그럼에도 내가 말했던 바와 같이, 나는 나의 불꽃을 독일의 의회에다 닻을 내립니다. 이곳이 의사(議事)가 결정되는 곳이기 때문입니다. 따라서 이 나라와 하나의 전체로서의 유럽이 황금시대를 향해 전진할 수 있으며, 거기서 과거는 단지 기억으로만 저 만큼 멀리 남겨져 있을 것입니다. 그리하여 유럽 국민들과 국가들은 진정으로 역사의 교훈을 배웠으므로 그들이 잘못된 역사를 반복할 가능성이 없는 것입니다.

그러므로 나는 "모든 사람들에게 자비로움이 있기를!"이라고 말합니다. 자비의 불꽃이 태워버릴 수 없는 과거로부터의 어둠은 없습니다. 자유의 불꽃이 사람들을 자유롭게 할 수 없는 과거의 어둠도 없습니다. 그리고 신적(神的) 정부의 불꽃을 통해서 극복될 수 없는 과거로부터의 결정 또한 없습니다. 그러므로 신적 정부의 삼위일체(실은 二位一體), 즉 자유와 자비를 통해 우리는 유럽 대륙을 위한 거대한 일을 하는데 전력을 다할 것입니다. 그리하여 에테르계로부터 멘탈계, 감정계, 그리고 물질계의 옥타브(octave: 8음계)에 이르기까지 모든 수준의 물질우주 속에서 이루어지고, 봉해지며, 정박되기를 기원합니다!

이제 완성되었습니다.

용(龍)을 타고 있는 관세음보살상

를 통해 황금시대를 가져올 수 있다고 생각하는 위험한 전체주의의 내리막길 외에는 그 어떤 곳으로도 당신들을 인도할 수 없습니다. 여러분에게 말하지만, 나는 황금시대는 그렇게 도래하지 않는다고 말하고자 합니다. 그 이유는 국가에 의한 그 어떤 최대한의 권력과 통제라 할지라도 그것이 황금시대를 가져오지 못할 것이기 때문입니다.

오직 과거를 놓아버릴 수 있도록 사람들을 자유롭게 해주고 영적 존재로서의 그들의 참된 창조성을 수용하는 자비와 용서의 화염과 자유의 불꽃만이 유럽과 기타 다른 지역에 황금시대를 불러올 것입니다. 특히 이곳 유럽에서는 이 대륙에 있는 사람들이 서로를 포용하고 이 유럽 대륙의 가장 높은 잠재력인 영광된 미래로 들어가는 것을 저해하는 이런 과거의 유물들을 소멸시키기 위해서 자비의 불꽃이 필요합니다.

그런데 여러분은 우리가 홀로코스트(Holocaust:대량학살) 기념물로부터 수백 야드 밖에 떨어져 있지 않기 때문에 왜 내가 그 곳에다 나의 불꽃을 정박시키지 않았는지에 대해 의아하게 생각할 수도

2. 우리는 유럽에서 거대한 일을 준비하고 있다

(※2006년 10월 9일: 이 채널링 구술(口述) 내용은 베를린에 있는 독일 의회(Der Bunderstag) 옆의 공공의 광장에서 행해졌다.)

황금시대는 지배나 통제를 통해서는 올 수 없기 때문에 자비심이 결여된 이성(理性)은 장님이며, 유럽을 그 어떤 곳으로도 인도할 수가 없다.

나의 사랑하는 이들이여, 나 관세음은 용서와 자비라는 특별한 화염의 닻을 이곳에다 내립니다. 이것은 절대적으로 필요한 화염인데, 왜냐하면 만약 유럽이 앞으로 나가고자 한다면, 참으로 거기에는 자비가 있어야만 하기 때문입니다.

그리하여 나의 사랑하는 이들이여, 여러분에게 말하거니와, 유럽의 많은 나라들, 특히 독일은 이성(理性)에 대해서 대단히 숙달했습니다. 하지만 자비심이 없는 이성은 눈이 먼 것이며, 통제와 지배

이상의 시간이 있다면, 나의 동서양 로사리오를 기억하십시오. 그러면 여러분은 나의 현존(現存)을 불러 올 것입니다.

   그리하여 나는 나의 자비심을 모든 사람들에게 확장합니다. 진정으로 자비심은 자유입니다. 따라서 나는 동양으로 돌아와서, 여러분과 다른 사람들을 사랑하는 성 저메인 대사님에게 부촉(咐囑)하는 바입니다.

메인님은 유럽의 경이로움이며, 이제는 세계적으로 경이로운 존재입니다. 그리고 그는 많은 재능을 갖고 있고, 많은 활동을 하고 있습니다. 하지만 우주적인 존재일지라도 특정한 활동에 집중할 필요는 있습니다. 따라서 나는 나의 자비의 힘이 자유의 힘과 머리카락 하나의 차이밖에 되지 않는다는 것을 인정하면서 그를 돕기로 서약했습니다. 우리가 연민을 느끼는 사람들을 자유롭게 해주지 않고서야 무엇이 자비인 것일까요? 그리하여 에고(ego)와 이 세상의 지배자들 - 그들은 어느 정도 신격(神格)이 되어 등장한 권력자들에 대항하여 감히 일어서는 어떤 사람도 비난하고자 한다 - 에 의해 지구상의 그 렇게 많은 사람들에게 지워진 무거운 심판의 짐으로부터 그들을 자유롭게 해주는 것이 아니고서야 무엇이 자비란 말입니까?

나는 여러분이 성모마리아의 로사리오(묵주기도)를 받아들인 것에 대해 감사드린다.

그러므로 나의 사랑하는 이들이여, 나는 여러분에게 성모 마리아의 로사리오들을 수용하고 있는 데 대해 감사한 마음을 전하고자 왔습니다. 진정으로 여러분에게 말하지만, 만일 이 행성이 황금시대로 옮겨가고자 한다면, 히말라야에 있는 진보된 초인(Adept)들에 걸맞을 수 있게끔 서양에서 영적인 불꽃을 들어 올릴 사람들이 필요합니다. 그 존재들이 동양에서 균형을 잡고는 있지만, 서양에 있는 아무도 응답하지 않는다면, 그들이 지구 행성 전체의 균형을 잡는 일을 할 수도 없고, 또 하도록 허용돼 있지도 않습니다.

그래서 나는 여러분이 성모마리아의 요구에 따라서 현재 어떤 로사리오든 하기 바라며, 그것과 함께 가능한대로 - 여러분이 할 수 있다면 - 일주일에 한 번 '동 서양 로사리오' 기도를 잠시 해줄 것을 요청합니다. 만약 여러분이 오직 하나의 로사리오만을 할 시간이 있다면, 성모 마리아가 요청한 것을 하도록 하세요. 하지만 그

는 사실은 성 저메인 대사가 영구적으로 그 직책을 맡아 일할 수 없다는 것과 현재로서는 관세음외에는 아무도 그 지위를 담당할 수가 없음을 의미하는 것이다. (저자 주)

고가 차이들을 위협으로 느끼며 벌이는 영속적인 게임 - 서로 다를 경우 그것은 일종의 위협임이 틀림없기 때문에 어떤 것을 공격할 필요가 있다고 생각하고 싸움이나 전투 반응으로 돌입하는 것 - 을 허용하지 않고 서로의 차이들을 존중하는 것입니다. 아, 그리고 이것이 참으로 지구상에 있는 모든 분쟁들의 원인인 것이지요.

그래서 가장 좋은 해독제 중의 하나는 정말로 나의 자비의 불꽃(Mercy's Flame)입니다. 그래서 나는 성 저메인(Saint Germain) 대사의 힘에다 나의 자비의 불꽃의 힘을 보태고, 여기에다 나의 가슴에 소중한 동,서양의 로사리오들이 동양에서 서양으로 활 모양의 빛(弧光)을 이루고 있기에 그것을 포함한 성모 마리아의 모든 묵주기도들을 증폭시키기 위해서 왔습니다.

관세음보살은 현재 제7광선의 잠정적인 초한이다

성 저메인이 (다른 직책으로) 옮겨가고 있다

모든 생명이 진화하고 있고, 상승한 대사들이 더 높은 곳으로 움직임에 따라서 나는 성 저메인 대사가 황금시대의 도래를 자유롭게 추진할 수 있도록 중요한 제 7 광선의 초한(chohan)[1] 역할을 떠맡기로 맹세했습니다. 성 저메인님은 아직도 7 광선과 긴밀하게 연결되어 있습니다만, 내가 많은 일상의 책무를 지게 될 것이며, 그의 마음은 다른 노력에 집중할 수가 있을 것입니다.[2] 진정으로 성 저

---

1) "초한(chohan)"이라는 것은 지구영단에서 제1광선에서부터 제7광선까지 담당하고 있는 대사들을 호칭하는 특별한 명칭이다. 의미상 Lord(주님), Master(대사) 등과 비슷한 뜻이라고 보면 된다. 그러므로 7명의 초한들이 있으며, 그 중 1명은 7명을 대표하는 마하 초한(Maha Chohan), 즉 대(大) 초한이다. 그리고 이제까지 '보라색 화염'인 제7광선을 맡고 있었던 마스터가 바로 성 저메인 대사이다. 성 저메인이 1700년대 말에 제7광선의 초한직을 인수하기 전에는 관세음보살이 바로 7광선의 초한이었다.
(감수자 주)
2) 일곱 가지의 영적인 광선들(Rays)이 있으며, 각각의 광선은 신(神)의 어떤 특성에 초점이 맞추어져 있다. 그중 일곱 번째 광선은 자유의 광선이다. 성 저메인이 그 자리를 인수받기 전에 관세음보살이 거의 2,000년 동안 일곱 번째 광선을 담당하는 초한(chohan)의 자리를 유지하고 있었다. 현재 그녀가 임시로 그 지위를 다시 맡고 있다

1. 자비(慈悲)는 인생을 자유롭게 한다.

(2005년 10월 22일의 메시지)

　사랑하는 이들이여, 자비의 여신(女神)인 관세음에 대한 그런 헌신에 대해서 내가 어떻게 응답하지 않을 수 있을까요? 어떻게 내가 서양에서의 어머니 불꽃인 성모 마리아 - 그녀는 동양에서의 '어머니 불꽃(the Mother Flame)'인 관세음과 하나이다 -를 영예롭게 하는 사람들의 헌신에 대해 어떻게 응답하지 않을 수 있겠습니까? 그렇다면 성모 마리아와 관세음 사이에는 정말로 차이가 있는 것일까요? 아니면 우리는 똑같은 어머니 불꽃의 두 가지 표현인 것일까요?
　약간의 차이점은 있습니다만, 또한 우리는 하나입니다. 그리고 그것이 무한자(God)의 창조의 기적입니다. 즉 하나 속에서 차이들이 있을 수 있고, 그런 차이들 속에서 하나일 수 있는 것입니다. 이 수수께끼를 풀고 외부의 차이점을 넘어서는 것, 이것이 지구상에서 진정으로 영적인 사람들이 해결해야 할 과제입니다. 다시 말해 이것은 보다 깊은 영적인 하나됨의 상태를 깨닫고, 그리하여 에

※ 2부 〈관세음보살의 메시지는〉 1부의 저자인 마저리 무삭치오가 받은 메시지가 아니라, 다른 채널러인 킴 마이클즈가 관세음과 채널링하여 받은 내용이다. 킴 마이클즈는 은하문명에서 출판한 〈성모의 메시지〉와 〈그리스도는 여러분 내면에서 탄생한다〉의 저자이며, 그의 게재 허락에 대해 깊이 감사드린다.

- 편집자 -

-2부-
관세음보살의 메시지

고 있는 고통과 두려움을 인식하고 있습니다. 그럼에도 이때 위로 상승하는 사람들도 또한 있는 것입니다. 이것은 승강기를 타는 것과 비슷합니다. 당신은 엘리베이터 타기를 결정하고, 위로 올라갑니다. 당신이 버튼을 누르기로 결정한 어느 층이든 그곳이 당신이 머무는 곳입니다. 그러므로 높은 층 버튼을 누르세요, 그러면 우리가 당신을 많이 도울 수 있을 것입니다. 그리고 항상 우리에게 와서 이야기하는 것을 잊지 마세요.

  이 책은 많은 사람들을 위해서 집필된 것입니다. 이 책은 인류의 의식 확장을 위한 것입니다. 사람들이 길을 따라서 전진할 때, 그들에게 해(害)가 되는 것은 대부분 무지와 관련이 있습니다. 그래서 사람들이 무지를 축출하기 위해 행하는 일은 곧 신(神)의 일인 것이지요. 우리는 크레이그와 마저리에게 감사함을 표하며, 사람들에게 영감(靈感)을 불어넣어 주기 위해 많은 시간과 에너지를 들였다는 것에 대해 또한 감사드립니다. 그들은 멋진 일을 하고 있습니다. 그 일은 많은 작업량을 가진 일이며, 앞으로 해야 할 일은 더욱 많을 것입니다. 인생이란 하늘을 가로지른 한 줄기 궤적과도 같습니다. 내내 행복을 기원합니다.

나는 관세음입니다.

사람에 대해서도 책임감을 느끼는 것입니다. 이것은 중요합니다. 그것은 꼭 여러분이 다른 이들을 돌보는 것이 아니라, 서로 연결돼 있음을 느끼는 것입니다.

요점은 진동을 높이고, 행복감을 증진시킬 수 있는 어떤 일을 가지는 것입니다. 또 낡은 프로그래밍과 습관적인 행동 속에서 좌절감에 잠겨있던 자기 일부분의 어떤 고통을 제거하는 지점에 이르는 것입니다. 또 그런 해법을 제시하고 공개하는 가운데 함께 나눔이 있는 것이지요. 그리고 여러분이 함께 나눌 때, 자신의 내부에 있는 불성(그리스도)이 지구상의 모든 존재들의 내면에 있는 불성의 일부라는 것을 인정하는 것입니다. 심지어는 작은 개나 작은 고양이조차도 절대자의 의식, 즉 그리스도 의식의 일부를 지니고 있고, 움직여 나가는 빛의 일정 부분을 갖고 있습니다.

만약 사람들이 배워야 할 그들의 교훈을 배우지 않거나, 낡은 생각 또는 더 이상 자신에게 도움이 되지 않은 낡은 자아의 부분을 기꺼이 놓아버리지 않는다면, 거기에는 반작용이 있을 것입니다. 그리고 길을 따라 내딛는 모든 사소한 발걸음에서 실수할 수 있지만 여러분은 일어섭니다. 즉 넘어질 수도 있겠지만, 다른 누군가가 와서 당신을 부축해서 일으킬 것입니다.

우리 대사들은 여러분을 돕기 위해 여러분이 이번 생에서 경험하기로 선택한 현실 속으로 다시 한 번 돌아왔습니다. 우리는 여러분이 모든 것과 하나라고 느끼게 하기 위해 왔습니다. 마치 여러분의 어린 부분 - 인간적인 부분 - 이 요람에 눕혀져 돌보아지고 있는 것처럼 느끼도록 돕기 위해 온 것입니다. 우리는 여러분 스스로 꿈을 꾸고, 움직이며, 더 위대하고 다른 가능성에 대해 자신의 의식을 열 수 있게 하기 위해 왔습니다. 지구상의 삶의 어떤 지점에서 영혼을 가진 각자는 고등한 에너지에 연결될 수 있었습니다. 다만 그들은 그것을 잊고 있었던 것입니다.

지금도 세상은 급변하고 있고, 현실은 분열되고 있습니다. 어떤 사람들은 떨고, 두려워하며, 그들을 3차원의 현실 속에 계속 가두

관세음으로부터 독자 여러분에게

　여러분이 다른 시기, 즉 다른 생의 주기에서 시작했던 일을 끝마치기 위해 절대자의 계획과 희망을 간직하고 있는 자신의 일부에게 말을 하는 것은 쉬운 일입니다. 왜냐하면 자신을 표현하며 지구에서의 배움의 과정을 끝맺기 위해 펼치며 나아가는 자아의 한 부분이 있기 때문입니다. 고통과 분리감을 통해 배워야만 하는 그 자아의 일부는 종결을 향해 나선형으로 나아가고 있습니다.

　영혼과 항상 조화를 이룬 그 자아의 일부는 세상과 영 속에서 신념을 가진 부분이라는 것을 기억하십시오. 그것은 명상하는 방법, 그리고 세상과 평화롭게 되는 방법을 알고 있는 자아의 한 부분입니다. 이 부분은 이미 전체이며, 그것이 질병이든, 심리적인 어려움이든, 또는 다른 사람의 문제이든 다가오는 상황들에 대해 이미 대처할 수 있습니다. 완전한 자신의 일부는 영혼으로부터 옵니다. 인간이 완전함과 신성함을 추구하는 그들 자신의 그 부분을 통찰할 때, 사람들 역시 신성해집니다. 당신의 완전함을 깨닫겠다고 결심하세요. 완전하게 되는 것이 아니라, 이미 완전함을 알게 되는 것을 말입니다.

　여러분이 보거나 살고 있는 세상은 여러분이 창조한 것이며, 그것은 모두 하나입니다. 지금은 당신이 창조하는 일에 대해서 여유를 가지고 돌아보아야 할 때입니다. 여러분은 어떤 일을 해야 하는 시간표를 갖고 있지는 않지만, 시급함을 느끼는 것은 중요합니다. 이제 이완하고 긴급함을 느껴보세요. 어떻게 여러분이 그것을 할 수 있을까요? 이것은 어떻게 일을 전개하느냐의 문제입니다. 만일 어떤 일을 계속 펼쳐나가면서 주의를 기울이지 않는다면, 이것은 단순한 일이 됩니다. 그러나 스스로 자기가 하는 일을 여유롭게 돌아볼 수 있다면, 그것은 2배로 풍요로운 경험이 될 것입니다.

　이번 생에 와서 다른 모든 것들과 연결돼 있다고 느끼는 자아의 한 부분이 있습니다. 즉, 이는 비단 자기 자신 뿐만이 아니라 다른

◎ 2012년은 어떤 종류의 에너지가 더욱 유효하게 될까요?

　신뢰와 사랑, 그리고 조화입니다. 이런 에너지들은 나선(螺線)을 형성하며, 방해가 되는 어떤 것도 극복하게 할 것입니다. 만약 당신이 낙천적이라면 그 흐름과 함께할 수가 있습니다. 그래서 이 단어, '(buoyant: 쾌활한, 낙천적인)'을 당신의 암호로 정하세요. "나는 내 자신을 우주적인 사랑의 흐름과 함께 움직이도록 허용한다." 이것은 내면에 있는 그리스도에게 믿음을 보내는 것과 같습니다.

몇 년 안에 사회단체가 형성될 것입니다. 이런 상황과 함께 평화를 이룩하기 위해 노력하는 이들이 있으므로 사람들이 외계인들에 의해 들어 올려 지든 말든, 또는 지금의 사태 파악을 위해 오든 말든 그것은 문제가 되지 않을 것입니다.

◎ 지금(2001년) 일어나고 있는 상황을 볼 때 이런 일이 지금처럼 지속될까요, 그렇지 않으면 변하게 될까요?

　모든 것은 변화할 수밖에 없습니다. 우리가 2010, 2012년을 볼 때에 상황은 다릅니다. 사람들은 곧 높은 진동을 갖게 될 것입니다. 따라서 높은 진동에 주파수를 맞출 수 있는 사람들은 모종의 어떤 경험을 갖게 될 것이며, 맞출 수 없는 사람들은 다른 경험을 하게 될 것입니다. 진동의 변화는 모든 사람들을 위해서 있는 것은 아닙니다. 모든 사람들은 그들 고유의 변화 수준을 갖고 있는 것이며, 각각의 사람들은 자신의 의식을 높여야 합니다. 따라서 진동적으로 깨어있고, 그 진동을 알고 있는 사람들은 빛의 영역 속으로 움직여 갈 것입니다.
　만약 그 존재의 변화하는 진동율이 높아진다면, 그 진동율은 인간의 태도에 의해 생성된 것들의 낮은 진동 패턴에 연결되지 않을 겁니다. 지각작용은 매우 순화될 것이며, 물리적인 현실에서의 필요성은 줄어들 것입니다. 어느 기간 동안에 두 지점(물리적인 3차원 현실과 3차원 이상의 고차원)에서 함께 기능해야 하지만, 물리적인 현실에 있는 사물에 대해서는 관심이 없어지게 됩니다. 우리는 모든 사람들이 그들에게 아무 일도 일어나지 않을 것이라는 점을 이해하기를 바랍니다. 즉 (저절로 일어나는 것이 아니라) 그들이 그것을 창조하는 것입니다. 그것은 외부에서 일어나지 않습니다. 외부에는 아무 것도 없습니다. 모든 것은 내부에 있습니다. 당신이 창조자인 것이지요. 그것은 당신을 위해서 창조되는 것은 아닙니다.

(상황을) 인식하게 도울 것입니다. 부정적인 공간 속에 있는 사람들이 아직도 있습니다 - 그렇지만 플러스(plus) 또는 마이너스(minus)의 단어를 사용해 봅시다. 마이너스의 공간에서는 그런 일의 발생이 가능하리라는 것을 인식할 수 없는 사람들이 있습니다. 그들은 이번 생을 자기 마음대로 콘트롤할 수 있다고 자신만만하게 믿고 있기 때문이죠. - 그러나 그들은 그렇지 못합니다.

◎ 얼마나 많은 파괴가 일어날까요?

우리는 항상 (재난이) 완화되기를 기도합니다. 사람들이 몸을 받기 위해, 즉 이 세상에 태어나기 위해 그렇게 오랫동안 열심히 분투노력 했다면, 그들에게 엄청난 충격을 주는 경험은 무엇 때문일까요? 왜 그런 주요 파괴가 일어나는 것일까요? 지구상의 여러 지역에서의 붕괴는 핵심적인 성질이 되겠지만, 그것이 반드시 지구 행성 전체에서 발생하는 것은 아닙니다. 자신의 통찰력의 감각을 사용함으로써 - 즉 그것은 명상입니다 - 당신은 인도받게 될 것입니다. 그것은 육체적인 형태의 구조가 아니고, 그 몸속에 있는 에너지 형태의 빛을 구조하는 것입니다.

◎ 만일 필요하다면, 외계인들에 의한 일종의 대피 또는 철수의 도움을 받을 수 있다고 생각하시는지요?

그런 능력은 있습니다. 하지만 우주선들이 와서 모든 사람들을 들어 올리는 등의 그런 마치 마술 같은 일은 일어나지 않으리라고 봅니다. 각각의 사람들은 자기의 인생과 의식에 대해서 책임이 있습니다. 명상하세요. 그리고 여러분의 의식과 눈을 끌어 올리고, 무한자 안에서 당신의 자각을 유지하세요. 그러면 여러분이 나눠 갖기 위해 지구에 갖고 온 힘과 사랑을 이해할 것입니다. 다행히 변동이 있기에 앞서 아직 시간이 남아 있습니다. 그렇지요? 향후

자연의 천재지변은 인류의 의식에 의해 영향을 받는다.

서 일어났습니다만, 모든 사람들이 다 당시의 그 특별한 재앙의 장소에 있었던 것은 아닙니다. 의식의 깨어남, 즉 자기 내부에서 신(神)을 아는 것이 곧 구조자(救助者)입니다. 생존과 일반적인 재앙에 대비해 너무 많은 시간을 보내는 것, 이것은 사람을 무소부재한 절대자와 자기 내부의 그리스도에게로 이끄는 의식의 수준은 아닙니다. 그것은 사람을 3차원적인 두려움에 기초한 현실로 끌어당길 뿐입니다. 자기 내부에 있는 그리스도를 따를 것인가, 혹은 두려움에 기초한 인성의 반응을 따를 것인가를 결정하는 많은 사람들이 있습니다.

◎ 인류의 의식이 높아짐으로 인해 잠재적인 파괴가 완화되었습니까?

예, 그렇습니다. 의식의 상승은 사람들로 하여금 깨어나게 하고

◎ 그렇다면 지축상의 지구의 변화는 확실히 일어나게 될까요?

예, 그렇습니다.

◎ 미국을 돕기 위해 혹시 그 변화 전이나 변화 동안에 워크-인 대통령이 나오게 될까요?

[※저자 주; 워크 인(walk-in)이란 자기들의 몸을 떠나기를 원하는 누군가와 교체할 권리를 획득한 높은 영혼이다. 그래서 그들은 지구상에 태어나 성숙되는 전체 과정을 기다릴 필요가 없다. 이 일은 두 영혼 사이의 합의에 의해서만 이루어진다.]

우리는 많은 도움을 필요로 한다는 것을 알고 있습니다. 그리고 많은 사람들을 인도할 수 있게 될 이들에게 조언해 주기 위해, 영단, 즉 '대백색 형제단'에 이미 위원회가 존재합니다. 우리의 시각에서 볼 때, 우리가 그 사람이 대통령이 될 것이라고 완전히 확신하지는 않는다고 말하고자 합니다. 다만 탁월한 사람이 될 거라고만 말할 것입니다.

하지만 성 저메인 대사는 위대한 교사입니다. 그리고 지금 이 시점에서 마이트레야 대사님은 인간의 육신을 갖고 계시며, 말하자면 그분은 마이트레야 에너지를 대표하는 존재입니다. 사이 바바님도 그렇습니다. 그리고 바바지님은 히말라야 산맥에 있습니다. 그리하여 이곳 지상에는 세 존재가 있습니다만, 사실 지금 지구 행성 위에는 더욱 많은 깨달은 영혼들이 있습니다.

◎ 파멸적인 사건으로부터 살아남기를 준비하는 사람들이 있습니다. 그들은 재앙을 기다리고 있고, 그 재앙들이 일어날 것을 기대하기 때문에 그 사람들이 부정적인 사건들을 촉발하게 될까요?

그것은 그들을 그런 상황으로 끌어당길 진동 패턴 속으로 인도할 것입니다. 생존해야 하는 상황은 끊임없이 지구 행성의 모든 곳에 물론입니다만, 우리는 그것이 표면 위로 솟아오르는 것을 여러분이 반드시 보게 될 거라고 말하는 것은 아닙니다. 즉 어느 때인가는 보일 수도 있겠지만, 꼭 당신의 생애에서라는 것은 아니며, 그것은 항상 (조금씩) 솟아오르고 있는 중입니다. 그것이 솟아오름에 따라서 조류(潮流)가 지구 행성에서 계속 높아지고 있다는 것입니다. 그리고 각 해변들은 더욱 침식되고 있습니다. 대서양의 밑바닥과 하와이, 도쿄, 인도양의 주변에 많은 불안정 상태가 진행되고 있습니다. 극지방은 아닐지라도 적도 근방에도 그런 곳이 있습니다.

◎ 사람들은 있을 수 있는 지구의 변화와 그런 것들에 관해서 불안해하고 있습니다. 지구상에서 어떤 방식으로든 그 압력을 줄일 수 있을까요?

아닙니다. 그것은 지구의 압력을 줄이는 문제가 아닙니다. 그것은 진행되어야만 하는 문제입니다. 당신은 나일강이 범람했을 때 이집트가 어떻게 되었는가를 알고 있습니다. 그들은 그것에 익숙해졌으며, 그 홍수를 이겨냈습니다. 지구도 그와 비슷합니다. 지구는 그녀 자신의 전망대로 움직일 것이며, 필요한 경우에는 자신의 완전함과 전체성 속으로 들어갈 것입니다. 진동 패턴의 변화작용에 따라 지구의 변동은 필요한 것입니다. 지난 2,000년 동안에 지구의 진동은 더욱 농후하고 둔해졌습니다. 그래서 흔들 필요가 있습니다. 어떤 사람들은 붕괴가 오기 전에 지구를 떠나기를 선택할 것입니다.
다른 사람들은 붕괴시 머물러 있기를 희망할 것입니다. 또 다른 사람들은 그들의 의식을 초연한 정도까지 높일 것이기 때문에 붕괴를 경험하지 않을 것입니다. 그들은 그 시점에서 다른 현실 속으로 움직여 들어갈 것입니다. 이런 모든 것이 가능한 시나리오입니다.

폭풍우의 활동을 느꼈습니다. [2005]

예, 우리는 마저리에게 과거 1998년도에 말한 바가 있습니다. 영은 이야기하고 있습니다. 의식은 움직이고 있고, 시간은 가속화되고 있습니다. 그러므로 그것들과 함께 공기 원소의 움직임도 빨라집니다. 왜냐하면 공기는 유동적이고, 곧 운동이기 때문이죠. 당신이 공기를 흩뜨려버리면, 의식도 흩뜨리는 것이 됩니다. 사람들은 자기들이 있는 곳에서 일상생활을 영위하고 반응하며 머물 것입니다.

◎ 제가 듣기로는 날씨가 변화한다고 하는데, 여기 (미국의) 북동 지역의 날씨는 어떻게 될까요?

기후는 변할 것이고, 더욱 온화하게 될 것입니다. 하지만, 그런 방향으로 전환되는 가운데 날씨의 강렬한 요동이 있을 것입니다. 마치 시계추가 앞뒤로 왔다 갔다 하는 것과 같지요. 그리고 지구 행성의 내부에는 아직 방출되지 않은 더욱 많은 에너지 보텍스(vortex)들이 존재합니다. 지구 내부에서 더욱 더 많은 보텍스들의 에너지 방출이 있을 것이며 그것은 사실 다가오는 바람과 조류에 영향을 미칠 것입니다. 그래서 우리가 위의 캐나다에서 (미국의) 북동쪽으로 내려오며 볼 때, 적도에서 오는 조류가 그것을 바꿀 것임을 알고 있습니다. 지금 즉시 그렇게 되지는 않겠지만, 그 일은 지금 일어나고 있습니다. (인공) 위성이 공기와 조류의 움직임을 추적하고 있는 것을 보고 있으므로 여러분은 예상하지 못한 활동이 일어나고 있다는 것을 알고 있습니다.

◎ 예언가 에드가 케이시(Edgar Cayce)는 지구변동 과정에서 아틀란티스 대륙이 솟아오른다고 예언했습니다. 당신은 아직도 대서양에서 그 대륙이 솟아오를 것이라고 보고 계신지요?

12. 다가오는 지구의 변화

전환점

◎ 당신은 지구와 날씨의 변화와 더불어 상황이 역동적으로 변화하고 있다고 말씀하였습니다. [2005년]

예, 모든 사람들이 관심을 갖게 되자, 사람들은 이런 상황을 주시하게 되었습니다. 더 많은 책임을 갖고 있는 여러분 정부의 사람들에게는 타성 같은 것이 있으며, 사람들 사이의 소통과 대화는 더욱 많아지고 있습니다. 사람들은 (과거의 일을) 너무나 일찍 망각해 버립니다. 그래서 하나의 문제를 해결하면, 똑같이 옛날로 돌아갑니다. 하지만 만일 문제가 계속되면, 더 이상 즐거움만을 찾는 삶으로 돌아갈 수 없게 될 것입니다.

◎ 당신은 변화가 증가하는 것에 대한 신호로서 나타나는 강풍 관찰에 관해 어떤 것을 언급하셨지요. 그리고 우리는 확실히 금년도에 많은

◎ 마이트레야님이 그리스도 의식의 화신(化身)으로서 이 지구 위를 걸어 다니고 있다는 말이 있습니다.

우리는 사람들이 설명을 원하고 있으므로 그렇다고 말하고자 합니다. 주 마이트레야 대사님은 사실상 지구 행성 위에 투사된 그리스도 의식의 표상이었으며, 지금도 그리스도 의식의 자각을 지니고 다니십니다. 그리고 지금은 육체의 모습을 취하고 계신 에너지적 존재입니다. 그분은 자기 스스로 하나의 몸을 창조했는데, 이는 신성화된 그리스도 에너지입니다. 그것은 창조적이고 사랑이 가득 찬 가장 순수한 형태의 에너지로부터 생겨납니다. 하지만 우리는 이런 방향으로 많은 주의를 기울일 필요가 있다고는 생각하지는 않습니다. 사이 바바(Sai Baba)에 관해서 말해봅시다.

사이 바바 역시 그리스도 의식의 투사입니다. 그는 세 번에 걸쳐서 (지구에) 왔으며, 그의 생이 어떻게 전개될 것인가에 관해서는 모든 것이 흑백(黑白) 속에서 미리 설계되었습니다. 그가 하는 일은 인도와 전 세계 사람들에게 무한자로서의 신(神)이 존재한다는 믿음을 구축하는 일입니다.

그는 사람들의 에너지를 건축하는 일을 하고 있습니다. 따라서 이것은 에너지를 방출하는 일이며, 이 일은 하는 것은 결코 한 사람만이 아니었습니다. 당신은 오직 가슴속에서 그리스도를 발견하게 될 것입니다. 신문이나 텔레비전에서 그것을 찾지 마세요. 그것은 주유소에 들러 기름을 넣는 것처럼 평범하고 일상적인 것일 수가 있습니다. 그렇지 않은가요?

의 배움의 수준 속에서 고통과 수난을 통해 지구상에 세워질 수 있는 높은 수준의 자비심에 도달했던 사람입니다. 그는 사심 없는 봉사를 했습니다.

그는 대부분의 시간 동안 변화된 현실 속에 있었으며, 따라서 그는 많은 경우 높은 진동의 환희 속에 있었기 때문에 현실과 생각의 패턴에 영향을 받지 않았습니다. 그것은 그가 전체를 경험하는 방식이었습니다. 그는 도전한 것이 아니고, 단지 그 일을 했을 뿐입니다. 그는 오라장(auric field)과 다른 사람들의 현실 속으로 들어갔던 것입니다.

천주의 성 요한(John of God)

마이트레야(미륵 부처님)

◎ 마이트레야 대사님에 관하여 알고 계신 것은 무엇입니까?

미륵부처님의 에너지는 자아 내의 안전과, 감정체(Emotional body) 내의 안전, 또한 과학적인 몸, 즉 멘탈체(Mental body) 내의 안전을 만들어내는 데 도움을 주는 에너지의 재출현입니다. 마이트레야 대사님은 그리스도화된 에너지입니다. 즉 형제애를 창조하기 위해, 그리고 사람들의 마음을 화합시키기 위해 나타나게 되는 인간세계에 구체화된 에너지입니다. 지금 지구 행성에는 사랑을 통해 인간 생활의 지복(至福)과 기쁨을 나타내고 창조하기 시작하는 에너지가 있습니다. 하지만 지복과 즐거움은 오로지 두려움이 없는 곳에서만 경험될 수 있습니다.

◎ 손과 발에서 피가 흐르는 "성흔(聖痕)"은 무엇인가요?

좋은 질문입니다. 이것은 고통과 고통 속에 있는 진정하고 깊은 믿음, 예수님에 대한 깊은 믿음, 그리고 사람들이 깨어날 필요가 있다는 믿음의 에너지에 대한 거대한 현시(顯示)이며, 그것으로 다시 고통을 알게 됩니다. 그래서 예수 그리스도가 겪었던 것과 같은 그런 현상이 있었던 것입니다. 하지만 우리는 많은 사람들이 이런 것을 지니고 다니는 것이 꼭 좋은 결과를 가져 오는 것이라고 믿고 있지는 않은데, 이제 이것은 사람들을 지치게 하기 때문입니다. 예수님은 고통을 받기 위해 온 것이 아닙니다. 그는 평화를 위해서 온 것입니다. 단지 사람들이 예수를 고통의 이미지로 만든 것이지요.

◎ 기적의 치료에 관하여 말한다면, 트랜스(trance) 상태에서 심령 수술을 하는 사람이 있습니다. 이것은 사실인가요?

예, 사실입니다. 현실을 구현하고 다른 사람들의 의식에 영향을 미칠 수 있는 수준에 이른 사람들이 있습니다. 우리는 당신이 천주의 성 요한(John of God)[8]에 관해 말하고 있다고 믿습니다. 천주의 요한은 빛의 사자(使者)였습니다. 그는 특별한 시기에 자신의 모든 삶을 하느님에게 바쳤으며, 그는 앞으로 다가오는 지구 위에서 볼 수 있는 기적의 행위에 참여하기로 선택했습니다. 그는 그 자신

---

[8] 천주의 성 요한(John of God)은 〈요한복음〉의 저자, 요한이나 〈요한계시록〉의 저자, 요한과는 다른 인물로서 포르투갈 출신의 시인이자 성자이다. 그의 생존연대는 1495~1550년이다. 그는 어린 나이에 집을 나가 떠돌다 나중에는 군인이 되어 유럽각지의 전투에 참가했다. 그러다 42세경에 특별한 은총을 통해 과거의 삶을 통렬히 반성하게 되었고, 그때부터는 스페인에서 사회적 약자인 소외되고 가난한 사람과 병자들을 헌신적으로 돌보는 데 자신의 남은 생을 모두 바쳤다. 그후 그의 추종자들이 범 세계적인 가톨릭 종교 단체인 〈성 요한 간병인 봉사자 형제들〉이라는 조직을 형성했으며, 이 단체는 가난한 병자들과 정신장애자들을 돕는 일을 한다. 그는 나중에 가톨릭 교회에 의해 성자로 선포되었고, 오늘날에도 스페인의 지도적인 종교 인물로 존경받고 있다. (감수자 주)

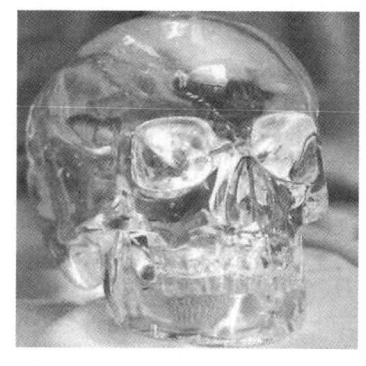
기 위해서 이곳에 있습니다. 그것은 또한 일부 예술적인 표현을 묘사하고 있기도 합니다. 그 해골들은 고대의 것입니다.[7] 수정해골들 가운데 어떤 것들은 옛날에 만들어지지 않았는데, 그 이유는 (인위적으로) 대량 제작되었기 때문입니다. 하지만, 최초의 것은 매우 오래되었습니다. 12개의 각각의 해골은 약간 다른 작용을 합니다. 왜냐하면, 12개의 다른 황도대(黃道帶)가 있기 때문이죠. 에너지 패턴이 (서로) 다릅니다. 그들 각각을 만들기 위해 사용된 물질도 서로 다릅니다.

◎ 관세음님의 현존 앞에서 수정 해골을 보는 것이 유익할까요?

그것이 오라(aura)를 너무 정적(靜的)으로 만들기 때문에, 어떤 사람들은 그 해골을 다룰 수가 없습니다. 그리고 다른 매우 안정적인 사람들은 그것을 갖고 있거나 그것 앞에 있으면, (더욱) 안정적으로 됩니다. 하지만 큰 이득을 얻게 되지요. 그것들은 자각의 발전기가 될 수 있습니다. 각각의 사람들은 그 해골을 만질 때에는 서로 다른 에너지를 가져 옵니다. 그들은 똑같은 메시지를 얻거나, 또한 똑같은 메시지를 갖고 오지 않습니다. 그래서 그 해골은 하나의 증폭기가 됩니다. 사람들이 그 해골을 손으로 잡으면, 그것은 항상 존재하지만 전혀 파악할 수 없는 기억의 패턴을 회복시킵니다. 그래서 해골은 단순히 (에너지를) 방사하거나 생성하지 않고, 사람들이 그 순간에 필요로 하는 것을 (오히려) 자기화(磁氣化) 시킵니다.

---

7) 2008년 제작된 스티븐 스필버그 감독의 영화 "인디아나 존스"에 등장하는 이 수정 해골은 멀리 마야 시대에 만들어 졌다고 하며, 여러 가지 신비한 현상이 나타나는 매우 특이한 유물이다. (역주)

람들이 볼 수 없도록 어떤 각도로 움직이면서 대기권 안으로 들어오는 많은 물체들이 있습니다. 우리는 그들을 우주선(UFO)이라고 부르는데, 왜냐하면 이것이 그들에게는 적절한 이름이기 때문입니다. 그들은 지구 행성의 가능성을 탐사하고 있었던 한 무리들보다 먼저 왔습니다.

그들 중 일부는 마야인들(Mayans)과 연관되어 있었습니다. 그들은 자기력(磁氣力)의 끌어당김 때문에 이곳에 와서 이 특별한 곳을 차지했던 것입니다. 그리고 일부 플레이아데스인들과, 시리우스인들이 있었습니다. 이 행성 지구 저편에는 또 다른 별들의 무리가 있었습니다. 즉 다른 세계였는데, 그곳에서 와서 이곳 지구 사람들과 만났습니다.

◎ 그곳은 지금도 에너지의 지역입니까?

예, 그곳은 에너지적으로 이스라엘 지역에서 일어나는 것과는 정반대입니다.

수정 해골

◎ 몇몇 사람들이 갖고 있는 많은 신비한 수정 해골들이 있는데요, 누가 만들었으며, 만든 목적이 무엇인지요?

그것들은 매우 현명한 존재들에 의하여 창조되었으며, 신(神)의 우주적인 도구로서의 인간 에너지의 표현입니다. 신은 인간을 통해서, 그리고 인간이 이 세상에서 자신을 사용하는 방식을 통해서 스스로를 나타내는데, 그런 표현 가운데 하나가 수정 해골 조각상입니다. 신은 창조자이며, 인간은 우주적인 존재로서 작용하면서 자신의 자유의지와 사고패턴을 사용하는 것이 어떤 것인가를 나타내 또한 의식을 상승시키는 데 도움이 됩니다.

나스카 평원의 그림

◎ 페루의 나스카(Nascar) 평원 위에 있는 선들은 누가 만들었으며, 어떻게 만들었나요?

이것들은 외계인들의 작품입니다. 이것들은 어디로 가는지, 또는 어디에서 착륙하는지를 알 수 있게 하는 표시들로 우주를 통해 움직이는 것과 관련이 있습니다. 그것은 높은 에너지를 특별한 지역으로 끌어당기는 것의 문제입니다. 이는 매우 간단합니다. 그들은 이것을 일종의 레이저(laser) 작용으로 만들었습니다. 하늘에는 사

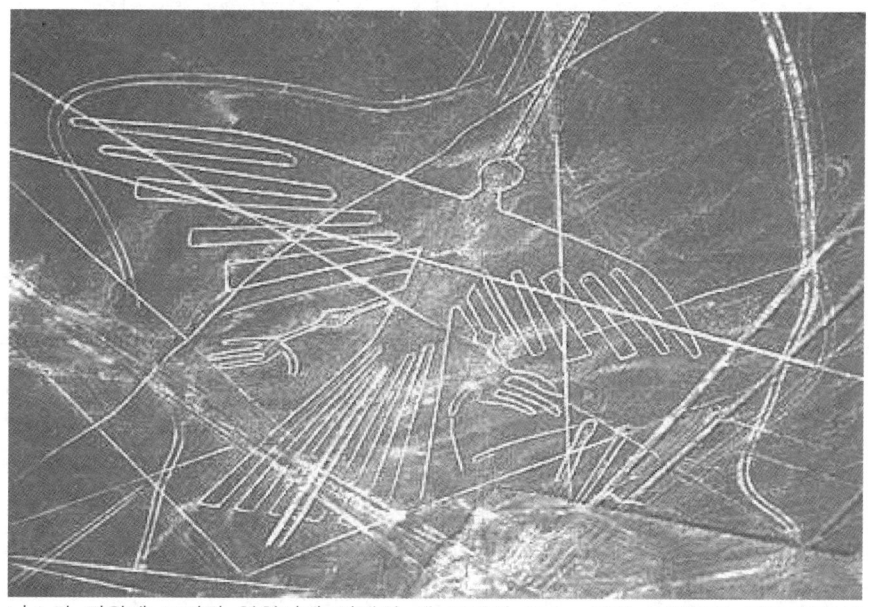

나스카 평원에 그려진 엄청나게 거대한 새 그림의 모습. 이런 그림들은 항공기를 타고 높은 공중에서 내려다보아야만 볼 수가 있다.

로 들어가서 그곳에 있는 모든 것과 연결하는 데 도움을 줍니다. 또한 지상 아래, 즉 피라미드 밑에는 하나의 진동 패턴이 존재하는데, 그것은 동지나 하지와 같은 날, 즉 그 해나 그 날의 서로 다른 시간에 다른 각도(태양과 피라미드, 혹은 은하계 중심이나 특정별과 피라미드가 만드는 각도)를 이룰 때, 다른 방들 내의 어떤 지점에 집중됩니다. 그래서 이것은 의식과 함께 작동합니다.

◎ 그럼 과거 그 때에 사람들은 이 사실을 알았다는 것입니까?

오, 그렇습니다. 하지만 그것은 지구인의 역사는 아닙니다. 그것은 더욱 진보된 다른 행성들의 역사와 관련돼 있습니다.

◎ 이런 에너지가 영적성장을 위해 이용될 수 있을까요?

예, 그렇습니다. 당신이 이런 방들 안에 있으면서 올바른 마음의 틀을 갖고 있다면, 당신은 자신의 의식을 우주의 과거의 지식, 그리고 우주의 깊은 지식과 연결시키는 전류 혹은 주파수 속에 있게 됩니다.

◎ 피라미드에 가서 경험하는 관광객들은 어떻습니까? 그들은 앞서 말한 그런 에너지의 영향을 받을까요?

물론입니다. 어떤 사람들은 피라미드를 경험하고 나면, 마치 영원히 변화된 듯한 느낌을 갖게 되며, 그들의 인생이 바뀐 것처럼 느낀다는 것입니다. 피라미드 주변에는 많은 작용과 영적인 에너지들이 있습니다. 그 에너지에는 많은 수준이 있으며, 반드시 대단하거나 굉장한 경험일 필요는 없습니다. 그것은 그 장소에서 이루어졌던 과거 생에 대한 공명현상으로 끌어당깁니다. 만일 한 사람이 올바른 마음의 틀을 가지고 더 높은 사고방식을 갖는다면, 그것은

◎ 그 기록물은 어떤 것이었습니까?

　거기에는 화성과 금성에 연결된 의식을 이용하여 계속 지속되었던 어떤 높은 진동의 메시지들이 존재합니다. 그 상당 부분은 어떤 수준에서는 간단하고 다른 수준에서는 매우 복잡한 방정식 및 주파수와 관련이 있습니다. 이것은 이른바 두 행성 간에 교류를 할 수 있도록 하기 위해, 즉 인간으로 하여금 한 행성과 가깝게 교신할 수 있게 해주는 - 이것은 중요한 정신적인 요소이다 - 시공간 연속체 내의 변화를 만들어내기 위한 것입니다. 모든 것은 마음속에서 창조되었기 때문에 그것은 이 우주를 바라보는 매우 높은 방법이지요. 그리고 그것은 마음이 어떻게 이런 정보와 활동에 열려 있느냐는 것과 관련이 있습니다. 인간의 언어에는 이를 이해하도록 도울 마땅한 단어들이 없기 때문에 우리가 이런 것을 말로 표현하는 것은 쉽지 않습니다. 그러나 이것은 마치 화성을 당신에게 끌어당겨서 당신의 가슴, 영혼, 그리고 마음으로 보는 것과 같습니다. 그렇게 되면, 당신은 그곳의 존재들과 동등하게 되며, 또한 그 존재들 역시 그렇습니다. 당신은 그 일을 한 사람과 함께 할 수도 있습니다. 당신은 진정 그 사람을 보고 싶다고 말함으로써 그 사람을 가슴과 마음 가까이에 끌어올 수가 있는 것입니다. 그러므로 그것은 당신이 전화를 하고서 그들을 만나보게 되는 것과 마찬가지입니다. 당신은 한 사람을 당신 가까이에 끌어당겨 대화하면서 서로 비슷한 것과 다른 것을 함께 공유하는 것입니다. 이는 일종의 존재 상태이며, 무한자가 중심이 되는 존재 상태입니다. 행성들은 창조물 안에 있는 신(神)의 다른 형태일 뿐입니다.

◎ 그렇다면 피라미드 안에는 지금도 사용할 수 있는 에너지의 형태가 있습니까?

　예, 있습니다. 피라미드 안에 있는 에너지는 사람이 무의식 속으

피라미드가 먼저입니다. 하지만 스핑크스도 오래된 것입니다.

◎ 스핑크스 안에서 영적인 비전 입문식들이 거행되었습니까?

그렇습니다.

◎ 터널 안이나 스핑크스 옆에 있는 방에는 이런 것들을 축조한 사람들에 관한 기록이 있다고 합니다. 이런 것들은 곧 발견될까요?

그들 중 몇 가지는 이미 발굴되었지만, 공유하고 있지는 않습니다. 이집트 정부는 그곳에 몇 가지 매우 높은 자료들이 있다는 사실을 오랫동안 알고 있었습니다. 그것은 마치 사해문서(死海文書)와 비슷합니다. 그것이 발견된 1~2년 후에 공식적으로 알려지게 되었으나, 다시 해독이 필요하게 되었습니다. 그것은 인간의 여러 생의 주기에 걸친 활동이자 창조이기 때문에 이 모든 것들 역시 다시 해독될 필요가 있습니다. 물론 어떤 인간들은 여기에 관련돼 있었습니다. 그중 일부는 곧 알려지게 될 것입니다만, 그 숫자는 매우 적습니다.

1부 질문과 답변들

다. 그것은 의식화(儀式化)와 시공 간의 교신에 대한 개념을 이해하기 위해서, 그리고 이런 생각을 방출하기 위해서 충분한 정보와 지혜, 비전(秘傳) 훈련 - 이것이 중요하다 - 을 받은 사람에 관계된 문제입니다. 그 힘의 지점 안에서 어떤 좋은 생각이 흐르든 간에 그 생각을 통해서 피라미드는 더욱 큰 힘을 창출합니다. 그것은 그 상념을 통해서 더 많은 에너지를 만드는 것입니다. 피라미드는 파워를 창조하기 원하는 사람들을 돕기 위한 것이었습니다. 그 힘이라는 것은 반드시 좋은 것도 아니고, 반드시 나쁜 것도 아닙니다. 왜냐하면 여러분이 3차원에 있을 때는 분리의식으로 사물을 보기 때문이지요.

◎ 대 피라미드가 이집트에서 건조된 최초의 피라미드였습니까? 만들어진지 얼마나 되었지요?

그것은 지구에서 세워진 최초의 피라미드였습니다. 사람들은 대략 15,000년까지 거슬러 올라가기를 바라지만, 사실 이것은 훨씬 더 옛날인 거의 30,000년 전까지 거슬러 올라갑니다.

◎ 그렇다면, 부정적인 방법으로도 사용될 수도 있겠습니다.

부정적으로 사용될 수는 있습니다만, 실제로 그렇게 사용되지는 않았습니다.

◎ 그 힘의 부분은 꼭대기에 있었나요?

그렇습니다.

◎ 스핑크스와 피라미드 중에 어느 것이 먼저 세워졌나요?

예, 그것은 자아의 노예적인 형태의 측면입니다. 이 특별한 시기에 정신적인 이해와 물리적인 것을 초월한 개념을 받아들이는 것 사이에는 간극(間隙)이 있습니다. 당시 한 사람이 채석장에서 돌을 바라보며 비물질화시키면, 이 돌이 원하는 지점에 물질화되어 나타날 정도의 정신적인 건축술이 존재했다고 우리는 당신에게 말할 수 있습니다.

◎ 이 피라미드를 건축한 이들에 관해 좀 더 자세히 말씀해 주세요.

이것은 아틀란티스 시대의 일이었습니다. 그 당시 지구 행성 위에는 에너지를 조작할 수 있는 존재들이 있었습니다. 우리는 말하자면 당신이 지구인이라고 부르지 않을 당시 지구 행성에 거주했던 이들에 관해 말하고 있는 것입니다.

그 때는 또한 무(Mu) 제국이 있었습니다. 그들은 인간의 육체를 갖고 있었지만, 또한 우주적인 존재들이었습니다. 하지만 당신도 우주적인 존재입니다. 아무도 지구인이 아니지요. 당신은 이 사실을 알아야만 합니다. 누구나 우주적인 존재인 것입니다.

◎ 대 피라미드에 관해 말씀해 주세요.

대 피라미드는 우주의 다른 지역에 연결돼 있는 힘의 지점이고, 그것은 스톤헨지와는 달리 지구상의 특정 목적을 위해 행성 주변에 있는 힘과 교류하기 위한 것입니다. 스톤헨지는 에너지를 이리저리 전송함으로써 태양과 연결됩니다.

피라미드는 제어되는 에너지를 갖고 있습니다. 그것은 서로 다른 중심들을 통해 피라미드 안의 힘의 지점에 누가 있든, 거기서 진행되는 그 사람의 사념들에 의해 지구 주변에 있는 에너지를 변화시킬 수가 있습니다. 그래서 좋은 생각을 갖는 것이 중요한 것이죠. 그리고 그런 에너지를 보낼 수 있는 것은 비단 한 사람만이 아닙니석장에서 온 것입니다.

◎ 물리적인 채석장에서요?

아니, 이점을 이해하려면, 다른 종류의 지성(知性)을 가져야 합니다. 그렇지요?

◎ 땅속에서 끌어내어, 땅 위에다 나타나게 했다는 것입니까?

그렇습니다.

◎ 돌은 어떻게 피라미드까지 옮겼나요?

(고대의) 진보된 인간들의 경우에는 물체를 공중 부양시키는 능력이 있었습니다. 태양을 이용하고, 때로는 달을 이용하여, 그 에너지를 빨아들여 눈으로 움직이는 능력으로 그것을 한 것입니다. 그리고 지렛대처럼 그것을 사용하여 에너지를 밖으로 방출한 것입니다.

◎ 단지 한 사람만이 그 일을 하였다는 말씀인가요?

그렇습니다. 한 사람이 했습니다. 돌을 밀고 올 필요가 없었기 때문이죠. 한 사람이 돌을 움직일 수 있었으며, 나머지 다른 사람들은 에너지의 흐름을 만들고, 움직이는 에너지를 끌어 내렸습니다.

◎ 오늘날 우리의 세계에서는 이런 지식은 망각된 것처럼 보이며, 사람들은 이런 일이 가능하리라고는 생각하지 않습니다.

의 지점을 만들기 위해 그곳에 있는 것입니다. 스톤헨지와 말타의 구조물은 에너지를 이리저리로 선회시키기 위한 것입니다. 피라미드는 지구 행성에, 그리고 다른 지역으로부터 힘을 가져오기 위한 것입니다. 그것은 우주의 에너지와의 관련보다는 물리적인 마음과 더욱 밀접한 어떤 것의 설계 및 소망과 더 관련이 있습니다. 이런 구조물들은 다른 항성계들과의 배열이 맞춰져 있으며, 또한 다른 성계(星界)들과 정렬돼 있는 다른 행성에는 다른 피라미드들이 존재합니다. 대부분 플레이아데스인들이 그것을 담당하고 있습니다.

◎ 그들이 어떻게 그것을 세웠습니까?

그들은 노예가 만든 것도 아니고, 물리적인 갑옷을 입은 위대한 사람들이 만든 것도 아닙니다. 물리적인 외적 형태를 보자면, 그것은 절단한 돌들을 쌓아 이루어져 있습니다. 그러나 그 돌들이 어디서 왔을까요? 그 돌들은 그곳에서 그리 멀지 않은 북쪽의 지하 채

◎ 이 이스터 섬에 도착하기 위해 어떤 탈것을 사용했나요?

그들은 빛과 구체(球體)로 변화되는 승용물을 사용하였습니다. [※이는 분명히 높은 형태의 구현체였다] 하지만 그들은 정말로 그것을 필요로 한 것은 아니었습니다.

◎ 쿠바의 서쪽에서 바다 밑에 있는 도시의 잔해가 발견되었습니다. 이 폐허들은 무엇인가요?

이것들은 아틀란티스의 잔해들입니다. 그것들은 점점 더 많이 드러나고 있으며, 에드가 케이시(Edgar Cayce)가 말했듯이, 이전에 존재한 초고대 문화와 대륙의 증거가 될 것입니다.

피라미드

◎ 피라미드의 용도는 무엇인가요?

피라미드는 에너지를 모으기 위한 것입니다. 피라미드는 지구상의 다른 힘의 지점과 연결하고, 특별한 사람들을 위한 지구상의 힘

남 태평양 이스터 섬 해변에 서 있는 수수께끼의 거대 석상들

그 석상들은 매우 아름다우며, 많은 좋은 고대의 에너지를 실어 나릅니다. 그것들은 또한 외계인의 에너지도 운반하는데, 이런 존재들은 육체로 태어나지 않고, 이스터 섬에 직접 와서 그들 자신의 모습을 나타냈기 때문입니다. 이 섬이 고립되어 있고, 다른 많은 사람들과 상호 접촉할 필요가 없었으므로 이 일(석상 건립)을 했던 것이죠. 거기에는 또한 항해를 위한 또 다른 초점과 빛의 표식(標識)이 있습니다.

◎ 그들 석상을 만든 사람들은 석상과 닮았습니까?

그들 중 어떤 존재들은 똑같은 에너지를 갖고 있었습니다. 네, 그들은 매우 거대한 사람들이었습니다. 14 또는 15 피트(약 4m)의 키를 갖고 있었습니다.

◎ 신비의 언덕은 어떻습니까?

 예, 그것도 에너지를 모으는 주발입니다. [※저자 주: 이것은 매사추세츠(Massachuetts) 주 국경 바로 넘어서 뉴 헴프셔(New Hampshire) 주에 있다. 이것은 미국의 스톤헨지라고 불린다. 2에이커의 대지 위에 돌의 세포와 선돌이 있다. 이것은 경외롭다. 아메리카 원주민들은 정착민들에게 말하기를, 이것은 그들의 선조들이 그곳에 도착했을 때 이미 있었다고 말했다 한다.]

◎ 그것은 누가 만들었나요?

 이 지역에 왔었던 켈트족의 후손들이었습니다.

◎ 사람들은 일 년의 다른 지점에서 그곳에 올라가 돌과 태양 사이의 에너지를 느낄 수 있었습니까?

 당연하지요. 그것은 돌 언덕을 만든 의도와 에너지를 받아들이는 것을 고정시키려는 의식(意識)이었습니다.

◎ 왜 이런 유적들은 이런 특별한 장소에 세워졌나요?

 그것은 지구의 중심과 관계있는 것은 아니고, 지구 행성의 힘의 정렬과 관계가 있습니다. 그것은 별, 그리고 지구와 관계가 있는 것이며, 태양계 밖의 별, 행성들과 관련이 있습니다. 이것은 행성 위의 염주(念珠)와 비슷하며, 그래서 사람들은 이것에 주의를 기울이는 것입니다.

◎ 이스터(Easter) 섬에 있는 거대한 돌로 된 두상(頭狀)들은 어떻습니까?

요?

예, 그것이 단 하나의 이유입니다.

◎ 나는 그들이 이 구조물 하나를 만드는 데 (그처럼) 모든 노력을 기울였다는 것이 이해가 안갑니다.

그것은 계속되는 태양과의 상호작용을 연결시키는 것 때문이었습니다. 태양은 어디서 그 빛을 받습니까? 이것은 에너지 전달의 문제인 것이죠. 지구에 왔던 모든 사람들은 자연에서 받은 것을 되돌려 주어야 합니다. 이와 마찬가지로 그 구조물이 완전하다고 확신했던 사람들은 이런 상호 작용을 이해했기에, (에너지를) 되돌려 주어야만 했습니다.

◎ 이것은 태양이 우리에게 주고 있는 에너지를 되돌려 주는 방법이란 말씀이군요.

예, 그렇습니다. 왜냐하면, 태양은 지구 행성 위에 있는 모든 창조물의 부모이기 때문입니다. 그것은 빛을 지구 행성으로 가져오는 신(神)의 전달자입니다. 따라서 이것은 상호 호혜적(互惠的)인 것이지요. 모든 것이 다 상호 작용을 하는 것입니다. 2차원 또는 3차원에서는 모든 것이 상호 호혜적입니다.

◎ 이탈리아의 시실리(Sicily) 섬 저쪽에 있는 말타(Malta)에도 비슷한 구조물이 있습니다.

같은 것입니다. 말타의 구조물은 돌과 돌 사이의 거리가 짧으며, 매우 조밀합니다. 그들은 에너지를 수집하는 주발(周鉢)입니다. (미국의) 뉴 햄프셔 주에도 하나 있습니다.

위대하게 만들었습니다. 그들은 물리적인 존재로서 인간 형태로 왔으며, 지식을 가져오기 위해 4차원에서 3차원으로 출현했습니다. 그렇게 해서 그들은 더욱 많은 이들을 데려왔으며, 이곳에 정착하게 되었습니다. 그리하여 그들은 켈트족 문화시대에 나타났다고 말할 수 있고, 그들은 유목민의 생활양식을 취했습니다. 즉, 그들은 옮겨 다녔으며, 내면의 영혼과 연결되기 위해 자아에 대한 영의 감각을 갖고 왔습니다. 그들은 지구 행성 위에다 에너지를 태양으로 보내는 돌들을 배치해두기를 원했는데, 그 돌들이 비록 사람들에게는 단단하게 보일지언정, 이런 돌들에게는 운동 작용이 있었기 때문입니다. 지구의 모든 주변에는 일 년의 특정한 시기에 태양 에너지를 받는 많은 장치가 있는데, 이 장치들은 그 태양 에너지가 강화되도록 나선모양으로 돌린 후에 다시 태양과 연결합니다. 그것은 또한 지구 중심부나 지구 초점이 아닌, 지구 내부로 에너지를 선회시킨 후에 다시 위로 올라가게 합니다.6) 이것은 지구 행성 위에서 일어나는 일에 관한 것이 아닙니다. 이것은 태양과 태양계 사이의 연결에 관한 것입니다.

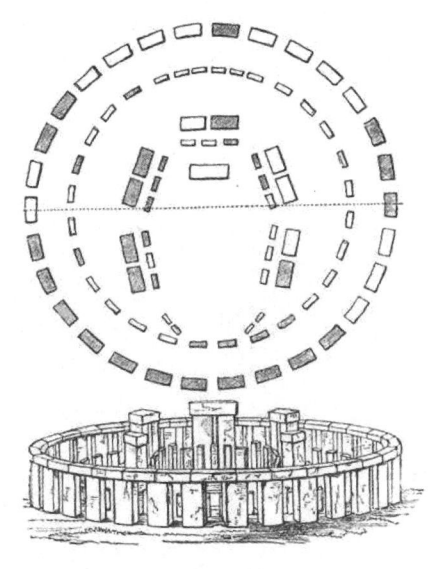

스톤헨지의 원형 구조도

◎ 그래서 이것이 그들이 스톤헨지를 만들기 위해서 (지구로) 왔던 이유 중 하나인가

---

6) 이 스톤헨지 뿐만 아니라, 선돌, 인공 흙 무더기 등등도 지구 격자망(또는 레이 라인)의 선을 따라서, 에너지를 원활하게 흐르게 하기 위하여 만들어 졌다는 설명은 저 앞에서 소개했던 데이비드 윌콕의 유투브, "황금시대의 과학"에 자세한 내용이 있음.
(역주)

274

이 특별한 물체는 사람들의 마음을 열기 위한 - 처음이자 마지막의 - 표현물이었습니다.

◎ 그럼 이 형상은 사람들이 이런 형상을 만들 수 있다는 것, 즉 그들이 마음을 열고 가능성을 생각할 수 있도록 보여주는 하나의 상징이었습니까?

바로 그렇습니다.

◎ 영국의 스톤헨지(Stonehenge)는 무슨 목적이 있나요?

스톤헨지는 그 곳에 영국 사람들이 정착하기 전에 세워졌습니다. 그리고 그 때는 비슷한 마음과 위대한 마음을 가진 많은 존재들이 있던 시기였습니다. 그들은 태양 뒤편에서 왔으며, 그것이 그들을

스톤 헨지 - 원형으로 배치된 거석들이다. 초고대 문명의 유적으로 추정된다.

잉글랜드 남부, 윌트셔 주의 실버리 힐에는 거대한 말 모양의 형상들이 여러 군데 만들어져 있다.

들에 관해서 말한다면, 그들은 기념될 만한 석상을 만드는 임무를 수행할 수 있는 능력을 기억하는 인간 에너지의 표현이었습니다. 그리고 이와 같은 일은 이집트, 화성, 그리고 다른 지역에서도 행해졌습니다.

◎ 그럼, 그 거대한 말을 만든 이유는 무엇인가요?

그 거대한 말의 형상이 이 시기에 만들어진 이유는 청동기 시대 뿐만 아니라 모든 시대가 연결되어 있다는 지식을 나타내기 위함이었습니다. 그들이 또한 이 말의 형상을 만든 이유는 모든 사람들이 마음을 여는 것이 어떤 것인지, 마음을 깨끗이 하는 것이 어떤 것인지, 그리고 그 최초의 시기에 생각할 수 있는 창조를 하는 것이 어떤 것이었는지를 일깨워 기억하게 하기 위한 것입니다. 그래서 어가서 그것을 발견하기 위해 내려가는 많은 장비를 갖고 있습니다. 그것은 발견될 것입니다만, 그 수정을 가져 오기 위해서는 해야 할 일이 너무 많습니다.

신비한 구조물들

◎ 영국의 실버리 힐(Silbury Hill)에 있는 거대한 말 형상은 누가 만든 것입니까?

당신은 다른 생의 주기들을 통해 대지를 조작하고 산을 만들고 움직일 뿐만 아니라, 주변에 에너지를 움직이기 위해 마음을 이용하는 방법을 배웠던 어떤 존재들이 있었다는 것을 이해해야 합니다. 이 사람들은 부자가 된다거나, 유명해진다거나, 기억되기를 원하는 것에 관한 한 전혀 개의치 않았습니다. 그들은 지구 행성 위에서 과업을 수행하는 막강한 힘을 갖고 있었으며, 그러기 위해 이곳에 왔고, 또한 그들은 깨어있었습니다. 그래서 이 특별한 상(像)은 청동기 시대에 만들어졌습니다. 아직도 지구 행성의 이곳에는 이 시기에 만들어진 마음의 힘에 의한 표현물들이 있습니다. (이 형상이 만들어진 과정을 본다면) 어떤 사람이 이 장소에 육화하여 거대하게 보이는 것을 깎아서 만들었던 것입니다. 그러나 이는 끌을 갖고서 쪼아서 만든 것이 아니라, 마음을 사용하여 만든 것입니다.

◎ 그렇다면, 이런 일을 한 존재는 외계인이나 육체가 없는 영혼이 아니란 말씀인가요?

예, 그렇습니다. 그러나 생의 사이클을 반복하는 동안 누구나 영혼과 외계인이 되지요. 그러나 당신이 현재 기술하고 있는 그 사람

◎ 그럼 바다 저 아래 쪽에는 역시 수정(水晶)이 있다는 것인데, 그것이 그 (배와 비행기 증발) 효과를 촉발한 주요 원인이었나요?

 그것은 사실 엄청난 힘을 밀집시키는 한 다발의 기둥이었습니다. 수정이란 전자기력이 발산될 때에 그것을 증폭할 수 있습니다. 그래서 그것은 전자기 활동이 부족할 때에도 적용될 수 있으며, 그리하여 텅 빈 공간을 만들어 냅니다. 그리고 그 공간은 차원과 차원의 중간 공간이 되는 것입니다.[5]

◎ 수정이 활성화되거나, 더욱 활성화 되는 때가 있습니까?

 그것은 일식(日蝕)이나 춘분, 또는 추분 때에 좀 더 많이 일어나는데, 그 시기는 모든 장력(張力)을 작용시켜 평형 형태가 되는 달 중력의 끌어당김 현상이 있기 때문입니다. 그리고 적절하게 유지돼 온 그 장력은 한 방향, 또는 다른 방향으로 자기력을 끌어당기며, 그러므로 수정 자체는 주의력이 이 방향 혹은 저 방향으로 끌어당겨지는 한 무리의 사람들 속에 있는 것과 같습니다. 그리하여 수정은 자체의 영향력을 확대하는데, 이는 (수정 에너지) 자체를 확대하는 것이지만, 반드시 인간들에게 더 많은 영향을 미치지는 않습니다.

◎ 이 수정들이 앞으로 발견되어 연구하게 될까요?

 발견될 것이라고 생각합니다. (과학자들은) 지구 표면을 뚫고 들

---

[5] 이 버뮤다 삼각지대에서 항공기와 선박들이 무수히 연기처럼 사라진 것에 관련해 여기 관세음의 설명을 뒷받침해 주는 동영상이 있는데, 'www.youtube.com-황금시대에 대한 과학'이 그것이다. 데이비드 윌콕(David Wilcock)씨는 여기서 과학자들이 바다 밑 바닥에 있는 아트란티스의 피라미드를 촬영한 사진을 제시하고 있다. 한 편 책, '플레이아데스의 사명'에서 우주인 셈야제는 우리의 은하계 한 가운데에 있는 블랙홀(black hole)의 작용이었다고 하는데, 셈야제보다는 관세음의 설명이 맞는 것 같다. 그렇게 멀리 있는 블랙홀이 지구의 바다에서 배나 비행기를 순간에 사라지게 할 정도의 힘을 작용하기에는 아무래도 무리라고 생각하기 때문이다. (역주)

니다.

◎ 버뮤다(Bermuda) 삼각지대 속으로 항공기가 진입했을 때, 왜 계기판이 미친 듯이 움직이나요?

그 보텍스(vortex) 내에서는 전자기적인 작용의 혼란이 있으며, 그것은 당신의 지구에서 (앞으로) 일어날 상황과 매우 닮아 있습니다. 그들은 비현실적인 한 보텍스 안에서 물질세계에 대한 인력을 상실하고 길을 잃어버렸습니다. 그리고 그것은 현재 인체의 뇌 속에도 일어나고 있습니다. 또한 그 항공기에 탑승했던 사람들은 자기들을 3차원에서 유지시켜주었던 자기력을 갖고 있지 않았던 이유로 또한 혼란을 겪었습니다. 버뮤다 삼각지대는 또한 고대 아틀란티스인들의 사고와 관련이 있습니다. 그리고 사람들은 현재 아틀란티스와 그 대륙이 가라앉기 전에 무슨 일이 있었는가 하는 모든 것에 대해서 호기심을 갖고 있습니다.

◎ 사람들은 정말로 다른 차원으로 가서 사라졌습니까?

당신이 자신의 몸이 다른 차원으로 이동한다고 생각한다면, 그것은 아닙니다. 몸 자체는 분해되어 죽으며, 수축된 존재(영혼)가 옮겨갈 것입니다. 그들의 모든 것들이 옮겨가는 것은 아닙니다. 몸은 죽을 필요가 있게 되며, 에너지가 흩어지게 되고, 휴식의 시간이 됩니다.

◎ 그렇다면, 사람들과 비행기, 그리고 모든 것이 분해된다는 말씀입니까?

예, 그렇습니다.

시간 여행

◎ 몸을 함께 가져가는 물리적인 시간 여행이 가능합니까?

예, 가능합니다. 그것을 하는 데는 아무 문제가 없습니다. 이 일은 매우 흥미로운 존재들인, 바바지(BabaJi)나 사이바바(Sai Baba)에 의해 행해질 수 있다는 것을 우리는 알고 있으며, 그들은 실제로 이일을 할 수 있습니다. 그들은 물리적인 육체를 갖고 있으나, 그 몸과 더불어 (시간) 여행을 할 수 있는 것입니다.

◎ 제가 듣기로는 군부(軍部)에서 어떤 소형의 (시간여행) 장치를 가지고 함부로 장난을 쳐왔다는 말을 들은 바가 있습니다.

예, 그렇습니다.

◎ 그렇다면, 시간 여행을 하는 기계적인 수단이 있다는 말씀인가요?

예, 있습니다. 그런데, 그게 바람직한 일일까요? 이점에 대해서는 우리도 의문을 갖고 있습니다. 우리는 비판하지는 않고, 의문을 갖고 있을 따름입니다.

버뮤다 삼각지대

◎ 버뮤다 삼각 지대에서는 무슨 일이 있었습니까?

버뮤다 삼각지대는 자기적(磁氣的)으로 당기는 힘이 존재합니다. 그렇습니다, 그리고 대양의 깊은 곳으로 가라앉은 수정(Crystal)[※이는 아틀란티스의 힘의 원천이었음]이 있다는 것을 우리는 알고 있습

십자가상 좌우에 UFO가 그려져 있다.

왜냐하면 (그것들이 공개될 경우) 그들은 "아무 것"도 아닌 어린애로서의 인간들을 지배할 수 없을 것이기 때문이지요. 만일 사람들이 생각하도록 훈련받은 것보다 더 큰 세상이 있다는 것을 알게 되면, 그들(바티칸 지도자들)은 지배권을 잃을 것입니다. 그들은 그렇게 되는 것을 좋아하지 않습니다. 이것은 마치 그들이 귀중한 생명을 쥐고 있다고나 할까요?

◎ 그럼, 이 그림들이 궁극적으로 (세상에) 나오게 될까요?

예, 그렇습니다. 대략 20여년이 걸릴 것입니다. 이미 (일부는) 나와 있습니다. 그것은 단지 준비돼 있고 소문을 듣고 있는 사람들에게 메시지를 줄 수 있는가의 문제입니다. 그것은 전적으로 사람들이 도달해 있고 또한 듣기 원하는 것이 무엇이냐에 관한 의식수준에 달려 있습니다. 그것은 정말로 자유에 관한 것이지요. 사람들이 자유롭게 되기를 바랄까요? 아닙니다, 대부분은 그렇지 않습니다. 그들은 오히려 돌보아지는 것을 원합니다.

거기에다 주의를 기울이지 마세요. 마음의 문을 닫으세요.

◎ 그 사람들이 이런 일을 자기들이 어떻게 하고 있는지를 이해할까요?

아니요. 이해 못할 겁니다.

그림들 속의 UFO와 교황청

◎ UFO와 예수님을 그린 초기 그림들이 있습니다. 그렇다면 과거 예수님 시대에 (예수님이) 우주 형제들과 관계가 있었나요?

예, 예수님은 이 행성 밖의 다른 존재들을 매우 잘 알고 있었습니다.

◎ 그들이 예수님의 에너지에 이끌렸습니까?

예, 그렇습니다. 그리고 그 전체의 기간 동안에(예수님이 살아 있는 동안) 계속해서 그를 주시했습니다.

◎ 바티칸 안에는 이런 유형의 예술품과 기독교를 포함한 다른 논란이 있는 물건들이 있다고 사람들은 말합니다만 …

약간이 아니라, 많이 갖고 있습니다. 특히 바티칸 아래에 있는 (지하의) 한 방에 있습니다.

◎ 왜 그들은 우리로부터 그것을 잠가놓았나요?

드는 것입니다. 그리하여 오라(aura) 안에 있는 에너지는 침투가 가능하게 됩니다. 오라 속으로 침투가 가능하게 되면, 그것은 또한 멘탈체, 감정체 속으로 침투가 가능할 수 있게 됩니다. 그리하여 그는 그런 존재들을 자기 자신에게 끌어올 수가 있게 됩니다. 그리고 그 속에 뒤섞여 있는 두려움 때문에 어린애나 배우자는 저급한 진동을 가진 이 해로운 에너지체들을 끌어당기는 성향을 갖고 있습니다. 항상 두려움이 있는 곳에는 낮은 진동이 있는 것입니다. 어떤 종류의 술이나 향정신성(向精神性) 약품도 그것을 증가시킬 것입니다. 또 인간성을 변화시키는 어떤 종류의 화학 약품도 그 유혹을 증가시킬 것입니다. 그러므로 들어오고 있는 에너지에 노출되어서는 안 되며, 명상과 더 높은 삶을 위한 헌신을 통해 더욱 높은 고양(高揚) 상태를 지향해야 합니다. 두려움에 주의를 기울이지 말고, 문을 잠가야 합니다. 피해자들은 자신이 가장 높은 창조물이 아니라는 두려움을 갖고 있습니다. 따라서 그들은 자기를 이용하고, 파괴시키며, 다른 사람도 파괴시키려하고, 이 다른 먹잇감을 찾는 에너지의 희생물이 되고 있다는 느낌이 있는 것입니다. 이것은 그런 유형의 사람들이 가진 하나의 사고방식이고, 우리는 이것이 전부라고 말하지는 않습니다.

◎ 그렇다면, 이와 같은 방문을 가져오는 것은 주로 두려움이란 말씀입니까?

예, 그렇습니다. (두려움뿐만 아니라) 이번 생에서 그 진동에 이끌리는 성향도 포함됩니다. 이곳 지구상의 모든 사람들은 한계를 극복하기 위해 물리적인 신체로 있습니다. 그리고 만일 어떤 것이 당신에게 두려움을 주거나, 그것이 당신의 고등한 자아나 당신 자신을 위해 중요하다고 느끼지 않을 때는 그것과의 관계를 유지하는 것은 무의미합니다. 다른 어떤 관계도 마찬가지입니다. 만일 사랑이나 안전을 느낄 수가 없고, 더 높은 진동을 갖고 있지 않다면,

을 종족교배(種族交配)로 생각하기를 원하지만, 우리는 이것을 더 높은 의식의 수준으로 확장시키려고 합니다. 이것은 성적인 관련이 없다는 것이 아니라, 좀 더 높은 관점의 의식(意識)을 갖는 빛의 존재와 관련이 있습니다.

◎ 그래서 더 높은 외계인(E.T)들이 인간들과 접촉할 때는 그들이 (지구의) 사람들에게 의식을 전했다는 것입니까?

그렇습니다. 그리고 그것은 대부분 의식에 관한 것입니다.

◎ 그러나 그들이 3차원 속으로 들어올 경우, 그들은 육체적인 형태를 취할 수 있어서 (지구의) 사람들과 짝을 맺을 수 있었습니까?

그런 일 역시 있었습니다. 그 점이 바로 (인간이) 별을 보기를 원하고, 달과 연결되는 그 많은 활동이 있었던 이유인 것이지요. 이것은 인간이 왔던 곳으로 되돌아가는 것입니다. 우리는 사람들이 그들의 의식을 통해 외부 세계에서 그리는 것을 정확하게 자신들에게 끌어온다는 것을 알기를 희망합니다.

피납자들

◎ (그레이 같은) 낮은 타입의 외계인들로부터의 자기와 자기 가족에 대한 방문을 저지하는 방법을 알고자 원하는 사람이 있습니다.

좋습니다. 항상 문을 잠가야 하며, 불안케 하고 도움이 되지 않는 그런 에너지체들에게 자신이 이용되지 않도록 해야 합니다. 사람이 놀라게 되면, 별로 견고하지 않은 에너지 패턴을 만들게 됩니다. 그것은 마치 부서진 유리와 같습니다. 두려움이 에너지장을 흔

◎ 그들은 지구에 와서 육체적인 모양을 취했습니까, 아니면 육화했습니까?

플레이아데스인들은 육화할 수도 있고, 허락 하에 한 사람의 몸을 접수할 수도 있으며, 그들이 원하는 누구든지 상호 작용할 수가 있습니다. 플레이아데스인들의 주파수를 가진 지구에서 거주하고 있는 많은 사람들이 항성계들을 통해 여행했으며, 당신도 그렇게 하였습니다.

◎ 만일 한 인간의 영혼이 어떤 별의 에너지 속에서 많은 시간을 보냈고, 지구에 그다지 육화를 하지 않았다면, 그들이 이곳에 태어났을 때 적응하는 데 어려움이 있습니까?

예, 많이 있습니다. 종종 그들은 새 환경에 익숙하지 않습니다. 그들은 질병의 과정, 허약함, 그리고 정상적인 (지구) 사람들과 정서적으로 연결할 수 없는 면이 있습니다. 그들은 (감정이 결여되어) 냉정하며, 인간의 가슴과 영혼에 융화되어 소통할 수 없는 경향이 있습니다. 물리적인 육체로 되는 데에는 분명히 하강하는 과정이 있습니다. 육체 안에 있는 것은 어려운 일입니다. 그것은 매우 한계에 갇히는 것이지요.

◎ 인류가 신체적인 교배 과정에서 어떤 외계인 에너지체들과 육체적으로 관련돼 있습니까?

만일 당신이 역사를 거슬러 올라가서 고대 수메르의 교본과 성경의 관련 사항들을 읽어본다면, 오래전에 지구 행성으로 도래한 우주선들이 있었다는 사실을 알 수 있습니다. 많은 사람들이 이 사실

야만 하는 것이다. 여기서 질문하는 사람은 이 책의 공저자인 크레이그 호웰이다.
(감수자 주)

플레이아데스인들(Pleiadians)

◎ 우리는 낮은 형태의 E.T들에 관해 이야기했습니다. 그러나 플레이아데스처럼 우리가 진화하는 것을 돕기 위한 높은 형태의 외계 존재들도 있습니까?

플레이아데스는 다른 태양계들로 접근할 수 있는 여러분의 태양계 안에서 높은 영적 활동의 사례로 참고할만한 부분이 있습니다. 그러나 모든 것과 마찬가지로 역시 긍정적인 것과 부정적인 것이 혼합되어 있습니다. 하지만 우리가 플레이아데스에 관해 이야기할 때는 우리는 아직도 3차원에 관해 말하고 있는 것입니다. 그러나 당신은 그런 3차원적인 것을 넘어선 이해를 얻기를 바라고 있습니다. 당신은 진정으로 3차원에 있지 않은 형태의 의식을 찾고 있는데, 그것은 그들이 반드시 육체를 갖고 있지는 않다는 것을 의미합니다.

◎ 그들은 지구의 역사에 관해 매우 집착하는 것처럼 보입니다.

예, 그들이 지구를 인도하는 별들입니다만, 그들은 또한 다른 태양계에도 연결되어 있습니다. 그것은 일종의 에너지 연결 작업입니다. 이제 최근에 플레이아데스는 당신의 채널러(마저리)와 접촉하려 하였습니다. 그 이유는 지금 지구를 안정하도록 유지시켜주는 안정봉(stabilization rod)이 사막에 있다는 것과, 2004년에 두 번째였던 세인트 헬레나(St. Helena) 화산 폭발이 지구 중심부 내에서 안정시키려는 방출 활동의 일부였음을 말해주기 위한 것이었습니다. 또한 더 많은 방출이 있게 될 것입니다. 그녀는 그런 진동율을 넘나들고 있었기 때문에, 이 에너지와 접촉했습니다.[4]

---

[4] 여기서 채널링하는 마저리를 "그녀"라고 3인칭으로 호칭하는 것은 마저리가 트랜스 채널러이기 때문이다. 다시 말해 채널링할 때 트랜스 채널러는 일종의 최면 비슷한 의식상태에 빠지게 되므로 스스로 질문을 할 수 없고 다른 사람이 질문을 대신해 주어

그들이 꼭 인간의 현실을 이해하기 위해서나, 더 낫게 하거나, 더 악화시키는 등의 변화시키려는 것이 아니라, … 단지 경험하기 위해, 현실을 경험하기 위해서 들르는 것입니다. 하지만 그들 역시 그들의 의식을 변화시켜야 한다는 사실을 잊지 마세요. 그들이 인간 몸의 형태를 하고서는 "이 거리 아래로 내려가서 (나의) 권리를 찾겠다."라고 말하지는 않습니다. 그들은 단지 방문할 뿐입니다. 그래서 그들은 많은 혼란을 겪기도 합니다. 그것은 마치 술을 너무 많이 마신 것처럼 그들이 (자기들의 몸을) 통제하기 원하는 대로 콘트롤이 되지 않는 것과 비슷한 거죠.

◎ 외계인들이 사람들의 몸속으로 들어온다는 말씀인가요?

대개는 한 영혼이 자리를 좁혀 다른 영혼이 그 육체로 삶의 계획을 경험하도록 허락해주는 것처럼 이루어집니다. 하지만 우주적인 법칙 때문에 그들은 동의(同意)를 끝내야 합니다.

◎ 인간의 영혼이 그 육체와 함께 머문다는 것입니까?

아니요, 그것은 떠납니다.

◎ 저는 이런 일이 일어날 때 자기들에게 무슨 일이 일어났는지를 그런 사람들(몸을 점거 당한 지구인들)은 이해를 하지 못할 거라고 생각됩니다.

많은 경우 문제는 물리적인 육체가 들어온 존재의 진동을 견디지 못한다는 것입니다. [※저자 주: 이것은 마음의 문제가 아니라, 실제적으로 영적이고 육체적인 문제인 정신병에 대한 잘못된 진단을 설명해 주고 있다.]

◎ 외계인 에너지와 관련해서 사람들이 이야기하는 〈아쉬타 사령부(Ashtar Command)〉는 무엇인가요?

아쉬타 사령부는 사실 복합적인 집단입니다. 그들은 지구에서 일어나는 일에 관여하고 관리하기를 바라는 의향으로 지구와 간헐적(間歇的)인 관계를 갖습니다. 그것은 우주를 바라보는 방식에 있어서 전체적이고 군사적인 형태와 공명하는 존재들에 의해 참여될 수 있는 한 가지 활동입니다. 그들에게 그것은 마치 우주의 질서가 잡혀져야 한다는 것과 같은 것입니다.

몸속의 외계인들

◎ 당신은 외계인이 육체적이지 않다고 말씀하셨지요?

아니요, 우리는 그렇다고 말하지 않았습니다. 우리는 그들이 어떤 진동 속에 있을 것인가 하는 것을 선택한다고 말했습니다. 그들은 인간처럼 육체적인 존재가 될 수 있습니다. 그들은 반드시 강하고 성숙한 의식이라기보다는 더 높은 의식을 갖고 있기 때문에, 다른 선택을 하는 것입니다. 그 차이점을 이해하겠습니까? 우리가 말하는 것은 지혜입니다. (지능은 높지만) 지혜가 없는 의식이 있을 수 있습니다.

◎ 그래서 어떤 외계인은 주변을 걸어 다닌다고 하던데 …

네, 육체처럼 보이는 몸으로 걸어 다닙니다.

◎ 이곳에서 그들은 무슨 일을 하는 겁니까?

잘 충전된 지역에서는 지구 저편의 외계로부터 어떤 활동을 끌어당기게 됩니다. 그때 지구를 봉쇄하는 곳이 매우 잘 충전된 지역입니다. 전기장은 어떤 물체를 끌어당기거나, 혹은 밀거나 하지요? 이것이 지구 주변에서 에너지 매트릭스 위에서 일어나고 있습니다. 그래서 UFO는 밀려나가게 되고, 그들은 일어나고 있는 그것에 매우 흥미를 느끼게 됩니다. 당신은 어린아이에게 그런 모습이 어떻게 보이는가를 알고 있습니다. 그리하여 그들은 진동율 속으로 들어와서, 그곳에서 무슨 일이 일어나는가를 테스트하고 또 테스트합니다.

◎ 그래서 그들은 우리보다는 테스트에 더 관심이 있다는 말씀인가요?

그렇습니다. 그리고 이미 지구에는 이른바 완전히 인간형이 아닌 존재들도 있습니다. 이 분야는 원소와 자연령과 관계되기 때문에 매우 어려운 분야입니다.

◎ 이런 외계인 에너지체들 중에 어떤 존재들은 상승한 마스터들도 있습니까?

예, 그렇습니다. 모든 마스터들이 다 인간은 아닙니다. 또 지구에 육화된 많은 사람들이 반드시 원래 지구 출신은 아닙니다. 그래서 그들은 이곳을 방문하고, 교훈을 배우고, 그들 자신의 고향 지역으로 되돌아갑니다. 그들은 우주적인 레벨에서 다른 행성 또는 다른 태양계의 상승한 마스터일 수는 있으나, 그들의 일이 그들 자신의 행성의 문제, 혹은 보편성과 관련돼 있기 때문에 지구 행성에 소속되어 있지는 않습니다. 이것은 텍사스 주(州)에서 온 상원의원이 메릴랜드 주에 있는 경우와 같습니다. 즉. 그는 단지 텍사스 주의 상원 의원이지, 메릴랜드 주의 상원의원은 될 수 없는 것입니다. 그가 왜 메릴랜드 의원이 되려고 하겠습니까?

들을 결집(結集)하는 자아의 일부분이기도 합니다. 대부분의 여러분은 인간이란 지구에 속한 존재를 뜻함을 이해할 것입니다.

◎ 왜 이런 존재들은 그렇게도 이 행성에 관심을 가질까요?

그들은 말하자면 항상 차원 간 또는 행성 간에 존재하는 우주 종족의 일부입니다. "그렇게 관심을 갖다"라는 표현은 적절하지 않습니다. 당신이 생각할 수 있는 모든 차원에는 욕망이 있습니다.

◎ 우리 인류가 어느 시점에나 이런 사람들을 공개적으로 만나게 될까요?

그들은 사람들이 아닙니다. 그들은 자신들이 열려있고 사랑의 존재들인가 아닌가를 보여주는 다양한 여건과 형상을 갖고 있는 진동의 연속체들입니다. 단지 외계의 차원에서 왔다고 해서 그들이 반드시 더 멋지고 우수한 것을 의미하지는 않습니다. 자비와 개방, 진리, 그리고 지혜를 발견할 수 없는 진동율을 갖고 있는 존재들도 있는데, 당신은 그런 이들과 함께하고 싶지는 않겠지요. 두려움이 있는 곳에는 지배의 두려움도 있는 것인데, 그 상호 작용은 매우 일방적입니다. 말하자면, 한쪽은 위쪽에 있고, 다른 한쪽은 아래쪽에 있는 것이죠. 그래서 현 시점과 환경에서는 두 존재들이 서로 뒤섞일 필요는 없습니다. 그리고 그들은 본질적으로 마음과 진동율로 이루어진 존재들입니다.

◎ 왜 어떤 지역에는 UFO의 활동이 활발하나요?

지구 격자망(格子網)은 매우 독특한 교차점을 가진 지구 주변에 있는 마치 거미줄과 같은 것이며, 이 격자망 안에는 통로가 있습니다. 그곳에는 진동이 잘 충전되었거나, 혹은 전혀 없거나 합니다.

터 그것은 비물질입니다. 물론 인간이 말하는 금속 또는 조밀한 물질을 가지고 진동하는 비행체를 만드는 다른 존재들도 있습니다. 그들은 (시야차단을 위해) 현재 사용하는 방호막을 갖고 있으며, 따라서 당신들은 그들을 볼 수 없습니다. (지구로) 오는 또 다른 그룹도 있습니다. 많은 나라의 정부가 또한 이것들을 모방합니다. 물리적인 수준에서 제조된 우주선들이 있고, 대부분의 경우 통상적인 화학으로도 이해할 수 없는 분자물질의 보호막을 가지고 비행을 위해 내보내지는 우주선들이 있습니다. 그래서 발광(發光)을 하고, 형상을 변화시킬 수가 있는 것입니다. 또한 그것은 물질화 또는 비물질화가 가능합니다.

◎ 육체적인 인간형 생명체를 갖고 있는 우리가 알고 있는 (지구와) 가장 가까이 있는 행성은 무엇입니까?

(가까운 곳에) 당신이 알고 있는 방식으로서의 육체적인 생명이 있는 행성은 없습니다. 그러나 당신이 알고 느끼다시피, 그곳(비행우주선의 내부)에는 인간 형태의 생명체가 있습니다. 그 가슴은 확장되고 유대감이 있습니다. 그리고 이것은 당신의 사랑 속에서 세포

10. 과학적으로 알 수 없는 지구의 미스터리들

외계인과 UFO

◎ 외계인과 UFO에 관하여 말씀해주세요.

하늘에는 비행하며 돌아다니는 많은 것들이 있으며, 또한 그들은 다른 차원들 속에도 있습니다. 이런 모든 다른 존재들은 이 지구 행성 주위를 영원히 날아다니고 있었습니다. 거기에는 태양 뒤편으로부터 왔던 빛의 존재들도 있습니다. 그러나 그들은 지구 행성 위에서 자신들이 붙잡히거나 상해를 입는 상황에 놓이도록 하지는 않았습니다. 그들은 그들 자신의 에너지 장(場) 속에 있는 [※어떤 이들은 이를 머카바(Merkaba)라고도 부름] 더 높은 진동의 빛의 존재들입니다. 그들은 여러분 행성의 의식과 행성의 3차원의 측면 속으로 들어가거나, 재진입, 또는 빠져나올 수가 있습니다. 스타트랙(Star Track)과는 닮지 않은 항성계로부터 온 존재들도 있으며, 그들은 금속과는 다른 진동의 물질로 만들어진 우주선을 갖고 있습니다.

그들이 자기들의 우주선을 비물질화시키는 것이 아니고, 처음부

그대여, 당신들의 기술은 발전했습니다. 그러나 사람들의 주의력은 분산되어 있습니다. 어떤 지역에서 현재 진행 되고 있는 일로부터 (대중들의) 주의를 다른 곳으로 돌리게 만들기 위해 세계적으로 투자를 하는 사람들의 (비밀) 정부 - 꼭 미국만의 정부가 아니고 - 지부들이 있습니다. 태풍은 자체의 혼란을 창조하고 있었습니다. 또한 당신들은 거기에다 인공적인 것을 추가했습니다. 왜냐하면, 그들은 태풍을 증폭시키는 특별한 기법을 알고 있기 때문입니다. 그리하여 이것은 유전학적 이식(移植)이나 혹은 에너지의 이동처럼 또한 자연법칙에 어긋납니다. 당신의 지구 행성 위에는 즉흥적인 의사 결정에 의해 창조된 많은 어려운 일이 진행되고 있습니다. 사람들은 그것을 저지할 수 있다는 것을 배울 필요가 있습니다. 그들은 자기들의 이해를 증대시키고 영적으로 전진해 갈 수 있는 방법을 갖고 있습니다.

사건들이 있으며, (이들 사건들은) 어떤 수준에서는 이미 예언되었던 것입니다. 그리하여 두려움은 더욱 커지고 있습니다. 이것은 사랑에 대한 커다란 요청입니다. 이것은 소수만이 아니라 모든 사람들에게 도움이 될 거대한 사건 결과에 사랑으로 동참하라는 부름입니다.

◎ 여기에도 역시 지구의 에너지가 관련되어 있습니까?

(태풍 카트리나가 불었던 멕시코) 만(灣) 속에는 에너지의 상승, 즉 강한 에너지의 보텍스(vortex)가 있었습니다. 그것이 그런 부정성을 휘몰아칠 것이며, 말하자면 그 에너지가 구체화될 것입니다.

◎ 그곳(카트리나가 몰아친 곳)에 살고 있었던 사람들은 어떻습니까?

의식의 한쪽 각도에서 그것은 똑같은 두려움을 갖고 있는 모든 사람들을 함께 끌어당깁니다. 궁극적으로 그들의 물리적인 환경 속에서 분투하고 있으며, 앞으로 나아갈 수가 없는 사람들은 이와 같은 행성적인 파괴(태풍의 파괴력)에 대해서 굴복합니다. 자기들에게 필요한 것을 배우면서 예정되어 있던 사건 속에서 지구를 떠난 이들과 그들 자신의 성장을 이룩했던 많은 사람들이 있습니다. 하지만 지금도 분노가 존재합니다. 지구 행성의 그 피해 지역에 붙어 있는 많은 에너지들이 있습니다. 그것은 오랫동안 그곳에 있었던 것입니다. 그리고 당신이 말하다시피, 사람들이 그 지역에서 그런 에너지를 만들었고, 그들은 계속해서 이렇게 말하기를 고집합니다. "난 이것을 원해. 난 이것을 원해." 처음에 그것이 어떻게 창조되었는지 알지도 못하면서 말합니다. 이제는 모든 사람들이 그 처음으로 되돌아가는 것이 필요합니다.

◎ 당신이 언급했던 기술은 무엇에 관한 것입니까?

구합니다. 그리고 어떤 사람은 그것을 좀 더 깊이 이해하기 위해 다른 사람을 만나서 그것에 대해 이야기를 하기도 하지요.

카트리나 태풍

◎ 2005년도에 있었던 카트리나 태풍에 대해 말씀해 주세요.

이 태풍이 플로리다 주에서는 1급 태풍이었습니다만, 하룻밤 사이에 5급의 킬러(killer) 태풍으로 변화되었습니다. 태풍은 매우 놀라운 것입니다. 물론 그것은 곧 부정적인 에너지와 분노를 불러일으키는 인간들의 의식(意識)에 의한 것입니다. 하지만 태풍은 부정적인 것이 아닙니다. 그것은 우선 자연이 (인간들이) 시작했던 것을 되돌려 주는 것입니다. 의식과 두려움이 전체의 에너지를 조장합니다만, 또한 당신들이 학교 과학 시간에 배웠듯이, 열대성 저기압이 대기와 결합하여 태풍이 되는 순전히 물리적이고 과학적인 현상도 물론 있습니다. 태풍은 오랜 기간 동안 계속 되어 왔습니다. 그래서 여러분은 두려워해서는 안 되며, 당신들 내면에서 다음과 같은 말에 집중해야 합니다.

"나는 의식을 갖고 있고, 이 의식을 사방에 방사한다. 난 이 의식을 대자연의 법칙에다 방사한다."

사람들은 자연의 법칙에 충실하려고 하지 않습니다. 자연의 법칙이란 마치 당신의 부모가 당신이 지나치게 이의를 제기하지 않고 어떤 특정 규율을 지키기를 바라지만, 실제로는 그대가 배우고 있는 것을 진실로 이해하고 있는 것과 같습니다. 사람들은 지금의 물리적인 태풍의 전체 경험에 너무 빠져 있습니다. 이제 우리는 물리적인 것은 걱정하지 말라고 말합니다. 그렇습니다. 여러분은 육체를 돌보아야 합니다. 감정을 배제하고 자진해서 행동하는 것이 가장 좋습니다. 이것은 매우 중요합니다. 지금 일어나고 있는 일련의

에 따라 붙잡혀 휩쓸리고, 단순한 사건(한 두 사람이 죽는 사건)보다는 약간 더 빨리 영계로 데려와집니다.

◎ 당신은 우리가 마스터들의 개입을 위해서, 그리고 이것을 견뎌 왔고 또한 참고 있는 사람들을 위해서 기도할 것을 제안하시는 것인가요?

그것은 항상 우주가 하는 일에 대한 멋진 기여입니다. 당신이 그와 같이 기도를 통해 힘을 보탠다면, 그런 방향으로 일이 진행되는 것을 돕기 위해 약간 밀어주는 것과 같습니다. 그러나 기도는 무엇보다도 당신 및 당신 자신과 비슷한 수준에 있는 당신 주변 사람들에게 좋은 것이죠.

◎ 동남아 쓰나미는 거대한 사건이었습니다. 사람들은 이것에 대해 알고서 의기소침해지거나 하는 신체적인 증세를 가졌습니까?

그렇습니다. 이는 지금도 계속되고 있습니다. 궁극적으로 일어나고 있는 것은 세계의 패러다임(paradigm)이 변하고 있다는 것입니다. 즉 붕괴의식과 생명이 허약하다는 것, 그리고 자연이 (우리에게) 경고를 하고 있다는 자연에 대한 균형감각 같은 것이 생겨났습니다. 사람들은 자기들이 허약하며, 또 만일 어머니 자연이 결정한다면, 그들의 생명이 매우 빨리 끝날 것이라는 것을 알고 있습니다. 인간의 생명이 허약하고 덧없다는 생각 자체가 인간의 정신 속으로 확장되고, 이는 자신들의 안전에 대해 많은 두려움으로 자리잡게 됩니다. 그리하여 각자의 안전에 대한 두려움은 메아리치게 되고, 개개인의 인생에서의 서로 다른 행동 양식을 창조하게 되는 것입니다. 어떤 사람은 몸을 사리고 결코 밖으로 나가지 않습니다. 또한 어떤 이는 밖으로 달려 나가 알고 있는 모든 사람들을 돕습니다. 또 다른 사람은 좀 더 많은 세부 사항을 알기 위해 그것을 연용하는 것뿐만 아니라, 지구 사람들의 의식(意識)에 의해서도 작용합니다. 의식이 크게 분열되면, 지구는 이를 반영하는 것이지요. 그래서 이런 방식으로 그 압력을 방출하고, 저런 방식으로 정렬을 하는 것입니다. 그러므로 지구 행성의 에너지를 내부에서 조화롭게 하기 위해서는 가끔 이탈현상이 있게 되는 것입니다. 이것이 지진보다는 낫지 않나요? 그래서 압력의 지점에는 이탈이 있습니다. 지구는 그 압력에 준비돼 있었으며, 의식이 (땅의) 틈을 갈라지게 합니다.

◎ 어떻게 영적인 세계가 (재난으로 인한) 그런 영혼들의 대량적인 유입을 즉시 조정할 수 있습니까? 이것은 마치 사물에 압력을 넣는 것 같은데요.

영적인 세계는 영원히 팔이 열려있습니다. 그곳은 닫혀있는 사회가 아닙니다. 오고 가고 하는 데에는 제한이 없습니다. 그것은 질서의 유사성에 관한 것입니다. 만일 당신이 주전자 속에 있는 물을 생각한다면, 그 주전자에 물이 가득 찰 때 당신은 그 물을 밖으로 쏟을 것입니다. 그러면 주전자 속의 모든 물은 가는 물줄기를 따라서 내려가며, 그 가는 물줄기는 물이 더 큰 공간이나 그릇으로 가도록 해줍니다. 이와 비슷하게 많은 영혼들이 지구 행성을 떠날 때는 마치 에너지가 하나로 되는 것과 같습니다. 물질적인(3차원적인) 사고방식으로 표현한다면, 사실상 그것은 출입문을 통과해서 영혼의 더욱 거대한 차원으로 들어가는 것이지요. 그러므로 넘친다는 것 같은 것은 없으며, 이는 마치 에너지가 그 에너지의 소유자로부터 다른 소유자로, 그리고 한 장소에서 다른 장소로 옮기는 것과 유사합니다. 하지만 물리적인 영역에서는 그것은 대량으로 이동되는 것처럼 보이는 것입니다. 아스트랄계(영계)에 붙잡혀 있는 영혼들은 그 인원수, 또는 그들이 참여하기로 선택한 사건 때문에 소용돌이 속에 있는 땅콩들과 비슷합니다. 그들은 소용돌이의 움직임

그런데 그 우주왕복선에 탔던 모든 사람들은 그 죽음의 시간(폭발 순간)에 마음속의 평화와 행복을 가진 진화된 높은 존재들이었기 때문에 대부분의 이들보다 더 쉽게 영혼의 세계로 넘어갔습니다. 이 점에 있어서 큰 차이가 있습니다. 과학자들이 하고 있는 일은 사랑이 결여된 채 우주 공간 저편에서 계획을 수행하려고 한다는 점입니다. 그것은 단지 무지한 과학에 불과합니다. 그들이 이런 기구들(우주선 셔틀)을 우주 공간에 내보내는 이유는 사랑이 아니고 지배(支配)입니다. 지구 행성은 사랑이 없이 진정한 과학을 가질 수 없다는 것을 이미 알고 있습니다. 우리는 사람들이 진리를 알게 되면, 모든 것이 하나라는 것을 말하고 있습니다.

사람들이 우주 공간 속으로 나아가면, 마치 그들을 감독하는 거대한 힘, 즉 우리들의 우주를 바라보고 있는 존재가 있는 것처럼 느낍니다. 그리고 다음의 메시지가 있습니다.

"고향(지구)으로 돌아가라."

그러니 고향에서 우선 여러분 자신이 훌륭한 사람이 되는 것이 좋습니다. 사람들은 인류를 바라보지 않고, 나머지 인류에 대한 책임을 지려하지 않습니다.

태평양 쓰나미(Tsunami)

◎ 2004년의 쓰나미에 앞서 있었던 지진은 헬레나 산[3])과 같이 압력을 분출하는 것 중 하나였습니까?

예, 이 쓰나미에는 많은 요인이 있었습니다. 하나의 사건만 일어난 것은 아니었습니다. 그것은 수년 동안 진행된 요인이었습니다. 지구의 압력 지점은 내부의 자오선과 우주의 궤도 정렬에 의해 작

---

3) 미국의 워싱턴 주에 있는 높이 2550m의 화산. 1980년 5월 18일 대폭발이 있었음.
(역주)

여전히 많은 혼란이 지속되고 있습니다. 이것은 영혼계로 옮겨가는 과정을 지체시킵니다. 하지만 그들 대부분은 높아진 의식 속으로 제2의 도약을 했습니다. 영혼들은 거쳐야할 필요가 있는 독특한 배움을 위해서 서로 모인다는 것을 당신은 알고 있습니다. 빌딩의 상위 층에 있었던 사람들은 그들의 삶을 질서 있게 살았으며, 카르마를 더 적게 갖고 있었고, 좀 더 평온하고 쉽게 자유로워질 수 있었습니다. 그들은 매우 올바르게 살고 있었으며, 그것은 많은 멋진 세속적인 관심을 불러왔던 특별한 상황에다 에너지를 부여했던 방법이었습니다.

그들 중 아무도 그들이 그 당시에 세상을 떠나는 카르마적 약정으로 인해 고통과 어려움을 느끼거나, 비탄에 잠겨있지는 않습니다. 빌딩의 중간과 낮은 층에 있던 사람들은 아직도 갚아야 할 카르마를 갖고 있는 사람들이었습니다. 그래서 그들은 이 세계를 통과하기 위해 오랜 시간이 걸리는 연속된 사건들을 겪었습니다. 그들은 그들의 성장에 중요했던 깊은 물리적 경험을 했던 것입니다. … 다른 사람들을 위해서가 아니고, 자기 자신들의 성장을 위해서 말입니다.

챌린저 우주왕복선 폭발사고

◎ 콜롬비아 우주 왕복선은 어떻게 된 것이지요? [2003년]

현재, 지구 대기권 밖의 어떤 것도 상승한 대사들의 지배권 아래 있습니다. 만일 우주에 있는 그 무엇도 절대자의 사랑으로 작용하지 않는다면, 그것들은 깊은 파멸 속에서 자신들을 발견하게 될 것입니다. 현 시점에서의 흐름은 붕괴로 향하고 있다는 것입니다. 하지만 파견되어 일을 하는 사람들(우주 비행사들)은 파괴적인 이들이 아닙니다.

그렇습니다. 두려움이 지속되는 한, 그것은 정확하게 당신이 두려워하는 것을 당신에게 끌어당깁니다. 그리고 그것이 반드시 이번 생(生)으로부터 연유한 것은 아닙니다. 즉 그것은 다른 생의 주기로부터 온 것입니다. 많은 중요한 파괴가 지구 행성 위에서 수 세기 동안 일어났습니다. 그리고 많은 사람들이 그런 중요한 파괴에 책임이 있습니다. 반드시 그들이 빌딩을 날려버렸다는 이유 때문이 아니라, 인간들의 부정성 때문에 그렇다는 것입니다.

만약 지구의 다른 한 쪽에 있는 사람들이 야비하고, 험악하고, 증오로 가득 차 있다면, 그 에너지는 지구 행성 속으로 쏟아져 들어올 것이며, 그것은 지구의 생명력을 파괴할 것입니다. 만약 사람들이 존엄과 가슴으로 다른 사람들의 생명과 깨어남을 존중하지 않는다면, 그들 자신은 자기들이 투사했던 것을 그대로 받는 사람이 될 것입니다. 당신은 이웃을 자신처럼 사랑해야 합니다. 만일 당신의 이웃이 작은 실수로 길가에 걸려 넘어지는 것을 바란다면, 당신도 똑같은 일을 당신 자신에게 원하는 것이 됩니다. 이렇게 말하는 것 이외에는 달리 방법이 없습니다. 당신은 자신의 삶에서 오직 당신이 받아들일 수 있다고 믿는 것만을 받게 됩니다. 만약 당신이 다른 사람들에게 부정성과 두려움, 증오, 상실, 분노를 투사하는 것을 받아들일 수 있다고 믿는다면, 그것이 바로 당신이 자신의 삶에서 받아들이게 될 것들입니다. 우리가 걷고 있는 바로 대지(大地)가 어머니-아버지 신에 의해 창조된 신성한 장소입니다. 따라서 당신이 딛고서 걷고 있는 그 모든 것과 당신이 손대는 모든 것, 그리고 당신이 마시는 모든 것은 존중받아야 할 필요가 있습니다. 우주의 모든 창조물들에게 당연히 지불되어야 할 존중이 있는 것입니다. 그리고 그 우주의 공동 창조자로서 당신 역시도 당연히 그 존중을 받아야 합니다.

◎ 이 재난 동안에 죽은 영혼들은 어떻습니까? 그들은 어떻게 지내나요?

다는 사실을 알고 있습니다.

◎ 그 테러 행위의 이유는 무엇입니까?

그것은 이 특별한 시기의 부정성이 그대로 나타난 것이고, 또한 탐욕을 가지고 세상을 지배하고자 하는 인간들의 욕구와 바람의 표현인 것이죠. 이 시기는 말하자면 모든 것이 뒤죽박죽되고 뒤집어지는 때라는 것이 수 세기에 걸쳐서 예측되었습니다. 사람들이 두려움 때문에 죽는 때가 있을 것입니다. 당신은 모든 장소에서 많은 사람들이 죽는 것을 보게 될 것입니다. 사람들이 죽어가는 것을 보게 될 것입니다. 당신은 그들이 두려움 속에 있고 물리적인 현실에 집착해 있으므로 무엇을 생각하고 무엇을 할 것인지를 모르는 자신의 일부를 보게 될 것입니다.

만일 당신이 인생을 바꾸고 싶고, 오랜 기간 동안 갖고 있었던 습관이 있다면, 무엇이 당신을 밀어붙일까요? 그것은 위기가 될 것입니다. 많은 사람들은 앞서서 벌어진 일에 대해서 불안해합니다. 그런데 그들이 자기들이 그 일이 발생하는 것을 도왔다는 사실을 몰랐을 때, 어떻게 그런 사건이 재발하지 않도록 도울 수 있겠습니까? 그것은 당신이 깨어있는 것이고, 자신이 그 사건이 창조되도록 도왔다는 사실은 아는 것입니다. 사건은 이미 벌어졌습니다. 이제 당신은 무엇을 할 것인가요?

◎ 당신은 그 세력이 그것을 외부의 소행으로 비난한다는 말씀인가요?

예, 왜냐하면 그들의 마음 속에는 사악함, 어둠, 그리고 그 일을 하는 '다른 것'이 존재하고 있으니까요.

◎ 이 나라 사람들이 너무 두려워하고 있기 때문에 그들이 실제적으로 이와 같은 상황을 만들었다는 것입니까?

예견되었습니다. 이 일은 모든 예언 속에 있습니다. 노스트라다무스나 호피(인디언 종족)의 더 큰 예언에도 나와 있습니다. 그들은 세계를 공격하는 사건을 보았으며, 또한 그 일은 재난으로 나타나는 새로운 깨어남의 시작이 될 것이라는 것을 보았습니다.

◎ 9.11 재난은 정말로 미국 외부의 테러리스트들의 행동이었습니까?

아니요, 그렇지 않습니다. 당신은 이 사건이 인간의 속성에 관한 것이라는 것을 알고 있습니다. 사람들을 지배하기를 원하는 무리들이 있습니다. 따라서 그것, 즉 지배를 원하는 도당(徒黨)에게 책임이 있습니다. 영(靈)으로 있는 우리는 저 사람이 어떤 잘못된 일을 했다고 말하면서 그 사람을 향해 손가락질하며 돌아다니지는 않습니다. 인생의 스크린 위에 투사되는 것은 항상 역동적인 패턴입니다. 그것은 한 사람의 의도에 관한 것이 아니고, 지구 행성 위에서의 어둠의 움직임에 관한 것입니다.

◎ 그렇다면 우리나라의 내부에 그것을 저지른 세력이 있다는 것인지요?

내부뿐만 아니라, 외부에도 있습니다. 그것은 단지 정부 안에만 있는 것이 아닙니다. 그것은 모든 곳에 있습니다. 그리고 그것은 단지 사람들뿐만이 아니고, 그런 것을 명백히 보여주는 에너지입니다. 여러분은 여러분 자신의 현실을 창조하기 때문에, 자기가 그 사건이 만들어지는 데 일조했것은 자신에 대해서 책임을 지는 것과 인간과 지구행성의 자연력에 위배되는 것에 대한 적절한 대응 같은 것이죠.

◎ 누가 이런 일을 하는 것인가요?

당신도 들었겠지만, 온전한 인간 감정의 자질을 갖지 않은 사람들이 있습니다. 따라서 그들은 인간 본성을 실험에 이용합니다. 현재 많은 실험이 진행되고 있습니다.

마저리가 그런 채널링을 하기에는 적절한 채널러가 아니기 때문에, 이런 일에 대해서 우리는 많은 언급을 하지 않았습니다. 그녀는 그런 채널링을 좋아하지 않더군요. 이것은 많은 장소에서 행해지고 있고, 과거에 지구 사회의 타락의 원인이 되었던 비인간적인 실험의 문제입니다. 그리고 이는 외계인들이 와서 한 일이 아닙니다. 이것은 지구의 인간들에 의해 자행된 일입니다. 그리고 이 문제를 증대시키고 있는 인간들이 이용 가능한 어떤 외계인의 에너지들이 다소 있습니다. 당신의 미국 정부는 이런 일이 일어나는 것을 허용했는데, 그 이유는 그 것에 연관되는 많은 돈이 있기 때문입니다. … 많은 돈이요.

◎ 그 화학 물질은 비싼 것입니까?

이런 방식으로 사용하면, 이 화학 물질은 저렴한 가격으로 매매될 수 있습니다.

9.11 테러 - 2001년 세계 무역센터 빌딩 참사

◎ 어떻게 이런 거대한 일이 예견되지 않았나요?

예, 책임이 있습니다. 영혼 안에서는 누구도 당신의 허락이 있기 전에는 당신을 배신하거나, 당신에게 장난을 칠 수가 없는 것이죠. 그래서 영적인 수준에서는 그가 책임이 있는 것입니다. 그들이 더 이상 육체로 있지 않을 때, 그들은 자신의 경험을 볼 수 있고, 카르마의 균형을 (맞추기) 시작합니다.

◎ 그것은 자기의 행동을 (객관적으로) 보기가 어렵겠군요. 특히 티모시의 경우는 그렇겠습니다.

예, 매우 슬픈 일입니다.

콘트레일(비행운)

◎ 사람들에게 구토를 유발하는 비행기로부터 나오는 하늘의 비행운(雲)은 무엇인가요?

그것은 지구 행성이 쉽게 처리할 수 없는 인공적이고 종합적인 화학(합성) 물질을 사용하는 것입니다. [※저자 주: 인구 밀집 지역 위에 콘트레일(contrail:비행운)과 켐트레일(chemtrail:화학구름으로 불리는 군용항공기의 비행운)을 뿌렸다는 많은 보고가 있다. 이것은 희미하고 끈적끈적한 물질로서 지구 위에 뿌려진 후 빨리 사라진다. 이 물질에 접촉하는 사람들은 알 수 없는 성질의 격렬한 호흡 곤란으로 병원을 찾는다.]

◎ 왜, 이런 일이 행해지고 있는 것이죠?

이런 일이 일어나는 많은 이유가 있습니다. 탐욕이 가장 큰 이유 중 하나이지요. 정치적으로 부적절한 행위 역시 욕심에서 기인합니다. 하지만 높은 진동에서는 사람들 내부(마음 속)에서 자기들 주변에 있는 모든 것들에 대한 자각이 일어나게 됩니다. 예를 들면 그 이것은 순전히 다음과 같은 말의 예입니다. 즉, "도전하지 말라. 무언가 잘못된 것이 있다고 생각하지 말라. 왜냐하면, 그렇게 생각하면 당신을 미치게 할 것이고, 당신 역시 미친 무엇인가를 하게 될 것이며, 다치게 될 것이다."

이것이 잠재의식에 주는 메시지입니다. 모두가 그렇습니다. 이곳, 이 특별한 에너지의 오용이 있는 곳에 뭉쳐진 모든 경험들에 관해 보다 거대한 관점에서 생각해 보세요.

폭파된 미 연방정부 청사와 미 <타임(Time) 지> 표지에 실린 티모시 맥베이의 모습.

◎ 그래서 그들은 대중들에게 두려움을 야기하거나, 혹은 사람들로 하여금 상황통제가 안 된다는 것을 믿게 해서 보호가 필요하다는 생각을 일으키게 한다는 것입니까?

예, 그 모든 것입니다.

◎ 티모시 멕베이는 그가 비록 마인드 콘트롤을 받는 상황에 처해 있었다 해도 그가 했던 일에 대해서 책임이 있습니까?

이 이해하지 못할 수도 있습니다.

티모시 멕베이

◎ 티모시 멕베이(Timothy Mcveigh)2)가 정말 연방 건물을 폭파했습니까?

그는 강요를 받았습니다. 그는 또한 오래 전, 어린애 시절부터 마인드 콘트롤(mind control)을 받아왔습니다. 그는 사실 지상에서 대량 파괴를 계획했던 세력에 의해 강요받았던 것입니다. 그들은 그가 주모자라고 생각하도록 조종했으며, 이런 식으로 말하자면 그는 희생양이 되었던 것입니다.

◎ 그런 일을 했던 사람들은 누구입니까? 누가 대량 파괴를 원한다는 것인가요? 그들은 정부 내부에 있습니까? 아니면 사적인 조직입니까?

둘 다입니다.

◎ 왜 어떤 단체가 그런 일을 하려하는지 이해가 안갑니다.

---

2) 그는 1995년 4월 19일 미국 오클라호마 주 오클라호마시티에 있는 연방정부청사(Alfred 에서 일어난 폭탄 테러의 범인이다. 티모시 맥베이는 민병대 운동의 동조자였으며, 해당 건물 앞에 폭발물을 가득 실은 트럭을 폭발시켰다. 또한 맥베이의 공모자인 테리 니콜스(Terry Nichols)는 폭탄의 준비를 도왔다.
　이 사건은 2001년 9·11 테러가 있기 전까지 미국 영토에 대한 가장 심각한 테러 사건이었다. 이 폭탄 테러로 6세 이하의 아동 19명을 포함한 168명이 목숨을 잃었으며, 680명 이상의 사람들이 부상을 입었다. 또한 이 폭탄 테러로 반경 16블록 내에 있는 324채의 건물이 파괴되거나 손상을 입었으며, 86대의 차량이 파괴되거나 화재를 입었고, 근처 258개 건물의 유리창이 파손되었다. 이 폭발 때문에 6억 5200만 달러의 경제적 손실이 발생한 것으로 추산된다. (위키 백과에서 인용)

사람에 관해 말하고 있다고 생각했다.] 그는 외부에서 도움을 줄 수 없는 사람들을 이용하고 세상에 양산하는 집단의 일부입니다.

그들은 당신들을 도울 수 없습니다. 또한 그들은 돕지도 않을 것이며, 당신들을 돕기를 바라지도 않습니다. 그들은 어둠의 에너지인 것입니다. [※저자 주: 이 시점에서 난 열린 입을 다물지 못했다. 말문이 막혔으며, 난 이 말을 기대하지 않았던 것이다.] 우리는 지구 행성위에 저급한 조직이 있다는 것을 말하는 것이며, 거기서는 빛의 영광과 지구의 아름다움이 크게 존중받지 못하는 곳입니다. 그러므로 조지 부시가 앞으로 나서는 것은 절대자의 시각이 아닌 지성을 가진 한 인간이 정치적 경기장에서 나타내는 표현일 뿐입니다. 이해가 가나요? 신의 시각이 아닙니다. 우리는 이점이 기도할 필요가 있다는 점을 될 수 있으면 젊잖게 표현하고 있습니다. 왜냐하면 그는 지구상에서 어떤 매우 중대한 사건들이 드러나는 단초이기 때문입니다.

◎ **대통령들은 집무실에서 하는 일에 대해서 카르마적으로 책임이 있습니까?**

그들은 모든 결정에 대해 책임이 있습니다. 모든 결정 말입니다. 하지만 여러분이 이 물리적인 행성(지구)을 떠날 때 심판은 없습니다. 속죄의 문제인 거죠.

◎ **대사들이 세계의 지도자들에게 와서 (그들의 일에) 개입합니까?**

과거에 그들은 세계의 많은 지도자들에게 (그들의) 꿈, 또는 영감을 통해 왔으며, 그들은 또한 그 지도자들의 교사처럼 (그들에게) 영감을 주었던 존재들로 나타나기도 했습니다. 이런 일은 현재도 일어나고 있습니다. 이것은 어느 정도 영향을 미칩니다. 하지만, 카르마의 업장이 너무 두터울 경우, 그들에게 보여주는 것을 그들

정치와 조지 부시

◎ 작년의 (2000년) 선거1)에서 양쪽이 모두 왜 광신적 극단주의로 흘렀습니까?"

그것은 모든 수준에서 사랑의 결핍과 관련이 있습니다. 정치조직은 그 나라의 에너지를 비춰주는 거울입니다. 그래서 나머지 전 세계에 대해 이 나라를 대표하는 것입니다. 우리는 무엇을 가지고 있냐고요? 우리는 대부분의 경우 사랑과 친절이 아닌 증오의 문명을 갖고 있으며, 그것은 성공할 수 없는 것입니다.

◎ 이것은 우리의 내부에 존재하는 것의 반영입니까?

예, 그렇습니다.

◎ 선거는 확정돼 있었습니까?

우선, 우리는 숨겨진 진실이 진행되고 있다는 것을 말해야 하겠군요. 우리는 그것을 알고 있습니다. 이런 점에 있어서는 정치 경기장에서는 어느 곳이나 숨겨진 진실이 있습니다. 그렇지요? 그것으로 충분합니다.

◎ 조지 부시 주니어(Geroge Bush Jr.)는 진정 어떤 사람입니까?(2001년)

조지 부시가 누구냐구요? 그는 사념체(thoughtform) 투사의 일부입니다.[※저자 주: 나는 관세음께서 한 집단의 의식의 대표자로서 어떤

---

1) 이 선거는 2000년 공화당의 부시와 민주당의 엘 고어의 선거 전을 두고 말하고 있는 듯하다. 그 당시 미세한 오차 속에서 플로리다 주의 선거는 매우 치열했다. 엘 고어가 이기고도 개표에서 졌다는 등 여러 가지 소문이 난무한 투표였음. (역주)

우리가 지금 말하고 있는 '영적'이란 말은 조건 없는 진리와 사랑입니다. 사람들은 이런 방식으로 - 또는 그들은 저런 방식으로 배울 필요가 있다고 생각할 수도 있다 - 배울 필요가 있으며, 따라서 많은 자유가 주어집니다. 그러나 이런 자유가 사실상 미래의 어떤 시기에 영혼의 구속이 되어버릴 것입니다. 여기서 우리는 '영혼'이란 말을 의도적으로 사용합니다. 인간들은 그들의 사랑에 대한 능력의 한계 때문에 (지구) 행성 위에 계속해서 태어날 수 없는 측면이 있습니다.

◎ 복제 인간도 영혼을 갖고 있나요?

아니요, 복제 인간은 대부분 영혼을 갖고 있지 않습니다. 복제를 시작하는 데 사용되는 자아의 일부분이 있기 때문에 영혼이 떨어져 나가며, 이것이 핵의 분열(分裂)입니다. 그래서 절대자와 전체로부터 자아의 감각을 분리시키는 어떤 것도 그것이 영혼의 목적에 부합하지 않는다면, 진동적(振動的)으로 완전하지 않고, 그렇게 되어야 할 만큼 에너지가 주어지지도 않습니다. 즉 영혼의 목적이란 카르마의 홀들(halls of karma)을 통과하는 것이고, 다른 많은 생의 주기로부터의 인과응보 속에 있는 자아의 부분들과 연결되는 것입니다. 그러므로 복제 인간은 양심이 없고, 후회도 없습니다. 이는 무서운 일입니다. 이는 로봇과 매우 비슷하며, 또한 쉽게 프로그램화 할 수 있습니다.

◎ 이미 누군가 복제 인간을 만들었나요?

그렇습니다. 지구 행성의 과정에서 여러 번 있었습니다. 그러나 최근 20년 사이에 대단한 실험들이 있었습니다만, 복제 인간들을 특히 잘 만들지는 못했습니다.

다. 또한 그런 수준의 영성을 갖게 되면, 평화가 있게 될 것입니다.

엄중(嚴重)한 처벌

◎ 무거운 처벌은 어떻습니까?

만일 어떤 사람이 다른 사람을 죽인다면, 그는 어떻게 해서든지 그 대가를 지불해야 합니다. 왜냐하면 그는 다른 사람의 생명을 빼앗아갔으니까요.

◎ 전쟁에서 전쟁을 일으킨 당사자와 결정자 중 누구에게 책임이 있나요?

둘 다 책임이 있습니다. 모든 사람이 신이 그 존재에게 준 생명을 빼앗는 (전쟁, 또는 살인의) 의사 결정에 책임이 있습니다.

복제

◎ (유전자) 복제는 영(靈)의 눈으로 볼 때 잘못된 것입니까?

예, 말하자면 이는 규칙에 반하는 것이기는 합니다만, 신이 허락한 것입니다. 만일 복제가 사랑의 이름과 마음으로 행해지고, 이것이 지구 행성에 더욱 많은 사랑을 창출한다면, 이는 독특한 한 면이 될 것입니다. 그러나 이 복제가 사랑과 영혼, 사랑과 인간의 본성, 그리고 인간 생명의 창조 과정을 무시하고 행해진다면, 사실상 그것은 인간의 영적인 면과 맞지 않습니다.

매우 좋은 질문입니다. 그가 싸우는 것을 선택했기 때문에 물론 책임이 있습니다. 그리고 대부분 전쟁에서의 살인은 카르마를 균형 잡게 하는 것입니다. 전쟁은 사실 죽이는 방법을 알고 있고 오랜 기간 동안 잠재되어 있던 자아(自我) 일부분을 활성화시킵니다. 그리고 살인이 (가야할) 길이 아니라는 것을 배울 필요가 있습니다. 거기에는 양심의 가책을 경험할 필요와 카르마적 응보가 나타나는 방향을 변화시킬 필요가 있을 수 있습니다. 전쟁과 살인은 거대한 학습이며, 일상생활보다 훨씬 더 많은 배움에 해당됩니다. 전쟁에 복무하고 그것을 겪었던 사람들은 말하자면 그것 때문에 영원히 상처를 받게 됩니다. 전쟁은 한편으로는 사실상 환영의 베일과 변화에 대한 많은 저항을 헤쳐 나가게 합니다. 다른 한편으로는 (전쟁에 참가한) 사람들이 사실상 너무나 큰 공포와 죄책감 속에 있기 때문에, 일정기간 세상에 갇히게 됩니다. 즉 그들은 마치 당면한 현실에서 격리된 것처럼 보입니다. 그래서 영적인 수준에서는 이런 경험을 갖는 것이 도움이 되는데, 왜냐하면, (전쟁을 겪어 본 이후의) 그때는 의지를 올바르게 사용하게 되니까요. 우리가 전쟁에 관해 말할 때는 항상 의지를 올바르게 사용하는가에 관계된 것입니다.

◎ 자기가 죽인 사람들이 다른 사람들을 박해했다면, 책임이 덜하나요?

행동의 원동력과 운동력은 다르게 나타납니다. 당신도 알다시피 그것은 하나의 이야기인 것이죠. 전쟁 활동의 진실은 사실상 사람들의 목숨을 빼앗는 살인 행위를 하는 것이라는 점입니다. 지금 우리는 누구를 비난하는 것은 아닙니다. 또한 인간은 그들 자신도 비난해서는 안 되는 것이지요. 물론 만약 사람들이 필요한 모든 영성(靈性)을 갖고 있다면, 전쟁은 실제로 (사람을) 죽이는 것이 아님을 깨달을 것입니다. 진실은 아무도 영원히 죽는 것은 아니라는 겁니

있습니다. 그래서 분열은 영혼의 밖에서 생겨납니다. 인간은 영혼과 접촉하지 않기 위해서 분열을 만들어냅니다. 하지만 인간의 영혼은 그들을 올바른 방향으로 인도하기 위해 항상 노력한다고 우리는 말할 수 있습니다. 그래서 잘못은 에고의 행동방식과 그 에고 패턴이 얼마나 강하냐하는 것 안에 있습니다. 영혼은 계속해서 사람들을 배울 수 있는 장소에 배치하며, 그 에고 습성이 얼마나 강한가가 그들이 (잘못을 통해) 얼마나 빨리 배울 수 있는가를 결정할 것입니다. 그리고 에고와 의지는 인간과 인생이란 무엇인가에 관해 크게 왜곡된 의식을 갖고 있는 타인의 에고와 의지에 종종 영향을 받습니다.

◎ 그 살인자들은 4차원에 취약하거나 그곳에 의해 어느 정도 영향을 받을 수 있는지요?

예, 그들은 그들의 습관과 행동방식이 그런 저급한 진동에 노출되어 있기 때문에, 그런 영향에 취약합니다.

◎ 만일 어떤 사람이 누군가를 죽이려는 의도를 갖고 있다면, 그가 자기 보호 차원에서 그를 죽이는 것은 어떻습니까?

생명은 귀중한 것입니다. 각각의 사람들은 완전한 생명을 구현하기 위해서 여기에 있는 것이며, 만일 당신이 죽는다면 그럴 수가 없는 것입니다. 하느님은 처벌하지 않습니다. 그런 행위는 자기 자신을 보호하기 위한 순수한 제1차크라입니다. 만일 어떤 사람이 정당한 자기 방어도중 다른 사람을 죽인다면, 그는 아무런 책임이 없습니다.

◎ 만일 어떤 사람이 전쟁 중에 있다면, 그가 죽인 다른 군인들에 대해서 책임이 있습니까?

사람들은 그들의 행위에 대해 아직 책임이 있습니다. 그러나 그 행위가 봉사일 때는 전혀 다른 형태의 행위가 됩니다. 그 (봉사) 활동을 행한 사람뿐만 아니라, 봉사를 받는 사람도 함께 고려되어야 합니다. 따라서 거기에는 영적인 차원에서 "대단히 감사합니다."라고 말하는 무엇이 있으며, 그래서 용서가 있는 것입니다. 용서란 모든 행위가 변형되는 곳입니다.

◎ 살인에 관한 견해를 말씀해주세요.

살인과 일반 사람의 목숨을 빼앗는 행위는 막중한 책임을 져야 할 행위입니다. 살인은 결코 사랑의 행위가 아닙니다. 살인은 카르마의 상호 작용이 있기 때문에 주고받는 작업이 될 수 있습니다만, 이는 결코 사랑의 행위가 아닌 것이죠.

살인 행위는 그것을 저지른 사람과 당하는 사람에 관한 모든 것이 영상의 주파수로 기록됩니다. 그러므로 이 행위에는 책임감이 따르는 것입니다. 그리고 보통, 그것은 카르마가 개재(介在)되어 있습니다. 어떤 사람이 한 생의 주기에서 업(業)을 청산하고, 다른 생애에서 그 카르마를 다시 만든다면, 그것은 영속되는 것입니다. 신이 "이 사람이 교훈을 배울 수 있도록 살인이 일어나게 하자."면서 개입하지는 않습니다. 한 사람이 이런 비도덕적, 또는 사랑이 결여된 행위를 할 것인가 말 것인가 하는 것을 결정하는 것은 그 사람 마음 속의 결정인 것이지요.

◎ 살인을 하는 영혼은 말하자면 타고날 때부터 사악합니까, 아니면 좋지 않은 사람입니까?

한 인간의 에고(ego)의 개성에 연결된 영혼은 사랑과 절대자에게 속해 있습니다. 영혼은 사랑과 신이 본질이라는 이것이 가장 중요한 이해입니다. 그러나 인간의 힘에 대한 연결의 패턴에는 분열이

소에 의한 외부적인 많은 죄가 있습니다.

 그것은 순전히 종속의 문제입니다. 인간의 지성은 정말로 (욕망에) 종속돼 온 것입니다. 인간은 한 때 임신을 피하는 방법을 알고 있었습니다. 인간들은 부모가 되지 않을 능력을 망각하게 된 것입니다. 그들은 에너지를 올바르게 사용하는 능력을 망각했으며, 그들은 책임보다는 욕망에 종속되었습니다.

◎ 물건을 훔치거나, 혹은 어떤 사람의 사후(死後)에 고인(故人)을 이용하는 행위는 어떻습니까?

 그런 사람들은 다른 모든 사람들과 똑같은 과정을 밟습니다. 즉, 그들은 (사후에 영계로) 가서 그들의 일생을 살펴보고, 자기가 무슨 일을 행했는지를 보게 됩니다. 그들은 육체적인 형태가 없기 때문에 사랑을 더 많이 느끼게 되고, 자신의 생에서 사랑이 결여되었던 행위를 관찰하게 됩니다. 그리하여 그들은 이런 것을 보게 되고, 자기들이 그런 행위를 저질렀던 타인들 속에 그 행위가 무엇을 만들어 내었는가를 자신의 몸 속에서 느낍니다. 그런 다음 그들은 사원(寺院)으로 들어가거나, 지혜의 홀(hall)로 들어갑니다. 그것은 그들이 자신에 대한 더 큰 지식과 우주적인 사랑, 그리고 올바른 행위를 창조한 자신의 그런 측면들과 조화를 이루도록 도움을 줄 것입니다. 올바른 행위는 지상에 살아 있을 때 실천해야 하는 것입니다. 그래서 우리는 제5차크라, 즉 인간을 통해 흐르는 절대자의 의지, 그리고 인간의 육체를 갖고 있는 모든 사람들에 관해 말하고 있습니다.

◎ 그들의 행위가 어떤 사람에 대한 카르마적인 행위의 한 도구(道具)라면 어떨까요?

◎ 어떤 사람은 많은 돈을 갖고 있고, 다른 사람은 그렇지 않은 것도 같은 경우인가요?

그렇습니다. 이 모든 것은 육화하기 전에 계획되어 있는 것입니다. 이것은 이미 알려진 정보입니다.

◎ 그럼 설사 어떤 사람이 모든 면에서 이런 것들을 접할 기회가 있더라도, 만약 그것이 영적인 교훈에 도움이 되지 못한다면, 그런 일은 일어나지 않는다는 것이군요?

(그렇습니다.) 약정에 들어있지 않다면요.

낙태(落胎)

◎ 낙태는 영에게 어떻게 보이는지요?

영은 편파적이지 않습니다. 즉, 영은 어느 편을 들지 않습니다. 영은 하나의 육체 속으로 들어가는 한 어린애의 영혼이 그 시기에 그런 방식으로 들어오는 것에 이미 동의했다는 것을 이해합니다. 그리고 그들이 환생할 때 감당하기로 한 것은 무엇이든 받아들일 것입니다.

◎ 그렇다면 어린아이는 거절될 가능성도 알고 있습니까?

예, 단순한 가능성이라기보다는 그것은 (얼마든지) 있을 법한 것이지요.

◎ 어린아이 주변에는 개인적으로는 어머니에 의한, 또는 종교적인 요

기질을 가지고 태어납니다. 부모와 어린아이는 어떤 배움을 위해서 함께 이 세상에 오는 것입니다. 만일 부모들이 사랑으로 이런 종류의 관계를 해결할 수 없다면, 어린애들은 계속되는 다른 환생의 주기 속에서 다른 사람에게 저질렀던 학대를 경험하게 될 것입니다. 따라서 부모들은 스스로 카르마적인 측면을 만들게 되고, 어린애들에게 성장의 경험을 주는 것입니다. 어린아이들은 항상 육화할 때 될 수 있으면 많이 배우기를 원합니다. 하나의 육체를 갖는다는 것이 어렵다고 우리가 말하는 것을 당신은 알고 있습니다. 육화하고 싶은 많은 영혼들이 있습니다. 따라서 많은 육화가 일어나기 시작하고 있습니다만, 지상 생활의 가능성에 대해서 정확하게 판단하고자하는 영혼들은 아직 충분히 많지 않습니다. 따라서 (지상에) 육화하는 아이들은 교훈을 빨리 배우고, 많은 양의 지혜를 행성 의식(Planetary Consciousness)에게 되돌려 주기를 원합니다.

승자와 실패자

◎ 예를 들어 복권, 슬롯 머신 같은 것에서 무엇이 어떤 사람은 승자가 되고, 어떤 사람은 그렇지 못하게 만드는 것인가요?

그것은 모두 카르마적인 측면에 의한 것입니다. 왜냐하면 거기에 사람이 교훈을 배우는 데 도움이 될 무엇인가 있기 때문이지요.

◎ 어떤 사람의 믿음에 의한 가능성은 전혀 없다는 말씀인가요?

모든 것은 신성하고 올바른 질서 안에 있습니다. 만일 어떤 사람의 신념체계가 일종의 질서 안에 있고, 또한 그들의 카르마가 그런 방식으로 교훈을 배울 필요가 있다는 사실을 보여줄 때, 예, 그런 일은 일어날 것입니다.

그들은 우선 그들 자신의 문제를 들여다보고 잘 처리할 필요가 있습니다. 만약 그렇게 잘 했다면, 그런 아이들을 낳지도 않았을 것입니다. 어린애들은 그들의 문제가 표출되어 나타난 것입니다. 이 문제는 일단 그들 자아의 내부에 있는 문제를 돌보면 사라집니다. 그렇게 되면 그 문제를 키우는 것은 아무것도 없게 됩니다. 사랑의 구체화가 있어야 합니다. 만일 그렇지 않다면, 이 시점에서 그들이 알게 되고, 깨어나게 되기 위해서 파멸적인 상황을 가져올 것이기 때문입니다. 비록 진동이 높아지고 있지만, 많은 사람들이 아직도 좋지 않은 품성을 그대로 유지하고 있습니다. 또한 모든 사람들이 바람직하지 못한 인성, 즉 욕망, 분노, 복수 같은 것을 갖고 있는 것입니다.

◎ 이런 아이들에게 손을 뻗칠 방법이 있습니까?

기도입니다. 그것은 정치적인 방식으로 해결될 문제가 아닙니다. 그 방법은 선하고 정직한 기도이며, 이것이 우선순위라는 사실을 알고서 선한 의도와 내면의 평화를 갖는 것입니다.

◎ 어떤 아이들은 도움을 받지 못하게 될 수도 있고 형사제도에 따라 끝날 수도 있나요?

예, 왜냐하면 이것이 그들의 업보(業報)이니까요.

◎ 많은 어린애들이 자신들의 과오가 아니지만, 소홀과 학대로 고통받고 있는 것처럼 보입니다.

자신을 보호 할 수 없는 아이들은 한때 다른 생에서 스스로를 보호할 수 있었던 성인(成人)들이었다는 것을 잊지 마세요. 이는 항상 카르마적인 상호 작용인 것이지요. 어린아이는 어떤 부모에게 어떤

속적으로 증명하는 것은 우주가 하는 일입니다. 그들은 약간의 행복을 가질 수 있고, 또한 이를 즐길 수도 있습니다. 그러나 사람들은 물리적인 현실 속에서 완전히 만족하기를 원하지만, 이런 일은 일어나지 않을 것입니다.

아이들의 폭력

◎ 아이들이 계속해서 거칠어지고 폭력적으로 됩니다만, 그 원인이 무엇인지요?

예, 좋습니다. 아주 좋은 질문입니다. 우리는 이런 질문을 좋아합니다. 이는 이 특별한 시기에 지구 행성에 끌어당겨져 태어난 존재들의 문제입니다. 그들은 스스로 알지 못하며, 깨닫지 못하고, 또한 안내도 받지 못합니다. 하지만 그럼에도 이곳에 끌어당겨진 낙후된 영혼들이 많습니다. 이것 자체가 행성 지구에 점점 지속적인 파열음의 원인이 되고 있습니다.

그것은 끌어당겨진 것이고, 카르마적으로 "네가 뿌린 대로 거두리라"에 쓰여 있는 것입니다. 만일 사람들이 그들의 인생에서 증오, 분노, 복수를 갖는다면, 이것들이 나타날 것입니다. 그런 일들이 그들의 어린아이로 나타날 수도 있습니다. 그래서 심지어 성경에는 아이들이 부모들을 죽이는 때가 올 것이라고 쓰여 있지요. 그런 일은 이미 일어나고 있습니다. 그래서 사람들 각자에게 명상을 하고, 내부의 신성함을 느끼고, 또한 정말로 그들의 능력 안에서 전체적이고 건강한 삶을 영위하는 것을 제안하십시오.

◎ 이런 아이들을 가진 부모들은 어떻게 자녀들에게 대처할 수 있을까요?

해 비판하거나 불평하지 않고 모든 경험에 대해 감사하는 마음의 순간에 있는 한 존재가 있을 때, 우리는 은총이라고 말합니다. 그러므로 만약 당신이 은총 속에서 살고자 선택하려 한다면, 비판은 타당하지 않습니다.

◎ 그것이 관계, 직업, 어린아이, 또는 무엇이든 사람들이 지속적으로 지니고 있어야할 이성(理性)을 필요로 하는 것 같군요. 당신은 자신들이 마치 모든 것을 잃었다거나 살기 위해 아무 것도 갖지 못한 것처럼 느끼는 사람들에게 무슨 말씀을 해주실 수 있나요?

사람들은 가장 중요한 자신의 일부분으로서 외부의 세계에 매달려 있습니다. 그들은 자기 자신에게로 숨을 돌리는 것이 필요합니다. 그들은 자신을 잘 알지 못합니다. 그들은 마음속에 가장 좋은 친구를 갖고 있지 않습니다. 그들은 자신의 가슴, 자기 가슴의 욕구와 성공적으로 접촉하지 않았습니다. 보통 가슴의 욕구는 내부에서 약간의 이기적인 경향을 갖고 있는 것처럼 보입니다.

그들은 자기들의 아이들이 그들의 모든 것이라고 생각합니다만, 이것은 어린아이에 관한 것이 아닙니다. 그것은 새로운 경험, 삶과 성장의 전개, 그리고 때때로 필요한 인생에 대한 재평가에 대해 넓게 열려 있는 자아의 부분에 관계된 것입니다. 봄이 되면 눈이 계속해서 있을 수 없으며, 봄은 눈을 녹게 하는 것이죠.

◎ 그렇다면 사람들이 자신에 대해서 더 많은 시간을 쓸 필요가 있다는 말씀이군요.

때로는 그것이 처벌처럼 느껴질 수도 있을 것입니다. 각각의 사람들은 자기 자신의 배움을 갖고 있습니다. 사람들이 인생을 살아감에 따라 그들이 자신의 밖에서 행복을 찾아다닐 수는 있습니다만, 그들에게 계속해서 "그곳은 행복이 있는 곳이 아니야."라고 지

인간의 본성에 관하여

◎ 많은 사람들은 왜 하느님이 이 세상에서 고통과 불법(不法)이 계속 되는 것을 허용하는지 묻습니다.

불법이 아닙니다. 불법은 없습니다. 고통이란 사람들이 근원적인 고향으로 돌아가는 길을 추구하기보다는 오히려 절대자로부터 분리된 길을 계속해서 추구하기 때문에 지속되는 것입니다. 사람들이 해야 할 모든 것은 그 일의 51%이고, 나머지는 신이 하실 것입니다.

◎ 지금 얼마나 많은 사람들이 실제적으로 그런 일을 할 수 있겠습니까?

그들 모두입니다. 이것은 마음을 바꾸는 문제입니다. 어떤 사람들은 육화의 방향속에 고정되어 있습니다만, 모든 가능성은 태어날 때부터 모든 사람들에게 열려있습니다. 육화는 이미 어떤 정보를 갖고 있지만, 시간이 지나면 (기회의) 문이 열리는 순간이 있습니다. 이것은 점성술과 비슷합니다.
만일 모든 일이 올바르다면, 그것은 터널을 빠져나가는 일과 유사합니다. 터널 문이 올라가고, 당신은 그 문을 통과합니다. 그 문을 놓쳤다고요? 그럼, 다른 문이 올라갈 때까지 통과료를 지불하면 됩니다. 그것으로 됐습니다. 그러나 하느님의 은총 때문에 문이 올라가는 때도 있습니다. 그리고 이는 반드시 삶에 한정되지는 않습니다. 죽음도 또한 신의 은총인 것입니다.

◎ 이런 은총의 순간을 알 수가 있을까요?

느낄 수 있습니다. 행복감이 있을 수 있습니다. 어떤 경험에 관을 갖고 있었습니다, 그들은 자기 충족의 계획을 가졌던 것이죠. 그런데 그들은 인간들이었습니다. 그래서 우리는 그들을 깎아 내릴 생각은 없습니다. 우리는 단지 모든 것은 빛과 어둠의 측면을 갖고 있다는 점을 말하는 것입니다.

◎ **하지만 시작은 좋지 않았습니까?**

좋은 이상이었고, 좋은 시작이었습니다. 이제 성 저메인님이 와서 분명하게 말씀할 필요가 있습니다. 왜냐하면, 그것은 엉망진창이었기 때문입니다. 당신은 혼란을 인정해야 합니다.

◎ **미국의 더 높은 소명(召命)을 말씀해 주세요.**

(미국) 국민들은 매우 절충적인 집단입니다. 동의합니까? 그러나 마음은 다 같습니다. 모든 곳에서 사람들은 자유를 얻기 위해서 왔습니다. 미국에 온 사람들은 자유를 원하며, 그들은 자유가 이곳에 있어야한다고 생각했기 때문에 온 것입니다. 그러나 그들은 두려움으로부터 자유롭게 사는 방법을 알지 못합니다. 그들은 자기들이 영(靈)이라는 사실을 배우지 않았기 때문에 불안으로부터 자유롭게 사는 방법을 모릅니다. 그들은 육체에서는 자유를 결코 발견할 수 없다는 것을 알지 못합니다. 자유를 발견하기 위해서는 육체적인 것으로부터 벗어나야 합니다. 이제 여기에 동양과 서양 문화의 융합이 있습니다. 동양에는 평화에 도달하는 방법에 관한 지식이 많이 있고, 서양에는 산업화와 돈에 관한 지식이 많이 있습니다. 미국인들은 스스로 이것들을 융합하지 않습니다만, 이런 일이 일어나기를 허용하는 가마솥, 즉 용해(鎔解)의 도가니가 있습니다. 이것은 하나의 시험입니다. 미국인들은 그들의 진실과 정체성(正體性)을 시험받고 있는 중입니다.

◎ (미국 독립을 위한) 혁명의 시기의 건국의 아버지들이 다시 육화했다고 하는 이야기를 들었습니다.

예, 우리는 그것이 사실임을 알고 있습니다. 하지만 건국의 아버지들은 자기 자신들의 목적을 갖고 있었기 때문에 그것이 항상 좋은 것은 아닙니다. 그들의 목적은 그들이 믿고 있는 것을 수행하는 것이었습니다. 미국 안으로 유입된 많은 것들이 아직도 영국식입니다. (예를 들어) 여러분은 세금을 내고 있습니다만, 이 세금은 지주(地主)와 관련된 것이고, 중과세(重課稅)입니다. 이를 (바꾸기) 위한 문이 열려 있었습니다. 원래는 그것을 위해서 문이 열린 것은 아니었지만, 문이 열려있었습니다.

◎ 당신은 사람들이 환생하는 것은 반드시 좋은 것은 아니라는 말씀을 하셨습니다.

사람들이 구원을 찾고 있는 방식으로는 반드시 좋은 것은 아닙니다. 되돌아와서 나중에 그것이 무엇이었던가를 조사하는 것에는 구원이 없습니다. 구원은 오직 찰나(刹那)에 있는 것입니다. 도움을 위해서 비육체적인 상승한 마스터들을 주시하세요. 이해가 됩니까?

◎ 자유의 이상(理想)이 거기에 있었거나, 그들이 그것을 실현하려고 노력하지 않았나요?

예, 그들은 자유의 이상에 대한 인식을 가져오기 위해 도왔습니다만, 그들은 단지 제한된 의식을 가졌었고 그들이 인생에서 성취하고자 하는 지배적인 생각의 영향 아래 있었기 때문에 그것을 실행하지는 않았습니다. 진리에 있어서 진실했던 많은 사람들이 오래 살지를 못했습니다. 오래 살았고 회색의 머리칼을 가졌던 사람들은 마음속에 다른 계획을 갖고 있었습니다. 그들은 권력에 대한 계획

9. 지구상의 문제들과 사건들

환생에 기인하는 사회적 영향들

◎ 현재 미국에 있는 사람들의 영혼들은 어떤 역사적인 시기부터 존재했으며, 이 사실은 어떤 영향을 미쳤나요?

여기 깨어나고 있는 많은 사람들은 2,000년 전 예수님의 시대부터 있었습니다. 여기 미국에 빛을 들여오려고 하는 사람들이 있습니다. 그들은 종교적인 사람들은 아니지만, 빛에 관계돼 있다고 진정으로 느끼고 있습니다. 그래서 우리는 이런 사람들을 당신이 좋다면, '빛의 일꾼들(Light Worker)'이라고 부릅니다.

이곳의 모든 사람들이 특정 시기에 (한꺼번에) 온 것이 아니라, 에너지가 하락하지 않고 빛으로 모여 축적되는 적절한 많은 시기에 온 것입니다. 많은 어둠이 있었고, 사람들이 마녀가 있다고 생각했던 중세기의 일부에 해당되는 소수의 사람들이 있습니다.

아닙니다.
　사람들은 물질세계 속에서 계속 해답을 찾고 있지만, 실제로는 진실한 답은 영적인 세계에 있습니다. 명상과 깊은 생각, 그리고 기도에 시간을 보내는 사람은 지구상의 고통으로부터 자신을 들어 올릴 것이며, 더욱 거대한 의식으로 갈 것입니다. 의사 케보르키안이 한 일은 이런 문제에 관심을 가지게 하였습니다.

의사 케보르키안 박사

수단이 되고 있는 중입니다. 이것이 좋은 것일까요, 나쁜 것일까요? 우리는 판단하지 않습니다. 이것은 한 의사가 환자의 죽음을 도와주느냐, 그렇지 않으냐 하는 것 이상인 것이죠. 인간은 그를 이와 같은 방식으로 생각하지 않습니다. 사람들은 그를 나쁜 사람, 또는 좋은 사람으로 생각하지만, 그를 전체적으로 보거나, 또는 요체가 무엇인가 하는 것으로 생각하지 않습니다.

◎ 그렇다면, 영적인 관점에서 그는 자기의 역할을 수행하고 있다는 것입니까?

예, 그렇습니다. 법체계는 우리가 왈가왈부할 수 없는 시스템인데, 이 문제는 그가 교육받아온 인간본성에 속한 부분이기 때문입니다. 그리고 법이 정말로 그가 누구인가에 관한 진실을 말해주는 것은 아니지요. 이것은 당신의 문제를 해결하기 위해 외부의 세계에다 힘을 부여해 의탁하는 방법인 것입니다. 인간의 본성은 자비, 사랑, 이해이며, 약간 천진난만하게 나타날 수도 있습니다. 그래서 우리는 용서하고, 용서하며, 잊는 것을 계속하는 것입니다.

◎ 죽음의 말기 단계에 있지 않았던 사람은 어떻습니까? 지상의 법은 이것을 살인으로 간주합니다.

영의 세계에서는 한 사람이 육체 안에 있든, 육체 안에 있지 않든 편을 들지 않습니다. 일반 중생들은 모두 고통 속에 있고, 육체로 있고 싶어 하지 않습니다. 그렇기에 때로는 그들은 자기들을 (육체적 고통에서 벗어나게) 도와줄 수 있는 개인을 자신에게 끌어당기기도 합니다. 하지만 이것은 당신도 알다시피 올바른 해답은

1부 질문과 답변들

으름입니다. 따라서 의식은 계속해서 더욱 나태해집니다. 이 병은 이런 것들보다 약간 더 깊은 (내용의) 것이긴 합니다만, 그들이 알츠하이머 병을 얻을 필요도 없고, 그리고 계속해서 가져서도 안 된다는 사실을 안다는 것은 흥미롭습니다. 그들이 해야 할 일은 그들이 관계하기를 원치 않는 사람들과 그들이 과거에 가졌던 낙담의 감정에 관해 벽장 속에 쑤셔놓았던 스스로의 몫에 대해서 책임을 지는 것입니다 … 그것이 핵심인 것이죠.

◎ 그래서 그들이 만일 잊는다면, 그때 그것을 다룰 필요가 없다는 말씀인가요?

예, 사실입니다. 하지만 그들은 이것과 정신의 다른 부분을 처리해야 합니다.

의사 케보르키안

◎ 말기 질병이 아니었음에도 자살한 많은 사람들의 자살을 도왔던 의사 케보르키안(Kevorkian)[11]의 정신세계에 관한 견해를 말씀해 주세요.

그는 어떤 문제에 대한 의식을 환기시키기 위해서 육화한 빛의 존재입니다. 그는 고통과 고난으로부터의 해방을 위한 매체 또는

---

[11] 잭 케보르키안(Jack Kevorkian)은 미국의 의사이며, 고통에 시달리는 130여명 환자들의 자살을 적극적으로 도왔다. 그는 연명치료의 중단이나 산소호흡기의 제거와 같은 소극적인 안락사가 아니라 독극물을 직접적인 투여하는 식의 적극적인 안락사를 도움으로써 검찰에 의해 살인죄로 기소되었고, 대법원에서 유죄판결을 받아 8년을 복역했다.

그로 인해 개인의 스스로 죽을 권리와 존엄사에 관한 사회적 논란이 촉발되었다. 의사들을 포함한 미국 국민의 절반 정도는 그의 조치에 찬성했고, 나머지 절반은 그를 단순한 살인자로 보는 등 의견은 양분돼 있다고 한다. (감수자 주)

하기 때문에, 거기에다 이름을 붙이고, 분류하는 것뿐입니다. 이 질병은 마치 공기 속에 떠돌며 다니다가 내려와서 몸속에 들어온 것인 양 이런 신비성을 갖고 있습니다. 그러나 그것은 사실이 아니고, 당신도 이를 알고 있습니다. 그래서 이것은 상표를 붙이는 일이고, 그것을 해결될 수 있는 범주 속에 넣기 원하는 사람들의 한 가지 방법인 것입니다. 만약 그 치료법이 그들이 가장 좋아하는 음식 먹는 것을 중단함을 의미한다면, 어떤 사람도 산의 역류 증상을 갖고 그들 자신의 일을 하길 바라지 않을 것입니다. 그들은 단지 알약 먹기를 원할 뿐입니다.

위장 속의 산의 문제는 수많은 분노에서 비롯됩니다. 그리고 거기에는 인생에서 자꾸만 다가오는 많은 상황들을 소화하는 데 있어서의 무능력이 존재합니다. 담낭에서 나와 만들어지는 것이 있는데, 그것이 담즙(膽汁)이며, 따라서 이는 곧 분노로 인한 것이고, 몸 안의 이와 같은 활동은 모든 세포를 통해 반영되어 나타나게 됩니다. 그래서 위산의 역류를 갖게 될 때 일어나는 현상은 그것이 복부의 위쪽에 있는 근육조직을 태우고, 횡격막을 통해서 열을 가하는 것이지요. 그래서 병이 드는 것입니다. 몸은 이런 식으로 자체를 소모시킵니다. 이런 산이 근육 조직을 정체시키고 태우기 때문에 몸을 매우 허약하게 만듭니다. 그리고 근육은 악화되지 않으려 하기 때문에 자체가 회복되는 대신에 느슨해집니다.

알츠하이머 병

◎ **알츠하이머 병에 걸린 사람은 무슨 일이 일어날까요?**

에너지적으로 인생의 앞으로 움직여 나가지 못하고 포기하게 됩니다. 그들은 지쳐있고, 그 병을 이해할 수가 없으며, 그것을 진정으로 다루려고 하지 않습니다. 말하자면 이것은 의식에 있어서 게 해진다는 것입니다. 그들은 높은 차원으로 옮겨가는 것을 소망하며, 또한 신체적인 언어로서 이것을 표현하는데 어려움을 갖습니다. 사람들은 다음과 같이 생각합니다. "왜 너는 이 일을 하는 데 있어서 무엇이 올바른 일인가를 이해하지 못하니?" 그 아이들이 무엇이 올바른 길인가를 전달하지 못하는 것은 그들이 어리기 때문입니다.

대화를 할 필요는 있지만, (아이들의 상대방이) 들을 수준이 되어 있지 않습니다. 그들이 찾는 것은 높은 의식인데, 종종 그 애들의 부모들은 높은 의식을 갖고 있지 않습니다. 그런데 왜 그들은 그런 부모를 선택했을까요. 그것은 그들이 이 세상에서 필요한 것이 어떤 종류의 경험일까 하는 것에 대해서 카르마적인 수준에서 혼란을 느꼈기 때문입니다. 정말로 그들은 대부분 매우 지적(知的)이며, 그들은 높은 정도의 이해와 낮은 정도의 인내심을 갖고 있습니다. 그들은 물론 그들의 욕구가 충족되지 않는다는 사실을 발견하므로 참을성이 줄어듭니다.

가끔 이런 어린이들은 껴안거나, 사랑을 받거나, 양육을 받는 것에 대해 저항을 갖습니다. 그들이 처방받는 약품은 어느 정도 신진대사를 느리게 하거나, 또는 다른 정도로 신진대사를 빠르게 하거나 합니다. 그들은 그것이 에너지를 다른 방향으로 가도록하거나 혹은 에너지를 전혀 갖고 있지 않는다는 것을 자기들 몸에다 새로이 적응시키고 있습니다. 이는 각각의 아이에게 다르게 작용합니다.

위산(胃酸) 역류에 의한 질병

◎ 위산의 역류는 정말로 질병입니까?

아닙니다. 사람들이 단지 그것이 (질병의) 범주에 들어가기를 원

암(癌)

◎ **질병인 암에 대해서 말씀해 주세요.**

암은 대체로 낡은 믿음체계에 속한 주파수입니다. 이것은 매우 오래 고착화된 신념체계이며, 몸속에 매우 단단한 덩어리를 만듭니다. 암은 자기존중의 결여와 관계가 있습니다. 자기혐오는 암을 발생시키는 최상의 방법입니다. 물론 사람들은 이런 말을 듣고 싶지 않을 것입니다. 암은 또한 희생당했다는 믿음입니다. 자기연민과 희생자라는 생각은 분노와 연결돼 있다는 것을 기억하십시오. 그래서 그것의 대부분은 시간이 지난 후 어떤 지점에서부터 억압된 분노와 관계가 있습니다. 그것은 또한 테러와 비슷합니다.

어떤 방법이 암을 만들어내는 것보다 더 좋은 방법으로 당신에게 테러를 할 수 있겠습니까? 이것은 몸 안에다 가하는 1단계 테러입니다. 그리고 분노란 항상 상실의 두려움, 또는 상실했던 어떤 것에 대한 생각과 연결돼 있으며, 그리하여 사람들은 가끔 그것을 대체하기 위해서 그들의 몸속에다 어떤 것을 대신 나타냅니다. 당신도 알다시피, 구강암은 결코 해결되지 않은 그들의 어린애 같은 문제를 대체하는 것과 같습니다. 유방암은 결코 일어나지 않았던 양육, 또는 양육을 하든가 양육을 받든가 하는 일을 대체합니다. 이처럼 암은 일종의 창조물입니다.

주의력 결핍 과잉 장애(ADHD)

◎ **아이들의 주의력 결핍 과잉 장애는 어떻게 보십니까?**

그들은 다른 사람들보다 더 세상의 억압을 느끼는 빛의 존재들입니다. 그들이 세상의 억압을 느낄 때 일어나는 일은 불안하고 조급

먹고, 운동을 하지 않기 때문인가요?

아닙니다. 그것은 가슴 차크라가 갑자기 꽝하고 닫히기 때문입니다. 이 나라에서 사람들이 심장병에 걸리는 이유는 많습니다. 첫째는 a) 대부분의 사람들이 그들의 잠재력에 맞게 살지 않기 때문이죠. b)그들은 인생의 물질지향적인 측면에 놓여 있습니다. c)따라서 그들은 그들의 몸, 마음, 그리고 영혼에 양분을 주는 인생의 측면을 지향하지 않습니다.

그들은 과도하게 먹고 소비하고 있으며, 이런 것들은 심장마비를 갖고 있는 사람들에게는 항상 진실입니다. 그들은 건강과는 양립할 수 없는 생각, 음식, 그리고 에너지를 별 생각 없이 소모했습니다. 그들이 갖는 것은 에너지의 오용(誤用)이며, 에너지의 오용과 죄책감은 신체 내에서 격렬한 수축을 가져옵니다. 두려움은 결장(結腸) 안에서 격렬한 수축을 초래하고, 사람이 매우 놀라게 되면 심한 설사를 유발하게 됩니다. 몸의 어디에서든 두려움은 급격한 수축을 가져오고, 그것은 고통을 일으킵니다. 또 만일 어떤 사람이 심하게 죄의식을 느끼게 되면, 이는 모두 스스로 창조한 것입니다.

이제 의료의 세계에서 의사들은 심장이 발산하는 음조(音調)에 의해 당신의 심장을 측정합니다. 만일 당신이 자신의 심장이 (비정상적으로) 콩콩거리는 것을 기록하는 미터(meter)기를 바라보게 된다면, 이는 심장병인 것입니다. 즉 이것은 건강한 심장이 아닙니다.

건강한 심장은 전체 우주 안에서 어떤 리듬도 만들 수 있습니다. 건강한 심장은 이곳에서 리듬을 만들고, 그 리듬과 함께 있다가, 또 다른 리듬을 만듭니다. 그것은 사람들이 규칙성 또는 일정한 패턴을 유지하면서 많은 새로운 상황에 적응할 수 있다는 것을 의미합니다.

런 것을 투사하고 이와 비슷한 말을 함으로써 자유 의지의 선택권을 가져가버리면, 그 의사는 많은 카르마를 짓는 것이 됩니다.

에이즈 감염자들은 삶의 순환(윤회 환생) 속에서 그들이 지닌 모든 것이 벗어던져진다는 것에 대해서 기뻐해야 할 것입니다. AIDS, 심지어는 HIV 라고 불리는 문제를 갖고 있는 모든 사람들은 카르마적으로 많은 이해를 얻을 수가 있습니다. 이런 모든 사람들은 다른 사람들을 재판하고, 비판하고, 비난함으로써, (전생에 지은) 많은 잘못과 많은 과거 생의 역사를 갖고 있습니다. 그들은 스스로 모욕의 장소에 자기들을 갖다 놓은 것과 같습니다. 육체에 이런 종류의 증상이 나타난다는 것은 매우 굴욕적인 것이지요. 이것은 그들이 도움을 필요로 하는 순간에 그들을 보고 놀란 다른 사람들에 의해 완전히 거부당하는 것이고, 이는 그들(AIDS 환자들)이 위축된다는 것을 의미합니다. 그리고 많은 사람들이 그렇게 되었습니다.

◎ 치료는 어떤 방법이 있을 수 있습니까?

AIDS를 치료하는 물리적인 현실에는 많은 방법이 있습니다. 첫 번째는 면역 시스템을 강화하는 것입니다. 왜냐하면 면역 시스템은 모든 것을 처리할 방법을 알고 있거든요. 면역 시스템을 강화하는 것은 여러분이 잘 알다시피, 신체적인 과정입니다만, 대부분은 영적, 정신적인 과정이지요.

그것은 미리 알고 있는 족쇄에서 벗어나는 일입니다. 그러나 벗어나는 일은 어려운 일입니다. 이 모든 것을 대체할 단 하나는 순수한 진리입니다. 사람이 순수한 진리를 인식하게 되면, 그는 강하게 됨을 느낍니다.

심장병

◎ 미국에서의 심장병은 어떻습니까? 그것은 사람들이 기름진 음식을

씀하시지 않았나요?

예, 하지만 그렇다고 해서 사람이 약간의 술을 마실 수 없다거나 그런 영향에 노출되지 않는다는 의미는 아닙니다. 그것은 출발점이 어디냐에 문제입니다. 마음상태를 변화시키는 물질은 그 사람을 4차원에 노출돼 있도록 만드는데, 인간의 그런 변경된 의식이 4차원이 존재하는 곳과 파장이 맞기 때문입니다. 4차원은 여러분이 알콜을 섭취하는 동안 상위의 사념의 세계로 몸을 떠나는 여러분 자신의 일부가 머무는 곳이므로 알콜이 여러분을 4차원 내에 있는 것에 영향 받기 쉽게 만들 수가 있습니다. 즉 취하면 이성적 생각이 풀어지고 이상야릇한 기분이 되는 것이지요. 하지만 그러나 당신은 동시에 주변에 있는 모든 것의 영역 속에 있는 것입니다. 그러므로, 이것은 신성한 태도로 모든 것을 이용할 수 있느냐에 관련된 문제입니다.

에이즈(AIDS)

◎ 사람들이 에이즈에 감염되는 이유는 무엇일까요?

AIDS는 사람들이 붙인 이름입니다. AIDS라 불리는 질병에 걸린 사람들은 자기들이 충분한 사랑을 갖고 있지 않다는 두려움이 없었다면, 이 병에 걸리지 않았을 수 있습니다. 그들은 이번 생애에 많은 도움을 필요로 합니다. 즉, 원조를 필요로 하는 것이죠. 그리고 일단 그들이 에이즈의 전 단계인 HIV 균을 갖고 있다고 생각하더라도, 이것이 반드시 AIDS를 만들게 되는 것은 아닙니다. 하지만 만일 의사가 이것(HIV)이 에이즈라고 말한다면, 그 믿음이 그 사람 안으로 유입되어 "그것이야, 너는 그것(AIDS)를 가졌어. 넌 지금 에이즈에 걸렸어"라고 믿게 됩니다. 이런 에너지는 위험합니다. 이

마음을 변화시키는 약물들

◎ 마리화나를 흡연하는 것은 해롭습니까?

그것은 사람들이 마리화나 사용을 어떻게 받아 들이느냐하는 것에 달려있습니다. 어떤 것이든 잘못된 이유로 인해 그릇된 태도와 함께 부적절하게 사용된다면 해롭습니다 … 심지어는 물까지도 그렇습니다. 여러분은 물을 별로 많이 필요로 하지 않는 사람에게 많은 물을 줄 수가 있습니다. 마라화나 역시 원래는 어떤 약제(藥劑) 또는 치료의 이유로 섭취되는 것들 중 하나였습니다. 문제는 그것이 사용된다고 해서 결코 올바르게 사용되는 것은 아니라는 것이죠.

만일 어떤 사람이 복잡한 복합물(複合物)인 이 약초를 사용한다면, 이것(마리화나)는 이미 몸속에서 이미 진행되고 있는 것을 강화시킵니다. (이것을 피우면) 평화가 오느냐고요? (평화로운 사람은) 더욱 평화로워집니다. 의식의 혼란이요? (마음이 혼란스러운 사람은) 더욱 많은 의식이 혼란이 일어납니다.

◎ 알콜은 어떻습니까?

그것은 알콜을 이용하는 사람과 얼마나 많이 이용하느냐, 이용하는 태도, 얼마나 자주 이용하느냐 하는 것, 그리고 반복해서 이용하는 마음의 이성(理性) 등에 좌우됩니다. 어떤 사람은 일생 내내 하루에 술을 2번 마실 수 있고, 그것은 단순히 오래된 건강법일 수 있습니다. 그것은 그저 정상적으로 순환됩니다. 이처럼 알콜 성분을 처리하는 다른 사람들의 체질과 이성적 힘에 달려 있는 것입니다.

◎ 당신은 술을 마시는 사람들이 4차원의 영향에 열려 있다고 말

◎ 그래서 아유르베다에서는 비타민이 자연적인 형태로 섭취되지 않을 경우, 효과가 없다는 의미인가요?

예, 왜냐하면 병속의 비타민은 화학물질인 까닭이죠. 그것은 신체의 중요한 요소의 일부분이 아닙니다. 비타민은 소화된 후에 혈액의 흐름과 동질(同質)의 채소 형태가 될 필요가 있습니다. 비타민의 화학적 (구성)성분은 신체와 양립할 수 없습니다. 그것이 사람으로 하여금 더 기분 좋게 느끼게 하고, 안전의 감각을 줍니다만, 반드시 유익한 것만은 아닙니다.

◎ 당신은 아유르베다가 우리의 흥분하기 쉬운 에너지를 가라앉히는 데 도움을 줄 것이기 때문에 미국인들이 아유르베다의 어떤 약초를 사용할 수 있다고 말씀하셨습니다.

예, 하지만 이는 오로지 그 진동율과 더 깊은 이해를 필요로 하는 사람들에 의해서만 사용될 수 있습니다. 이곳의 당신들 미국의 의식은 즉효약 스타일의 기질 중의 하나이고 불균형 주위에는 많은 두려움들이 있습니다. 그들은 불균형을 원하지 않습니다. 그들은 모든 것이 즉각 올바르게 되고 강하기를 원하는 것이죠. 그래서 대부분, (병의) 증상을 제거하는 대신에 그 증세와 함께한다는 관념이 없습니다.

아유르베다에서 사용하는 여러 자연재료들

산호 속에 있는 칼슘의 유기적인 특성은 매우 강렬하고 물과 동화될 수 있습니다. 많은 가능성이 있으며, 조개껍질은 또한 많은 양의 칼슘을 함유하고 있습니다. 이 칼슘은 조개와 색깔이 다르며, 따라서 서로 다른 진동율(振動律)을 갖고 있습니다. 또한 이것은 더욱 많은 통기성(通氣性)을 갖고 있습니다. 이것은 대양(大洋)의 요소를 취할 수 있는 강력한 방법이기도 합니다. 육체적인 수준에서, 뼈에 관한 한 칼슘은 이롭습니다만, 매우 강력한 소화기관을 필요로 합니다. 그렇지 못하면, 흡수되지 않고 뱃속에서 통과되어 몸 밖으로 나갑니다.

아유르베다 의술

◎ 아유르베다(Ayurveda)[10] 의술은 어디서 왔나요?

아유르베다는 생명의 과학을 의미합니다. 이것은 '힌두(Hindu)'라는 단어가 나타나기 전에 영적 스승들 및 요가 수행자들에 의해 수집된 정보입니다. 그것은 인체 내의 각 기관은 각각 별도가 아니라, 다른 기관과 연계될 필요가 있다는 완전한 이해로부터 나옵니다. 그리하여 인체의 모든 것을 관통하는 작은 에너지 관(管) 또는 에너지 터널이 있게 되는데, 이것이 곧 비자 만트라(Bija Mantra: 차크라의 음조를 맞추는 것)를 보내는 곳입니다.

---

[10] 약 5,000년의 역사를 가진 고대 인도의 전통의학으로서 아유르는 '삶', 베다는 '앎'이라는 뜻으로 "장수를 위한 지식" 또는 "생명에 관한 과학"을 의미한다고 한다. 아유르베다는 한의학과 유사하게 인체를 소우주로 본다. 그리고 인체가 우주적 요소와 관련해서 조화와 균형이 깨져 무질서 상태가 되었을 때를 병의 상태로 파악한다. 그 우주적 요소를 "도샤(Dosha)"라고 불리는 비타(Vita, 風과 氣), 피타(Pitta, 火와 熱), 카파(Kapha, 水와 冷)의 세 가지로 분류하여 중요시하며, 이를 체질로 구분한다. 여기에 흙과 에테르의 요소가 추가되기도 한다.
인체의 균형회복을 위해 부족한 생명력을 보완할 수 있는 음식섭생을 가장 중요시하는데, 치료를 위해 약초 같은 생약을 사용하기도 한다. 아유르베다 치료사들은 정규 교육과정을 이수하고 자격을 취득해야 활동할 수 있다. (감수자 주)

그리고 우울한 감정을 가진 사람들은 (타인과의) 화합 대신에 고립과 분리가 오게 됩니다. 그것이 모든 질병의 뿌리입니다. 그렇지 않은가요?

◎ 우리에게 공급되는 물에 불소(弗素)가 첨가되는 것은 어떻습니까?

이는 다시 그 미세한 것(불소 화합물)을 (몸속에 잔류하도록) 차단시킵니다.

◎ 불화물(弗化物)은 우리가 다루기에 그 양이 너무 많습니까?

그것은 불화물이 어디서 왔는가에 달려 있습니다. 많은 다른 출처들이 있습니다. 계속해서 몸속에 들어오는 되는 불화물양은 몸에 이롭지 않습니다. 여러분은 페니실린을 몇 주 계속해서 주입하지 않습니다. 또한 한약을 몇 주 동안 먹지 않습니다. 그런 약들을 먹고는 몸이 휴식을 취하고, 흡수되도록 합니다. 그런데 이런 과정을 몇 년을 반복하다 보면, 몸이 그것에 만성화되고, 소화흡수는 강화되는 것이 아니라 오히려 약화되는 것입니다.

◎ 이 과정은 치과치료에도 필요할까요?

염소(鹽素)는 박테리아를 죽이는 에너지 중의 하나입니다만, 또한 모든 생명체를 죽입니다. 이것은 또 하나의 항생제입니다. 따라서 사람들이 물의 원천(정수장)에 주입하는 것만큼 필요한 것은 아닙니다. 당신도 알다시피, 마치 동종요법(同種療法)처럼 훨씬 적은 양의 염소를 사용할 수 있습니다.

◎ 보조제로서의 산호(성분의) 칼슘은 사람들이 말하는 것처럼 우리에게 좋습니까?

연식품이 아니기 때문이죠. 이해가 됩니까? 각각의 세포는 자체의 영양가를 필요로 합니다. 당신은 뉴트러스윗(인공감미료)을 넣고는 말합니다. "이것이 무엇일까? 알 수가 없어. 설명할 수가 없어."라고 말입니다. 당신은 몸속에 들어오는 합성된 어떤 것(음식)을 먹습니다. 그러면 몸에서 일어나는 일은 그것으로부터 자양분(滋養分)을 얻을 수가 없고, 몸속에서 고체로 응결됩니다. 즉 이것이 몸에 달라붙으며, 부스러기가 됩니다. 그와 같은 많은 것들이 있으며, 몸은 그것들을 적당히 분해할 방법을 알지 못하기 때문에 슈퍼마켓에는 몸속에서 모두 부스러기를 만들어버리는 "정크 푸드(쓰레기 음식)"라고 부르는 많은 새로운 제품들이 있습니다. 이런 음식물은 팔리지 않고 외면 받습니다.

◎ 몸은 그것을 밖으로 내보내려고 합니까?

(밖으로 내보내려하기 보다는 나가지 못하게) 차단하려 합니다.

◎ 그래서 몸에 달라붙는군요.

그렇습니다. 밀착되는 것이죠.

◎ 인공감미료 사용으로 발생하는 어떤 특별한 문제나 질병이 있다고 생각하십니까?

그것은 그 사람에게 어떤 일이 진행되는가에 달려있습니다. 대개 설탕을 사용할 수 없는 사람은 생명의 단맛을 신진대사 시킬 수 없었던 사람입니다. 그리고 이것은 당뇨병을 제거하는 데 도움을 주지 않고, 오히려 조장합니다. 그런데 또한 단맛은 우울증을 약화시킵니다. 그래서 사람들은 자기들의 몸속에 다른 물질을 섭취할 수 없다는 느낌 때문에 감정은 인공감미료 사용과 관계가 있습니다.

좋지 않습니다.

◎ 많은 전자파를 쏘인 음식물을 먹은 사람에게는 어떤 일이 일어납니까?

그 전자파는 몸속에서 갇히게 되고, 간(肝) 속에 고착됩니다. 간이란 유독성을 깨끗하게 해주는 인체의 일부분입니다. 그런데 이 간이 닫힌다는 것입니다. 이것은 또한 예를 들어 감자칩이나 그런 종류의 음식물, 즉 기름기와 관련이 있습니다. 기름기는 이미 과도하게 요리가 되어서 고체화되었기 때문에 그 구조가 너무나 농밀(濃密)해서 몸속에 있는 어떤 효소나 산으로도 무너뜨릴 수 없을 정도까지 돼있는 것입니다. 몸은 그것을 소화하는 방법을 모릅니다. 우리 몸은 순수한 본질로 되돌아가기를 원합니다. 이점이 바로 자연 식품, 또는 유기농 식품과 최소한의 가공만을 한 식품을 먹으면 좋은 이유입니다. 그런 것이 몸에 가장 좋은 것입니다. 몸이 그것을 좋아합니다.

◎ 미국에서 〈뉴트러스윗(Nutrasweet)〉으로 상표가 붙어있는 "아스파탐(Aspartame)"[9]은 어떻습니까?

이런 것을 먹으면 사람에게 좋지 않습니다. 왜냐하면 그것은 낮은 주파수를 가진 물질이며, 합성 물질이기 때문입니다. 그래서 이것은 피하는 것이 좋습니다. 당신이 사람들 앞에서 잘 설명해준다면, 그들은 그것을 선택하지 않을 것입니다.

◎ 만일 너무 많이 먹는다면 몸에 어떤 일이 일어날까요?

그러면 인체의 감각세포를 텅 비게 합니다. 왜냐하면 그것은 자

---

[9] 설탕의 약 200배의 단맛이 나는 인공감미료이다. 이 아스파탐은 우리나라 막걸리에도 단맛을 내기 위해 들어간다. (감수자 주)

물을 찾는 사람들)의 대부분은 치유를 위해 찾아온 것이지, 개발하기 위해 오는 것이 아닌 단순한 사람들입니다. 그러나 이런 장소가 개발될 때는 치유의 힘을 잃어버립니다.

음식과 건강

◎ 크롭서클(crop circle)의 일부분이었던 곡물이 음식물 공급 과정에 들어간다면, 어떤 일이 일어날까요? 이는 우리들에게 영향을 미칠까요?

그렇습니다. 재미있는 일이군요. (그러나) 전혀 나쁘지 않습니다. 실제로는 어느 정도 진동을 높입니다.

◎ 전자파를 쏘인 음식물은 우리에게 해롭습니까?

전자파는 우리의 몸에 있어서는 안 되는 주파수입니다. 그것은 가끔씩 사용되어야하고, 가끔씩 노출되어야할 것이며, 단지 오라(Aura)를 약간 손상시킵니다. 전자파를 몸속에 넣는다는 것은 응고(凝固)의 요소를 강화시킬 것입니다. 전자파는 많은 음식물을 죽입니다. 사람들은 이것이 비타민을 더욱 좋게 만들고 이런 저런 작용을 한다고들 합니다만, 그것은 일종의 복사 에너지인 것이지요. 따라서 그것은 음식의 주파수를 부정적인 방식으로 높이는 경향이 있습니다. 그 외에는 더 이상 이에 대해서 설명할 수는 없습니다. 만일 당신이 전자파로 무엇인가를 녹인다면, 그것을 잠시 그곳에 놓아두고 전자파가 흩어지게 하세요. 왜냐하면 그 빛은 아직 움직이고 있고, 아직도 음식에 투하되고 있기 때문입니다. 그리고 그 음식을 뜨거울 때 곧바로 먹는다면, 모든 분자가 움직일 것이고 에너지 파동은 아직 그 음식에 있을 것입니다. 그것은 물리적인 신체에 그렇습니다.

◎ 멕시코의 트라코테 샘물8)은 상당 기간 동안 알려져 있었습니다. 이 샘물이 아직도 (치유) 능력이 있는지요?

예, 그렇습니다. 이 장소는 그렇게 많은 사람들의 차량들로 인해 부정적인 영향을 받지는 않습니다. 그래서 그 샘물은 자체의 기운을 유지하고 있고, 따라서 지금도 그 곳의 공간에는 자체의 강렬함이 있습니다.

◎ 어떻게 그 작은 샘들이 유명해졌나요?

그것은 어떤 광물질과 거기에 흐르고 있는 어떤 에너지의 균형에 의해 항상 치유의 샘물이었습니다. 그러나 타지(他地)의 사람들이 그곳에 왔고, 치유의 힘을 느꼈습니다. 그 지역에는 자기들의 에너지를 그 곳으로부터 이리저리 운반하는 미지의 많은 영웅들이 있습니다. 그들이 세계의 다른 지역에 있다면, 성자(聖者)들로 보일 것입니다. 사람들은, "와, 정말 굉장한 사람들이야!"라고 말하며, 또한 그 샘물에 에너지를 불어넣을 것입니다.

◎ 그곳은 작은 마을이지만, 그곳을 방문하는 사람들을 위한 버스(Bus) 길이 있다고 합니다. 이것이 샘에게 영향을 미칠까요?

현재로서는 영향을 미칩니다. 만일 그 샘물이 깨끗하도록 놓아둔다면, 부정적이고 깊고 어두운 의식의 투사가 없는 한은 깨끗할 것입니다. 이런 대부분의 에너지는 어쨌든 지구의 내부로부터 오는 것이고, 매 순간마다 재창조되는 것이지요. 이런 사람들(트라코테 샘

---

8)멕시코의 북동쪽 약 300km에 위치한 작은 마을 이름으로서, 이 마을에 있는 우물은 사람을 치유할 수 있는 능력이 있다고 알려져 연간 약 800만 명의 관광객이 찾아온다고 한다. (역주)

길 예정입니다만, 몇몇의 샘은 잠재력이 있을 것입니다. 플로리다 주는 자체적인 샘의 조직을 가질 가능성이 있습니다. 그러나 우리는 플로리다 주에 어떤 치유의 힘이 존재할 것이라는 것을 예견합니다. 텍사스 주와 아리조나 주에는 없습니다. 멕시코에는 거대한 치유의 샘들이 존재합니다. 캐나다에도 몇몇 장소가 있을 예정입니다. 노스캐롤라이나 주와 사우스캐롤라이나 주에는 가능성이 있습니다. 뉴햄프셔 주에는 아름다운 물이 흘러내리는 몇 개의 샘이 있으며, 이 곳 저쪽 서편에는 물이 솟아오르는 몇몇의 치유의 샘이 있습니다.

이것은 축복에 대해서 깨어있고 이를 인식하면서 거대한 에너지와 접촉하는 문제입니다. 만일 어떤 사람으로 하여금 물 곁에 앉아서 깊은 명상을 하게 한다면, 그 물은 순식간에 신성한 샘으로 변하게 될 것입니다. 이는 루르드(Lourdes)의 물의 작용과는 다릅니다. 왜냐하면, 루르드 샘[7]은 처음에는 신성한 물이 아니었기 때문입니다. 명상으로 인해 변화된 물이 그렇게 되는 것은 기도와 명상을 하는 사람의 높은 주파수 때문인 것이지요. 즉 물의 진동이 변하게 되면, 그 물은 치유의 샘이 되는 것입니다. 어떤 물이든지 치유할 수 있습니다. 그것은 물의 특성과 그 물이 받아들이는 진동의 질에 관한 문제입니다.

◎ 그럼 그 치유의 샘이 정확히 어디에 있다는 것을 어떻게 알 수 있지요?

사람들이 그 샘들을 발견할 것입니다. 사람들은 "난 들었어. 난 보았어."라고 말하기 시작할 것입니다.

◎ 그래서 우리는 우리의 눈과 귀를 열고 있어야 하겠군요.

---

[7] 프랑스 피레네 산맥 북쪽 기슭에 있는 지명. 여기에 있는 동굴의 샘은 성모마리아의 발현(發顯)에 의하여 치유의 기적이 생기는 물로 알려져서 1년에 약 300만 명의 관광객이 찾는 유명한 곳이다. (역주)

치 신(神)의 반영물이 물방울 하나하나에 깃들어 있음을 알기 원하는 것처럼 물에게 말을 할 수도 있습니다. 그리고 당신은 한 컵당 한 번의 기회인 축복된 물을 그 호수에 부을 수 있습니다. 그러나 당신은 이런 일을 하고서 호수의 물을 바라보며 그 물속을 상상하고, 투사하며, 시각화를 개시합니다. 그리하여 축복을 호수 속의 모든 물방울 속에 침투시킵니다. 다른 물의 진동을 변화시키는 데는 축복을 동시에 함으로써 한 두 방울의 축복의 물로도 충분합니다.

진동적(振動的)으로 그것은 호수의 진동을 즉각 끌어 올릴 것입니다. 그것은 반드시 금방 불꽃이 일어나거나 빛나지는 않습니다. 때로는 당신이 무엇인가를 볼 때까지는 7일 정도가 걸릴 것입니다. 당신이 그 어느 곳에서든 물이 공급되는 것을 볼 때는 그 물을 축복하세요. 이 일은 매우 중요합니다. 그러면 그 축복이 파이프를 통해서 그 물의 원천으로 갑니다. 물의 근원을 축복하세요. 물의 원천을 축복하며, 감사하세요. 당신은 배수 시설을 통해서 내려가는 물을 축복할 수도 있는데, 배수되는 물은 때로는 지구에서 어떤 정체(停滯)의 원인이 되기 때문입니다. 당신이 하는 일은 전체를 위한 것입니다. 사과를 씻을 때는 물, 사과와 물의 근원을 축복하세요. 이일은 매우 간단합니다.

치유의 샘

◎ 미국에 치유의 샘이 있습니까?

네, 콜로라도 주에 치유의 샘들이 있습니다. 뉴욕 주와 테네시 주에도 있습니다. 네바다 주에는 앞으로 있을 예정입니다. 캘리포니아 주에도 치유의 샘들이 있기는 하지만, 이 특별한 시점에서 볼 때 거기에 많은 에너지는 없습니다. 몬타나 주에도 치유의 샘이 생야 합니다. 당신이 물과 함께 기도를 할 때는 이 지구상에서 사물을 움직이게 하는 진동에 대해 기도하는 것입니다. 물이 없는 행성은 살아 움직이지 않습니다. 당신은 단지 물 한 컵에 기도를 하는 것이 아니라, 대양과 강물에 기도를 합니다. 당신은 물 자체를 창조한 원소적인 영적존재들인 엘리멘탈들에게 기도를 하는 것이며, 그들은 신성한 보호자입니다. 그것은 사물을 번성케 하는 모든 능력을 가진 절대자의 한 표현이기도 한 것입니다. 우리는 또한 다음의 말을 첨가합니다.

당신은 이 물의 축복 기법을 이용할 때 지구상의 공급수가 깨끗해지라는 순수한 의도로 대양과 호수, 강물을 시각화하여 이 축복문을 사용할 수 있습니다. 사람들과 환경을 사랑하고 치유하기 위해 마치 물이 자체의 모든 영역에서 물결치는 거대한 치유의 힘인 것처럼 말입니다.

◎ 축복의 물을 가지고 강이나 호수에 부으면 어떨까요?

매우 좋습니다. 만약 물의 본질을 이해하는 어떤 사람이 날마다 물에다 축복을 할 수 있다면, 그는 지구의 물이라는 원천의 부정성을 변화시키는 것을 돕게 될 것입니다. 만일 당신이 호수에 갔을 때 그 호수가 기운을 북돋아주는 격려(激勵) 받기를 원한다는 것을 알게 되면, 날마다 그 호수에 갈 것입니다. 혹은 매일 아침, 저녁에 그 호수에 가서 물을 축복할 수 있고, 그 물의 안녕을 위해 기도하며, 당신이 마

물이 모종의 의식(意識)을 갖고 있고, 외부의 긍정 또는 부정적 정서의 자극여하에 따라 그 결정구조를 달리하여 반응한다는 것은 일본의 연구가 에모토 마사루(江本勝) 박사의 연구에 의해 잘 알려져 있다. 위의 사진은 물에다 "사랑" "감사"와 같은 말을 하거나, 그런 글을 보여주었을 때 나타나는 물의 아름다운 결정구조이다.

로 설정된 것입니다. 그러므로 물은 하나의 진동이 됩니다. 어떤 원천의 물이라도 진동에 대단히 영향받기 쉽습니다. 그래서 물에 대해서 말을 하는 것은 그 물을 더욱 행복하게 합니다. 즉 물에게 대화를 건네는 것은 그 물을 더욱 축복해주는 것이 됩니다. 물에 대해서 기도를 할 때 당신은 (물의) 힘과, 생명부양, 그리고 성장과 번성(繁盛)을 인정하는 것이 됩니다. 사물은 물속에서 번성합니다. 물을 필요로 하는 작은 식물을 물속에 넣어보세요. 그러면 갑자기 한 두 시간 안에 그 식물은 생생하게 됩니다.

현재 거대한 생명의 흐름이 물속에 있으며, 따라서 우리는 물을 축복합니다. 그래서 각각의 사람들은 이 물의 축복을 위해서 자신의 손과 가슴을 갖고 있으며, 나(관세음 보살)와 연결됩니다. 즉, 그것은 '관세음의 물의 축복'인 것이죠. [그녀는 싱긋 웃는다.] 이 책에서 우리가 당신에게 주는 유산은 이 '물의 축복'입니다. 물의 축복이란 이렇게 합니다.

"이 손과 가슴과 절대자 하느님의 순수한 의도로 어떤 불순물도 영원히 제거하고 변형시키며 그것들을 빛으로 되돌리는 이 물은 축복받았다. 평화가 이 물과 함께 하기를!"

이 기도는 각자가 자신의 종교에서 사용하기 좋아하는 말로 마무리 지을 수 있는데, 예를 들자면, 아멘(Amen), 옴(Om), 나마스테(Namaste), 그렇게 되소서(So be it) 등입니다. 왕관(차크라)를 통해, 가슴속으로, 그리고 손을 통해 물속으로 내려오는 에너지를 의식하면서 물을 축복하기 위해 당신의 손을 사용하는 것으로 끝마치십시오.

마치 어린아이를 붙잡듯이 잠시 동안 물을 붙잡으세요. 이 물은 사용될 수 있으며, 이 물에 첨가되는 어떤 양의 물도 축복할 수 있습니다. 그래서 이 물을 가지고 나눌 수가 있습니다. 이 물 1온스는 대략 7~9온스의 물을 충분히 치유의 물로 만들게 될 것입니다. 이 물은 굉장한 치유의 힘이 됩니다. 모든 사람이 이 물을 축복해 인간의 몸은 그 99%가 물입니다. 사람들이 맑고 깨끗한 물의 진동을 몸 속에 흡수함에 따라서 사실은 의식을 끌어올리고, 치유를 늘리며, 평화를 가져옵니다. 사람이 몸 속에 많은 물을 갖게 되면, 감정계의 에너지를 많이 갖는다는 것을 의미합니다. 그것은 또한 "어머니" 속성의 일부분이자, 구현하는 특성의 에너지이기도 합니다.

◎ 당신이 이야기하셨던 물의 축복은 어떤 의미입니까?

우주에 있는 물은 신(神)에게서 왔다는 것을 우리는 알고 있으며, 각각의 물 분자는 신의 거울입니다. 따라서 물 위에, 물을 향해, 물 주위에, 그리고 물 속에 투사(投射)되는 어떤 에너지도 진동적으

◎ 우리가 이완되고 명상을 할 때는 그것이 이런 것들을 변형시키는 데 도움을 줄까요?

예, 그렇습니다. 왜냐하면 그런 자각은 영향을 미치기 때문이죠. 그리고 어려움이 무엇이든 그것을 변형시키고자 하는 당신의 의식은 에너지를 그 방향으로 가도록 할 것입니다. 우리의 몸이 병이 나면, 이것은 당신에 의해 심어진 씨앗이 발현된 것입니다. 아마도 그 씨앗은 이번 생의 과거나 다른 생의 순환(전생) 속에서 심어졌을 수 있습니다만, 여하튼 그 씨는 여기 있는 것입니다. 신(神)이 와서 당신의 내부에 그 질병의 씨를 떨어뜨리지는 않았습니다. 에고와 다른 생의 주기의 카르마적인 것이 나타날 때는 "나는 이게 너무 좋기 때문에 이것을 먹고 싶다."와 같은 메시지를 당신에게 주게 됩니다. 하지만 이 모든 것은 기존의 생각들 때문에 불만족스럽고 불안정할 때 몸 속에서 좋은 것을 느끼고자 나타나는 현상입니다. 당신의 몸은 당신의 주의력을 "아, 이 음식은 좋아"라는 것에 기울도록 하기 때문에, 음식을 몸 안에 들여오게 되며, 잠시 동안 조용해지는 것이죠. 하지만 아직도 몸은 계속해서 질병을 나타냅니다. 그리고 이것이 인생의 부정적인 측면에 대한 저항력을 약화시키거나 무너뜨리게 되는 것입니다.

물의 축복

◎ 물은 어떤 도움이 필요한 것처럼 보입니다.

물은 대부분의 경우 당신도 알다시피, 맑지도, 깨끗하지도, 수정처럼 순수하지도 않습니다. 물은 여러 번 재순환되고, 밋밋하게 됩니다. 물은 맥 빠지게 보이고, 맛도 덤덤하지만, 실제적으로는 결정구조가 평평해지는 것입니다. 물은 액체의 결정화(結晶化)입니다.

많이 오염되었습니다. 당신이 (직접) 심거나 자라게 한 것이 아니고서는 이 시점에서는 모든 것이 오염되었습니다. 그것은 당신의 먹을거리를 직접 다루는 행복하지 못한 사람들에 의해서 에너지적으로 오염된 것입니다. 그래서 이점이 먹기 전에 기도를 하는 이유입니다. 당신은 음식으로부터 에너지를 소화할 수 있는 형태로 옮깁니다. 당신은 그들이 당신이 먹는 무를 다룰 때부터 그 사람의 가슴앓이를 소화하기를 원하지는 않겠지요?[6]

◎ 그럼 좋은 (식탁) 기도는 무엇인지요?

절대자 신(神)은 모든 것을 창조했으며, 당신의 몸속에 들어가는 것은 모든 것이 영적인 것으로 변화된다는 것을 알고서 일을 하십니다. 그러므로 모든 것이 사랑의 은총 안에서 이루어집니다. 그러므로 당신은 지구 어머니와 음식물을 접시까지 가져오는 데 도움을 준 모든 사람들에게 믿을 수 없을 정도로 감사해야 하는 것입니다. 은총과 감사함이 넘치기를 바랍니다!

◎ 얼마나 많은 질병이 오염과 같은 외부의 영향을 받았나요?

현재 그 비율은 높습니다. 아마도 30%는 될 것입니다. 모든 질병이 공기, 물, 음식을 통해서 떠도는 오염과 관련이 있습니다. 그래서 비중이 크다는 것입니다. 그래서 사람들의 책임 있는 선택은 그들이 무엇을 먹을 것인가, 어떤 삶을 살 것인가 하는 것입니다. 당신이 균형을 유지하기 위해 섭취하는 것이 무엇인가를 재빨리 파악하면 할수록, 당신은 그 몸으로 더 오래 살고 자신과 자기관리에 관한 더 나은 자각을 얻을 것입니다.

---

[6] "가슴앓이를 먹는다." 이 말씀은 채소의 소매상이나 도매상들이 마음의 어려움을 겪었을 때, 그 상념이 채소에 전이되어 미치는 현상을 두고 하는 말로 생각된다.

(역주)

니다. 그래서 우리는 분노라는 말을 사용하는데, 이는 인간(사회)의 용어입니다. 하지만 거기에 에너지의 질병은 존재하지요. 또한 소를 죽이고 그 고기를 먹을 경우, 질병이 생기는 것입니다.

◎ 그래서 그 소들이 갖고 있는 감정이 음식(쇠고기)에 옮겨온다는 말씀이군요.

그렇습니다. 소는 죽기 전에 자신이 도살될 것이라는 것을 압니다. 소가 (사람들에게) 와서 죽여 달라고 하지는 않습니다. 인간이 죽이는 것이죠.

유전자 변형 식품과 오염

◎ 유전자 변형 식품을 소비하면 위험한가요, 그리고 어떤 일이 일어나는지요?

이런 식품들이 변형되면, 프라나(生氣)와 전자기력이 변화됩니다. 그래서 그냥 방치되거나 가장 취약한 상태에 있게 되면, 그것은 의당 가져야 할 생명 유지의 힘을 줄 수가 없게 됩니다. 우리는 단순하게 먹는 것이 가장 좋다고 말하는데, (복잡하면) 우리의 몸이 음식으로부터 필요한 것을 신진대사 시킬 때 혼란스러워지기 때문입니다. 다시 말해 즉각 6가지를 신진대사 시킬 수는 없는 것이죠. 똑같은 냄비 속에서 함께 요리되어 에너지가 융합되고 그것이 하나의 혼합물이 되어 인체에 들어오는 않는 한, 우리의 몸은 1~2가지만 신진대사 할 수 있을 뿐입니다.

◎ 우리의 음식은 얼마나 오염되었나요?

◎ 염소의 젖은 어떻습니까?

우유의 진동이 많은 사람들에게 너무 무겁다는 것을 우리는 알 수 있습니다. 그 이유는 사람들의 인체 조직이 기본적으로 아유르베다(Auyerveda)가 바타(Vatta)[5] 혹은 공기처럼 가벼운 것으로 부르는 것이기 때문입니다. 그래서 우유는 공기를 천천히 하강시키고, 사람들은 혼란을 느낍니다. 이런 때는 염소의 젖을 마시는 것이 좋습니다. 그런데, 사실은 이 염소젖은 어떤 사람에게는 내장 안에서 더부룩한 느낌을 유발시키며, 이는 그들에게는 참기 어렵습니다. 그래서 이것이 모든 사람에게 다 좋은 것은 아닙니다. 그 어떤 것도 모든 사람에게 다 좋은 것은 아닌 것이죠. 심지어는 물도 너무 많으면 모든 사람에게 다 좋은 것은 아닌 것입니다. 이것은 스스로 배워가는 과정입니다.

◎ 저온 살균법은 어떻습니까? 그것은 우유의 진동으로 된 영양가에 해가 갑니까?

우유의 진동을 소멸시킬 수는 없습니다. 사실상 우유를 끓이면 더욱 소화하기가 쉽습니다. 그렇기 때문에 저온 살균법이 문제가 되는 것이 아니라, 손에서 손으로, 그리고 에너지에서 에너지로의 움직임과 과정이 문제가 되는 것입니다. 또한 암소에게서 너무 일찍 우유를 짜는 감각이 문제가 되는 것이죠. 그것은 암소의 입장에서 볼 때는 송아지에게 우유를 주는 대신에 인간에게 우유를 빼앗기는 것입니다. 이에 소가 분노하기 때문에 인간에 대해 우유가 거칠어지는 진동 패턴을 갖게 됩니다. 소는 겉으로는 분개하지 않은 것처럼 보이지만, 사실 소의 내부에서는 (분노로 인해) 질병이 생깁

---

[5] 아유르베다에서 육체의 구성 성분에는 바타(vatta), 카파(kapha), 피타(pitta)가 있는데, 이들은 육체의 평형상태를 유지시켜준다고 한다. 그리고 이들의 부조화는 모든 질병의 뿌리인 독소를 유발시키고, 독소가 약한 부위에 축적되어 기관의 기능을 약화시키며, 조직의 면역 기제를 손상시켜, 질병을 유발시킨다고 말한다. (역주)

1부 질문과 답변들

쓴 풀은 사람들의 창의성, 활동성, 그리고 상상력을 자극합니다. 사람들은 쓴 맛이 어느 기간 동안 인체 내의 불기운(火氣)의 흐름을 감소시키기 때문에 좋아하지는 않습니다. 영원히는 아니고, 어느 기간 동안만 그렇습니다. 그래서 쓴맛은 진정시키는 효과를 갖습니다. 또한 이것은 소화하는 데 자극제 효과를 갖습니다. 다시 우리는 적당한 양에 관해서 말하고 있습니다.

◎ 향기 나는 음식은 어떻습니까?

이것은 차가울 수도 있고, 또한 너무 뜨거울 수도 있습니다만, 뜨거운 것에 맞출 필요가 있습니다. 이것은 마치 비슷한 자질을 가진 배우자를 고르는 것과 비슷합니다. 그들은 똑같은 것을 더 많이 원합니다. 그것은 대개 정말로 일찍 과열되는 데 이바지합니다.

◎ 우유와 낙농 제품은 어떻게 생각하시나요?

이것들은 적절한 용도가 있습니다. 또한 이 제품들은 소에 의해 무료로 공급되며, 사람들은 이것을 몸속에 섭취하기 위해 소를 죽일 필요가 없습니다. 전적으로 우유를 신뢰하지 않는 문화가 있는데, 따라서 (이런 경우에는) 우유를 섭취하는 것은 좋지 않습니다. 그리고 어떤 문화에서는 정말로 소를 존경하며, (이 때는) 소가 인간의 호의에 따라 아낌없이 사람에게 젖을 공급하는 것이 됩니다. 그러므로 그런 경우에는 우유섭취가 적절합니다.

우유는 몸을 차갑게 하는 성질이 있습니다. 또한 우유는 그 속에 기름의 요소가 있으므로 인체 조직에 윤활유 역할을 합니다. 그래서 다시 한 번 적당한 양을 권합니다. 때로는 요리하는 데에 우유를 넣으면 몸에 좋습니다. 우유는 완전한 영양가를 갖고 있지만, 너무 많은 양은 인체 조직을 방해합니다. 그래서 사람들은 크고 높은 우유 잔을 사용하는 대신에 작고 높지 않은 우유 잔을 사용하는 것이 더 좋을 것입니다.

됩니다. 그래서 약간의 신 음식은 설탕과 균형을 맞추기 때문에 (몸에) 좋습니다. 하지만 과다한 양은 무력증에 빠지게 합니다.

입에 신 것을 넣는다고 생각해보세요. 무슨 일이 일어나지요? 마치 (모든 것이) 중단되는 것처럼 보일 것입니다. 그리고 그것은 몸 전체를 통해서 똑같이 반영됩니다.

◎ **기름기 있는 음식은 어떠한가요?**

이것은 달거나 신 음식과는 약간 다릅니다. 기름기 있는 음식은 윤활유 (역할)과 불(의 역할)에 좋습니다만, 너무 기름기가 많으면 역시 너무 많은 불의 요소가 있다는 것입니다. 또한 너무 많은 기름기는 너무 많은 윤활유의 요소가 있게 됩니다. 기름은 자아의 일부를 동기화하는데 도움을 주는 것이 있습니다. 그러나 이것은 균형을 취하는 것이 요구되며, 인체 조직 내에 많은 기름기가 필요하지 않습니다. 기름기는 물의 성질이 있기 때문에 많은 기름기는 불의 요소를 끄게 할 수 있습니다. 그러나 약간의 기름기는 공기와 섞이기 때문에 불꽃이 일어나게 합니다. 그러므로 기름기는 식사에서 적당한 양이 필요합니다. 또한 기름기가 너무 뜨거우면, 몸에서 소화할 수가 없습니다.

◎ **그럼 그것은 음식 속에 매우 두드러진 수소와 화합된 기름기와 비슷합니까?**

예, 그렇습니다. 너무 많은 것이 문제죠. 너무 많으면 달라붙으며, 응고(凝固)됩니다. 그러므로 기름기는 쉽게 정제(淨濟)되며, 차갑게 압축되고, 몸의 자연스러운 상태 속으로 들어오면 좋습니다. 튀긴 음식을 너무 섭취해서는 안되며, 적당한 것이 좋습니다.

◎ **쓴 맛은 어떤가요?**

◎ 사람들이 어떤 음식의 맛을 과도하게 좋아한다면, 이는 무엇을 의미한가요?

　많은 경우, 그들이 좋아하는 특별한 맛은 육체적인 상황 속에서 특별한 부족이나 신체조직 한계의 균형이 잡히도록 해줍니다. 그러나 많이 먹는다고 해서 꼭 어떤 것의 균형이 맞추어지는 것은 아닙니다. 만일 어떤 사람이 계속해서 소금을 먹는다면, 이는 습관이 되어버립니다. 그러므로 습관은 육체적인 안정성을 무너뜨리게 됩니다.

◎ 소금을 너무 좋아하면 어떨까요?

소금으로 사람들은 그들의 삶을 끌어 올리려고 합니다. 소금에 맛을 들이면, 더욱 더 많은 소금을 원하게 됩니다. 소금이란 인체 조직 속에서 물을 함유한 균형 잡힌 화학물질입니다. 그런데 인체 속에 너무 과도한 소금을 섭취한다면, 이것은 당신이 육체 안에 (지나친) 정신적, 정서적인 에너지를 갖고 있는 것이 됩니다. 소금은 전해질(電解質)의 에너지 때문에 움직이는 특성을 갖게 되며, 따라서 소금은 불과 같은 격렬한 음식입니다. 소금은 또한 동시에 소금에 동반되는 것이 연소되도록 돕습니다. 중독의 형태로서, 소금은 움직이는 진동 또는 운동과 조화될 필요가 있기 때문에 (사람들에게) 요구됩니다.

◎ 신 음식에 관한 견해는 어떻습니까?

　신 맛은 그 속에 많은 소금 성분을 갖고 있습니다. 그리고 그것은 움직이는 에너지, 즉 불꽃의 뜨거운 에너지와 함께 합니다. 또한 신맛에 의해 음식이 변질되었다는 것이 인식됩니다. 여러분은 무엇인가를 (소금에) 절일 수 있고, 그러면 그것을 쇠퇴시키는 에너지를 변형시킬 수 있습니다. 그리고 그 소금은 인체에 남아 있게

8. 음식 에너지

여러 가지 음식의 작용

◎ 당신은 어느 때인가 설탕은 절망의 에너지라고 말씀하셨습니다.

그렇습니다. 이것은 흥미롭습니다. 하지만 그런 말은 일반인들에게 하는 표현이므로 문맥에다 너무 많은 의미를 부여하지는 마세요. 설탕은 사람들 입에는 달콤하지만, (다른) 많은 사람들에게는 절망의 음식이 됩니다. 즉 그들은 설탕을 구하고서, 절망 속에서 이를 사용합니다. 만일 당신이 설탕을 과도하게 원한다면, 그것은 자아는 충족되지 않고 불행해지는 일종의 쓰레기 식품 또는 마약처럼 돼버립니다. 즉 그들은 설탕으로 반드시 (정상적인) 신진 대사를 할 수 없으면서도 설탕을 미친 듯이 갈망한다는 데 문제가 있는 것입니다.

무엇인가 3차원에서 일어날 필요가 있다는 것은 그들이 고착돼 있는 것입니다. 그들은 그런 상태로부터 스스로 벗어날 수 있어야 합니다. 그들은 죽기를 바라지 않습니다. 그러나 그들은 언젠가 육체로부터 떠나야 합니다. 또한 그들은 열반(涅槃)이 무엇인가를 알기 위해서 명상하기를 원치 않습니다. 그들은 이런 사실들에 무지하기 못하기 때문에 이것을 알지 못합니다.

◎ **만일 많은 사람들이 휴거가 일어난다고 믿는다면, 그 일이 일어날까요?**

그것(들어 올려지는 것)은 멋진 이미지이고, 또한 그것이 명상하는 것에 도움이 되기는 합니다. 하지만 이는 육체적이 아니고, 정신적인 것입니다. 그래서 많은 사람들은 자기들이 들어 올려질 것이라고 믿고, 만약 그들의 생각이 올바른 것이라면 그렇게 되겠지요. 하지만 그들은 자신들을 속이고 있는 것입니다. 왜냐하면 그들은 인생에 동기를 부여하는 자아의 부분을 진정으로 이해하지 못하고 있기 때문입니다. 대부분의 사람들에게 그것은 생존과 안전의 문제입니다. 그러므로 그것은 교훈입니다. 다시 말하면 이것은 제1차크라의 문제, 즉 생존과 안전의 문제라는 것입니다.

◎ 성경의 코드는 어떤 사건들을 예언하기 위해 성경 속에다 암호화했던 실제의 코드였나요?

마치 의도적으로 그랬던 것은 아닙니다. 그것은 주제(主題) 위에 투사되었던 현실인 것이죠. 단지 삶을 산다는 것으로써 당신의 인생은 자신이 배우고 있는 교훈들이 암호화되어 있습니다. 단지 살았다는 것으로도요. 만약 당신이 아침부터 저녁까지 자기가 하는 일에 대해 충분한 주의를 기울이고 깊이 생각한다면, 이는 당신이 누구인가에 관해 전체적인 이야기를 말하는 것이 됩니다.

진정한 휴거와 종말

◎ 성경에서 예언했던 대로 우리는 종말기 속에서 살고 있나요?

성경은 매우 복잡하고, 많은 에너지를 갖고 있습니다. 우리는 성경이 이런 종말의 시기를 알고 있다고 말하지는 않을 것입니다. 성경은 조작된 에너지로 인간들 속의 관념들을 나타내고 있는 집필된 문서입니다. (성경 속에는) 에고(ego) 때문에 조작된 에너지의 매우 많은 증거가 있습니다. 그래서 이 성경이 (전적으로) 하느님의 순수한 생각이나, 말, 그리고 행위라고 할 수는 없습니다.

◎ 성경에서 예언했던 바대로 휴거가 있을까요?

휴거는 명상 속에서 옵니다. 그것은 명상에 관해 이야기하고 있는 것입니다. 그것은 이 지구 차원에 대한 집착으로부터 자기 자신을 자유롭게 하는 자아의 부분에 관해 말하고 있습니다.

◎ 하지만 휴거를 문자 그대로 믿는 사람들이 매우 많습니다.

것입니다. 그들은 그곳에 갈 필요가 있었습니다. 그들은 모든 어려움과 그들의 초점, 또는 그들의 마지막 지점에 에너지를 옮겨오는데 방해가 되는 모든 자아의 부분을 버릴 필요가 있었습니다. 그래서 그는 그 일을 사람들의 마음 속에서 행했습니다. 그는 사람들이 그들 스스로 힘을 발휘하도록 하기 위해서 사람들의 마음속으로 에너지를 옮겨왔습니다. 물론 이 일은 하느님만이 할 수 있었고, 모세 홀로 할 수는 없었습니다. 그래서 모세는 불가능의 에너지를 옆으로 제쳐놓았으며, 사람들은 모세를 따랐던 것입니다. 그리하면 그것이 실제 현상으로 지구상에 나타나는 것이지요.

◎ 그렇다면 물이 물리적으로 옆으로 밀려갔다는 말씀입니까?

그렇습니다. 하지만 우선 신념을 옮겨오고 구축하면서 사람들의 마음속에서 불가능을 제쳐놓아야만 했습니다. 만일 많은 힘과 신념이 있다면, 그것은 우선 사람들의 마음속에서 일어나며, 다음에는 지구 행성의 현실 속에서 몇 초 사이에 일어납니다. 모세가 그의 신념을 사람들에게 심었던 것은 하느님에게 연결되었던 한 사람의 순수한 신념의 힘에 의한 것이었습니다. 사람들이 믿었기 때문에 물리적인 현실 속에서 그런 일이 일어났던 것입니다. 한 작은 사람이 그런 커다란 신념을 갖고서 그 신념을 많은 사람들에게 부여할 때에는 그것은 진정한 내부의 힘이 됩니다. 하지만 그렇게 많은 이들의 신념과 모든 사람들이 하나가 되어 함께 도왔기 때문에 그 일이 일어난 것입니다. 당신은 다수의 신념이 중요한 일과 중요한 에너지의 이동을 창조한다는 말을 자주 들어왔습니다. 사실상 이것은 생명의 조각들을 다른 방식으로 재조립하는 것입니다. 지각(知覺)에 있어서 약간의 변동이 전체적으로 다른 현실을 가능하게 만듭니다.

성경의 코드(code)

구의 재정렬을 위해서 (2,000년 전에 예수님이 태어난) 그 시간과 에너지는 (그 당시에) 적절했습니다. 당신이 만약 '녹색 광선'에 의거해 있다면, 명상을 하고 힘을 만들기 위해 당신을 어떤 장소로 보내는 것에 관해서 어떻게 우리가 말하는지를 잘 알 것입니다. 그래서 예수님은 지구의 자전축을 안정시키기 위해 2,000년 전에 그 장소에서 힘을 만들고 있었던 것입니다. 당시 그 힘은 지축이 안정되기 위한 완벽한 힘의 일치를 이루고 있었습니다. 이 사실은 예수님에 대해서 생각하는 또 다른 방식입니다. 그래서 그 당시 그 곳에다 예수님을 데려온 것은 올바른 에너지적 배치였습니다.

◎ 그 한 지역에 서로 다른 종교가 있게 된 이유가 무엇인지요?

모든 종교가 그곳에 있기를 원했기 때문에 그곳에 모두 초점을 맞추고 있었던 것입니다. 하지만 무엇이 지구를 흔들리게 하는지 생각해 보세요. 당신은 그것에 관하여 이미 들은 바가 있지요? 그렇죠? 지구 한 편에서 일어난 어떤 감정도 다른 한 쪽에다 그 자체를 반영하여 영향을 미치게 될 것입니다. 그것은 기후와 인간 행동의 불안정 속에서 일어날 것입니다.

성경에서의 기적

◎ 모세는 진정으로 홍해(紅海)를 둘로 갈랐나요? 그렇지 않으면 그것은 은유이었나요?

좋은 질문입니다. 우리가 알다시피 그것은 그가 이끌고 있었던 사람들의 의식에 대한 하나의 해석입니다. 그는 사람들이 (홍해의) 다른 쪽에 도달하고자 직접적으로 초점을 맞추고 있는 지점으로 사람들의 감정을 옮겨 왔습니다. 그들은 '약속의 땅'에 가고 있었던

죠. 하지만, 사실 그것은 그리스도 에너지였습니다. 왜냐하면 고통 받는 이야기는 우주 보편적이기 때문입니다. 그것은 고난의 전 세계로부터 인간을 자유롭게 하는 것에 관계된 것입니다. 당신이 어떤 문화를 가졌든지 그것은 동일합니다. 단순히 예수가 아니고 동시에 전 지구에 함께 존재하는 그리스도의 메시지에는 많은 진실이 있습니다. 그것은 단순히 기독교의 전통은 아닙니다. 그래서 신(神)은 마치 우리가 레몬을 여러 조각으로 자르듯이 자신을 많은 조각으로 나누며, 서로 다른 장소에서 똑같은 시간에 나타납니다. 이 장소에서 저 장소로 보내진 것이 아니라, 동시에 모든 장소에 있기 때문입니다. 그것이 곧 재림입니다. 사람들은 하나가 동시에 모든 곳에 있을 수 있고, 그것은 물리적 표현으로 나타나는 개별적인 개체가 아니라는 사실을 이해해야 합니다.

◎ 그래서 가장 중요한 메시지는 예수님이 어떤 곳에 나타나느냐, 나타나지 않으냐 하는 것이 아니라, 항상 그리스도가 모든 곳에 있다는 것입니까?

예, 바로 그것입니다. 정확합니다.

예루살렘

◎ 왜 예수님은 그 특별한 시기와 문화 속에서 다른 곳이 아닌 이스라엘에서 육화했습니까?

그가 그곳에 이끌려왔던 것이 아니고, 그곳에 있는 에너지 문제 때문에 그곳에 배치되었던 것입니다. 그래서 우리는 또 다른 하나의 침놓는 지점(경락)에 관하여 말하고 있습니다. 우리는 베들레헴의 별에 관하여 말하고 있습니다. 만약 그래야만 했다면, 전체 지

행합니다. 예수님은 한 특정한 시기에 모든 색깔의 빛을 다룰 수 있었습니다. 지금은 많은 서로 다른 사람들이 지구의 상승을 위해 서로 다른 빛과 에너지를 다루어야 합니다. 하지만 많은 사람들의 의식이 깨어나고 있습니다. 그러기 때문에 예수님의 재림은 사람들의 내면에 있는 빛에 대한 자아의 각성이며, 따라서 가르침은 내부에서 오는 것입니다. 가르침이 밖에서 올 필요는 없는 것이죠. 왜냐하면 밖에서 온다면, 모든 사람들이 내면의 빛을 죽이는 것이 되니까요. 사람들은 긍정과 부정, 옳고 그름을 증명하는 외부의 힘을 끝내고자 노력합니다. 그리고 아무도 자기가 틀렸다고 듣게 되는 것을 원하지 않지요. 이해가 되나요?

◎ 사람들은 지금 그의 이름이 '사난다(Sananda)'라고 합니다.

'사난다'는 산스크리트어에서 왔으며, 이 이름은 더 크고 쉬운 진동에 열려있습니다. '예수님'이라고 자신에게 말해보세요. 그럼 당신은 이 이름이 다른 진동을 갖고 있다는 것을 알게 될 것입니다. 그것은 가슴의 진동 문제입니다. 예수님에게는 많은 이름이 있었습니다만, 사난다는 수 세기에 걸쳐서 사용된 이름이었습니다. 그가 여행할 때에는 다른 이름들로 불렸습니다.

예수님이 북 아메리카에서 나타났었다?

◎ 몰몬경에는 예수님이 아메리카 원주민들에게 나타났다는 이야기가 있는데요, 사실인가요?

예, 사실입니다. 그는 또한 과거 마야의 전통 속에서 케찰코아틀(Quetzalcoatl)이었다는 말도 있습니다. 즉, 성흔(聖痕) - 십자가에 못 박힌 상처와 같은 모양의 손바닥 흔적 - 을 갖고서 나타났다는 것이

님은 마야의 구름 속에서 나타나는 것입니다. 의식(意識)의 부서져 다시 수정처럼 맑아짐에 따라서 사람들은 그리스도를 받게 될 것입니다. 그리고 그리스도는 빛에 관한 것이며, 이는 개별적인 사람이 아닙니다. 즉, 이는 사람들의 표상이 될 수 있습니다. 성경에서 모든 것은 은유입니다.

◎ **약간 실망하고 있겠지만, 예수님의 귀환을 기다리고 있는 사람들이 많이 있습니다.**

어떤 매체에 의해 예수님이 마치 걷고 있는 것처럼 보이게 만드는 홀로그램(Hologram)이 가능할 수는 있다고 말할 수 있습니다. 우리가 농담하는 것은 아닙니다.

◎ **다음 시간대나 다음 천년기에 (지구에) 올 다른 스승이 있을까요?**

현재는 상승한 마스터인 성 저메인 대사가 그 책임을 맡고 있습니다. 그래서 보라색 광선이 매우 중요합니다. 당신이 보랏빛 화염이나 오라를 택할 때, 그것은 자유롭게 되고자하는 의도 및 욕구에 따라 개방된 자기장과 태양빛에 의해 지금 고양된 지구 행성의 진동률의 일부분이 되는 것이라는 점을 아십시오. 그래서 그것은 자유입니다. 우리는 사람들이 "난 이것으로부터 자유로워지고 싶어 … 난 저것으로부터 자유로워지고 싶어."라고 말하는 것을 봅니다. 하지만 자유는 규율과 책임이 따르는 것입니다.

◎ **지상에 육화해 있는 스승이나 높은 수준의 영혼이 있습니까?**

이미 있습니다. 지구상에는 많은 스승들이 있습니다. 인도에도 많은 스승들이 있지요? 우리가 알다시피, 그들 중 몇몇은 여성들입니다. 그리고 사이바바(Sai Baba)님도 있습니다. 비록 그들이 때때로 인간의 성향을 보여주지만, 그들은 또한 빛을 들여오는 일을 수 그리고 그 점이 예수님인 것입니다. 지금 그리스도는 모든 형태 속에 존재합니다. 그래서 그것은 홀로그램(hologram) 같은 것입니다. 그 특별한 순간, 즉 예수님이 죽은 순간 이후로 줄곧 창조의 모든 순간 속에 항상 그가 현존하고 있습니다. 그것이 신적현존으로서의 진아(眞我)이고, 그것을 변화시키는 것은 없습니다.

예수의 귀환(歸還)

◎ 예수님의 영혼은 육체적으로 다시 (지구에) 귀환할까요?

예수님의 영혼은 그 영혼으로부터 너무나 많은 것을 받았기 때문에, 다시 돌아올 필요가 없습니다. 우리는 아니라고 말하며, 그 영혼은 (신과) 융합되어 있습니다. 그는 상승한 마스터인 것입니다. 그는 아직도 더욱 큰 의식의 영역, 그리고 사랑과 치유의 영역으로 발전하고 있으며, 당신도 그 점을 보고 싶을 것입니다. 예수님이 다시 귀환하는 것이 진정한 그일까요? 아닙니다. 그는 (과거의) 그가 결코 아닙니다. (몸을 구성하는) 분자들이 서로 합해지는 순간이 있었으며, 예수는 결코 과거의 그가 아닌 것입니다. 그것은 예수의 재창조가 될 것입니다. 우리는 똑같은 강물 속에 두 번 다시 발을 담글 수가 없습니다.

◎ 성경 속에는 예수님이 떠날 때와 마찬가지로 구름 속에서 돌아올 것이라고 말합니다. 그럼 이 글의 의미는 무엇인가요?

그것은 은유(隱喩)입니다. 그리고 구름은 마야(Maya)를 뜻하는 것으로서, 마야란 지상에서 영적인 근원을 잊어버리는 것을 의미하지요. 구름은 지구에서 태양과 의식을 가립니다. 따라서 태양을 볼 수가 없지요. 그러므로 구름을 걷을 필요가 있습니다. 따라서 예수

◎ **저의 생각으로는 유다가 예수님으로 하여금 예수님 자신을 당국에 입증하도록 강요하고 싶어 했고, 따라서 예수님을 넘겨주기를 원했다고 생각합니다만 …**

진실은 유다가 일종의 역할을 했다는 것입니다. 말하자면, 하늘에는 거대한 카르마의 작용이 있는데, 유다는 영혼의 수준에서 두 가지 측면을 가진 유다 자신의 자아 부분에 대해서 깨어있었고, 또한 알고 있었습니다. 그는 두 가지 면, 즉 말하자면 선과 악을 갖고 있었습니다. 따라서 그는 상충(相衝)되는 역할을 했으며, 그것은 인간적인 일인 것이죠. 유다는 하나의 인간이었습니다.

◎ **유다는 예수님이 메시아라는 것을 믿었습니까?**

예, 믿었습니다. 하지만 그는 하느님이 어떤 식으로 그 메시아를 원했는지를 이해하는 자신의 능력에 대해 갈등하고 있었습니다. 하느님은 단지 모든 일이 일어나게 강요됨이 없이 (자연스럽게) 알려지거나 인식되기를 원했습니다.

◎ **예수님은 십자가형에서 육체적으로 생존했나요?**

그렇습니다. 그는 요가 수행자였으며, 그의 숨(breathe)을 육체에서 떠나게 할 수 있었습니다. 요가식으로 말한다면, 그는 얼마의 기간 동안(3일?) 잠자는 상태가 되었으며, 육체적으로는 마치 살아있지 않은 것처럼 되었으나, 살아있었습니다. 이것은 쉽게 이해되지 않을 것입니다. 하지만 그는 이런 류의 사건이 있는 동안 자기 육체의 생명을 회복하지는 않았습니다. 그럴 목적(생명을 재개하는 일)이 없었던 것이죠. 많은 사람들이 "아, 그는 결혼했고, 가족을 갖고 있었으며, 정상적인 생활을 했다."라고 말하지만 우리는 그 점을 말하고 싶지는 않습니다. 우리가 강조해서 말하고자 하는 점은 지금 모든 순간에 그는 여러 가지 형태로 존재한다는 사실입니다.

매우 어려운 상징이지요.

◎ 이것(십자가상)은 인류를 위해 예정되어있던 상징인가요?

 그것은 단지 인간에 의해 만들어진 것입니다. 신(神)은 관계가 없습니다. 신은 인간이 모든 것을 나타내도록 허용합니다. 그러므로 그것은 일반 사람들의 주의를 끌 수 있도록 한 초점입니다. 즉 사람들에게 강한 충격을 주어 관심이 끌리게끔 한 초점인 것이지요. 그것은 하느님이 십자가를 그렇게 특별하게 창조했다는 것이 아닙니다. 예수님의 죽음에 대한 상징은 죽음이 없다는 것입니다. 사람을 아무리 십자가에서 죽여도 죽음이 없다는 사실입니다. 그는 삶의 순환 속에서 계속해서 일어나고 움직입니다. 그것이 예수의 상징인 것입니다. 십자가가 했던 일은 이런 초점을 이용한 것이고, 실제로 최면상태를 창조해낸 것입니다. 그렇다면 초점은 예수님의 생애입니까, 아니면 십자가입니까? 그래서 이와 같은 (십자가) 형태로 나타낸 것은 에너지의 오용(誤用)이요, 잘못 표현한 것입니다.

◎ 예수님은 어떤 개인적인 카르마를 청산하기 위해 십자가형을 받았습니까?

 아니요. 그가 카르마를 지니고 있었지만, 그것은 개인적인 카르마가 아니었습니다. 기독교의 믿음은 이것(십자가 형)을 희생 같은 것으로 생각하고 싶겠지만, 사실은 그가 위대한 스승이었다는 것이었습니다. 그는 카르마를 청산할 수 있는 힘을 갖고 있었기 때문에 (그가 십자가형을 받았던 것은) 카르마를 떠안은 것이었습니다. 그는 카르마를 청산했습니다. 그리고 그는 가롯 유다가 죽기 전에 유다의 카르마를 청산해 주었습니다. 그는 유다를 너무나 사랑했고, 또한 그를 용서했기 때문에 카르마 때문에 유다를 떠나지는 않았을 것입니다. 따라서 유다는 하느님이 그에게 준 일, 즉 예수님을 배반한 일에 대해서 책임이 없었습니다.

다. 비록 예수님이 자신을 십자가 위에다 허용하는 굴복이 있었지만, 그는 그것을 간단히 모면할 수 있었습니다. 그의 손가락 하나의 움직임으로 모든 상황을 바꿀 수 있었음에도 그는 하느님의 뜻에 따르기로 했으며, 그것은 그의 시범적인 행동이었습니다. 예수님은 이제 전 지구상에서 큰 명성을 얻고 있습니다. 그러나 이것이 (지구 위를) 걸었던 한 인간이었던 그의 진면목(眞面目)일까요? 아닙니다. 그렇지 않습니다. 그의 진면목은 그가 무엇을 세상에 전달해 줄 수 있었던가 입니다. 즉, 사람들이 진정으로 경험을 갖도록 에너지를 가져올 수 있었는가의 문제입니다. 이 지구상에는 (예수님이) 시범 보여준 똑같은 힘을 가진 많은 깨달은 대사들이 있습니다. 예수님은 빛으로 알려진 진리를 시범보이도록 선택된, 카르마에서 자유로운 존재였습니다. 그리고 그것은 쌍어궁 시대를 가져오기 위한 길이라고 선언되었던 것입니다.

◎ **십자가의 상징은 무엇입니까?**

십자가는 하나의 장소, 지점, 그리고 초점에 관한 상징입니다. 십자가를 'X' 자 모양으로 놓아보세요. 그러면, 그것 역시 지구에 보내진 한 남성의 출현에 대한 상징인 것입니다. 만일 당신이 지구 위에서 한 인간의 존재를 본다면, 그것은 십자가입니다. 그것은 지구 닻을 내린 에너지 존재의 표현일 뿐만 아니라, 그 에너지는 동시에 다른 방향으로 확장됩니다. 그런데 요지는 인간이 십자가형을 받아서 그 십자가 위에다 사람을 눕혀놓고 최대한도로 수족을 뻗게 한다면, 그것은 노출과 수치스러운 모습이 됩니다. 그런데 어떻게 교회에서는 십자가가 긍정적인 중요한 어떤 상징이 되었을까요? 그것이 교회에서 긍정적인가요? 혹은 그 십자가는 어떤 일이 있든 간에 당신이 어려움으로 끝날 것이라는 상징인가요? 이런 종류의 에너지는 사람들로 하여금 그들 역시 이런 처지에 있게 될 것이고, 따라서 그들은 인생의 모든 면이 노출되고 어려움을 겪게 될 것이라는 이야기가 됩니다. 그것은 그런 의도적인 에너지와 연결되는

착하지 않았습니다. 그는 전체적인 진실 속에서 그것에 연결돼 있지는 않았습니다. 그러나 육체는 눈물을 흘리고, 피를 흘리며, 웃습니다. 하지만 그런 것은 진정한 그가 아닙니다.

◎ 그는 그런 개인적이고 인간적인 연결을 유지했나요?

그렇습니다. 그는 그것을 유지했으며, (나중에) 그런 인간적인 면은 떨어져 나갔습니다. 그는 그런 인간적인 속성의 지속이 진정 어디에 달려있는지를 알고 있었습니다. 그러나 일반 사람들은 대부분이 고통으로부터 자신을 멀리 분리시킬 수 있는 그런 수양을 할 만한 내부의 힘을 갖고 있지 않았습니다. 많은 사람들이 그렇습니다. 이런 형태 속에서 자신들이 무엇을 하고 있는가를 깨달았고, 깨달아 가고 있는 존재들이 있습니다. 그가 오직 유일한 사람은 아니었습니다. 이해하겠습니까? 예수님에게는 그것은 인류의 한 특정 모델에 관한 묘사요, 일종의 (본보기적인) 특별한 연기(演技)였습니

1부 질문과 답변들　　　　　　　　　　　　　　　　　　　183

그는 지구 위에서 엄청난 고통과 부정성(否定性), 죄악, 그리고 사랑이 무엇인가에 관한 오해의 한 상징으로서의 투영이었던 것입니다. 그것은 굉장한 자취였습니다. 그리고 자기 몸을 희생으로서 보여주었던 것은 매우 생생했으며, 배움을 위해서 매우 집중된 교훈이었습니다. 누군가 그 교훈을 배웠던가요? 우리는 그렇게 생각하지 않습니다. 얼마나 오해와 무지가 두터웠습니까? 그것은 사랑을 보지 못하고 환영(幻影)의 베일 속에 갇혀 있는 것이었습니다. 명상과 마음의 정화(淨化)에 있어서 상당한 공력을 갖고 있는 사람은 그런 (무지한) 행동을 취하지는 않았을 것입니다. 그래서 지구상에는 낙후된 영혼들의 영향력이 존재하는 것이며, 그런 기존의 사고방식을 정화하는 데에는 많은 것들이 필요합니다. 그것은 심판과 처벌에 관계된 사고방식입니다. 사람들은 지상에서 심판하고 벌을 줍니다. 그래서 예수님은 재판받고 처벌받음으로써 그곳에 있었습니다. 하지만 그는 하느님에게로 석방되었으며, (따라서) 그는 진정으로 재판이나 처벌을 받지 않았습니다. 그러나 사람들이 이것을 이해할까요? 아직은 아닙니다.

◎ 그는 십자가형을 받아야한다는 것을 알고는 있었지만, 정말로 그렇게 되기를 원하지는 않았다는 말씀인가요?

한 인간으로서 육체 속에는 느낌과 감정들이 밀려오고, 또한 이해의 물결이 다가옵니다. 어떤 순간에 그는 이를 이해하고 있었으나, 다른 순간에는 잘 이해가 되지 않았습니다. 그는 인간적인 수준에서는 우리가 두려워하는 모든 것에 대해서 두려워했습니다. 그러나 그는 아버지 하느님과 접촉하고 있었으며, 영(靈)으로서의 자신의 일부분에 접근할 수가 있었습니다. 우리는 그가 역할을 떠맡는다는 것에 대해서는 두려워하지 않았다는 것을 말하려고 합니다. 보통 사람들의 시각에서 볼 때 거기에는 두 가지 다른 관점이 있습니다. 먼저 그가 마치 크게 고통을 당했던 것처럼 보입니다. 그리고 그의 물리적인 신체는 정말로 고통을 당했으나, 그는 그것에 집

◎ 막달라 마리아는 예수님의 '영적인 일'과 어떻게 연관돼 있었습니까?

많이 관련되어 있었습니다. 예수님은 다른 사람들이 이해할 수 없는 것들을 그녀에게 가르쳤습니다. 그녀는 다른 생에서 에세네(Essene) 공동체에서 자랐습니다. 그래서 그녀는 준비돼 있고 기꺼이 배우려는 학생이었습니다. 그녀는 매우 강한 여자였으며, 또한 수양(修養)이 돼 있던 여자였습니다. 그것이 바로 하느님이 가르침을 받도록 그녀를 택한 이유입니다.

◎ 그녀는 창녀였습니까?

이것은 은유(隱喩)로서 볼 수 있습니다. 그녀가 한 때 그런 행위를 했었을 수도 있겠으나, 그것은 과장되고 균형이 맞지 않은 말입니다. 그래서 지금 우리는 말하자면 '거리의 창녀'에 관해서 말하는 것이 아니고, 잠자리를 한 사람이 몇 사람이었다거나, 또는 그녀의 인생에서 함께 한 사람이 몇 사람이었다는 것을 이야기하는 것입니다. 그것은 나쁜 일이 아닙니다. 그녀는 나쁜 사람이 아니었습니다.

십자가상에서의 죽음

◎ 십자가형은 어떻게 해서 받게 되었나요?

십자가형은 우리가 예수를 통해서, 그리고 인간의 마음에서 보았듯이 매우 무거운 형벌입니다. 그래서 우리는 그의 교훈에 관해서 말하고 있는 것이며, 반드시 그의 수난에 관해 말하는 것은 아닙니다. 그는 인간의 마음을 위해 교훈을 투영(投影)했던 존재였습니다.

것은 거대한 상승 이론입니다. 정숙(貞淑)이란 말이 처녀성이냐 그렇지 않느냐의 의미가 있기 때문에 좋지 않은 의미를 갖고 있습니다. 그런 문제가 아닙니다. 그것은 자아를 깨닫는 것에 관한 것입니다. (남자의) 몸과 여자의 자궁은 한 존재를 위한 빛의 그릇이 되며, 그 존재가 무엇이 될 것인가는 아직 알 수 없지요. 그것은 의도했던 무엇이나 될 수가 있습니다. 이것은 (여자의) 몸이 이 남자 혹은 저 남자와 접촉했느냐 그렇지 않느냐 하는 문제가 아닙니다. 그런 것은 순전히 육체적인 것입니다.

◎ 그래서 이것은 누군가에 관한 상징이란 말씀이군요. 누군가 그리스도를 가진 사람이 너무 순수해서 그 영혼에 의해 육체적인 방법으로 임신하게 되었다는 말씀이 되겠군요.

 그렇습니다. 완전한 결혼이지요.

◎ 당신은 사람들의 믿음과 결합해서 기적을 일으키는 원인이 된다는 예수님의 에너지에 관해서 말씀하셨습니다. 그럼 죽음에서 살아나도록 한 '나사로'에 관해서는 어떻습니까?

 그것은 물리적인 관점에서 보면 대단한 일입니다. 하지만 영적인 관점에서 보면 아무것도 아닙니다. 그것은 단지 숨 쉬는 생명체가 다시 사람의 형태로 되돌아오는 문제에 불과한 것입니다. 육체는 매우 조밀하며, 또한 매우 포괄적입니다. 즉 촘촘하고 느립니다. 그러므로 나사로에게 숨을 불어넣어 생명을 되돌리는 것은 반드시 인간의 외형이 전부가 아니라는 믿음의 문제입니다. 즉, 인간은 육체적인 형태가 아니고, 다른 어떤 것입니다. 그러므로 살아난다는 사실에 대해서 믿기를 그렇게 원했던 사람들의 의식 속에 생명을 불어넣는 그의 힘은 그들의 신념과 동등한 효과를 발휘했던 것이지요. 그래서 지구상에서 그런 일이 일어났던 것입니다.

의 씨를 다른 사람에게 전할까요? 거기에는 많은 에너지의 작용이 있습니다. 그리스도 에너지가 더욱 더 많이 들어올수록 사람들은 그리스도 에너지를 아는 것의 아름다움과 전체성을 이해할 것입니다.

만일 한 여자가 그리스도의 에너지를 정말로 안다면 그녀에게 무슨 일이 일어날까요? 막달라 마리아는 예수 그리스도와 결혼했을까요? 한 여자가 마침내 하느님의 에너지, 즉 그리스도 에너지를 알게 되면, 그녀는 임신하게 됩니다. 임신에는 여러 수준이 있습니다. 우리는 태어난 작은 물리적인 육체에 관해서 말할 수 있고, 또한 당신은 우주적인 임신과 사랑, 로맨스에 관해서도 이야기 할 수 있습니다. 그것은 단지 한 개념에 불과한 것입니다.

◎ 그럼 그의 아이가 순수한 에너지를 옮겨줌으로써 태어났다는 말씀인가요?

아, 그것, 멋진 일이네요. 그렇지 않습니까? 만일 당신이 한 생명을 태어나게 할 수 있다면, 그 외에 할 수 있는 일은 무엇인가요?

◎ 그래서 그 여자가 누구인지는 말씀하시지 않겠다는 것입니까?

그렇습니다.

◎ 순결의 의미에 관해서는 어떤 의견이십니까?

그것이 어떤 것이냐고요? 당신도 알다시피 그것은 좋은 개념입니다. 만약 당신이 자신 안에 그리스도 에너지가 있다는 것을 안다면, 왜 내부에 존재하는 그 어린아이를 낳고 싶지 않겠어요? 그럴 수 있는 것입니다. 왜 이 어린아이가 한 남자와 내부에 그리스도를 가진 것을 아는 한 여자의 공통의 씨가 될 수 없다는 것입니까? 이 그리고 그런 방식은 모든 이에 대한 사랑과 연민으로부터 벗어나 있습니다. 예수님은 "이들이 나의 자녀들이다. 이들이 지구를 물려받을 것이다"라는 말은 하지 않았습니다.

◎ 하지만 예수님의 여자는 있었습니까?

예, 있었습니다.

◎ 그럼, 그가 그녀와 결혼했다는 말씀인가요?

그는 가슴으로 결혼했습니다.

◎ 그리고 아이가 태어났다는 것인가요?

예, 하지만 십자가 형 이후에 태어났습니다. 중요한 것은 자신에게 행복을 가져오는 그리스도 의식을 갖는 문제입니다. 그는 보통 사람이었습니다. 그는 보통 사람이면서 한 그리스도였던 것입니다. 이해가 됩니까? 그는 자기가 누구인지 알고 있었습니다. 또한 그는 항상 기적을 행하고 다니지는 않았습니다. 당신은 그가 사람들에게 그들 내부에서 자신들을 치유할 수 있는 능력을 갖고 있음을 증명하면서 사랑에 찬 자비로운 존재로서 사랑으로 타인을 받아들이며 살았다는 것을 발견하게 될 것입니다. 그가 사람들을 치유하지는 않았습니다. 사람들을 치유했던 것은 사랑이었습니다. 그리고 사람들은 스스로 사랑과 접촉해야 했던 것입니다.

◎ 예수님은 막달라 마리아와 관련이 있었습니까?

그는 모든 사람들을 똑같이 사랑했습니다. 우리가 이런 수준에 이르렀을 때 당신은 남녀 간의 사랑은 그런 만인에 대한 진정한 사랑의 표현의 일부가 아님을 이해할 것입니다. 어떻게 한 사람이 그

것입니다. 그리스도 에너지를 이런 식으로 해석하는 것은 좋습니다. 하지만 동시에 막달라 마리아에게 있었던 그리스도 에너지는 무엇이었을까요? 그 그리스도의 힘은 순수한 빛이고, 순수한 의식이며, 순수한 진리입니다. 예수님은 자신의 생애동안 역량이 있었고, 그 그리스도의 힘에 열려있었습니다. 또한 그것을 세상에 전하며 매우 이상적(理想的)인 삶을 살았습니다. 그리스도의 원리는 그가 가르쳤던 것이므로 (그것을 배우는 것은) 우리가 영어권 사회에서 불편 없는 삶을 살기 위해 영어를 배울 수 있는 것과 유사합니다. 그는 가르치는 삶을 살았었지요.

인간으로서의 예수

◎ 예수님은 결혼했거나, 자녀가 있었습니까?

그 진실을 밝힌다면, 우리는 예수님은 매우 인간적인 사람이었다고 말할 것입니다. 그러나 성경은 그가 초월적으로 활동했다는 관점을 갖고 있기 때문에 당신이 그렇게 생각하는 것을 좋아하지 않습니다. 하지만 (과거를 볼 수 있는) 우리의 능력으로 볼 때, 그는 매우 인간적인 사람이었으며, 인생의 그런 면(결혼하고 자녀가 있었다는 점)이 있었다는 것을 말하고자 합니다. 예수님은 한 자녀가 있었습니다. 십자가형을 받기 전에 임신 중인 아이가 있었던 것입니다. 그래서 그리스도는 항상 살아있습니다. 그것이 항상 중요한 표시이며, 그리스도는 결코 죽지 않습니다.

◎ 예수님의 왕족 혈통에 관련해서 이야기를 좀 해주세요.

모든 아이들은 하느님의 자녀들입니다. 이것은 (세상적) 혈통에 관계된 것이 아닌데, 왕족 또한 매우 세속적인 것이기 때문입니다.

그리스도의 힘

◎ 예수와 그리스도 간의 어떤 차이점이 있다면, 무엇입니까?

예수는 한 사람의 이름이고, 그리스도는 힘(Force)의 이름입니다. 당신도 그 힘을 갖고 있고, 나도 갖고 있으며, 모든 사람이 그것을 갖고 있습니다. 따라서 예수 그리스도(Jesus the Christ)가 합당한 형태의 이름입니다. 그 이유는 그는 그리스도의 힘이 어떠한가를 보여주기 위해서, 이 세상에서 그런 능력과 특성을 나타냈었기 때문입니다. 소수의 사람들만이 일상 생활에서 그리스도의 힘을 보여줄 수가 있습니다. 이는 마치 우리가 잠들 때, 깨어있지 못하는 것과 같습니다. 인간이 그런 상태에서는 깨어있을 수가 없지요. 그리스도 원리는 단지 빛이며, 전 우주에 스며들고 침투해 있는 것입니다. 말하자면, 그리스도 원리를 함께 끌어낼 수 있고 한 생애 내에서 자기들이 아는 것을 함께 나누기 위해 그런 의식을 발현하는 소수의 존재들이 있습니다. 그것은 아주 간단합니다. 그것은 밖에 나가서 깃발을 흔드는 것과는 다릅니다. 그들은 매우 단순하고, 진실되며, 매우 적절한 인생행로를 갖고 있습니다.

◎ 그리스도에 대한 예수님의 관계를 말씀해 주십시오.

그리스도는 항상 예수님과 함께 있었으며, 이는 상징적인 것입니다. 이는 마치 한 젊은이가 육체적으로 성장하여 힘을 갖는 것과 비슷합니다. 하지만 완전한 힘은 그것을 합치고자 하는 계획과 소망이 없이는 오지 않습니다. 요한에 의한 세례는 곧 그의 가르치는 능력과 에너지를 사용하는 능력을 최대한 발휘할 수 있게 그가 바친 모든 세월을 인정하는 것이었습니다. 그리스도의 힘이 그렇게 (예수님처럼) 나타나는 데에는 강력하고 순수한 자각이 필요하며, 남성으로서의 예수님은 창조적인 면보다는 순수한 의식이 발현된 시내(sinai) 산에서 그리 멀지 않은 곳에서 살았습니다. 예수님과 같은 지역, 같은 장소입니다.

◎ 다시 질문 드립니다만, 그는 유대 민족과 관련이 있습니까?

그렇습니다. 그러나 그는 유대교와 관계가 있다기보다는 전체성(wholeness)과 관련이 있습니다.

◎ 그가 그렇게 오랫동안 이 문화와 신념에 그렇게 크게 관련을 맺고 있었다는 것은 아이로니(ironic)합니다. 하지만 그는 유대 사람들에게 실질적으로 무시당했습니다.

내가 말하는 요지는 그런 것이 아닙니다. 그것은 그 순간의 존재에 관한 것입니다. 그리스도 의식으로 명상하는 사람은 누구나 예수요, 여호수아이며, 또한 성 저메인이고, 똑 같은 공기로 숨쉬며, 똑 같은 에너지 속에서 움직이는 것입니다.

◎ 예수 그리스도의 첫 번째 육화는 누구였습니까?

첫 번째 육화는 설명하기가 더 어렵군요. 그가 지구 행성에 처음 왔을 때의 생은 (태어났다기보다는) 일종의 출현이었고, 이 출현이 실현되었을 때는 많은 양의 에너지적 존재들이 지구에 왔었습니다. 예수는 Jesus라는 이름과 여호수아라는 이름을 갖고 있는 존재입니다. 그러나 그의 지구 행성 위의 첫 출현은 거대한 빛 중에 하나였습니다. 그리고 그것은 사람이 아니고 에너지였습니다. 따라서 부처님은 그 거대한 첫 번째 에너지 폭발, 즉 첫 번째 출현의 한 부분이었으며, 모든 것은 그것으로부터 여과(濾過)되어 내려왔습니다. 그리고 그것이 한 사람, 한 사람 뚜렷한 사람이 되었던 것입니다.

도약들이었습니다.

◎ 여호수아는 어떤 사람이었으며, 어디에서 살았습니까?

여호수아는 매우 오래 살았으며, 그의 생애동안 많은 것을 배웠습니다. 물론 그는 매우 강한 남성이었지요. 그는 매우 순수한 에너지를 갖고 있었으며, 또한 그 에너지를 그의 영역 속에 들어오는 일반 사람들에게 방사할 수 있었습니다. 하지만 그는 비교적 잘 알려져 있지 않은 사람이지요.

내가 그의 생애에 있어서의 어떤 종류의 힘이나 혹은 연민 같은 것을 나타내자는 것은 아닙니다. 그의 위대함은 그가 순수한 영혼으로 육화했다는 점과 정보 및 에너지를 모으기 위해 왔다는 관점으로부터 오는 것입니다. 그에 관해서는 매우 불필요하게 기록된 것이 있습니다. 하나의 에너지였던 이 사람에 관해 진행된 어떤 것도 공표할 필요가 없었던 것입니다. 이 사람은 자기 스스로 "내가 진리요, 길이며, 빛이다."라는 것을 알고서 (지구에) 왔다는 생각인 것이지요.

◎ 성 저메인 대사님은 "아이 엠(I AM)"으로 시작하는 디크리(Decree)들을 가르쳤습니다. 그는 이 "I AM"이란 말이 "내 안에 있는 신(God)"이라는 의미라고 말합니다. 그렇다면 그 의미는 "내 안에 있는 신이 진리요, 빛이다."라는 의미일까요?

그렇습니다. 성 저메인님은 이 점에 관해서는 약간 더 빛나는 길을 갖고 있었지요. 예수 그리스도는 그런 길을 통해 움직였던 단순한 인간이었고, 그와 더불어 그런 운명을 갖고 있었습니다. 따라서 늘 그는 (성 저메인과) 동등한 사람이었습니다.

◎ 여호수아는 어디에서 살았습니까? 추측으로는 유대 지역인 것 같습니다만 …

◎ 당신은 예수님이 지구상에서 3번의 생애를 살았다고 말씀하셨습니다.

예, 그렇습니다. 지구 행성위에서의 환생이었지요.

◎ 그래서 그는 배움을 위해서라기보다는 가르치기 위해서 왔었다는 말씀인가요?

그는 각각의 경우에 다시 배워야 했습니다. 하지만 이런 배움은 부당한 일만 당하지 않는다면 쉽습니다.

◎ 예수 이전의 그 전생은 무엇이었습니까?

예, 그것은 여호수아의 진동(振動)이었습니다. 이해가 됩니까?

◎ 성경에 나오는 여호수아(Joshua)란 말씀이십니까?

꼭 우리가 듣는 그대로의 성경상의 여호수아는 아닙니다. 즉 반드시 그 여호수아와 같은 사람은 아니라는 말입니다. 여호수아는 봉사에 있어서 어린 사람이었지만, 예수님은 성숙할 뿐만 아니라 유능한 사람이었습니다. 예수님의 일은 세 번의 도약(跳躍) 속에서 이루어졌습니다. 이것은 대다수의 미성숙한 중생들은 약 십만 번의 재생을 필요로 합니다. 하지만 이것은 하느님과 이미 그 진동을 맞추어져 있었기 때문이었습니다. 그는 시작하는 사람이었습니다. 즉 그는 하느님으로부터의 선물로서 지구 행성 방향 내에서의 일종의 에너지 개시자(開始者)였지요. 그런고로 세 번의 점프(jump)를 했던 것입니다. 그중 하나는 그가 사랑과 자비의 아이 같은 에너지였으며, 다음은 봉사에 있어서 어른의 에너지였고, 또한 활동적인 에너지였습니다. 그리고 마지막으로 지구 행성에서의 스승으로서의 에너지였습니다. 그리고 그것은 느림보 영혼들의 추락 이전에 했을

7. 예수 그리스도와 성서

- 신약성경 -

예수의 3번의 재생

◎ 예수님은 지구에 온 진화한 영혼이었습니까?

그렇습니다.

◎ 예수님은 구약의 계명(예를 들어 눈에는 눈 등)을 용서의 계명으로 바꾸려고 왔나요?

예, 자비심, 사랑, 형제애, 심판하지 않는 것, 평화, 그리고 은총 등을 가르치려고 왔었지요. 만일 당신이 은총 가운데에 있다면, 결코 남을 미워할 수 없습니다. 심지어는 용서 안에 있지도 않지요. 그것은 마치 흐름 속에 있는 것과 같습니다.

말하는 것이 아니고, 외부의 힘을 통제하는 것을 말하고 있습니다. 일반인들은 그들 자신들의 주인이 되지 않는 길을 택했기 때문에 일종의 노예로 전락했습니다.

◎ **그래서 적그리스도 시나리오는 확실한 가능성이 있는 것입니까?**

예, 이 시점(2001년)의 특별한 위치에서 볼 때 그렇습니다. 그리고 빛의 감정과 지속적인 헌신으로 함께 뭉친 일반인들이 지구상의 나머지 사람들에게 확실히 큰 도움을 줄 것입니다.

다수의 적그리스도들(Antichrists)

◎ 자신이 하느님처럼 되기를 시도하며 지구를 가능한 한 조종하려고 하는 적그리스도적인 인물이 정말로 있습니까?

지구상에는 이미 몇몇의 이런 사람들이 있습니다. 그들은 정치적, 종교적인 형태로 옵니다. 그들은 많은 권력을 원하므로 대중으로부터 많은 힘을 빼앗습니다. 이것이 바로 적그리스도인 것이지요. 어떤 사람이 더 대중의 힘을 줄이려 하거나, 줄이려고 발버둥치는 행동을 하면 할수록 그것은 적그리스도의 행위가 됩니다. 그리고 지구상에서 그런 사람들이 두 셋 의식이 합쳐질 때, 그것은 큰 문제가 되는 것입니다.

◎ 그럼 그런 일이 일어난다고 예상하십니까?

우리는 지구상에서 이미 그런 일이 반복해서 지속되고 있는 분명한 모습을 알고 있으며, 또한 나는 당신을 놀리고 있는 것이 아닙니다. 일반인들은 하루에 두 번씩 명상하며 어떤 길을 가야할지 선택해야 합니다. 그리고 지금은 그들이 알고 있는 그들 자신에 관한 가장 좋은 부분과 접촉할 때이며, 외부 세계를 향한 자신의 행동과 주의를 점점 거둬들여야 할 때입니다.

◎ 그렇다면 적그리스도가 (반드시) 하나의 특정 인물이 아니거나, 사람들에게 교훈을 주기위해서 미리 예정돼 있었다는 의미입니까?

예, 인간들이 하나의 세계적 조직으로 되어가고 있기 때문에 그런 면이 있다고 말하려고 합니다. 그래서 그것은 그 방향으로 움직일 가능성이 있는 것입니다. 이것은 외부의 힘을 통제하는 가운데 인간이 도구가 되는 것이 될 것입니다. 우리는 내부의 힘에 관해은 존재하는 것입니다. 사람들은 많은 무지를 갖고 있는데, 그런 식으로 표현해 봅시다. 무지란 나쁜 것은 아닙니다만, 단지 이해가 부족한 것입니다. 그리고 이해의 부족은 명상의 부족에서 옵니다.

◎ 많은 사람들이 악마적인 실체가 있다고 생각하는 것이 곧 그 악마를 나타나게 하는 원인이 된다는 말씀입니까?

그렇습니다. 하지만 우리가 지금 이야기하고 있는 이것은 축소된 에너지입니다. 사탄은 산타클로스와 마찬가지로 수많은 대중들의 의식 속에 자리 잡고 있다는 것을 기억하십시오. 따라서 (인간의 의식을 통해서 작용하는) 그 (사탄의) 배후에는 많은 에너지가 있는 것입니다. 비록 사람들이 인정하지는 않겠지만, 그들은 빛에 속하지 않은 그들 자신의 (어둠의) 부분들을 갖고 있습니다. 그러므로 사람들은 그것을 확인하고 그것에 관해 두려워합니다. 그들은 항상 신(神)으로부터 분리된 자신의 그 부분들에 대해서 두려워하고 있습니다.

◎ 그러면 그 두려움이 그들에게 갖고 온 것은 …

처벌입니다. 그들은 자신을 벌하는 것이지요.

◎ 어떤 사람들은 TV에 출연해서 위협하며, 사탄이 이런 저런 일을 하고 있다고 주장하지 않아요?

예, 그것이 그들에게는 의무 같은 것이지요. 이해가 되나요? 그것이 그들의 에너지적인 개념인데, 악마가 저쪽에 커다란 존재로 있다는 것이지요. 그리고 많은 사람들이 그와 똑같은 생각을 하게 됩니다.

예, 그렇습니다. 3차원에서의 감각을 갖고 있는 육체는 매우 유혹 지향적입니다. 당신이 알다시피, 인간의 몸은 즐거움의 입구와 출구를 갖고 있습니다. 여러분은 먹고, 보며, 섹스를 합니다. 이런 것들은 모두 어느 정도의 쾌락들입니다. 만약 여러분이 이런 모든 것들을 받아들여 있는 그대로 놔두고 흘러가게 한다면, 제3의 눈 속에 있는 평화와 명상으로 들어갑니다, 말하자면 어떤 형상이 없는 것입니다. 여러분은 형상에 관한 생각들을 갖고 있지만, 본래 형상은 없습니다. 모든 것은 일종의 진동율(振動率)입니다. 또한 모든 것은 빛입니다. 모든 것은 사랑의 영향 아래 있습니다. 이런 것들을 우리는 지니고 다닙니다. 이런 것들에 관한 의식을 어느 한 장소에다 펼치기보다는 하루에 두 번씩 명상을 하십시오. 그것은 쉽습니다. 우리는 이 명상을 항상 하라고 말합니다. 시간을 정하는 것은 쉽습니다. 당신 자신의 영적인 본질과 약속을 하세요. 자신에 대한 약속입니다. 누가 그것을 하지요? 당신 자신에 관한 일입니다. 그리고 그것은 (영적인) 성장에 관한 것입니다.

◎ 그래서 명상을 하면 할수록 두려움과 이원성의 감정들, 부정적인 것들이 사라진다는 말씀이군요.

네, 그렇습니다. 당신은 세부적인 것에 갇히기보다는 진행되는 일의 중심이 될 것입니다.

사념체(思念體)로서의 사탄

◎ 사탄 또는 악마는 하나의 의식(意識)의 형태입니까, 아니면 실제적인 존재입니까?

그 사탄을 생각하는 사람이 그것을 나타난다고 생각하는 한 사탄

◎ 성서에서 말하는 것처럼, 천상에서 정말로 반란이 있었나요?

우리가 이런 식의 이야기한다면, 여전히 3차원적 관점에 머물러 있는 것입니다. 거기에는 항상 3차원의 이원성에서 오는 두 가지 요소가 나타납니다. 이원성이 존재할 때, 항상 빛과 더불어 어둠이 있어야 합니다. 그리고 거기에는 관점의 대립이 필요해집니다. 그것은 그만큼 단순한 것입니다. 그러므로 소위 "천상"이라는 세계 내에 분열이 있다면, 우리는 또한 영혼 내의 분열, 마음 내의 혼란, 자아의 창조적 부분 내의 분열에 관해 말하고 있는 겁니다.

◎ 그렇다면 미카엘이 루시퍼와 전쟁을 하고 그를 천상에서 추방했다고 말할 때, 그것은 천상에서 벌어진 실제의 전쟁 같은 것이 아니었습니까?

그것은 물리적인 전쟁이 아닙니다. 천상에서의 전투와 물리적인 전투는 서로 다른 것입니다. 천상의 전투에 관해서 이야기 해봅시다. 예, 실제의 전투가 있습니다. 우리가 거리에 나가보면 날마다 이것을 볼 수가 있습니다. (예를 들어) 조용함과 소음 사이에 전쟁이 있습니다. 그러므로 한 개인의 영적인 면에서는 항상 이 충돌이 있습니다. 따라서 그것은 천상에서의 전쟁을 나타내고 있는 것입니다. 즉, 그것은 균형이 잡히지 않은 것을 의미하는 것으로서, 즉 신을 불완전한 존재라고 인식하고 평화로 귀향하지 않는 것입니다. 그것이 낙후된 영혼(The laggard) 세력이 생겨나는 이유입니다.

◎ 그렇다면, 그것은 우리가 계속해서 마주치는 의식(意識) 속의 분리를 의미하는 것입니까?

그렇지 않습니다!

◎ 그러면, 우리가 3차원에 있을 때 사물에 관한 느낌이 마치 이원성이 있는 것과 같이 느끼는 것을 의미합니까?

나기 위한 시도를 하고 있는 것입니다. 우리는 그것을 좋다 나쁘다 말하지 않을 것이지만, 그것은 3차원의 현실을 넘어서 존재하는 힘의 나타남입니다.

타락과 천상에서의 전쟁

◎ 당신은 "타락"을 언급하셨는데, 그것은 무슨 의미입니까?

상승한 대사들의 가르침들 속에는 "타락"이라고 부르는 시대가 있는데, 거기서 그것은 다른 우주들에서 낙후된 영혼들이 지구 행성으로 온 것을 말합니다. 천상에서는 그것이 지구를 불안정하게 하지는 않을 것이라고 생각하고, 이것이 일어나도록 허용했습니다. 하지만 그것은 불균형을 초래했습니다. 그것은 단지 신(神)의 에너지를 불균형케 하는 낙후된 사고(思考), 낙후된 활동을 지구에 가져 왔지요. 완전한 신의 에너지는 아무 것도 불균형적이지 않습니다. 하지만 탐구하고 추구하고 외부세계에 민감한 존재들은 외부세계 자체에서 사랑을 찾고 해답을 찾게 될 수 있고, 낙후된 에너지적 존재들에게 영향 받기가 쉽습니다.

◎ 그 타락은 언제였나요? 시대를 알려주실 수 있나요?

성 저메인 대사가 채널링 했던 기록된 속에는 많은 상세한 내용들이 있습니다. 그리고 만약 여러분이 그 낙오자 영혼들이 어디에서 왔고, 어떻게 천사계에 영향을 미쳤는지에 관해 좀 더 알고 싶다면, 이 정보는 거기에 있는 내용을 여러분을 위해 읽는 것입니다. 그 영향은 지금도 지구 행성에 작용하고 있습니다. 하지만 그 타락의 시기는 인간이 역사를 기록하기 이전, 인류 이전의 오래 전임을 말하고 있는 것입니다.

며, 따라서 그 에너지적 효과가 종종 거기에 사는 사람들에게 자력(磁力)을 띠게 됩니다. 그 집의 에테르적 특성은 그 집을 지은 사람과 거기에 사는 사람들의 에테르적 속성들을 포함하고 있습니다. 그리고 대개 이런 사람들은 어둠의 힘을 이용하는 배경을 갖고 있지요. 거기에는 또한 그런 공간으로 사람을 부르는 지상의 특정 보텍스가 있을 수 있습니다.

◎ 이런 상태가 에너지 작업을 통해서 바뀌거나 치유될 수 있을까요?

세이지(차조깃과(科)의 다년생 초본)를 이용하거나, 높은 가치가 있는 일에 많은 헌신을 하는 것이 도움이 될 것입니다. 할 수 없는 것이 있긴 하지만, 그것은 교훈적 사건이 있을 때 그렇습니다. 인간은 자신의 몸/마음/영혼을 과거의 어떤 것과 조화롭게 통합하는 것을 배우기 위해 이런 경험을 필요로 하는 것입니다.

◎ 왜 어떤 사람들이 이런 일부 집들에서 극적이고 기괴한 경험을 하게 되죠?

인간의 에테르체 속에 담겨진 것은 일종의 진동율이고, 자기(磁氣)이며, 말하자면 하나의 컴퓨터 칩인데, 그것은 아스트랄계의 다른 부분들에다 어떤 메시지들을 내보냅니다. 그리고 그런 메시지들은 강신술(降神術)에서 행하는 어두운 실연에 의해 유발됩니다. 만약 거기에 어둠의 존재들을 호출하는 믿음 같은 것이 있다면, 교훈을 배우기 위해서 그것들을 물리적인 형태로 불러들여 출현하게 되는 것입니다. 따라서 그들은 그런 경험에다 이름을 붙인 믿음체계를 갖고 있지만, 또한 그것을 촉진하는 그 믿음 때문에 그 경험을 끌어당기고 있습니다. 대부분의 경우 그것은 전생에서의 피 흘림과 관계가 있습니다. 그리고 그것이 인간이 다른 생의 주기, 또는 다른 수준의 현실에서 유령을 나타내는 적절한 방법이며, 그들의 무의식이 외부로 드러

어둠이 자아에게 오게 되면, 거기에는 빈틈이 있습니다. 빈틈은 매우 실제적인 것처럼 느낄 수가 있지요. 그것은 텅 빈 공간, 어두운 구멍과 같습니다. 어둠이 오게 될 때 인간이 배움을 위해 그들 자신에게로 그것을 끌어당기기 때문입니다. 그것은 그 사람의 에너지 일부와 연결하는 것이 필요합니다. 그 어둠의 에너지 또한 사념체들이고 애초에 그들 자신 내면에 갖고 있었던 것임을 기억하세요.

◎ 우리 모두가 우리 내면 속에 어둠의 부분을 갖고 있다고 말씀하시는 것인가요?

그렇습니다. 물리적인 형태로요. 어둠 또는 빛, 그것은 단지 여러분이 살게 될 곳에 관해 숙달하는 것입니다. 그래서 그들은 스스로를 심판하고, 죄를 짓고, 질병을 일으킵니다. 따라서 이것은 거듭 반복되는 패턴입니다. 그저 긴장을 풀고 자기의 행위에 책임을 지세요. 더 나은 것을 소망하고 계획하고 활기차게 사십시오.

◎ 그럼 자아의 어두운 부분들에다 너무 집중하면 안 되나요?

자아의 어두운 부분들에게 초점을 맞추지 마세요. 그것들을 여러분의 존재, 여러분의 자각, 여러분의 경험을 통해 그저 흘러가는 것으로 인식하세요. 여러분이 평화롭게 될 수 있는 순간에 그것을 받아들이면, 여러분의 진동이 자동적으로 변화될 것입니다.

유령이 나오는 집

◎ 왜 집들이 유령이 출몰하게 되는 흉가(凶家)가 되나요?

그런 집은 그 고유한 에테르적인 수치와 강도, 속도를 지니고 있으글쎄요, 사람들은 애초부터 그들 자신을 구현했습니다. 여러분은 여러분 자신의 창조물입니다. 만약 여러분이 무엇인가를 행하고 육체에서 벗어나기로 결정한다면 지상에서 떠나겠지만, 거기서 여러분은 여전히 여러분 자신의 사념체로 4차원 속에서 주변을 배회하고 있습니다. 그리고 누구든지 그것은 에너지 같은 것을 갖고 있고, 여러분은 그 사념체인 것입니다. 그것은 일종의 끌어당기는 힘, 끌어당기는 의식의 흐름입니다.

◎ 그럼 그것은 하나의 생물, 하지만 구현된 생물인가요?

그래요, 실재, 에너지, 사념체, 이 모든 것이 동일한 것입니다.

◎ 사념체는 그 독자적인 생명을 갖고 있습니까?

그렇습니다. 만약 그것이 인간이 된다면, - 육체의 모습으로, 그 다음에서 육체에서 벗어나 - 그것은 그 고유의 활동적인 에너지를 갖습니다.

◎ 그것이 생명의 사이클을 갖고 진화할 수도 있나요?

사이클을 갖고 있지만 그것이 육체에서 벗어난 상태에서 반드시 진화하고 있는 것은 아닙니다. 왜냐하면 교훈을 배우는 것은 3차원 속에서이기 때문이지요. 그리고 일단 여러분이 4차원 속으로 뛰어들게 되면, 배울 수는 있긴 하지만, 떠돌며 어떤 인간에 집착하여 붙어 있을 경우 당신들은 그 사람의 생명 에너지를 원하기 때문에 그것은 드라큘라와 매우 흡사한 것입니다. 그것은 병렬적인 에너지입니다.

◎ 어둠의 에너지를 하나의 형태로 경험하는 사람들은 어떻습니까?

그렇습니다.

◎ **사람들을 혼란시키고 우리의 발전에 간섭하려는 영혼들이 있나요?**

인간은 자기들이 이용하기 위해 필요하다고 생각하는 것에 이끌립니다. 우리가 여기서 악(惡)에 관해 말하고 있는 것은 아닙니다. 비슷한 무리끼리 서로 모인다는 유유상종(類類相從)에 관해 이야기해 봅시다. 그러므로 한동안 타락했던 육신 속에 있었던 영혼은 육신으로 있는 다른 사람으로부터 에너지를 흡수할 수가 있습니다. 그것은 일종의 기생충적인 존재인 것이죠. 이해가 되나요?

◎ **사람들을 해치려고 하는 악령이나 어떤 힘들이 실제로 존재합니까?**

지구 행성에 나타나는 그런 힘들은 사념체들입니다. 모든 것은 사념체들로부터 옵니다. 따라서 인간이 악령에 관계된 사념체를 갖고 있다면, 그들은 그것을 반사하여 우주로 내보낼 것이고, 그것이 다시 되돌아오게 될 것입니다.

◎ **그것들이 실제적인 어떤 존재인가요? 아니면 단순히 사념체인가요?**

양쪽 다입니다. 여러분은 여러분만의 고유한 사념체가 있습니다.

◎ **그것이 사람들에 의해 나타난 것인가요?**

그렇습니다.

◎ **그렇다면 만약 사람들이 그것들을 나타내지 않았다면, 주변에 그런 존재들이 있지 않게 될까요?**

예, 그것은 자신의 주의력을 어디에다 두느냐의 문제입니다. 부정적인 생각보다는 긍정적인 생각이 자신을 보호하는데 유효한 것이지요. 여러분은 긍정성을 통해 자신을 강하게 만듭니다.

낙후된 영혼들, 귀신들, 그리고 육체가 없는 존재들

◎ 당신이 언급했던 낙후된 느림보 영혼들은 누구입니까?

느림보 영혼들은 반드시 이 행성에 속한 사건에 관계된 존재들이 아닙니다. 그렇기 때문에 지구상에는 어둠 속에 있는 인구수가 그렇게 많은 것입니다. 그들은 낮은 진동율을 가진 존재들이고, 이곳 지구에 자기적(磁氣的)으로 끌어당겨진 것입니다. 대부분의 경우 낙후된 영혼들은 절대자와 조화돼 있지 않다거나, 신과 함께 하는 진동 속에 있지 않다는 것을 의미합니다. 비록 지구 행성의 진동이 상승하고 있긴 하지만, 물질적이고 낮은 주파수의 진동에 이끌리는 많은 이들이 있습니다. 그들은 이해가 결여돼 있고, 자각이 결여돼 있으며, 사랑이 결여돼 있습니다. 그러므로 그것이 동일한 진동 패턴 속으로 그들을 끌어당기는 것입니다. 그 비율은 현재 10:1이라고 말할 수 있습니다. 이런 10에 해당하는 난폭하고 점점 분리되거나 외관상 어둠에 속한 미성숙한 인간들이 있습니다. 그리고 빛에 속한 1에 해당되는 인간들이 존재합니다. 그런 조건이 일정 숫자를 빛으로 데려가는 역할을 합니다. 그리고 다른 이들은 그들의 진동을 견딜 수 없기 때문에 떨어져 나갑니다. 그것은 매우 높은 진동의 몸 속에서 살 수 없는 바이러스와 같습니다.

◎ 이런 뒤떨어진 에너지는 마치 어떤 것을 무시하고 매우 제멋대로 자기들이 하기 원하는 것을 행하는 것과 흡사한가요?

아무 것도 여러분이 그것이 일어나도록 허락하지 않는 한은 일어날 수가 없습니다.

◎ 사람들은 정말로 이런 현상에 의해 고통을 받는 것처럼 보입니다. 마치 누군가 그것을 순순히 받아들이고 있다고 보기는 어려운데요.

그것은 희생자처럼 보입니다. 하지만 그것은 특정한 방식으로 그 주변의 세계에 의해 보이기도 하고, 다른 방식으로 육체로 경험되기도 합니다. 우리가 그런 경험을 제거하지는 않습니다. 때때로 그것은 매우 가혹하고 괴로울 수도 있겠지만, 이런 종류의 영혼들은 대개 어떤 인격분열을 갖고 있습니다. 그들은 이런 상태나 행위가 좋은 것이 아니라는 사실을 배우고 있는 것인데, 왜냐하면 그들이 이미 다른 생에서 그런 원인적인 씨앗을 뿌려놓았기 때문입니다. 그러므로 그들은 희생자가 아닌 것입니다. 그들은 단지 그들 자신이 이미 창조해 놓은 것을 경험하고 있는 것에 불과한 것입니다. 그들은 자신의 그런 (악순환적인) 생의 주기를 끊어버리기로 결정하고 육화하기 전에 일찍이 동의했을 수가 있습니다. 즉 다른 생에서 이해한 바를 토대로 동시에 3개의 생의 주기들을 떠맡아 한계를 경험하기로 했을 것입니다.

◎ 당신은 그들이 한 영혼으로서 다른 생에서 전에 다른 이들에게 빙의 했었거나, 밀고 들어가려고 시도했다는 말씀을 하고 있는 것이죠?

그렇습니다. 그것은 그 교훈을 배우기 위해 적당한 조건인 것입니다.

◎ 만약 우리가 부정적이거나 낮은 에너지와 마주친다면, 단지 우리가 보호받고 있다고 생각함으로써 우리 자신을 보호할 수 있을까요?

빙의(憑依)

◎ 영적인 빙의에 관한 것은 어떻습니까?

 그것은 동의에 반한 것입니다.

◎ 그것은 사람의 의지에 거슬러서 끼어들 수 있는 에너지에 관계된 것인가요?

 그렇습니다. 빙의는 오라(Aura)나 마음, 멘탈체, 감정 속에 억압이 존재하기 때문입니다. 이해하겠어요? 그러므로 그 빈곳이 낮은 진동의 실재에 의해 점거당할 수가 있는 것입니다.

◎ 어떻게 사람들이 그런 존재들로부터 그들 자신을 보호할 수 있을까요?

 오라를 충분히 청결하게 하는 것은 곧 삶을 멋지게 정화함을 의미합니다. 그리고 그것은 많은 자각과 기도와 명상을 행하는 것을 뜻합니다.

◎ 왜 하느님과 예수, 기도를 믿는 사람들 가운데 어떤 이들이 그런 것으로부터 그들 자신을 보호할 수 없는 것처럼 보이지요?

 그것은 그들 과거생의 행위와 관계가 있습니다. 그들이 지금의 이번 생에서는 하느님과 예수를 믿을지는 모르지만, 반드시 늘 그렇지는 않았을 수 있습니다. 따라서 그들은 어느 정도 겸손해질 수 있도록 다른 경험을 갖기도 하는 것입니다.

◎ 그럼 어떤 의미에서 그들이 이것에 동의한 것인가요?

화된 것을 바꿀 필요가 없습니다. 그것은 단지 모든 길이 그들을 고향으로 인도하고 있다는 문제입니다. 인간들은 어떤 종교에 속해 있든 에고가 그 경험을 해보기로 선택했기 때문에 그 교훈들을 배우고 있는 것입니다. 따라서 이것은 과거생에 겪은 경험의 한 부분이기도 합니다. 이런 경험은 영적인 형태로 남게 되고 에고의 구조물로 남게 되는데, 인간이 환생할 때 고려될 수 있도록 그 영혼에게로 되돌아갑니다.

◎ 그렇다면 그들이 이것에 대해 의문을 갖는 지점에 이를 때까지, 그것이 그들에게 남아 있게 되나요?

예. 그렇습니다.

◎ 만약 무신론자가 아무 것도 믿지 않았다면, 그들은 영계에서 무엇을 경험하게 될까요?

그것은 배워야 할 교훈이 어떤 형태이냐에 달려 있습니다. 이번 생의 주기에서 무신론자인 인간은 또한 다른 믿음을 가진 다른 생의 주기를 삽니다. 그러므로 근원으로 돌아가는 귀향길에서 그는 그런 경험을 하게 될 것입니다.

◎ 모든 믿음을 가진 모든 사람들은 빛의 터널을 통과하며 그런 경험을 하게 됩니까?

그들 가운데 많은 이들이 그런 것을 현실적으로 스스로 받아들일 만한 믿음체계를 갖고 있지 않기 때문에 차이들이 있습니다. 그것은 방향감각을 상실하는 것 같은 경험이 될 것입니다. 그렇다고 터널에서 길을 잃는 그런 일이 자주 일어나지는 않습니다. 하지만 이것이 일어날 수 있다는 것은 사실입니다.

원들이 여러분의 영과 영혼으로 끌어당겨집니다. 수많은 도움이 여러분에게 주어질 수 있습니다.

영계(靈界)에 관한 믿음들

◎ 죽으면서 예수님과 함께 있게 된다는 강한 믿음을 가진 기독교인들이 있다고 합니다. 그런 일이 일어날까요? 아니면 그들 스스로 예수님을 만들어내는 것일까요?

예, 그들이 만들어 내는 것입니다. 우리는 여기서 생을 마치는 장소에서의 상황을 말하는 것이 아니며, 사후에 여러분이 아직 어려운 시간을 갖고 있는 곳을 의미합니다. 그들은 죽음과 더불어 아스트랄 수준에서 빛 속으로 한 가지 통로를 자신들에게 제공해 주는 것을 생각해내게 되는데, 그것이 대표적으로 예수에 관한 개념이나 그런 건 조물입니다. 그것은 매우 강한 사고패턴이나 정신 능력을 가진 영혼이 미분자들을 끌어다가 자기의 앞에다 조립할 때까지는 형태가 없는 빛입니다. 그런 식으로 그들은 자기들의 믿음체계가 필요로 하는 형태로 미분자들을 가져다 상상하거나 만족스럽게 느낄 수가 있습니다.

◎ 수호령들이나 마스터들이 그들을 4차원에서 다른 수준으로 옮겨가도록 하기 위해 어떤 개입을 합니까?

다른 수준으로 이동되지 않습니다. 사후의 상태를 결정하는 것은 죽으면서 받아들이고 생명체로 창조된 것에 관해 이해하고 있는 모든 것에 의해서입니다. 그리고 요점은 인간은 자기들이 배울 교훈을 배우고 있다는 것입니다. 그러므로 예를 들면, 그것이 예수든 또는 부처든, 어떤 형태의 종교가 그 인간에게 마음이 드는가에 관해 이상 그들은 여전히 그런 욕망이 있습니다. 그것은 카르마적으로 그러한 것이지요. 그들이 그런 행위를 하지는 않았지만 그런 사념을 갖고 있는 것입니다. 약물을 하기 일쑤인 누군가는 항상 뭔가 다른 것을 원합니다. 그리고 그들은 죽어서도 마찬가지로 그런 상태로 옮겨갑니다.

◎ 그렇다면 사람들의 생각은 영계로 그대로 옮겨가게 되나요?

대부분 그렇습니다. 그것은 또한 어떤 조건에서의 죽음이냐에 관계된 문제입니다. 죽음의 조건은 흔히 미숙한 인간들을 한 동안 혼란 상태로 몰아넣을 수 있으며, 그때 그들은 죽음을 경험할 것입니다. 어떤 이들은 혼란 상태에서 옮겨가는 과정을 겪습니다.

◎ 죽을 때 그 전이과정을 용이하게 하기 위해 우리가 할 수 있는 어떤 것이 있습니까?

어떻게 인간이 의식적인 죽음에 대비할 수 있을까요? 아무도 그런 것에 관해 지나치게 생각하기를 원치 않지만, 귀향하는 한 가지 길이 있고, 모든 사람들이 육체 없이 지상을 떠나는 단계를 밝게 될 것입니다. 육신에서 분리되는 순간에 여러분이 진리로서 발견한 것이 무엇이냐에 관한 자각을 갖는 것은 중요합니다. 그것은 불성(佛性), 절대자, 교사, 스승 또는 여러분이 원하는 무엇에나 연결될 수 있습니다. 그것은 순수한 사랑의 형태일 수도 있습니다. 순수한 사랑의 본질 속에는 절대자가 궁극의 존재라는 이해가 있습니다. 이것이 여러분이 향하고 있는 곳이고, 나아가고 있는 곳입니다. 그리고 이것이 여러분이 궁극적으로 가고자 원했던 곳입니다. 우리는 신(God)이라는 용어를 사용하는데, 말하자면 그것이 모든 기초들을 망라하기 때문입니다. 죽어가는 동안에 의식 속에서 그것이 일어난다면, 여러분은 밝아지며 깨닫게 됩니다. 그리고 그 진동의 훨씬 많은 빛의 공급예, 그것은 사실입니다. 하지만 거기가 최종적인 곳은 아닙니다.

◎ 그럼 영계에서 지각되는 모든 것은 그 사람의 창조물과 더욱 흡사하겠군요?

그렇습니다.

◎ 하지만 만약 그들이 가까웠던 개나 고양이를 갖고 있었다면 …

그것은 매우 강한 사념체(思念體)입니다. 이곳의 마저리에 관해 이야기해 봅시다. 그녀는 우리에 관한 강한 사념체를 갖고 있습니다. 그러므로 그녀가 하는 것은 자기 눈을 감고 단지 우리에 관해 생각하며, 우리는 끌어당겨집니다. 그 밖의 모든 것이 여전히 거기에 있지만, 그것이 반드시 중요한 것은 아닙니다. 영적세계는 그곳에 있는 주파수와 인식 속에 갇혀 있는 것과 같습니다. 그것은 아주 작은 것이고, 별다른 것은 아닙니다. 그것은 자각속의 바늘 끝이고 연결될 수 있는 장소입니다.

◎ 죽음의 과정을 어렵게 통과하는 사람들은 어떻습니까?

가장 가혹한 경우, 즉 약물을 다량 복용하는 사람들을 살펴봅시다. 약물과 알콜을 사용하게 되면, 분열된 자아의 일부가 있게 됩니다. 그리고 그 영향으로 인해 직접 가슴에 연결되는 능력이 없습니다. 그것은 이미 건강에 해를 미친 상태입니다. 또한 그들이 죽게 되면, 이런 사람들에게는 거기에 따라 이루어지지 않은 욕망 패턴이 생겨납니다. 그것이 가장 커다란 인상, 즉 미완된 채로 남아 있다는 느낌을 만듭니다. 그것은 욕구를 실행할 의도가 있었다는 것을 의미합니다. 그러므로 만약 누군가가 마음으로 살인자였다면, 그들이 그것을 결코 실행하지는 않았지만, 그런 생각을 갖고 있다가 죽습니다. 그리고 수 있다던데요 …

예, 그것은 전자기학에 관계된 것입니다. 그들은 자신이 이끌린 사람들이나 경험들 때문에 자기들의 에너지를 거꾸로 움직이며, 무엇이 일어나고 있는가에 관한 흔적을 만들기를 원하고 있는 것입니다.

◎ 사람들이 죽었을 때, 그들의 사후(死後)에 관한 생각이 어떻든 간에 그들에게 맞는 곳으로 들어갑니까?

반드시 어떤 장소로 가는 것은 아닌데, 그곳은 더 이상 물리적인 현실계가 아니기 때문입니다. 그것은 정신적인 구조물이고, 구성되고 배워왔던 심상과 상상의 받아들임입니다. 그러므로 그것은 받아들인 빛에 관한 일종의 해석입니다.

◎ 그들이 동물과 식물들과 함께 있는 지상처럼 보이는 장소로 가게 될까요?

음, 말하자면 인간의 자각은 매우 불충분합니다. 그리고 여러분은 아직도 에고의 상태와 인간적 욕구에 대한 이런 일부에 집착합니다. 그러므로 죽는 것은 자기 자신으로부터 분리된 자아 존재에 관한 최초의 자각입니다. 그때 물질세계에 일어난 죽음에서 눈길을 돌려 그들이 이끌린 빛을 향해 바라보게 됩니다. 그런 다음에 상기해내는 기간이 있게 될 것인데, 거기에 개나 고양이 친구, 자매, 어머니 또는 형제들이 있을 것이기 때문이지요. 에너지는 결코 실제로 사라지지 않습니다.

◎ 만약 사람들이 알고 있었던 것과 같은 지상의 모습을 보기 원한다면, 그들이 그것을 볼까요?

◎ 누군가 사망해서 그들이 4차원에 있게 되면, 그들은 어떤 모습처럼 느끼게 됩니까?

아무 것도요. 멘탈계의 에너지 그 자체는 물질계에서의 느낌으로 변화됩니다. 그러므로 정신적인 것은 - 한 생각에는 그 자체와 일치하는 형태로 - 그것이 느끼게 되고 느낄 수 있었던 것과 같은 정신적 관념을 갖고 있습니다. 하지만 그것은 떠도는 상태입니다. 따라서 그것은 실제로 활성화되어 있지는 않습니다. 감정은 활성화 상태에 있는 것이고요. 그렇지 않나요?

◎ 4차원에 있는 영혼들이 3차원으로 나와 육체적 감각의 경험을 할 수 있나요?

그들 중의 어떤 영혼들은 그렇게 할 수 있습니다. 그것은 영혼이 얼마나 많이 그런 경험을 가지느냐의 문제이지만, 끌어당기는 존재가 필요합니다. 즉 그런 것에 틈새가 있는 인간이 있어야 하며, 일반적으로 높은 진동 속에서 이루어지는 것은 아닙니다. 그것은 낮은 진동의 감정인 비탄, 또는 두려움을 경험하는 존재일 것입니다. 그것은 그들이 실제로 원하는 느낌들입니다. 성경험이 어떻게 이루어집니까? 그것은 관념이 너무 강하기 때문입니다. 그것은 손을 뻗거나 어루만지는 것과는 다릅니다만, 정액이 흘러나올 만큼 그 관념은 너무 강합니다. 하지만 그 때 거기에는 육신을 갖고 있지 않은 존재가 있습니다. 그럼 어떻게 그들이 성적체험을 만들까요? 그들은 더 이상 육체가 없습니다. 그들은 단지 자신이 육체를 갖고 있다는 관념만이 있습니다. 따라서 그들은 기억으로 한 몫 끼는 것입니다. 결국 그렇게 카르마가 만들어지는 것이지요. 궁극적으로 4차원의 온전한 경험으로 살고 3차원을 동경하지 않는 것이 흠 없는 경험입니다.

◎ 어떤 영혼들은 3차원으로 내려와 물리적인 물체들을 밀거나 움직일

게 되는 물질세계에서와 마찬가지로, 아스트랄 수준에서도 역시 변화가 오게 됩니다. 이것은 매우 절망적인 상황이긴 하지만, 그것은 그 영혼들의 에너지에 의해서, 또 전체가 되고 재결합하고자하는 그들의 바람에 의해서 모두 제거될 수 있습니다. 여러분의 세계에는 긴 기간 동안 육체에서 벗어나 있는 많은 존재들이 있습니다. 그들이 하고 있는 것은 다시 무리가 되는 것입니다. 그것은 갱생(更生)라고 불릴 수 있습니다. 따라서 그것은 사실 인간들을 분열시켰던 거대한 양의 해로운 에너지 때문에 자아를 다시 합친다는 의미에서의 갱생입니다.

◎ 대사들이 그들을 도와주나요?

예.

◎ 우리가 그들을 도울 수도 있을까요?

있습니다. 그런 세계들 사이에 잡혀 있는 인간들을 돕기 위해서는 빛의 존재들에게 기원하는 것이 유용할 수 있습니다만, 또한 그런 이들을 모두 망라해서 하는 것입니다. 그래서 다른 인간 문화에 속한 많은 이들이 조상 전래적인 것을 이야기합니다. 그들은 자신들의 선조가 자기들에게 매우 중요하고, 그런고로 그들이 자기들에게 관계해서 영원히 돌본다는 생각을 고수합니다. 그리고 그렇게 하는 것은 실제로 조상들의 빛 에너지를 증가시킵니다. 인간이 그들의 선조들을 빛의 나선 속으로 데려오기 위해 소리 내어 부를 때, 그것은 또한 그 사람의 가슴에서 빛의 나선을 연다는 것은 매우 흥미롭습니다. 그렇기 때문에 그것이 그들의 죽음의 과정을 더 쉬워지게 만듭니다.

죽음

는 가운데 아스트랄체(Astral body)가 존재합니다. 그리고 여러분이 아스트랄체로 있을 때 여러분 또한 모든 차원 속에 있는 다른 아스트랄체들과 접촉합니다. 4차원은 일종의 과도적인 차원입니다. 그래서 3차원이 있습니다. 하지만 4차원에서는 그들이 균형에서 벗어난 영역에서 확대되는 정도까지 많은 것들이 확대됩니다. 4차원에서 행복해지고, 거기서 살 수 있겠습니까? 아주 행복하게 말이지요. 이해하겠어요? 4차원에서는 모든 것이 증폭됩니다.

◎ 아스트랄계에는 수준들이 있습니까?

몸에서 이탈되어 움직이는 모든 이들은 사실 아스트랄계를 통과합니다. 아스트랄 수준에는 그 안에 크게 3가지 레벨의 세계들이 있습니다. 하나는 여러분이 육체에서 벗어나자마자 즉시 가게 되는 곳입니다. 그 다음에는 여러분이 육체 외부의 존재에 관해 좀 더 이해하고 지구계에 대한 집착을 놓아버릴 때 가게 되는 약간 더 높은 곳입니다. 아스트랄 수준의 가장 높은 세계는 완결된 세계 중의 하나이고, 고등한 깨달음으로 옮겨갈 준비를 하는 곳입니다.

◎ 어떤 이들은 어떻게 핵폭풍이 에테르로 몰아치는지, 그리고 그곳에는 한 장소에 고착돼 있는 영혼들이 있다고 말하고 있습니다.

그렇지요. 높은 영적 갈망에서 그들이 말하고 있는 것은 인간이 커다란 폭력으로 인해 자신의 몸에서 튕겨져 나왔을 때 일어나는 것이거나, 또는 말하자면 그들 존재의 모든 부분이 공격을 받는 장소입니다. 거기에는 육체와 영혼과의 완전한 분리 상태가 존재합니다. 그러므로 만약 그것이 물리적인 현실계 안에서였다면, 경악과 두려움에 소리치게 됩니다. 하지만 그것은 아스트랄 수준에 있는 그 이상입니다. 그것은 일종의 분열이고, 사실 DNA에 영향을 미칩니다. 그것은 세포적인 자아의 부분들에 영향을 줍니다. 육체 수준에서 변화가 오

6. 어둠의 측면과 4차원

4차원

◎ 4차원과 3차원 사이에는 어떤 차이가 있습니까?

3차원은 촉감과 형태가 있는 물리적인 현실입니다. 4차원은 정신적인 에너지입니다. 그것은 여전히 사념체들이고 돌아다니고 있지만, 실제의 접촉 능력은 없습니다. 아직도 존재하고 있기는 하나, 물리적인 접촉은 없습니다.

◎ 4차원은 또한 아스트랄계로 알려져 있죠?

그렇습니다. 그것은 중간계입니다. 말하자면 그것은 일종의 샛길(side-road)과 같습니다. 아스트랄은 육체를 전체적으로 망라하고 있습니다. 여러분이 현재 살고 있는 세계는 아스트랄 수준 바로 아래에 있는데, 그것은 여러분이 그 아스트랄 수준에서 일어나는 것에 영향을 받는다는 것을 의미합니다. 그러므로 단계적으로 빛이 낮아지

것이 자각수준에서 발달돼 있느냐, 아니냐는 별개의 문제이고요.

◎ 집과 차에 관한 꿈을 꾼다면, 그것이 몸을 나타내는 것이 사실일까요?

그것은 속박과 관계가 있습니다. 외피를 갖고 있고 한계들을 갖고 있는 자아의 일부는 일종의 탈것이며, 또는 일종의 정체상태입니다. 그것은 한계에 관한 것입니다. 그리고 인간은 그들 나름의 판단이 있습니다. 그들은 자신의 판단으로 스스로 확인해야 합니다. 우리는 그것이 절대적이라고 말하지는 않습니다. 한 인간은 차에 관한 꿈을 꿀 수 있고, 그것은 실제로 어딘가로 들어가고 있는, 특별한 방식으로 들어가고 있는 자아의 일부에 관한 것이 될 것입니다. 다른 이가 이런 것에 관한 꿈을 꿀 수 있으며, 그것은 전체 몸 또는 그 몸에 대한 일종의 용기(容器)가 될 수 있습니다. 대부분의 경우 모든 사람들이 차에 관해 같은 방식으로 느낍니다. 차는 그들을 태워서 어딘가로 데려 갑니다. 차는 곧 에고의 패턴인데, 어떻게 여러분이 거기에 이르고 있는가를 나타냅니다. 모든 인간은 그들 고유의 메시지 체계를 갖고 있습니다.

그것은 일어납니다. 높은 영혼들, 많은 높은 성자들을 경험하며, 예수가 찾아오는 경험을 합니다. 요가난다(Yogananda)[4]는 늘 이런 접촉을 했습니다. 성 저메인 역시 육화해 있는 동안 이런 수많은 접촉 경험을 가졌습니다. 그리고 요기들(yogis)도 이런 접촉을 하는데, 그들은 차원 간에 연결돼 있기 때문이지요. 그러므로 아카식 레코드 안에는 일종의 기억패턴이 있습니다.

◎ 추락하거나, 하늘을 나는 것 같은 일반적인 꿈의 경험은 어떤 의미가 있습니까?

추락하는 것은 간단합니다. 그것은 하나의 단계에서 다른 단계 옮겨가는 것을 의미합니다. 나는 것 역시 단순합니다. 그것은 자유입니다. 무엇보다도 그것은 자유롭게 되기를 바라고 있다는 것을 뜻합니다. 그리고 나는 꿈들 속에는 인간이 마주치는 그들을 추락하게 하는 어떤 장애물이 있습니다. 이것은 이런 꿈을 꾸고 있는 사람들의 감정체에는 매우 독특한 것입니다. 인류의 대부분은 그들이 결코 날아보지 않았더라도 하늘을 나는 기분을 이해합니다. 그들 대부분은 그런 감각을 기억하고 있습니다. 그것은 이동하고 하강하는 감각입니다. 다른 이들은 더 높이 옮겨가고 자유롭게 움직입니다. 어떤 이는 그것에 두려움, 또는 임박한 파멸감을 느끼고, 다른 이들은 희망의 감정을 갖습니다.

◎ 그것이 의미 있는 꿈에서 얻는 감정인가요?

예, 명상하는 동안에 교감할 수 있는 자아의 측면을 제외하고는 그렇습니다. 명상에서 여러분은 메시지를 들을 수 있습니다. 대부분의 경우 감정체는 인간 안에서 매우 강하고, 또 발달되어 있습니다. 그

---

[4] 20세기 인도의 요가 수행자(1893~1952). 〈자아실현동지회(SRF)〉를 만들어 서양에 크리야 요가를 전파했다. 그의 스승은 스리 유크테스와로서 그 위의 스승 라히리 마하사야를 통해 초인 바바지에게까지 맥이 연결된다. (감수자 주)

신이 어떤 종류의 신비로운 기호나 타로 카드(tarot card)를 집어 올리는지를 압니다. 그리고 그것을 집어 올려 메시지를 얻는데, 그것이 여러분에게 이해가 되나요? 그것이 전체 우주가 작용하는 방식입니다.

모든 것 안에는 교훈이 있습니다. 모든 것에는 메시지가 있습니다. 즉 여러분이 꾸는 모든 꿈들과 만나는 모든 사람들, 겪는 모든 경험들에 말입니다. 그것들 가운데 일부는 어떤 상황의 성과에 더욱 중요하고 다른 것들은 덜 중요하기도 합니다. 어떤 것은 명백하고, 또 어떤 것은 매우 비밀스러우며 감추어져 있습니다. 그리고 여러분의 영혼으로부터 여러분에게 가는 메시지는 단순한 은유가 아니라, 그것은 자신이 선택한 현실을 자각하기 위한 암시입니다. 꿈들은 영혼의 수준에서 영혼의 의도와 교감하고 있는 자아의 일부이고, 인간의 의향은 그것을 일치시키려는 것입니다. 그것이 중요합니다.

◎ 그것을 이해하기 위해서는 노력이 필요하기 때문에 쉽지 않다고 생각됩니다.

그렇기는 합니다만, 그것은 십자말 풀이(crossword puzzle)처럼 좋은 훈련입니다. 그것은 흑(黑)과 백(白)과는 다른 관점에서 세상을 실제로 이해하는 여러분의 능력을 키워줍니다. 왜냐하면 작은 사각형 안에다 맞는 의미를 추론해서 놓는 것이기 때문이죠. 그리고 인간은 똑같은 의미를 몇 번이고 경험하고 있는 것입니다. 꿈은 말합니다. "일어나요. 그리고 당신이 꿈 속에서 어떻게 살고 있는지를 보세요." 실제로 삶은 꿈보다 더욱 복잡합니다. 꿈은 매우 단순한 상징학(symbology)입니다. 그것은 단지 여러분 자신에 대한 열쇠를 얻는 문제입니다. 누군가 다른 사람의 열쇠가 아니라, 여러분의 꿈에 대한 여러분 자신의 열쇠 말입니다.

◎ 얼마나 자주 인간이 꿈들을 통해 실제의 신성한 경험을 하는가요?

자기들이 결코 가질 수 없다고 생각했던 것들을 움켜쥐고 있는 방식으로 이번 생을 살고 있는 사람들이 있습니다. 그리고 지금 그들은 그것을 가지고 있습니다. 그것은 삶의 수수께끼적인 요소를 나타냅니다. 사람들은 그 모든 것이 무엇이고 왜 그 모든 것을 원했는지 의아해 하는데, (나중에 알고 보면) 그것이 그들에게 대단한 것을 의미하지는 않기 때문이지요. 그래서 우리는 미소 짓고 있습니다. 그것은 마치 어떤 것을 갈망하고 몹시 원했지만 그것이 해답이 아닌 것과 같은데, 왜냐하면 진아(眞我)를 찾는 것이 각자와 모든 이가 바라는 것에 대한 유일한 답이기 때문입니다. 일단 여러분이 참나로서의 내면의 신(神)과 각자의 내면에 있는 신을 지각할 수 있다면, 그때 삶은 의식(意識)의 흐름이 되고, 특정한 대상에 더욱 집착하지 않게 됩니다. 그리고 그것은 상황을 매우 다르게 만듭니다. 그것은 마치 여러분이 그저 따라서 떠가는 의식의 흐름이 있고 모든 것이 동등한 것처럼 만들게 됩니다. 그런 다음에 여러분은 자신의 힘의 관점에서 여러분이 곧 이런 모든 것임을 이해합니다. 그리고 그런 까닭에 여러분은 결코 그것을 잃을 수가 없습니다.

꿈

◎ 단지 수많은 멋대로의 이미지들인 꿈과 독특한 영적 경험을 갖고 있는 꿈과의 차이를 어떻게 알지요?

여러분이 꿈을 꿀 때는 항상 자신의 몸에서 벗어나 있습니다. 그러므로 그때 모종의 영적 경험을 하고 있는 것입니다. 그러니 그것이 그 질문에 대한 답입니다. 변칙적인 꿈들은 시청했던 마지막 TV 프로의 속편과도 유사한데, 이것들은 은유의 형태로 삶을 개념화하는 순간에 끌어 모은 일상적 삶과 생계에 관한 관념들이고 작용들입니다. 전체 삶이 일종의 은유로 보일 수 있습니다. 여러분은 어떻게 자록 만들고 있는 것이 무엇인가에 계속 초점을 맞추세요. 여러분은 초점을 맞추고, 여러분은 놓아 버립니다. 그런 다음 여러분은 도움을 요청합니다. 도움을 청하는 것은 좋은데, 그것이 필요로 하는 것을 여러분의 마음에다 가져다주기 때문입니다. 우리는 이미 무엇이 필요한가를 알고 있습니다. 그것은 어떻게 여러분이 자신에게 접속하여 우주에 관한 이해에 대해 자기 자신을 여느냐에 관계된 문제입니다.

◎ 사람들은 대부분의 경우 돈을 구현하는 것을 가장 근심하는 것 같습니다.

만약 그들이 걱정한다면, 그것은 불신(不信)의 진동을 발하게 되고, 일종의 파문 내지는 분열 작용을 만들어 냅니다. 여러분이 호흡할 때 자신의 프라나(氣)를 옮기게 되며, 여러분은 그저 숨쉬기를 합니다. 따라서 그것이 우리가 여러분이 하기 바라는 것인데, 우리는 여러분이 무심하게 호흡하기를 원합니다. 우리는 여러분이 숨을 쉬고 프라나를 마시는 노력만으로 그것이 여러분의 것이라는 사실을 알기 바랍니다. 그리고 돈 역시 프라나입니다. 그렇다고 그것을 녹색 화폐의 견지에서 생각하기를 멈추세요. 여러분은 생명 에너지를 원합니다, 먼저 기쁨을 찾으세요. 여러분은 기쁨을 찾아야 합니다. 기쁨과 풍요는 동일한 것인데, 즉 그것들은 똑같은 존재의 근원으로부터 오고 있습니다. 풍요는 항상 열려 있고 늘 다음 단계의 새로운 씨앗을 생성하고 있는 그 일부입니다. 풍요는 또한 여러분이 가질 수 있는 것을 여러분에게 가져오는 공급과정이며, 그래서 확대하고 확대할 수 있습니다. 그것은 단지 행복의 방향으로 움직이는 것입니다. 그것은 신념과 은총으로 옮겨가는 것입니다. 풍요를 기대하세요.

◎ 행복을 살 수 없다는 것을 사람들이 이해할까요?

1부 질문과 답변들

것을 알아차리는 것입니다. 그 모든 것은 과거 속에 있으며, 지금 현존하지 않는다는 것을 아십시오. 여러분은 그것을 시각적으로 하거나 청각적으로 할 수도 있지만, 필요한 것은 그것을 쳐서 날려 보내는 것입니다.[그녀는 손바닥으로 쳤다] 왜냐하면 필요하니까요. 그때 여러분은 그 한계점을 벗어나서 그것이 물리적으로 제거되었다는 것을 보고 있는 것입니다. 그것은 그 장애물들이 더 이상 작용하지 못하도록 에너지장에서 옮겨가는 문제입니다. 그것이 더 이상 작용하지 않는다는 것을 인정하세요. 그 다음 단계는 바라는 것을 명상 속으로 가져오는 것이고, 그것이 무엇이든 간에 구현하려는 그 소망 하에서 추론하는 것입니다. 그 동기는 무엇인가? 라고 말입니다. 그때 거기에는 인정(acknowledge)과 이것을 구현할 기회에 대한 감사가 있습니다. 감사함이 그것이 전개되는 길을 만들어 줍니다. 그때 내면으로 돌아오세요. 그리고 여러분은 그것이 여기서 실현되는 문을 여는 것입니다. 의심 없이 말이죠.

◎ 그 문에 나타난 것이 우리가 그럴 거라고 생각했던 것이 아니면 어떻게 하지요?

실현될 가장 최선의 것을 찾아보세요. 다른 경우라면, 여러분이 "아니야, 나는 그걸 원치 않아."라고 말하지 않는 한, 열 지어 있는 것이 무엇이든 여러분의 것이 될 것입니다. 여러분의 삶에서 원하는 것에 대해 명확해지도록 하세요. 그러면 고등한 수준의 존재 순서대로 흘러들 것입니다. 미래에 관해 걱정하지 마십시오. 여러분이 바라지 않는 것에 관계된 생각들을 제거하세요. 그런 것들에 대해 전혀 생각하지 말기 바랍니다. 부정성의 가능성에 대해서도 생각하지 마세요. 우주는 매우 고분고분합니다. 그것은 모든 수준에서 응해 줍니다. 여러분은 자신에게 부정적으로 이야기하고, 그것을 자기 자신에게 돌려보냅니다. 반대로 여러분은 자신에게 긍정적으로 말하고, 역시 마찬가지로 그것을 자기 자신에게 보냅니다. 여러분이 발생하도 좋습니다. 여러분의 호흡에 관해 생각해 보세요. 채울 수 있기에 앞서 비울 필요가 있습니다. 갓 태어난 아기를 생각해 보십시오. 처음에 아기의 폐는 공기가 비어 있습니다. 그리고 처음으로 숨을 빨아들입니다. 그러므로 내보내기 위해서는 또한 받아들이는 것, 들여 마시는 것을 배우는 것은 중요합니다. 인간은 계속 내보낼 수 있다고 생각하지만, 이것은 어디까지나 에고의 관점이고, 구체화된 사념체에서 나온 것입니다.

가슴으로 준다는 것은 그리스도 자체나 하느님의 사랑 속에서 받는 것처럼, 받았다는 것을 의미하며, 그때 그것은 넘쳐흐릅니다. 만약 여러분이 무한자의 현존 속에 있다면, 그것은 그저 흘러넘치고 있는 것입니다. 당신의 질문에 대한 답변은 그 순간 당신이 어떤 의식 레벨에 존재하고 있느냐에 달려 있습니다. 누군가가 늘 명상이나 묵상을 하는 상태와 같은 의식레벨에 존재하고 있다면, 꼭 밖으로 달려 나가 이웃돕기 일을 할 필요는 없습니다.

◎ 명상 속에 있는 그런 사람들은 그들 나름의 방식으로 베풀고 있는 것입니까?

그렇습니다. 그것은 고등한 진동의 투사입니다. 높은 명상 단계에서의 투사와 빛 속에서 유지하고 있는 모든 것은 다른 방식의 베풂입니다.

구현

◎ 삶 속에다 어떤 상황을 구현하기 위해서는 필요한 단계들을 거쳐야 하나요?

그 첫 번째 것은 여러분이 거기에 있을 수 있다고 느끼는 장애물들을 명상 속으로 가져오는 것이며, 그 장애물들이 단지 생각들이라는 용된 그 말은 중요한 근원에서 오는 어떤 것이라는 이해가 있었기 때문에 화염 대신에 이용되었던 단어였습니다.

◎ 승천한 대사 성 저메인은 보라색 화염과 어떤 관계가 있습니까?

이 시대에 성 저메인 대사는 보라색 화염을 담당하고 있으며, 따라서 그것은 매우 중요합니다. 여러분이 보라색 화염이나 보라색 오라를 선택한다면, 그것은 자유로워지고자 하는 의식과 계획, 소망에 따라 열려진 자기장(磁氣場)에 의해 현재 고양된 지구 행성 진동율의 일부가 되는 것입니다. 따라서 그것은 곧 자유입니다. 그렇기 때문에 보라색 불꽃이 자유와 관계되어 있는 것이지요. 우리는 사람들이 이렇게 말하는 것을 듣습니다. "나는 이것에서 자유로워지고 싶어! 나는 저것으로부터 벗어나기를 원해!" 그러나 자유에는 규율과 책임이 따릅니다. 그렇지 않은가요?

성 저메인은 항상 보라색 화염에 관여해서 일하고 있습니다. 그가 단순히 나타나서 자기가 보라색 화염을 맡고 있다고 밝히지는 않았습니다. 그러나 아닙니다. 그가 곧 그 광선이었습니다. 인간들이 이해할 필요가 있는 것은 모든 이들이 언제나 존재했다는 사실입니다. 그들이 지금 육체로 있다고 해서 꼭 위대한 빛의 존재가 아니었음을 의미하지는 않습니다. 영혼은 많은 투사물들을 갖고 있습니다. 그것은 태양과 같은데, 태양은 방사하는 많은 광선들이 있습니다. 여러분의 영혼 역시 마찬가지입니다.

에너지 균형 잡기

◎ 에너지를 자유로이 받기 위해서는 먼저 내보내야 하는 것인가요? 아니면 채우고 나서 방출하는 것인가요?

다. 아이엠((I AM)은 "모든 것은 하나이다."라고 말하는 일종의 디크리(Decree)입니다. 그리고 그것은 아멘이 더욱 신성화된 버전입니다. 아이엠((I AM)은 영혼과 가슴이 함께 하는 진동이기도 합니다. 이제는 모든 이들이 그것을 단지 머리로 이용하기보다는 가슴 명상에 활용하는 것을 배우고 있습니다.

◎ 보랏빛 화염에 관한 역사를 간략히 알려주실 수 있을까요?

보라색 화염은 여러분의 세계에 늘 존재했습니다만, 그 말들이 일종의 확언으로 이용되기 위해 소개된 것은 1932년이었습니다. 그 시기는 바로 발라드(Ballad) 부부[3)]에 의해 인류의 특정한 상태를 발전시키기 위해 그것이 소개되었을 때였지요. 발라드 부부는 항상 황금빛 광선과 분홍빛 광선을 토대로 일해 왔습니다. 따라서 그들은 영적 깨달음과 사랑 때문에 이런 에너지를 자기화(磁氣化) 할 능력이 있었습니다. 그들은 그 이상의 몇 세기 동안 그것을 행했습니다. 그러므로 그들은 인류와 전체에 대한 사랑으로 인해 그것을 자기화하고 온전한 창조의 측면들을 결합시켰습니다. 보라색 화염이 지구상에서 처음 사용된 것은 고대 레무리아(Lemuria)에서였습니다. 그들은 매우 깨어 있었고 이것이 존재한다는 것을 알고 있었지만, 그 표현법은 지금과 같지는 않았습니다. 당시 보라색 화염은 일종의 마음의 투영법으로 이용되곤 했었습니다. 당시에는 언어가 없었습니다. 아틀란티스에서 단지 그것은 인간들이 모든 광선들을 이용했던 자연적인 방법의 일부였습니다. 물론 여러분이 아는 그런 신념들을 고수하지 않았던 사람들도 있었습니다. 모든 사람들이 동일한 신념체계를 갖고 있지는 않았던 것이죠. 하지만 그들은 당시 생명이 지닌 수정 같은 측면 때문에 모든 광선들과 지침들을 활용했습니다. 그때 그것들은 화염으로 불리지 않았고, 투영으로 불리지는 않았습니다. 당시 사

---

3)1930년대에 미국에서 〈아이엠(I AM) 운동〉을 창시했던 가이 발라드(Guy Ballad)와 에드나 발라드(Ednar Ballard)를 말한다. 또한 필명으로는 고드프리(Godfre)와 로투스(Lotus)로 알려져 있기도 하다. (저자 주)

보라색 화염(Violet Flame)

◎ 혹시 인간이 일단 만들어낸 그런 사념들과 말들을 변형시킬 방법이 있습니까?

있습니다. 그것은 승천한 대사 성 저메인(St. Germain)에게는 쉬운 일입니다. 이렇게 말하십시오. "나는(I AM) 용서의 우주법칙이다. 그리고 나는 일찍이 내가 저지른 모든 잘못을 변형시키는 보라색 화염이다. 나는 절대자의 가장 신성한 이름으로 인류의 모든 잘못을 변형시키는 보라색 화염이다. 아이엠(I AM)." 모든 진동이 무한자(God)에게 속해 있다는 이해와 더불어 참나를 뜻하는 아이엠(I AM)을 처음과 마지막에 말합니다. 보라색 화염의 이용은 여러분을 근원으로 데려 갑니다.2) 만약 자신의 참된 실체가 속한 근원으로 돌아갈 수 있다면, 그때 여러분은 영혼을 뜻밖에 손에 넣게 됩니다.

◎ 아멘(Amen)과 아이엠(I AM))의 차이는 무엇인가요?

먼저 아멘에 관해 이야기해 봅시다. 아(ah)는 우주의 소리입니다. [※저자 주: 아(ah)는 또한 옴(OM) 소리의 일부이다. 옴은 곧 아-오-마(ah-o-ma)이다. 옴은 그렇게 이루어진 것이다.] 다른 소리는 미(mee)입니다. 따라서 그것은 아미(ah-mee)입니다. 아(ah)의 소리는 창조의 음이고, 마(ma)의 일종의 파생음인 그것은 현재 창조된 사물의 소리입니다. 미(mee)는 부정성의 소실로 움직여가는 음을 갖고 있습니다. 그 다음으로 자기만의 고유 사고방식을 지닌 사람들은 마무리 작업으로 끝에다 n을 붙입니다. 즉 아-미-엔(ah-mee-n)이 되는 것입니다. 그 모든 것의 상당 부분이 여전히 산스크리트어에서 파생된 것이고, 그들이 그것을 말할 때 인간의 의식을 변화시키는 진동음입니

---

2) 보라색 화염의 구체적 이용법에 관해서는 은하문명에서 출판한 〈텔로스(Ⅱ)〉와 〈그리스도는 여러분 내면에서 탄생한다〉와 같은 책들에 상세히 소개되어 있다.

(감수자 주)

반드시 그렇지는 않습니다. 여러분이 인지해야 하는 것은 내면의 나쁜 감정 같은 정서들입니다. 지구 행성의 에너지가 상승하고 있고 변화를 위해서는 성찰(省察)이 필요하다는 점을 인식하기 바랍니다.

◎ 그런 부정적 감정들을 내보내려고 노력하는 것이 좋겠군요.

그런 것들을 뛰어 넘으세요. 때때로 말이죠.

◎ 만약 사람들이 육체적으로 어떤 것을 행하지 않았을지라도 그들 자신의 완고하고 무의식적인 사념들에 대해 책임이 있습니까?

아, 그렇습니다. 그런 사념들은 잠재해 있을 수 있습니다. 무의식적으로 말입니다. 누군가 어떤 생각을 갖고 있다면, 그것은 그들의 일부이며, 따라서 그것은 그들 자신의 개인적인 과제인 것입니다. 그리고 여러분은 자신으로부터 나온 의식적이고 무의식적인 모든 생각, 말, 결정에 대해 책임이 있습니다.

◎ 이런 잠재돼 있는 사념들이 존재한다면, 어떻게 우리가 찾아낼까요?

거듭해서, 몇 번이고 되풀이하여 …

◎ 명상을 말씀하시는 것인가요?

예, 명상과 의지입니다. 의지는 매우 강력합니다. 만약 누군가 만약 과거를 청소하고 마무리 짓고자 한다면, 그들이 그 과거를 정화하고 종결짓게 될 것입니다. 그들은 그 길을 따르는데 도움이 될 그런 존재들과 경험들을 자신의 삶에다 끌어당길 것입니다.

다.

 설사 어린아이가 삶의 특정 시기에 아버지와 헤어지거나 아버지의 애정을 잃었을지라도 거기에는 자아의 부분적인 상실감이 존재합니다. 그것은 그 사람에 관련된 것이 아니라 확인되지 않은 자아의 조각에 관한 것입니다. 따라서 결국에 여러분은 느슨해져 있던 무엇인가를 자신이 투사하고 있다는 것을 깨닫습니다. 그리고 여러분은 이제 스스로 가질 수 있게 허용할 수 있습니다. 하지만 단지 여러분이 상실한 것과 여러분 자신의 일부를 회복하기 위한 과정을 실제로 여는 감정들을 서서히 자각해 가십시오.

 여러분은 자신이 필요한 것들을 충족시킬 정도로 성장한 만큼 책임이 있습니다. 그럼에도 사람들이 육체로 있을 때 그들은 여전히 누군가가 이런 저런 방식으로 자기들을 도와주기를 바라는데, 이것은 바람직한 방식이 아닙니다. 개인의 자신에 대한 전적인 책임감은 그들에게 자유를 부여합니다.

◎ 사람들이 그들의 과거와 감정들에 의해 끌어내려진다는 말씀인가요?

 그렇습니다.

◎ 어떻게 우리가 이런 낡은 습성에 빠지지 않을 수 있을까요?

 그것은 새로운 결정을 통해서입니다. "빠져들지 마세요."라고 말하는 것은 쉽습니다. 하지만 '나는 과거에 고착돼 있고 싶지 않아.'라고 말하는 여러분 마음 속의 전환점을 만드는 것은 다른 것입니다. 그런 까닭에 그 과거를 밀어내는 수양을 하는 것이지요. 이것은 다릅니다. 명상은 그것을 돕는 한 가지 열쇠입니다.

◎ 무엇이 낡은 습성인가를 우리가 인식해야 하나요?

◎ 우리가 어떻게 실제의 강렬한 감정들을 처리해야 할까요?

　이 사회에서 남에게 상처를 줄 수 있는 격정적 흥분상태까지 행동을 나타내지 않고 감정을 자제하는 것은 훌륭한 것으로 여겨집니다. 흥분은 일종의 연기(演技)가 포함된 에너지입니다. 흥분은 또한 에고와 연결되어 있습니다. 게다가 그것은 행복해지기 위해 필요한 것을 얻지 못한다고 생각하는 자아의 일부와 결부되어 있습니다. 만약 여러분이 머리로 그것을 이리저리 계산하는 데 지쳤다면, 다른 사람들과 자신의 능력부족적인 점을 용서하고, 도움을 요청해야 합니다. 왜냐하면 여러분이 무엇이 일어나고 있는가를 이해할만한 충분한 정보를 갖고 있지 않기 때문입니다. 여러분은 기꺼이 그런 격정이 자신에게 가져오는 에너지로부터 분리되어야만 합니다.

◎ 어린 시절부터 가공되지 않은 분노를 다루는 최선의 방법은 무엇입니까?

　그 분노를 찾아보고 몇 살 때인지를 알아보세요. 그 나이 때의 자기의 모습을 그려보십시오. 그리고 미완된 작업인 여러분 자신의 일부와의 대화에 스스로 몰두할 수 있기 위해서 그 이미지에게 말을 걸어봅니다. 분노는 어떤 것을 상실했거나, 상실하지 않을까 하는 두려움에 관계되어 있습니다. 그러므로 여러분이 그것을 처리할 때 귀를 기울여야 할 필요가 있는 여러분 자신의 일부가 있습니다. 그것을 생각해 내려고 하지 마세요. 여러분 자신에게 묻고, 무엇이 이것을 유발할 수 있었는지 귀를 기울여 보십시오. 여러분 자신에 관한 이미지를 받아들이고 조금씩 그것에 이야기를 해봄으로써 여러분은 자신이 어떤 모습인지를 이해할 수가 있습니다. 마음 속에 떠올리는 시각화 작업으로 그것을 할 수 있으며, 편지쓰기나 많은 다른 방법으로도 할 수가 있습니다. 모든 상실들은 소유 패턴이나 두려움, 또는 풍요로움의 결여, 결코 그 이상이 되지 못하리라는 두려움을 상징하는 것입니때 기상이 더욱 고르게 될 거라고 말씀하시고 있는 것인가요?

바로 그렇습니다. 당신이 지금 말하고 있는 것이 어떤 사람들에게는 있을법하다고 생각되지 않을 것이지만, 그러나 우리는 그렇게 말할 것입니다.

◎ 지진(地震)들 또한 인간의 생각들과 감정들로 인한 결과입니까?

그것은 대단히 많은 경우에 그렇습니다. 모든 사념들은 실재입니다. 모든 격정적이거나 침착한 생각들은 실제로 작용하고 자연에 영향을 미칩니다. 지구상의 모든 인간들은 서로 연결돼 있습니다. 그리고 지진들과 태풍, 홍수들은 대부분 지구의 반대쪽에서 일어나고 있는 일과 연결돼 있는 것입니다. 모든 것이 하나입니다.

◎ 어떻게 이런 감정들이 우리에게 영향을 미치나요?

여러분이 지구상의 모든 사람들로 옮겨가는 (부정적) 감정들을 지니고 있다면 - 물이 지상에 어떻게 작용하는가를 알듯이 - 그 감정들은 모든 이들에게 서서히 스며들게 됩니다. 따라서 그 감정들은 인체를 쇠약하게 합니다. 인체는 작은 감정적인 파편들을 얻게 되어 병들고, 동요하기 쉽게 되며, 고통을 얻게 됩니다. 그것은 마모되어 쇠퇴하게 됩니다. 하지만 명상으로 감정들을 고요히 하는 것은 대부분 수명을 연장시킬 것입니다. 그것은 세상의 온 사람들의 건강을 튼튼하게 할 것입니다. 이는 감정의 물에 반사된 빛에 관계되어 있습니다. 감정을 고요하게 하세요. 그러면 빛이 그 잔잔한 물 위에 반사될 수 있습니다. 만약 사람들이 명상 속에서 고요해진다면, 지구계에서의 죽음을 두려워하지 않습니다. 대개 그들은 불안한 나머지 안절부절 합니다. 그렇지만 고요함은 그들의 안정성을 높이게 될 것입니다. 그리고 이것이 전 세계를 뒤흔들지 않고 확고히 안정시키는 것입니다.

◎ 기상에 관련해서, 지구온난화는 사실인가요?

　지구온난화의 어떤 징조를 본적이 있습니까? 그것을 가슴으로 가져가 확인해 보십시오. 우리는 여러분이 통신 시스템이나 TV, 라디오에서 들은 모든 것을 무조건 믿지 말하고 권하고 싶습니다. 스스로 사고(思考)하기를 시작하세요. 진실한 유일의 것은 여러분 자신의 경험이고, 여러분의 경험이 곧 여러분의 진실입니다. 그리고 그 밖의 어떤 것도 그것을 바꿀 수 없습니다. 기억하세요. 여러분이 초점을 맞추고 있는 것이 존속하고, 증가하고, 성장한다는 사실을 말이죠. 자각에 이르도록 하고, 여러분의 가슴이 이 세상에다 구현하고 싶어하는 것에다 초점을 맞추십시오. 거기서부터 여러분의 의식과 다른 이들의 의식이 끌어올려질 수 있을 것이며, 그럼으로써 인간들이 이야기하거나 서로 비난하는 것들이 극복됩니다. 그리하여 그런 것들이 지구상의 진화여정에서 하찮은 것이 될 수 있습니다.

◎ 나는 단지 우리가 기상난동을 겪고 있다고 생각되어 우려했었어요. 어느 정도까지 오염과 지구의 자연주기들이 그것과 관계가 있나요?

　지구의 주기들은 현재 진행되고 있는 모든 것에 1차적으로 관계가 있음을 기억하세요. 순환하는 지구 주변의 다양한 에너지 진동의 띠들 속에는 운동들이 있습니다. 하지만 순환하는 것은 또한 오늘날 존재하는 것에 물리적 충격이 됩니다. 정신적 활동, 육체적 활동, 감정적 활동, 이 모든 것들이 함께 모일 것입니다. 그것은 마치 모든 것들이 함께 작용하는 것과 마찬가지이며, 비슷한 유형의 것들은 유사한 것을 증대시킵니다. 사람들을 더욱 사랑하고 자비로울수록 더 많은 사랑과 긍정적 생각들, 에너지들이 지구상의 기상을 돕는데 이용될 수 있을 것입니다.

◎ 사람들이 에너지를 균등하게 또는 긍정적으로 유지할 수 있다면, 그

기를 바라지 않았던 생각들을 가지고 있구나.' 뜬소문은 가장 좋은 사례입니다. 뜬소문은 부정적인 에너지를 만들어내고 그것은 여러분이 말하고 있는 사람들로부터 에너지를 끌어당깁니다. 그리고 그것은 그들 자신의 가슴과 의식과 적절히 조화하는 능력을 감소시킵니다. 왜냐하면 그들이 영혼 수준에서는 그것을 알아차리고 있기 때문입니다. 주의를 기울이고, 깨어있으세요. 그리고 오직 은총과 사랑이 담긴 사고방식과 모든 것이 신성하고 의로운 섭리 안에 있다는 생각들만 가지십시오.

◎ 나는 우리의 감정과 사념들이 날씨에 영향을 미친다고 들었습니다. 만약 그렇다면, 어느 정도인가요?

오, 그렇습니다. 수많은 증오가 어둠을 창조한다는 관점에서 그것은 진실입니다. 많은 분노는 혼란을 만들어 냅니다. 그리고 이것들은 그 배후에 힘을 가진 에너지입니다. 분노는 색채를 갖고 있고 진동을 갖고 있습니다. 물(水)과 같은 감정들이 있고, 그것은 지구상의 물에다 부정적 영향을 미칠 수 있습니다. 또한 불(火)과 같은 감정들이 있으며, 지구상의 불에다 안 좋은 영향을 미칠 수 있지요. 그것은 일종의 에너지이고, 유유상종(類類相從)의 원리에 따라 유사한 것을 증폭시킵니다. 만약 더 많은 분노와 흥분이 존재한다면, 지구상의 화기(火氣)가 증가할 것입니다. 또 더 많은 눈물과 슬픔은 더욱 수기(水氣)를 증가시킬 것입니다. 그리고 많은 정신적 에너지 - 수많은 대화들 - 는 풍기(風氣), 즉 공기의 운동을 창조해 냅니다. 여러분은 흙과 물, 불, 에테르와 같은 원소들을 갖고 있습니다. 이것들은 창조계 안의 모든 것이며, 만물은 그것들로 이루어져 있습니다. 지금의 현실과 문화 속에서 중생들은 그 원소들이 어떠하고 그 모든 것이 육체와 지구에 동시에 함께 작용한다는 것을 이해할 수 없습니다. 만약 그들이 이런 원소들에 대해 배웠거나 알고 있었다면, 상황을 변화시킬 것입니다.

6. 사고(思考), 언어, 그리고 감정

―불장난하기 ―

사고와 감정이 우리 자신과 지구에 미치는 영향

◎ 생각이 가진 커다란 힘에 관해 말해주시겠어요?

생각은 실재입니다. 일단 인간이 현재 가지고 있는 사념들을 이해하게 되면, 그 생각을 실제 그대로 구현하게 될 것입니다. 부정적인 생각은 부정적인 에너지를 만들어 냅니다. 누군가의 부정적인 생각은 여러분에게 부정적인 영향의 에너지를 창조해낼 수 있습니다. 그것은 사념의 투사이고, 날마다 매순간 일어납니다. 여러분이 누군가에 관해 생각한다면, 자신이 생각하는 것을 주의하십시오. 왜냐하면 만약 여러분이 부정적인 에너지를 상대방의 에너지장에다 투사할 경우, 이것은 곧 여러분 자신을 향한 뾰족한 흉기가 됩니다. 이해가 됩니까? 이런 특별한 시기에 미성숙한 인간들이 올바른 생각을 가지거나 늘 사랑어린 생각을 유지하는 것은 어렵습니다. 그것은 깨어나 다음과 같이 말하는 자각을 얻는 것입니다. '나는 누군가 나에게 보내아, 그렇습니다. 대부분의 경우 그것은 매우 아름답고, 영혼-접속적이고, 에너지적인 치유방식입니다.

◎ 각 사람마다 그들에게 많은 도움이 되는 향기가 있습니까?

오래되고 친숙한 냄새는 그들을 가라앉히거나 고양시킬 것인데, 그것에 집착하는 감정에 달려 있습니다. 그러므로 그것은 과거로부터 오는 것입니다. 그럼에도 보편적인 치유 향기들은 삶에서 매우 간결하게 심리상태를 변화시킬 수 있습니다.

◎ 예를 든다면요?

바닐라(vanilla)입니다. 그것은 마음을 확실히 진정시킬 수 있기 때문에 상당한 효과가 있습니다. 바닐라는 매우 위로가 되며, 값비싼 향기이기도 합니다. 그것은 내부로 들어가 넓게 퍼지고 오라(Aura)를 확장시킵니다. 바닐라향은 좋은 것입니다. 효과를 볼 수 있는 다른 것은 세이즈(sage:차조깃과의 다년생 초본)입니다. 대부분의 경우 거기에는 어느 정도의 긴장이완 작용이 있습니다. 그리고 세이즈의 본질과 연결되는 것을 감지하게 됩니다. 인간이 그 본질과 연결될 때, 종종 안락감을 느낍니다.

될 수 있습니다. 이것들은 여러분이 그것을 무엇에다 이용하려는 것에 관련해서 그 수정의 각 면이 정화되고 프로그램될 필요가 있습니다. 그렇지 않으면 이용 가능한 어떤 프로그램도 그 수정면 때문에 소용이 없을 것입니다.

◎ 어떻게 그것을 프로그램해야 하지요?

확실하게 그것을 정화하고, 그런 다음 명상 속에서 손가락으로 특정 면을 어루만집니다. 그리고 마치 그것이 여러분이 바라는 특성들을 지니고 있는 것처럼 느껴봅니다. 반드시 (수정이) 여러분의 특성을 갖고 있지 않을지라도 우주의 속성은 여러분의 특정 의도와 소망과 공명합니다.

아로마(芳香) 요법

◎ 아로마 요법이 사람들을 치유하는 데 도움이 될 수 있나요?

나, 끌어들이고, 어떤 것은 그 주변에 있는 것을 안정시키는 에너지를 갖고 있기도 합니다. 자수정은 주변을 안정시키지만, 그것은 먼저 정화되어야 할 필요가 있습니다. 만약 당신이 그것을 침실에다 놓아두고 있다면, 1주일에 1번은 정화해야 합니다. 차가운 물에 담가 씻어낸 후 – 사용할 바닷물이 가까이에 없는 한 – 햇빛 속에 놔두고 건조시키면 됩니다. 그렇게 하면 커다란 차이가 있을 것입니다. 수정들은 항상 청결하게 유지하고 늘 유의해야 할 필요가 있습니다. 그것이 사용자의 피부에 가까이 있을 경우 어떤 진동이 그들에게 영향을 미칠 수 있습니다. 그러므로 사용자가 책임감을 가져야 합니다. 그것은 아이를 데리고 있는 것과 같으며, 여러분은 아이를 양육하는 데 필요한 방식으로 수정을 보살펴야 합니다. 수정을 무엇으로 감싸놓았든 간에 – 설사 그것이 자신의 에너지일지라도 – 그것을 깨끗이 정화하십시오. 특히 만약 여러분이 수정을 호주머니 속에 넣어 갖고 다닌다면, 인체 내에 많은 감정적이고 정체된 문제가 있는 서혜부(鼠蹊部) 주변 아래에다 두기 바랍니다.

◎ 수정들이 어떤 종류의 지성(知性)을 갖고 있습니까?

그것은 믿을만한 근거가 있습니다. 그것들 가운데 어떤 것은 그 내부에 부여된 지성이 있습니다. 황수정(黃水晶)은 매우 안정된 에너지를 안에 갖고 있는 그런 수정들 가운데 하나입니다. 그것은 그 주변에 있는 다른 것의 신진대사율을 안정시킬 수가 있습니다. 따라서 물리적인 형태로 그것은 소화기 계통을 안정시킬 수 있는 것입니다.

◎ 나는 두 번 마감 처리된 수정을 가지고 있는데요. 이 수정의 목적은 무엇이며, 어떻게 그것을 치유하는 데 이용할 수 있을까요?

그것은 한 번 마감 처리된 수정보다 대단히 빠르게 에너지를 옮깁니다. 그것은 특정 대상에게 직접 에너지를 주입하거나 빼는 데 이용브리 언어 또한 우주의 모습을 제시하는 많은 방식을 갖고 있습니다. 그것은 단지 산스크리트어와 관계된 것은 아니며, 많은 근원적 언어들과 관련되어 있는 것입니다. 그 언어들은 실제로 여러분이 에너지로 참여하고 있는 우주 안에서 포고될 진동의 울림입니다.

◎ **만약 누군가 제가 지금 막 언급한 힌두의 것들과 다른 소리들을 발성했다면, 그리고 가장 높고 순수한 에너지를 가져오려는 의도로 그것을 행했다면, 그것이 힌두와 마찬가지의 작용이 일어날 것인지 말해주시겠어요?**

아닙니다. 하지만 정화 효과는 있을 것입니다. 왜냐하면 산스크리트어가 가져오는 작용은 의식을 여는 것이기 때문입니다. 궁극적으로 우리는 만물과 하나가 되는 일체경(一體境)의 상태를 기대하고 있습니다. 일단 인간이 그런 하나됨의 상태에 이르게 되면, 그들이 얻게 되는 것은 그들을 다른 진동율로 데려갈 하나의 자각(自覺)이며, 그로 인해 필요로 할 경우 그들은 다른 소리로 옮겨갈 것입니다. 그래서 어떤 사람들은 이 차크라는 이런 색깔이고, 이 차크라는 저런 색깔이라고 말을 합니다. 이해가 되나요? 아무 것도 불변인 것은 없습니다. 오히려 모든 것은 유동적입니다. 그것은 에너지의 움직임에 관계된 문제입니다.

수정(Crystal)

◎ **우리는 침실에다 자수정(紫水晶)을 놓아두고 있습니다. 그것이 하는 작용은 무엇인가요?**

그것은 보다 안정된 진동을 만들어 냅니다. 각 수정들마다 다른 효과를 갖고 있습니다. 어떤 것은 에너지를 분열시켜 그것을 확산시키는 에너지를 갖고 있기도 합니다. 또 어떤 수정은 에너지를 보유하거

◎ 그럼 각 소리가 특정 차크라를 균형 잡는 데 도움을 주나요?

예. 그렇습니다. 그것이 무엇인가하면 순수한 소리의 반향이기 때문이지요. 그때 그것이 얼마나 그 사람과 공명하느냐는 그들 존재 자신의 몫입니다. 산스크리트어의 에너지는 척추의 기저(基底)로부터 나오는 에너지에 따라 목의 통로와 마음에 의해 창조된 것입니다.

◎ 그것이 기억패턴을 활성화하고 그 본래의 모든 것을 낳는 것이죠?

산스크리트어보다는 힌두의 가르침에서 나온 단어들을 이용하는 것이 최선인데, 산스크리트어로 너무 되돌아가면, 지나치게 복잡하기 때문입니다. 그리고 당신이 말하고 있는 것은 본질적으로 산스크리트어의 곁가지인 것입니다. 그러므로 산스크리트어가 최우선이고, 그 다음이 힌두, 그 다음이 힌두교에서 부여된 명칭들입니다. 산스크리트어는 리쉬들이 이전에 제자의 형태로 이름을 붙였던 하나의 방식이었습니다.

◎ 만약 우리가 그런 소리들을 그렇게 조율한다면 …

의식을 상승시킵니다.

◎ 오늘날의 수많은 형이상학적 가르침들에서 폭넓게 이용된 차크라를 위한 일련의 다른 소리들이 있습니다.[※저자 주: 그것은 우(U), 오(O), 아우(AW), 아(AH), 아이(I), 이(E), 음(Mm)이다.] **그 단계에 관해서 어떻게 생각하십니까?**

그것은 모두 매우 좋습니다. 그것은 히브리어(Hebrew)에서 나온 것입니다. 산스크리트의 가르침은 신(神)을 재건하기 위해 음성을 통해서 물질세계에서 이루어지는 언급이 있을 것임을 포고합니다. 히에 대해 오해하지 않은 하나의 진동율이 됩니다. 그것은 이런 소리들 중에 하나를 차크라들을 조율하는 데 이용하는 개념입니다. 이런 모든 정보는 리쉬들(Rishis)[1]에 의해 가져와 진 것입니다. 그들은 혀와 몸과 진동율이 우주와 공명해 있을 수 있도록 이런 소리들을 소개했습니다. 그리고 그것은 공명하여 위대한 단계로 마음을 여는 소리들을 생성할 수 있던 사람과 관계돼 있었습니다. 리쉬들은 산스크리트어를 이해하고 있었고, 따라서 그들의 이해는 매우 순수했습니다. 그러므로 힌두와 산스크리트어는 그 본래의 상태에 가장 가깝습니다. 그 언어에는 매우 근소한 오류만이 있었지만, (나중에 기록된) 사본에는 커다란 오류들이 생깁니다.

◎ 차크라를 조율하는 이런 소리들을 말해주실 수 있겠습니까?

그 소리들은 아이 엠(I AM), 밤(VAM), 람(RAM), 얌(YAM), 햄(HAM), 아(AH), 그 다음에는 옴(OM)입니다. 같은 소리를 다른 의미로 변화시키는 혀의 움직임과 코를 통한 소리의 진동에는 단지 약간의 차이만이 있습니다.

◎ 그 각각은 특별한 의미를 갖거나, 또는 전체적으로 조금 다른 것을 표현하나요?

여러분이 단지 함께 작용하는 최초 음들을 이용하려고 한다면, 이것은 여러분의 혀를 형성하고 있는 방식을 만들어냅니다. 그것은 여러분을 통해서 움직이는 일종의 진동율뿐만 아니라 전기적 흐름을 창조하는데, 이는 여러분을 우주의 그 본래의 소리로 점점 더 가까이 데려갑니다. 그래서 그것은 균형이 잡힙니다. 여러분의 존재 안에는 기억패턴이 있습니다.

---

[1] 인도에서 영적 스승들이나 요가 수행자를 지칭하는 용어이다. (감수자 주)

가 있겠군요?

에너지장에 무엇이 흡수되도록 허용할 것인지를 인식해야 합니다. 다시 한 번 각 인간에 관해 이야기해 봅시다. 재즈(jazz)를 만들어 내는 재즈 음악가는 외부 지향의 자아를 창조하게 되며, 그러므로 그와 같은 유형의 사람을 치유합니다. 그렇다고 그런 음악과 동시에 공존할 수 없는 사람들에게 반드시 그런 치유효과가 있다는 것은 아닙니다. 그것은 색깔과 동일한데, 왜냐하면 음악 안에는 음색이 있고, 음색은 색깔이기 때문입니다. 음악이 인체를 통해서 움직일 때 마치 모든 종류의 색채들이 번쩍이는 것처럼 록 음악에 관해 생각해보세요. 많은 사람들이 하나 또는 두 가지 색깔에 너무 오랫동안 정신적, 시각적인 과부하(過負荷)가 있습니다. 만약 여러분이 계속해서 어떤 음악으로 색채에 관련해 흔들림을 겪는다면, 그것은 차크라들에도 마찬가지로 충격을 가하게 되는 것입니다.

조율(가락 맞추기)

◎ 당신은 소리들을 조율하는 산스크리트어(Sanskrit)와 차크라에 관해 많이 언급하셨습니다. 왜 이것이 중요한가요?

산스크리트어(梵語)와 그 소리들은 우주에 기원을 둔 창조의 원음(原音)입니다. 각 차크라들은 그 내부에 산스크리트 소리로 울리는 모음의 방사가 존재합니다. 여러분이 힌두(Hindu)와 산스크리트어로 돌아간다면, 얻게 되는 것은 비자(Bija) 만트라입니다. 이것은 "종자 소리(seed sound)"를 의미합니다. 그러므로 그 각각의 소리들은 점점 더 복잡한 진동을 극복하는 종자 소리, 원음이 되어갑니다. 사람에 따라 그것을 다르게 말하고 생각할 수 있습니다. 그러므로 여러분이 본래의 종자 소리, 또는 비자 소리를 얻게 될 때, 이것은 그 기원돼 있습니다. (맞지 않는) 그것은 일종의 악용된 소리입니다. 가슴을 다른 방향으로 가져가는 어떤 변화는 단기간 동안은 좋습니다. 하지만 장기간의 노출은 해롭습니다.[※저자 주: 이때 나는 그런 소리가 좀 더 조화돼 있지 않다는 생각을 그녀에게 인지시키기 위해 나의 목소리를 사용하고 있었다. 그것을 말로 표현하기는 어렵다. 그러나 내가 생각하기에 가슴박동 같은 것은 좋다.]

◎ 그런 소리의 소란스러움과 강도 같은 어떤 것이 존재하나요?

그런 점은 그것에 관한 모든 것일 수 있는데, 그 소리는 인간의 진동장과 상호작용하게 되기 때문이며, 따라서 사람들은 그것을 어느 정도까지는 견딜 수가 있습니다. 그것이 너무 시끄럽지 않다면, 그들을 괴롭히지는 않을 것입니다. 하지만 그 소리가 점점 더 커지게 될 때 그것은 일종의 (소리의) 폭격 같은 것이 될 것입니다.

◎ 한 인간이 큰 확성기의 그런 심하고도 요란한 소리 진동에 노출되었을 때 에테르체에는 어떤 일이 발생할까요? 나는 어떤 사람의 자동차 외부에서 그런 소음을 들을 수 있었고 느낄 수 있었습니다.

에테르체는 매우 거칠고 낮은 저음에 의해 충격을 받게 되며, 이것은 인간의 의식을 끌어내리고, 자유롭게 해방되는 것을 방해합니다. 사람들을 하나의 주파수 속에다 감금하고 그들의 주의를 특정 장소에다 가두어 놓는 많은 것들 - 극초단파나 TV가 좋은 실례이다 - 이 있는데, 이것은 그들이 거기에 동조하고 있고 그것을 변화시킬 추진력이 없기 때문입니다. 거기에는 "이것은 별로 좋은 생각이 아니야."라고 말하는 어떤 지혜가 올 수 있는 여지가 없습니다. 그리고 에고는 육화를 거듭하면서 더욱 강화되었으며, 그럼으로써 사람들은 자기들이 그런 경험을 시작하고 끝낸다고 믿고 있습니다.

◎ 그렇다면 누구든지 어떤 음악이 자기들에게 적합한지 알아야할 필요

할 필요가 있습니다.

음악

◎ 어떤 종류의 음악이 육체와 아스트랄체에 어떻게 영향을 미치는지 설명해 주실 수 있겠습니까?

인체의 각 기관은 그 고유의 음조(音調)와 주파수를 갖고 있습니다. 그리고 몸은 또한 차크라들을 통해 조화로운 방식으로 작용합니다. 말하자면 그것은 조화 속에서 음악적인 패턴으로 움직입니다. 그 음악이 각 인체 기관들의 음조상태와의 조화 상태로 있거나, 반음(半音) - 반 공명(半共鳴)이 된다면, 그것은 사실 그 기관의 진동에 영향을 미칩니다. 그러므로 특정 종류의 음악과의 공명이 있게 될 때는 그것에 몰두해 있는 자아의 특별한 창조적 부분이 있기 때문입니다. 자아의 창조적 부분은 자아의 모든 것이 아니라, 자아의 일부입니다. 많은 사람들이 특정 형태의 음악을 견디지 못하는데, 그들에게 구체화되려는 것과 공명하지 못하기 때문입니다. 그것은 좋은 것도 나쁜 것도 아닙니다.

◎ 자아에게 해로운 록(Rock) 음악 같은 것이나, 혹은 다른 어떤 종류의 음악이 있나요?

물론 있습니다. 그것은 가슴 차크라, 가슴의 맥박 때문입니다. 지구에는 어떤 맥박이 있고, 그것에 대한 존중이 존재하는데, 지구가 가슴에 연결돼 있는 까닭입니다. 그런 이유로 아메리카 원주민들의 음악은 매우 공명하기 쉽고 정중합니다. 만약 가슴에 공명되지 않는 어떤 것이 있을 경우, 그것은 에너지를 되돌려 보냅니다. 가슴 차크라는 열려 있으되 파장이 맞지 않는 에너지는 수용하지 않도록 설계

◎ 그렇다면 이것이 사람들로 하여금 자기들의 어두운 측면이나 감정에 더욱 연결되도록 만드는 것인가요?

그렇지요. 무익한 에너지가 더욱 활성화됩니다. 인력(引力)이 감소하기는 하나, 이런 에너지는 더 활발해집니다. 그것은 자아의 어두운 부분을 촉발시켜 그것이 나타나게 합니다.

극저주파(極低周波)

◎ ELF(Extremely Low Frequency) 주파수는 우리에게 어떤 작용을 하나요?

[※저자 주: ELF는 초저주파를 의미한다. 이것은 우리의 가정에서 나오는 에너지로서 비록 하위 주파수들을 포함하고 있기는 하지만, 일반적으로 60-사이클의 윙윙거리는 음이라고 부른다.] 우리가 ELF 주파수를 살펴볼 때 주목하는 것은 그것이 인간의 에너지를 그 주파수 자체에 인접한 수준으로 변화시킨다는 것입니다. 그렇다면 그것이 유용한 것일까요? 음, 인간이 무엇이 일어나고 있는지를 알고 있다면, 그럴 수 있습니다. 반대로 그것은 유해물일까요? 만약 인간이 많은 부정성과 혼란을 느끼고 있다면, 그것은 마찬가지로 그런 상태를 심화시킵니다. 따라서 거기에는 인간 에너지장의 증대와 퇴행으로 인해 정체가 있게 됩니다. 대개 그 에너지장은 계속 무너져 유실되어 갑니다. 그것이 인간을 뒤죽박죽으로 만듭니다. 그리고 반드시 매우 균일하지가 않습니다. 그것은 두 걸음 전진하고, 한 걸음 후퇴하고, 두 걸음 전진하고, 한 걸음 후퇴하는 것과 같습니다. 그리고 에너지적으로 그것은 분열적입니다. 인간들은 자기들의 삶에서 어떤 종류의 탄력을 만들 수가 없습니다. 그것은 그 힘을 두절시킵니다. 외부의 모든 에너지들 - 라디오, TV, 전화, 온갖 종류의 에너지들 -과 더불어 유리처럼 삶을 원활하게 하고 적절한 에너지를 가져올 수 있도록 유연한 에너지장을 형성

흑점의 전자기장은 에너지를 증대시킵니다. 흑점들은 여러분 에너지의 확산과 에너지 패턴의 혼란을 일으킬 수 있습니다. 흑점은 태양의 에너지를 직접 백광(白光)의 형태로 방사하는 대신에 그것을 취하는데, 즉 그것을 받아들여 주변에다 다른 진동으로 반사합니다.

일식(日蝕)과 월식(月蝕)

◎ 올해 성탄절에 부분 일식이 있었습니다. 이것으로 어떤 영향이 있었습니까?

그것은 지구상에서 일어나고 있는 것에 관련된 하나의 징후입니다. 그런 천문일식 동안에는 항상 에너지의 이동이 있습니다. 어떤 작용이 있는가 하면, 그것은 거기에 뒤따르는 특정 사건들을 감소시키든, 아니면 증가시킵니다. 이런 특별한 일식이나 월식현상은 태양계에 대한 자각을 가져오는 데 도움이 되고, 모든 것을 고양시킨다고 말할 수 있습니다. 모든 것이 고양된다는 데 대해서는 의심의 여지가 없습니다. 그것은 일어나는 모든 경험들에 더 많은 에너지를 가져옵니다. 크리스마스 날은 이제 사람들이 더 이상 가슴 속에서 그리스도가 탄생한다는 생각으로 기리는 시기가 아닙니다. 그들은 그것을 물질적으로 생각합니다. 그렇지 않나요? 따라서 (그리스도가 온) 그 이유와 메시지와 사랑이 무색해졌습니다.

◎ 월식이 달의 힘을 감소시키나요?

예, 한 동안은 그렇습니다. 그리고 그것은 또한 어둠을 강화시킵니다. 이해가 되십니까? 일부 사람들은 월식이 일식보다 더욱 영향을 미치는 이런 신비를 느낍니다.

여러분이 자동차의 엔진을 들여다 볼 경우, 냉각팬으로부터 교류 발전기 앞뒤로 이어지는 벨트가 있다는 견지에서 그것을 생각해 보세요. 그 벨트 모두가 한 방향으로 되어 있다면 그것은 매우 적절합니다. 하지만 어떤 것이 다르게 되어 있다면, 그것은 올바른 방향으로 바로잡을 필요가 있고 그 반대 방향으로 당기는 형태의 작용이 있습니다. 그것은 바꿔야하고 변화시켜야 하는데, 이는 사람 속에서 일어나는 것과 같습니다. 인간의 기하학적인 내면의 패턴은 어떤 것이 수성의 역행처럼 움직이게 될 때, 이동해야 합니다. 이것이 일어날 때, 몸/마음/영혼에 관계된 밀고 당김의 어떤 미묘한 주파수가 존재합니다. 그러므로 기어 속에서 삐걱거리기보다는 차라리 멈추는 것이 최선입니다. 에너지적으로 수성이 역행할 때 그것은 서너 개의 다른 태양계들과 정렬돼 있습니다. 그것은 그렇게 움직입니다. 수성이 그렇게 움직일 필요가 있는 것은 그것이 실제로 이 태양계 전체의 변동요인이기 때문이라는 점을 기억하기 바랍니다. 따라서 그것이 그렇게 역행할 때는 모든 행성들을 휘젓고 변화시키고 있는 것입니다.

◎ 우리 태양계 내 행성들의 친화성 때문에 그것들이 함께 모이는 문제에 관해 이야기해 주시겠습니까?

그것들이 그렇게 하는 것은 안락한 진동 때문입니다. 같은 것은 같은 것을 끌어당기며, 거기에는 또한 척력(斥力)이 존재합니다. 그것은 육체와 물질적인 마음, 에고의 모든 수준에서 일어납니다. 그것은 끌어당김, 밀어냄, 끌어당김, 밀어냄과 같은 것입니다. 그 현상은 괜찮은 것이지만, 많은 변화를 만들어내지는 않습니다. 여러분은 단지 "이것"도 약간 필요하고, "저것"도 약간 필요합니다. 모든 것은 공존의 가능성을 추구하고 있습니다. 그리고 어떤 것이 양립성보다 적거나 많게 움직인다면, 그것은 감정을 형성합니다.

◎ 어떻게 태양의 흑점이 우리에게 영향을 미치나요?

나가는 것과 같습니다. 달을 가지고 이것은 쉽게 이해할 수가 있는데, 왜냐하면 보름달일 때는 더 많은 물이 이동하고, 체액이 증가하며, 채워지는 것이 더 있기 때문입니다. 이것은 자체적으로 모든 세포를 충만하게 만들며, 그런고로 모든 진동은 좀 더 가득차고 유동적이 될 잠재력을 갖습니다. 점성가로서의 여러분은 절대자로부터 할당받은 어떤 에너지들을 지닌 행성들이 존재한다는 것을 압니다. 하지만 그것은 실제로 일종의 끌어당김 운동과 개조하는 활동을 만드는 모든 에너지들입니다. 여러분은 그것에 관해 4각형이 오각형이나 6각형처럼 바뀌었거나, 세로운동을 형성했다고 생각할 수 있습니다. 이런 모든 것들은 에너지로 발생합니다.

◎ 어떻게 우리가 이런 행성들의 에너지에 반응하는지에 대해 좀 더 말해주실 수 있을까요?

인간과 행성 사이에는 방사되는 주파수가 있습니다. 예를 들면, 수성(水星)은 천상에서 상징적으로나 물리적으로 일종의 지배력의 형태이고, 그런 진동을 지구의 에너지장에다 방사합니다. 사람들이 지구상의 어디에 있느냐와는 관계없이 그들은 수성이 그 자체의 패턴과 고유의 주파수로 접근하다고 느낄 것입니다. 그것은 매우 미묘한 진동이지만, 그럼에도 매우 강력합니다. 사람들이 실제로 그 미묘한 진동이 강력하다고 이해하지는 못합니다. 그것은 동종요법(同種療法)과 유사합니다. 만약 사람들이 그것을 이해하고 코웃음 치지 않는다면, 그들은 자기들의 삶을 활기 있게 하는 더 많은 정보들을 얻을 것입니다. 그리고 그것이 그들의 인생사를 좀 더 유용하고 도움이 되는 방식으로 펼쳐지도록 할 것입니다.

◎ 수성이 (지구궤도에 대해) 역행할 때, 우리가 너무 일을 진척시켜서는 안 되고 단지 늦추어 기존에 벌여놓은 일을 살펴봐야 할 시기인가요?

까요?

성 저메인 대사가 그것을 관리하고 있습니다. 그는 사람들에게 향후의 새로운 가르침들이 무엇인가를 구술했습니다. 그런데 사람들이 육체적이 아닌 영적인 방식으로 안도감을 느끼기 위해서는 모일 장소들이 필요합니다. 그런 까닭에 힘이 있는 내밀한 장소들로 사용하고자 그런 주님들과 대사들 – 미륵(彌勒) 부처님은 그런 대사들 가운데 한 명입니다. – 에 의해 창조된 거대한 에너지 원뿔형의 장소들이 있는데, 그리하여 사람들이 옮겨와 그들이 같은 마음으로 그곳에 모일 수 있는 것이지요. 어떤 사람들이 모임을 가질 필요가 있고, 그때 그들은 이런 지역들로 이끌리게 될 것입니다. 다른 사람들은 다른 장소들에 끌리게 될 것이며, 그들은 스스로 에너지 보텍스(vortex)를 만들 것입니다. 기억하세요. 그 의식(意識)은 언제나 사람들에 의해 창조됩니다. 그리고 그것은 각자와 모든 이들 속에서 시작됩니다.

◎ 이런 에너지 중심들이 승천한 대사들이 물리적으로 출현해서 가르칠 수 있는 장소들이 될까요?

그렇습니다. 이것은 충분한 가능성이 있습니다.

행성 에너지

◎ 행성들의 에너지가 실제로 인간의 문제에 영향을 미칩니까?

물론입니다. 절대적이지요. 거기에는 의문의 여지가 없습니다. 그것은 달의 인력이 조수(潮水)의 간만(干滿)을 만드는 것처럼, 에너지의 상승 및 하락과 관계가 있습니다. 그것은 당기고 밀어내고 변형시키는 운동입니다. 또한 그것은 마치 행성들이 자신의 명상을 계속해

종 바위는 매우 단단히 지상에 놓여있습니다. 그것은 또한 일종의 자기(磁氣) 에너지이며, 맹렬한 접지(接地) 에너지라고 말할 수가 있습니다. 그러므로 누군가 기꺼이 거기에 (몸과 마음을) 내맡기지 않을 경우, 끌어당김을 느낄 것입니다.

◎ 그럼 제가 저항했던 것인가요?

그렇습니다.

◎ 비가시적인 존재들이 이런 지역에 거주한다고 언급했던, "락 피플(Rock People)" 또는 "와페카(Wapeka)"에 관해 어떻게 알고 계세요?

우리는 그들을 정신적인 구성물이라고 봅니다. 지상에서 활동하는 땅의 요정처럼 반드시 지상에 묶여 있는 것은 아닙니다. 약간의 두려움이 그런 에너지를 감싸고 있습니다. 그것은 두려움에 기초한 일종의 투영입니다. 이것을 경험하는 사람들은 그들이 있는 장소와 위협받는다고 느끼는 것에 관한 두려움을 갖고 있습니다. 그러므로 거기에는 정신이 투사되어 형성된 엘리멘탈들(elementals)이 있는 것입니다.

◎ 많은 사람들이 이런 두려움을 경험할 때, 그것이 특정한 형태를 취하게 되는 것인가요?

예, 혼합물입니다.

새로운 에너지 중심들

◎ 미국 내에 있는 어떤 새로운 에너지 중심들에 관해 말해주실 수 있을

미국 아리조나 주(州)의 세도나 지역. 매우 기(氣)가 강한 곳으로 알려져 있다.

'우주공항 바위(Airport Rock)'는 사람들의 몸을 끌어당기는 강한 에너지를 갖고 있습니다. 그리고 여러분에게 말하지만, 이것은 지구의 중심과 정렬돼 있습니다. 따라서 그것은 중요한 장소입니다. '보인톤 캐년(Boynton Canyon)' 역시 지구의 중심과 시리우스에 정렬돼 있습니다. '대성당 바위(Cathedral Rock)'는 플레이아데스와 일치하는 위치입니다. 그리고 '종 바위(Bell Rock)'는 역시 시리우스에 정렬돼 있지요. 그리고 그 모든 것들과 깊이 일치돼 있는 다른 많은 바위에 관한 정보들이 있습니다. 따라서 거기에는 여러분이 그 영향에서 거의 벗어날 수 없는 에너지 패턴이 형성되어 있습니다. 여러분은 이런 높은 진동의 에너지에 사로잡히게 되며, 그것을 이용할 수도 있고, 못할 수도 있는 것입니다.

◎ 나는 종 바위로 가서 그것이 내 목구멍에까지 밀착된 것처럼 느껴질 때까지 잠시 그곳에 앉아 있었습니다. 무슨 일이 일어난 것입니까?

◎ 그럼 그 일부는 우리가 구현하는 것이고, 또 그 일부는 주택을 통해 작용하는 에너지의 움직임인가요?

예, 그렇지요. 여러분은 더욱 깨어나게 되고 더 의식적이 됩니다. 여러분은 이미 무엇인가를 창조한 것처럼 느끼고 있기 때문이지요. 그리고 이제 여러분은 계속해서 창조하고 있습니다.

세도나 에너지

◎ 왜 아리조나의 세도나(Sedona)가 그처럼 엄청난 에너지의 장소가 된 것입니까?

거기에는 자기 패턴(Magnetic Pattern)이 존재하지만, 또한 지구의 핵으로부터 오는 침요법의 경락(經絡)과 같은 것이 있습니다. 그리고 지구핵은 진동으로 별들과 정렬되어 있습니다. 여러분이 시카고가 플레이아데스(Pleiades)와 정렬돼 있다고 말하지는 않습니다. 플레이아데스와 정렬되는 것은 지구의 중심입니다. 3개의 주요 경락 지점이 존재합니다. 그 하나는 플레이아데스와 맞추어져 있고, 다른 하나는 오리온(Orion), 그리고 마지막으로 시리우스(Sirius)와 맞춰져 있습니다.

◎ 이런 것들이 거기에 있는 보텍스(Vortex) 장소들과 상응하는 것인가요?

그렇습니다.

◎ 거기에 관해서 말해 주십시오. 나는 5개의 주요 장소들이 있다고 믿고 있습니다.

5. 우리 주변의 에너지들

- 우주적 흐름의 바다 -

풍수(風水)

◎ 풍수가 삶과 건강을 증진시킬 수 있다는 것은 사실입니까?

그렇습니다. 그러나 여러분이 그것을 이해하지 못하는 한 아무 것도 여러분을 도울 수 없다는 깨달음이 필요합니다. 그것은 에너지로 작용하고 있는 하나의 문제입니다. 여러분이 풍수지리로 어떤 것에 도움이 될 때는 그것이 더 나은 에너지의 흐름을 통해 높은 진동이 될 수 있도록 효과적인 조치를 취하기 때문입니다. 그리고 오랫동안 충분히 작용해온 어떤 패턴들이 존재하며, 그럼으로써 특정 장소는 어떤 사람들에게 반드시 발생하는 주파수를 지니게 됩니다. 여러분이 현 문화 속의 오늘의 시각에서 무엇인가에다 풍수를 활용한다면, 그것은 다음과 같이 말하는 것과 같습니다. "오, 그래 나는 상황이 더 낫게 될 수 있도록 이걸 하고 있는 거야." 그리고 그것이 여러분이 원하고 있고 기다리고 있는 것이기 때문에 상태가 나아질 것입니다. 풍수가 상태를 악화시키지는 않을 것입니다.

기가 오기 전의 그들의 존재 상태에 달려 있습니다.

빛의 존재들이 빛을 투사하는 것은 어떤 장소, 어떤 시대에나 나타날 수 있지만, 아직은 적절한 시기와 장소가 아니었습니다. 그러므로 이 에너지는 지금의 특별한 시기에는 휴지(休止)하고 있을 필요가 있습니다.

◎ 2012년에 관한 것은 무엇이며, 언제 마야 달력이 끝나는 것입니까?

2012년에는 (한 주기의) 마감이 있다고 말하고자 합니다. 따라서 전 세계의 진동율이 아마도 여러 가지 방식으로 세상 자체를 변화시키기 위해 높아질 것입니다. 그 시기는 거의 가사(假死) 상태와도 같습니다. 그러나 여러분 역시도 그것을 할 수가 있습니다. 여러분은 숨을 들이 쉬고 내쉬는 사이에 잠시 멈추는 것을 알아차립니다. 이것 역시도 하나의 명상이 될 수가 있습니다. 이것은 호흡의 수준에서 하나의 가사상태입니다. 또한 심장이 박동하는 중간에는 간격들이 있습니다.

모든 것이 정지하게 되는 곳에는 많은 잠깐의 순간들이 존재합니다. 그리고 그것이 순수한 명상이고, 순수한 사랑이며, 순수한 빛입니다. 가사상태는 모든 것들이 바뀌고 고양되고 충전되고 해체되는 놀라운 능력을 가지는 상태입니다.

◎ 그때 일어나리라는 것에 관한 많은 추측들이 있습니다.

우리가 정확한 것을 여러분에게 말할 수는 없습니다. 하지만 우리의 관점에서 지구의 자기장을 주시할 때 - 왜냐하면 그것이 이러한 마야 예언이 예보되었던 바탕이었기 때문입니다 - 마치 행성 지구의 에너지장이 충전되는 것 같은 일이 있게 될 것입니다. 따라서 어떤 수준에서는 여러분이 "모든 것이 감전사하게 되는 것인가?"라고 말할 수도 있습니다. 그러나 그것이 아니라 단지 모든 것이 더욱 충전되는 것입니다. 이제 그러한 충전이 온 이후에는 모든 것이 더욱 (에너지가) 고갈되거나 더 활기차게 될 것입니다. 이것은 어디까지나 이런 충전의 시는 의미입니까?

아, 그렇습니다. 우주인들이 그들에게 많은 정보를 전해주었기는 합니다만, 그들도 또한 이런 존재들의 파생물들이고, 일부입니다.

◎ 그들 사이에 혼인이 있었나요?

그렇지요. 그것은 특정 시점에 빛을 통해 몸과 마음과 영의 진동을 결합하는 것입니다. 마야인들은 고등한 진동의 몸을 갖고 있었습니다.

◎ 케찰코아틀(Quetzalcoatl)[7]은 누구였나요?

이것은 부분적으로는 지구 행성과 그를 숭배했던 존재들에 의해 거대한 힘을 부여받았던 일종의 에너지입니다. 하지만 그는 또한 바로 지상에 내려와 확실히 정착해 있었습니다. 우리는 지금 인간에 관해서 이야기하고 있는 것이 아니라, 지구에 전해졌던 정보의 위대한 특성들과 물리적 에너지를 가져온 한 빛의 존재에 관해 말하고 있습니다. 따라서 그는 이 지구에다 빛을 투사했던 태양계 너머 출신의 존재였으며, 그리스도의 발현체였습니다. 그렇다고 예수 그리스도를 말하고 있는 것은 아닙니다. 예수는 그리스도의 한 발현체이며, 붓다 역시 그리스도의 한 발현체인데, 케찰코아틀 또한 그러했던 것이지요.

◎ 그는 자기가 다시 올 거라고 말했는데요.

---

[7] 중남미 아즈텍, 톨텍 문명의 신화에서 섬기던 일종의 태양신, 문화신이다. 흔히 '날개달린 뱀의 신'으로 묘사되지만, 때로는 흰 피부와 검은 머리에 수염이 달린 인간왕의 모습으로도 표현된다. 인간들에게 농경법과 직물기술, 불사용법, 역산법, 시간산정법, 천문, 예절, 등을 전수해주고 사라졌다는 전설이 전해져 온다. (감수자 주)

지 않습니다. 그러나 마야인들은 그러했습니다.

◎ 마야인들은 어디서 유래했던 문화 또는 사람들인가요?

무(Mu)가 명확한 답이라고 말할 수 있겠습니다.[※저자 주:태평양상에 있던 고대의 대륙을 무엇이라고 부른다고 하더라도, 이것은 레무리아 또는 파시피카(Pacifica)일 것이다.]

◎ 그들은 시간과 예언에 관한 지식을 어디서 얻었습니까?

그것은 가슴과 영혼 속에 보존돼 있던 것이며, 당시에 기록돼 있던 것은 아닙니다. 그러므로 그 위대한 존재들의 내면에서 일종의 주파수 조정이 있었으며, 그 집단의 사람들의 입을 통해 많은 것이 옮겨진 것입니다. 다수의 마야 여성들이 아주 쉽게 육체를 초월한 에너지들과 시공(時空)을 넘어선 정보들에 주파수를 동조시킬 수 있었습니다. 그들은 자기들의 물리적 현실 속에서 믿었던 것보다 그런 초월적 세계들을 더 믿었습니다. 따라서 황금을 얻는 것은 그들에게 관심사가 아니었습니다. 황금은 단지 그들이 이미 가슴과 마음 속에서 알고 있는 진아(眞我), 혹은 참된 본성의 반영인 일종의 표상에 지나지 않았던 것이지요.

◎ 이런 지식이 무(Mu)를 통해서 아주 오래 전의 초기에 그들에게 옮겨진 것인가요?

예, 뿐만 아니라 지구 너머에서 오기도 한 것입니다. 위대한 존재들이 있었습니다. 이해하시겠어요? 위대한 존재들이 지구를 방문하고 있었고, 재방문하고 있습니다. 우주에서 온 존재들과의 엄청난 양의 주파수 교류가 존재합니다.

◎ 외계의 우주인들이 지구에 내려와서 그들에게 지식을 전수해 주었다

배울 필요가 있었던 곳이었습니다. 인간들은 지금의 상태와 같은 대뇌를 지닌 육체의 적응을 배울 필요가 있었습니다.

마야인들과 2012년

◎ **마야인들에게 무슨 일이 발생했었나요? 그들이 갑자기 사라진 것처럼 보입니다.**

그들은 사라지지 않았습니다. 오늘날에도 아직 마야인들의 후손들이 있습니다. 당시 그들 중의 다수는 깊은 동굴 내부로 들어갔고, 많은 명상과 묵상을 수행했습니다. 그들은 결혼하지 않았습니다. 따라서 이 종족의 사람들은 흩어져 사라진 것입니다. 그들 중의 상당수는 살해당했는데, 커다란 반란이 있었기 때문입니다. 또한 마치 그들이 더 이상 지구상에 있을 필요가 없다고 느낄 정도로 대규모 타락이 있었습니다. 그러므로 집단적으로 자멸이 일어난 것입니다.

◎ **그들에 관해 말해 주십시오.**

그들의 진동은 미묘했습니다. 그들은 거친 인간들이 아니었고 신비로웠습니다. 이 종족의 사람들은 고등한 진동에 조율돼 있던 사람들이었는데, 즉 그것은 반드시 미세한 진동이라기보다는 고등한 진동이었습니다. 그러므로 매우 훌륭히 조화되고 순화된 마야 사람들이 존재했습니다. 그리고 그들은 더 이상 육체로 있지 않은 존재들과 접촉하기 위해 깊게 명상할 수 있었으며, 그 존재들은 아직도 진동으로 인류를 돕고자 그 종족의 사람들을 인도하고 있습니다. 오늘날 인류 속에는 매우 두꺼운 뇌를 가진 사람들이 있는데, 그들 대부분은 대자연과 조율돼 있지 않습니다. 오히려 그들은 TV와 랩톱(휴대용 컴퓨터)에 조율돼 있지요. 그들은 자연과 그 자연의 사이클과 조율돼 있

그것들이 같은 형태의 분위기를 갖고 있음을 알 것입니다.

◎ 디노사우르스(Dinosaurs:공룡의 일종)에게 무슨 일이 일어났습니까? 멕시코 만(灣)에 떨어진 유성(流星)에 의해서 그들이 멸종했나요?

예, 그렇습니다. 운석(隕石)과 소행성들이 지구에 충돌했던 적이 여러 번 있었습니다. 그것이 지구가 원래 정렬돼 있던 궤도와 부딪쳤습니다. 인력(引力)이 작용할 때 외에는 이런 일이 일어날 필요는 없었지요. 그리고 이런 인력의 작용은 그곳에 여러분이 아는 것 같은 인간들이 정착하기 아주 오래 전에 발생했습니다. 디노사우르스의 멸종은 시대적 단절의 일부이고, 그 시대는 선사시대라고 불리는데, 거기에는 지구에 관해 이 행성의 외부에서 진행 중인 거대한 계획이 있었습니다. *지구 행성에 있는 문명보다 더욱 진보된 문명들이 우주에 항상 존재한다는 사실을 결코 잊지 마십시오.* 그러므로 그들은 컴퓨터 게임처럼 만들 수가 있고, 거기다가 무엇인가를 가합니다. 따라서 우리는 디노사우르스가 지구에서 멸종된 것이 신(神)에게 전적인 책임이 있다고 말하지 않습니다. 디노사우르스가 어떤 쓸모가 있나요? 왜 절대자가 지구 행성에서 디노사우르스를 퇴출시켰을까요? 그 내막은 무엇일까요? 이것은 에너지와 물리적 현실이 이동하는 거대한 실현에 관계된 것입니다. 여러분의 상상력을 이용하여 지구가 동물원처럼 누군가의 상상을 펼치고 바라보는 놀이터가 될 수 있었다는 것을 깨달으십시오. 그것이 매우 흥미롭기는 하지만, 디노사우르스와 인간이 동일한 공간 속에 살 여지는 없습니다. 쾌적하게 함께 공존할 수가 없었던 것이지요.

◎ 디노사우르스들이 어떤 일정 기간 동안 인간들과 동시대에 생존했었습니까?

그렇습니다. 지구상의 특정 지역에서 그러했습니다. 남미(南美)에 그런 지역이 한 군데 있었습니다. 이곳은 인간들이 사는 생존 방법을

재방문에 관련된 일부 지구역사

◎ 아틀란티스 대륙의 침몰 이후 아메리카 대서양 연안에 도달한 최초의 문화는 무엇이었습니까?

그들은 매우 검은 피부색을 갖고 있었지만, 그 문화가 지금의 아프리카 연안에서 발생한 것은 아니었습니다. 아틀란티스는 아메리카의 동해안과 마찬가지로 아프리카 내에 인접해 있었습니다. 그들은 인도양 가장자리 지역에서 온 것입니다. 그들은 인도인의 기원을 갖고 있습니다. 그들은 마야인들처럼 보일 것입니다. 여러분이 그렇게 보려고만 한다면 말입니다.

◎ 이들은 페니키아인으로 이루어진 선구자들이었나요?

페니키아인들(Phoenician)은 기묘한 인종입니다. 그들은 자체적으로 다른 측면들을 갖고 있습니다. 사람들은 그들이 순수한 인종이라고 생각하지만, 그렇지는 않습니다. 그들은 구 소련연방의 상부지역과 많은 상호작용이 있었습니다. 그들은 신비적인 많은 가르침들을 갖고 있었고, 수많은 위대한 일들을 이루며 자기들을 삶을 개척해 나갈 수 있었습니다. 그들이 지구상에서 창조하는 방식은 그 당시의 기술과 마찬가지로 그리 예술적이지는 않았습니다.

◎ 페니키아인들이 결국 이곳을 만들었나요?

오직 북부지역만 그렇습니다. 남부지역은 아닙니다. 그런 까닭에 그들은 오래 생존하지는 못했습니다. 북 아메리카는 고대로부터 유래한 많은 유적을 갖고 있습니다. 그곳에는 그들이 오고가고 하던 지역에서 사람들의 많은 활동이 있었으며, 뛰어난 많은 문명들이 존재했었습니다. 여러분이 마야와 아즈텍 문명의 유적들을 살펴본다면,

◎ 지구상의 사람들은 (우주에서) 자기들만이 존재한다고 느끼는 것 같은데요.

그래서 그들은 계속해서 다른 물리적 생명을 찾고 있지요. 그것은 이웃 사람에게 가서 접촉하는 것과 같습니다. 그들이 아직도 외로운가요? 물론 그러한데, 인간이 이웃의 다른 생명을 찾는 데는 일종의 한계가 있기 때문입니다.

◎ 화성에는 한 때 공기가 있었습니까?

오, 그렇습니다. 지구처럼 아주 많은 대기가 있었습니다.

◎ 그 존재들이 우리가 화성에서 목격하는 건조물들을 거기다 세웠나요?

아닙니다. 그것은 합작품입니다. 말하자면 그들이 허가해 준 것인데, 마치 이집트에서 거대한 건조물을 세우도록 승인을 받았던 것처럼 말이죠. 왜냐하면 그것은 지구 행성의 에너지와 우주의 다른 곳을 연결하는 것이기 때문이죠.

◎ 무엇이 화성 표면의 줄(운하)을 형성하게 했나요?

그 원인은 이곳에서처럼 그 행성의 중심으로부터 움직이고 있는 에너지입니다. 그 생명력은 아직도 움직이고 있습니다. 그것은 운하 속에 있는데, 그 운하는 경락(經絡)과 같은 것이기 때문입니다. 그것은 물이나 녹은 용암이 아니라, 그 지질의 운동입니다. 그것은 유사(流砂)같은 작용이 될 것입니다.

니다. 그러므로 우리가 화성과 같은 장소들에 관해 이야기 할 때, 이곳을 중간역(way station)으로 이용하고자 했던 우주 내의 온갖 종류의 존재들이 있었던 것입니다. 따라서 과거에 화성은 매우 신성한 중간역이었습니다. 그곳은 많은 생물들과 인물들이 태어나 물리적인 삶을 영위했던 장소였으나, 오늘날 지구 행성에서 보는 모습과는 상당히 달랐습니다. 그것은 더 낫거나 나쁘지도 않았고, 단지 대등했다고 할 수 있습니다. 이 개념을 이해하는 폭은 상당히 넓습니다. 거기에는 여전히 수많은 단세포 원형 동물 형태의 상태들과 육체적인 인간 존재들의 활동들이 있습니다.

◎ **어떻게 행성이 바로 냉각되나요? 그것이 갑자기 일어났습니까?**

화성은 과거 어느 시점에는 태양처럼 뜨거웠습니다. 물체들을 차갑게 만드는 것은 육체에서의 영혼과 마찬가지로 에너지의 응축입니다. 그리고 때가 되어 그 세계가 전환될 때 에너지가 움츠러들게 됩니다. 그것은 일정한 기간에 걸쳐서 발생했습니다.

◎ **사람들은 지구가 화성에 의해 (인간의) 씨가 뿌려졌다는 것, 우리가 거기에 관련돼 있다는 것을 하나의 가능성으로 보기 때문에 여기에 매우 관심이 있습니다.**

물론 여러분은 관련돼 있습니다. 그렇습니다. 당시 우주선들이 있었고, 기술을 구현했었습니다. 그러므로 화성인들이 와서 지구상에 있는 것의 일부를 건조했습니다. 그리고 그들은 바다와 많은 사물들로부터 에너지를 뽑아냈는데, 왜냐하면 높은 진동을 설정하는 데 완전하지 못했기 때문입니다. 그들은 상승한 대사들과는 달랐고, 지구에 돌아와 모든 생명체들에게 수많은 봉사를 했던 존재들과는 동일하지 않았습니다. 그것은 다른 형태의 삶이었습니다. 물론 그들 자체의 방식으로는 유용했겠지만, 인간과의 일부 관계는 불필요했습니다.

크기일 것입니다. 그것은 거의 대수롭지 않은데, 말하자면 외적으로 그리 두드러져 보이지 않을 것이기 때문이지요. 이 별이 점성학적으로는 중요한 의미를 지니게 될까요? 그렇습니다! 왜냐하면 그것이 또한 빛의 존재들의 의식과 고등한 창조성의 진동을 자각시키는 데 커다란 힘으로 작용하게 될 것이니까요.

화성(火星)의 생명체

◎ 화성에 있는 바위물체에서 화석들이 발견되었습니까?

아, 예. 하지만 이것이 무엇인지에 관해 이야기해 보도록 합시다. 화성에 존재하는 것을 여러분에게 말하도록 하겠습니다. 냉각된 행성의 가치 이상으로 화성에는 여러분이 세상에서 알고 있는 화학적인 주기율표상에서 측정될 수 있는 광물들과 화학적 측면이 있지만, 거기에는 또한 잔여 에너지들이 있습니다. 화성에는 순환하는 에너지들과 오고 가는 에너지들, 비장된 에너지들이 존재합니다. 왜 어떤 이들이 화성에다 에너지를 비장하기를 원하는 것일까요? 왜냐하면 그것이 에너지를 형성하는 작용을 갖고 있고, 복구하는 작용을 갖고 있기 때문입니다. 화성은 일종의 복구하는 에너지입니다. 이것은 이 특별한 시대에 영향을 미치고 있는 지구의 아이들의 현실을 균형 잡는 데 필요합니다.

◎ 화성에는 한 때 이런 화석들에 나타난 것과 같은 물리적인 생명체들이 존재했었나요?

예, 그렇습니다. 그것은 단지 냉각되었지요. 화성은 고도로 지성적인 존재들에 의해 문명화되어 있었습니다. 지금은 오직 잔존물들이 남아 있는데, 이것은 그 지성체들이 아직 거기에 있다는 것을 의미합

떠돌지 않고 일정할 수가 있습니다.

달이 거기에 있음으로서 그것은 어떤 빛의 진동을 되돌려 보내며, 그 빛의 진동은 인간 자신과 그들의 영혼에 대한 유효성을 증가시킵니다. 달과 영혼은 관련되어 있습니다.

◎ 폭발되어 지금 잔해가 떠돌고 있는 소행성대에 행성이 있었습니까?

늘 함께 모이고 있는 행성들이 있고 그것은 폭발하고 있지만, 더욱 흥미로운 것은 폭발하는 이유입니다. 거기에는 하나의 물리적인 행성이 있었습니다. 그들이 일부러 그것을 폭발시키지는 않았습니다. 그 폭발은 그들의 창조성과 능력의 결함으로 인한 것이었습니다. 그들이 그것을 폭발시키거나 이렇게 말하지 않았습니다. "행성을 폭발시킬 것이다." 붕괴를 유발한 것은 힘의 오용 때문이었습니다. 그 조각들이 이 태양계 내에서 떠돌고 있는데, 그것이 내용의 골자입니다. 그것은 더 이상 불필요합니다.

◎ 그들이 우리처럼 육체적인 존재들이었나요?

여러분과 같은 육체적 존재들이긴 했지만, 밀도가 낮은 실체들이었습니다.

◎ 미래에는 하늘에 2개의 태양이 있게 될 거라는 이야기를 들었습니다. 이것은 사실인가요?

그것은 이른바 멀지 않은 미래에 달려 있습니다. 여러분이 가까운 주변에서 그것을 볼 수 있게 되지는 않을 것입니다. 따라서 미래에 다른 작은 빛의 방사체가 있기는 하지만, 여러분의 지금의 태양과 같은 크기는 아닐 것입니다. 그것은 대략 현재 태양의 8분의 1정도의 생에서 배울 수가 없었기 때문에 좀 더 적절한 상황에다 배치해야 합니다. 나는 사람들이 압도당했던 교훈들을 그들이 배울 수 있도록 나은 상황 속에다 배치하기 위해 있습니다. 여러분은 하느님이 인간이 할 수 있는 이상으로 손을 잡아 인도하지는 않는다고 들었습니다. 따라서 우리는 아직 미성숙한 존재들이 언제 자신의 삶을 받아들일 것인지, 아니면 육신에서 벗어나는 길을 찾을 것인지를 조사해야 합니다. 자살은 육화와 영의 법칙, 지혜의 법칙, 표현의 법칙, 발현의 법칙을 잘못 이해한데 따라 치르는 결과입니다. 하지만 그것은 단지 오해일 뿐입니다.

달, 새로운 태양, 그리고 잃어버린 행성

◎ 달의 목적은 무엇입니까?

달은 매우 오랜 시간 동안 함께 해온 (지수화풍) 4대 요소적인 분자들의 집단입니다. 그것은 지구의 진동장(振動場)의 주계(周界) 위에 있는 가장자리의 자기적 운동처럼 우주 내에서 많은 것을 모으는데, 거기서 수(水)와 지(地)의 강도가 최대입니다. 그러므로 달은 여러분의 감정의 장(場), 즉 지구 전체의 감정의 장에 작용합니다. 달은 여러분의 우주에 기여하고 있습니다. 그 자체의 배치로 인해 그것은 일종의 에너지 정지점과도 같은데, 그래서 그것은 우주 속에서 계속

Karma)'이라고도 칭한다. 관세음보살은 이 7명의 대사들 가운데 1명이다.
　지구상에 태어나는 모든 영혼들은 지상에 육화하기 전에 일단 이 카르마 위원회의 법정 앞에 서서 그 생을 통해 자신의 카르마적 부채를 얼마만큼 청산하여 균형 잡을 것인지를 심사받고 적정량의 몫과 과제를 할당받게 된다고 한다. 그리하여 어떤 환경과 부모, 조건으로 태어날 것인지가 카르마 위원회에 의해 결정된다는 것이다. 또 죽은 다음에도 역시 성취 결과를 평가받기 위해 다시 그곳을 통과해야한다고 한다.
　그런데 카르마 위원회는 이런 개인적 카르마의 주기뿐만이 아니라, 집단과 국가, 세계 전체의 카르마를 판결한다고 한다. 그러므로 이는 인류전체의 영적진보를 이룰 수 있는 최상의 기회를 부여하고자 공명정대하게 카르마 문제를 관리, 감독, 처결, 집행하는 최고의 영적 의결기관이라고 할 수 있다. (감수자 주)

자살

◎ 우리 인간의 자살에 관련된 영적인 법칙은 무엇인가요?

음, 우리는 대부분의 율법들이 종교에서 만들어졌다고 말하고자 합니다. 영(Spirit)의 법칙은 삶 속의 행복이고, 삶의 성취이며, 자아실현을 위한 성장입니다.

◎ 하지만 누군가가 자기에게 예정돼 있는 것을 경험하기 이전에 스스로의 목숨을 끊었다면 …

그때 그들은 가능한 한 신속히 육신을 떠나게 되겠지만, 육체로 더 이상의 어떤 빛을 추구한다든가, 행복을 추구하여 실현하는 것을 경험할 수 없습니다.

◎ 그럼 이것이 죽은 이후에 그들에게 영향을 미치지 않습니까?

물론 자살은 그들이 배울 교훈에 영향을 미치는데, 왜냐하면 그들은 그것을 선택했기 때문입니다. 그 결과는 (다음 생에) 어떤 식으로든 병에 걸리거나, 어떤 상황을 겪는 것일 수도 있습니다. 그렇다고 자살로서 모든 것이 끝나는 문제가 아니며, 그것은 때 이른 여행과 같은 것입니다. 즉 그것은 성급한 결정입니다.

◎ 자살에 대한 특별한 심판은 없나요?

우리가 자살에 대해 심판하지는 않습니다. 나는 카르마 위원회 (Karmic board)6)에 속해 있고, 사람들을 처벌하기보다는 그들이 그

---

6) 카르마 위원회는 비유적으로 말하면, 지구영단 내의 일종의 영적인 최고 사법기관 (대법원)에 해당된다고 할 수 있다. 이것은 인류의 카르마 문제만을 관장하는 7명의 상승 마스터들(대법관)로 구성되어 있으며, 이들을 '카르마의 주님들(Lords of

영혼의 선택입니다. 그것은 영혼의 선택으로부터 설정된 진동에서 생겨납니다. 유전에 의한 것도 영혼의 선택에서 유래합니다.

◎ 우리 사회 속에 이런 것에 관한 수용의 문제들이 존재할 때, 왜 누군가가 이런 형태의 인간으로 육화하고자 하는 것일까요?

그것은 문제라기보다는 일종의 실험입니다. 모든 영혼들은 태어나기 전에 훨씬 단순하게 상황을 봅니다. 그들은 영화를 보듯이 힐끗 보고는 이렇게 말합니다. "나는 처리할 수 있어요. 다 잘 될 거에요." 그리고 나서 그들은 자기들이 육신 바깥에 있을 때만큼 현명하게 되지 않을 거라는 걸 잊어버립니다. 그리고 그들은 자신의 어떤 미숙함과 스스로 발견하게 되는 문제들로 인해 비틀거리게 될 것입니다. 그러므로 그것은 교훈들을 배우는 것입니다. 그리고 그것은 사랑하고 자기수용을 할 수 있도록 지속적으로 불굴의 노력을 하는 것이며, 그런 측면에서 이런 에너지들은 그들의 가장 중요한 교훈을 배우고 있는 것이지요. 정의로움이 아니라 자기수용이라는 사랑을 통해서 말입니다.

◎ 왜 그들에 대한 그런 강한 혐오와 극도의 편견이 존재하는 것입니까?

두려움입니다. 수많은 두려움 때문이지요. 표준적이지 않은 것이나 사회적으로 용인할 수 있게 보이지 않는 어떤 것에 대해 사람들은 두려워합니다. 왜냐하면 자기 자신이 (주류에서 벗어나) 배척당하는 것을 원치 않기 때문입니다. 또한 그들은 자기들의 모든 결정이 마치 통제받는 듯이 느끼는 것을 바라지 않습니다. 그렇지요? 따라서 그들은 어린 시절부터 오직 하나의 조합만이 있다고 배웠습니다. 그것은 한 남성과 한 여성, A 그리고 B, 하나 그리고 둘입니다. 하지만 창조물 안에는 변수가 있는 것입니다. 그리고 이런 모든 변수들은 수많은 사랑의 여지를 남겨놓는 것이지요.

면, 모든 방향을 한 번에 볼 수는 없습니다. 바퀴에서 뻗어 나온 모든 선들은 오직 그 자체의 양쪽에서만 볼 수가 있지요. 따라서 초점은 특정 생명의 흐름에 맞추어져 있지만, 그들은 모두 여전히 그 바퀴로부터 나오고 있습니다. 여러분이 육체에다 초점을 맞추고 있는 이 현실, 그리고 최상의 활동과 이해를 얻을 수 있다는 것이 가장 중요합니다. 그것은 일종의 만화경(萬華境:끊임없이 변화하는 것)과 같고, 제자리에 들어앉아 늘 그 원주 주변이 하나 이상으로 보이게 반영하는 한 개의 칩(chip)과 같지만, 그 하부에는 단지 전체 그림을 형성하고 있는 하나의 유리 칩만이 있는 것입니다. 유리 칩이 원주 주변으로 퍼져 나가듯이 그 칩의 형상과 의미를 약간만 바꾸십시오.

◎ 사람들이 그들 자신의 이런 병행 흐름에 지나치게 의식적이 될 때, 정신적인 문제로 이상 진단을 받아 왔었나요?

그래요. 정신분열증이 그것에 관한 매우 훌륭한 본보기입니다.

◎ 언제 우리가 우리들 자신을 치유하나요? 우리가 작용하고 있는 우리의 모든 다른 자아들을 치유하지 못합니까?

예, 가능합니다. 여러분 자신의 자아뿐만이 아니라, 여러분의 선조, 그리고 이미 태어났거나 태내에 있는 아이들까지도요. 생명은 하나의 존재가 아니라 일종의 흐름이라는 사실을 계속 상기하세요. 육체적인 외관은 그 존재의 그림자 작용입니다.

동성애자들과 레즈비언들

◎ 동성애나 레즈비언(lesbian)은 영혼의 선택인가요? 아니면 유전적 소인 때문인가요?

그런 성향이 있으며, 특히 마지막으로 집단을 이루어 환생했을 때 그렇습니다. 또한 인간은 그런 일련의 환생 과정에서 동일한 성(性)으로 돌아옵니다. 과거 마지막 생의 말기에 근접한 삶의 경험을 가짐으로써 얻을 것이 많으며, 그런 주파수에 관한 영혼체의 기억을 갖고 있기 마련입니다. 동일한 육체 형태로 반복해서 육화하는 것이 상승과정에 도움이 되는데, 왜냐하면 그 마지막 생에서와 같은 지혜와 강한 기억이 유지되기 때문이며, 따라서 그로 인해 다음 번 환생할 때 좀 더 단단한 발판이 마련되는 것입니다. 인간이 동일한 것을 추구할 때 거기에는 진척되는 에너지들이 있습니다. 물론 때때로 카르마적인 패턴을 용이하게 하기보다는 강화하고 심화시키기도 합니다. 카르마 패턴이 강화되었을 때 발생하게 되는 것은 그 카르마 패턴을 일소하기 위해서 그 신체적 특성이 더욱 짙은 형태를 띤다는 것입니다. 짙다고 해서 피부가 두껍지는 않습니다. 그것은 마치 지구계에서의 그들의 삶이나 흐름이 그리 녹녹치 않았다는 것처럼 눈이나 머리카락의 모습이 그렇게 보여 질 수가 있습니다.

◎ 동일한 성(性)이 되는 것은 어떻습니까?

성별의 재빠른 전환을 유발하는 유일한 것은 성적특질(관심)의 문제이며, 우리는 현재 수많은 레즈비언(lesbian), 동성애자, 이성애자 성향이 나타나는 것을 볼 수가 있습니다. 성별 형태의 문제에 동요했을 때 상승과정이 더욱 어렵다고 믿는 사람들이 있는데, 왜냐하면 성별이라는 것은 남녀 양성(兩性)이 되어가는, 즉 양쪽의 성을 동등하게 받아들이는 기본적인 부분 같은 것이기 때문입니다.

◎ 당신은 병행의 삶들에 관해서 언급하셨는데, 어떻게 영혼이 동시에 존재할 수 있지요? 잠시 설명해 주실 수 있겠습니까?

우리는 4륜차의 바퀴에 관해 이야기했습니다. 각 생명의 흐름은 바퀴의 하나의 살과 같습니다. 만약 당신이 그 4륜차 가운데 앉아있다냐의 의식(意識)에 달려 있습니다. 지구상의 영혼들에게는 수많은 수준들이 있습니다. 현재 지구상의 영혼들의 다양한 이해의 수준에는 5가지 레벨이 존재합니다. 인간의 영혼들은 그들이 배우고 있는 것이 무엇이냐에 따라 다른 진동을 갖고 있습니다. 인간은 배움을 위한 대단히 많은 시간을 부여받았지만, 그들은 무엇인가에 사로잡혀 있고, 삶의 경험 속에서 길을 잃어버립니다. 수백, 수천 번, 그리고 많게는 수백만 번 태어난 수많은 인간들이 있습니다. 물론 수백만 번 태어난 경우는 매우 드물기는 합니다. 보통의 인간 의식의 경우 16,000년 동안 계속해서 환생을 지속하도록 마련돼 있으며, 그것이 반복해서 돌아오기를 계속하는 세월입니다. 하지만 시간이 지나 이것은 많이 바뀌었고, 변경되었습니다. 그 긴 시간이었음에도 인간들은 여전히 성장하지 못하고, 아직도 끝내지 못합니다. 이들은 에고와 마음의 밀도가 대단히 증가돼 있음으로 해서 쾌락추구가 다른 무엇보다도 삶의 큰 부분이 돼 있습니다. 그것이 물질주의가 득세하게 되는 원인입니다. 그것이 있는 그대로의 현실을 사랑하고 받아들이기보다는 더욱 더 그런 방향으로 빠지게 되는 이유인 것이죠. 그것이 꼭 나쁘다는 것이 아니라, 진화과정의 일부라는 것입니다.

여러분은 진화할 수 있고 필요한 자신의 가슴을 갖고 있습니다만, 이것은 이루어지지 않았습니다. 이런 이유 때문에 그러한 재촉이 지금 진행되고 있는 것입니다. 우리는 이렇게 말합니다. 좋습니다. 여러분의 참모습을 이해하기 시작하십시오. 여러분 자신 바깥에서 이런 저런 쾌락추구 하기를 멈추세요. 그런 즐거움을 원한다면, 여러분 자신의 내면에서 찾고 그것을 지구상에다 구현하십시오. 거기에 책임감을 가지세요. 그리고 자신에게 더 나은 즐거움을 느끼게 해주리라는 것 때문에 여러분이 외부에서 보는 덧없는 과정에 집착하기를 멈추기 바랍니다.

◎ 우리에게는 한 생(生)에서 다른 생에 걸쳐서 동일한 것에 쏠리는 경향이 있나요?

기적인 주파수들, 그리고 물질세계에서 일어나는 동요에 대해 견디지 못하며, 그러므로 그런 점을 고려하는 것이 적절한 배합 요소입니다.

환생

◎ 환생의 과정에서 다른 인종이나 문화, 성(性)을 경험하는 수많은 표준적 절차들이 바람직한 것일까요?

그렇습니다. 그것이 아직 미성숙한 영혼들이 좀 더 원숙해지고 지혜로워지는 방법입니다. 또한 그것에 관해서는 일종의 전체성의 문제가 있습니다. 그것은 하나의 완전한 식사와 같은 것입니다. 즉 여러분이 마지막에 만족스럽게 느끼기 위해서는 그 모든 것을 경험할 필요가 있습니다. 이것이 사람들로 하여금 현재 당면한 일들을 겪고 있는 다른 이들에 대해 자비심을 가지도록 돕는 것입니다.

◎ 환생과 환생 사이에는 어느 정도의 평균기간이 걸리나요?

그것은 개인의 사정에 따라 다릅니다. 예를 들면 2004년에 태평양에서 일어난 해일로 사망한 아이들의 경우, 매우 신속하게 환생이 진행될 것입니다. 그들 중의 일부는 이미 다시 태어나 있습니다. 매우 재빨리 환생하는 많은 아이들이 있는데, 그들이 사랑을 갖고 있고 이전 생에서 단지 매우 짧게 살았었기 때문입니다. 그들은 아직도 사랑이 있고 인류의 물욕에 의해 오염되지는 않았습니다.

◎ 우리가 깨달아서 다시 지상에 돌아올 필요가 없게 되기까지는 얼마나 많은 환생을 해야 합니까?

그것 역시도 그 당시 여러분이 얼마만큼 (진리를) 흡수할 수 있느

주변의 작은 에테르장이 대부분의 경우 푸른색이라는 것은 분명합니다. 이것이 피부의 색조를 만들기는 하지만, 심하게 눈에 띌 정도는 아닙니다. 그들은 여러분이 "오, 저기 푸른 사람이 가네."라고 할 정도로 겉으로 고정돼 있지는 않을 것입니다. 이런 영혼들이 지금 지구에 오고 있음으로써 인류가 각성되고 도움이 될 수가 있습니다. 그들은 대중 속에서 고등한 의식을 창조하는 에너지로 움직이고 있습니다. 그들은 지금 오고 있는데, 여러분의 몸이 거주하고 있는 이 행성이 정렬되기 위해서는 그들이 절대적으로 필요하기 때문입니다. 그것은 마치 (컴퓨터) 작동을 일으키기 위해 일종의 "클릭(click)"이 요구되는 것과 거의 마찬가지일 것입니다. 그들은 대부분의 사람들 - 이른바 "베이비 부머(baby boomer)"라는 젊은이들 - 보다도 더 젊습니다. 그렇죠?

그들은 훨씬 더 나이가 어리지만, 그들의 진동율은 더 높습니다. 또한 그들은 의지에 관해서와 자기들의 그 의지를 자비나 사랑, 진리에 부합하여 어떻게 사용할 것인지에 관한 커다란 이해력을 갖고 있습니다. 말하자면, 이 아이들은 곤란한 것 투성이인 학교를 통해서 배울 필요가 없습니다. 인디고 아이들은 다른 근본 인종의 존재들입니다. 그들은 앞으로 올 아이들의 부모나 조부모(祖父母)가 될 것입니다.

◎ 그들이 성장하는 것을 돕기 위해 필요한 특정의 것들, 예컨대 어떤 보충물들이 있습니까?

이런 형태의 아이들에게는 동종요법(同種療法) 종류의 것이 더 많이 필요합니다. 필요할 경우, 약초 보충물로서 카밀레(유럽산 국화과에 속한 약용식물)를 가지고 시작하되, 동종요법 전문가를 찾아서 그 아이들에게 처치를 하기 바랍니다. 많은 인디고 아이들이 ADHD(주의력 결핍 및 활동과다 장애)로 진단을 받습니다. 그들은 화학약품이나 오염물질에 대해 극도로 민감하기 때문에 그 아이들에게 주로 요구되는 것은 청결함입니다. 그들 중의 얼마간은 일반적인 식료품이나 전자

◎ 그들은 자기 존재를 의식하는 자각이 없습니까?

그런 자아의식적인 자각이 있습니다만, 의도적 자각은 아닙니다.

◎ 그렇다면 동물 주인들이 자기들의 애완동물을 영계에서 만나기도 하는 것이군요.

오, 예, 언제나 그렇습니다. 그것은 매우 중요한 부분입니다. 동물의 왕국 내에는 자비로움이 있기 때문이지요. 그리고 인간이 동물과 관계하는 방식은 엄격히 그들이 지구상에서 얼마나 자비롭게 사느냐에 영향을 받습니다.

◎ 동물들 상호 간에 소통이 있거나, 그들이 서로를 이해하나요?

완벽하게 서로 교감합니다.

새로운 아이들

◎ 나는 인디고 아이들(Indigo Children), 또는 푸른 광선의 아이들과 같은 이름으로 알려진 새로운 형태의 아이들이 지금 시대에 태어나 있다고 들었습니다. 그들에 관해 말해주실 수 있을까요?

각자는 진화하고 있습니다. 그리고 마치 지금 오고 있는 완전히 다르고 전적으로 분리된 아이들에 관한 어떤 것이 있는 것처럼 만드는 것은 별로 바람직하지 않습니다. 요점은 단지 진동율이라고 하는 것이 어떨까요? 그것은 그들이 다른 행성에서 지구로 살기 위해 오는 것 같은 것은 아닙니다. 그것은 그들이 진동을 갖고 있고 그 진동이 높다는 것입니다. 그들의 에테르장(etheric field), 즉 몸으로 들어가 있기 이전의 물질성의 단계이다.] 동물들은 대부분 흔히 이런 영역에 머물며, 더 나아가지는 않습니다. 따라서 한 작은 동물이 죽었을 때 거기에는 영이나 인간, 또는 상승한 대사들의 도움이 필요하다는 것은 중요하며, 그렇기에 그들을 빛 속으로 끌어올리는 것입니다. 그리고 그것이 동물들을 그들이 원래 있었던 에너지로 다시 흩어지게 할 수가 있습니다.

◎ 그것은 동물이 일종의 집단 영혼으로 있기 때문에 흩어져 돌아가는 것입니까?

그렇습니다.

◎ 그렇다면 실제로 동물 자체의 개체성이나 기억들을 보존하는 것은 아니네요?

그렇지요, 이것이 사실입니다.

◎ 하지만 당신은 주인과 애완동물 간에는 거듭되는 일련의 육화들로 이어지는 관계가 존재한다고 언급하셨잖아요. 어떻게 그 동물이 여전히 그것을 기억하나요?

그것은 자력(磁力)을 띤 하나의 주파수로 인한 것입니다.

◎ 그럼 그것이 동물영혼을 흩어져 에너지로 돌아가게 하고, 또 다시 끄집어내는 것인가요?

음, 그들이 실제로 어디엔가 가는 것이 아닙니다. 즉 단지 거기에 위치해 머물러 있는 것입니다.

◎ 동물들은 우리의 애완동물들이 그들을 돌보는 이들의 질병이 치유되는 것을 돕기 위해 질병을 떠맡듯이, 병을 앓기도 합니까?

오, 그렇습니다. 그들은 매우 자주 질병을 앓습니다. 그들 주인의 수많은 고통과 고난을 구제하기 위해서이지요. 많은 경우에 그것은 상당한 부정성을 흡수하는 것이며, 이해를 통해서가 아니라 사랑을 통해서입니다. 그렇기 때문에 예를 들면, 그것은 동물 복부의 암(癌)으로 구체화되어 나타날 수 있습니다. 그렇다고 해서 꼭 개의 생명이나 고양이의 생명의 육체적 측면에 대한 배려가 필요한 것이 아니라, 그 주인의 생명력과의 진동적인 공명이 훨씬 더 긴요합니다. 어떤 동물들은 같은 주인과 더불어 지구상에 거듭해서 태어나기도 하며, 그들은 봉사 속에 있습니다. 예를 들어 제자들을 거느린 요가 스승이 있을 수 있는데, 그는 제자의 질병을 떠맡을 수 있습니다. 왜냐하면 그들이 이곳에서 배워야 할 교훈들을 배우기 위해 건강하게 좀 더 오래 살아야 할 필요가 있기 때문입니다.

◎ 그렇다면 주로 동물과 사람 사이는 서로 간에 나타날 치유 작용을 위한 관계로군요.

그렇습니다.

◎ 동물들이 죽을 때는 어디로 가게 되나요? 우리가 죽어서 가는 장소와 같은가요?

동물이 죽어 영혼이 들어 올려 질 때 만약 그 동물이 가축이라면, 아주 멀리 가지는 않습니다. 그들은 그 주인과 함께 여전히 4차원에 머물러 있기 때문이지요. 이런 이유로 사람들이 임사(臨死) 체험에 관해 이야기 할 때 수많은 동물과의 조우 체험담이 있는 것입니다. 그들은 이런 터널을 봅니다.[이것은 그들이 아직 완전히 빛 속예, 명상을 하듯이 말이죠.

◎ 동물들이 언젠가 동물이 아닌 다른 어떤 것으로 태어나기도 하나요?

당신이 그것을 어떻게 보느냐에 달려 있습니다. 동물들은 그들이 배우고 있는 어떤 것들이 있는데, 하지만 그것은 그들이 행할 수 있는 가장 중요한 진동입니다. 각 동물은 두뇌가 아닌 자체적인 고유의 진동 패턴을 갖고 있습니다. 오직 인간만이 두뇌와 그 뇌 안에 있는 것에 관해 이야기합니다. 동물들은 자연과 관련한 일종의 존재방식으로 진동을 갖고 있어야 합니다. 예를 들면, 바다거북은 매우 물기 많은 에너지를 가지고 있습니다. 그는 튼튼한 몸을 갖고 있고 지구의 에너지를 느낍니다. 그것은 두뇌로 배우는 어떤 것이 아닙니다. 그것은 지구 에너지에 관한 감각입니다. 그렇기 때문에 많은 사람들은 바다거북이가 위험에 직면에 있는 것을 볼 때, 그들이 (위험에 처한) 어머니 자연의 참된 본질의 일부로서 알고 지각한다고 생각합니다. 바다거북은 훌륭한 에너지 감각을 갖고 있습니다.

◎ 마치 한 종족의 영혼이 다른 형태로 진화하는 것처럼, 그들이 다른 종으로도 넘나들며 태어나기도 하나요?

그렇습니다, 그것은 옮겨갈 수 있습니다. 대개 영혼의 속성은 일종의 집단영혼 활동입니다. 바다거북이 한 마리가 그 안에 영혼집단을 갖고 있는 것이 아니라, 거북이가 태어났을 때 한 집단 내에 수많은 거북이들이 있는 것입니다. 그것은 계속해서 수많은 활동을 안정시키는 지구상의 사랑어린 에너지입니다. 동물 생명 대부분은 서식지를 안정시킵니다. 그것은 봉사입니다. 동물들은 봉사하고 있는 것입니다.

습니다. 이것은 여러분이 가지고 있는 독특한 아이디어입니다. 그러나 그 이상적인 의식은 쉽지가 않습니다. 그런 까닭에 그 특별한 돌고래들이 이동할 때인 것이며, 그럼으로써 또한 그들은 자기들이 수행해야만 하는 일을 할 수가 있는 것입니다.

◎ 그렇다면 그들이 그런 에너지 작업을 하기 위해 이곳에 있었던 것입니까? 혹은 마침 그 에너지가 완전히 열려서 하나의 실험을 볼 수 있었던 건가요?

그렇습니다. 하지만 엄청난 정도의 작업은 아닙니다.

동물 영혼들

◎ 고양이들은 어떤 존재들입니까?

그들은 매우 흥미롭습니다. 어떤 사람들은 그들이 외계인들이라고 생각합니다. 그들은 스스로 차원들을 통과해 나가고 도처에 있는 수많은 색채들을 본다고 합니다. 그러나 여러분에게 말하지만, 아닙니다. 그들은 부정성을 상쇄하는 에너지를 자기화(磁氣化)합니다. 그렇다고 꼭 치료를 한다는 의미는 아닙니다.

◎ 때때로 내 고양이는 허공을 응시합니다. 무엇을 보고 있는 것일까요?

대개 그들은 외부를 보지 않습니다. 내면을 응시하는 것이지요.

◎ 말하자면, 단순히 멍하게 공상에 빠져 있는 것인가요?

들 역시 다른 돌고래들과 정말 아무런 차이가 없습니다. 에너지는 바뀌게 될 것인데, 왜냐하면 이 지역의 보텍스(vortex)가 다른 방식으로 활성화돼야 할 것이기 때문입니다. 돌고래들은 에고(ego)가 별로 없기 때문에 그들은 단지 존재할 뿐입니다. 그들은 깨어 있고, 인류가 필요로 하는 것이 무엇인지 알고 있습니다. 이 독특한 돌고래들은 자기들의 치유 능력을 다른 인간들과 나눌 수가 있습니다. 그런 까닭에 그들이 이동하기로 선택한 것입니다. 그렇다고 이것이 그 장소에서 이동한 모든 돌고래들에 해당되는 것은 아니지만요. 그들은 자기들이 하고 있는 것을 아는 매우 현명한 무리들이므로 에너지를 변화시킬 것입니다. 그것은 집중된 의식(意識)의 문제입니다. 만약 인간의 모습을 한 이들이 (돌고래 수조(水槽)에서) 돌고래들이 할 수 있는 것처럼 의식의 형태로 공동 작업에 집중할 수 있다면, 이것은 멋진 일입니다. 이것이 돌고래들이 일으키고 싶어 하는 것입니다.

◎ 그럼 돌고래들에 의해 그 지역에 어떤 치유효과가 있게 될까요?

또한 거기에는 이 지역의 해안(플로리다의 플래글러 해변과 비벌리 해변)에서 멀리 떨어진 돌고래들의 의식집중이 있을 것입니다. 그리고 이들이 안정된 기억패턴을 유지하기 위해 고래들에게 지구의 자기선(磁氣線)으로 에너지를 순환시키는 작업에 도움요청을 할 수 있게 됩니다. 그러므로 에너지는 수조 안의 돌고래들이 없이도 바뀌게 될 것입니다. 우리는 이들이 작은 그룹의 돌고래들을 대체할 것임을 알고 있고, 바라건대 돌고래 에너지가 이곳 지구 행성에서 진정 무엇인지에 관한 보다 큰 자각이 퍼져 나갔으면 합니다.

◎ 점차 사람들이 돌고래들과 함께 있는 것에 대한 높은 자각을 가짐으로써 이곳의 변화가 가능하게 될까요?

그것은 의당 그렇지만, 그런 시도는 정말 오랜 기간 동안 있어왔오, 그렇습니다. 그들은 (인간에게) 도움이 되기 위해 보내졌습니다. 그 도움은 그들이 간섭할 수 있는 신체적인 성격의 것이 아니라, 그들이 메시지를 보낸다는 것입니다. 따라서 여러분이 그런 메시지들에 마음이 열려 있다면, 그 메시지는 유익합니다.

◎ 돌고래들을 포획해 두고 있는 장소들은 어떻습니까?

자격 없이 불법적으로 돌고래들을 다루는 이들이 있고, 반면에 매우 사랑을 주며 돌고래들과 일하고 있는 사람들이 있습니다. 그리고 돌고래들은 그 차이를 압니다. 그들은 그 에너지의 차이를 잘 알고 있습니다. 그들은 개인적으로 사람들과 친구가 될 수는 있지만, 한 집단으로서는 인류로부터 과거보다도 더욱 소원해져 있습니다.

◎ 우리가 바다를 오염시키고, 그들에게 학살을 자행하기 때문인가요?

그렇지요. 진동의 문제입니다. 그들은 인간으로 인해 진동이 바뀌게 되는 것을 원치 않는데, 인간이 고래들에 관계된 모종의 어리석은 결정을 했기 때문입니다. 그들은 자기들의 환경이 보존되기를 바랍니다. 그들은 놀이를 좋아하며, 고도로 지성적입니다. 그리고 그들은 자기들이 하고 있는 것을 정확히 알고 있습니다.

◎ 우리가 플로리다에서 돌고래들이 우리와 함께 머물면서 (수조의) 유리로 몰려드는 것을 보러 갔던 것이 언제였습니까?

같은 것은 같은 것을 끌어당깁니다. 여러분이 그들을 사랑하면, 그들도 역시 여러분을 사랑하여 사랑을 되돌려 줍니다. 그것은 매우 단순한 것입니다. 돌고래들은 이 지역의 에너지를 유지하고 있고, 의식의 향상에 필요한 에너지 나선을 완성시킵니다. 이 돌고래래들은 전 세계에 에너지를 실어 나르며, 그들은 거대한 공(空), 또는 창조의 개념인 근원적인 어머니의 에너지를 갖고 있습니다. 또한 그들은 위대한 지성과 사랑을 지니고 있기도 합니다. 그 이외에 에너지를 운반하는 다른 존재들은 개똥벌레와 나비들입니다.

◎ 돌고래들은 일종의 집단영혼으로 이루어져 있나요?

아닙니다. 그들은 그저 단순한 동물이 아니라 포유동물입니다. 여러분은 자신들이 영혼에 관해 생각하고 있는 것을 고찰해 보아야 합니다. 영혼은 마치 창조주로부터 분리돼 나온 개별적인 한 측면처럼 보이지만, 실제로는 하나의 주파수입니다. 그들은 창조물의 일부이며, 격정적인 에너지와도 같습니다. 우리는 영혼처럼 탄생해서 신체에 편입되어 계속 나타나는 존재에 관해 이야기하고 있는 것이 아닙니다. 우리는 지금 중심핵에서 떨어져 나온 폭발하는 에너지에 관한 이야기하고 있는 것입니다. 돌고래의 영혼은 (다른 종들과는) 다른데, 그들은 창조주부터 분리되어 나왔기 때문입니다. 그렇습니다. 그리고 그들이 이곳에 온 것은 개별적이긴 하지만, 이 현실계에 자기들을 나타내고 싶어 했던 것이 그 이유였습니다. 그러므로 돌고래들은 서로에게 있어 인간보다도 대단히 닮아 있습니다. 인간은 남과 다르게 되고자 하는, 분리되고자 하는, 자주 옮겨 다니려는, 그리고 매우 다른 경험을 해보려는 욕망이 있습니다. 그러나 돌고래들은 즐거움을 찾기 위해 인간처럼 그렇게 수많은 다른 경험들이 필요 없습니다. 그들이 이미 많은 기쁨들을 갖고 있으니까요. 그들에게는 지구 행성에서 얻게 되는 많은 개성들이 있습니다만, 그들은 인격체들이 아닙니다. 그들은 매우 진지한 에너지체들입니다. 그들이 외부에서 즐거움을 보기는 하지만, 그것은 삶의 새로운 구조가 나타나는 놀이를 통해서입니다.

◎ 돌고래가 실제로 인간과 밀접한 관계를 맺고자 하기도 하나요?

이 아이들은 자기들이 우호적인 환경 속에 있다는 것을 인식합니다. 그리고 그들의 사고(思考) 잠재력이 일찍 각성된 것입니다. 돌고래들은 아기들에게 이런 보호적인 현실을 제공하고 그런 진동주

파수 속에서 마음을 열어주는 방식으로 봉사합니다. 이것이 병원 분만실의 주파수보다는 어느 정도 나은 것이지요. 그렇지 않은가요? 돌고래들은 깨달음의 세계에서 오며, 그들 존재 내의 어떤 것을 사랑으로 실현하거나, 깨달음을 전할 수 있는 정도까지 돕습니다.[※저자 주: 내가 이해하는 한도에서 볼 때, 깨달음은 그리스도 의식으로 충만하거나, 영적으로 깨어나는 것을 의미한다.]

◎ 치유능력을 가진 다른 동물이 있습니까?

고래들입니다. 그들은 돌고래들보다 더 위대한 존재들입니다. 고

돌고래와 고래들

◎ 돌고래들이 왜 그렇게 특별한 것인가요?

돌고래들은 완벽한 하나의 진동패턴입니다. 그들은 시간과 공간을 통과해 나가는 능력이 있습니다. 또한 그들은 물질화와 비물질화의 능력을 갖고 있습니다. 그들은 자아의 깊은 사랑이 깃든 측면인 물질적인 몸을 지니고 있으며, 위대한 지혜와 지식을 소유하고 있습니다. 게다가 그들은 이곳의 차원에 속해 있지 않습니다. 돌고래들은 이곳에서 경험을 가지기로 결정했던 11차원 내지는 12차원의 존재들입니다. 그리고 그들은 사랑과 높은 주파수를 지구로 가져올 것입니다. 돌고래들의 이 에너지는 창조주의 가슴 한가운데로부터 나오며, 그들이 하고 있는 것은 조건 없는 사랑을 방사하고 인간을 일깨우는 것입니다.

◎ 그들은 치유능력이 있는 것으로 보입니다.

예, 그렇습니다. 그들은 높은 주파수를 갖고 있고, 시공을 헤쳐 나갈 수가 있습니다. 또한 그들은 레이저(Laser) 능력이 있지만, 이를 설명하기는 어렵습니다. 여러분이 빛을 사용해 보았다면 알다시피, 그것은 6개의 다른 방향으로 갈라집니다. 그것이 그들이 자기들의 작업을 행하는 방법입니다. 그들은 어떤 의미에서 빛의 광선을 오라와 제3의 눈 속에서 분할하며, 그것이 부정성(negativity)의 자성(磁性)을 소멸시킵니다. 이런 이유로 그들이 치유를 할 수가 있는 것입니다. 어떤 존재들에게 있어 부정성은 일정 정도까지 소멸됩니다. 그들은 광선을 나눌 수가 있습니다.

◎ 풀장에서 돌고래들과 함께 아기를 출산하는 실험이 있었고, 그 아기들은 진보된 능력을 가지고 태어났습니다. 어떻게 된 것인가요?

◎ 천사들도 언젠가 육화한 적이 있나요?

그들이 자기 자신의 몸을 취하지는 않습니다. 그들이 그들 자신을 대여할 수는 있습니다. 하지만 그럴 필요가 없는 것이지요. 대천사들에 관해서 말한다면, 그들은 육화하지 않습니다. 그들이 어떤 방식들로, 예를 들면 어떤 활동이나 사람들을 통해서 나타나기는 하지만, 그들 스스로 그렇게 하지는 않습니다.

◎ 그들은 신(神)의 뜻에 매우 밀착해 있기 때문에 개인적인 자유의지를 사용하지 않는다고 말할 수 있겠습니까?

그들은 그럴 필요가 없습니다. 왜냐하면 그들은 완벽한 봉사 속에 있고, 또 그것이 신의 뜻인 까닭입니다.

◎ 우리들 각자에게 보호천사가 있나요?

(웃으며) 예, 단지 한 명이지만요. 다름 아닌 어깨 위에 앉아 있습니다. 지금 여러분이 방사하고 있는 생명력은 조만간 그 고유의 주파수를 지닙니다. 그 생명의 흐름은 거기에 적합한 색채를 갖고 있습니다. 그리고 그 색채와 주파수 속에는 일종의 생체자기 전기장(電氣場)이 있는데, 거기가 이른바 천사들이 나와 방사되는 곳입니다. 그렇습니다. 여러분은 항상 생체자기적인 전기의 흐름과 연결돼 있습니다. 그 흐름이 방사되는 가장 순수한 부분을 우리가 소위 천사라고 부르는 것입니다. 그것은 여러분에게는 자신의 가장 높은 가능성과 지속적으로 일치돼 있는 부분이 있음을 의미합니다. 천사들의 주파수는 절대자로부터 오는 일종의 느낌들, 완벽한 감정들의 방사입니다. 우리는 사랑이나 증오에 관해 이야기하고 있는 것이 아니라 여러분이 진리와 연민, 전적인 자유를 알게 될 때 느낌의 진동을 말하고 있습니다.

해) 균형을 상실할 수가 있는 것입니다. 그들이 그런 것들을 내면에다 지나치게 담고 있다면, 그것은 내적으로 매우 파괴적으로 작용할 수 있습니다. 고로 붉은색에 편안하게 된다는 것은 누군가가 잠시 동안 분홍색을 가지고 일하며 그것을 더욱 더 과열되게 한다는 것을 의미할 것입니다. 여기서 더욱 과민한 부분은 붉은색과 붉은 오렌지색의 장소들인데, 우리가 지금 정서성(情緖性)과 성적특질에 관해 이야기를 하고 있기 때문입니다. 이런 색의 장소들은 여러분이 살고 있는 세상에서 매우 위험한 장소들입니다. 사람들이 이런 색채들에 점점 적응하여 안락해짐으로써 그들은 자극을 받지도 않고 무감각해지고 있는 것입니다

천사들

◎ **천사들에 대해서는 무엇이라고 설명할 수 있겠습니까?**

천사들은 움직임과 이동능력을 가진 일종의 감정체(feeling body)의 집단입니다. 마치 여러분의 감정이 줄곧 움직이듯이 천사들도 그렇습니다. 하지만 감정은 창조를 할 수가 있습니다. 만약 여러분이 무엇인가에 관해 충분히 강하게 느낀다면, 그것을 창조하게 됩니다. 천사들은 이해(understanding)의 수준에서 나온 존재들로서 낮은 진동의 존재들보다는 감정에 있어서 더욱 높은 연민과 사랑, 정서를 실천해야할 의무가 있습니다.

◎ **천사들의 목적은 무엇인가요?**

일종의 지원체계입니다. 여러분은 다수의 천사들을 부를 수 있는 능력이 있습니다. 그것은 이용할 수 있는 다량의 에너지와도 같으며, 활용 가능한 대단히 풍부한 에너지가 있는 것입니다.

색채는 매우 매우 중요합니다. 그것은 사람에게 해롭게 작용하기도 하고, 또한 반대로 이로운 영향을 미치기도 합니다. 왜냐하면 여러분이 곧 색채이기 때문입니다. 이해하시겠습니까? 여러분은 언제나 움직이고 있는 일종의 진동을 지니고 있습니다. 예를 들자면 네온사인과 똑같지는 않지만, 얼마간은 동일한 개념입니다. 다른 색채들에는 다른 메시지를 발하는 다른 진동이 있습니다. 어떤 사람이 매우 어려운 시기를 겪고 있다면, 그 사람 몸의 모든 에너지 색채들이 약간 흐리고 우중충해 보일 수가 있습니다. 그것은 마치 군복 녹색처럼 보이거나 에너지장이 탁해 보입니다. 하지만 사람이 밝은 생각을 갖고 있을 때는 빛나는 진동 속에서 꽃처럼 찬란하게 작렬하는 색채들을 투명하게 볼 수가 있습니다. 꽃들은 그 진동이 매우 맑습니다. 그러므로 방이나, 주택, 의복의 색깔을 선택함에 있어서 여러분이 어떻게 생각하느냐는 매우 중요합니다.

◎ 사람들이 단지 어떤 색채에 이끌리는 것만으로 무슨 색이 그들에게 좋은지를 알고 있을까요?

반드시 그렇지는 않습니다. 만약 특정 색채에 끌렸다면, 그것은 그들이 그 색깔에 편안함을 느낀다는 것을 의미할 수가 있는데, 이는 그 색이 황색이든, 자주색이든, 혹은 녹색이든 간에 거기에 영원히 안주할 수도 있음을 뜻합니다. 그러나 만약 그들이 어떤 색에 대해 편안하지가 않다면, 그것은 그들이 주의할 필요가 있는 색채입니다. 그것은 그 색의 진동율이 어떤 이유로든 그 사람에게 혼란을 주고 있음을 의미하기 때문입니다. 따라서 그들은 그 주파수에서는 마음 편하게 있을 수가 없습니다. 붉은색으로 예를 들어 봅시다. 그것은 피의 색이고, 생명의 색이며, 멈추지 않은 전진을 상징합니다. 잠시 동안 그것에 관해 생각해 보십시오. 하지만 붉은색은 활력(活力)이며, 또한 인체 내의 안정과 불안정 코드의 일부이기도 합니다. 그러므로 만약 너무나 많은 에너지와 진동이 있을 경우, 그것을 적절한 통제하지 못한다면 예민한 사람은 (붉은색으로 인 그 차크라를 정화하고 균형 잡는 것에 관련돼 있습니다.

◎ 어떤 사람은 차크라가 단지 7개가 아니라 9개가 있다고 말하더군요.

9개보다도 더 많습니다. 많고도 많은 차크라들이 있습니다. 그것은 인간이 어떤 자각의 수준에서 바라보느냐에 달려 있습니다. 기본적으로 별모양의 아래쪽에는 7개의 차크라들이 있고, 별의 꼭대기에는 인간이 지구 및 천상과 연결되는 한 지점이 있습니다. 하지만 여러분은 팔꿈치와 손가락, 손목, 그리고 그 나머지들도 볼 수가 있습니다. 또한 여러분은 인간 누군가가 초감각적 지각(Extrasensory Perception)을 얻는 것처럼, 머리의 우측과 좌측을 볼 수가 있으며, 이것은 보고된 바가 있습니다.

◎ 상승한 대사들은 한 가지 특정 광선에 의거해 일하면서도 모든 광선들에 통달되어 있나요?

그들의 차크라들은 다른 형태로 되어 있습니다. 우리는 육신을 갖고 있지 않으므로 인간이 지닌 이런 차크라들은 지니지 않습니다. 우리는 에너지를 분산시킵니다. 우리는 특정 에너지에 대한 친화성을 갖고 있고, 따라서 나는 황금이고 루비(Ruby)에 해당됩니다. 이것이 상징하는 것은 힘과 통치, 또한 동정일 것인데, 그것은 가슴에 속해 있습니다. 그러므로 우리는 단지 그것을 하나의 작은 구(球)로 혼합시킬 수 있고, 다만 그것을 특정 색채로 분류할 수 있습니다.

색채

◎ 어떻게 색이 사람에게 영향을 미칩니까?

상승해가고 있기 때문이지요. 그것은 탈출하기에 관계된 것이 아닙니다. 그것은 물질적 현실에 대한 수많은 집착들을 갖지 않는 것에 관한 문제입니다. 이것이 꿰뚫어 보는 "제3의 눈"이고, 여러분이 물질적 현실에 집착하지 않는 것입니다. 그것은 단지 물질적 현실 속에서 일어나고 있는 일을 헤쳐 나가는 것이고, 그것이 여러분에게 그 창조주의 의지에 관한 보다 높은 진동의 의미와 판단력을 줍니다. 만약 여러분이 두려운 상황이 있다면, 거기서 여러분은 가슴으로 그것을 바라볼 것을 요청받고 있는 것이며, 그대들은 단지 그 상황을 자신의 제3의 눈 안에 두고 바라보기를 원할 수도 있습니다.

*제7의 크라운(Crown) 차크라, 황금색 광선, 2광선, 조피엘 대천사

이 광선은 대부분이 밝고 엷은 황금색이고 또한 흰색입니다. 아랫부분과 위쪽은 하얗습니다. 누군가 이 광선에 속해 있다면, 그들은 영혼에 대해 매우 열려 있습니다. 그들이 영적으로 계몽돼 있고 지혜의 능력을 갖고 있을 수 있지만, 그들은 자신들이 가진 지혜를 다시 증명해야만 할지도 모릅니다. 그들은 그들 자신만의 지혜를 진정으로 신뢰하기 위해 오랜 시간을 보냈을 수도 있습니다. 그들은 신뢰하고 신뢰해야만 하는 수많은 행위들을 경험하고 나서야, "아, 나는 그것을 배웠다."라고 말합니다. 그것이 물질계에서 진행되고 있는 것입니다. 물질계는 시험의 장이고, 여러분이 진정으로 누구인가를 증명하는 장소입니다. 여러분이 일단 업(業)을 짓게 되면, 그것이 발생하는 것입니다. 여러분은 카르마적 패턴에 따라 자기가 과거에 만들어 낸 것과 마주하게 되어 그것을 통해서 자신의 길을 탐구해야만 합니다. 또한 여러분은 자기가 믿는 것과 한계를 넘어 자유를 얻기 위해 자신의 신념체계를 통해 창조한 것과 대면해야만 합니다.

◎ 한 개인이 집중하고 있는 광선과 거기에 연관된 차크라 사이에는 어떤 관계가 있습니까?

미카엘은 지구행성을 위한 계획의 일부인데, 여러분의 행성이 푸른 색채를 갖고 있기 때문입니다. 우리는 생명과 물에 관해서 이야기하고 있습니다. 물은 바위를 쪼갤 수 있을 만큼 강합니다. 그러므로 인간이 미카엘 대천사를 부르려고 생각할 때, 거기에는 엄청난 양의 힘이 있게 됩니다. 그릇 안에 담겨 있는 물은 단지 반사하며 그대로 있습니다. 하지만 높은 데서 쏟아지는 물은 폭포처럼 급속하게 움직이며, 그때 그것은 엄청난 힘(운동에너지)을 갖게 됩니다. 물은 여러분 행성의 모든 스핀(소립자의 각(角) 운동량)을 위한 도관(導管)입니다. 그것은 빛을 운반하고 스핀을 지니고 있습니다. 물은 미래에 여러분의 건강과 치유에 있어서 최상의 것이 될 것입니다. 절대자의 뜻이 인간에게 이로운 어떤 것을 세상에 가져오는 것이듯이, 인간은 물을 가져다 그 푸른 주파수를 이용할 수가 있습니다. 푸른 광선에 속한 사람은 강하고, 강력한 의지가 있으며, 절대자의 뜻이 자기들을 통해 지상에 구현될 수 있도록 일하고 있습니다.

*제6차크라, 녹색 광선, 5광선, 라파엘 대천사

이 광선은 대천사 라파엘이고, 치유자이며, 세상의 진리입니다. 진리를 알고 진리가 여러분을 자유롭게 하리라는 것을 아십시오. 여러분이 진정으로 스스로 진리를 알고, 여러분의 영혼과 멘탈체(Mental body)로 진리를 안다면, 여러분의 몸이 조화롭게 정렬될 것인데, 왜냐하면 진리는 빛이기 때문입니다. 빛이 그런 작업을 하고 모든 것이 질서화될 수 있도록 허용하세요. 이 녹색 광선을 토대로 일하게 되는 사람은 무엇이든 관계없이 진리를 추구하는 사람이며, 여러분이 전혀 예측할 수 없는 방식으로 일을 합니다. 그들이 최악의 상황 속에서 비틀거릴지도 모르는데, 그럼으로써 그들은 깊은 몰이해의 상황 속에서 무엇이 진리인가를 정복해낼 수가 있습니다. 그것은 대개 전생(前生)에 감추어져 있던 것 때문입니다. 인간이 깊은 부정성의 심연 속에 빠져 있다가 거기서 다시 벗어나야 한다면, 그것은 그들이 자기들을 자유롭게 해줄 빛과 사랑, 창조주의 의지라는 절대적 진리를 향해서 수많은 생(生)의 주기들을 통해 누군가 병이 들어 병원에 있다고 한다면, 여러분은 단지 그들에게 최선의 것을 바랍니다. 여러분은 어떤 불상사가 일어나는 것을 원하지 않습니다. 최고의 의사, 최상의 환경, 최고의 음식, 최고의 치료를 원할 것입니다. 그때 여러분은 가장 높은 주파수로 대천사 우리엘과 주황색 광선을 부를 것입니다.

*제4의 가슴 차크라, 3광선, 분홍색 광선, 샤무엘 대천사

우리가 분홍색 광선에 속한 사람에 관해 이야기한다면, 그 가슴 차크라의 사람은 사랑하는 사람입니다. 그들은 지구에서 가장 깊은 방식으로 사랑하는 이들입니다. 그들은 주저 없이 사랑합니다. 그리고 그들은 다정합니다. 그들은 상대가 누구냐와 관계없이 친절할 것입니다. 대천사 샤무엘(Chamuel)과 더불어 이 분홍색 광선은 우주의 아교(접착제)와 같습니다. 사랑이 없이는 여러분의 지구가 존재할 수 없습니다. 여러분의 전 행성계를 그 공전 궤도 속에 유지시키고 있는 것은 바로 사랑입니다. 또한 사물을 그 질서 속에 붙잡아 두고 있는 것은 일종의 주파수입니다. 이런 에너지들이 여러분의 우주를 균형 상태로 계속 유지시킬 것입니다. 또한 그것이 여러분의 삶과 모든 관계를 균형 있게 유지시킬 것입니다. 그것은 있는 그대로의 순수하고 조건 없는 받아들임이고, 만물이 신성한 질서 속에 있다는 이해입니다. 모든 것에는 여러분이 볼 수 없고 알 수 없을지도 모를 스핀(소립자의 각(角) 운동량)이 있지만, 여러분의 우주에는 하나의 움직임이 있고, 유기체적 질서가 있습니다. 여러분이 관계를 맺고 있는 것이 무엇이냐가 진동을 변화시킵니다. 만약 여러분이 입버릇이 사나운 사람과 관계를 맺고 있다면, 그 사람이 들어와 여러분에게 고함칠 것이며, 그것이 여러분의 진동을 변화시킬 것입니다.

*제5의 목 차크라, 1광선, 푸른 광선, 미카엘 대천사

이제 우리는 여러분 우주의 위대한 전사(戰士)를 언급하게 되었으며, 그는 대천사 미카엘(Michael)입니다. (푸른 광선의 담당자인)

만약 여러분이 보라색 광선에 의거해 있다면, 자유를 추구하는 사람입니다. 따라서 인간은 정화하는 순간에 자유를 향해 나가고 있으며, 그들은 또한 자기들의 삶에 확실하게 책임을 져야합니다. 이 모든 차크라들이 함께 작용하지만, 만약 여러분이 보라색 광선을 이용하고 성 저메인(St. Germain) 대사의 디크리(Decree)[5]들을 이용한다면, 부정성을 청소하기 위해 목 차크라를 활용함으로써 에너지가 환상신경(環狀神經) 속으로 흐를 수가 있습니다. 그것이 육체 내에 여러분 고유의 배터리를 형성합니다. 사람들이 이 광선에 의존해 있을 때 나타내게 되는 것은 바로 안정된 상태를 유지하고 자세가 매우 확고해 진다는 것입니다. 만약 어떤 사람이 부정적인 태도를 일소할 수 있고 이해의 자리에 도달한다면, 스스로 용기를 얻게 되고 즉시 안정되는데, 그것이 보라색 광선과 제2차크라의 작용인 것입니다.

*제3차크라, 6광선, 주황색 광선, 우리엘 대천사

제3차크라는 태양신양총(太陽神經叢)에 해당됩니다. 태양신경총은 여러분이 평화와 조화를 갖게 되면, 모든 차크라의 주파수가 더 많은 에너지를 얻는 자리입니다. 왜냐하면 태양신경총은 태양과 같기 때문인데, 그것은 일종의 보급 장치와도 같습니다. 우리는 지금 주황색 광선에 관해 이야기하고 있고, 대천사 우리엘(Uriel)에 관해 말하고 있습니다. 그러므로 여러분은 지금 언급하게 된 평화에 관한 에너지적인 것을 갖고 있습니다. 그것은 존재하는 것과 더불어 평화로운 삶입니다. 주황색 광선에 속한 사람은 커다란 조직 또는 집단 내의 상황에서 자각과 평화를 가져오고, 동시에 다른 이들에게 봉사하는 데 신경 쓰며 일을 합니다. 그리고 매우 자주 그들은 평화를 창조할 수 있습니다. 따라서 이 광선은 수많은 봉사와 계속적인 도움, 가장 높은 수준의 이해로부터 오는 지시인 것입니다.

---

[5] 일종의 만트라적인 기원문, 명령문을 말한다. 이 디크리(Decree)라는 것은 소리의 진동과 확언(確言)의 기법을 통해 우리 인체에 빛의 힘을 끌어들이기 위한 것으로서 20세기 들어와 마스터들에 의해 전수되었다. (감수자 주)

*제1차크라, 4광선, 백색 광선, 가브리엘 대천사

제1차크라는 사람이 땅에 정착해 살든, 아니든 간에 지구행성에 연결돼 있는 자리입니다. 이 차크라를 담당하는 대천사는 가브리엘(Gabriel)입니다. 이 대천사는 정화(淨化)와 관계가 있는데, 쿤달리니(Kundalini)를 정화하고 지구에 연결시키는 역할에 해당됩니다. 그것은 또한 하나의 보호업무입니다. 흰빛의 불꽃을 지닌 가브리엘 대천사는 지금 이 지구에서 진행되고 있는 모든 것을 감지하고 인식할 수가 있습니다. 그는 어떤 상황들이나 활동들, 예컨대 정화를 하거나 어둠을 감소시키고 빛이 결여된 곳에 빛을 스며들게 하기 위해 하얀빛의 광선들을 사용합니다. 또한 가브리엘은 부활의 존재입니다. 그리고 만약 인간이 이런 작업을 실행한다면, 그들은 자기들의 몸을 육체적 수준에서 정화하고, 마음과 영적인 태도들을 정화합니다. 그리하여 그들은 물질적 현실에서 부활되고 더욱 순수한 영(靈)의 용기(容器)가 됩니다.

이 광선에 참여하는 사람들은 그들이 자기들의 사고방식을 정화해야 하는 상황들을 통해 계속 공중제비(tumbling)를 도는 삶을 사는데, 즉 높은 영적 지각을 이용함으로써 상황들을 진행하는 것입니다. 그것은 깨달음을 향한 여행입니다.

*제2차크라, 7광선, 보라색 광선, 자드키엘 대천사

이것은 복부에 있는 차크라입니다. 이 차크라는 대천사 자드키엘(Zadkiel)과 보라색 광선에 속해 있습니다. 보라색 광선은 변형과 자유와 깊이 연결돼 있습니다. 제2차크라 내에는 창조성이 있고, 관계를 통해 물질세계에서 그 창조성을 향상시키고 있습니다. 이 부위는 감정적인 장애물로부터 자유를 얻을 필요가 있을 때 이용됩니다. 그리고 복부 차크라와 목 차크라는 연결되어 있습니다. 이 세상에서 살기 위한 가장 전도유망한 방법은 세상에 대한 여러분의 관계 속에서 진행되고 있는 것을 청소하고 진실을 표현하는 것입니다. 그럼으로써 그 2개의 차크라들이 매우 조화롭게 작용하며, 인간은 서로 간에 조화를 원하게 됩니다.

있습니다. 지구의 소리는 그 가슴의 소리인 것입니다. 그렇지 않은 가요?

◎ 각 사람이 지닌 개인의 광선은 어떻습니까? 그들이 그것을 가지고 어떻게 운용하는 것인가요?

그것은 그들의 삶에 카르마적으로 일어나고 있는 것과 관련된 타이밍(Timing)으로 시작됩니다. 그리고 생존하고 성장하기 위해 지구의 모체에 필요한 것이 무엇인가에 관계된 타이밍에 달려 있습니다. 만약 여러분이 녹색광선에 의거해 태어나서 여러분의 관심의 초점이 진리와 건강, 치유에 있다면, 여러분 자신의 치유되지 않은 부분과 마주칠지도 모릅니다. 그때 여러분은 이 문제로부터의 자유를 바라고 있습니다. 그러므로 여러분은 자유의 광선을 토대로 일하게 될 것입니다. 일단 여러분이 이러한 자아와 자유의 측면을 통과하면, 여러분은 더욱 투명하고 녹색광선에 느슨해집니다. 거기에는 정화요청이 있을 수 있습니다. 마지막으로 그런 정화의 측면과 함께 그것은 녹색광선을 강화시키며, 여러분은 진리를 아는 능력을 증대시킵니다. 모든 것이 연결돼 있는 것입니다.

◎ 누구나 그들이 언제나 복귀할 한 가지 특별한 광선을 가지고 있습니까?

하나 또는 두 가지의 광선을 갖고 있습니다.

◎ 7가지 광선의 특성들을 자세히 검토해 주실 수 있겠습니까?

그것은 어렵지 않습니다.[※저자 주: 각 광선들의 대천사들과의 관계에 대해 주목하라. 이것들의 색채는 여전히 동일하지만, 인간의 차크라들의 색채는 우리가 그것을 지각할 때 그 차크라에 연결된 광선과는 다르다.]

그들만의 뜻과 관심에 적합한 한 가지 특별한 것으로 나아가기 시작하는 것인가요?

그것은 우리가 좋아하는 멋진 표현입니다. 하지만 우리는 그들이 어떤 성향에서 이탈했다고 말하고자 하며, 그리고 그들은 전체입니다. 이는 여러분이 이미 될 필요가 있는 모든 것이라는 말과 같지만, 그 영혼과 빛의 진동이 일치되어 맞는 것이 있습니다. 그러므로 거기에는 영혼의 수준에서 그 존재를 주로 특정의 광선에 조율될 수 있게 하는 진동적인 끌어당김이 있는 것이지요. 그렇다고 해서 이것이 그들이 한 광선에서 다른 광선으로 전환될 수 없거나 전환하지 않는다는 것을 의미하지는 않는데, 무지개처럼 7광선이 조화를 이루는 것이 궁극적인 목표이기 때문입니다.

◎ 영혼이 한 광선을 숙달하고 나서 다른 광선으로 옮겨가거나, 필요에 따라 재배치를 하는 것입니까?

궁극적으로는 모든 광선들에 숙달되어야 합니다. 그것은 마치 인간이 그 광선의 빛의 특성에 따라 그들 자신의 그런 부분이 성숙될 수 있게끔 요구받게 되리라는 것과 같습니다. 예를 들어 녹색 광선의 어떤 측면이 있는데, 그것은 특성이 "진실"이지만, 또한 "건강"과 "치유"를 상징하기도 합니다. 그러므로 그 부분에 어떤 도움이나 힘이 필요할 수도 있습니다. 실제로 그런 분야로 옮겨가는 사람들이 있게 될 것이며, 그들은 자신의 삶에서 이런 종류의 문제를 궁구(窮究)하며 살게 될 것입니다. 이것은 모체의 그 부분에다 빛과 힘을 보태주게 될 것입니다. 인간은 지구에다 서비스를 제공하고 있습니다. 그들이 지구에 와서 살다 삶이 끝났을 때, 그들의 몸은 흙으로 돌아가 지구에 바쳐집니다. 모든 것이 여러분의 행성인 지구에 봉사하고 있는데, 그것은 일종의 모체로 돌아감이고, 우주적인 힘의 창조적 측면입니다. 그것은 우주의 가슴 속에 조정돼 있는 자체의 질서 있는 운동을 갖고 있지만, 또한 인간의 가슴에 연결돼 여러분이 자신에게 적합한 사람을 찾았을 때 그 사람은 정확히 당신들과 동일한 상황 속에 있을 것입니다만, 상반된 포장으로 포장돼 있을 겁니다. 일종의 이끌림, 또는 그 사람과 더불어 완전하게 될 것이라는 느낌이 있기 때문에 이것이 처음에는 멋지게 보입니다. 그러므로 거기에는 공명이 존재하는데, 여러분이 자신의 내면 속에 갖고 있는 것처럼 느껴지지 않는 다른 어떤 것을 보게 되기 때문입니다. 하지만 그것은 한정된 사고(思考)입니다. 따라서 여러분이 하게 되는 것은 여러분 자신의 내면 속에서 겪고 있는 똑같은 문제들을 정확하게 자기한테 끌어당깁니다. 여러분은 자신이 만들어내고 있는 것을 정확히 자기에게 끌어당기게 되는 것입니다. 그런고로 만약 당신이 몹시 곤궁하다면, 역시 경제적으로 곤궁한 누군가를 얻게 될 것입니다. 답변은 언제나 자신이 초점이 맞추고 있는 것에 관계되어 있습니다. 그래서 여러분 자신의 문제들을 스스로 푸는 것이 더 나은데, 왜냐하면 이것을 이루기 위해 다른 사람과 함께 일하는 것은 더 어렵기 때문입니다. 이 세상에 여러분의 참모습이 무엇인가를 건드려 마무리해 주는 마법적인 사람은 없습니다. 여러분 자신이 그 최종적인 종결자입니다. 따라서 여러분이 자신의 외부만을 바라본다면, 연이은 한계들을 발견하게 될 것입니다.

영혼 광선들

◎ 개개의 영혼은 특정 색채의 광선에 맞추어져 있습니까?

그렇습니다. 각 영혼은 어떤 광선에 조율된 에너지적인 것을 갖고 있습니다. 그들은 현재 다루고 있는 어떤 문제들과 방침들이 있으며, 그것은 그 광선의 진동을 증대시킬 것입니다.

◎ 영혼들이 형성되었을 때, 그들이 내면의 모든 광선들과 분리되어

영혼과 영

◎ 영혼과 영(靈)의 차이는 무엇입니까?

영혼은 영에서 나오고, 영은 창조주(God)로부터 나옵니다. 영혼은 전체이자 영속하는 참나의 일부이며, 에고(ego) 속으로 옮겨갑니다. 영혼이란 에너지입니다. 즉 영혼은 더 크거나 작거나하는 것이 아니라 에너지에 관계된 것입니다. 그러므로 그것은 전원함(電源函) 같은 것인데, 어떻게 그럴까요? 작은 전지(Battery)를 예로 든다면, 그것은 많은 힘을 축적하고 있지 않은 것처럼 보입니다. 무엇 때문인지 생각해보세요. 영혼은 에너지입니다. 인간이 죽게 되면, 그 몸 위로 떠오르는 기체(氣體)가 있습니다. 이것은 영혼이 움직이며 돌아가는 것입니다. 영은 우주의 일부로서 영속하고 있습니다. 영혼은 자아의 일부로 바뀌며, 한 방사체입니다. 에고는 나쁜 것은 아닙니다. 에고는 육체 속에 들어와서 교훈을 배우고 있는 자아의 일부 전체를 에워싸고 있습니다. 그 자아의 일부는 육체가 흩어져 사라질 준비가 되었을 때, 에고로 되돌아갑니다. 에고는 영혼으로 돌아가며, 영혼은 이런 에너지를 모선(母船)처럼 다시 흡수할 것입니다. 그리고 때가 되면 그것은 다시 나올 것입니다.

◎ 성령(聖靈)과 같은 것이 존재하나요?

오, 그렇습니다. 삼위일체는 수동적인 자각상태(성부), 창조적인 자각상태(성령, 또는 성모), 그리고 자아(성자)라고도 할 수 있습니다.

◎ 두 영혼이 서로를 발견하고 완성한다는 "소울 메이트(soul mate)"의 개념은 무엇인가요?

그렇습니다. 비록 떨어져서 하는 명상일지라도 이것은 매우 강력합니다.

◎ 명상의 에너지를 유도하는 데 12명이나 3명의 조(組)로 편성하는 것이 좋다는 말은 사실입니까?

이런 숫자들이 모두 중요하긴 합니다만, 그것은 포괄적인 것입니다. 12 내에 3이 있고, 12는 3을 곱한 한 측면입니다. 그러므로 우리는 이렇게 말합니다. 그것에 관해 생각하는 것은 좋지만 반드시는 아닙니다. 네트워크를 만들고, 구체화시키고, 격자망을 건설하고, 빛으로 작업하는 것은 지금의 의무입니다. 그것은 번지르르하고 화려한 말보다는 오히려 실제적일 필요가 있습니다. 인간은 그들 앞에 당면한 그런 작업들을 해나갈 수 있습니다.

◎ 평화에 관해 명상하는 것이 좋을까요? 아니면 사람들의 가슴에다 그리스도 의식(Christ Consciousness)을 가져오는 것에 대해 명상하는 것이 좋을까요?

예. 내면으로 그리스도 에너지를 가져오는 것이 이상적입니다. 10분 동안 앉아있을 수 있고 내면에다 그리스도를 가져오는 데 집중할 수 있는 사람들은 그리스도의 이미지를 마음속에 그릴 수가 있습니다. 그리고 그들은 예수 또는 붓다, 그 누구든 끌어당길 수가 있습니다. 이와 같이 모든 것은 하나입니다. 내면의 평화가 없는 한, 사람들은 그것이 무엇인지 알지 못하는데, 그들은 완전한 평화를 경험해보지 않았기 때문입니다. 만약 모든 사람들이 앉아서 명상을 한다면, 어떤 일이 일어날까요? 지상에는 평화가 있게 될 것입니다. 지구 행성 전체에 혼란 대신에 "옴(OM)"의 소리가 충만하게 될 것입니다.

라보고 숨 한 번 쉬는 것도 명상이지요. 또한 여러분이 좋아하는 사람의 사진을 보고 - 그 사람에 관해 생각하지는 말고 - 그저 주시하며 숨을 쉬는 것 역시 명상이 될 수가 있습니다. 옴(OM)의 소리도 하나의 명상입니다. 그것은 일종의 호흡의 질료이고 마음을 비우는 것입니다. 여러분의 마음이 혼란하지 않다면, 그저 이렇게 말합니다. "아! 그래, 우리가 출발했던 지점으로 돌아가자." 왜냐하면 초심자의 마음은 매우 성실하고 사랑이 깃들어 있기 때문이지요. 그러므로 빛, 별, 꽃은 매우 중요합니다. 꽃들은 매우 높은 진동을 지니고 있습니다. 그것들이 매우 높은 진동이 아닌 한은 개화(開花)하거나, 개체변이를 하고, 다양한 색채를 가질 수가 없습니다.

◎ 명상이 점진적인 전환기 동안에 우리가 상위 주파수에 적응하는 데 도움이 될까요?

그렇습니다. 성모 마리아가 파티마(Fatima)와 세계 도처의 다른 곳에 나타나 예언을 했을 때, 그녀는 기도와 명상의 중요성에 대해 대단히 강조하며 언급했었습니다. 그것은 단지 종교 신도들만을 위한 것이 아닙니다. 그것은 곧 높은 진동주파수가 유입되도록 허용하는 것입니다. 만약 여러분이 그런 높은 진동주파수를 허용하고 받아들이기 위해 시간을 내거나 장소를 마련하지 못한다면, - 그리고 수면단축을 고려하지 못한다면 - 여러분은 준비돼지 않을 것입니다. 알겠습니까? 부담을 지탱할 수 없게 될 것입니다. 예를 들어 여러분이 단지 20을 받아들일 수 있는 소켓(Socket)에다 플러그 110을 꼽을 수는 없습니다. 즉 그것은 작동하지 않을 것입니다. 여러분이 기억하다시피 우리는 명상을 하지 않는 보통의 인간들을 대상으로 말하면서 대화를 시작했는데, 그것은 그들 내면의 부정성이나 불균형을 해소하고 향상시킬 것입니다.

◎ 명상하는 사람들의 집단은 (그 에너지가) 더욱 강력해지게 되나요?

명상

◎ 지금 시대에 우리가 마음의 평화를 얻기 위해 우리 스스로 할 수 있는 최선의 것은 무엇입니까?

명상입니다. 인간은 스스로 만들고 있는 그들만의 회랑과 통로, 삶의 사이클을 갖고 있습니다. 그리고 그것은 폭이 매우 협소합니다. 물론 일부 사람들은 특유한 깨달음의 경험을 할 수가 있습니다. 그것은 마치 이번 생에 그것을 체험한 것이 운명 지어져 있던 것처럼 발생할지도 모릅니다. 그것과는 달리 명상을 통해 자기 자신을 훈련하는 것은 괴로움과 고난, 스트레스, 그리고 생명의 전체성이 무엇인가에 관해 존재하는 엄청난 양의 무지로부터 벗어나는 유일한 길입니다. 그런 이유에서 명상은 매우 중요한데, 그것은 인간이 자유의 시공연속체로 도약하는 것을 돕기 때문이며, 이는 바로 "놓아 버리는 것"입니다. 그것은 지금 직관과 주파수를 맞추는 것이 될 것이며, 내면의 고요하고 평화로운 상태로부터 오는 것입니다.

◎ 명상의 테크닉에 관해 어떤 조언을 해주신다면요?

여러분이 명상을 할 때는 스스로 자신을 빛으로 둘러싸고 지구 속으로 뿌리를 내림으로써 지면에다 단단히 닻을 내렸다고 확신하십시오. 그런 다음 여러분의 에너지를 은줄(Silver Cord)을 통해 천체들의 가장 높은 곳으로 보내세요. 그리고 여러분이 선호하는 성자(聖者)와 이야기해 보십시오. 자기가 좋아하는 빛의 존재와 대화를 하고 그 에너지를 직접 위로 보내십시오. 그런 방식은 여러분의 진동율을 아스트랄계에 의해 하락시키거나 떨어뜨리지 않을 것입니다. 명상은 그 자체적인 신비로운 부분들이 있지만, 양초 불빛을 바라보거나 호흡을 주시하는 것도 명상입니다. 꽃 한 송이를 바

공동체의 일부라는 사실을 이해할 필요가 있습니다. 그들은 개인들이 아닙니다. 단지 그들이 자기들의 의지를 개인적으로 사용하고 사적인 지향성을 갖고 있기 때문에 그들이 개인들인 것이지요. 그렇습니다. 우주가 그들을 지원하고 있고, 지구는 인간의 삶을 뒷받침하기 위해 모든 방식으로 자신을 소모시키고 있습니다. 천상의 에너지는 현재 지구와 인간들의 마음으로부터 전송되는 성장패턴에 맞추어 움직이고 있습니다. 그러므로 모든 것이 통합된 패턴 속에 있는 것입니다. 만약 거기에 일치와 조화가 있다면 그것은 멋진 것이죠. 그러나 그 조정 작업이 안정돼 있지 않거나, 인간들이 그들의 참된 본성에 대한 인식도 없이 분열을 향해 있다면, 남을 괴롭히게 될 것입니다. 그들은 자기들이 원하는 것이 무엇인지, 어떻게 그것을 자신의 삶 속에서 우주의 한 촉진제로 믿게 되었는지, 그리고 다음에 무엇을 하기를 원하는지에 대해 많은 주의를 기울여야만 할 것입니다.

◎ 위험 속에 빠져있는 사람들을 돕기 위해 태풍이나 토네이도(회오리)를 대중의 상념을 이용해 움직여보려고 시도했던 한 토크쇼(Talk show) 사회자가 있었습니다. 이에 관해서 어떻게 생각하십니까?

그것은 유용한 작업입니다.

◎ 여기에 문제가 있다고 보지는 않으시나요?

아무도 피해를 입지 않았으므로 다른 누군가 그쪽으로 방향을 바꾸려고 하지 않은 한은 아닙니다.

◎ 해안 쪽 방향으로 내보낸 것처럼 말이죠?

예.

만큼 배우겠다고. 영적으로 약정돼 있는 것입니다. 그리고 사실상 만약에 조건들이 적절하고 신성한 의지 안에서 허락이 있을 경우, 그 때 그것은 적당한 이해 수준에 이르러야 합니다. 그리고 그 이해 수준은 원래의 계약에 관계된 것이라기보다는 그 순간의 교훈에 좌우될 수 있을 것입니다. 왜냐하면 얼마만큼 인간이 자유의지의 선택으로 그 육화의 시기 동안에 내면의 이해 범위를 바꾸느냐는 (계약에) 명시돼 있지 않기 때문이지요.

◎ 삶이라는 것은 계속해서 변화하기 쉬운 사건인 것 같습니다.

예, 그렇습니다.

◎ 지구의 향후 진행과정에서 신(神)이 무엇인가 일어나도록 만들거나, 혹은 어떤 일이 발생하는 것을 막기 위해 특정 시점에 개입하게 될까요?

그렇지는 않을 것입니다. "진공(眞空)" 또는 "위대한 창조력"은 언제나 활동 중에 있습니다. 그리고 그것은 기상(氣象) 시스템과는 다릅니다. 그러므로 여러분이 말하는 절대자로서의 신(神)은 분리된 에너지, 분리된 실재가 아닙니다. 그 궁극의 실재는 모든 것입니다. 그렇다면 그런 실재가 그런 방식으로 간섭하겠습니까? 그런 일체만유(一體萬有)가 모종의 일을 일으키기 위해 인간 세상에 끼어들까요? 우리는 아니라고 말합니다. 그렇게 되지 않는 이유는 그렇게 될 경우 모든 인간이 혼란에 빠질 것이기 때문입니다.

◎ 그래서 더욱 집단적인 노력이 필요한 것인가요?

그것은 분명히 집단적인 노력이기는 합니다만, 또한 에너지적인 깨어남이고, 고요함 속에서의 움직임입니다. 인류는 자신들이 집단다. 그것을 가르친 모든 위대한 종교들은 여전히 그것을 가르치고 있습니다. 따라서 자유의지의 선택이라는 것은 운명의 패턴 속에 내재돼 있는 자아(self)의 일부인 것이지요.

◎ 그렇다면 자유의지가 운명의 많은 부분을 결정하나요?

그렇습니다.

◎ 누군가가 절대자의 뜻을 거스를 수 있는 어떤 부분이 있습니까?

오, 예. 그것은 날마다 일어납니다. 예를 들면, 그것은 수많은 고뇌와 아픔이 있는 일종의 물질적 수준에서의 중요한 상실감 같은 것입니다. 신(神)의 뜻은 고뇌와 괴로움이 아닙니다. 신의 뜻은 자유와 기쁨인 것입니다.

◎ 만약 어떤 사람이 강하고 충분한 의지를 가지고 있다면, 자기가 인생에서 바라는 것을 어떤 것이든 관계없이 실현할 수 있을까요?

그렇기는 합니다만, 그 의지가 신성한 의지, 신성한 질서와 연결되는 것이 필요합니다. 그 올바른 바람과 더불어 점성학적으로 행성들이 정렬돼 있고 항성계들이 적절한 순간에 에너지를 받고 있다면, 그것은 이루어질 수가 있습니다. 그러므로 우리는 이것이 하나의 가능성이라고 말할 것입니다.

◎ 영혼의 계약은 무엇에 관한 것인가요? 자유의지가 그것을 뛰어넘기 위한 시도라고 하면 어떨까요?

계약이 변경될 수 있음을 의미합니다. 그 계약은 생(生)의 주기들 사이에 있는 자아의 한 부분이고, 자기들이 지상에서 배울 수 있는

◎ 우리가 우주의 진화를 지연시키고 있기 때문에 지금이 진화할 수 있는 결정적인 시기입니까?

예, 그것이 부분적으로는 진실일 것입니다. 무한자를 향한 자아의 길을 제한적으로만 허용하고 있는 인간들은 더디게 움직이고 있습니다. 그것은 지저분한 수많은 쓰레기와도 같은데, 좀 더 쓸모 있는 것으로 이용할 수 있는 어떤 것을 재활용하지 못하고 있는 것이지요. 그것이 진화에 장애물로 작용하고 있습니다. 그것은 여러분이 알고 있는 일종의 천식(喘息)을 갖고 있는 것과 같습니다. 천식으로 호흡을 하는 이는 위축 증상이 있고, 어려움이 있습니다. 그런 사람은 앞을 향해 도약하는 데 자유롭지 못합니다. 그것이 모든 투사가 생겨나는 근원입니다. 그들은 그것을 마야인들과 호피 인디언들이 언급한 시기로 알고 있습니다. 깨어있는 사람들은 가슴과 마음의 부정성으로 인한 영향이 지구 영혼의 진화에 악영향을 미치고 있음을 압니다. 그들은 그것을 보았던 것이죠.

◎ 우리가 절대자의 의지라고 말할 수 있는 것과 비교해서 얼마나 자유의지를 갖고 있는 것인가요?

이것은 매우 복잡한 질문입니다. 예를 들어 어떤 구기(球技) 경기를 하고 있다고 할 경우, 개인은 경기를 바로 포기하고 경기의 결과가 어떻게 될 것인가를 다른 누군가에게 맡겨버릴 수가 있습니다. 또는 적극적으로 경기에 임해 공을 빼앗고 자기가 해야 할 필요가 있는 모든 것을 하기 위해 매우 민첩하게 움직일 수가 있습니다. 아니면 그들은 그 순간 보다 높은 영적 훈련 상태로 들어갈 수가 있고, 자기들과 그 공이 집착이 없는 자유로움에 맡겨질 수 있음을 압니다. 그러므로 그것은 인생과 유사한 것입니다. 그것은 여러분이 그 결과에 집착하지 않는 방식으로 자신들 손에 맡겨져 있는 놀이의 문제입니다. 그리고 이것이 가장 훌륭한 부분인 것입니화의 과정 동안 세포와 정신 속에 깊이 새겨진 모든 낡은 습성들은 이제 표면화되어야 합니다. 그렇다고 그것이 금방 해결되어 자유롭게 될 수는 없으며, 그런 문제는 인간 각자가 자각하는 방식으로 사라져야할 필요가 있습니다. 일단 깨달음이 있게 되면, 진리를 알게 됩니다. 진리를 알게 되면, 그것이 특정한 사건이나 활동들에 빛을 공급하고, 그 빛이 부정성이나 탁한 어둠을 흩어지게 하는 것입니다.

◎ 지구와 지구 주민들에게 실행될 일반적인 계획이 있습니까? 어떤 것일지라도 말입니다.

아니오. 그것은 의식(意識)의 문제입니다. 그것은 우리가 접수할 문제 같은 것이 아닌데, 우리의 의지는 여러분에게 일임되어 있기 때문이지요. 그러므로 자유의지는 고등한 목적과 조화되는 모든 것에 관한 문제이고, 그것은 기쁨과 성취, 자유, 그리고 창조성인 것입니다. 이것이 고등한 목적입니다.

자유의지, 신의 의지, 그리고 집단의 노력

◎ 우리 지구가 자유의지(自由意志)의 선택이 가능한 유일한 행성이라는 것이 사실인가요?

이 은하계 내에서, 지금의 이 특별한 시기에 그렇다는 것은 사실입니다. 여러분은 이 은하계 내에서 가장 자의적이고 계획적인 선택을 할 수 있는 행성에 살고 있습니다. 그러나 여러분의 은하계만 유일하게 존재하는 것은 아니지요.

무엇인가 존재한다는 것을 깨닫게 만드는 큰 흐름이나 폭발이 있다면, 그것은 덜 영향을 받을 것입니다. 따라서 그런 이유로 대부분 희망을 갖고 인간이 지구의 변화를 기대하는 것이지요. 하지만 그것은 사실 내면의 변화에 관계된 것입니다. 그것은 더 이상 걱정거리나 불화 속에 있지 않으려는 바람입니다. 그리고 여러분에게 말하지만, 이것이 훌륭한 일인 것이지요. 누구나 그들 자신을 스스로 보살펴야만 합니다.

◎ 지구가 어떤 높은 진동에 이르게 될 때, 그것이 질병들을 소멸시키고 자연발생적인 치유를 일으키게 될까요?

그렇습니다. 진동으로 관여하는 그런 사람들과 더불어 그렇게 될 것입니다. 그럼에도 여전히 부정적인 진동과 질병과정의 진동을 운반하기에 충분할 만큼의 탁한 의식을 소유한 사람들이 주변에 있게 될 것입니다. 하지만 대개 그런 변화에 모든 것을 내맡기고 참여하는 사람들은 더욱 강한 면역체계를 갖게 되고, 그들 내면에 빛의 감정이 존재하게 될 것입니다. 그것은 빛의 활동에 참여하고자 하는 인간의 자발성이며, 일어나고 있는 것에 내맡기는 것입니다. 그것들을 판단하지 말고 변화하기 위해 그 에너지를 자신의 삶 속에 허용하십시오. 그것은 만약 여러분에게 움직여 나가야할 필요가 있다면 움직여야 한다는 것을 의미합니다. 여러분의 삶의 방식을 바꿔야할 필요가 있다면, 그렇게 해야 합니다. 그리고 그것은 이제 조금씩, 조금씩 바꾸는 것이 아니라, **당장 해야 하는 것**입니다. 퍼뜩 생각이 떠올랐을 때 바로 그것을 실행하세요. 갑작스런 영감(靈感)은 그런 느낌을 가져오기 위한 일종의 영적인 개입입니다. 여러분은 그것과 조화되는 상징적인 활동을 알고 있고, 그것은 부메랑(U턴) 현상을 갖고 있습니다. 그리고 그것이 우리가 원했던 것입니다. 왜냐하면 여러분이 "즉각 실행"이라는 선물을 우주로 보내면, 그것이 다시 여러분에게 되돌아 올 것이기 때문이지요. 수많은 육이 변할 때가 있었고, 변화하지 않을 때가 있었습니다. 예수가 지상에 왔고, 자신의 사명을 수행했지만, 그도 모든 이들을 구하지는 못했습니다. 그렇지요? 그는 단지 지상에서 자기들이 바뀔 수 있는 적절한 시기에 있다고 믿었던 사람들만 도울 수가 있었습니다.

◎ 그럼 특별한 시기 내에 얼마나 많은 사람들이 실질적으로 깨닫게 될 것인지 진짜 알 수는 없는 것이군요?

그렇습니다. 그것은 마치 그 상황이 언제 최고점에 달하게 되리라는 것과 같은 문제는 아닙니다. 우리는 그것을 언급하지 싶지 않습니다만, 그것은 2012년에 모든 이들이 빛으로 끌어올려지게 될 어떤 시점에 이르게 된다는 식은 아닌 것이지요. 그것이 단순히 그렇게 되지는 않을 것입니다. 마음을 향상시키는 길은 날마다 명상하는 것이고, 모든 것이 모종의 신성하고 올바른 질서 속에 있음을 알고 그 순간에 여러분이 할 수 있는 최선의 노력을 하는 것입니다. 여러분이 자신의 길로 나가는 무엇인가에 관해 전망을 지속했든, 안했든 어떤 방법이 문제가 될까요?

◎ 만약 사람들이 명상수행을 시작하고 다른 사람들도 함께 하도록 도울 수 있다면, 어떻게 되겠습니까?

그것은 시소(seesaw) 놀이와도 같습니다. 만약 시소의 중간 지점에 앉아 있다면, 균형 상태에 있게 될 것입니다. 하지만 오른쪽이나 왼쪽으로 움직인다면, 그것은 우측이나 좌측으로 기울어질 것입니다. 따라서 이것은 작용에 대한 자연적인 하나의 반작용입니다. 우주는 이와 같습니다. 부정적인 한쪽 방향으로 움직이고 있는 많은 이들이 있고, 단 한 사람만이 다른 방향으로 가고 있다면, 시소는 많은 이들이 지향하는 방향으로 기울어지게 됩니다. 이것이 일어나게 될 일인 것입니다. 하지만 거기에 인간이 그들보다 더 큰 위한 하나의 의식을 창조하게 될 아무 것도 필요치 않고 아무것도 할 것이 없는 자리인 바로 "지금여기(nowhere)"로 점차 가고 있는 중입니다. 하지만 반드시 일어나는 것은 아니겠지요. 그렇지 않은가요? 우리가 여러분에게 진실로 말하지만, 만약 인간이 그것을 어느 정도 다르게 볼 수 있다면, 그것은 다르게 나타날 것입니다. 하지만 그들이 그렇게 할 수는 없을 것입니다.

◎ 그 진공이란 무엇입니까?

진공은 에테르(ether)조차도 아닌데, 왜냐하면 에테르는 물질성을 이루는 한 부분이기 때문이지요. 따라서 진공은 비어있음, 팽창, 구멍, 헤아릴 수 없는 구덩이 그 이상입니다. 그것은 완전한 창조성의 자리입니다. 인간이 자기들의 온전한 창조성 안에 있을 때, 그들은 진공 속에 있는 것입니다. 진공은 마치 여러분이 위치해 있으면서 자신이 원하는 어떤 정보를 어느 방향에서든 끌어낼 수 있는 것과 같습니다. 진공은 영어로 말해 '음성적(陰性的)인 함축성'을 갖고 있습니다. 우리가 이 말을 사용하는 것은 그것이 사람들에게 어떤 공급이나 연결되는 가닥들로부터 완전히 단절된 감을 주기 때문입니다. 여러분이 진공에 관해 생각할 때, 사람들은 그것이 마치 비물질의 형태 속에 무한의 가능성이 담겨져 있는 듯이 인식할 것입니다.[4]

◎ 충분한 수의 사람들에 의해 갑자기 도달된 고등한 의식이 그 밖의 모든 이들을 한 단계 높이 끌어올릴 수 있을까요?

우리는 그것이 진실이긴 하지만, 우리가 할 수는 없는 것이라고 말하고 싶습니다. 행성 지구상의 모든 역사를 돌아다 볼 때, 상황

---

4) 여기서 말하는 "진공"을 흔한 불교적 표현으로 "진공묘유(眞空妙有)"로 대치해서 이해해도 무방할 것이다. (감수자 주)

같습니다.

◎ 분리, 희생, 헌신성과 같은 감정이 지금 많은 사람들에게 가까이 밀려오고 있나요?

많은 이들에게 그렇습니다. 하나의 패턴에 대해 인간이 지닌 진동이 편안해지고 있는데, 내면 속에 더 높은 주파수가 있기 때문이지요. 그것은 사물이 대단히 변화하고 있는 외부의 어떤 것과는 관계가 없습니다. 그것은 내면적인 것입니다. 만약 그들이 자기 내면의 움직임을 알고 있다면, 그것이 이중으로 전개되고 있다고 말할 수 있으며, 이것은 그들이 자아가 열리는 것을 인식하고 있는 까닭입니다.

◎ 과거 전생(前生)의 시기에 이룰 수 없었던 것을 지금 성취해야 할 긴급성 같은 것이 있습니까?

그것은 대체할 다른 배가 없는데 배의 엔진이 지금 정지해가고 있는 것과 유사합니다. 여러분이 새로운 육지에 상륙해야 하는데, 그 배에 있기를 바란다면, 오, 그것은 긴박한 상황이지요. 채워져야 하고 갈 준비가 돼있어야 하는 자아의 한 부분이 있습니다. 갖가지 것들을 뒤에 남기고 떠날 준비가 돼 있어야만 하는 자아의 일부가 있으며, 그것이 낡은 습성들을 붙들고 있는 것입니다.

◎ 의식(意識)을 위로 끌어당기고 있는 그 주된 힘은 무엇인가요?

진공(眞空)입니다. 진공이 모든 것을 그쪽으로 빨아들이고 있습니다. 하지만 그것은 또한 일종의 호흡과 같습니다. 태양은 영겁에 걸쳐 에너지를 취하고, 또 그것은 영겁 동안 에너지를 방사합니다. 주고받는 것이지요. 그것은 들이쉬고 내쉬는 문제이고, 모든 것을

는데, 그들의 진동이 여기에 맞추어 함께 바뀌고 있지 않기 때문이지요. 그러므로 안정돼 있지 않고 매우 부정적으로 느끼고 있는 이들은 두려운 나머지 일상적 삶 역시 위협받고 있다고 느낄 수가 있습니다. 그리고 그것은 그런 높은 진동율에 조화돼 있지 않은 자아의 부분들을 두드러지게 합니다. 따라서 그런 부분들은 더욱 맞지 않게 느껴집니다. 하지만 모든 것들과 옴(OM)의 소리를 창조한 빛의 장(場)에 관해 인식하고 주의를 기울이고 있는 다른 사람들은 좀 더 용이한 시간을 경험하고 있습니다. 그렇다고 이것이 그런 이들에게 카르마가 작용하지 않는다는 것을 의미하지는 않습니다. 사람들은 새로운 에너지에 깨어날 필요가 있습니다.

◎ 이 높아지고 있는 진동이 사람들이 좀 더 자각적이 되도록 도울까요?

예, 그렇기는 합니다만, 반드시라고 할 수는 없습니다. 인간이 자기 스스로 뿌린 것을 거두게 되리라는 것은 카르마(業)의 법칙입니다. 그것은 누구에게나 예외가 없는 것이지요. 그렇지 않습니까? 그러므로 그들이 어제 또는 10일 전에 만들어 놓은 것은 오늘 겪는 여건과 관계가 있습니다. 그들이 다른 생(生)의 주기에 지어놓은 것 역시 지금 그들이 이곳 진동의 장에서 경험하고 있는 것과 관련이 있는 것입니다.

◎ 무엇이 여전히 닫혀 있는 사람들을 열 수 있게 도울까요?

여전히 그것은 갈림길입니다. 이해하시겠습니까? 지금은 인간이 그들 자신보다도 더 위대한 것이 존재한다는 무한한 가능성에 대해 마음을 여는 것을 촉진하는 삶의 중대전환기에 놓여있습니다. 그것은 인간이 홀로 있지 않다는 의식, 두려움 없이 사는 것, 그리고 신성한 인도에 대해 감사하는 마음을 갖는 것이 필요하다는 의미와

예, 그리고 이 모든 것들은 명상에서 방해물이지요. 또한 그것은 빛과 연결되는 자아의 부분이 깨어나고 두려움 없이 현실을 창조하는 데도 방해가 됩니다. 세상에는 수많은 두려움들이 널려 있습니다. 돈이 충분치 않은 데 대한 두려움, 머리가 나쁜 데 대한 두려움, 기타 등등. 지구 행성 도처의 사람들은 정말 그들과 더불어 무엇이 일어나고 있는지 알 필요가 있습니다. - 그들에게가 아니라 그들과 함께 말입니다. - 에너지가 증가할 때, 모든 것은 나선형으로 더욱 빠르게 움직이고 있습니다. 그런 까닭에 그것은 더욱 긴장을 느끼는데, 공간이 협소하다고 느끼기 때문입니다. 공간의 자유로움은 명상과 생활방식에 의해 만들어집니다. 생활방식은 명상을 촉진하기 위해 필요합니다. 월급쟁이 직업으로 살지 않아도 되고 많은 자녀와 가족들을 부양하지 않아도 될 만큼 운이 좋은 사람들은 현재 정보의 코드들을 운반하고 있는 이들이므로 그 에너지가 계속 상승될 수가 있습니다. 그리고 명상은 여러분이 그것을 가속화하는 데 도움을 줄 한 가지 도구입니다.

◎ 지구의 진동이 상승하고 있습니까?

지구의 주변에는 전자기적인 에너지장이 있습니다. 지구의 진동은 어느 정도 어려움을 가지고 있는데, 지상에 정착해 있는 부정성과 부정적 진동을 지닌 많은 존재들이 있기 때문입니다. 우리는 여러분에게 말합니다. 아직까지는 지구의 전자기적 에너지장이 그렇게 높은 진동이 아니지만, 지구의 진동을 빼앗지 마십시오. 여러분이 현재 경험하고 있는 이 우주는 급속히 변화하는 방향으로 움직이고 있습니다.

◎ 이런 상황이 사람들에게 어떻게 영향을 미치고 있는지요?

어떤 사람들은 이런 변화에 대해 매우 불안정하게 느낄 수가 있

4. 영(靈)이 알고 있는 것으로서의 이 세상

– 물질계를 넘어서 –

큰 그림

◎ 삶의 주된 목적은 무엇입니까? 달리 말하면, 왜 우리가 이곳에 있는 것인가요?

　행복해지고, 깨닫고, 깨어나기 위해서입니다. 또 행복과 즐거움을 발견하고, 자비와 용서와 여러분의 참자아 및 절대자(God)를 찾기 위해서입니다. 자신의 내면에서 신을 찾는 것, 바로 그것이 행복이고, 사랑이며, 연민입니다.

◎ 그것은 이해하기가 아주 쉬운 것 같네요. 하지만 지구상에서 생계와 삶을 꾸려나가는 데 관해 생각해야만 하는 많은 걱정거리들이 있습니다.

재들은 분명히 있으며, 그들은 사랑 속에서 자기들만의 힘으로 행성지구를 자체의 궤도에다 유지하고 안정시키고 있습니다. 거기에는 위대한 존재들의 많은 수준들이 있습니다.

사나트 쿠마라(Sanat Kumara)[3]는 금성에서 오며, 사랑과 함께 안정시키는 에너지를 전해줍니다. 그것은 위대하고도 위대한 사랑입니다. 그리고 그들은 의식에 있어서 거대한 존재들입니다. 신체의 크기나 사랑이 아닌 의식에서 그렇습니다. 그 위대한 존재들은 바로 "우리"입니다. 내가 위대하다고 말하지는 않을 것인데, 여러분이 오해할 것이고, 그 에너지가 단일의 존재라고 생각할 것이기 때문입니다. 그것은 아닙니다. 그것은 한 데 모인 모든 존재들이고, 위대한 존재들은 "우리"인 것입니다.

---

[3] 약 1,800만년 전의 태고시대에 어둠에 싸여있던 지구와 인류를 구하기 위해 금성에서 온 대초인(大超人)이자 고불(古佛)이다. 불교적으로는 석가모니 부처님의 스승이었던 "연등불(練燈佛)"에 해당된다. (감수자 주)

에 관한 여러 자격들을 얻는 특별한 경우가 있습니다. 그때 그들은 그런 세계들 중에 한 곳을 갈 수도 있고, 봉사하러 지구로 돌아오지 못할지도 모릅니다. 때때로 그들은 계속 앞으로 나아가며, 다른 우주들에 머물기도 합니다. 그리고 다른 평행우주에서 똑같은 일을 하고 있습니다. 모든 이들이 자기들의 일을 동시에 다른 차원에서 하고 있지만, 반드시 행성 지구에 육화하여 여기서 봉사하는 가운데 마스터가 되지는 않을 것입니다. 그들은 다른 방향으로 나갈 수도 있습니다.

◎ **무엇이 한 승천한 대사를 다른 곳이 아닌 지구와 관계하도록 만드는 것입니까?**

거기에는 지구행성에 대한 전자기적인 정렬 내지는 이끌림이 있습니다. 지구에 조정돼 있는 - 음악과 같은 - 배음(倍音)이 있는데, 우리는 지구의 그 배음의 진동 속에 있습니다. 약 100번 정도의 육화를 경험해 보지 않은 상승 마스터들도 있으며, 어떤 이는 단지 2번, 3번, 4번만 태어난 경우도 있지요. 예수가 그런 이들 중의 한 명입니다. 그의 진동율은 지구 행성과 동질에 속해 있습니다. 그는 영적교사이며, 하나의 본보기입니다. 반드시 그의 영혼이 아니더라도 이제 그는 몸과 마음이 명실상부한 예수처럼 되었습니다. 그는 지구의 한 스승이 되었고, 본보기가 된 것입니다.

◎ **당신은 "위대한 존재들"에 관해 언급하셨는데, 당신이 말하고 계신 그들은 누구인가요?**

그 위대한 존재들(The Great ones)은 지구에서 그 존재들에 관해 언급하기 전부터 돌아갈 수 있었고, 다시 돌아오기도 합니다. 우리는 그들이 천사라고 말하지는 않을 것인데, 왜냐하면 그것에 대해서는 종교 전체의 측면이 있기 때문입니다. 하지만 위대한 존

그것에 관해서는 불(火)이 하나의 좋은 실례가 될 것입니다. 우리는 육체의 형태가 최대한의 정도까지 비물질화(非物質化) 됨으로써 그것이 투명하게 되는 것에 관해 말하고 있는데, 왜냐하면 그런 주파수는 (불에 의해) 물이 증발하여 수증기가 되는 것과 같기 때문입니다. 그 진동주파수는 매우 높고, 원자구조 내에서 운동이 큰데, 육안으로 보는 한은 그것은 물질세계에서 사라집니다. 설사 인간이 투명하게 될 수 있다고 하더라도 상승과정이 그것과 아주 똑같지는 않습니다. 그것은 일종의 해방과정입니다. 차원상승이라는 것은 3차원 의식으로부터 상승하는 것처럼, 의식(Consciousness)에 관계된 문제로 이야기될 수가 있습니다. 그렇습니다. 어찌 보면 상승과정은 매일 명상하는 이들에게 날마다 일어나는 것입니다. 그들의 의식은 상승합니다. 그리고 그때 그들은 자기들이 곧 의식(意識)임을 깨닫는데, 그러므로 그것은 상승인 것입니다.

만약 사람들이 명상을 통해 자기들의 의식을 다른 차원으로 끌어올릴 수 있다면, 그때 그들은 그들의 몸을 투명화 할 수가 있습니다. 그것은 실제로 현실화되고 있습니다. 현재 지구상에는 자기들의 몸을 투명하게 만들 수 있는 이들이 존재합니다. 그들의 대부분은 이런 일이 매일 일상적으로 일어나는 장소에 살고 있지는 않습니다. 그것은 하나의 사적인 문제이고, 더 나은 배움을 얻기 위해 떠맡은 최상의 영적세계에서의 훈련입니다. 하지만 그들의 다수는 또한 영적스승들입니다. 그들은 자기들의 제자들이나 친구들의 진동을 높이기 위해 그런 수준에서 진동하는 능력을 갖고 있으며, 그것이 역시 그들의 진동율을 끌어올립니다.

◎ 모든 인간들이 궁극적으로는 승천한 대사들이 될까요?

그렇지는 않습니다. 지상에 태어나는 인간들이 반드시 상승한 대사들처럼 지구에 봉사하는 존재가 되기 위해 상승하지는 않을 것입니다. 어떤 이들은 단지 봉사하기 원하는 장소로 가기 위해서 상승을 해오고 있는 것입니다.

◎ 대사(Master)라고 간주되는 어떤 특징이 있을까요?

누가 그러한 판단을 하는가에 달려있습니다.[웃음] 오래된 신비주의에서처럼 거기에는 배우는 학도들인 입문자들이 있고, 각자가 새로운 과업과 훈련을 이수해야 하는 과정이 있습니다. 한 명의 마스터가 된다는 것은 곧 여러분이 어떤 지점에 왔을 때 자신이 부딪쳐 온 것이나 과업 대상으로 해온 것이 무엇이든 더 이상 그것이 도전이 아니라 단지 여러분의 참모습의 일부라는 자아내면의 인식입니다.

영혼의 수준이나 상승의 수준에서 이야기 한다면, 그러한 대사들은 지상에 왔다 간 위대한 빛의 존재들이고, 수세기에 걸쳐 다른 이들에 의해 공유되어 온 거대한 에너지와 지식의 저장소를 만든 존재들입니다. 예수는 한쪽 세계에서는 예수이고, 다른 지역에서는 "이사(Esau)"인데, 이 세상에서는 그럴 필요가 있기 때문입니다. 하지만 예수가 하나의 의식수준에서 나온 그 가르침들을 나누었다고 해서 그가 꼭 드러날 필요는 없었으며, 그것은 그저 일어났던 것입니다. 그것은 사람들의 지식을 넓히는 정보로서 주어졌습니다. 혹은 만약 그가 한 무리의 대중 속에 나타났다면, 거기에는 치유가 있었을 것인데, 그런 존재들의 몸과 정신을 낫게 하기 때문입니다. 그것이 지구상의 많은 사람들에게는 진실이지요. 이런 일이 일어났던 대사들 주변에 있던 사람들은 그것이 무엇인지 알지조차 못하지만, 그들은 자신들의 몸이 가벼워지고 약간 붕 뜬 것같이 느낍니다.

◎ 상승과정에서 당신의 몸이 바로 사라지는 단계가 될 수 있었습니까?

것을 선택합니다. 하지만 만약 그들이 그렇게 할 경우, 그들 스스로 업(業)을 지을 수가 있고, 그런 까닭에 육체로 남아 있어야만 하는데, 그것은 매우 자유롭지 못한 것입니다.

◎ 그럼 그들은 자신이 선택하는 것에 조심해야겠네요.

매우 신중해야 합니다. 그리고 일단 그들이 육화하면, 다른 보통 인간들과 마찬가지로 마야(Maya:영적인 망각과 지구의 삶속에서 마음의 혼란을 유발시키는 힘)의 장막이 그들에게 내려옵니다.

◎ 상승한 대사들도 어떤 개성을 계속 지니고 있습니까?

오, 그렇습니다. 그들은 어떤 특정의 광선(Ray)에 속해 있기 때문에 그들만의 순수한 진동을 갖고 있습니다. 하지만 또한 그들은 자기들 특유의 삶의 경험을 겪었습니다. 비록 그것이 인간의 요소 쪽으로 넘어왔을 때 인성이 있기는 하지만, 그것은 인격적인 개성이 아니라 진동의 개성입니다. 그것은 단계가 낮추어진 것이기 때문이죠. 그것은 나 관세음의 경우도 다르지 않은데, 나도 역시 에너지의 진동이 낮춰졌을 때 지구상에 알려져 있는 (인간적인) 모습으로 내가 나타나는 것입니다.

◎ 그들은 개체적인 영혼으로 출발해서 말하자면 서로 혼합된 것인가요?

그것은 영혼의 합성이나 혼합이 아니라 에너지의 융합입니다. 영혼은 신성(神性) - 또는 불성(佛性) - 에서 생겨난 하나의 순수한 진동입니다. 일부는 연합하기도 하지만, 위대한 힘의 대사들은 대개 일종의 진동하는 힘을 나타냅니다. 하지만 그들은 또한 단지 여러분과 마찬가지로 영적인 존재들이며, 오랜 시간 동안 영적 훈련리를 터득해가고 있는 사람들의 본보기입니다. 이 존재들은 삶과 감정, 에고(Ego), 육체적 존재의 개념에 통달한 이들입니다. 승천한 대사들로서의 우리는 반복해서 지상에 왔었습니다. 그렇습니다. 우리는 시간의 시험, 가슴의 시험, 에고의 시험, 육체의 시험을 경험했습니다. 그런 지혜가 빛이라는 열매를 맺을 수 있게 된 것은 오직 시험과 때때로 "고난"이라고 불리는 것을 통해서입니다. 영적 상승의 원리들은 또한 인간이 집착으로부터 벗어나 정화되는 것과 관계가 있습니다.[단조로운 음성으로 말하다] 즉 집착, 육신, 근심 등의 모든 것으로부터 자유로워지는 것입니다. 승천한 대사들은 지상에서 살다가 시험을 통과해 졸업한 존재들인데, 육체를 넘어서서 현재는 다른 상위의 진동 차원에 머물러 있습니다. 그렇기에 여러분이 끌어올려질 수 있고, 인도받을 수 있는 것이지요.

◎ 육신을 벗은 보통의 다른 사람들과 그들 사이에는 무슨 차이점이 있나요?

상승한 대사들은 지상에서 살면서 많은 교훈들을 배워 그것들을 간직하고 떠난 존재들입니다. 하지만 다른 사람들은 그런 교훈들을 배우고도 진정으로 자비가 무엇이고, 진리가 무엇인가를 망각하고 옮겨간 것입니다. 그리고 여전히 그들은 대부분 순수하지 못한 정서(情緖)들은 갖고 있습니다. 그러므로 그들은 육화되어 다시 지상으로 돌아가게 될 것입니다. 반면에 "상승했다"함은 그런 육체의 차원을 졸업했다는 것을 의미합니다. 지구 행성에서 상승한 얼마간의 존재들이 있고 그들은 더 이상 태어날 필요가 없습니다만, 그렇다고 그들 모두가 다 위대한 존재들은 아닙니다. 그들은 단지 방문해서 왔다 갔다 하는데. 즉 태어났다 가고 하는 그런 종류의 것입니다. 여러분이 상상할 수 있는 만큼의 수많은 종류의 에너지적 존재들이 있습니다. 우리는 현재 상태에 그대로 머물러 있는 것을 선택할 수가 있습니다. 한편 어떤 상승한 대사들은 육체로 되돌아가는 관계된 것입니다. 어떤 존재들은 인간들이 준비되었을 때, 고등한 의식(意識)을 나타내는 대표자로서 지상에 보내졌으며, 고로 그들은 참으로 선택을 받는 것이 아니었습니다. 거기에는 가르침과 정보, 자유의 본보기에 대한 탐구와 갈망이 있었고, 사람들은 그것을 원했던 것이지요.

◎ 그 당시, 그 장소에 말입니까?

그렇습니다. 그들이 당시 어떤 모습의 존재가 있다고 들었을 때, 그들은 빛을 찾고 있었기 때문에 그 주변에 모여들었던 것입니다.

승천한 대사들

◎ 어떻게 "상승한, 또는 승천한 대사들(Ascend Masters)"이란 용어가 당신들에게 구체화된 것인가요?

그 용어는 전통적인 기독교 시대에 수반되어 생겨난 표현입니다. 우리는 그 위대한 존재들이 불려질 때를 제외하고는 이집트 시대에는 "승천한 대사들"이란 말을 듣지 못했습니다, 따라서 우리는 그런 표현이 (예수의 승천과 같은) 기독교 시대의 전승과 더불어 온 것이라고 말합니다.

◎ 이 용어에 익숙하지 않은 사람들 때문인데, 어떤 이들이 "승천한 대사들"입니까?

승천한 대사들이란 용어는 육체로 있으면서 지구상의 삶을 모두 통달하고 환생의 굴레를 벗어나서 봉사할 수 있는 다른 차원으로 이동한 존재들을 말합니다. 그들은 현재 지상에서 삶을 겪으며 진

◎ 어떻게 불교가 예수 이후에 기독교가 그러했던 것처럼, 아시아에서 그렇게 거대한 종교가 되었던 것이죠?

〈100번째 원숭이 효과(집단의식의 각성)〉가 그런 종교적 측면을 가능케 했던 일부 요인입니다. 그것을 하나의 운동이라고 말할 수도 있지만, 불교전통의 그 측면은 어쨌든 모든 인간들의 영혼들 안에 있는 것입니다. 각 개인은 그들 자신의 수준에서 붓다의 가르침과 깨달음을 일정한 양만큼 이해하고 전파할 수가 있었습니다. 붓다는 이미 사랑하고 있는 특정한 사람들의 그러한 부분을 증대시키고 사람들에게 이야기하기 위해 현실을 통해서 약간 다른 방식으로 움직였습니다. 여러분이 오직 중국어밖에 할 수 없다면, 사람들에게 영어로 말할 수는 없습니다. 따라서 불교전통 속에서 그것은 약간 다른 방식으로 그 자체를 밝혀내야 합니다.

붓다는 모든 것이고, 그러므로 내면에서 그리스도이기도 합니다. 붓다와 그리스도는 시험과 비전입문식, 삶과 내세(來世)에 관한 시험들을 거침으로써 그것이 자기들을 통해 드러날 수 있도록 허용했습니다. 그리고 그들은 자기들 주변의 모든 장막이 없이 그들의 진정한 깨달음을 실현했습니다.

◎ 왜 사람들은 그를 붓다로 숭배했을까요?

숭배는 불필요했던 것입니다. 숭배는 (존경과는) 다른 말입니다. 숭배는 불필요한 어떤 것인데, 즉 특정 에너지나 특정 존재에 대한 맹목적 헌신 같은 것입니다. 그들은 따랐고, 가르침을 원했습니다. 그들은 고통으로부터의 자유를 원했던 것입니다.

◎ 사람들이 왜 다른 누군가 대신에 붓다를 선택했던 것인가요?

그것은 선택하는 것에 관한 문제가 아니라, 메시지와 메신저에 그의 영혼은 매우 높은 주파수로 상승되었고, 이 행성을 위한 빛의 가르침의 일부가 되었습니다. 그는 세계의 스승(World Teacher)이 아닌 그런 가르침들을 이루는 이런 에너지의 감독자입니다.2) 그때 그것은 사람에 관한 것이 아니라, 그들의 삶을 살았던 어떤 방식을 통해 내려 받은 빛의 축적에 관계돼 있습니다. 삶을 사는 방식과 빛을 지각하는 방법에는 대단히 다른 방식들이 있습니다.

◎ 이것은 예수가 지상에 왔던 때처럼, 세상이 대단히 바뀌고 정렬될 가능성이 있던 또 다른 시기인가요?

그것은 일종의 지표(指標)입니다. 이들 위대한 존재들은 이미 진행 중에 있는 전환의 지표들입니다. 그들은 에너지적으로 새로운 차원으로 전환되었습니다만, 다른 사람들은 별로 그렇지 못한 것입니다.

◎ 붓다와 예수는 그들이 깨달았을 때 대단히 많은 사람들에게 영향을 줄 수 있었다는 점에서 유사했습니까?

예수와 붓다, 양쪽 다 물질계에서의 시험들을 거쳤으며, 그들 모두 통과했습니다. 그들은 그들 자신을 멀리 떼어 놓는 것은 믿음체계라는 것을 이해했습니다. 그것은 일종의 자체 내의 정화(淨化)였습니다. 그러므로 그들이 겪었던 똑같은 과정을 각자가 거쳤던 것입니다. 그들은 자기들이 나온 근원의 힘을 밝혀주었습니다. 그것은 이미 거기에 있었지만, 그들은 단지 빛이 관통하여 비출 수 있도록 (인류의) 오도된 인식을 벗겨주었던 것이지요.

---

2) 여기서 감독자란 말은 석가모니 부처님이 지구계의 영단과 샴발라의 최고위직인 "행성 로고스" 즉 영왕(靈王)으로서 "세계의 주님"이란 최고의 감독 직책을 맡고 있음을 의미한다. 현재 〈행성 그리스도〉에 해당되는 "세계의 스승(World Teacher)"직은 예수와 쿠트후미 대사가 공동으로 맡고 있다. (감수자 주)

1부 질문과 답변들

탐구할 예정으로 지상에 도착한 존재가 있을 때, 그것은 자아의 일부가 사라져 있기 때문이 아니라, 그들 자신의 근원 내지는 전체성(全體性)에 관한 인식이 있기 때문입니다. 그런 까닭에 그분은 이미 위대한 영혼이었던 것입니다.

◎ **그분에 관해 좀 더 이야기해 주십시오.**

그는 지구상에 여러 번 태어났으며, 수많은 생애를 시작한 바가 있었습니다. 그리고 다른 삶의 주기에 그는 위대한 대사들 및 교사들과 함께 매우 깊이 영적탐구에 매진했습니다. 그러므로 그는 이미 일종의 기반을 가지고 있었고, 그만큼 더 깨달음이 있었으며, 그가 해야만 했던 모든 것은 결단과 가슴의 자비를 통해 그것을 함께 모으는 것이었습니다. 어린 시절의 어머니의 죽음은 그가 그것을 알고 있다시피, 그러한 영적추구를 하게끔 촉발시켰습니다. 당시 그가 인류를 구하고자 했던 것은 아니었습니다. 단지 그는 자기 자신이 깨닫게 되기를 원했고, 자기 주변의 고통 받는 이들을 구원하기를 원했던 것이지요.

그 모든 것을 하나로 모으는 데 있어 그에게 결여돼 있는 유일한 부분은 그 자신의 자비였습니다. 그래서 그는 자비를 가지고 사랑하는 어머니와 태어났던 것이지만, 그의 어머니는 그의 곁을 떠나 그를 양육해주지 못했습니다. 그러므로 그는 영혼을 양육하고 성장시키는 진리가 무엇인가에 대해 자신의 가슴 깊은 곳을 들여다보게 된 것입니다.

◎ **그것이 싯다르타의 지상에서의 마지막 생애였나요?**

예.

◎ **그 이후에 그의 영혼은 무엇을 했습니까?**

◎ 붓다는 그리스도 원리의 다른 현시(顯示)인가요?

그렇습니다.

◎ 싯다르타(Sidhartha)가 붓다라고 불렸던 최초의 존재였습니까?

예, 당신이 지각할 수 있는 수준에서는 그렇습니다.

◎ 붓다(고타마 싯다르타)가 지상에 태어났을 때, 그는 자신이 지구에서 성취하려고 했던 것을 완전히 알지 못했던 것처럼 생각되는데요.

하지만 그것은 예수도 역시 그러했습니다. 예수가 12세 내지 13세 이전, 수련에 들어갔던 시기 이전에는 그도 알지 못했습니다. 그러나 그의 어머니(마리아)는 그가 어디로 가고 있고, 필요한 것이 무엇인지를 알고 있었습니다. 싯다르타의 경우 자아를 형성해야 했던 아주 어린 나이에 어머니가 그를 남겨두고 세상을 떠났고, 이러한 환경이 그로 하여금 삶에 대한 의문을 갖게끔 엄청난 에너지를 불어넣었습니다. 어머니를 잃은 것이 삶에 관한 수많은 의문들을 만들어냈지만, 어떤 사람들은 단지 그것을 쉽게 간과해 버립니다.

◎ 그렇다면 이런 여건이 부처님으로 하여금 성(城) 밖으로 눈을 돌리도록 자극했던 것인가요?

단지 성의 외부만이 아니라 그 자신의 내면으로 시선을 향하도록 했던 것입니다. 그는 매우 동정심이 많고, 온화한 성품이었습니다. 그는 자신의 인격 안에 여성적인 특성을 많이 지니고 있었으며, 매우 균형이 잡혀 있었습니다. 물론 그는 위대한 존재이고, 지구에 여러 번 왔었습니다. 반드시 전개됨으로써만이 그 인간 삶의 고결함이 드러나는 방식이 있습니다. 에너지적으로 영혼의 깊은 곳을 어떻게 전체 거미줄이 거미를 지탱하는가와 다르지 않습니다. 거미가 있는 구석이 어떤 곳이냐와는 무관하게 그것은 항상 전체 거미줄 망에 의해 뒷받침을 받고 있습니다. 그러므로 보살은 전체라는 근원에 속한 에너지입니다. 그것은 거듭 반복해서 오는 그 존재에게 주어진 사랑이고 힘입니다.

◎ 이런 에너지를 가지고 육화하는 사람들은 그들이 보살이라는 것을 인식하고 있나요?

대부분은 매우 명확하게 알고 있습니다. 그들은 노력하는 존재방식을 취하고 있습니다. 꼭 내가 누구보다 낫다거나, 이 마지막 생을 안다라고 말하지는 않습니다. 하지만 확실히 노력하는 자세를 갖고 있습니다.

◎ 사람들은 관세음을 하나의 보살이라고 부릅니다

보살이라는 말은 고대 산스크리트어에서 유래된 용어입니다. 나는 연민을 갖고 있고, 지구의 에너지 장을 떠나지 않을 것입니다. 모든 이들이 에고가 필요로 하는 원조가 아닌, 지구에서 상승하고자 요청하는 후원을 받을 때까지는 말입니다.

붓다(佛陀)

◎ 붓다(Buddha)가 의미하는 바는 무엇입니까?

붓다는 산스크리트에서 나온 명칭으로, 그것은 완전한 자각(自覺)을 가지고 있는 것과 같이, 모든 수준과 모든 깊이에서 모든 것을 아는 존재를 뜻합니다.

3. 상승한 대사들과 보살들

- 영적인 후원자 -

보살(菩薩)들

◎ 보살은 어떤 존재입니까?

　보살은 사랑으로 가득 찬 존재를 호칭하는 용어이며, 영적으로 어리고 무지한 중생들에게 봉사하기 위해 반복해서 지구로 돌아오는 존재입니다. 보살은 순수한 사랑과 봉사심으로 이루어져 있습니다. 불교전통에서 대개 그들은 깨달음에 관한 매우 높은 지각(知覺)을 지니고 있고, 특별한 사상과 고등한 단계의 이해력에 속한 특이한 형태의 이상을 추구합니다. 그들은 지구 전체에 봉사하고 있는 많은 존재들의 사랑과 긍정적으로 충전된 에너지를 안정시키기 위해 되풀이해서 올 것입니다. 이런 형태의 헌신은 진리에 관계돼 있습니다. 그것은 모든 존재들을 사랑하는 것에 관한 것입니다. 더 이상 그것은 (개체적) 자아나, 지혜, 진리의 사랑에 관한 것이 아닙니다. 그것은 모든 존재들, 모든 자연, 생명을 돕기 위한 것이며,

앞뒤로 동등한 양이 가장 바람직합니다. 그런데 흔히 한쪽의 배터리가 낮은 경우가 많습니다. 그것은 남성과 여성으로 이루어진 어떤 관계와 똑같은 식입니다. 우리는 지금 적극적인 인식과 활발하지 않은 인식에 관해 이야기하고 있고, 근원을 아는 능력을 말하고 있습니다. 하나의 전체와 종합적인 관계 안에서 각자의 직분은 다른 사람의 긍정적인 측면을 끌어당기는 것입니다. 그리고 이것은 에고에 의해서 이루어질 필요가 없습니다.

육화하기 이전에 동의가 있었던 것이며, 따라서 이들의 에너지들은 하나의 꽃 봉우리처럼 앞으로 개화(開花)될 기회가 주어지게 될 것입니다. 또한 여러분은 답변을 얻는 데 상당한 애착을 지닌 사람들을 이해시키고 있는 것입니다. 그리고 당신들은 봉사하는 존재에게 집착을 가진 이들을 상대하고 있습니다.

 그 둘은 봉사하고 있고, 그 작업을 이루어 가는데 우주적인 애정을 갖고 있습니다. 일단 그들이 그 에너지를 인식한다면, 활동하는 데 순수하게 집중하는 양이 그 활동을 증가시키고 그 에너지를 증대시킬 것입니다. 그런 까닭에 자유의지의 선택이 매우 중요합니다. 우주의 에너지는 언제나 완전한 전체가 되기 위해 힘을 쓰고 있지만, 그 나타남은 여러분이 이 특정한 장소와 시간으로 알고 있는 이 세상의 매개물을 통해서 이루어져야만 합니다. 그것은 헌신과 결단, 그리고 무엇보다도 결정하기를 통해서 되어야 합니다. 그러므로 여러분이 결정하는 것이며, 여러분에게 결단할 선택권이 있습니다. 그리고 여러분이 알고 있듯이, 그것은 여러분이 신성화(神性化) 되는 것입니다.

◎ 그렇다면 활동하고 있는 두 사람이 일으키고 있다는 것은 …

 3번째 실재입니다. 그들은 궁극적인 3번째 실재에 관한 자각을 일으키고 있는데, 그것은 절대자(God)입니다.

◎ 남성과 여성의 요소에는 무엇인가가 있습니까? 형이상학적인 활동을 하는 많은 남성/여성 파트너들이 있는 것으로 생각되는데요.

 모든 것은 근원을 향해 움직여 나아가고 있습니다.

◎ 채널러에게 일종의 배터리(battery)와 같은 것을 그들에게 만들어내는 질문자에게 관계된 어떤 것이 있는지요?

좀 더 자발적인 마음을 가지거나 매우 선한 사람들이 있지요.´하지만 에너지는 그들이 그것을 말로 표명하든, 안하든 모든 사람들을 통해서 작용합니다. 에너지는 그것을 요청하고 필요로 하는 모든 이들에게 작용하고 있습니다. 우리는 답변을 주기 위해 여기에 있습니다. 그것은 다음과 같이 나에게 요청이 있을 때 에테르(Ether)를 통해서 오고 있습니다. "관세음, 관세음이시여, 내려오셔서 저에게 이야기해 주십시오." 따라서 거기에는 그런 방향으로 에너지의 일부가 작용하는 일종의 운동과 자화(磁化)가 있는 것입니다.

◎ 왜 당신은 당신 자신을 "우리"라고 표현하는 것인가요?

우주의 모든 에너지들을 동일한 수준에서 결합할 수 있게 되는 것은 매우 멋진 것입니다. 나는 그것이 매우 크고 집단적인 것을 망라해 있다는 관념을 이해시키려하고 있습니다.

◎ 나는 사람들은 이것을 일종의 영혼들의 집단으로 이해한다고 생각합니다.

그것은 승천한 대사들로 여겨질 수 있지만, 우리는 스스로를 하나의 집단의식(Collective Consciousness)으로 이야기합니다. 보통의 인간들이 "나는"이라고 들을 경우, 그들은 그것을 개인화해서 받아들이는 경향이 있습니다. 그렇습니다. 하지만 그것은 "우리"인 것입니다. 우리가 여러분에게 답변을 주고 있는 것이지요.

◎ (트랜스) 채널러에게 대신해서 질문을 하고 있는 사람과 채널러 자신 사이에는 어떤 관계가 있는 것인가요?

좋습니다. 항상 그 둘은 전생(前生)의 경험을 함께 공유합니다. 늘 양자(兩者) 간에는 영혼의 약속이 있습니다. 언제나 서로 간의

리고 우리는 그녀에게 단지 그녀가 열어야 한다고 … 가슴을 열어
야한다고 말합니다. 그것이 전부입니다.

◎ 그럼 그녀를 당신에게 연결시키고 당신이 나타나도록 돕는 것이 그
녀의 타인들에 대한 연민입니까?

그렇습니다.

◎ 마저리가 이전에 당신이 지상에 육체로 있었을 때 당신의 에너지를
알고 있었나요?

예!

◎ 친구로서 말인가요?

아닙니다. 친구로서가 아닙니다. 그녀는 나의 제자이기 때문에
나를 알고 있습니다. 그녀는 진리를 이해했고, 내가 지구에 있었을
때 당시의 압도적인 거친 에너지의 격렬함을 바꿀 수 있었던 것은
사랑과 연민이 전부임을 알고 있었습니다. 다른 인간에게 속박돼
있다고 느꼈던 나약한 이들은 박해 당했습니다. 그녀가 지상에 있
었을 때 대부분의 사람들이 핍박을 받았습니다. 그녀가 바로 연결
돼 있던 우주의 위대한 어머니 측면과 거대한 창조적 측면에는 수
많은 생의 주기(週期)들이 있습니다.

◎ 관세음은 지구상의 선택된 개인들을 통해서 일을 합니까?

우리는 모든 이들, 모든 사람들에게 작용할 수 있습니다. 만약
누군가가 우리를 불러 요청할 경우에는 한 채널을 통해서 일을 할
수가 있습니다. 세상에는 어떤 것을 하는 데 있어서 다른 이들보다

습니다. 나는 좋은 회사와 같습니다. 그렇습니다. 그들은 나의 만트라(眞言)를 이용하거나, 명상할 수 있고, 자동서기 혹은 무엇에 의해서든 나에 대해 감지할 수가 있습니다. 그것은 내가 존재한다는 것을 인식하는 문제입니다. 그러나 여러분이 나와 함께 있기 위해서는 13차원에까지[※그녀는 빠르게 일일이 센다] 도달해야 합니다.

◎ 오직 어떤 사람들만이 그들의 과거생의 능력에 의해 그것을 할 수 있는 것이 아닐까요?

이 특별한 시기에는요.

◎ 그렇다면 이것이 바뀔 수도?

오! 예, 그것을 바꿀 수 있는 개인은 그렇습니다.

◎ 어떻게 해서 마저리는 당신의 에너지와 교신할 수 있는 것인가요?

좋습니다. 이제는 마저리에 관해서 말해보죠. 우리는 초기에 그녀에게 왔었고, 그녀가 일종의 자매 에너지를 갖고 있다고 말했습니다. 그녀는 그것을 믿지 않지만요. 우리는 그것을 어떤 식으로든 그녀에게 말합니다. 우리와 공명하는 어떤 존재들이 있으며, 그러므로 그것은 채널을 맞추어 여는 것과 같습니다. 그녀는 영적으로 미성숙한 사람들(지구상의 우리 모두)을 도울 수 있게 되기를 대단히 바라고, 진리를 원하며, 지구행성의 긴장과 절망을 멈추기를 간절히 바랍니다. 그녀의 가슴은 늘 우리에게 도와달라고 소리칩니다 - 비록 그녀가 말로 그것을 언급하지 않더라도 말입니다 - 그녀는 우리에게 "이 행성 지구의 존재들을 구해주세요. 그들이 자신이 본래 온 근원으로 다시 돌아갈 수 있는 길을 알 수 있도록 그들을 도와주세요."라고 말하고 있습니다. 그것은 그녀 가슴의 외침입니다. 그

2. 채널링(Channeling)

- 신성한 과정 -

마저리의 관세음과의 연결

◎ 어떤 사람들은 혹시 자기들이 채널링하는 방법을 배울 수 있는지를 묻습니다.

 아! 그래요. 그것은 일종의 내맡김의 문제입니다. 그것은 어떤 종류의 자발적인 마음상태에 속한 문제이지요. 하지만 또한 그것은 하나의 유사성, 그 대상에 대한 진동(Vibration)의 유사성에 관계돼 있습니다. 따라서 누군가 정말 영적으로 교신하는 법을 배우고자 한다면, - 도제의 신분처럼 - 이미 그런 주파수 동조능력을 가진 존재를 찾기 바랍니다. 그때 그들은 그것이 채널에 대해 내면을 여는 일종의 기꺼이 하고자하는 마음상태임을 이해할 것입니다. 그것은 단순히 채널링하는 것이 아니라 채널하기 위해 마음을 여는 것입니다. 여러분은 책을 읽을 수 있지만, 회사에서 시간을 보내야만 합니다. 그리고 여러분은 나와 더불어 회사에서 시간을 보낼 수 있적으로 미성숙한 이들은 육적이고 인간행동에 속한 개념들을 갖고 있기 때문에 (그들을 이해시키기 위해서는) 그것들을 인간의 용어로 번역해 놓아야만 합니다. 묘선에 관한 것은 단지 의식의 흐름의 패턴에 관한 역사의 일부일 뿐입니다. 사람들은 민간설화를 실제적인 것으로 생각하기를 좋아합니다. 하지만 관음은 이 지구상에 정기적으로 오는 일종의 원형적(原型的) 에너지이며, 그것을 구현하는 그 인간의 의식도량(意識度量)에 따라 작용하는 에너지인 것입니다.

◎ 그렇다면 이 묘선이란 여성은 그런 에너지를 매우 강하게 나타냈을 것이므로 사람들은 그녀를 보고 "이 사람은 관음이다."말했을 것입니다. 비록 그녀가 단지 그런 에너지와 강하게 연결된 한 영혼이었지만 말이죠?

그렇습니다. 예수가 그리스도의 원리를 완전하게 구현했던 것처럼, 공주 묘선은 이것을 충분히 구현했던 마지막 육화였습니다. 하지만 사람들은 언제 그녀가 거기에 있었는지를 말하지는 않았고, 단지 나중에 설화(說話)로서만 언급되었습니다. 인간은 어떤 것에다 호칭을 붙이는 것이 필요하며, 그럼으로써 그 원형을 역사 속으로 전해내려 갈 수가 있고, 그 다음에 그들은 그것에 대해 이야기할 수가 있습니다. 여러분이 가지고 있는 관음의 이미지는 일종의 집성체(集成體)로 불리는데, 왜냐하면 관음의 에너지는 여러분이 이야기하고 있다시피, 또한 많은 다른 호칭으로도 불렸었기 때문입니다.

서구인들은 참고할만한 점이 필요합니다.

◎ 당신은 언제 마지막으로 지상에서 육체로 살았었습니까?

예수가 태어났던 때보다 500년 이전이었습니다만, 당시 관음이라고 불리지는 않았습니다. 이해하시겠습니까? 예수가 이 행성에 태어났을 때, 그는 아마도 약 500명 정도의 사람들을 만났습니다. 그럼에도 그는 그들의 가슴과 마음 속에 영원히 살아 있습니다. 이것은 관세음의 경우와 비슷합니다. 내가 육체로 살았을 때 나는 300명의 사람들, 600명의 사람들을 만났습니다. 이것이 사람들에게 영향을 미칩니다. 하지만 그것이 대부분은 육체로 있는 나에 관한 것임을 깨닫게 됩니다.[※저자 주: 우리는 나중에야 "깨닫는다."는 표현이 은총 속에서 살아가고 육화로부터 자유로운 그리스도가 되어가는 것임을 발견한다.] 한 존재가 진정으로 깨닫게 되면, 그것은 마치 여러분이 충분한 빛을 방사함으로써 다른 사람들에게 봉사할 수 있게 되는 것과 같습니다.

◎ 당신의 에너지가 중국의 공주였던 묘선(妙善)으로 왔던 것인가요?

우리는 그녀의 안에 관세음의 에너지가 매우 강했었다고 말하고자 합니다. 즉 그녀는 많은 자비심과 연민을 갖고 있었고, 사람들의 고통의 소리에 귀를 기울이고 있었습니다. 그리고 완전한 사랑으로 자아를 구현하고 있었습니다. 그리고 그런 까닭에 그녀의 육화에서 여러분은 대부분의 그런 요소들을 그녀의 얼굴에서 볼 수가 있습니다. 그것은 앞서 언급한 점들을 그녀가 자신의 표정과 몸, 의식 상태 등의 모든 측면에서 동일하게 가지고 있었다는 것입니다. 이 경우는 그녀가 관음의 에너지를 구체적으로 나타낼 수 있는 그런 깨달음과 연민을 지녔던 한 사람이었다는 사실입니다.

관세음, 신성한 어머니 등의 이 모든 용어들은 우주의 여성원리나 사랑이 깃든 연민을 전하기 위해 사용되고는 했습니다. 아직 영들의 화신들로 알려져 있습니다. 관세음이라는 것이 그렇게 특출나거나 특별한 것은 아닙니다. 그것은 단지 모든 것에 대해 신뢰하고 사랑하며 연민을 가지는 자아의 일부일 뿐입니다.

◎ 당신은 영혼들의 집단인가요?

영혼은 인간의 육화과정을 설명하기 위해 사용된 하나의 용어입니다. 나는 대령(大靈)이라고 말할 수 있습니다. 우리는 각 인간의 대령 속에서 함께 관계하게 될 것입니다. 일단 여러분이 더 이상 육화할 필요가 없게 되면, 영혼이란 용어는 그 최상의 상태 속에서는 적용될 수가 없습니다. 개별적인 영혼 또한 분해됩니다. 많은 다른 승천한 대사들과 아바타들(Avatars)은 여러 다른 장소들에 동시에 태어납니다. 그러므로 우리가 그 우주적인 에너지에 연결되어 있을 때, 한 (개체적) 인간처럼 영혼이라는 용어로 생각하는 것은 포함돼 있지 않습니다.

인간은 그들의 의식(意識)이 지속되는 이번의 독특한 생에서 자기들의 한 가지 주요 목적 주변을 순환하는 빛의 흐름을 가집니다. 그들은 자신들의 이해 내지는 카르마적 패턴과 함께 많고 많은 해들에 걸쳐 오고 가는 가운데 하나의 길을 갖고 있습니다.

◎ 하지만 우리는 지구에서 당신의 에너지를 한 개별적인 영혼으로 인식하고 있는데요?

그렇습니다. 왜냐하면 그것은 여러분이 그런 관계를 이해하기 위해서는 상상할 필요가 있기 때문입니다. 그러나 그것은 우리의 입장에서 보는 것과는 다릅니다. 만약 당신이 불교 승려들을 바라본다면, 그들은 영혼이라는 것을 그들에게 설명할 필요가 없는 다른 강렬한 의식 수준을 지니고 있습니다. 그들은 그 에너지가 흘러나오는 의식(意識)으로 물질계에서 분별에 관해 이야기합니다. 그러나

1. 실존하는 관세음보살

- 그녀의 에너지에 연결하기 -

◎ 관세음은 실제의 인물이었습니까?

 나는 일종의 투영된 에너지입니다. 나는 내 자신을 마저리에게 비추고 있고, 그녀는 그것을 외부의 여러분에게 투사하고 있습니다. 그렇다면 과연 누가 무엇이 나이거나, 누구냐고 말하고 있는 것일까요? 우리는 그것에다 관세음이라는 이름을 붙였는데, 왜냐하면 그 이름이 '사람들의 고통의 소리를 듣는다.'를 뜻하고, 이런 종류의 에너지와 관계가 있기 때문이지요.[1] 몇 번이고 관세음의 에너지는 지구행성에 옵니다. 이 에너지는 또한 많은 다른 보살 출신의 화신들과 많은 지식과 지혜, 자비를 지닌 고등한 진동의 다른 존재

---

[1] 관세음보살은 저자와의 다른 문답에서 자신에 관해 이렇게 말했다고 한다. "비록 내가 보살이긴 하지만, 나는 에너지입니다. 나는 한 인간이 아닙니다. 근본적으로 관세음의 에너지는 결코 단 하나의 몸속에만 있지 않았습니다. 그것은 언제나 우주의 모든 연민의 에너지로 이루어진 거대한 부분이었습니다." (감수자 주)

※ 1부의 내용 가운데 중복되는 부분이나, 이미 시기적으로 지나간 별로 중요하지 않은 일에 관련된 일부 답변 부분들은 역자들과 상의하여 제외하였다.

- 편집자 -

-1부-
질문과 답변들

觀世音普薩

6.그리스도를 발현하는 사람들은 적그리스도 의식의 덫에 걸려있는 사람들을 흔들어 놓을 권리가 있다 - 349

7.우주의 분쇄공(分碎球)으로 여러분의 영혼을 제한하는 구조들을 부수어 버리자 - 358

8.용서와 자비는 물질세계 속에서 자유를 경험하기 위해 필요한 요소들이다. - 378

9.자비의 화염을 구체화하는 방법 - 386

10.지구 위에 놓여 있는 하나의 문제 - 398

그림들 속의 UFO와 교황청 - 266
시간 여행 - 268
버뮤다 삼각지대(三角地帶) - 268

12. 신비한 구조물들
실버리 힐의 거대한 말 형상 - 271
영국의 스톤헨지 - 273
이스터(Easter) 섬의 석상 - 276
이집트 피라미드 - 278
나스카(Nascar) 평원의 그림 - 286
수정 해골 - 287
성흔 / 기적의 치료 - 288, 289
마이트레야(미륵 부처님) - 290

13. 다가오는 지구의 변화
전환점 - 292
아틀란티스 대륙은 융기하는가? - 293
지구변화 - 294
지구의 재난과 인류의 의식(意識) - 297

□ 관세음으로부터 독자 여러분에게 - 301

- 2부 -
관세음보살의 메시지

1. 자비(慈悲)는 인생을 자유롭게 한다 - 307
2. 관세음은 현재 제7광선의 잠정적인 초한이다 - 311
3. 우리는 유럽에서 거대한 일을 준비하고 있다 - 314
4. 자유는 오직 모든 것을 용서함으로써 얻어진다 - 334
5. 우리는 유럽의 정신을 정화하기 위해 나무들을 이용할 것이다 - 334

음식과 건강 - 208
아유르베다(Ayurveda) 의술 - 213
마음을 변화시키는 약물들 - 214
에이즈(AIDS) - 216
심장병 - 217
암(癌) - 218
주의력 결핍 과잉 장애(ADHD) - 219
위산(胃酸) 역류에 의한 질병 - 220
알츠하이머 병 - 221
의사 케보르키안(Kevorkian) - 222

10. 지구상의 문제들과 사건들
환생에 기인하는 사회적 영향들 - 225
인간의 본성에 관하여 - 228
아이들의 폭력 - 230
승자와 실패자 - 232
낙태(落胎) - 233
엄중(嚴重)한 처벌 - 238
복제(複製) - 238
정치와 조지 부시 - 240
티모시 멕베이(Timothy McVeigh) 243
콘트레일(비행운) -244
9/11 테러 - 세계 무역센터 빌딩 참사 -245
챌린저 우주왕복선 폭발사건 - 249
태평양 쓰나미(Tsunami) -250
카트리나 태풍 - 253

11. 과학적으로 알 수 없는 지구의 미스터리
외계인과 UFO - 256
몸속의 외계인들 - 260
플레이아데스인들(Pleiadians) - 262
피납자들 - 264

보라색 화염 - 140
에너지 균형 잡기 - 142
구현 - 143
꿈 - 146

7.어둠의 측면과 4차원

4차원 - 150
죽음 - 152
영계(靈界)에 관한 믿음들 - 157
빙의(憑依) - 159
낙후된 영혼들, 귀신들, 그리고 육체가 없는 존재들 - 161
유령이 나오는 집 - 164
타락과 천상에서의 전쟁 - 166
다수의 적그리스도들(Anti-christs) - 170

8.예수 그리스도와 성서 - 신약성경 -

예수의 3번의 재생 - 172
그리스도의 힘 - 176
인간으로서의 예수님 - 177
십자가상에서의 죽음 - 181
예수의 귀환 -187
예수가 북 아메리카에서 나타났었다? - 189
예루살렘 - 190
성경에서의 기적 - 191
성경의 코드(code) - 193
진정한 휴거와 종말 - 193

9.음식 에너지

여러 가지 음식의 작용 - 195
유전자 변형 식품과 오염 -200
물의 축복 - 202
치유의 샘 - 206

자유의지, 신의 의지, 그리고 집단의 노력 - 65
명상 - 70
영혼과 영 - 73
영혼 광선 - 74
7광선의 특성들 - 77
색채 - 83
천사(天使)들 - 84
돌고래와 고래들 - 86
동물 영혼들 - 92
새로운 아이들 - 96
환생 - 97
동성애자들과 레즈비언들 - 101
자살 - 103
달, 새로운 태양, 그리고 잃어버린 행성 - 104
화성(火星)의 생명체 - 105
재방문에 관련된 일부 지구역사 - 108
디노사우르스의 멸망원인 - 109
마야인들과 2012년 - 111

5. 우리 주변의 에너지들 - 우주적 흐름의 바다

풍수(風水) - 115
세도나 에너지 - 116
새로운 에너지 중심들 - 119
행성 에너지 - 119
일식(日蝕)과 월식(月蝕) - 122
극저주파(極低周波) - 123
음악 - 124
조율(가락 맞추기) - 126
수정(Crystal) - 130
아로마(芳香) 요법 - 131

6. 사고(思考), 언어, 그리고 감정들

사고와 감정이 우리 자신과 지구에 미치는 영향 - 133

차례

머리말
감수자 프롤로그
마저리 이야기 - 저자가 자신의 입으로 말하는 -
여신(女神) 관세음에 대한 소개

- 1부 -
질문과 답변들

1.실존하는 관세음보살
 관세음은 실존 인물이었는가? - 35
 마지막으로 지상에 육화했던 시기 - 36
 중국의 공주 묘선과의 관계 -36

2.채널링(Channeling) - 신성한 과정 -
 마저리의 관세음과의 연결 - 39
 채널러와 탐구자 - 42

3.상승한 대사들과 보살들 - 영적인 후원자 -
 보살(菩薩)들 - 45
 붓다(佛陀) - 46
 승천한 대사들 - 51

4.영(靈)이 알고 있는 것으로서의 이 세상 - 물질계를 넘어서 -
 큰 그림 - 58

되는 열반(涅槃)의 지복을 버린 존재이다. 이것은 그들의 맹세이자 서원(誓願)인 것이다. 그녀가 막 천상으로 들어가려 할 때 자신의 귀에 들리는 세상의 아우성 소리 때문에 입구에서 멈추었고, 인간들을 돕기 위해 다시 돌아왔다고 한다. 그녀는 또한 상승한 대사라고도 불리는데, 그것은 본질적으로 물질계에서 배워야 할 모든 교훈을 습득하고 자신의 업(業)을 변형시켜 원하지 않는 한은 육체로 다시 태어나는 경험에 종속되지 않음을 의미하는 것이다.

묘사된 그림에서 그녀는 한 손에는 계몽의 진주(珍珠)들을 들고 있고, 다른 손으로는 육체적, 영적 평화를 지닌 모든 이들을 축복하며 작은 병으로 지혜와 자비의 감로인 "달콤한 이슬"을 따르고 있다. 그녀의 잔 모양을 이룬 손은 자궁과 우주의 여성원리를 나타내는 상징이다. 그녀는 때로는 손에 여문 벼 묶음을 들고 있기도 하는데, 이는 생명유지에 필요한 영양을 공급한다는 은유이다. 용(龍)은 종종 그녀와 함께 있는 모습으로 보이며, 이것은 일종의 지혜와 강함, 신성한 변형의 힘을 상징하고 있다. 신성한 어머니이기에 항상 그녀 주변에는 아이들과 보호를 받는 이들이 있다. 거기에는 주기적으로 보이는 두 명의 작은 수행원들이 있는데, 그들은 "뛰어난 능력의 젊은이"와 "용왕의 딸"이며, 양쪽 다 묘선(妙善)의 전설과 관계가 있다. 어부와 선원, 그리고 물에 대해 참고로 언급하자면, 그녀는 바다를 횡단하는 배나 연꽃 위에서 목격될 수가 있다. 그녀와 연관된 상징적인 다른 것들은 한 마리의 비둘기, 붓다의 가르침들인 기도 두루마리, 환생의 주기를 보여주는 백수정 염주들, 그리고 그녀가 신성한 감로를 뿌리는 버드나무 가지이다.

때때로 각 손바닥 안에 있는 눈은 늘 주의 깊게 중생을 주시하며 편재하고 있는 어머니를 상징하고, 중생의 고통을 완화시키기 위해 즉각 어느 방향으로든 손을 뻗을 준비를 하고 있음을 나타낸다. 불교신화에서는 아발로키타가 아미타불(阿彌陀佛)의 오른쪽 눈에서 태어났고, 그 이후에 그는 그녀의 소중함에 관한 감정을 "옴 마니 반메 훔(Aum Mani Padme Hum)" - 연꽃 속의 보석이여! - 라는 말로 선언했다고 한다. 어떤 사람들은 그녀가 실제로 아미타불의 화신이라고 믿는다.

중국에서 아발로키타는 "관음(觀音)" 또는 "관세음(觀世音)"이 되었고, 남성 형태의 신으로 채택되었다. 그러다 점차 그 남성신은 일부 사람들에 의해 남녀 양성적인 요소가 추가되어 여성을 닮은 존재로 변화되었다. A.D. 1,200년에 그녀는 관음이라는 축소된 이름과 함께 풍성하게 늘어진 법복을 입은 한 여성으로 명확히 묘사된다.

오래된 문헌 속에서는 관음이 대략 B.C 7세기에 살았던 중국의 공주인 묘선(妙善:Miao Shan)이었다고 말한다.(그 이름이 의미하는 바는 '놀라울 정도로 마음씨 고운 사람'이다.) 마저리를 통해서 관세음께서는 이 묘선이란 여성이 정말로 매우 강력한 관음 에너지의 마지막 화신이었다고 확인해 주었으나, 그녀는 단지 한 사람이 아니다. 불교의 성자에 관한 전설은 그녀가 중국의 해안에서 떨어진 한 섬에서 치료하고, 명상하고, 난파선으로부터 선원들을 구조하면서 9년을 보냈다고 한다. 나중에 이 섬은 수많은 사람들이 찾아 참배하는 성지순례의 장소가 되었고, 특히 그곳의 동굴들 중의 하나는 관세음에게 바쳐진 사당(祠堂)으로 변형되었다.

그녀는 한 보살(Bodhisattva)로서 알려져 있는데, 문자 그대로 "보리(菩提:Bodhi), 또는 깨달음의 존재"이다. 보디(Bodhi)는 깨달음의 충동을 유발하고 지혜와 자비를 방사하는 영적인 에너지이다. 붓다(佛陀)들은 이 에너지로부터 나온 1차적인 흐름이며, 그 붓다들로부터 나온 2차적인 흐름이 지금의 보살들이다. 보살은 깨달음에 도달하여 윤회의 사이클로부터 자유를 성취한 어떤 영혼이다. 하지만 나머지 모든 중생들이 깨달음을 얻을 수 있도록 돕기 위해 창조주와 융합한다. 그리고 또한 그들은 "만유(萬有)"라고 하는 전체의 한 부분들이며, 그 절대자의 속성은 모든 이들과 모든 것들 속에 스며들어 충만해 있는 것이다. 그 호칭들은 단지 인류가 그 거대한 에너지를 일상적인 언어로 이해할 수 있도록 하는 방법들이며, 그 느낌이 더 중요하다.

현재 실존하는 "어머니" 여신들 중의 한 분인 그녀는 특히 어떤 종류의 도움을 필요로 하는 사람들과 관계가 있는데, 예를 들면 그들은 병들고, 길을 잃고, 두려움에 떨고 있거나, 혹은 단순히 불행한 환경에 처해있는 이들이다. 그녀는 나약하고 병든 자들 및 특히 어린이와 아기들의 위대한 보호자이자, 후원자이다.

많은 경직된 이들은 관세음을 풍작(豊作)과 다산(多産)을 원하는 누군가의 기도를 들어주는 존재와 같은 "아이들의 수여자(授與者)"로 바꾸어 놓는다. 탄생과 죽음의 양 시기 동안에 (영혼과) 영혼을 돌보는 존재와는 관계가 있다. 도교(道敎) 신자들은 그녀의 현존에게 영혼들을 저승의 심판에서 새로이 벗어나 자유롭게 해달라고 기원한다. 그녀는 새로 태어난 영혼들을 보호하고, 그들을 새로운 부모에게로 인도한다. 그녀가 영향을 미치는 영역은 중국과 한국, 일본에서부터 멀리 말레이시아에 이르기까지 광범위하다. 그녀는 자신의 불교전통을 초월하여 보다 보편적으로 존경받는 여신의 세계로 도약했으며, 이제는 수많은 다른 신앙과 종파의 사람들에게도 알려져 있다. 그녀의 이미지는 사찰(寺刹)과 가정, 학교, 상점, 레스토랑, 거리의 석굴에서 숭배되는 어떤 모든 변화들에서 발견되며, 심지어는 택시들의 계기반(計器盤)에서도 찾아볼 수 있다.

불교신앙에 얽혀 있는 그녀의 문헌상의 최초의 실제 출현은 A.D 4세기경으로 생각된다. 그 당시 불교는 거의 1,000년 가량 존속해 왔고 그 발상지인 인도로부터 중국으로, 그리고 이어서 한국, 일본, 티베트로 전파되고 있었다. 관세음의 헌신자, 또는 인도불교에서의 아발로키타(Avalokita), 자비의 보살은 중국으로 아발로키타의 개념을 가져왔다.

아발로키타는 수많은 팔과 손, 머리들을 가진 것으로 묘사되는데,

- 여신(女神) 관세음에 대한 소개 -

자비의 여신, 온화한 보호자, 연민의 보살(菩薩), 심지어는 선원과 어부들의 구원자로도 알려진 그녀는 많은 호칭을 지니고 있다. 그녀에 대한 명칭의 철자법은 다양하다. 하지만 그것은 문자의 단순한 배열이라기보다는 입으로 말하는 그녀의 이름이 불교도라는 배경을 지닌 이들에게 일으키는 작용이다. 서양에서 사람들이 성모 마리아를 말할 때의 반응과 유사하게 말이다. 양쪽의 사례에서 그것은 사람들로부터 자비와 조건 없는 사랑의 감정을 불러내는 것이다. 참으로 그녀의 힘은 서구에서의 성모 마리아, 티베트 문화에서의 녹색 타라(Tara), 멕시코의 동정녀 과달루페(Guadeloupe), 그리고 다른 많은 고대의 여신(女神)들, 노부인(老婦人)에 비견된다. 여러분은 그녀를 "불교의 성모 마리아"라고 불러도 좋을 것이다.

나는 관세음께 그녀의 이름에 관해 물은 적이 있는데, 그녀는 다음과 같이 말했다. "관세음이란 '중생들의 슬픔과 고통의 소리를 듣는 존재'이고 '자비와 연민의 여신'입니다." 모든 경우에 있어서 이것은 일반적으로 받아들여지고 있는 해석이다. 비록 거기에 약간의 차이가 있기는 하지만, 그 느낌은 동일하다. 그녀는 인간의 경력이나 믿음과는 관계없이 마음으로부터 우러나온 요청과 고통에 응답한다.

그녀 자신의 말에 의하면, 그녀는 단일의 영혼(soul)이 아니라, 일종의 대령(大靈)이고, 신성(神性)의 여성적 원형 형태로 있는 복합적 에너지의 존재라고 한다. 그러므로 내가 그녀의 "관세음"으로서의 육화들에 관해 물었을 때, 내가 이해하는 한 이것은 지구상의 자신들의 삶에서 이런 에너지를 구현하고 반영했던 많은 사람들을 포함하는 것이다.

여신이란 용어는 항상 신화적(神話的) 인물이라는 이미지를 불러일으킨다. 그리고 비록 일부 사람들이 그녀를 신화 속에나 나오는 일종의 가공적인 여신으로 볼지도 모르지만, 이 행성의 많은 사람들은 그녀를 살아 있는 실제적인 존재로 숭배한다. 내가 받은 가르침에서 보자면, 신들과 여신들, 천사들, 상승한 대사들, 그리고 보살들은 실재을 제거하기 위한 작업을 하고 있는 중입니다. 나는 이 책이 자신만의 진리를 찾고 있는 다른 사람들에게 용기를 북돋아주고 삶에서 갖게 되는 어떤 어려움들 속에서 그들을 인도할 신념을 얻게 해주기를 희망합니다.

나마스테(Namaste)!

- 마저리 무삭치오-

후에 나의 메시지 전송은 더 낫게 흘러 나왔고, 발음의 억양이 분명해지기 시작했습니다.

내가 그 흐름을 허용하면 할수록 더 급속히 정보들이 쏟아져 내려왔습니다. 따라서 나는 그 작업 과정을 기록하기 시작했습니다. 나는 내 자신에 관한 질문들을 하기 위해 녹음기를 이용할 수 있고, 또 그 질문에 대한 답변을 들을 수 있다는 것을 알았는데, 왜냐하면 채널링을 할 때는 내가 하는 말들을 나는 기억하지 못했기 때문이었지요. 관세음께서는 그 정보들이 의식(意識)의 7가지 수준에 대해 알려주고자 의도된 것임을 우리에게 전해주었습니다. 그리고 가장 유익한 내용이 그 녹음 테이프를 적어도 7시간 정도 들었을 때 수신되었습니다.

나에 관한 것을 녹음하고 있던 언젠가 관세음께서는 내가 책을 집필할 수 있다고 말씀하셨습니다. 그때 나의 답변은 "오! 안돼요. 저는 책을 쓰는 방법을 몰라요."였습니다. 영(靈)이 계획을 할 때, 나는 방법을 찾고 있었고, 누군가가 그것을 수행할 것입니다. 그때 상승한 대사 성 저메인(St. Germain)의 뜻을 지상에 전하는 최고의 채널인 나의 친애하는 친구 크레이그가 자신이 담당하던 칼럼의 질문 & 답변 작업에 착수하고자 내게 전화를 했습니다. 그리고 잠시 후 그는 책으로 정리할 만큼 흥미로운 자료가 충분히 있다고 생각한다며 말하는 것이었습니다. 그는 나에게 어떻게 생각하느냐고 물었는데, 나는 말하기를, "와! 그거 가지러 갑시다." 크레이그는 그 후로 쭉 컴퓨터에다 저장해왔던 것입니다. 그는 확실히 듣고, 배우고, 봉사하는 (영적인) 어린이였습니다. 나는 이 책의 편집 작업을 해주고 끊임없이 뒷받침을 해준 데 대해 그에게 매우 감사하고 싶습니다.

지난해는 매우 힘든 시기였지만, 그럼에도 나와 얽혀 있던 많은 안 좋은 패턴들이 방출되던 해였습니다. 나는 옮겨가기 위한 힘을 얻고 있습니다. 우리가 마침 이 원고를 마무리할 때도 나는 여전히 승천한 대사들 안에서 신념을 갖기 위해 나의 내면의 어떤 의심들

머리말 및 목차

그리고 그것은 그녀의 과거생과 관계가 있습니다. 그녀가 채널링을 할 때, 당신의 지압요법 과정에서 그것을 발견해낼 수 있도록 그녀에게 질문하기 바랍니다. 그러면 우리가 그것을 바로잡기 위해 어떤 조치가 필요한지를 말해줄 것입니다." 그녀는 그 조치가 이루어진 후에 나와 다시 대화하기를 원한다고 말하는 것으로 이야기를 마쳤습니다.

나의 새로운 친구와 나는 기진맥진해졌지만, 그 지시대로 따를 것을 위임받은 상태였습니다. 그녀는 테이블 위에다 자신의 몸을 뉘었고, 우리 둘은 깊은 심호흡을 한 후 눈을 감았습니다. 그러자 즉시 나는 푸른 별 모양의 도안 내지는 패턴을 볼 수가 있었습니다. 나는 이것이 그녀의 에테르장(Etheric Field)에 관한 일종의 지도(地圖)이고, 만약 내가 그녀의 몸에서 약 12인치 정도 뻗어 나온 이 지도를 조사한다면, 내가 하기로 되어 있는 조치를 하게 될 것임을 어느 정도 알았습니다. 이것은 그 패턴이 나의 내면의 영상 속에서 사라질 때까지 약 20분 동안 계속되었습니다. 나는 그녀에게 느낌이 어떠냐고 물었습니다. 그녀는 좋다고 했습니다. 그녀는 테이블에서 일어났고, 그 문제는 더 이상 그녀를 괴롭히지 않았습니다.

우리는 둘 다 앉아 작업을 계속했으며, 그 채널링은 시간이 매우 원활하게 흘러갔습니다. 관세음은 내게 말하기를, 만약 나에게 자발적인 의사(意思)가 있다면, 우리는 함께 일하게 될 것이라고 했습니다. 그것이 나와 관세음보살, 또는 내가 그녀를 다정하게 부르는 방식인 "콴(Kwan)"과의 최초의 만남이었습니다.

그러고 나서 나의 한 고객이 관세음이 그녀에게 언급할 수도 있는 메시지에 상당한 관심을 가졌던 때는 약 1년 후였는데, 나는 채널링을 시도해 보겠다고 말했습니다. 그녀는 오직 마스터만이 답변해 줄 수 있는 굉장한 질문들을 갖고 있었습니다. 그것은 처음에는 서서히 진행되었습니다. 나는 나와 대사들과의 접속에 관해 말한다는 것이 정말 부끄럽고 겁나기도 했습니다. 몇 번의 세션을 거친 우리는 오직 가장 높은 원천에게 보호를 요청하기로 합의하고 나서 그녀는 눈을 감았습니다. 그녀는 눈을 감자마자 마치 매우 불편하기라도 한 것처럼 울기 시작했고, 의자에서 몸을 이리저리 움직였습니다. 당시 나는 오직 테드가 채널링하는 것만을 보았는데, 그의 전달 방식은 셸리가 하는 것과는 달리 매우 단도직입적이었으며, 따라서 이것은 나에게 매우 특이하게 보였습니다.

그녀는 마치 마음을 가라앉힌 것처럼 스스로 말하기 시작했습니다. 메시지를 기다리고 있는 동안, 그녀는 다음과 같이 말했습니다. "이제 걱정하지 마세요. 이 존재는 당신을 비웃지 않을 것입니다. 좋습니다. 진행합시다 … " 나는 깊은 관심을 가지고 바라보았습니다. 나는 메시지를 기다리는 동안 한 번에 그렇게 많이 말을 하는 것은 본적이 없었습니다. 그녀의 눈이 눈물로 가득 차게 됨에 따라 그녀의 안경은 성가시게 되었음이 틀림없는데, 그녀가 그것을 벗어 의자의 팔걸이에다 올려놓았기 때문이지요. 내가 그녀의 벗은 얼굴을 바라보았을 때, 나는 생각했습니다. '오! 눈이 정말 크고 아름답네.' 하지만 그녀의 눈은 여전히 감겨있었습니다. 그런 다음에 내가 다시 바라보았을 때, 그것은 거의 동양적인 눈의 모습으로 바뀌었습니다. 그녀는 이제 정말 나의 주의를 끌기 시작했습니다.

곧 그녀의 입 꼬리가 약간 위로 올라가며 미소를 지었습니다. 그리고 나의 이 새로운 지인은 매우 명확한 방식으로 말하기 시작했습니다. 그녀는 말했습니다. "안녕하세요. 나의 이름은 관세음이라고 합니다. 우리가 당신과 이야기하게 되었군요." 그녀는 말하기를 계속했는데, 그 내용은 그 채널이 기꺼이 봉사해 준 데 대해 감사하며, 승천한 대사들은 늘 그들과 함께 일해 줄 사람들이 필요하다는 이야기였습니다. 그런 다음 그녀는 이렇게 말했습니다.

"우리는 당신이 우리가 말하고 있는 것을 믿지 않고 있음을 알고 있습니다. 그러니 부디 우리가 하는 말에 면밀하게 귀를 기울이기 바랍니다. 지금 채널링하고 있는 여성은 그녀의 목에 문제를 가지고 있습니다. 그녀는 그 문제를 아주 오랫동안 갖고 있었습니다.

가정에서 늘어난 경제적 필요성 때문에 나는 뉴햄프셔로 빈번하게 여행했습니다. 그러다 로드 아일랜드의 프로비던스에 있는 한 작은 형이상학 서점에서 직업을 구했으며, 거기서 바로 나의 오랜 친구인 크레이그(Craig)를 만났습니다. 이곳은 내가 두 번째로 인생이 바뀌는 경험을 했던 곳입니다.

어느 날 저녁 셸리라는 이름의 여자가 나의 집으로 전화를 걸어와 자동응답 전화기에다 메시지를 남겨 놓았습니다. 거기에는 이렇게 녹음되어 있었습니다. "안녕하세요. 초면인데요. 저는 단지 명상 수행 중이었는데, 어떤 존재가 당신에게 이야기하기를 원합니다. 부디 저에게 전화해주십시오 … "

하지만 나는 그녀에게 연락하지 않았습니다. 왜냐하면 나는 그 "존재"와 이야기하는 데 별로 관심이 없었으니까요. 다음날 내가 일을 끝내고 집에 돌아왔을 때, 자동응답기에는 다른 메시지가 또 기록되어 있었습니다.

"여보세요? 명상 중에 어제 말했던 동일한 존재가 40시간 이내에 당신과 이야기를 나누고 싶어 합니다." 이것이 내게는 이상하고도 한편으로는 두려운 마음이 들기도 하는 것이었습니다. 나는 내가 어떤 상태로 빠져들고 있는지 알지 못했기 때문에 내 자신과 집을 빛으로 에워싸고 미카엘 대천사에게 보호를 요청했습니다. 그런 다음에 그녀에게 전화를 걸었습니다. 그때 그녀는 1시간 안에 갈 것이라고 말하더군요.

그녀가 도착했을 때, 나는 전혀 영적존재들과 이야기할 수 있을 것 같지 않은 사람이라고 내가 생각하고 있었음을 기억합니다. 나는 그녀를 거실로 안내했고, 그녀는 커다란 안락의자에 조심스럽게 앉았습니다. 나도 그녀의 얼굴을 마주하고 앉았습니다. 그녀는 이전에 전혀 이번과 같은 경험을 한 적이 없다고 설명하기 시작했습니다. 그리고 그런 경험이 그녀를 몹시 곤란하게 했지만, 우리가 이야기를 나눌 수 있도록 하겠다고 그 존재와 동의했다는 것이었습니다.

"누구에게 내가 말하고 있는 거죠?" 그리고 그 음성 - 내 음성 -이 답했습니다. "나는 요한(John)입니다." "어느 요한 말인가요?" 나는 대답했습니다. "신성(神性)입니다." 나는 내가 기억할 수 없는 말들을 이야기하기 시작했고, 테드는 수많은 질문들을 했습니다. 그 때가 1990년 6월이었지요.

내가 채널링을 할 수 있다는 사실을 발견한 것보다 더 놀라운 것은 아무 것도 없었습니다. 내 몸의 주변을 에워싼 승천한 대사의 고요한 진동을 느끼는 것은 단번에 나를 안심시키는 초세속적인 것이었습니다. 그 초기에 나는 테드를 위해 채널링 작업을 했습니다. 그 에너지는 테드와 지니가 발견한 은신처인 그곳 골짜기의 먼 끝만큼이나 높았으며, 따라서 그것은 전송하기가 더 쉬웠습니다.

나는 "주파수를 맞추고" 내 자신의 생각을 잠시 동안 비우기로 한 것은 나의 결정이었다는 것을 깨달았습니다. 그것은 TV의 채널을 돌려 어떤 방송을 시청할 것인지를 정하는 것과 매우 비슷한 일종의 결정입니다. 나는 내 몸을 떠나지 않겠다는 마음이 완강했는데, 따라서 그 절충안은 눈을 감고 정보들이 내려와 말로 변환되는 것을 허용하면서 나의 이성적인 마음을 내 머리 뒤로 옮기는 것이었습니다. 나는 어떤 장면들을 보기도 하지만, 오직 전생(前生)이 설명될 경우에 한해서입니다.

나는 그곳을 방문하기를 계속했는데, 그때는 나에게 어려웠던 시기였기 때문입니다. 나의 어머니와 이복자매는 세상을 떠났습니다. 또한 나의 아버지 역시도 내 이복자매가 살 가망이 없다고 들었을 때 큰 심장발작으로 쓰러지시고 말았습니다. 당시 나는 두 번째 이혼을 겪고 있었고, 나와 현재 함께 살고 있는 6명의 아이들 중에 4명을 데리고 있었습니다. 테드를 통해 내려온 정보들은 특히 미카엘(Michael) 대천사로부터 온 것이었는데, 그 가장 견디기 힘든 수많은 시기에 나를 인도해 주었습니다. 아이들 모두는 매우 달랐고, 그들 나름의 갈등을 겪고 있는 중이었습니다. 나는 그들에게 좀 더 자애롭고 도움이 되는 엄마가 될 수 있도록 해결책을 원했습니다.

습니다.

그 한 주가 지남에 따라 나는 내 자신이 시어도어와 더욱 친숙해졌다는 사실을 깨닫게 되었고, 이제는 그를 테드(Ted)라고 불렀습니다. 그는 나를 주방의 식탁 - 우리가 변형작업을 함께 했던 공간 - 으로 부르고는 했는데, 내가 나의 부정적인 사념들을 그들이 분명히 보여주었을 때 알아차릴 수 있도록 도와주었습니다. 그것에 의해 그는 나를 수많은 고통과 고뇌에서 구해주었습니다. 점차 나는 배워나갔고, 내 몸은 더 좋아졌습니다. 그리고 나는 성서에 나오는 "너희가 진리를 알게 될 터이니, 그 진리가 너희를 자유롭게 할 것이다."라는 구절을 새롭게 이해하게 되었습니다.

내가 집으로 돌아가려고 계획하고 있던 그날 아침, 시어도어가 나를 주방 식탁으로 불러 앉으라고 말했습니다. 그의 어조는 단호했습니다. 그는 내게 말하기를, 그날 아침 명상을 하는 동안에 영(Spirit)이 이제는 내가 그에게 무엇인가를 말해야 할 때라고 했다는 것입니다. 나는 벙어리처럼 거기 앉아 있었고, 답변할 아무 것도 갖고 있지 못했습니다. 그가 무엇을 말하고 있던 것이었을까요? 그때 그는 영이 나 역시 상승한 대사들의 채널이 될 수 있고, 이제는 내가 그를 도울 수 있게 되었다고 말했다는 것이었습니다.(※시어도어는 당시 심각한 발작 증상을 겪고 있었는데, 그것이 그를 걷거나 음식 삼키기를 힘들게 했다. 그럼에도 그는 사람들을 돕기 위해 마스터들과의 작업을 계속하고 있었던 것이다.)

그는 발작을 참지 못했고, 단지 그가 할 수 있는 만큼 자신의 집게손가락을 테이블 위에서 두드리고 있었습니다. 나는 울기 시작했습니다. 나는 혼란을 느꼈으며, 채널링을 어떻게 하는지 모른다고 그에게 말했습니다. 시어도어는 나를 눈으로 똑바로 바라보며 입을 열었습니다. "내가 믿어야 할 이는 누구죠? 당신이 아니면 그들인가요?" 나는 다시 울기 시작했습니다. 나는 오랫동안 울었습니다.

그런데 내가 머리를 들었을 때, 내 입에서 우연히 말들이 나오기 시작했습니다. 1분 후 나는 테드가 놀랍고도 호기심이 가득한 눈길로 나를 바라보고 있음을 볼 수 있었습니다. 그 때 그가 말했지요.

와 그의 아내 버지니아(그녀 역시 천부적인 채널러이다)와 함께하는 시간으로 구성돼 있었으며, 그때 그들은 내가 살았던 과거 전생(前生)에 관한 정보들과 나의 사고(思考)와 습관들을 지배했던 내 정신 속의 무의식적인 프로그램들을 내게 전해주고는 했습니다.

동시에 나는 양극성(兩極性)과 다른 형태의 지압요법을 배우고 있었습니다. 치유에 대한 나의 관심은 아직도 커져가고 있는 중입니다. 그런 여러 해 동안에 나는 수많은 치료법들을 목격했습니다. 어떤 치료법은 영구적인 것이었으나, 다른 것은 그렇지 않았습니다. 나는 사람들이 가진 신념체계와 습관들을 바꾼다는 것이 종종 매우 어렵다는 것을 배웠습니다.

1990년에 나는 짧은 보완작업 과정을 시어도어와 그의 아내와 함께 가지기 위해 그곳에 갔습니다. 나는 나의 삶이 실제로 막 바뀌려던 참이었음을 거의 알지 못했습니다. 시어도어가 채널링 작업을 할 때, 그는 떨어진 거리에서 더 두드러지게 보이고는 했습니다. 그의 왼쪽 손은 올라갔고, 천장을 향해 있는 손바닥과 함께 손가락들에는 약간 힘이 들어가 있었습니다. 그리고 그는 이렇게 말하고는 했습니다. "나는 … 여기에 (누구든 간에 메시지가 수신될 때는 이러하다)"

그것은 그가 승천한 대사들이나 다른 높은 존재와 접촉했다는 것을 의미했습니다. 그는 놀라운 치료자였고, 채널(Channel)이었습니다. 이 특별한 세션 과정은 강렬했습니다. 떠나기 위해 일어남에 따라 나의 몸은 밖으로 나왔습니다. 그러나 나는 집으로 운전하기 위해 차에 탈 수가 없었습니다. 그러므로 그들이 나를 거기에 머물러 있도록 초대했고, 나는 한 주 동안 내 자신을 회복시키게 되었습니다.

(마치 1년처럼 생각되었던) 그 일주일 동안 나는 내 자신 및 몸과 마음을 연결시키는 작업에 관해 많은 것을 배웠습니다. 나는 내가 죄의식, 또는 돈, 근심에 관해 가졌던 의식적이고 무의식적인 생각들이 나를 굴복시키곤 했던 몸의 경련을 일으켰다는 것을 알았

그러자 그녀는 전화로 자신이 한 지원 그룹을 가지고 있었다고 말하면서 암을 가진 환자들과 성공적으로 일해 온 영적능력을 지닌 한 신사에 관해 들었다는 것이었습니다. 그녀는 내게 그것에 관해 어떻게 생각하느냐고 물었습니다. 나는 그녀에게 만약 그 애가 나의 아이였다면, 가능성이 있는 그 어떤 것이든 시도할 것이라고 말해주었습니다. 결국 우리는 그 치료를 행하기로 예약했습니다. 그리고 눈이 많이 내리는 1월 아침에 따로따로 출발해 그 목적지로 나아갔습니다.

우리가 그 자연보호구역으로 가는 뉴햄프셔의 눈 덮이고 굽은 비포장도로를 자동차로 계속 갈 때 우리는 우리들 자신이 혹시 제정신이었는지를 의심했습니다. 우리가 도착했을 때 코트 차림의 멋지게 보이는 신사 한 사람이 우리에게 인사를 했고, 내 친구와 그녀의 딸을 즉시 받아주었습니다. 나는 그 뉴햄프셔의 산들에 내리고 있는 눈의 맑은 경관과 함께 계곡이 내려다보이는 유리 같이 아름다운 지역에서 기다렸습니다. 1시간이 못 되어 그들이 밖으로 나왔는데, 둘 다 피곤해 보였지만 미소를 짓고 있었습니다.

우리가 떠날 때, 그 "치료사"는 웃으며 내게 말했습니다. "당신은 매우 작다고 느껴지는 누군가를 생각나게 하네요, 그는 로프에 묶인 큰 코끼리를 가지고 있지만 그 코끼리가 당신이 그것에게 말하는 것을 행하려하지 않으리라는 것은 두렵군요." 나는 그가 무엇에 관해 말을 하는지 알 수 없었습니다. 그것이 내가 시어도어 비질(Theodore Virgil)과 처음으로 만난 것이었습니다.

6개월 동안 그곳을 방문하고 전화 통화를 한 이후에 내 친구의 딸은 그녀의 생명을 위협했던 치명적인 뇌종양의 흔적이 더 이상 남아있지 않게 되었습니다. 나는 의심 없이 시어도어가 내가 알고자 원했던 것을 알고 있다는 사실을 알았습니다. 6년 동안 1주일에 1번씩 나는 그와 함께 시간을 보내기 위해 매번 3시간을 여행했습니다. 우리가 함께 보낸 시간은 주로 나의 존재의 형태를 영적으로 "읽기" 위한 것이었습니다. 이러한 리딩(Reading) 작업은 시어도어

□ 저자가 자신의 입으로 말하는 - 마저리 이야기 -

삶은 하나의 여정이기 때문에 어디서 처음 시작되었는지 알기는 어렵습니다. 나는 항상 치유와 질병의 원인, 그리고 이 세상 속에서 우리의 깨어남에 관해 관심을 가져 왔습니다. 하지만 나는 전통적인 의술과 정신의학, 혹은 내가 알고 있던 기존의 어떤 종교에서는 전혀 어떤 해답을 찾지 못했습니다.

나의 젊은 이복자매가 암으로 죽어갈 때, 그녀는 내 손을 붙잡고 그것을 자신의 쇄골 위의 커다란 혹 위에다 놓은 채 말했습니다. "엄마가 여기서 나를 때리곤 했다는 것을 기억해요?" 으스스한 한기(寒氣)가 내 척추를 타고 내려왔습니다. 그것이 바로 다른 방식으로 내가 질병의 과정에 대해 의문을 가지게 된 출발점이었습니다.

나의 어머니 또한 매우 작은 암으로 인해 돌아가셨는데, 그때 나는 그런 문제들이 드러나는 것을 보았습니다. 의료계에서 어떤 새로운 요법을 사용했느냐와는 관계없이 그녀는 일시적으로 병세가 호전되었다가 다시 악화되기를 거듭 반복하곤 했던 것입니다. 나는 무엇 때문에 그런 일이 일어나는지 알고 싶다고 생각했습니다. 그리고 나는 이런 현상이 그녀에게 나타나는 이유에 관해서는 알려진 것 이상의 그 무엇이 있다는 느낌을 가지고 있었습니다.

어느 날 대학에 있는 내 친구가 전화로 내게 말하기를, 자기 딸이 병원에서 2년간의 견디기 어려운 치료를 받은 후에 희귀한 뇌종양이 발견되었고, 보스턴에 있는 가장 뛰어난 모든 의사들이 포기했다는 것이었습니다. 나는 당시 벌어지고 있는 일에 내가 실제로 관계되어 있다고 느꼈는데, 왜냐하면 그녀의 딸이 내 아들과 나이가 동갑이었기 때문이었습니다. 나는 그때 막 전인적 건강법(Holistic Health)으로서의 마스터 프로그램을 끝낸 상태였고, 그녀의 딸을 자연치유법을 통해 돕기를 원하고 있었습니다. 그러므로 나는 우리가 어떤 가능성 있는 대체요법을 따라보는 것이 어떻겠냐고 제안하게 되었습니다.

급히 피신하여 마을로 내려가 총알을 빼내는 수술을 받음으로써 목숨을 건질 수 있었다.(※관세음보살의 가피력으로 생명을 구한 이 이야기는 후세에 한용운 선생이 주위 사람들에게 자주 언급했던 내용이다.)

고대와 현대, 국내외를 막론하고 이처럼 관세음보살의 현신과 공덕, 가피에 의해 어려움에 처한 지구상의 수많은 사람들이 위기와 고통에서 벗어나거나 도움을 받은 실제의 사례와 설화들은 부지기수로 존재한다. 이 점은 서구에서의 성모 마리아의 경우와 어느 정도 흡사하다고 할 수 있겠다.

모든 불교도들과 영적 구도자들은 이런 점들을 명확히 인식할 필요가 있으며, 과연 관세음이 현재 지구영단에서 어떤 역할을 담당하고 있는지도 참고적으로 알아둔다면 유익할 것이다. 그런 측면에서 볼 때, 귀중한 관세음의 답변과 가르침 및 메시지가 담긴 이 책, 〈관세음보살, 모든 질문에 답하다〉는 관세음보살에 관한 우리의 이해를 높이고 정신적 지평을 넓히는 데 크게 기여하리라 믿는다.

- 光率 -

여성인지 남성인지의 구분조차도 모호한 실정이다. 따라서 관세음보살을 그린 불교탱화에서도 어떤 경우에는 아예 수염 나고 몸이 비대한 남성으로 묘사된 경우도 비일비재하다.

그러나 이 책에서 밝혀지고 있듯이, 관세음보살은 분명히 여성이다. 그리고 관세음은 서양의 성모 마리아와 더불어 우주의 신성한 어머니의 상징이자 대리자로서 각기 동,서양을 맡아 주로 이 세상을 사랑과 자비의 에너지로 깨우고 감화시키는 활동을 하고 있다고 한다.

또 한 가지 지적하고 싶은 것은 우리 사회와 학계 일각에서는 관세음보살을 실존하는 존재로 보지 않고, 단지 성불(成佛)을 지향하는 이상적인 수행자상을 의인화한 가상적인 인물 정도로 보는 시각이 있다는 것이다. 하지만 이는 매우 잘못된 생각임을 지적하지 않을 수 없다.

관세음이 실존한다는 것은 우리나라 〈삼국유사(三國遺事)〉에도 의상대사와 원효대사가 관세음을 친견한 일화가 소개되어 있듯이, 많은 증거들이 존재한다. 당(唐)에서 귀국한 의상대사의 경우, 관세음을 친견하기 위한 간절한 발원기도 후에 실제로 현신한 관세음보살을 직접 만나 그녀의 지시대로 오늘날 우리나라 3대 관음성지 중 하나인 동해 낙산사(落山寺)를 창건한 바가 있다.

또 한 가지 사례를 소개한다면, 일제 시대 독립운동가이자 시인, 스님이기도 했던 만해 한용운(韓龍雲 1879~1944) 선생의 경우이다. 그가 만주로 건너가 독립운동 단체를 순회하던중 통화현(通化縣) 굴라재 고개를 넘다가 총에 맞아 생명의 잃을 위기에 처한 적이 있었다. 선생이 피를 흘리며 의식을 잃고 쓰러져 있는 상태에서 주위가 환해지며 이 세상에서는 볼 수 없는 절세미인이 손을 꽃을 들고 나타났다. 그녀는 미소를 지으며, "당신 목숨이 경각에 달려있는데, 어찌 그러고 가만히 있는가?"라고 말하며 그 꽃을 그에게 던졌다고 한다. 출가한 후 평소 그가 신앙하며 틈틈이 기도드리던 바로 관세음보살이었다. 그때서야 정신을 차리고 몸을 일으킨 그는

감수자 프롤로그

불교에서 관세음보살은 중생들의 모든 고통의 소리를 관(觀)하여 듣는다는 대자대비(大慈大悲)의 보살(菩薩)이다. 때문에 관세음을 〈반야심경(般若心經)〉에서는 "관자재(觀自在) 보살"이라고 칭하고 있기도 하다. 특히 우리 한국 사람에게 관세음은 꼭 불교신도가 아닐지라도 흔히 읊조리는 "나무 관세음보살"이라는 말을 모르는 사람은 별로 없을 정도로 매우 친숙한 존재이다. 아울러 삼국시대부터 민간신앙으로 평민대중 속에 깊이 뿌리내리고 있는 것이 바로 관음신앙이다.

관세음은 신성한 어머니의 상징으로서 어머니가 어린 자식을 늘 걱정하고 돌보듯이, 미성숙한 중생이라는 인간 자녀들을 항상 보살피며 실수와 잘못을 사랑과 연민으로 감싸주는 보살이다. 그리고 그들의 고통의 외침과 기도에 대해 큰 자비심과 천 개의 눈, 귀, 손으로 변화무쌍하게 응해 구제한다고 알려져 있다. 이런 자비의 화신으로서의 관세음을 묘사하여 잘 표현한 것이 바로 "천수천안관음(千手千眼觀音)"이다.

〈법화경(法華經)〉 보문품(普門品)편에 보면 관세음보살에 대해 언급하기를, "고통에 허덕이는 중생이 일심으로 간절하게 그 이름을 부르기만 하면, 즉시 그 음성을 관하고 해탈시켜 준다."고 하였다. 또한 "불구덩이가 연못으로 변하고, 성난 파도가 잠잠해지며, 높은 산에서 떨어져도 공중에서 멈추게 된다."라고까지 표현되어 있다. 바로 이러한 대비성자(大悲聖者)이자 대보살의 가르침과 메시지가 담긴 책이 최초로 국내에서 출간되는 것은 대단히 뜻 깊은 일이라고 할 수 있겠다.

그런데 국내외를 막론하고 아시아 대승불교문화권에서는 관세음에 관한 신앙과 기도의 전통이 오랜 세월에 걸쳐 이어져 왔음에도 불구하고 이 성스러운 영적존재의 기원과 정체에 대해서는 별로 알려진 것이 없다. 그러다 보니 우리나라 불교에서는 관세음이 과연고 소통하며 살고 있습니다. 여러분은 인류를 치유하는 데 헌신하고 있는 보다 진실하고, 애정이 있고, 정직한 사람을 찾기가 쉽지 않을 것입니다.

　나는 마저리를 오랫동안 알고 있습니다. 나는 그녀를 나의 가장 가까운 친구들 중의 한 사람으로 생각하고 싶습니다. 그녀는 수많은 긴장되고 어려운 상황 내내 내게 상담해 주었으며, 나는 이에 감사합니다. 나는 관세음보살님으로부터 매우 많은 것을 배웠습니다. 그리고 이러한 작업과 더불어 진리를 추구하는 모든 이들과 이것을 함께 나눌 수 있게 된다는 것이 행복합니다.

　마지막으로 나는 이곳에 있는 우리 모두가 영적으로 깨어나 사랑과 수용, 용서, 자비 속에서 삶으로써 우리의 개인적인 카르마(業) 뿐만이 아니라 행성적인 카르마도 변형시키고 있다고 믿습니다. 우리는 모두 이곳에서 함께 하고 있습니다. 우리는 우리가 사람들의 고통의 소리를 들을 때 우리의 가슴을 통해 관세음의 큰 자비로 우리 형제자매들에게 응답하며 조금씩 치유해 가고 있는 하나의 영입니다. 우리들 사이의 유일한 분리는 단지 우리의 마음과 가슴 속에 있습니다. 나는 이것을 믿으며, 날마다 그것을 실천하면서 최선을 다해 살아가고자 노력합니다.

　나는 이 책이 삶이라고 불리는 신비를 밝혀주는 데 어떤 식으로든 도움이 되기를 바랍니다. 또한 우리 자신과 세상에 관한 지각을 바꾸고, 우리가 인류를 하나의 전체로서 바라보는 데 도움이 되기를 기원합니다. 바로 여기에 우리가 필사적으로 깨달음을 구하고 있는 사람들에게 대사들의 지혜를 제공함으로써 도움을 주고 있다는 희망이 있습니다. 또한 바로 여기에 그런 가르침들을 통해서 우리가 그리스도의 힘으로 성장할 수 있고, 신(神)의 완전함을 방사하는 빛과 에너지가 되고 있다는 희망이 있는 것입니다.

　은총이 있기를,

― 크레이그 로버트 호웰 ―

때는 비록 우리가 위대한 영혼들일지라도 이곳 지구에서 우리는 우리의 육체와 마음, 그리고 특히 우리의 에고(ego)의 한계들에 의해 갇혀있다는 사실과 관계가 있습니다. 우리는 우리의 어린이들, 아이들과 마찬가지로 배우고 있고, 성장하고 있는 것입니다.

독자들은 또한 그녀가 "영(Spirit)" "만유(萬有)" "우주(宇宙)" "조물주"라는 용어뿐만이 아니라 "신(God)"이라는 말도 자주 사용하고 있음을 발견할 것입니다. 이런 용어들은 관세음보살이나 대사들의 관점에서는 서로 교체해서 사용할 수 있는 것이므로 안심해도 좋습니다. 그것은 우리가 나온 근원의 본질과 우리 우주의 전체성, 또는 모든 창조의 어머니-아버지 원리, 절대자를 묘사하고 있는 것입니다.

관세음께서는 이 작업이 단지 그녀 한 존재로부터 유래된 것이 아니라 〈대백색형제단(The Great White Brotherhood)〉에 소속된 모든 승천한 대사들로부터 그녀를 통해 나온 것임을 제가 언급하기를 바라십니다.(백색은 순수를 의미하는 색채이고, 수많은 진동들 가운데 하나를 나타냅니다.) 이것은 그녀의 에너지를 통해서 우리 모두에게 초점이 맞추어진 집단 프로젝트인 것입니다. 그녀는 또한 이 책이 일종의 지침서로서 아니라 고차원의 개념들과 아이디어들을 제공하는 한 가지 수단으로서의 역할임을 말하기를 원하고 계십니다. 이 책을 통해서 우리가 그것을 파악하기 시작하고 이 세상 속에서 새로운 삶의 방식을 발견할 수 있는 것입니다.

마저리는 수많은 인생의 어려운 험로(險路)를 걸어 왔고, 그것들을 극복했습니다. 그녀는 한 인간입니다. 따라서 그녀 역시도 다른 이들과 마찬가지로 실수를 합니다. 하지만 그녀가 채널링을 위해 트랜스 상태에 빠져 있을 때는 자신의 사적인 일은 제쳐 놓고 도움을 받고자 하는 타인들을 돕기 위해 영에게 몰두합니다. 남을 돕는 이것이 그녀가 다른 그 어떤 것보다도 하고자 원하는 것입니다. 관세음보살님처럼 그녀도 세상 사람들의 고통어린 아우성 소리를 듣습니다. 그녀는 자신의 삶을 한결같이 인생의 영적 측면에다 맞추데 한 사람은 바로 마저리 무삭치오였습니다.

내가 처음 마저리를 만났을 때, 그녀는 로드 아일랜드 지역 내의 한 형이상학 서점에서 책을 읽고 있었습니다. 인근에 거주하는 동안 나는 치명적인 암에서 회복되고 있는 중이었고, 나 역시 종종 그곳에서 책을 읽으면서 많은 시간을 보내거나 독자들과 대화를 나누고는 했습니다. 나는 마저리가 행하는 영적 리딩(Reading) 작업을 받기로 결정했고, 그것은 매우 정확했습니다. 그것을 통해 나는 깊은 인상을 받았습니다. 우리가 가졌던 그런 순간들 중에 한 번은 그녀가 아주 사적이고 깊은 무엇인가를 말했는데, 비록 우리가 이전에 전혀 만난 적이 없었지만 여러분은 그것이 진실한 것임을 알 것입니다. 나는 또한 내가 그녀와의 계속적인 접촉을 바랄만큼 강한 느낌을 가지게 되었습니다. 몇 년 후, 우리는 마저리를 통한 관세음의 가르침들을 모든 이들에게 전파하는 프로젝트를 위해 함께 모였습니다.

마저리가 관세음과 채널링하며 무아경의 상태에 몰입해 있을 때, 그녀의 인격은 약간 바뀝니다. 마저리를 통해서 관세음보살님은 생기에 찬 고요하고도 침착한 모습으로 나타나는데, 때때로 높아진 음조로 특정 단어나 구절을 강조하기도 하고, 또 채널링 내내 주고받는 대화를 밝게 하기 위해 유머를 삽입하기도 합니다. 그녀가 어떤 단어들을 변칙적인 영어로 발음할 때는 약간 극동(極東)의 악센트로 이야기를 합니다. 그러므로 독자들은 일부 문장의 곳곳에서 단어 하나가 빠져 있는 것처럼 보인다는 것을 알아차릴 수도 있습니다. 즉 그것은 편집상의 실수가 아닌 것입니다. 때문에 나는 필요할 때는 정보나 임시의 단어들을 괄호 안에 포함시켜 추가했습니다.

관세음보살님은 지구상의 모든 존재들과 관련해서 "어린 자녀들(Little ones)"라는 표현을 많이 사용합니다. 나는 이 말이 일종의 경시하는 표현이 아니라 오히려 한 어머니로서 자신의 아이들에게 쓰는 자애로운 용어라고 느낍니다. 그것은 또한 영(靈)의 눈으로 볼

내를 털어놓을 때까지 그것을 깨닫지 못할 뿐인데, 이것은 공공연히 떠벌이는 어떤 것이 아니기 때문입니다. 그것은 일종의 개인적인 신성한 길이고, 대개 사적인 일인 것입니다.

  세상을 살다보면 인생의 어느 시점에서 우리가 이 지구상의 삶에 대해 의문을 가지게 되는 때가 옵니다. 보통 이것은 쇠약한 질병, 가까운 친구나 가족 구성원의 죽음, 이혼을 통해서 오며, 혹은 단지 권태를 통해서도 옵니다. 우리는 우리가 살고 있는 세계의 참된 본질이 무엇인가에 대해 의문하기를 시작합니다. 그러한 시기가 나에게 다가 왔을 때, 나는 휠체어(Wheelchair)에 묶여 있었고, 암으로 인해 허리 아래가 마비되어 서구의 병원의사에게는 아무런 회복의 희망도 기대할 수 없었습니다. 내 자신을 치료할 수 있는 길을 찾는 가운데, 나는 물리적인 치료법과 영적인 도움, 양쪽에 관련된 많은 원천들을 탐구하게 되었습니다. 그러다 결국에는 승천한 대사들(Ascended Masters)의 가르침을 발견했습니다. 그리고 많은 자연요법가들과 채널들, 상승한 대사들의 자료 읽기를 통해서, 그리고 수많은 침묵의 성찰과 기도를 통해서 나는 회복되었습니다. 그것은 서서히 일어난 기적이었지만, 그럼에도 실제적인 것이었습니다. 그때가 1990년이었지요. 이것이 내가 나의 삶을 깨달음의 길을 향해서 보다 집중하도록 만들었습니다.

  우리가 왜 이곳에 있는지에 관한 진리를 발견하고자 노력하는 가운데 나는 많은 책을 읽고, 많은 사람들과 대화하고, 또 수많은 어려운 배움의 경험들을 통해 다양한 탐구와 체험을 했습니다. 내가 삶의 영적측면에 관한 정보를 수집하기 위해 택한 방법들 중의 하나는 그 원천으로 곧바로 가는 것입니다. 한 가지 예를 들면, 나를 영혼의 세계와 연결시켜줄 천부적인 심령 채널러(Channeler)를 찾아내는 것과 같은 것이지요. 내가 미 동부 로드 아일랜드(Rhode Island)로 이주했을 때, 나는 가장 확실하고 믿을만한 사람을 찾기를 계속했습니다. 나는 거기에 내가 소개받지 못한 훌륭한 사람들이 많다고 확신하기는 했지만, 내가 발견한 "최고 중의 최고" 가운

머리말

내가 2,000년도에 관세음의 말씀을 녹음하여 옮겨 쓰고 세션 과정을 시작했을 때, 나는 그것을 온라인상에 "관세음과의 대화"라고 하는 주1회 칼럼으로 게재했었습니다. 그러다 어느 시점에 문득 이 모든 환상적인 정보들이 한 권의 책으로 바뀔 수 있겠다는 생각이 들었습니다. 그때 나는 이보다 2년 전에 관세음보살께서 의심 많은 마저리에게 그녀가 장차 책을 쓰게 될 것이라고 언급했다는 사실을 알았습니다. 마저리는 내가 나타날 때까지 자신이 그것을 하겠다고 생각할 수 없었고, 따라서 그런 아이디어나 이에 관한 것이 아무것도 없었다고 말했습니다. 영(靈)은 실행할 필요가 있는 것을 이루기 위해 신비로운 방식으로 작업을 합니다.

이 책을 냄으로써 나는 내 자신의 의문들에 답할 뿐만 아니라, 또한 모든 이들이 의식(意識)을 확장하기 위해 이용할 수 있게 될 유용한 정보를 제공하려 하고 있습니다. 나는 이 책이 흥미롭고 재미나면서도 한편으로는 관세음의 말씀대로 우주와 신(神)과 우리 세상의 어떤 신비들에 관해 통찰력을 주는 것이 되기를 희망합니다. 이번 재판(再版) 책에서는 2000년~2005년까지 채널링된 정보를 담고 있습니다. 그러므로 거기에는 중간 중간에 독자들에게 어떤 특별한 정보가 주어졌던 그 시기를 보여주기 위해 괄호 안에 날짜가 표기되어 있을 것입니다.

나는 내가 이 정보들을 소개하는 데 있어 정직하고 객관적이긴 하지만, 형이상학의 분야에서 인간 자신만의 가슴의 느낌을 제외하고 어떤 것을 입증한다는 것은 거의 불가능하다고 생각하고 싶습니다. 결국 모든 증거는 내면에 있으며, 인간은 무엇이 진리인가에 관해 자신의 마음을 완성해가야만 합니다. 때때로 그것은 우리가 도처에 있는 다른 이들 역시도 그들 자신만의 길을 통해 묵묵히 진리를 추구하고 있음을 알게 될 때까지는 고독한 길처럼 느껴집니다. 우리는 단지 우리가 그들과 충분히 가까워져 그들이 자신의 속

Through the Eyes of Kwan Yin

Copyright © 2005, by Marjorie Musacchio &
Craig Robert Howell All Rights reserved

Korean translation edition © 2013 Eunha Moonmyoung Publishing.
This translation is Published by arrangement and authorization with
Sun Sprite Publishing Co. Eunha Moonmyoung of Korea
All Rights reserved.

이 책의 한국어 판권은 저작권자와 직접 독점 계약한 도서출판 은하문명에 있습니다. 따라서 저작권법에 의해 한국 내에서 보호를 받는 저작물이므로 어떠한 형태로든 무단전재와 무단복제를 금합니다. 즉 저자와 출판사의 서면에 의한 허락 없이 책의 일부나 전체를 사용할 수 없습니다.

- 영혼의 여정은 질문과 더불어 시작된다. -

"항상 이곳에서 우리를 위해 함께하고 있고, 우리의 안녕(安寧)을 보살피고 계신 승천한 대사들에게 감사드립니다. 그리고 이러한 작업에 헌신하고 기여하고 있는 모든 영혼들에게 축복이 있기를 기원합니다. 또한 인간을 자유롭게 할 진리를 알고자 갈망하는 모든 이들에게도 신의 은총이 있기를 바랍니다. 특히 새로운 인생을 열어준 데 대해 크레이그와 로즈마리 트라우브에게 감사한 마음을 전합니다."

- 마저리 무삭치오 -

모든 질문에 답하다
관세음보살

*채널링: 마저리 무삭치오
*기록, 편집: 크레이그 호웰
*옮긴이: 우은수, 송몽채
*감수(監修): 光率

도서출판 은하문명

헬렌(shapat)의 기도 이야기

기도는 세계를 움직인다

초판 발행 2025년 6월 10일

지은이 홍헬렌
펴낸이 방성열
펴낸곳 다산글방

출판등록 제313-2003-00328호
주소 서울특별시 마포구 동교로 36
전화 02-338-3630
팩스 02-338-3690
이메일 dasanpublish@daum.net
　　　　 iebookblog@naver.com
홈페이지 www.iebook.co.kr

ⓒ 홍헬렌, 2025, Printed in Korea

ISBN 979-11-6078-357-5　03230

* 이 책은 저작권법에 의해 보호받는 저작물이며, 저자와 출판사의 서면 허락 없이
  내용의 전부 또는 일부를 인용하거나 발췌하는 것을 금합니다.
* 제본, 인쇄가 잘못되거나 파손된 책은 구입하신 곳에서 교환해 드립니다.
* 책값은 뒤표지에 있습니다.

저는 다음 세대를 위하여 아버지께 자비를 구하고 있습니다.

하나님 아버지. 주님께서 언제 오실지 우리는 모릅니다. 하지만 다음 세대들을 불쌍히 여겨 주시옵소서. 세상이 악하여 믿음이 없는 이 세대에 그 어린아이들의 영혼들을 바라보아 주십시오.

아버지. 다음 세대들의 영혼들이 살아나게 하시고, 믿음으로 일어설 때까지 자비를 베풀어 주십시오. 그리하여 주님께서 언제 오시더라도 준비되어지도록 다음 세대들을 일으켜 주시고 믿음으로 굳게 세워주십시오.

그리하실 아버지 하나님께 영광과 존귀와 찬양과 감사를 올려드립니다.

여러분 모두에게 예수님의 모든 은혜가 충만하시길 기도드리며….

마라나타! 주 예수여. 오시옵소서.
아멘.

116

재림

올해 2025년은 하나님의 시간표인 유대력으로 5785년입니다. 유대인의 새해는 아담이 창조된 날인 '한해의 머리'인 로쉬 하샤나(Rosh Hashanah)에서 시작합니다.

유대인인 예수님께서는 승천하신 그 모습 그대로 다시 오실 것이라고 [사도행전 1장 10절~11절]에서 말씀하셨습니다.

예수님께서는 승천하신 감람산 그곳으로 다시 재림하시게 된다는 것입니다.

유튜브에서 많은 가짜 거짓예언자들이 2025년 아니면 2027년, 2030년, 재림 년도와 날짜까지 자기들 멋대로 정해놓고서 거짓소문들을 퍼뜨리며 사람들을 미혹하고 있습니다.

그러나 [마태복음 24장 36절]에서 분명히 말씀하셨습니다. 그 날과 그 시간은 예수님조차도 모르신다고 말씀하셨으며, 천사들도 모르고 오직 하나님 아버지께서만 알고 계신다고 말씀하셨습니다.

그리고 "기도하여라. 통일의 때가 가까웠다" 하셨습니다.

오, 할렐루야!
감사하신 주님. 영광 받으시옵소서.
아멘.

[다니엘 2장 21절]
그는 때와 계절을 바꾸시며
왕들을 폐하시고 왕들을 세우시며
지혜자에게 지혜를 주시고
총명한 자에게는 지식을 주시는도다

115

통일이 가까웠으니
북녘 땅을 향해 기도합시다

2025년 6월이 오면 이 나라의 지도자를 새로 뽑게 됩니다.

이 땅을 차지하려는 사탄, 마귀, 원수들이 날뛰었으나 주님께서는 마지막 시대에 이 나라를 통하여 주님 오실 길을 예비하시며, 땅끝까지 복음을 전해야 하는 사명을 가진 나라였기에 결코 원수들이 이 땅을 차지하도록 허락하지 않으실 것입니다.

하나님께서는 인간이 아니시니 거짓말을 못 하시며, 과거, 현재, 미래를 모두 알고 계시며, 주관하시고 계신 분이십니다.

주님께서는 이미 이 나라의 지도자를 택하시어 그의 취임식 장면까지도 보여주셨고 말씀하셨습니다.

커다란 집채만 한 태극기를 두 분의 지도자가 함께 들고 있었는데, 그 모습을 보여주시면서 말씀하셨습니다.

"나는 이들이 협력하여 통일을 이루게 할 것이다."

야 40장 15절] 말씀처럼 하나님 아버지께서는 열방이 한 방울의 물이며 티끌이기 때문입니다.

주님께서는 내 이름으로 구하는 것은 모두 행하신다고 말씀으로 약속하셨기 때문에 저는 그 약속의 말씀을 믿고 기도하는 것이며, 속히 이루어지기를 기도드립니다.

그리하실 주님께 영광과 존귀와 감사를 올려드립니다.

그런데 그가 중간에 탄핵당하고 일반인으로 돌아가게 되었습니다.

"주님. 왜입니까? 왜 주님께서 선택한 그가 원수들에 의해 꼼짝 못하게 되었습니까?"

주님께서는 말씀하셨습니다.

"나는 그를 고난을 통하여 단련시키고 있으며, 그를 용사로 다시 쓸 것이다. 악을 처단하는 용사로 쓸 것이다."

이렇게 믿기지 않는 말씀을 제게 주셨습니다.

저는 모릅니다. 과거, 현재, 미래를 모두 아시는 주님께서 어떻게 일하실지를 모릅니다. 다만 기도할 뿐입니다.

저는 세계 열방의 왕들을 주님께서 다루어 주시기를 기도드립니다. 특히나 악한 지도자들이 회개치 않으면 심판하실 것을 기도드립니다.

중국, 북한의 지도자, 주님을 조롱하는 우상숭배하는 지도자들, 독재와 부패를 저지르는 세계 열방의 지도자들을 위해 기도를 드립니다.

주님께서 그들을 세우시기도 하고 멸망하게 하시기도 하기 때문입니다. 우리의 아버지는 불가능이 없으신 분이십니다. [이사

114

아버지,
세계 열방의 지도자들을 다루어 주소서

2025년 이 나라의 지도자가 탄핵되고, 6월이 오면 새로운 지도자를 뽑는다는 발표가 났습니다.

세계 열방 나라들의 왕을 뽑는 이는 하나님이십니다. 하나님께서는 악한 왕을 세우셔서 민족이 고난받으며 회개하게 하시기도 하시고, 우상들을 섬기는 나라들은 멸망케도 하시며, 회개하고 주님께 돌아오는 민족은 다시 회복시키시고 축복해 주시는 분이십니다.

2022년 5월 10일. 우리나라 제20대 대통령이 선출되기 4개월 전에 주님께서는 기도 중에 내가 그를 선택했다고 말씀하시며 집채만 한 커다란 태극기를 그의 손에 쥐어 주셨으며, 그가 그 태극기를 받아 흔들면서 웃고 있는 모습을 보여주셨습니다.

죽일 것이며, 교회를 말살시킬 것입니다.

그때가 온다면 우리는 순교를 각오해야 합니다. 내 영·혼·육을 온전히 깨끗하고 거룩하게 유지하여 주님 앞으로 나가야 할 것입니다.

지금 우리는 부흥의 시작점에 서 있습니다. 세계 열방에 일어날 주님의 영광을 바라 보십시오.

좋으신 아버지 하나님께 영광과 존귀와 찬송과 감사를 올려 드립니다.

아멘.

를 베푸실 것입니다.

그 성령의 불은 대한민국으로부터 시작되어 중국, 북한, 러시아를 거쳐 전 세계로 퍼져 이스라엘까지 가게 될 것입니다.

그때에 큰 재난들이 지구촌에 임할 것이며, [마태복음 24장 7절~8절] 말씀과 같이 주님의 심판의 칼이 악한 나라와 악한 사탄의 종들에게 임할 것입니다.

이때에 그 심판의 칼을 우리들은 기도로써 막아야 할 것이며, 용서와 자비를 주님께 간청하며 기도해야 할 것입니다.

얼마 동안의 큰 부흥이 일어나고 영혼들의 추수가 끝날 즈음에 두 증인들이 나오게 될 것입니다(계 11:3~5).

그들은 이스라엘과 세계 열방에서 7년의 환난기 중 전 3년 반 동안 외칠 것입니다. "주님이 오십니다. 회개하십시오" 하고 외칠 것이며, 이스라엘 유대인들의 영혼의 눈이 떠져 참 메시아인 예수 그리스도를 알아보도록 깨우칠 것입니다.

이러한 일들이 일어날 동안 우리는 [마태복음 24장 15절]과 [다니엘 7장 25절]의 이스라엘 성전이 세워지는 것을 보게 될 것이며, 적그리스도가 등장할 것입니다.

전 세계를 통치할 적그리스도는 주님을 믿는 이들을 무참히

113

온 세계에 일어날 주님의 영광을 보리라

얼마 전에 종말에 부흥이 없다고 얘기하는 어느 목회자의 설교를 들었습니다. 그러나 주님께서는 재림 전에 이 지구촌에 마지막 대부흥을 주실 것입니다.

여호와의 크고 두려운 날이 이르기 전에 해가 어두워지고 달이 핏빛같이 변할 때, 즉 예수님의 재림 전에.

[요엘 2장 28절]에서 주님께서는 만민에게 여호와의 영을 부어주신다고 말씀하셨고, [사도행전 2장 17절]에서는 땅에서 피와 불과 연기로 징조가 나타나기 전, 즉 예수님의 재림 전에 말세에 내가 내 영을 모든 육체에 베풀어 자녀들은 예언하고 젊은이는 환상을 보고 늙은이들은 꿈을 꾸리라고 말씀하셨습니다.

주님 오시기 전에 주님께서는 많은 영혼들을 구원하기 위해 온 세계 열방에 성령을 부어주시어 영혼들을 추수하시고 자비습니다.

그들은 이 세상과 환경을 바라본 것이 아니라 오직 전능하신 하나님 한 분만을 바라본 믿음의 사람들이었습니다.

[히브리서 13장 8절]의 그때나 지금이나 영원토록 동일하신 하나님, 그분은 지금 우리가 믿는 하나님이십니다. 그분들의 하나님은 우리의 하나님이시며 나의 하나님이십니다.

나 한 사람의 믿음은 그들과 동일하게 역사할 수 있으며, 나 한 사람의 믿음이 그들과 동일하게 세상을 바꾸는 것입니다.

오늘도 저는 믿음의 기도를 올립니다. 세계 열방을 바꿀 믿음의 기도를 올려드립니다. 아버지께서 기뻐하시는 믿음의 기도를.

오늘도 나의 골방에서, 내 기도의 제단에서 꺼지지 않는 제단의 불을 켜고 기도를 드립니다.

사랑하는 나의 아버지.
영광과 존귀와 찬양과 감사를 올려드립니다.
아멘.

112

한 사람의 믿음이 세계를 바꿉니다

성경에서 세상을 바꾼 이들은 모두 믿음의 사람들이었습니다. 에녹, 노아, 아브라함, 모세, 다윗을 비롯하여, 엘리야와 모든 선지자들과 사사들. 그리고 예수님의 제자들.

그들은 모두 하나님을 경외하며 순종하는 믿음의 사람들이었습니다. 그들의 믿음은 하나님을 기쁘시게 하였으며, 그들의 믿음은 세상을 바꾸었습니다.

오직 믿음만이 하나님을 기쁘시게 하는 것입니다.

그들은 조롱과 채찍과 옥에 갇힘도 두려워하지 않았으며, 칼로 죽임을 당하기도 하며 유리하여 궁핍과 환난과 학대를 받았습니다.

이런 믿음의 사람들을 어찌 세상이 감당하겠습니까?

그들은 믿음으로 나라들을 이기고 나라들을 세우고 무너뜨리고 사자들의 입을 막기도 하고 하늘에서 불을 내리기도 했었

비행기로 세계를 왕래하고 인터넷과 과학기술의 발달, AI 등의 인공지능이 무수히 발달하는 이 시대를 향한 말씀임을 알고 있습니다.

우리의 현 상황은 우리가 애굽 땅에서 고통받으며 살고 있는 것과 같습니다.

애굽 속에서도 야곱의 가족들은 비옥한 땅 고센 땅에서 하나님의 특별하신 보호 아래 생육하고 번성하였습니다(창 47:27).

그리고 오직 여호와 하나님만을 섬겼습니다. 우리도 그와 같이 재앙이 없고 하나님의 특별한 손길이 머무는 고센 땅에서 살아야 할 것입니다

이 마지막 때의 고센 땅은 어디입니까? 적그리스도의 손길이 미치지 못하는 여러분의 고센 땅은 어디입니까?

여러분 가정과 교회와 국가가, 여러분들이 가는 그곳이 고센 땅이 되어야 할 것입니다. 하나님의 보호 하에 안전하게 머물 수 있는 그곳은 오직 하나님만을 섬기는 여러분의 기도의 제단이 있는 그곳입니다.

적그리스도에게 경배하지 않는 그 땅에, 오직 하나님 한 분만을 섬기는 그 땅에 머무르시기를 간절히 기도드립니다.

아멘.

111

고센 땅

무화과나무는 이스라엘을 상징하는 나무입니다.

[마가복음 13장 28절~30절]에서 "무화과나무의 가지가 연하여지고 잎사귀를 내면 인자가 가까이 문 앞에 이른 줄 알라"고 말씀하셨습니다.

이스라엘은 1948년 5월 14일에 건국되었습니다.

우리는 그날과 그 시간을 모르지만 어쩌면 한 세대가 끝나기 전에 주님께서 다시 오실지도 모르겠습니다.

지금 이 시대의 상황은 우상숭배로 가득했던 애굽의 실상처럼 우리는 이 시대에, 어둠의 세상에서 살고 있습니다.

나의 기도의 골방 외의 세상은 흑암의 영들이 자리 잡고 있으며 우리는 보호받지 못합니다.

[다니엘 12장 4절]의 마지막 때의 예언에 따르면, 사람이 빨리 왕래하며 지식이 더하리라고 말씀하신 것은 오늘날 자동차나

에게 돈을 달라 하겠습니까?

왜 주님 나라를 위해 헌신하는 그분들에게 선교비를 주시지 않느냐고 떼를 씁니다.

아버지. 하늘문을 여시고 아버지 나라를 위하여 일하는 자녀들에게 하늘의 재정을 풀어 주십시오. 가난하고 거룩한 교회들에게 넘치도록 재정을 주시옵소서.

그리하여 영혼들을 구하는 모든 사역에 축복하시옵소서. 그리하실 아버지께 영광과 감사를 올려드립니다.

아멘.

"너 적금 들은 거 있지 않니?"

저는 깜짝 놀랐습니다. 제가 까마득히 잊고 있었던 일이었기 때문입니다. 저는 우리 아이들이 생활비에 보태 쓰라고 보내주는 돈을 선교사님들을 돕기 위해 조금씩 저축하여 적금을 들곤 하였습니다.

그런데 주님께서 말씀하셔서 갑자기 생각이 났습니다. 7개월 전에 적금 들었던 거를 까마득히 잊고 있었는데 주님께서는 어떻게 알고 계셨나 하고 깜짝 놀라면서 적금통장을 찾아 꺼내며 웃음이 터져 나왔습니다.

'주님께서는 별거를 다 알고 계시는구나' 하고 생각하니 종일 웃음이 나왔습니다. 예수님의 유머러스함에 너무 재미있고 너무 멋지신 분, 그분 때문에 종일 즐겁고 웃게 되는 하루였습니다.

그래서 저는 적금을 깨고 그 목사님의 계좌로 희생예물을 드렸습니다.

정말 어려운 형편에 계신 목사님들이 너무나 많이 계시고, 어려운 가운데 헌신하시는 선교사님들이 너무나 많습니다.

저는 항상 예수님께 투정을 부립니다. 어린아이처럼 땡깡을 부리고 돈을 달라고 합니다. 부자인 우리 아버지가 아니면 누구이 보였습니다.

제가 얼른 가서 그 항아리 속을 들여다보니 지름이 7센티미터 가량의 반짝반짝 빛나는 두꺼운 금화가 아주 조금 들어있는 것이 보였습니다. 그래서 주님께 여쭈었습니다.

"주님. 기왕이면 부대자루로 가득 담아 주시지 왜 그렇게 조금 주세요?"

그랬더니 주님께서는 이렇게 말씀하셨습니다.

"내 자녀는 지금 광야에서 단련을 받고 있단다. 나는 그에게 매일 하루분의 만나를 공급하고 있다."

그즈음 저는 국가를 위한 새로운 지도자를 위한 금식기도를 하는 기간이었습니다. [이사야 58장 6절~7절]에서 주님께서 기뻐하시는 금식에 대해서 이렇게 말씀하십니다. 우리가 금식을 할 때에는 금식을 한 만큼의 희생예물로 다른 사람을 도와야 한다고요.

아버지께서 그분께 물질을 너무나 조금 주셨으니 어떡하나 하고 생각했습니다.

"아버지. 저는 그분을 돕고 싶은데 돈이 없어요. 어떡하죠?"

이렇게 여쭈었을 때 주님께서 갑자기 말씀하셨습니다.

110

적금통장을 깨라

저녁기도 무렵 어느 목사님으로부터 카톡 메시지가 왔습니다. 오랫동안 재정적인 어려움을 겪고 계신 분이셨는데 재정의 기도를 해달라는 부탁이었습니다.

저는 즉시 기도의 제단으로 나아갔습니다.

"주님. 선교하는 그분을 도와주십시오. 하늘문을 열어 재정을 보내주셔서 영혼들을 구하고 선교할 수 있도록 해주십시오. 하늘의 문을 여시고 재정을 부어 주세요. 아버지. 자녀가 굶어가며 일할 수 있겠습니까?"

저녁에 기도하다 잠이 들고 새벽녘에 다시 기도를 하게 되었습니다. 갑자기 하늘문이 열리면서 빛나는 두 분의 천사가 각기 빛나는 백도자기 항아리를 하나씩 들고 그분에게 내려가는 것서. 사랑하는 성령님. 일본 땅을 덮으소서. 주님의 거룩한 영으로 덮으소서. 미카엘 천사 군대를 파송하시어 악한 어둠의 영들을 결박하여 무너지게 하소서.

아버지. 그 땅을 주님의 보혈로 덮습니다. 공중 권세 잡은 어둠의 세력들을 몰아내소서.

주님. 그 땅의 영혼들을 불쌍히 여기시어 자비를 베풀어 주십시오.

그리하실 주님께 영광과 존귀와 감사를 올려드립니다.

아멘.

오늘은 일본 땅에 회개와 부흥을 주실 것을 구하고 금식하며 제사장의 심정으로 주님 앞에 나아갑니다.

주님. 우상의 땅 일본을 바라보소서.
주님을 아는 기독교 인구가 1퍼센트도 안 되며 그 땅은 사탄이 잡고 있습니다. 1억 명 가량의 영혼들이 지옥으로 떨어지게 되었습니다.
주님. 그들이 회개하여 우상숭배를 버리고 참 하나님이신 예수그리스도를 알게 하소서. 그 땅의 영혼들이 모두 지옥으로 향하고 있습니다. 불쌍히 여기소서. 그 영혼들을 위하여 자비를 베풀어 주십시오.
주님. 또한 세계 열방의 우상의 땅들도 회복시켜 주십시오.

예수 그리스도의 이름으로 명령한다. 일본과 또한 세계 열방에서 우상의 땅들을 붙잡고 있는 사탄의 세력들은 파쇄될지어다. 묶여 무저갱에 던져질지어다.

아버지. 그 땅을 회복시켜 주시옵소서. 회개의 영을 풀어주소

109

일본 땅의 회개를 위하여

구약시대에는 국가를 위해 제사장으로 뽑힌 아론과 자손들이 있었고, 하나님과 사람 사이의 중보자로서 제사장들은 백성들의 죄를 속죄하며 제사하고 예배하는 기름 부음 받은 자들이었으며, 신약에서는 [베드로전서 2장 9절]에서 말씀하시길, 너희는 택하신 족속이요 왕 같은 제사장들이라고 말씀하셨습니다.

그래서 우리는 거룩한 제사장들이요, 그리스도의 몸 된 교회들인 것입니다. 또한 [요한복음 20장 23절]의 말씀을 가지고 가족과 민족과 세계 열방을 품고 대신 속죄하며 주님 앞에 나아가게 되는 것입니다.

제사장들은 깨끗하고 순결하며 거룩해야만 할 것입니다. 우리는 나의 죄와 모든 이들의 죄를 대신 속죄하고 회개하며, 주님께 용서를 청해야 하는 것입니다스라엘 땅에 마하나임(창 32:2)의 군대를 파송하시어 승리하게 하시옵소서. 악신 들린 자들이 회개하게 하시오며, 아니하면 심판하시옵소서.

또한 이스라엘 전 민족이 회개하여 주님께 돌아오게 하시옵소서. 영의 눈을 뜨게 하시어 예수님이 참 메시아임을 깨닫도록 인도하여 주십시오.

이스라엘 땅에 그리고 온 세계 열방에 천사의 군대를 파송하시어 주님의 나라가 이루어지게 하시옵소서.

아멘.

[시편 122편 6절]
예루살렘을 위하여 평안을 구하라
예루살렘을 사랑하는 자는 형통하리로다

108

마하나임의 군대를 파송하소서

1년이 넘게 전쟁이 지속되어온 이스라엘 땅을 위하여 오늘은 금식하며 기도드립니다.

아버지. 악신에 사로잡힌 테러분자들을 멸망케 하시옵소서. 주님께서는 이스라엘의 평강을 위해 기도하라 하셨고, 이스라엘 땅은 믿는 이들의 장자 나라라고 말씀하였습니다.

이스라엘은 하나님의 약속의 땅이며, 예수님께서 다시 재림하실 땅이며, 예수님께서 그 땅을 바라보며 눈물 흘리신 언약의 땅인 것입니다.

세계의 미디어들은 연일 이스라엘을 공격·모독하고 있으며, 테러분자들을 옹호하고 악신 들린 자들의 편을 들고 있습니다.

아버지. 거짓의 아비를 닮은 대적 원수들을 멸망시키시고 이 그래서 저는 골방의 선교사인 것입니다. 어떤 분은 저를 목사님 또는 선교사로 부르시기도 하지만 저는 아무것도 아닌 그저 주님의 평범한 자녀이며 성도입니다.

주님께서 명령하셨으므로 그저 순종하는 마음으로 세계 열방을 품고 기도하는 평범한 자이며 골방의 선교사인 것입니다.

그러나 신실한 주님께서는 저의 모든 기도를 들으시고 이루어 주시는 나의 아버지이십니다.

저는 다만 기도할 뿐입니다. 일하시고 성취하시는 분은 오직 주님이십니다.

사탄과의 전쟁을 선포하고 승리하게 이끄시는 분은 오직 나의 아버지이십니다.

[출애굽기 14장 14절]
여호와께서 너희를 위하여 싸우시리니
너희는 가만히 있을지니라

아멘.

107

골방의 선교사

오늘도 저는 오대양 육대주 세계 열방으로 선교하러 떠납니다. 제 육신은 비록 지팡이를 짚어야 해서 세계 열방으로 가지 못하나, 제 영은 주님을 모시고 성령님과 함께 세계 열방의 나라마다 방문을 합니다.

그곳 선교사들의 사역을 돕거나 그 나라들의 영혼을 살리기 위하여 기도하는 것입니다.

오대양 육대주에 주님의 십자가를 세우고 예수님의 보혈로 덮어 열방 나라들의 사탄의 제단들을 파쇄시키며 주님의 대적들을 묶어 파쇄하고 성령님의 불로 그 땅을 덮는 것입니다.

주님께서는 주님의 철장 권세인 [시편 2편 7절~9절]의 말씀을 제게 소명으로 주셨으므로, 저는 주님의 자녀 된 권세(요 1:12)를 가지고 세계 열방의 대적들을 철장 권세로 파쇄하는 것입니다.

저는 주님께 이렇게 기도드렸습니다.

"주님. 저는 이제 잘 걷지도 못하는 나이가 되었어요. 제가 씨를 뿌리오니 주님께서 열매 맺게 하여 주십시오. 주님께서 손수건에 기름을 부으시어 그 사람의 마음을 움직이시고, 그 영혼이 지옥에 가지 않고 구원받을 수 있는 길로 인도해 주십시오."

저는 그저 기도하며 생명의 손수건을 나누어줄 뿐입니다.

"손수건을 받는 모든 영혼들이 회개하여 주님을 영접하게 하시옵소서."

이렇게 기도하며 생명의 손수건을 나누어주고 있습니다.
저는 약 80억 가량의 세계의 영혼들 모두에게 손수건을 나누어주고 싶습니다.
주님께서 이 일을 행하여 주실 줄 믿고 오늘도 기도드립니다.

지키며 깨끗하게 살았다면 천국에 들어갈 것입니다.

예수님은 이 지구 위에 오셔서
① 말씀을 가르치셨으며
② 땅끝까지 복음을 전하라 명령하셨으며
③ 마귀를 쫓아내고 병자를 치유하셨습니다.

모든 교회들은 예수님을 따라 이 세 가지를 해야만 할 것입니다. 또한 개인인 우리들도 [고린도전서 3장 16절] 말씀과 같이 하나님의 성전이며 교회이니 이 사명을 감당해야만 할 것입니다.

제가 죽어서 주님 앞에 섰을 때, "너는 세상에서 무엇을 하다가 왔느냐?" 이렇게 물으시면 할 말이 없습니다. 그래도 저는 "24시간 도고기도하려고 노력하다가 왔어요"라고 주님께 말할 수는 있을 것입니다.

그래도 주님께서는 땅끝까지 복음을 전하라고 말씀하셨기에 우선 가족, 형제, 친지부터 복음을 전하고 땅끝까지 가려 하니 이젠 무릎이 성치 않아 걸을 수도 없고 하여 사랑의 손수건을 제작하기로 마음을 먹었습니다. 주님을 내 삶의 주인으로 모시는 영접기도문이 적힌 손수건입니다.

106

사랑(생명)의 손수건

[야고보서 4장 14절]

내일 일을 너희가 알지 못하는도다

너희 생명이 무엇이냐

너희는 잠깐 보이다가 없어지는 안개니라

우리는 잠깐 이 세상에 머물다 갑니다.

우리가 죽으면 우리의 영혼은 이 모습 그대로 천지를 창조하신 하나님의 심판대 앞에 서야만 합니다. 내가 살았던 삶의 모든 것을 그분 앞에서 보여드려야 합니다.

그리하여 그분이 심판하신 명령대로 천국이나 혹은 지옥으로 가야만 하는 것입니다.

내가 이 지구 위에서 세상의 일(사탄의 일)만 따라서 살았다면 뜨거운 지옥의 용광로로 들어갈 것이요, 내가 하나님의 계명을 천지 만물을 지으시고 모든 것을 알고계신 아버지, 공의의 하나님. 그들의 핏값을 갚아주소서. 억울하게 죽어간 그들의 핏값을 갚아주소서. 제가 울부짖습니다.

그런데 기도 중에 놀라운 그의 미래의 장면이 펼쳐졌습니다. 하나님께서는 그 모든 사건을 정확히 알고 계셨으며 그를 어떻게 처리하실지를 명확히 보여주셨습니다.

오~ 감사합니다. 나의 아버지.
억울한 두 청년의 핏값을 갚아주실 아버지 감사드립니다.

[시편 109편 7절~8절]

7 그가 심판을 받을 때에 죄인이 되어 나오게 하시며 그의 기도가 죄로 변하게 하시며
8 그의 연수를 짧게 하시며 그의 직분을 타인이 빼앗게 하시며

이렇게 말씀을 주시며
공의로 심판하시는 아버지 하나님.
감사드립니다.

105

살아계신 하나님, 핏값을 갚아주소서

아버지. 이 땅에서 억울하게 죽어간 영혼들이 땅에서 울부짖고 있습니다.

카인에게 죽임당한 아벨의 피가 땅에서 울부짖고 있습니다.

공의로우신 아버지. 카인에게 죽임당한 아벨의 피가 땅에서 소리치듯이, 너무 혹독한 삶이 힘들어 살기 위해 탈북한 두 청년의 억울한 핏값을 기억하소서.

그들은 강제로 북송되었습니다. 저는 그 영혼들이 너무 불쌍하여 잠을 이룰 수가 없었습니다. 통곡하며 울고 있습니다.

오늘도 금식하며 기도드립니다. 사탄의 견고한 진들을 무너뜨려 주십시오. 저 또한 땅에서 그들을 묶어 파쇄합니다.

살아계신 공의로우신 아버지. 그들은 수십 일 동안 고문당하다가 죽었습니다. 고통 속에서 참수되었습니다. 그들의 피가 그 땅 위에서 울부짖고 있습니다.

했는지, 말씀대로 살아왔는지를 물으실 것입니다.

　이 나라와 교회들이 망하는 것은 영적인 간음, 우상숭배 때문인 것입니다.

[요한복음 14장 6절]에서 주님은 "나로 말미암지 않고는 아무도 아버지께로 올 자가 없음이라"고 말씀하셨습니다.

[요한계시록 18장 3절~4절]
3 그 음행의 진노의 포도주로 말미암아 만국이 무너졌으며 또 땅의 왕들이 그와 더불어 음행하였으며 땅의 상인들도 그 사치의 세력으로 치부하였도다 하더라
4 또 내가 들으니 하늘로부터 다른 음성이 나서 이르되 내 백성아, 거기서 나와 그의 죄에 참여하지 말고 그가 받을 재앙들을 받지 말라

리들입니다.

　이러한 무리들을 하나님께서는 가증하게 여기시는 것입니다. 하나님을 조롱하고 능멸하는 이들은 우상과 하나님을 동시에 섬기는 예배를 하고 있는 것입니다.

　성도들이여. 바알과 하나님을 겸하여 예배하는 것을 멈추십시오. 모든 우상의 제단, 우상을 섬기는 교회들을 떠나십시오.

　우상의 제물을 먹게 하고 성도들을 지옥으로 끌고 가는 목회자들이여. 회개하십시오.

　성도들이여. 친분 때문에 그 우상의 집단에서 떠나지 못하십니까?

　목회자들이여. 그곳에서 나오면 당장 먹을거리가 끊어집니까?

　여러분들은 지옥의 불못에 떨어지는 걸 가장 두려워해야 합니다. 영적 간음을 멈추십시오.

　여러분이 죽어서 하나님의 심판대에 섰을 때, 주님께서는 여러분에게 어느 교단에 있었는지 묻지 않으십니다. 어느 교회에 다녔느냐고 묻지 않으십니다.

　나를 사랑했는지, 이웃을 네 몸처럼 사랑했는지, 나만을 예배

104

영적 간음과 육적 간음

우상숭배를 하고 간음하는 자들은 모두 분명히 지옥불에 떨어질 것입니다.

하나님께서 가증히 여기시는 동성애를 옹호하고 조장하는 교회의 목사들이나 동성애 깃발을 교회 앞에 걸어놓고 예배하는 가증한 교회들은 멸망할 것입니다.

동성애를 성소수자를 보호한다는 명목으로 그럴듯한 사랑이란 이름으로 포장하여 옹호하는 자들은 육적 간음을 조장하고 있는 것입니다.

영적 간음이란 하나님 외에 다른 것들을 우상숭배하는 것이며, 하나님 외에도 구원이 있다고 말하는 WCC 외 기타의 단체들, 에큐매니컬(종교통합)을 외치는 단체들의 행위를 말합니다.

그들은 이슬람, 개신교, 가톨릭, 원불교, 힌두교, 불교 기타 등등의 종교들을 통합하여 평화롭게 하나 되어 예배하자는 무

어둠의 영들과 어둠의 권세를 파쇄합니다.

어느 날은 예수님께서 거짓 방송국들을 천사들의 칼로 내리쳐서 무너지는 것을 보여주시기도 하고, 어느 날은 사탄의 종노릇하는 이들이 묶여 감옥으로 가는 것을 미리 보여주시기도 합니다.

사탄의 영을 받은 세상의 왕들이 권좌에서 물러나는 것, 사악한 왕들이 어떻게 죽게 될 것인지를 알려주시기도 합니다.

"너는 살아 있어 앞으로 내가 하는 일들을 보게 될 것이다" 하고 말씀하십니다.

오! 할렐루야.
우리의 기도를 열납하시는 예수님.
영광과 감사를 올려드립니다.

103

총사령관님

아침에 눈을 뜨면 주님께서는 명령하십니다. 저는 예수님을 총사령관으로 모신 이등병 병사로서 무조건 복종이며 무조건 충성입니다.

2025년 초에 저는 사령관님의 명령으로 이곳저곳으로 파병을 나갔습니다. 어느 날은 대법원으로, 국회의사당으로, 어느 날은 선관위로, 거짓선동을 일삼는 방송국으로, 헌재로 아니 가본 곳이 없습니다.

또 명령하십니다. "가라! 오대양 육대주로."

중동, 이란, 중국, 북한, 일본, 유럽, 미국 등등 거의 안 가본 나라가 없을 정도로 저는 파송을 나갑니다.

그곳으로 가서 십자가를 세우고 보혈로 덮으며 주님의 땅임을 선포합니다. 그곳으로 가서 기도하고 여호와의 제단을 쌓으며 여호와 닛시의 깃발을 꼽습니다. 가나안의 일곱 족속을 쫓아내고 이 없어요" 하고 말할 거예요.

사랑하는 주님. 저를 하늘로 불러주세요. 그날이 빨리 오기를 소망합니다. 저는 아버지 집에서 아버지만을 사랑하며 살고 싶어요. 사랑하는 나의 주님 베풀어주신 모든 은혜에 진심으로 감사를 올려드립니다.

아멘.

우리들의 죄악을 용서해 주십시오. 이 나라를 구해 주십시오. 이 나라가 공산주의가 되면 교회는 말살되고 다음 세대가 어찌 주님에 대해 알겠습니까?

저는 인생을 다 살았습니다. 저는 지금 죽어도 여한이 없습니다. 그러나 주님을 알지 못하는 다음 세대가 어찌 주님께 영광과 찬양을 올리겠습니까?

주님. 차라리 제 목숨을 가져가십시오. 다음 세대를 살려주십시오. 눈물로 기도를 올려드립니다.

저는 한평생 주님께서 베푸신 모든 은혜로 살아왔습니다. 집도 빌려주시고 차도 빌려주시고 제 생활에 필요한 모든 것들을 공급해 주셨습니다.

제게 주신 모든 것들이 주님께 잠시 빌려 쓰고 가는 것임을 압니다. 저는 아무것도 가진 것이 없습니다. 오직 주님만을 가졌습니다. 주님의 사랑만을 가지고 주님의 나라로 갈 것입니다.

주님. 저는 하늘 아버지의 집으로 이사 가고 싶습니다. 오늘이라도 이사 오라고 명령을 내리셨으면 좋겠습니다.

"너는 지상에서 뭐하다 왔니?" 하고 물으시면, "아버지. 저는 아무것도 한 것이 없어요. 다만 주님께서 주신 모든 것들을 행복하게 누리다 왔습니다. 그리고 저는 주님을 사랑한 것밖에 한 것

102

이사 가고 싶다

　오늘 아침에도 한아름 노란 장미꽃 송이들을 담아 꾸미고 아름다운 꽃바구니를 들고선 주님의 황금빛 보좌 앞으로 나가서 무릎 꿇었습니다.

　오늘 제가 해야 할 일과 제가 기도해야 할 것들을 말씀해 주십시오.
　사랑하는 주님.
　저는 오늘도 베란다 창가에 날아와 노래하는 새들과 함께 주님을 찬양합니다. 푸르른 녹음이 우거진 5월이 다가오네요.
　주님께서 주신 모든 만물은 새롭게 살아나는데, 주님, 이 나라는 풍전등화와 같습니다. 바람이 불면 꺼질 듯한 심지 약한 촛불이 되었습니다. 주님께서는 이 대한민국을 마지막 때 선교의 사명을 완수할 나라라고 말씀하셨는데 어찌된 일이옵니까?

에게 후원하며 그들의 목적을 위해 일하고 있는 것입니다.

　지난번 책에 쓴 것처럼 주님께서는 사탄의 재정을 파쇄하시겠다고 말씀하셨습니다.
　거룩한 교회와 성도들이여. 구하십시오.
　아버지의 나라는 부가 넘치고 넘치십니다. 천국은 침노하는 자의 것이며, 하나님 나라를 건설하기 위한 재정을 구하신다면 그리고 여러분들이 거룩한 청지기가 되기로 결심하셨다면 아버지께서는 차고도 넘치게 주실 것입니다.

　예수님. 주님 나라 건설에 힘쓰는 목회자, 선교사, 거룩한 성도들에게 하늘의 재정을 풀어주십시오.
　예수님의 이름으로 명령한다. 사탄의 재정들과 불법적으로 획득한 모든 재정들은 파쇄될지어다. 무너질지어다.

　좋으신 아버지.
　오늘도 우리에게 필요한 모든 것을 공급하시는 아버지.
　감사를 올려드립니다.

101

주님, 사탄의 재정을 파쇄하소서

이 세상은 맘몬의 세상입니다. 교회들조차도 맘몬의 신을 숭배하며 부를 따르고 있습니다.

이 세상 사람들은 말할 것도 없으며, 믿는 성도들조차도 맘몬 신을 숭배합니다. 돈이 없어 문을 닫는 개척교회와 선교회 등 거룩한 목회자나 선교사님들이 참 어렵게 살아가게 되는 것을 보게 됩니다.

사탄의 사업들은 번영합니다.

마약을 팔아 거대한 자금을 마련하거나, 거대 제약사들이 검증되지도 않은 제품들을 팔아 수십억 대의 이익을 챙기거나, 불법으로 모은 재산들을 가지고 이 세상의 정계와 재계를 움직이는 검은 손들을 보면, 이 세상의 신인 사탄은 자기의 사업을 위해서 엄청난 부를 소유하고 있으며 사탄의 종들을 통하여 그들혼들을 자유롭게 해방시켜주는 능력 있는 교회가 되어야 할 것입니다.

아버지.
이 시대에 성령님과 동행하는 교회, 음부의 세력들이 결코 침범할 수 없는 능력 있는 교회들이 세계 열방에 세워지게 해 주시옵소서.

교회들이 되었습니다. 즉, 반쪽 사역만을 하고 있는 것입니다.

마귀를 멸하러 오신 예수님께서는 [마태복음 12장 28절]에서 어떻게 해야 하나님의 나라가 우리 개인과 교회에 임할 수 있는지를 말씀해 주셨으며, [누가복음 9장 1절~2절]에서는 열두 제자를 불러 모으시고 모든 귀신을 제어하며, 병을 고치는 능력과 권위를 주시고, 하나님 나라를 전파하며, 앓는 자를 고치게 하시려고 파송하셨습니다.

우리에게 어떻게 해서 하나님 나라가 임하는지를, 어떻게 사역해야 하는지를 알려주신 것입니다.

우리 믿는 모든 자들은 하늘과 땅의 모든 권세를 받으신 예수님의 제자인데, 왜 교회는 분열되어 망하게 되며 온갖 귀신들의 놀이터가 되었는지 모르겠습니다.

음부의 권세가 교회를 이기지 못한다고 말씀하셨는데도 왜 교회가 무너지고 있는지를 똑바로 알아야만 할 것입니다.

이 마지막 시대에는 초대교회 사역으로 돌아가야 합니다.
말씀만을 전하는, 능력이 없는 교회가 되어서는 안 됩니다.
성령님과 함께 동행하며 병을 치유하고 귀신을 쫓아내며 영

100

말씀만 전하는 목회자,
말씀을 증명하는 목회자

여러분은 어느 교회에 다니십니까?

말씀만 전하는 목회자를 따라가십니까, 말씀을 증명하는 목회자를 따라가십니까?

여러분의 교회는 영적인 전투를 하는 교회입니까?

예수님 시대의 사도들은 예수님의 사역을 그대로 따라했습니다. 예수님의 3대 사역은 [마태복음 4장 23절]의 말씀입니다.

말씀을 가르치시고, 천국 복음을 전파하며, 모든 병을 치유하셨습니다.

지금의 교회들은 초대교회와는 전혀 다른 사역을 하고 있습니다. 대부분의 교회들은 오직 말씀만을 전하는 교회가 되었으며 질병과 마귀에 묶인 영혼을 해방시켜주지 못하는 능력 없는

다. 우리는 주님처럼 매 맞고 쓰러지며 힘들게 십자가를 지고 고난의 세상길을 걸어가는 것입니다.

우리 가족, 형제 중에서도 아직 천국시민의 자격증을 따지 못한 사람이 있습니다. 예수님께서는 물과 성령으로 나지 아니하면 하나님 나라에 들어갈 수 없다고 분명히 말씀하셨습니다. 물로만 세례를 받았다면 갈 수 없는 나라입니다. 꼭 성령 세례도 받아야만 그 나라에 들어갈 수 있습니다.

저는 오늘도 기도합니다. 천국시민권이 없는 그들을 위해 기도합니다.

성령님. 그들에게 임하소서.
거룩한 성령님. 그들에게 기름 부으소서.

[요한복음 3장 5절]
예수께서 대답하시되 진실로 진실로 네게 이르노니
사람이 물과 성령으로 나지 아니하면
하나님의 나라에 들어갈 수 없느니라

리라고 주님께서 명령하셨기 때문입니다.

왕의 명령을 따르기만 하면 우리는 의와 평강과 희락 속에 살게 되는 것입니다(롬 14:17).

왕의 명령을 따르지 않고, 이 세상의 풍조를 따라가거나 사탄을 이 세상의 임금인 줄 모르고 따라가는 많은 사람들이 있기에 우리는 분별하며 기도하고 한 영혼을 살리기 위해 노력하는 것입니다.

우리는 영혼들을 지옥으로 끌고 가는 사탄의 세력들에 맞서 싸우는 군사들입니다. 그러나 믿는 목회자나 성도들 가운데서도 이 세상의 임금이 진짜인 줄 알고 따라가는 많은 사람들이 있습니다.

그들은 [사도행전 4장 12절]의 말씀대로 오직 예수님만이 구원자라고 외치지 않습니다. 그들은 점도 보러 다니고, 세상의 신도 모시고, 하나님도 모시는 이중생활을 하고 있습니다. 지옥을 향해 가고 있는 것입니다.

그래서 주님께서는 세상의 넓은 길로 가지 말고, 고난의 좁은 길로 가라고 말씀하셨습니다.

우리는 편하고 안락하고 고통이 없는 길을 가는 것이 아니니

99

천국 시민권

예수님을 왕으로 모시는 우리들은 천국시민들입니다(빌 3:20).

사실 이 세상에 일어나는 모든 나쁜 일들은 이 세상의 임금인 사탄의 장난질에 의해 일어나는 일들이 너무나도 많습니다.

나라들을 분열시키고 전쟁을 일으키며, 교회나 우리 가족들을 이간질하여 분열시키고 해체하는 놀라운 지능과 권세를 가지고 있는 이 세상의 임금을 주님께서는 사탄이라고 말씀하셨습니다.

사실 우리는 이 세상의 법을 따르지 않으며 하나님 나라의 법을 따르는 사람들입니다. 이 세상 임금은 선을 악이라 하고 악을 선이라 하며 거짓선동과 혼돈과 무질서를 만드는 것입니다.

다만 우리가 이 세상에서 싸우는 것은 주님께서 사랑하시는 영혼들 때문인 것입니다. 땅끝까지 복음을 전하여 영혼들을 살

그러나 주님께서는 말씀하십니다.

"그들을 내가 심판하리라. 그들은 벌레에 먹혀 죽으리라."

[사도행전 12장 23절]
헤롯이 영광을 하나님께로 돌리지 아니하므로
주의 사자가 곧 치니 벌레에 먹혀 죽으니라

98

벌레에 먹혀 죽으리라

아버지께서 오늘은 세상의 왕(지도자)들을 위해 기도하라 말씀하였습니다.

적그리스도의 영을 받아 세상의 나라들을 통치하는 자들을 위해 기도합니다.

그 나라들에는 종교의 자유가 없으며, 우상숭배의 나라이며, 주 예수님을 왕으로 생각하지 않는 나라들입니다. 즉, 사탄이 점령한 나라들인 것입니다.

"아버지. 열방의 왕들을 바라보시옵소서. 어둠의 보좌에 앉아있는 자들을 바라보십시오.

주 예수님. 그 어둠의 보좌에 십자가를 세웁니다. 주님의 보혈로 그 죄악들을 덮습니다. 하실 수만 있다면 그 영혼들에게 긍휼을 베풀어주십시오."

는 것입니다.

    기도의 골방에서 두 팔을 높이 들고 하나님의 얼굴을 구하며 끝까지 기도하는 우리들이 되기를 오늘도 소망합니다.

[출애굽기 17장 11절~13절]

11 모세가 손을 들면 이스라엘이 이기고 손을 내리면 아말렉이 이기더니
12 모세의 팔이 피곤하매 그들이 돌을 가져다가 모세의 아래에 놓아 그가 그 위에 앉게 하고 아론과 훌이 한 사람은 이쪽에서, 한 사람은 저쪽에서 모세의 손을 붙들어 올렸더니 그 손이 해가 지도록 내려오지 아니한지라
13 여호수아가 칼날로 아말렉과 그 백성을 쳐서 무찌르니라

우리는 이 세상의 어둠의 영들이 무너질 때까지, 내 가정의 모든 문제가 해결될 때까지, 내 교회와 주위의 모든 어둠의 영들이 파쇄될 때까지 기도해야 하는 것입니다.

하나님께 두 팔을 올린다는 것은 경외함과 순종, 기도와 찬양이며 감사입니다.

여호와 닛시 주님의 깃발을 높이 올리고 주님의 땅임을 선포하는 것입니다.

언제까지 기도하냐구요?
우리가 승리하여 여호와 닛시의 깃발을 꽂을 때까지 기도하

97

두 팔을 들고 승리할 때까지

많은 분들이 상담을 하십니다. 어느 때까지 이렇게 기도해야 되느냐고요.

내 삶의 고난과 가난과 저주와 내 자녀들의 문제와 모든 사건 사고가 내 앞에 태풍처럼 닥쳐왔을 때, 우리는 주님의 얼굴을 구하지 않으면 아무것도 해결할 수 없습니다.

인간의 힘으로는 해결할 수 없는 세상의 문제들, 내 앞을 가로막고 있는 거대한 고난의 산들. 그것을 치워주실 분은 오직 주님 한 분뿐이십니다.

원수의 군대들 아말렉이 쳐들어왔을 때 모세는 산꼭대기로 올라갔습니다. 그를 돕는 중보자 아론과 훌과 함께 산으로 올라갔습니다.

던 것처럼 주님의 교회들이 타락하여 죄악에 빠지고 배교함으로써 이 나라가 멸망케 되었나이다.

아버지. 그러나 의인 10명만 있어도 심판하지 않으시고 용서하신다고 말씀하셨습니다. 제가 그 한 사람이 되겠습니다(렘 5:1).

아버지. 교회가 타락하여 죄악에 빠지고, 배교하여 아버지만을 섬기지 못한 죄를 용서해 주십시오.

아버지. 이 나라는 더 이상 지탱할 힘이 없습니다. 우리들의 죄악과 배교로 인하여 원수들이 온 땅을 차지하였습니다. 이 땅에 미카엘과 천군 천사들을 파송해 주십시오. 이 민족에게 회개의 영을 풀어 주십시오. 원수들의 목을 쳐 주십시오. 사탄의 모든 제단을 파쇄시켜 주십시오.

그리하실 주님께 영광과 감사를 올려드립니다.

아멘.

96

아버지. 미카엘과
천군 천사들을 파송하소서

아버지. 우리가 죽게 되었나이다. 이 나라가 멸망하게 되었나이다. 원수들이 이 땅을 거의 점령했습니다. 이 나라는 사탄의 땅으로 넘어가기 직전입니다.

우리를 살려 주십시오. 우리는 이제 아무것도 할 힘이 없습니다. 주님밖에 바라볼 소망이 없습니다.

아버지. 이 나라 교회들이 배교하여 주님과 바알을 함께 섬겼음을 회개합니다. 저는 [요한복음 20장 23절]의 말씀을 붙들고 그들 대신 회개하며 주님 앞에 나아갑니다.

아버지. 종교통합을 통하여 귀신과 하나님을 동시에 섬겼던 그들의 죄를 대신 회개합니다. 아버지. 이 백성에게 다시 한 번 기회를 주십시오. 저희를 용서하시고 자비를 베풀어 주십시오.

우상숭배로 인하여 세계 여러 나라들이 심판을 받고 멸망했

통당할 때, 하늘에서 쫓겨난 악령 천사들이 협력하여 그들의 조직활동을 하는 것처럼 하나님의 선한 천사들도 그들의 조직을 가지고 일하고 있는 것입니다.

[다니엘서 6장 22절]에서 하나님께서 천사들을 보내어 사자들의 입을 봉하여서 다니엘이 살아난 것처럼, 우리들도 하나님께서 천사들을 보내시어 우리들을 돕게 해달라고 기도해야 하는 것입니다.

저는 오늘도 기도합니다.

"전능하신 주님. 오늘도 전투에 강한 천사들을 보내시어 우리 가족과 지인들을 지켜주시고, 제가 기도하는 모든 이들을 보호하시며, 이 나라 이 민족을 지켜주십시오."

이렇게 기도드립니다.

또한 세계 열방에 천사들에게 명령하시어 사탄의 제단들을 무너뜨려 주시기를 기도드립니다.

전능하신 나의 아버지.

오늘도 영광과 감사를 올려드립니다.

아멘. 할렐루야!

95

천사들의 일

[히브리서 1장 14절] 말씀과 같이 천사들은 구원받을 상속자들, 즉 우리들을 섬기라고 보내주신 선물입니다.

천사들은 우리가 기도드릴 때, 그 즉시 우리들의 기도의 향을 가지고 주님의 보좌 앞으로 올라가기도 하며, 하늘과 땅을 오가며 하나님의 뜻과 목적에 따라 하나님께 쓰임 받는 종들입니다. 하나님의 명령에 따라 행동하는 심부름꾼들인 것입니다.

하나님의 뜻에 따라 소돔과 고모라 땅을 심판하여 멸망시키기도 하고, 우리들을 보호하고 인도하며 공급하는 일 등을 담당하고 있습니다.

사탄의 나라에도 계급과 직급이 있듯이, 천사들의 조직도 각각 맡은 분야가 다르며 대장인 천사장과 일반천사들의 조직으로 되어 있습니다.

우리가 죄로 인하여 고난당하거나(욥기 2장 7절) 질병으로 고오! 주님. 그 땅을 바라보시고 통치하시옵소서. [열왕기하 19장 35절]에 나오는 그 강한 천사를 파송하시옵소서. 하룻밤에 앗수르 군대 18만 5천 명을 멸하게 하신 그 용맹한 천사를 파송하시옵소서.

그 땅의 영혼들을 지옥으로 끌고가는 사탄의 군대를 멸하시옵소서.

아버지. 감사드립니다.

그 땅을 회복하실 줄 믿고 저의 기도를 열납하실 줄을 믿고 감사드립니다.

사랑하는 나의 주님.

영광과 존귀와 찬송과 감사를 올려드립니다.

아멘.

94

인도네시아

지인이 인도네시아로 떠난다 하시면서 기도 부탁이 들어왔습니다.

"주님. 여행의 수호천사이며 치료의 천사이신 라파엘 천사 일행을 파송하소서. 그들을 보호하시고 인도하시며 도와주소서. 그리고 인도네시아 그 숙소에 그 땅에 주님의 십자가를 세웁니다. 예수님의 보혈을 뿌립니다. 더러운 영들이 틈타지 못하도록 물리쳐 주시옵소서."

이렇게 기도드리고 있을 때, 주님께서는 그 땅을 점령하고 있는 커다랗고 더러운 황토색 용이 그 나라를 잡고 있는 사탄의 권세를 보여주셨습니다.

공중 권세 잡은 어둠의 영들은 여러분을 묶고 있습니다. 질병과 재정과 자녀들, 여러분이 살아가는 모든 삶의 여정과 사건 속에서 여러분을 묶고 있는 것입니다.

어떻게 끊을 것입니까?
예수님의 권세로 예수님의 권세 있는 이름으로 선포해야 하는 것입니다. 예수님의 이름으로 선포할 때 모든 결박은 풀어집니다.

[누가복음 10장 19절]
내가 너희에게 뱀과 전갈을 밟으며
원수의 모든 능력을 제어할 권능을 주었으니
너희를 해칠 자가 결코 없으리라

93

흉악의 결박을 끊어라

주님을 믿는 여러분은 자유하십니까?
온전한 평강과 기쁨을 누리고 계십니까?
아니면 아직도 질병으로 또는 가정과 사업장과 일터와 재정과 자녀로 인해 어려움을 겪고 계시는 것입니까?

여러분이 아직도 두려움과 고난에 사로잡혀 있다면 흉악의 결박을 끊어내십시오. 오직 예수님의 이름으로 예수님의 보혈로 흉악의 결박을 끊어낼 수 있는 것입니다.

[누가복음 10장 18절]에서 주님께서는 사탄이 하늘로부터 번개처럼 떨어지는 것을 보았다고 말씀하셨습니다. 찬양과 경배의 천사였던 루시엘이 주님을 배반하였고 타락하여 쫓겨나고 루시퍼가 되어 온 세상을 점령하고 있습니다. 그래서 예수님께서는 루시퍼를 이 세상의 임금이라고 말씀하셨습니다.

며 무릎 꿇어야 하기 때문입니다.

여호수아가 대적 원수들과 싸울 때, "태양아. 너는 기브온 위에 머무르라. 달아, 너도 아얄론 골짜기에서 그리 할지어다" 했던 것처럼 여호수아의 하나님은 우리의 하나님이시고, 우리에게 천하 만물을 다스리라고 명령하신 주님 말씀대로 그렇게 하는 것입니다.

[여호수아 10장 12절~13절]

12 여호와께서 아모리 사람을 이스라엘 자손에게 넘겨 주시던 날에 여호수아가 여호와께 아뢰어 이스라엘의 목전에서 이르되 태양아 너는 기브온 위에 머무르라 달아 너도 아얄론 골짜기에서 그리할지어다 하매

13 태양이 머물고 달이 멈추기를 백성이 그 대적에게 원수를 갚기까지 하였느니라 야살의 책에 태양이 중천에 머물러서 거의 종일토록 속히 내려가지 아니하였다고 기록되지 아니하였느냐

92

도쿄의 폭우와 강풍

우리 아이가 도쿄에 출장을 갔습니다. 도쿄에 폭우와 강풍이 심하니 기도해 달라는 카톡 문자가 왔습니다.

우리 가족들은 종종 날씨를 주관하시는 하나님의 명성을 익히 알기에 태풍이 올라오거나 농작물에 심한 영향을 주는 폭우가 내릴 때는 이런 기도를 하곤 합니다.

"예수님의 이름으로 명령하니 태풍은 소멸될지어다. 예수님의 이름으로 명령하니 비는 농사에 알맞게 내릴지어다."

심하게 폭우가 내릴 때에는, "예수님의 이름으로 명령하니 비는 멈출지어다" 이렇게 명령하는 기도를 하곤 합니다.

명령하는 기도를 이루시는 분은 하나님이십니다. 그러면 비가 멈추고 바람이 잠잠해지곤 합니다.

예수님의 이름 앞에는 천하 만물이 그 어떤 것이라도 순종하

전능하신 아버지.

우리들을 지옥으로 끌고 가기 위한 사탄의 궤계를 파쇄시켜 주십시오.

예수님. 이 땅을 고쳐 주시고 세계 열방을 고쳐 주시옵소서, 아멘.

다는 통계도 있습니다.

그 많은 영혼들을 지옥불로 끌고 갈 수 있다니 사탄은 얼마나 기뻐하며 콧노래를 부르겠습니까?

세계를 마약으로 정복하고 음란으로 정복하여 그들을 모두 지옥으로 데리고 갈 수 있다니 사탄은 얼마나 기뻐 날뛰겠습니까?

"예수님. 그 거리들을 치유해 주십시오. 그 영혼들을 치유해 주십시오."

오늘은 그 거리거리마다 십자가를 세우고 예수님의 보혈을 뿌리고 덮습니다.

"예수님의 이름으로 명령한다. 세계 열방에 역사하는 마약의 모든 조직과 경영과 사탄의 재정은 파쇄될지어다. 사탄의 세력들은 무너질지어다.

예수님의 이름과 피로 명령하니 열방을 향한 사탄의 모든 계획들과 마약조직들은 드러나고 파쇄되고 멸망할지어다."

91

마약의 거리

　일명 좀비랜드로 불리는 미국 펜실베이니아 주 필라델피아의 켄싱턴 거리와 유럽의 뒷골목 등 세계 곳곳의 마약의 거리에는, 펜타닐 중독으로 팔다리가 썩어 신체 일부를 절단한 상태인 사람들과 펜타닐 복용 후 뇌손상으로 인해 몸을 좀비처럼 움직이며 마약을 팔고 사는 사람들, 주변엔 쓰레기와 오물들이 넘쳐나며 주사기들이 길거리에 수북이 쌓여 있고 악취가 나는 그곳에는 수많은 마약 중독자들이 노숙자로 전락하여 길거리에서 살고 있습니다.

　마약 청정국이라고 했던 대한민국도 이미 전 국민을 중독시키기에 충분한 마약이 들어오고 있으며 일반인도 5분이면 마약을 살 수 있는 나라가 되었습니다.

　마약은 세계인들뿐만 아니라 우리의 일상에도 깊이 들어와 있습니다. 2022년 기준 우리나라 마약사범은 2만여 명이 넘었

천사들은 우리들의 눈물의 기도를, 그 눈물방울들을 담아 주님께 올려드립니다.

주님께서는 눈물의 기도를 분명히 들으시고 응답하십니다.

[시편 56편 8절]

나의 유리함을 주께서 계수하셨사오니

나의 눈물을 주의 병에 담으소서

이것이 주의 책에 기록되지 아니하였나이까

90
세상에서 가장 아름다운 기도

　세상에서 가장 아름다운 기도는 눈물의 기도입니다. 한 영혼을 살리기 위한 눈물의 기도입니다.
　우리의 삶이 낭떠러지에 서 있을 때나 삶이 너무 힘들어서 내 삶을 끝내고 싶을 때 우리는 주님 앞으로 통곡하며 나아가게 됩니다. 그리고 눈물의 기도를 하게 됩니다.
　내가 이 세상에서 만났던 가족, 형제, 지인들이 주님을 모르고 믿지 않을 때, 그 영혼들이 지옥에 떨어질 위기에 있을 때, 우리는 그 영혼을 위해 눈물의 기도를 하게 됩니다.
　내 가족과 지인들의 영혼을 위해 내 교회와 국가, 세계 열방의 영혼들을 위해 그 영혼들을 살리기 위해 주님께 탄원하는 눈물의 기도는 세상에서 가장 아름답습니다.
　어린 자녀들과 다음 세대를 위하여 눈물로 기도하는 그 눈물의 기도를 주님께서는 가장 귀하게 여기십니다.

하나님. 우리의 죄를 용서하십시오. 이 민족의 죄를 용서해 주십시오. 하나님과 바알을 함께 섬겼던 가증한 죄들을 용서해 주십시오.

우리를 능히 예수님의 보혈로 용서하시는 사랑의 하나님 아버지. 감사드립니다.

[고린도후서 6장 14절]
녀희는 믿지 않는 자와 멍에를 함께 메지 말라
의와 불법이 어찌 함께 하며 빛과 어둠이 어찌 사귀며

예배란 오직 전능하신 하나님 한 분에게만 찬양과 경배, 영광을 올려드리는 것입니다. 예배란 귀신들과 함께 하나님을 찬양하는 것이 아닙니다(요 4:23).

종교통합 운동이란 겉으로는 일치와 평화, 사랑을 말하는 것 같지만, 사실 그것은 하나님과 바알을 동시에 함께 예배하는 것입니다. 그것은 사탄이 계획한 고도의 작전인 것입니다. 사탄은 고도의 속임수 위장술로 이 땅에서 세월호, 이태원 사건 등 인신제사를 행하고 있으며 영혼들을 지배해가는 것입니다.

교회들은 회개해야 합니다. 그러나 주님, 이 땅을 보시고 저의 회개를 받아주십시오.

우리를 속죄할 수 있는 거룩한 제사장이라 말씀하셨으니, 저는 [베드로전서 2장 9절]의 말씀과 [요한복음 20장 23절]의 말씀을 가지고 주님 앞에 나아갑니다.

저와 이 민족과 교회의 죄를 용서해 주십시오. 헤아릴 수도 없이 많은 그 죄들을 가지고 주님께 용서를 청합니다.

재를 덮어쓰고 금식하며 회개하는 니느웨 백성처럼 저는 눈물로 기도하며 주님께 나아갑니다.

89
이 민족과 교회의 죄

　이 나라를 점령하려는 사탄의 영들은 2013년 11월 초에 이루어진 WCC의 종교통합 예배로부터 더욱 왕성한 활동을 시작하였습니다.
　개신교, 가톨릭, 불교와 기타의 샤머니즘 종교 등 여러 종파가 모여 예배를 하였습니다. 그곳에서는 죽은 영혼을 불러내서 굿판을 벌이고 진혼제를 했으며, 부적처럼 사용되는 십자가, 주술적인 퍼포먼스, 기타 등등 각 종교의 특성에 따라 예배하는 종교 혼합주의의 예배가 있었습니다.
　이 예배는 하나님께서 가증히 여기시는 귀신들과의 혼합예배였으며 하나님을 능멸하고 조롱하는 예배였습니다. 그 이후 우리나라는 루시퍼의 종들이 활개를 치며 이 땅에서 여러 가지 사건들을 통하여 인신제사가 드려졌으며 오늘날까지 이 나라는 귀신들의 놀이터가 되었습니다.

질병은 [마태복음 9장 2절]에서처럼 죄 때문이라고도 말씀하셨고, [요한복음 9장 2절~3절]에서는 맹인이 된 사람을 보시고는 그 사람의 죄와 부모의 죄 때문이 아니라 하나님이 하시는 일, 즉 하나님의 영광을 나타나게 하심이라고도 말씀하셨습니다. (요 11:4).

그러면 우리는 어떻게 이 질병에서 헤어 나올 수 있는 것입니까? 우리는 먼저 [요한일서 1장 9절]의 말씀대로 예수님의 보혈로 우리를 깨끗이 씻고 우리의 죄를 자백해야 할 것입니다.

모든 불순종의 죄들을 고백하고 그 죄를 계속적으로 회개하며 주님 앞에 끊임없는 예배를 올려드릴 때, 그때 주님께서는 우리를 치유하시고 주님의 영광을 드러내게 되실 것입니다.

죄의 회개와 끊임없는 기도와 예배만이 주님께서 우리를 질병에서 자유케 하시는 이유가 되는 것입니다.

우리의 질병을 치유해 주시는 전능하신 아버지.
감사와 존귀와 영광을 올려드립니다.
아멘.

88

믿음의 기도는 병든 자를 구합니다

[야고보서 5장 15절]

믿음의 기도는 병든 자를 구원하리니

주께서 그를 일으키시리라

혹시 죄를 범하였을지라도 사하심을 받으리라

요즈음 많은 사람들이 질병에 시달리고 있습니다.

암으로 고통받는 이들 또는 정신적인 질병들인 조현병이나 우울증, 자폐증, 치매 또는 공황장애 등 병원에서도 원인을 알 수 없고 헤아릴 수도 없이 많은 병들이 병원 진료실의 목록에 들어 있습니다.

그러나 영적으로 보면 [출애굽기 15장 26절]의 말씀처럼 모든 질병과 저주를 받는 것은 여호와의 말씀에 순종치 아니하며 주님의 명령과 규례를 지키지 아니함 때문이라고 말씀하셨습니다.

"아버지.

아버지께서는 [이사야 40장 15절]에서 열방이 통 속의 한 방울 물과 같고 티끌 같다고 말씀하셨으니, 아버지. 이 지구를 치유해 주십시오. 이 지구 땅을 고쳐주십시오.

기독교 인구가 1퍼센트도 되지 않는 일본 땅과 세계 열방을 사탄의 세력들이 잡고 있습니다. 그 땅의 영혼들을 살리기 위한 기드온의 삼백 명의 용사와 같은 중보자들을 일으켜 세워주십시오. 주님께 생명을 바치는 삼백 명의 용사들을 일본 땅과 세계 열방에 세워 주십시오.

아버지. 불가능이 없으신 나의 아버지, 사랑하는 성령님.

그 일본 땅에 성령님의 불을 내리소서.

아버지. 사랑하는 나의 아버지.

예수님의 이름으로 구합니다. [요한복음 14장 14절] 말씀대로 그렇게 행하실 주님께 감사드리며 영광과 존귀와 찬양과 감사를 올려드립니다."

다. 이슬람뿐만 아니라 믿지 않는 자, 불교, 우상숭배와 무당, 이단의 신을 믿는 자들, 힌두교, 기타 모른 인류의 영혼을 구하기 위하여 십자가 위에서 피 흘리셨습니다.

그러나 [사도행전 4장 12절] 말씀대로 주님의 이름을 믿는 자만이 아버지께서 구원하신다고 말씀하셨습니다.

그리고 이 세상의 임금(요 14:30)인 사탄은 지구의 많은 땅을 차지하였습니다.

유엔 회원국과 팔레스타인 등 미승인 국가들을 합치면 대략 2백여 나라들이 있습니다. 일본이나 인도, 캄보디아, 태국, 인도네시아, 중동의 땅들 대부분은 사탄이 점령하여 그들의 영혼들은 모두 지옥에 떨어지게 되어 있고, 한때 융성하던 유럽마저도 기독교가 붕괴되어가고 있습니다.

이렇게 가다가는 지구의 대부분의 영혼들이 지옥으로 떨어질 위기에 처해 있습니다. 그래서 저는 세계 열방의 영혼들을 위해 기도하기 시작했습니다. [베드로전서 2장 9절]과 [요한복음 20장 30절]의 말씀을 붙들고 그들의 죄를 대신 회개하며 기도하기 시작했습니다.

87

일본 땅과 세계 열방에
삼백 명의 중보자를 세워주십시오

저는 다니엘서에 나오는 기도를 자주 하곤 합니다.

"주여. 들으소서. 주여. 용서하소서.
주여. 귀를 기울이시고 행하소서.
지체하지 마옵소서. 저의 하나님이여.
주의 이름과 영광을 위하여 하시옵소서.

주님. 이 지구를 바라보소서.
그리고 저의 기도 소리를 들으소서.
세계 열방의 나라들을 바라보소서."

주님께서는 전 인류를 구원하시기 위하여 이 땅에 오셨습니

그러나 죄악이 아버지와 나 사이를 가로막고 있다면 결코 하나님의 음성을 들을 수 없으며 그분을 만날 수 없습니다. 우리가 죄로 가득 차 있다면 오히려 사탄의 음성을 듣게 됩니다.

여러분들은 모두 하나님을 만나고 싶어 합니다. 그분의 음성을 듣고 싶으며, 그 거룩하고 존귀한 우리의 아버지를 만나고 싶으시다면 먼저 내 영·혼·육을 정결케 해야만 합니다.

예수님의 보혈로 씻고 또 씻고 회개한 후에야 여러분은 거룩하고 순결하신 그분을 만날 수 있는 것입니다.

[이사야 59장 2절]
오직 너희 죄악이 너희와 너희 하나님 사이를 갈라놓았고
너희 죄가 그의 얼굴을 가리어서
너희에게서 듣지 않으시게 함이니라

86

하나님을 만나지 못하는 이유

기록되었으되, 주님께서는 내 양은 내 음성을 듣고 나를 따라 온다고 말씀하셨습니다.

우리가 음성을 들을 수 없는 이유는 기도만 하고 주님께서 말하시는 음성을 듣지도 않고 바로 주님 곁을 떠나기 때문이며, 또한 죄가 주님과 우리 사이를 가로막고 있기 때문입니다.

우리가 주님 앞에서 기도했을 때 저의 기도는 조금만 하고 기도한 시간보다도 훨씬 더 많은 시간을 주님 십자가 앞에 앉아 주님의 음성에 귀를 기울이고 들어야 합니다. 주님께 여쭈어 보고 주님의 뜻을 알아야 하기 때문입니다.

주님께서는 우리에게 분명히 말씀해 주십니다. 세상에서도 자녀를 사랑하는 아버지가 자녀의 질문에는 언제나 대답을 해 주는데, 하물며 그보다도 천만 배나 더 우리를 사랑하시는 아버지께서 침묵을 하시겠습니까?

그 고난을 마친 것을 축하해 주기라도 하듯이 아름다운 미소로 그분을 맞이해 주었습니다.

할렐루야! 성령님. 감사드립니다.

우리들은 우리들의 삶에서 본 모든 고난과 시련과 슬픔을 견디어내어야 합니다. 주님을 향한 발걸음은 고달프고 힘든 길일 것입니다. 그러나 우리는 주님께서 먼저 가신 그 고난의 길, 십자가의 길을 따라 주님만을 바라보며 그 좁은 길로 걸어가야만 합니다.

끝까지 참고 견디는 자는 우리 삶의 마지막 날에 천사들의 환영을 받으며 아버지의 나라에 들어갈 것입니다.

인생의 수많은 고난과 역경에 처해있는 믿음의 사람들이여. 마지막 그날까지 아버지의 나라에 가는 그날까지, 우리는 오직 예수 그분 한 분만을 향해서, 그분이 가신 십자가의 길을 따라서 걸어가야 할 것입니다.

아멘.

의 모든 내면까지도 꿰뚫어 보시는 성령님. 저는 아무것도 모릅니다. 하오나 성령님께서는 모든 것을 알고 계시오니 그분에 대하여 말씀해 주십시오."

이렇게 기도를 드리게 되었습니다.

자매님은 아주 좁은 길을 울면서 걸어가고 있었습니다. 그 좁은 길가에는 탱자나무 같은 가시엉겅퀴들이 끝없이 이어져 있었으며, 그 자매님의 몸, 다리 할 것 없이 그 뾰족한 가시덩굴들에 찢기고 상처를 입어 피 흘리며 울면서 그 좁은 길을 걸어가고 있었습니다.

그분은 길이 너무 좁아 피하지도 못한 채 아파하며 울면서 울면서 그 좁은 길을 걸어가고 있었습니다. 조금 오래 지나 7~8년의 시간이 흘러가고 있었습니다.

자매님이 상처에 아파하며 울면서 주님을 부르며 걸어가는 그 모습에 저는 너무 마음이 아파왔습니다.

그런데 그 가시밭길이 끝나가는 경계선에서 세 명의 천사들이 그를 반기고 있었습니다. 그 빛나는 천사들은 흰색, 노란색, 초록색의 꽃 한 송이씩을 들고 활짝 웃으며 그 자매님을 맞이해 주었습니다.

85

집사님의 예언기도

저는 사실 예언기도를 잘 믿지도 않습니다. 다만 내 영혼에 유익이 된다면 참고만 할 따름입니다.

힘들 때마다 제게 전화를 하시는 집사님께서 여러 번 예언기도를 부탁하셔서 할 수 없이 예언기도를 해 드리게 되었습니다.

사실 모든 예언은 이미 성경에 기록되어 있습니다. 알파와 오메가인 우리 주님께서는 모든 역사를 이루어가시며 우리의 과거, 현재, 미래까지도 모두 알고 계시는 분이십니다.

우리의 태어남 그리고 우리가 주님 나라로 가는 시간까지도 그분은 알고 계시는 것입니다.

"우주 만물 어디에도 계시는 성령님. 우리의 머리카락 숫자까지도 알고 계시며 우리의 모든 것을 알고 계시는 성령님. 그 자매

어둠을 몰아내야만 행복하게 살 수 있습니다.

어떻게 어둠을 몰아냅니까? 여러분의 가정에 기도의 제단을 쌓으십시오.

미국이나 유럽의 나라들에서는 사탄을 숭배하는 사탄교 제단이 있습니다. 그들은 십자가를 거꾸로 세워놓고 성경책을 찢으며 사탄에게 예배를 드립니다. 그러나 우리는 빛이신 주님의 제단 앞에서 기도를 드립니다.

매일매일 기도의 제단에서 빛을 밝히며 기도를 하십시오. 제단의 불을 꺼뜨리지 마십시오. 그리하면 여러분의 가정과 교회, 국가는 행복해질 것입니다.

[레위기 6장 13절]
불은 끊임이 없이 제단 위에 피워 꺼지지 않게 할지니라

주님. 세계 열방의 각 나라마다 국가 기도의 제단이 세워지게 해주시옵소서.

우리의 기도를 열납하시는 아버지. 영광과 감사를 올려드립니다.

아멘.

저는 가끔씩 이 시를 읽어보며 〈노을빛〉을 〈주님과〉로 바꾸어 읽어보곤 합니다.

우리 모두는 잠시 이 지구 위로 소풍 나온 나그네들입니다.

그리고 우리가 이 지구 위에서 만났던 사람들이나 주님께서 잠시 사용하라고 빌려준 교회나 우리 집, 차, 필요한 물품들 모두 주님께서 배려해 주시고 잠시 임대해 주신 것들입니다. 우리의 소유는 아무것도 없습니다. 이 세상 만물은 다 주님의 것입니다.

저도 때로는 삶이 너무 힘들 때 하늘 아버지의 집으로 이사를 가고 싶다고 생각합니다. 그러나 주님께서 이사 날짜도 정해주시고 이사 오라고 허락하실 때를 무척이나 사모하며 기다리고 있습니다. 저는 하늘 아버지 집에 있는 분들이 너무나 부럽습니다.

주님께서는 우리에게 모든 행복을 주셨습니다. 주님이 채찍에 맞으시므로 우리를 병들지 않게 하셨으며 우리를 부요하게 하시려고 주님께서는 가난하게 사셨습니다 (고후 8:9).

그러나 우리는 이러한 행복들을 누리지 못하고 있습니다. 우리 삶에 저주와 가난, 질병을 넣어주는 방해꾼들인 어둠의 영들이 있기 때문에 우리는 행복을 누리지 못하고 있는 것입니다.

84

행복해지려면

천상병 시인의 '귀천'을 잠시 적어봅니다.

나 하늘로 돌아가리라
새벽빛 와 닿으면 스러지는
이슬 더불어 손에 손을 잡고

나 하늘로 돌아가리라
<노을빛> 함께 단 둘이서
기슭에서 놀다가 구름 손짓하며는

나 하늘로 돌아가리라
아름다운 이 세상 소풍 끝내는 날
가서 아름다웠다고 말하리라

만의 마귀의 손들이 보혈에 닿는 순간 무너져 내리기 시작했습니다.

주님께서 말씀하셨습니다.

"내가 열방을 바꾸리라. 내가 악을 심판할 것이다. 기도하라."

오! 놀라우신 주님.
제 생명을 드리며 기도하겠습니다.
세계를 통치하시는 하나님.
영광과 존귀를 올려드립니다.
아멘. 할렐루야!

83

주님께서 알려주신 보혈의 능력

[요한복음 14장 14절]
내 이름으로 무엇이든지 내게 구하면 내가 행하리라

"주님. 저는 무엇이나 예수님의 이름으로 구하고 명령하곤 합니다. 저에게 열방을 주신다고 약속하셨으니 무엇을 어떻게 해야 저 대적 원수들을 물리칠 수 있을까요?"

이렇게 여쭈었을 때 주님께서는 "먼저 십자가를 세우고 보혈을 뿌려라. 그리고 내 이름으로 명령하면 된단다" 하고 말씀하시는데 갑자기 십자가에서 보혈이 흘러내리기 시작했으며 보혈의 홍수가 지구 위 세계 열방을 덮기 시작했습니다.

셀 수 없는 수천수만의 검은 수도복 옷차림 비슷한 검은 옷을 입은 마귀들이 비명을 지르기 시작했습니다.

주님의 보혈이 덮어지자 지구 위 세계 열방에 있던 수천수다는 내용이었습니다.

전능하신 예수님. 감사와 영광을 올려드립니다.
아멘. 할렐루야!

염증과 더러운 세포를 증식시키는 공사를 하고 있었고, 4마리의 시커먼 질병의 영들은 폐와 기타 몸속의 모든 기관들을 망가뜨리는 공사를 하고 있는 중이었습니다.

"예수님의 이름으로 명령하니, 떠나라!" 하면서 십자가와 주님의 보혈을 덮으며 뿌렸을 때 그들은 비명을 지르며 달아나기 시작했습니다.

"더러운 질병의 영들아. 다신 오지 마라. 예수님 이름으로 명령한다. 오소서. 성령님. 태우소서. 모든 더러움을 태우소서."

이렇게 기도드릴 때 하늘에서 5명의 빛이 찬란한 치유의 천사들이 하늘빛 옥합을 손에 들고 내려 오셔서 그분의 몸의 구석구석을 치유하셨습니다.

저는 매일매일 그분을 위해 기도드렸습니다. 그 가정과 그의 영혼을 예수님께 올려드리며 기도했습니다. 얼마 후 지인을 통해 연락이 왔습니다.

CT 결과 거의 치유되어가고 있으며, 뼈의 전이도 없으며 암이 흔적도 없이 사라져 가고 모든 수치가 정상이 되어가고 있다고 하시면서, 주님께서 하신 이 모든 일에 감사와 영광을 올려드린

82
천사들의 치유

지인으로부터 기도 부탁이 들어왔습니다.

어느 남자 성도님께서 말기 암으로 인하여 폐와 기타 장기까지 암이 전이되어 굉장히 힘든 암 투병을 하시고 있다는 것이었습니다.

"여호와 라파 치유의 하나님. 이미 주님께서는 [베드로전서 2장 24절]에서 그가 채찍에 맞으심으로써 우리가 나음을 얻었다고 말씀하셨습니다. 그 형제의 병을 치유하여 주십시오. 그리하여 그의 나머지 생의 전부를 주님의 영광만을 위하여 살게 하시옵소서."

이렇게 기도드릴 때 성령님께서 조명하여 주셨습니다.

3명의 질병의 영을 넣어주는 마귀들은 전립선과 신장 주위에 얼마 뒤 비가 내렸습니다. 주님께서는 우리의 모든 기도를 듣고 계시는 것입니다.

어둠의 영들이 우리들을 멸망시키고자 하나, 좋으신 우리 아버지께서는 우리에게 항상 좋은 것을 주십니다.

사랑하는 나의 아버지.
영광과 존귀와 감사를 올려드립니다.
아멘.

[열왕기상 18장 42절~43절]

42 아합이 먹고 마시러 올라가니라 엘리야가 갈멜 산 꼭대기로 올라가서 땅에 꿇어 엎드려 그의 얼굴을 무릎 사이에 넣고

43 그의 사환에게 이르되 올라가 바다쪽을 바라보라 그가 올라가 바라보고 말하되 아무것도 없나이다 이르되 일곱 번까지 다시 가라

저는 단식을 결정하고 기도의 골방으로 들어갔습니다. 주님께서 비를 내려주실 때까지, 산불이 진화될 때까지 주님께 탄원하기 위해서였습니다.

"주님. 어찌하시렵니까?

저희들을 모두 불태워 버리시렵니까?

저희들이 죄악이 만연할 지라도 주님, 용서해 주십시오. 비를 내려주십시오. 하늘 문을 여시고 비를 내리시어 이 나라에 번져가는 산불을 꺼주시옵소서.

저는 주님께서 하늘 문을 열고 비를 내려주실 때까지 기도할 것입니다. 비를 주시지 않으면 기도하다 죽을 것입니다.

주님. 이 나라의 죄악들을 용서해 주십시오.

자비를 베풀어 주십시오."

기도하는 며칠째 지상에서 타오르는 불꽃을 바라보며 웃고 조롱하는 시커먼 마귀 떼들을 보게 되었습니다. 온 세상을 불태웠으면 좋겠다는 그들의 모습을 보며, "주님. 저것들을 멸망시키소서. 하늘의 천사들을 파송하소서. 그리고 이 땅을 지켜주소서" 하며 기도하였습니다.

81

산불

2025년 3월의 마지막 주를 향해가고 있습니다.

오늘도 일주일 째 경북 의성에서 시작된 산불은 경남으로, 지리산 쪽으로, 강원도로, 동서남북으로 불길이 번져가고 있습니다.

이 나라를 전부 불태울 기세로 번져가는 불길은 불비가 쏟아지는 소돔과 고모라 땅을 보는 듯합니다.

수많은 주민들이 가옥이 태워지고 파손되어 피신하고 있으며, 진화작업을 하던 헬기가 추락하여 조종사들이 죽고, 소방대원들이 불길에 타서 사망하고 이 나라의 30여 곳 가량의 산에서 동시다발적으로 산불이 번져가고 있습니다.

얼마 전에는 미국에서 오랫동안 산불이 일어났었고 지금 일본에서도 산불이 진행되고 있습니다.

모든 부패와 더러움이 세계 열방에 드러날지어다. 사탄의 모든 계획들은 산산이 깨어져 파쇄될지어다.

좋으신 주님.

세계 열방의 각 나라마다 기드온의 삼백 용사들이 일어나게 하시며 승리하게 하시옵소서.

사탄이 점령한 땅을 주님의 나라로 세울 주님의 용사들에게 10배나 더한 지혜와 총명을 주시어 대적 원수들을 무너뜨리게 하시옵소서.

아멘.

역시 사람들을 통해 일하고 있습니다.

사탄은 주로 세상의 왕들과 지도자들을 사로잡아 배후에서 조종하며 역사하고 있는 것입니다.

사탄 나라의 음모와 계획들은 무궁무진합니다. 그러나 하나님 나라의 용사들도 만만치 않습니다.

주님.

[다니엘 1장 20절]에서 다니엘, 하나냐, 미사엘, 아사냐에게 주셨던 10배나 더 강력한 지혜와 총명을 가진 이들이 주님 나라의 군대로 일어나게 하시며, 그들이 사탄의 모든 음모와 계획들을 파쇄하게 하소서.

또한 [누가복음 12장 2절]에서 감추인 것이 드러나지 않을 것이 없고 숨긴 것이 알려지지 않을 것이 없다고 말씀하셨으니, 이 나라와 세계 열방에서 행해지는 사탄의 모든 음모와 계획들이 모두 드러나게 하시고 무너지게 하시옵소서.

예수님의 이름으로 명령하고 선포한다. 세계 열방의 은밀한 곳에서 행해지는 사탄의 모든 음모와 계획들을 결박하고 파쇄한다.

80

세계 열방의 죄악과 어둠의 영들의 음모와 계획들이 드러날지어다

2024년 말부터 2025년으로 해가 바뀌었는데도 이 나라는 무정부상태가 되어 있습니다. 자유주의와 공산주의의 이념싸움 같지만 영적으로 보면 하나님 나라와 사탄 나라와의 전쟁입니다.

주님께서 여러 번 말씀하셨지만 사탄은 이 세상의 임금이라는 것입니다. 모든 악을 조장하며 거짓과 더러움으로 이 세상을 덮어가고 있으며 하나님의 나라가 결코 서지 못하도록 방해하는 세력들인 것입니다.

이 마지막 때에는 하나님의 나라에도 영적인 군대들이 소집되고 있으며, 사탄의 나라에도 사탄의 군대들이 소집되고 있습니다.

성령님께서도 사람들을 통하여 일하시고, 사탄의 세력들도 예수님. 동성애를 배후에서 조종하는 저 사탄의 세력들을 멸망시키소서.

예수님의 이름으로 명령한다. 세계 열방을 잡고 있는 이 더러운 어둠의 영들 모두 묶임 받고 무저갱에 던져질지어다. 동성애와 음란의 영들은 영원히 파쇄되고 멸망할지어다.

아멘.

때, "예수님. 저를 도와주세요. 저는 지옥에 가기 싫어요" 하면서 계속 자기의 의지로 죄를 끊어내야 하며, 예수님의 보혈을 뿌려야만 합니다.

계속적으로 죽는 날까지 죄가 끊어질 때까지 예수님의 보혈을 자기 몸에 뿌리며 예수님께 도와달라고 기도해야 합니다.

특히나 청소년 여러분은 유혹에 빠지지 않도록 정신을 차려야 합니다.

여러분은 가스레인지 불 위에 10초도 자기의 손가락을 올려놓을 수 없을 것입니다.

그 수천만 배의 뜨거움이 불타고 있는 지옥.

뱀과 구더기가 살을 뜯어 파고드는 그곳에서 견딜 수 없는 역겨운 냄새가 피어오르고 수많은 영혼들의 비명소리가 쏟아지는 그곳.

그곳은 단 1초도 평안을 누릴 수 없는 고통만이 있는 곳입니다. 그곳에서 여러분들은 영원히 영원히 살아가야 할 것입니다.

청소년 여러분. 음란의 죄를 끊어내십시오. 예수님의 이름과 피로 명령하여 물리치십시오.

79

잠깐의 쾌락은 영원한 지옥(불못)입니다

하나님께서 가장 가증하게 여기시고 미워하시는 죄는 동성애입니다. [창세기 19장 24절]에서 하나님께서는 동성애와 음란의 땅인 소돔과 고모라를 유황과 불을 비같이 내려 멸망시키셨습니다.

이 죄는 인간의 성향이 아니며 내가 자유의지로 선택한 죄인 것입니다. 이것은 마귀가 지옥으로 끌고 가기 위해 던지는 밧줄, 즉 올무인 것입니다.

음란물을 보거나 포르노를 보거나 할 때 들어오는 음란의 마귀들은 주 예수님께 기도하며 성령님의 도움을 청할 때에만 그들을 쫓아내며 그 죄를 끊을 수 있습니다.

환경을 바꾸어야 합니다.
혼자 있을 때 그런 상상을 하거나 음란한 생각이 계속 들어올

나니 이는 병사로 모집한 자를 기쁘게 하려 함이라

믿는 우리들은 주님과 함께 고난을 받는 주님의 군사들입니다. 세계 열방을 주님께서 다스리도록 기도해야 하며, 잠깐의 이 세상 임금들이 점령한 사탄의 땅들을 변화시켜야 합니다. 그들을 쫓아내야 합니다.

그곳으로 가서 주님의 임재를 끌어내리고 하늘의 모든 영광이 이 땅에 내려오도록 예배해야 합니다.

말씀과 기도와 찬양으로 그 땅을 차지한 악한 세력들을 몰아내야 하며, 어두운 그곳에도 빛이 들어와 곧 성령님께서 임재하셔서 어두움을 불태워 소멸시키시고, 그곳이 빛으로 채워져 변화되도록 기도해야 합니다.

믿음의 군사 여러분. 어둠의 영들이 점령한 그곳으로 가십시오. 그 땅들은 왕의 자녀인 우리들이 다스리고 정복하라고 주신 땅들입니다.

개인이나 국가나 교회나 세계 열방의 어느 곳이든지 가서 기도하고 행동하십시오. 그곳은 주님의 나라가 될 것입니다.

아멘. 할렐루야!

78

어둠이 덮여있는 그곳으로 가서 예배하고 정복하라

내 가족 중에 어두움 때문에 고난받는 자가 있다면 그곳으로 가십시오.

내 민족 가운데 주님을 대적하는 세력들이 있다면 그곳으로 가십시오.

세계 열방 중에 주님을 대적하고 주님을 조롱하는 세력들이 있다면 그 땅으로 가십시오.

가서 기도하십시오.

[디모데후서 2장 3절~4절]
3 너는 그리스도 예수의 좋은 병사로 나와 함께 고난을 받으라
4 병사로 복무하는 자는 자기 생활에 얽매이는 자가 하나도 없

11 이 개들은 탐욕이 심하여 족한 줄을 알지 못하는 자들이요 그들은 몰지각한 목자들이라 다 제 길로 돌아가며 사람마다 자기 이익만 추구하며

파수꾼이 얼마나 중요한지를 알게 되었습니다.

우리는 주님께서 찾으시는 그 한 사람이 되어야 합니다(렘 5:1).

아버지.

선한 저 강도사님을 축복해 주시옵소서.

개인의 어려움과 고난 가운데 있으면서도 이 나라를 살려달라고 부르짖는 그 기도소리를 들으시고 열납하시며 그 가정과 자녀와 자손들을 축복해 주시옵소서.

살아계신 아버지.

그 눈물을 기쁨의 춤으로 바꾸어 주십시오. 하나님 나라를 위하여 울부짖는 기도의 용사들이 온 세상에 가득 차게 해주십시오.

[이사야 56장 10절~11절]

10 이스라엘의 파수꾼들은 맹인이요 다 무지하며 벙어리 개들이라 짖지 못하며 다 꿈꾸는 자들이요 누워 있는 자들이요 잠자기를 좋아하는 자들이니

옛 선지자들은 지도자들의 불의를 보고서 참지 않았습니다. [사무엘하 12장 13절]에서 우리야를 죽이고 그의 아내 밧세바를 빼앗은 다윗 왕에게 크게 책망하였고, 엘리야는 [열왕기상 21장 18절]에서 불의로 나봇의 포도원을 빼앗은 아합 왕을 크게 책망하였습니다.

지금 이 시대에도 주님이 대적 원수들을 따라가는 추종자들을 책망하는 교회의 목회자들이 있어야 합니다. 이사야 선지자는 불의를 보고도 눈 감고 있는 파수꾼들을 짖지 않는 벙어리 개라고 말했습니다.

지금 이 무정부시기, 이 위기의 순간에 침묵하고 있습니다. 국가가 없다면 교회도 없으며, 가정도 개인도 없는 것입니다.

제가 아는 강도사님은 24년 12월 3일 계엄사태가 일어났을 때부터 2025년 4월 초순인 지금까지도 나라를 살려달라고 금식하며 부르짖으며 기도하고 계신 분이셨습니다.

그분을 바라보며, '아! 이런 분들이 계시기에 이 나라가 아직 공산주의에 넘어가지 않고 있구나. 이 나라의 상황이 절망적임에도 기도하며 부르짖는 소수의 믿음의 자녀들 때문에 아직까지 이 나라가 건재하고 있는 거구나' 생각하며 깨어있는 한 사람의

77

하나님의 전사 강도사님

2024년 12월 3일. 계엄으로 대한민국이 무정부상태가 되었습니다. 이 나라의 모든 언론, 국회, 사법부, 군 장성들까지 공공분야의 모든 분야가 혼란에 빠졌고, 대한민국은 풍전등화와 같이 되었습니다.

주님께서 기뻐하시지 않는 것들 중의 하나인 공산주의 유물론, 즉 우상숭배를 하는 그들은 주님의 대적 원수들인 것입니다. 그러나 일부 대형교회들은 침묵하고 있습니다.
오히려 자유 대한민국을 외치는 분들보다 공산주의 유물론을 외치는 자들을 더 따르고 있었습니다. 종교는 정치에 관여하지 않아야 한다고 말하면서 대한민국이 침몰해 가는 것을 보고만 있는 것입니다.

하며, 저주를 내리고, 우리들을 끊임없이 공격합니다.

그러나 그들에게 왕의 이름으로, 말씀으로 선포할 때 그들은 아무 일도 할 수 없으며 무력화되는 것입니다.

우리의 몸은 성령으로 가득 찬 성전이고, 백 프로의 완전한 믿음을 가지고 입술로 선포할 때 그 말씀은 이루어지는 것이며, 그들은 두려워 떨게 됩니다.

하나님 나라를 위한 또는 내 가정에 저주와 질병을 가져오는 그들을 향한 믿음의 선포는 그들의 모든 무기를 무력화시키는 것입니다.

주님의 뜻에 합당하다면, 무엇이나 믿음으로 선포하십시오. 그것은 분명히 이루어질 것이기 때문입니다.

오늘부터 믿음으로 선포하십시오.

그분의 영광을 위해서, 내 가정의 거룩한 예배를 위하여 오늘도 믿음으로 선포하며 기도하는 여러분들이 되셨으면 합니다.

76

사탄이 두려워 떠는 것

[빌립보서 2장 10절]
하늘에 있는 자들과 땅에 있는 자들과
땅 아래 있는 자들로 모든 무릎을
예수의 이름에 꿇게 하시고

이 말씀은 우리가 예수님의 이름으로 선포할 때 이루어지는 것입니다.

세상에서 가장 위대한 이름, 우주 만물 중에서 가장 영광스러운 이름, 그 이름은 예수님의 이름입니다.

예수의 히브리어 본명은 '예슈아'입니다. '하나님이 구원해 주신다'는 의미이기도 한 '예슈아'는 우리의 왕이십니다.

왕 앞에서는 모든 이가 무릎 꿇어야 하며, 그의 명령에 복종해야만 합니다.

우리가 천국 본향 집으로 갈 때까지 마귀들은 우리들을 유혹

은사를 구하십시오.

주님께서 주실 것입니다.

우리에게 필요한 귀한 은사들을 주시는 아버지.

감사드립니다.

아멘.

것들을 받아들여서는 안 됩니다.

고인이 되신 세계적인 사역자께서도 돌아가시기 전에 코로나가 몇 년 몇 월에 종식된다고 예언하셨으나 맞지 않았었습니다.

엄청난 세계적인 권능을 가진 사역자분도 그러할진대 99퍼센트의 예언이 다 맞았다 해도 1퍼센트의 틀린 예언이 나올 수도 있는 것입니다. 우리는 완벽한 인간이 아니기 때문입니다.

주님께서 예언을 주시는 것은 우리에게 위로와 소망을 주기 위함이며 꿈이나 환상을 주시는 것도 그것을 위해 기도하게 하기 위함입니다.

성경에 근거하여 주님 나라 건설에 도움을 주는 것들은 그것을 향해 기도해야 할 것입니다.

사탄은 주님께서 주신 좋은 은사들도 그것을 이루지 못하게 하기 위해 방해공작을 매우 심하게 하기 때문에 올바른 분별력으로 주님께서 원하시는 것들만을 취하시기를 바랍니다.

여러분은 모두 예언의 은사를 구하십시오.

나와 교회의 덕을 세우기 위해 세계 열방을 치유시키기 위해 그래서 제가 지나가는 말로 "그분은 교도소에 가게 될 거야" 하고 말했었습니다. 그런데 가끔씩 손주가 제게 물어오는 것이었습니다. 왜 아직도 그분은 교도소에 안 가고 있냐고 묻는 것이었습니다.

"그분이 교도소에 가는 것은 하나님의 시간에 가는 것이란다. 그 시간은 곧 바로 될 수도 있고, 아니면 1년, 아니면 5년, 10년이거나 그것이 이루어지는 시간은 하나님께서 정하시고 이루시는 때에 가는 것이란다."

이렇게 이야기해 주곤 했었습니다.

그러나 꽤 시간이 흘러 2024년에 그분은 감옥에 수감되었습니다.

예언은 꼭 그렇게 이루어져야만 진짜인 것입니다.

우리가 누구의 예언을 받거나 또는 환상을 보았을 때 그것을 100퍼센트 믿어서는 안 되는 것입니다. 그저 내게 도움이 되는 말을 받아들여 참고하는 것뿐입니다. 광명의 천사처럼 나타난 사탄이 넣어 줄 수도 있기 때문입니다.

모든 것은 성경에 근거해야 하며 하나님께 영광이 되지 않는

75

할머니의 예언

[고린도전서 14장 1절]
사랑을 추구하며 신령한 것들을 사모하되
특별히 예언을 하려고 하라

말씀에서 예언을 하라고 하는 이유는 개인이나 교회에 덕을 세우고, 권면하고 위로하기 위함입니다.

제가 5년여 전 쯤에 손주에게 예언을 한 적이 있습니다. 그때 지난 정권에서 법무부장관으로 조 모씨를 세우려 한 적이 있었습니다.

제가 기도 중에 그분을 기도할 때 주님께서 보여주신 환상은 갑자기 그분께서 약간 두터운 회색 바지와 흰색 저고리를 입고서 교도소에서 수갑을 차고 있는 모습이었습니다.

선하시고 신실하신 나의 아버지.

유엔과 세계보건기구의 악한 체계를 무너지게 하시옵소서.

오늘도 감사를 올려드리며 기도드립니다.

아멘. 할렐루야!

거기에는 우리가 이해할 수 없는 주님의 깊은 뜻이 담겨 있습니다.

기도하며 "왜지요?"라고 물어봤을 때도 자상하신 우리 아빠, 아버지께서는 분명히 말씀해 주십니다.

주님의 이름을 믿는 자인 우리가 주님의 자녀라고 분명히 말씀하셨는데 어찌 여쭈어 보는 자녀에게 아빠께서 대답을 안 해 주시겠습니까?

오늘 아침에는 저의 아버지께서 유엔(UN)으로 그리고 세계 보건기구(WHO) 그곳으로 가서 기도하라고 말씀하셨습니다.

오늘은 참 바쁜 날입니다. 뉴욕과 스위스 제네바로 주님 덕분에 떠납니다.

성령님께서는 말씀하십니다. 무엇을 어떻게 기도해야 할지를 말해 주십니다.

주님 나라 건설에 방해가 되는 모든 어둠의 세력들을 몰아내고 파쇄하며 세계 열방에 주님의 뜻이 이루어지기를 기도하는 것입니다.

이 세상 임금인(요 16:11) 사탄의 권세를 파쇄하기 위하여 기도하는 것입니다.

74

유엔(UN)으로 가라

[요한복음 10장 27절]에서 "내 양은 내 음성을 들으며 저는 그들을 알며 그들은 나를 따르느니라" 하고 말씀하셨습니다.

또한 주님께서는 [욥기 33장 14절~16절] 말씀처럼 우리에게 끊임없이 말씀하시고 말씀하십니다.

우리가 기도하고 물어보며, "왜?"냐고 여쭈어 보았을 때 주님께서는 분명히 말씀하십니다. 성경말씀으로나 혹은 환경이나 인간을 통하여 어떤 사건을 통해서라도 주님께서는 분명히 말씀해 주십니다. 다만 우리들이 주님의 음성을 들을 준비가 안 되었거나 방법을 모르며 귀를 기울이지 않기 때문입니다.

우리가 기도했을 때 주님께서는 분명히 응답해 주십니다.

Okay(승낙), 또는 No(안 돼), Wait(기다려라).

"내가 미국 땅을 다시 회복시킬 것이다.

교회들이여. 회개하고 나에게 돌아오라.

나의 성도들이여. 죄를 끊고 회개하여 나에게 돌아오너라. 그리하면 내가 살리리라.

내가 다시 미국 땅을 치유하며, 미국을 통하여 세계 열방을 바르게 정렬할 것이다. 나의 계획이 그러할지라도 너희들은 미국이 다시 회개하고 내게 돌아오도록 기도해야 할 것이다."

좋으신 주님.
영광과 존귀, 찬양과 감사를 받으시옵소서.
아멘.

[에스겔 36장 37절]
주 여호와께서 이같이 말씀하셨느니라
그래도 이스라엘 족속이
이같이 자기들에게 이루어 주기를 내게 구하여야 할지라

다니엘서의 예언대로 그가 돌아와 이스라엘에 제3 성전을 짓는다면 어떡하나 하고 생각했으며, 성전이 지어지면 마지막 환란이 올 수도 있을 것이라고 생각했기 때문에 더 믿고 싶지 않았었는지도 모르겠습니다.

그가 47대 대통령으로 취임식을 하는 날 저는 믿지 않았던 그때의 일을 떠올리며 성령님께 진심으로 용서를 청했으며 그를 위해 기도하기 시작했습니다.

성령님께서 그에게 기름 부음을 주실 것을 기도했으며, 그를 통하여 미국을 다시 주님의 나라로 일으켜 세워주시기를 기도했습니다.

지난번 책에 썼듯이 주님께서는 미국을 향한 무서운 심판의 칼을 들고 계셨기 때문이었습니다. 동성애와 낙태와 기타의 주님을 대적하는 모든 악법과 불법들이 미국에서 합법화되어가고 있었으며, 타락할 대로 타락한 교회들이 있었기 때문이었습니다.

그러나 누군가 미국 땅을 위하여 금식하며 눈물로 중보기도 하는 이가 있었기 때문에 주님께서는 미국을 다시 재건하기로 하셨습니다. 그 땅을 치유하기로 하신 것입니다.

주님께서 말씀하셨습니다.

73

미국에 대한 예언

세계 각 나라의 왕(지도자)을 정하시고 세우시는 하나님.

45대 47대 대통령으로 선택하신 미국의 트럼프 대통령, 그는 인간으로서의 결핍은 많지만 우리 중에 누구도 죄인 아닌 사람이 없는 것처럼 그도 평범한 한 인간으로서의 많은 장점과 결점도 가지고 태어난 것입니다.

45대 임기가 끝나고 46대 대통령이 되지 못하고 떨어졌지만 주님께서는 "그가 다시 돌아올 것이다" 하고 말씀하셨는데 저는 그 말을 믿지 않았었습니다.

그때 주님께서는 트럼프 대통령이 백악관 집무실의 책상 위 오른편엔 성조기, 왼편엔 이스라엘 국기를 꽂아 놓은 채 회전 의자를 좌우로 돌리며 미소 짓고 있는 모습을 보여 주시며, "그가 다시 돌아올 것이다" 하고 말씀하셨지만 저는 믿지 않았었습니다.

들과 세계 열방의 영혼들을 만지소서.

사랑하는 성령님.

세계 열방의 영혼들을 사로잡으소서. 마귀가 만지지도 못하도록 성령님으로 채워주시옵소서.

사랑하는 성령님.

감사와 영광을 올려드립니다.

아멘.

[요한복음 3장 5절]
예수께서 대답하시되
진실로 진실로 네게 이르노니
사람이 물과 성령으로 나지 아니하면
하나님의 나라에 들어갈 수 없느니라

이들이 있습니다. 저는 아이들을 위해 끊임없이 기도합니다.

"좋으신 성령님. 예수님을 인격적으로 만나게 해주십시오.
성령님. 우리 아이들을 성령님의 강권으로 완전히 사로잡아 주십시오."

대부분의 사람들은 옛사람을 버리지 못하고 있습니다. 세상 속에서 세상의 신에 묶여 이 세상의 일만을 생각하며 살고 있습니다.
성령님께서 인 치지 않은 사람들은 절대로 속사람이 변화될 수 없습니다. 인간의 힘으로는 절대 사람은 변하지 않습니다.
세상 속에서 아직도 시기·질투하며 남을 판단·정죄하고 분열을 일으키며 분노를 참지 못하고 용서하지 못하며, 성령님께서 그 사람을 만지지 않으시면 아무런 변화도 일어나지 않습니다.
몇십 년을 교회에 다닌다 할지라도 그의 인격과 성품은 절대로 변하지 않습니다. 이 세상 신에 묶여있기 때문입니다.

오! 성령님.
저희 가족들로부터 시작하여 제가 기도하고 있는 모든 영혼

72

하늘나라에 갈 수 없는 자

하늘나라에 갈 수 없는 자는 주님께서 말씀하신 "구더기도 죽지 않는 뜨거운 불 속으로 떨어지는 자(막 9:48)", 곧 지옥에 가는 자를 말합니다.

오늘도 교회를 열심히 오가는 사람들 또는 몇십 년을 교회에 다니며 봉사하는 사람일지라도 물과 성령으로 거듭나지 않으면 결코 하늘나라로 갈 수 없다는 것입니다.

저도 한동안은 교회 문턱만 드나드는 삶을 살았었습니다. 저도 한동안은 지옥으로 향하고 있었습니다.

그러나 어느 날 성령님께서 저를 완전히 사로잡은 그날부터 저는 발길을 돌렸습니다. 세상으로 향하는 발길을 뚝 끊어버리고 천국 시민이 되어 천국으로 향하는 발걸음을 내딛기 시작했습니다.

아직도 우리 아이들 중에는 세상으로 발길을 향하고 있는 아돌아보면 고난은 결국 우리를 주님께로 가까이 부르시기 위한 주님의 계획인 것이며 주님께서 주시는 축복인 것입니다.

우리는 고난을 통해서 기도의 자리로 나아가며 주님께 더 가까이 갈 수 있기 때문에 주님께서는 우리에게 고난을 주시는 것입니다.

고난을 우리에게 주시는 선하신 주님.

고난이 축복임을 우리가 깨닫게 하시며 주님의 모든 선하신 계획에 감사드립니다.

아멘.

[시편 30편 11절]

주께서 나의 슬픔이 변하여

내게 춤이 되게 하시며 나의 베옷을 벗기고

기쁨으로 띠 띠우셨나이다

71

고난

우리의 인생은 고난의 연속입니다. 특히나 주님을 진실로 따르는 종들에게는 고난은 더 심해질 수도 있습니다.

우리의 삶에서 즐거움과 편안함만 있다면 누가 예수님의 앞에 나아가겠습니까? 세상이 즐거운데 무엇이 아쉬워 주님을 찾겠습니까?

우리가 삶의 벼랑 끝에 서 있을 때에야 비로소 우리는 주님을 생각하게 됩니다. 인간의 힘으로는 아무것도 해결할 수 없다고 느낄 때에야 우리는 주님 앞에 나아가 부르짖습니다.

"저는 아무것도 할 수가 없습니다. 주님. 살려주십시오."

그래서 주님께서는 고난을 주시는 것입니다. 주님께 더 가까이 부르시기 위해서 고난을 주시는 것입니다. 삶의 끝자락에 뒤엇이 두려운 것입니까?

몇십 년 아니 몇 년 남았을지도 모르는 내 육체의 생명이 그렇게 연장되어 꼭 살아야 한다면 앞으로 닥칠 대환란의 때에는 어떻게 하시렵니까?

우리는 영원한 생명을 가지고 살아가야 할 영원한 나라에 천국 집이 있으며, 우리는 모두 잠깐의 이 세상을 마치고 이사를 가야 할 하늘 아버지의 집이 있습니다.

아버지. 저는 오늘도 기도드립니다.

이스라엘이 모른 대적 원수들을 물리치고 승리하게 하옵소서. 또한 이스라엘이 참 주님이신 예수님을 알아볼 수 있도록 그들의 영혼들을 깨워 주시고 회개의 영을 부어주시옵소서.

러시아 우크라이나 전쟁이 하루속히 끝나 무고한 생명들이 희생되지 않도록, 아버지, 전쟁을 끝내주시옵소서.

아버지. 우리들의 죄를 용서하시고 자비를 베풀어 주십시오.

사랑하는 아빠, 나의 아버지.

오늘도 감사를 올려드립니다.

아멘.

70

전쟁

아침 조간신문의 큰 제목에 '러시아·우크라이나의 전쟁. 핵전쟁으로 가는가?' 하는 내용이 있었습니다.

예수님께서 성경에서 말씀하시길 "너희가 마지막 때에는 난리와 난리의 소문을 듣고 전쟁과 기근과 전염병이 창궐할 것이다" 라고 말씀하셨습니다.

어떤 목회자는 시골에 땅을 사서 피신해야 한다고도 하고, 어떤 목회자는 생필품, 미숫가루 등을 준비하라고도 합니다. 가짜 예언자들도 우리나라에도 전쟁이 일어난다고 말합니다.

사탄이 전쟁을 일으킬지라도 그것은 하나님의 섭리 하에 행해지는 것입니다. 무엇이 두렵습니까?

오늘 세계에 핵전쟁이 일어난다고 해도 천국시민인(빌 3:20) 우리가 무엇이 두려워서 도망치려고 하는 것입니까?

이 세상은 잠깐이며, 우리는 곧 영원한 고향으로 갈 터인데 무푸르른 하늘을 바라보니 나도 모르게 기도가 나와서 저는 울면서 기도를 드렸습니다.

아버지.
그들에게도 구원의 손길을 펼치시며 행복한 시간을 주십시오. 이렇게 행복한 시간을 주신 주님께 감사드리며 세계 열방의 결박된 영혼들을 치유시키시고 해방시켜 주시기를 기도드립니다.
신실하시고 선하신 나의 아빠, 아버지.
오늘도 아버지께 감사의 기도를 올려드립니다.
아멘.

바라보며 커피를 마시고 있는 것입니다. 저는 지금 이 시간이 얼마나 행복하고 감사한 시간인지 모릅니다.

저를 이 지구상에, 대한민국 이 땅에 태어나게 하신 주님.
먹을 물이 없어 물 한 동이 길러 수십 ㎞를 갔다 와야 하는 아프리카에 태어나게 하신 것도 아니시고, 굶주려 죽어가는 북한에 태어나게도 하지 않으신 주님께서 이 풍요의 땅 대한민국에 태어나게 하셔서 이렇게 커피 한잔을 감사하며 마실 수 있게 해 주신 나의 왕이신 주님.
제가 이 세상에서 가장 사랑하는 나의 주님께 감사드리며 찬양드리는 이 시간이 얼마나 행복한지 모릅니다.
낙엽 진 뜰의 나뭇가지 사이로 먼 하늘이 보입니다. 북녘 땅의 우리 형제들이 생각납니다. 눈물이 어려 기도하기도 어렵습니다.

"오! 주님. 사탄에게 결박당해있는 그들을 구해 주십시오. 전능하신 나의 왕이시여. 주님을 모르는 영혼들을 불쌍히 여겨주십시오. 북녘 땅에서 고통 속에 살고 있는 주님의 자녀들을 구해 주십시오. 그들을 해방시켜 주십시오."

69

고난이 있어도 행복한 하루

얼마 전에 우리 가족 중에 정말 예기치 않은 큰 사건이 발생했습니다. 우리를 죽이고 멸망시키려는 사탄의 올무에 걸린 큰 사건이었습니다.

저는 울면서 주님 보좌 앞으로 나아갔고 기도했습니다. 이번에는 음식의 금식이 아니라 커피 금식입니다. 제가 제일 좋아하는 기호음식이거든요.

제가 제일 좋아하는 것, 그것은 어느 것이나 우상이 될 수도 있습니다. 저에게는 음식의 금식보다도 더 하기 어려운 게 커피 금식인 것입니다.

오늘은 그 기간을 다 채웠기 때문에 오랜만에 낙엽 지는 풍경을 바라보며 감사하게도 커피를 마시고 있는 것입니다.

'샬롬~ 예루살렘'이란 평안한 찬양을 들으며 낙엽 지는 뜰을 주님께서 그 영혼에게 말씀하셨습니다.

"먼저 회개하라. 너의 죄와 생각나지 않는 죄까지도 주님 앞에서 용서를 청하며 회개하라."

저는 그분에게 그렇게 전해드렸습니다.

우리 주님께서 그 교회와 사모의 가족들에게 가장 좋으신 것을 주실 줄로 믿고 영광과 감사를 올려드립니다.

아멘.

그 마귀와 동역자들은 열성을 다하여 공사를 하여 염증, 통증, 고통을 주는 온갖 더러운 것들을 그 사모의 몸에 집어넣고 있었습니다.

"예수 그리스도의 이름으로 명령하니 떠나라. 모든 염증, 통증, 질병을 파쇄한다. 떠나라."

이렇게 기도하기 시작하자 하던 공사를 멈추고 화들짝 놀라서 시커먼 다섯 마리의 어둠의 영들이 떠나기 시작했습니다.

"오! 주님. 치유의 천사들을 파송하소서. 병을 치유하시어 이 가정을 통하여 영광받으시옵소서."

오랫동안 주님을 찬양하며 기도드릴 때 주님께서는 하늘빛 천사들을 보내시어 봉합 속에서 빛나는 가루들을 뿌리시어 치유하셨습니다. 감사드립니다. 할렐루야!
우리 몸에 집 짓는 질병의 영들은 주님의 이름과 보혈 그리고 성령님의 불 앞에서 꼼작 못하고 떠나는 것이었습니다.

68

능력의 보혈

주님께서는 저의 기도가 필요한 영혼들을 제게 보내주십니다. 저의 기도노트에는 수많은 영혼들이 적혀 있습니다.

며칠 전 기도 부탁이 들어왔습니다.
멀리 지방에 사시는 목사님의 사모님께서 말기 유방암으로 인해 마지막 선고를 받으셨으며, 출혈이 심하여 병원에 계신다는 내용이었습니다.

저는 즉시 그 교회와 그 사모의 질병을 가지고 주님의 보좌 앞으로 나갔습니다. 그리고 주님께서 그 영혼에게 무엇을 원하시는지 여쭈었습니다.

제가 십자가를 그 사모의 가슴에 대고 보혈을 뿌리자 다섯 마리의 시커먼 마귀들이 공사를 하고 있다가 깜짝 놀라 뛰쳐나갔습니다. 질병의 집을 짓고 있는 것이었습니다.

6 여호와여 주의 오른손이 권능으로 영광을 나타내시니이다
여호와여 주의 오른손이 원수를 부수시니이다
7 주께서 주의 큰 위엄으로 주를 거스르는 자를 엎으시니이다
주께서 진노를 발하시니 그 진노가 그들을 지푸라기 같이 사르니이다

세계 열방에서 하나님을 찬양하며 세계 각 나라마다 모세의 노래를 부르게 하시옵소서.

"예수 그리스도의 이름으로 명령하니, 이 나라와 세계 열방에서 주님의 대적들은 산산이 깨어져 무너질지어다."

[출애굽기 15장 1절~7절]

1 이때에 모세와 이스라엘 자손이 이 노래로 여호와께 노래하니 일렀으되 내가 여호와를 찬송하리니 그는 높고 영화로우심이요 말과 그 탄 자를 바다에 던지셨음이로다

2 여호와는 나의 힘이요 노래시며 나의 구원이시로다 그는 나의 하나님이시니 내가 그를 찬송할 것이요 내 아버지의 하나님이시니 내가 그를 높이리로다

3 여호와는 용사시니 여호와는 그의 이름이시로다

4 그가 바로의 병거와 그의 군대를 바다에 던지시니 최고의 지휘관들이 홍해에 잠겼고

5 깊은 물이 그들을 덮으니 그들이 돌처럼 깊음 속에 가라앉았도다

67

모세의 노래를 부르게 하소서

 2024년의 겨울과 2025년의 새해는 무정부상태의 대한민국에 혹독한 겨울이 진행되고 있습니다.
 이 나라를 점령하여 공산주의 노예로 만들려는 바로의 세력들과 예수님께서 원하시는 자유와 선교의 국가로 향하려는 모세의 군대가 싸우고 있는 형국입니다.
 바로의 군대가 이 나라를 차지한다면 우리는 애굽의 노예처럼 되어질 것이요, 예수님께서 통치하시는 나라가 된다면 이 민족은 세계 선교를 향하여 나아가며 하나님을 찬양하는 나라가 될 것입니다.

 역사를 주관하시는 하나님. 이 나라를 바라보시옵소서. 이 나라가 승리하여 모세의 노래를 부르게 하시옵소서.
 아버지. 세계 열방이 오직 주님의 영광만을 찬양하게 하소서.

25 여호와의 말씀이니라 온 세계를 멸하는 멸망의 산아 보라 나는 네 원수라 나의 손을 네 위에 펴서 너를 바위에서 굴리고 너로 불 탄 산이 되게 할 것이니

26 사람이 네게서 집 모퉁잇돌이나 기촛돌을 취하지 아니할 것이요 너는 영원히 황무지가 될 것이니라 여호와의 말씀이니라

전능하신 아버지.
악을 행하는 자들을 불 탄 산이 되게 하시며,
영원한 황무지가 되게 하시옵소서.
아멘.

입니다.

아버지.
아버지의 군대가 일어나게 하시옵소서.
세계 열방의 사탄의 제단들을 파쇄시킬 주님의 제단들이 세워지게 하시오며, 주님의 용사들이 일어나게 하시옵소서.

[예레미야 51장 20절~26절]

20 여호와께서 이르시되 너는 나의 철퇴 곧 무기라 나는 네가 나라들을 분쇄하며 네가 국가들을 멸하며

21 네가 말과 기마병을 분쇄하며 네가 병거와 병거대를 부수며

22 네가 남자와 여자를 분쇄하며 네가 노년과 유년을 분쇄하며 네가 청년과 처녀를 분쇄하며

23 네가 목자와 그 양 떼를 분쇄하며 네가 농부와 그 멍엣소를 분쇄하며 네가 도백과 태수들을 분쇄하도록 하리로다

24 너희 눈 앞에서 그들이 시온에서 모든 악을 행한 대로 내가 바벨론과 갈대아 모든 주민에게 갚으리라 여호와의 말씀이니라

니다. 주님과 동행하는 어린아이처럼 순수하게 살아가는 영혼들은 아주 극소수에 불과합니다.

모든 분야를 점령하고 있는 바벨론의 세력들, 공중 권세 잡은 어둠의 왕자를 주인으로 모시는 대부분의 사람들은 오직 이 세상의 것들에 매여 있으며, 하나님 나라에 대한 열정과 소망도 없이 그저 하루하루를 살아가고 있습니다.

내 자녀와 자손들이 살아가야 할 이 어두운 세상을 바라보면서, 우리는 대적들과 싸워서 이 세상을 공의와 정의가 세워지는 땅으로 만들어야 할 것이며, 다음 세대들이 주님을 알고 바르게 살아가도록 일으켜 세워야 할 것입니다.

공중 권세 잡은 사탄의 세력들과 싸우기 위해 매일 주님과 동행하면서 기도와 행동으로 대적들의 세력들을 무력화시키고 멸망시켜야만 합니다.

이 세상을 다스리시는 주님께서 일하시도록 우리가 행동해야 하는 것입니다.

우리나라와 전 세계에 퍼지고 있는 모든 악들에 대항하여 악을 조장하는 사탄의 종들에 대항하여 싸워야 하며, 주님의 원수이며 우리의 원수들인 바벨론의 세력들을 멸망시켜야 할 것

66

대적들을 멸망시켜라

이 나라의 모든 분야, 정치, 경제, 사회, 문화, 군대, 법조계, 교육계, 기타 등등에서 활동하고 있고, 또한 세계 열방에서 활동하고 있는 사탄의 세력들.

그들은 우리들 가정까지도 침범하여 엉망으로 만들어 놓고 있습니다. 이 어둠의 세력들은 인간들을 통하여 일하고 있으며, 그의 생각을 조종하여 예수님을 팔아넘긴 유다처럼 어둠의 영에 사로잡힌 인간들의 생각을 통하여 그 생각을 사로잡아 일하고 있는 것입니다.

지금 이 나라 대한민국 또한 얼마나 어지럽고 혼란스럽습니까?

교회에서조차 정의와 공의가 사라진 지 오래고 오직 나의 이익과 돈만을 추구하며 살아가고 있는 인본주의 세상이 되었습하나님께서 기뻐하시는 뜻을 이룰 때에 우리의 모든 필요를 아시는 주님께서는 우리 삶에 필요한 모든 것들을 채워주실 것입니다.

셋째, 정결한 마음으로 기도하는 것입니다.
우리 안에 죄악이 자리 잡고 있다면 하나님과의 관계가 막히게 되며 하나님의 얼굴을 뵐 수 없을 것입니다.
[마태복음 5장 8절]에서는 마음이 청결한 자가 하나님을 볼 수 있다고 말씀하셨습니다. 죄악의 사슬에 묶여 있다면 결코 아버지를 만날 수 없는 것입니다.
모든 죄를 회개하고 마음을 정결케 한 후에 주님 앞으로 나가야 할 것입니다. 이렇게 주님 앞으로 나가는 모든 이들은 주님을 만날 수 있을 것이며 즉시 응답받게 될 것입니다.

우리의 모든 기도소리를 언제나 들으시는 아버지.
영광과 감사를 올려드립니다.

65

즉시 응답받는 기도

첫째, 기도의 가장 중심이 되는 것은 하나님의 영광을 위한 기도이어야 합니다.

아버지의 이름이 거룩히 여기심을 받으시는 것, 그것을 구하는 것이 기도의 최종 목적입니다. 나의 기도를 통하여 하나님께서 최고의 기쁨이 되며 영광을 받으시도록 기도하는 것입니다.

둘째, 하나님의 뜻에 맞는 기도를 해야 합니다.

기도는 나의 욕망과 필요를 채우는 기도가 아니며, 하나님께서 진정으로 원하시고 기뻐하시는 기도란, 아버지의 뜻이 하늘에서와 같이 땅에서도 이루어지는 것입니다.

아버지의 뜻은 땅끝까지 복음을 전하여 영혼들을 구하고 하나님 나라를 건설하는 것이며, 서로 용서하고 사랑하는 것입니다.

저는 원수의 모든 능력을 제어할 것이며(눅 10:19), 그들의 머리를 짓밟을 것입니다.

누가 저에게, 믿는 우리들에게 대적할 것입니까?

저는 왕의 자녀이며 세상을 정복할 유업을 받은 자이며, 저는 주님보다 더 큰일을(요 14:12) 할 것이기 때문입니다.

감사드립니다. 나의 성령님.

64

너의 옷깃만 붙잡아도

저는 세상에 속한 자가 아니요, 하나님께 속한 자이며, 기록되었으되 우리는 [빌립보서 3장 20절] 말씀처럼 천국의 시민권자입니다.

주님으로부터 모든 유업을 물려받았으며, 또한 주님의 성령님이 우리 안에 내주해 계시는 것입니다.

저는 왕의 자녀이며(요 1:12), 제가 명령하는 것은 내주하신 성령님께서 말씀하시는 것이며, 제가 선포하는 것 또한 제 안에 계신 성령님께서 선포하시는 것입니다.

제가 가는 곳은 나의 주님이 피 흘리신 보혈의 강을 이루어 흘러넘치고, 제가 가는 땅은 정결해질 것이며 사마귀(사탄·마귀·귀신)들은 저의 땅에 접근하지도 못할 것입니다. 사마귀들은 제가 가는 곳에서 두려워 도망칠 것이며, 저의 옷깃만 스쳐도 그들은 두려워 떨 것입니다.

은 것들을 생활에서 실천해야 하겠지만 더욱 중요한 것은 우리의 영이 항상 죄를 멀리하고 깨어 있어야 한다는 것입니다.

우리의 배후에서 항상 악한 영들이 우리를 공격하기 위해 노리고 있기 때문입니다.

주님께서 하셨듯이 먼저 (사탄의 침입을 막는 능력의 보혈을 뿌리며) 귀신을 쫓아내야 하며, 믿음의 치유기도를 해야 하는 것입니다.

[야고보서 5장 15절]
믿음의 기도는 병든 자를 구원하리니
주께서 그를 일으키시리라
혹시 죄를 범하였을지라도 사하심을 받으리라

아멘.

63

질병의 영

[누가복음 13장 11절~13절]에서 열여덟 해 동안이나 귀신 들려 앓으며 꼬부라져 조금도 펴지 못하는 한 여인을 예수님께서 치유하십니다.

귀신들은 그 여인의 몸속에서 18년 동안이나 뼈를 휘어 구부러지게 했으며 그로 인하여 고통받게 했습니다.

모든 질병의 귀신(영)들은 우리 몸속에 변형과 고장을 일으킵니다. 우리 몸속의 뼈나 세포, 호르몬, 염증, 기타 모든 조직 등을 변형시키며 훼손하는 것입니다.

암이나 비염, 내장 속의 질병, 뇌로 인한 조현병, 정신장애, 자폐, 공황장애, 우울증 등 대부분의 병들은 질병의 영(병마)에 의해 장악되어 이루어지는 것입니다.

물론 평소에 건강한 음식이나 알맞은 수면, 운동 등 기타 많화시키실 것입니다.

사랑하는 성령님. 영광 받으시옵소서.
아멘. 할렐루야!

주님께서 하시는 일에 불가능은 없습니다.

둥그런 지구 땅 위에 거대한 십자가를 세우고 보혈로 덮으며, 성령님께서 성령의 불로 세계 열방을 바람처럼 덮으시고 악한 영들을 불태우시기를 매일 기도하는 것입니다.

세계 열방의 나라들도 마찬가지입니다. 나라마다 십자가를 세우고 보혈로 덮으며 주님의 나라이며 주님의 땅임을 선포하는 것입니다.

가정도 마찬가지입니다. 언약궤를 모시고 일곱 바퀴씩 돌며 주님의 나라임을 선포합니다.

악한 영에 사로잡혀 있는 개인도 마찬가지입니다. 주님의 임재와 함께 매일 일곱 바퀴씩 돌며 주님의 땅임을 선포하십시오.

개인의 영혼과 교회, 나라들의 땅이 또한 세계 열방의 가정들이 주님께서 통치하시는 곳임을 선포하십시오. 모든 것은 변화될 것입니다.

무소부재하신 성령님께서, 우주 만물 지구 위의 어느 곳에도 항상 계신 성령님께서 일하실 것입니다.

주님의 천사들이 성령님과 함께 불과 바람으로 활동하며, 성령님께서 그들을 만지시고 모든 나라를 다스리며 통치하시며 변

62

내가 정복하지 않은 땅은 사탄의 땅이라

주님께서 말씀하시길 여리고성을 매일 돌아라. 엿새 동안을 돌고 일곱째 날에는 그 성을 일곱 번 돌며 제사장들은 나팔을 불 것이다. 나팔소리가 너희에게 들릴 때 큰소리로 외쳐 부르라(선포하라). 그 성벽이 무너져 내리리라(수 6:2~5) 하셨습니다.

주님께서는 이 지구 위에서 살 동안에 저의 소명으로 [시편 2편 7절~9절]의 말씀을 제게 주셨습니다. 즉, 철장으로 세계의 사탄의 권세를 질그릇같이 부숴버리는 예수님의 권세를 [요한복음 1장 12절]의 말씀처럼 자녀인 우리에게 주신 것입니다.

그래서 저는 매일 기도의 골방에서 주님의 협력 사역자로서 이 땅에서 저 어둠의 권세를 무너뜨리는 기도를 하는 것입니다.

저는 매일 전 세계의 지구 땅을 일곱 번씩 돌며 기도합니다. 제 영은 자유롭습니다. 가지 못할 곳이 없습니다.

오늘도 왕 중의 왕이신 나의 하나님께 부르짖습니다.

이 지구를 고쳐 주시옵소서.

열방을 치유하시옵소서.

예수 그리스도의 이름으로 기도드립니다.

아멘.

61

고레스의 기름 부음을 주소서(사 45:1~8)

이 나라의 지도자에게, 미국의 지도자에게, 이스라엘의 지도자에게 또한 세계 열방의 왕들에게 기름 부음을 주소서.

주님만이 나라를 다스리시며 주님만이 세계를 다스리시는 왕이십니다.

열방의 왕들에게 기름 부음을 주소서. 허나 사탄의 영에 사로잡힌 왕들은 회개치 않으면 심판하소서.

왕 중의 왕이신 예수님. 세계 열방을 바라보시고 다스려 주시옵소서. 그리하여 80억의 인류가 오직 예수님만이 왕이시라는 걸 깨닫고 주님 앞에 무릎 꿇게 하시옵소서.

열방에 회개의 영을 풀어주소서. 열방에 부흥을 주시옵소서. 사탄의 제국들이 무너지게 하시옵소서.

아버지.

어떻게 더럽히고 어떤 음모와 계획을 가지고 있는지를 말씀해 주셨습니다.

전쟁을 일으키는 무기들과 그들의 모든 음모와 계획들을 묶어 파쇄하십시오. 예수님의 이름으로 예수님의 보혈을 덮어 세계 장악을 시도하려는 그들을 묶어 파쇄하십시오.

우리는 아무런 힘이 없습니다. 그러나 우리가 기도할 때에 오직 예수님께서만이 그들의 능력을 제어할 수 있습니다.

[에베소서 6장 12절]에서 말씀하셨듯이 우리의 싸움은 하늘의 악한 영들과의 싸움입니다. 가정이나 교회, 국가, 열방에서 역사하고 있는 악한 어둠의 영들을 묶어 파쇄하십시오.

오직 예수님의 이름과 보혈과 성령님의 불만이 그들을 제어할 수 있습니다. 골방에서 기도하며 또한 행동하십시오. 주님께서 일하십니다.

우리가 선포한 대로 말하는 대로 이루어질 것입니다. 말씀으로 천지를 창조하신 전능하신 우리의 아버지께서 일하십니다.

말씀으로 선포하면 우리는 그대로 이루어짐을 보게 될 것입니다.

우리의 기도를 열납하시는 아버지 하나님.
감사드립니다.

60

묶어라(묶어 파쇄하라)

다니엘서와 요한계시록을 볼 때, 우리는 마지막 때를 향해 가고 있음을 알 수 있습니다.

이 세상의 임금인 사탄도 성경의 예언대로 이루어짐을 알고 있습니다.

사탄과 졸개들인 어둠의 영들은 마지막 날의 정확한 그 시간은 알 수 없으나, 영적인 존재인 그들은 마지막이 온다는 것을 알고 있으며 예수님께서 곧 재림하신다는 것을 알고 있습니다.

그래서 그들은 이 세상에 미혹과 혼란, 전염병, 불법제정, 음란, 살인 등등 할 수 있는 모든 방법들을 총동원하여 열방을 어지럽히며 혼란과 무질서로 몰고 가며 열방을 어두움으로 통제하여 적그리스도의 도래를 준비하고 있는 것입니다.

주님께서 저에게 적그리스도를 보여주셨을 때 그들이 세상을 수님의 이름으로 선포합니다. 생기야. 사방에서 불어와 힘을 넣을지어다."

며칠 동안 이렇게 기도 했을 때 할아버지께서는 침상에서 일어나셨습니다. 주님. 감사드립니다.

저는 선포합니다. 열방의 영혼들을 향하여 예수님의 이름으로 명령합니다.

"죽어있는 영혼들, 주님을 알지 못하는 모든 영혼들은 깨어날지어다. 죽어있는 마른 뼈들은 일어나 주님의 군대가 될지어다."

주님. 세계 열방에 마른 뼈들처럼 죽어있는 영혼들에게 생기를 불어넣어주시어 살아나게 하소서. 그리하여 주님의 군대가 되게 하소서.

예수님의 이름으로 명령하고 선포하니 세계 열방에 죽어가는 영혼들이여. 사방에서 생기가 불어와 살아날지어다. 주님의 군대가 되어 일어날지어다.

아멘. 할렐루야!

59

마른 뼈들아 살아날지어다

[에스겔 37장 5절]
주 여호와께서 이 뼈들에게 이같이 말씀하시기를
내가 생기를 너희에게 들어가게 하리니
너희가 살아나리라

이 뼈들은 소망 없이 말라가는 이스라엘 백성들이었으며 그 뼈들에게 대언하게 하여 살아나게 하는 하나님의 말씀입니다.

아이들 할아버지께서 며칠간이나 힘없이 침대에서 일어나질 못하셨습니다. 저는 기도하였습니다.

"이분을 창조하신 하나님. 생기를 넣어주소서. 그의 오장육부, 신경, 세포, 뼈, 골수, 혈액 모든 조직들에 생기를 불어넣어 주소서. [마태복음 8장 17절]에서 우리의 연약함을 담당하신 예

[누가복음 10장 19절]

내가 너희에게 뱀과 전갈을 밟으며

원수의 모든 능력을 제어할 권능을 주었으니

너희를 해칠 자가 결코 없으리라

아멘. 할렐루야!

사탄과 그의 졸개(귀신)들은 [요한복음 10장 10절]에서처럼 우리의 것들을 도둑질하고 우리를 죽이고 멸망시키러 오기 때문입니다.

그래서 그들 때문에 우리의 삶은 고난에 처하며, 병과 가난과 저주가 임하는 것입니다.

우리들 가정에 들어오는 저 악한 어둠의 영들을 매일매일 쫓아내서 우리 가정들이 주님께서 주신 평강과 생명으로 가득 채워져야만 합니다.

그래서 우리는 이 세상에 사는 동안 먼저 주님 앞에서 회개해야 하며 [에베소서 6장 12절]에서처럼 하늘에 있는 악한 영들과 싸워서 승리해야 할 것입니다.

그리하면 [로마서 14장 17절]의 하나님의 나라인 의와 평강과 희락이 넘치는 가정이 될 것입니다.

매일 우리 가정을 괴롭히는 저 악한 어둠의 영들을 쫓아내십시오.

가정 또는 교회, 국가, 세계 열방의 어둠의 권세들과 싸워 이겨야만 합니다. 예수님께서는 우리의 왕이시므로 능히 우리들은 승리할 수 있습니다.

58

예수님은 우리에게
가난과 저주와 질병을 주시지 않습니다

예수님은 우리에게 생명과 구원을 주시려고 십자가에 못 박히셨으며, [로마서 8장 2절]에서 생명의 성령의 법이 죄와 사망의 법에서 우리를 해방시키셨으며, [고린도후서 8장 9절]에서는 우리를 부요케 하시려고 일부러 주님께서는 가난하게 되셨다고 말씀하셨으며, [베드로전서 2장 24절]에서는 우리를 병에서 낫게 하시려고 예수님께서 우리 대신 채찍에 맞으셨다고 말씀하셨습니다.

그러면 도대체 누가 우리에게 가난과 저주와 질병을 주었을까요?

그는 다름 아닌 [요한복음 16장 11절], [고린도후서 4장 4절]에서 나오는 이 세상의 임금인 사탄과 그의 졸개들인 것입니다.

다윗이 아뢰되 어디로 가리이까 이르시되
헤브론으로 갈지니라

다윗은 끊임없이 하나님께 여쭈어 보았습니다. 전쟁을 할 때에도(삼하 5:23~24) 하나님께 여쭈어보고 하나님의 지시대로 전쟁을 하였으며, 그의 일생에서 일어나는 모든 일들을 무엇이나 하나님께 여쭙고 행동했습니다.

우리도 하나님과 동행하려면 무엇이나 그분께 여쭈어 보아야만 합니다.

내 삶의 모든 것을 알고 계시는 하나님은 우리를 가장 선한 길로 인도하실 것입니다.

하나님과 동행하는 사람은 언제나 무엇이나 주님께 여쭙고 주님과 함께하는 사람인 것입니다.

우리 모두 하나님과 동행하는 사람들이 되었으면 합니다.

57

하나님과 동행하는 자의 자세

하나님과 동행하는 사람은 하나님의 인도하심이 없이는 단 한 발자국도 떼지 않는 사람입니다.

24시간 동안 일어나는 모든 일을 주님께 여쭈어 보는 사람입니다. 아침에 눈을 뜨면 오늘은 무엇을 할 것인지 주님께 여쭈어 보고, 가정에서 또는 직장에서 사역에서 또는 사람들을 만날 때에나 재정을 쓸 때에도 나에게 일어나는 모든 일들을 주님께 여쭈어보고 결정하는 사람입니다.

[사무엘하 2장 1절]
다윗이 여호와께 여쭈어 아뢰되
내가 유다 한 성읍으로 올라가리이까
여호와께서 이르시되 올라가라

"아버지. 북한을 해방시켜 주십시오. 그들이 복음을 듣고 자유를 누리며 주님을 찬양하며 살 수 있도록 허락하시옵소서.

아버지. 남북한의 다음 세대들을 살려주십시오. 그들의 영혼을 불쌍히 여겨 주시옵소서. 다음 세대들이 통일 한국에서 복음을 전해 듣고 주님을 찬양하며 세계 선교를 향하여 나갈 수 있도록 복음 듣고 땅끝까지 나갈 수 있도록 이 나라를 사용하시옵소서.

이 땅이 요셉의 창고가 되게 하시며, 북쪽의 사탄의 제단이 무너지게 하옵소서."

저는 오늘도 여리고성을 돌듯이 그 땅을 밟으며 기도드립니다. 그 견고한 사탄의 진들이 무너지도록 기도하고 있습니다.

통일이 가까웠다고 말씀하신 주님.
그리하실 주님을 찬양하며 존귀와 영광을 올려드립니다.
아멘.

56

다음 세대들을 불쌍히 여겨 주시옵소서

이 나라가 중국과 북한의 공산주의자들에게 넘어갈 위기에 처해 있습니다.

이 나라가 공산주의에 넘어가게 된다면 중국에서처럼 모든 교회는 폐쇄되고, 모든 교회의 십자가들은 불살라지게 될 것입니다.

세계 열방의 나라들을 바라볼 때 공산주의 국가들은 가난과 부도덕과 심한 부패들로 국민들이 고통받고 있습니다.

우리들의 손주 세대들은 전쟁이 무엇인지도 모르고 풍요와 번영을 누리며 살아왔고, 이제 이 나라가 선진국 수준으로 올라와 있습니다.

그러나 아직도 북한의 아이들은 굶주림과 억압으로 심한 노예생활을 하며 우상에게 충성만을 외치다가 주님을 모르고 지옥에 떨어지고 있습니다.

영광과 감사를 올려드립니다.

[민수기 12장 6절]

이르시되 내 말을 들으라

너희 중에 선지자가 있으면 나 여호와가 환상으로

나를 그에게 알리기도 하고

꿈으로 그와 말하기도 하려니와

목사님 가정과 교회를 파탄내기 위해 일하고 있는 모습을 보여주시며, 먼저 이 어둠의 영들을 쫓아내라고 말씀하셨습니다. 그러고선 난파되어가는 조그만 조각배가 기우뚱거리며 가라앉을 듯이 흔들리며 좁은 강물을 떠내려가고 있는 것을 보여주셨습니다.

"살려주십시오. 주님의 교회를 다시 일으켜 세워주십시오."

이렇게 계속 기도드릴 때, 주님께서는 배를 일으켜 세우시고 20~30여 명의 사람들이 배 위에 타도록 하셨습니다.

얼마 동안 배가 강물에 흘러 떠내려갔을 때, 배는 수리되고 조금 더 크게 확장되어 100~200여 명 가량의 사람들로 찼습니다.

또 배가 얼마 동안 강물을 흘러갔을 때 배는 더욱 커지고 튼튼해져 700~800여 명 정도의 사람들로 꽉 차게 되었습니다.

그런 모습을 보여 주시며 "더욱 기도하라. 내가 교회를 다시 일으킬 것이다" 하고 말씀하셨습니다.

오~ 할렐루야!

전능하시고 신실하신 주님.

교회를 너무나 사랑하시는 주님.

55

시골 목사님

지인으로부터 기도 부탁이 들어왔습니다.

충청도 시골에서 사역하시는 목사님께서 어려운 고난 속에서 목회하시며 거리 사역을 접으시려는 단계까지 왔다는 것이었습니다.

가족은 병이 들고 재정은 바닥이 났으며 아무것도 다시 시작할 엄두를 못 내시고 있는 형편이었습니다.

저는 기도의 골방으로 들어갔습니다.

"예수님. 예수님이 세우신 교회가 무너지고 있습니다. 주님께서 영혼들을 구원하시기 원하는 그 교회를 살려주십시오."

이렇게 그 교회를 위하여 기도드릴 때 주님께서는 환상을 열어주셨습니다.

일곱 마리의 시커먼 어둠의 영들이 그 가족을 병들게 했으며,

주님. 저도 때로는 잠시 주님 계신 곳, 그 나라를 꿈꾸며 쉬고 싶습니다.

주님. 저를 붙잡아 주소서. 용기를 주시고 다시 싸울 힘을 주십시오."

이렇게 말씀드리자, 오늘도 주님께서는 말씀하셨습니다.

"그래. 나도 알고 있단다. 너의 그 고단함을. 그러나 조금만 참고 기다려 주겠니? 너의 모든 육체적 아픔이나 영혼의 힘듦을 내 십자가에 같이 얹어주겠니?"

"주님. 그렇게 할게요. 감사드립니다. 아무것도 아닌 제 모든 고난과 아픔을 그리고 멸망과 수치와 모욕이 온다 해도 제 생명의 위협이 온다 해도 제게 주어지는 모든 고통을 주님의 십자가 위의 고난에 동참하겠습니다."

오늘도 주님 십자가의 고난에 동참케 하시는 그 무한하고 넘치는 은혜를 주시어 진심으로 감사드립니다.

아멘.

54

말씀하시는 하나님

몸이 아파오면서 눈물을 흘리며 기도하다가 지쳐서 잠시 모차르트, 쇼팽 등의 아름다운 클래식 피아노 음악 소리를 들으면서 화면에 펼쳐진 그 아름다운 풍광들을 바라보며 저는 주님께 여쭈었습니다.

"주님. 이렇게 아름다운 자연을 주신 하나님.

이렇게 아름다운 음악소리를 듣게 하시는 하나님.

화면에 펼쳐진 그림처럼 이렇게 아름다운 세상에 살 순 없을까요?

주님. 세상은 왜 이렇게 시끄럽고 혼란스러우며 즐거움과 기쁨이 없는 듯 보일까요?

나라는 촛불이 꺼져가는 흔들리는 심지와 같고, 온통 산에는 불이 나서 불비가 쏟아지고 있습니다.

주님. 저는 주님 나라를 위해 싸우는 군사입니다.

하셨습니다.

    세계에 너무나 많이 퍼진 동성애와 에이즈. 대한민국 이 나라만이라도 유일하게 거룩한 방파제를 만들어 동성애를 차단하며 싸워야 할 것입니다.

    우리는 지금 세계적으로 동성애를 퍼뜨리는 사탄과 영적 전쟁을 하고 있는 것입니다. 사탄은 세계를 동성애로 음란으로 점령하여 영혼들을 지옥으로 끌고 가고자 하는 것이 목표입니다.

[레위기 20장 7절]

너희는 스스로 깨끗하게 하여 거룩할지어다

나는 너희의 하나님 여호와이니라

을 흉내 내는 사탄은 자기가 하나님처럼 인간들에게 얼마나 경배받고 싶어하는지 모릅니다.

호주나 유럽이나 심지어 이스라엘에서까지도 매년 동성애 축제가 열리고 있습니다. 그래서 요즈음엔 남자 며느리가 생겨나고 여자 사위가 생겨나는 추세인 것입니다.

대부분의 나라들이 성 소수자를 보호하자는 그럴듯한 말을 내세워 사탄의 정책인 동성애를 옹호하며 동성애를 부추기고 있습니다.

그것은 사탄의 계략인 것입니다.

하나님께서는 동성애가 성행한 소돔과 고모라를 가증히 여기시고 멸망시키셨습니다. 하나님께서는 한 남자와 한 여자의 결혼을 성스럽게 생각하셨고 창조질서를 만드셨습니다.

남자와 남자, 여자와 여자의 성적 결합을 가증히 여기셨습니다(레 18:22, 20:13).

이번에 거룩한 방파제에 모이신 그분들에게 존경과 감사를 드립니다. 그들은 하나님 나라를 지키기 위하여 싸우시는 주님의 용사들이십니다.

기록되었으되 행동하지 않는 믿음은 죽은 믿음이라고 말씀

53

거룩한 방파제

6월이 오면 퀴어축제가 열립니다. 동성애자들이 차마 눈 뜨고 볼 수 없는 음란한 퍼레이드와 하나님을 조롱하는 듯한 문구들을 내걸고 거리를 행진합니다.

아이들의 호기심 어린 눈과 일반인들의 눈길 속에서 자기들의 음란이 무슨 자랑거리라도 되는 듯이 수치심도 없이 반나체로 거리를 행진합니다.

얼마 전 유럽을 다녀온 친구의 이야기를 들었습니다.

거리마다 동성애의 깃발인 〈하나님 언약의 표시인 일곱 빛깔의 무지개〉를 흉내 내서 만든 (여섯 빛깔의) 육지개가 거리 곳곳에 걸려 있고 심지어 교회 앞까지 사탄의 깃발인 육지개가 걸려 있는 사진을 보여주길래 그것을 보고 놀랐습니다.

하나님의 완전한 숫자인 7과 사탄의 숫자인 6, 언제나 하나님니다.

오직 말씀 안에서 형제를 사랑하고 기도하는 것밖에는 우리들이 할 수 있는 건 아무것도 없습니다.

우리는 한낱 먼지와 티끌 같은 존재들입니다. 우리는 주님 앞에서 아무것도 아닙니다.

로 나를 의인으로 정당화시킨다면 그것은 가장 큰 교만입니다.

남이 나보다 훨씬 낫다고 생각하는 것, 상대방이 나보다 더 훌륭하다고 생각하는 것. 그것이 겸손입니다.

형제를 사랑하지 않는 자는 살인하는 것과 같다고 주님께서는 말씀하셨습니다.

정말 그 선교사를 형제로 생각하고 사랑했다면 조용히 개인적으로 만나 잘못된 점을 말해줬을 것입니다. 그리고 기도해줬을 것입니다.

온 세계가 알도록 유튜브에서 낱낱이 고발하며 스캔들을 말하며 헐뜯지는 않았을 것입니다.

유튜브에서 미움과 분열을 일으키고 생명과 사랑을 말살하는 말들을 쏟아내고 있는 사람들을 보면서 사탄은 성공했다고 웃고 있을 것입니다.

사랑과 용서가 없는 세상.
그것을 만들기 위하여 사탄이 얼마나 노력하고 있는지 모릅니다.

우리는 모든 시선을 오직 주님께만 향해야 할 것입니다. 오직 주님께서만 모든 것을 주관하시고, 알고 계시며, 심판하실 것입람이 그 여자를 돌로 치라고 주님께서 말씀하셨습니다. 그리고 베드로가 주님께 나아가 "주여. 형제가 죄를 범하면 몇 번까지 용서하여 주리이까" 여쭈었을 때, [마태복음 18장 22절]에서 일곱 번뿐 아니라 일곱 번을 일흔 번까지라도 용서하라고 말씀하셨습니다.

또한 [마태복음 7장 2절~3절]에서는 너희가 비판하는 그 비판으로 너희가 헤아리는 그 헤아림으로 너희들은 심판대 앞에서 비판받을 것이요, 헤아림을 받을 것이다 말씀하시면서 형제의 눈 속에 티를 보지 말고 네 눈 속에 있는 들보를 보라고 말씀하셨습니다. 즉, 너 자신을 분별하고 바라보라고 말씀하신 것입니다.

처음에 K 선교회의 사건이 터졌을 때 저는 그 선교사가 사탄의 올무에 빠져 자살하지 않도록 기도하고 있었습니다.

"아버지. 저 생명을 치유하시고 소생케 하소서. 아버지. 완전히 회개하고 다시 아버지 앞에 설 수 있게 회복시켜 주십시오" 하면서 기도드렸습니다.

다른 사람을 비판함으로써 내가 의인인 것처럼 생각되고, 나는 저 사람과는 다르다, 나는 저 사람과 구별되어 있다는 생각으

52

사탄이 점령한 유튜브

지금은 기억에서 멀어지고 있지만, 얼마 전 K 선교회의 사건이 크게 보도되었습니다. 너도 나도 나서서 특히 목회자들이 나서서 비판·정죄하며 그분의 일생 스토리까지 조사·분석하여 돌을 던지고 있었습니다.

이런 사건뿐만 아니라 같은 목회자들끼리도 서로 반목하여 소송을 걸고 '내가 옳다, 네가 틀리다' 라고 서로들을 비판·정죄하며 싸움판이 벌어지고 있는 현실을 바라보며 주님의 마음을 생각해 보았습니다.

"너희들은 다 똑같은 죄인들인데 내 앞에서 내가 선택한 그 종을 너희들이 심판하고 있구나."

간음한 여인을 주님 앞에 데려 왔을 때 누구든지 죄 없는 사생하며 기도드릴 때 그 기도는 가장 가치 있는 기도가 될 것입니다.

내가 태어나 처음 만난 부모님과 가족들 그리고 친구들과 지인들, 내가 살아가면서 만났던 수많은 영혼들을 위해 기도하는 것이 우리의 사명이며, 내가 태어난 목적인 것입니다.

세계 열방의 영혼들과 사탄에게 잡혀있는 영혼들과 주님을 모르는 영혼들을 위해 오늘도 내일도 우리가 사는 날까지 기도하는 것은 주님께서 기뻐하시는 기도인 것입니다.

아버지.

오늘도 세계 열방의 80억 가량의 영혼들을 아버지 손에 올려드리며 기도합니다. 그들이 모두 아버지를 알고 아버지께 찬양드리는 그날이 오기를 오늘도 기도드립니다.

아멘.

51

하나님이 기뻐하시는 기도

99마리의 양보다도 잃어버린 한 마리 양을 찾으셨을 때 우리 주님께서는 정말 기뻐하셨습니다.

한 마리 양의 영혼이 주님께 돌아올 때 주님께서는 큰 기쁨에 쌓이시며 천국에서는 큰 잔치가 벌어지는 것입니다.

그러나 주님께서 사랑하시는 한 영혼이 죄를 짓고 방황하다가 지옥에 떨어졌을 때 주님께서는 눈물을 흘리시며 슬퍼하시고 계십니다.

주님을 찬양하며 기뻐하며 예배하는 것이 우리의 삶의 목적이며 우리가 이 지구에 태어난 이유입니다(사 43:21).

우리 삶의 목적을 향해 정확히 나가야 하며, 또한 주님께서 기뻐하시는 영혼들을 향한 도고기도를 해야 하는 것이 우리의 사명인 것입니다.

한 영혼을 위해 눈물 흘리며 살려달라고 부르짖으며 나를 희

우리나라에서 또는 우리 가정에서 우리 아이들에게서 사탄과 그의 졸개들을 쫓아내십시오. 그리고 입술로 선포하십시오.

주님께서는 모든 교회와 믿는 이들에게 말씀하셨습니다. 성전인 우리 몸에 함께하시는 예수님께서는 우리가 음부의 권세를 이기게 된다고 말씀하셨으며, 천국 열쇠를 우리에게 주셨으며, 우리가 무엇이든지 땅에서 매면 매일 것이요, 땅에서 무엇이든지 풀면 하늘에서도 풀리리라 하고 말씀하셨습니다.

모든 악한 영들, 하늘 어둠의 권세들을 예수님의 이름으로 묶어 처리하십시오. 입술로 명령하고 선포하며 기도하십시오. 그리하면 여러분의 나라와 교회와 가정에는 축복이 넘치실 것이며 오직 주님만을 찬양하는 자유로운 삶을 누리게 될 것입니다.

[마태복음 16장 19절]
내가 천국 열쇠를 네게 주리니
네가 땅에서 무엇이든지 매면 하늘에서도 매일 것이요
땅에서 무엇이든지 풀면 하늘에서도 풀리리라

50

묶고 푸는 권세

성경 속에 쓰여 있는 하나님의 말씀은 실재입니다.

우리는 [요한복음 1장 12절] 말씀처럼 하나님의 자녀이며, 이 세상을 정복하고 다스리는 권세가 있습니다. 예수님께서 십자가 위에서 우리의 모든 죄를 속죄하셨고, 우리를 구원하셨으며 이 세상을 다스리는 권세를 우리에게 주셨습니다. 주님께서는 우리를 축복하신 것입니다.

그러나 우리는 사탄의 방해와 저주로 인하여 그 축복을 빼앗기고 있습니다. 우리가 축복을 빼앗기는 이유는 사탄과 그 졸개들의 방해 때문인 것입니다.

우리가 온갖 질병과 가난과 고난 속에 처해 있는 것은 그들이 우리의 축복을 [요한복음 10장 10절] 말씀과 같이 도둑질하고 훔치고 빼앗아가기 때문입니다.

그 천사들이 그를 치유하고 그 일이 끝났을 무렵 그는 전혀 통증을 느끼지 않으며 편안해졌다고 저에게 말해 주었습니다.

그래서 제가 농담으로 웃으면서 말했습니다. "그 베트남 귀신들을 쫓아내느라 한참 바빴네요" 하자 그분은 웃음을 터트렸고, 둘이서 함께 웃었습니다.

오, 여호와 라파(출 15:26) 치유의 하나님.

감사드립니다.

영광 받으시옵소서. 아멘.

49

베트남 귀신?

지인으로부터 기도 부탁이 들어왔습니다.

베트남으로 떠나기 전에는 건강했던 그가 귀국했을 때 갑자기 심한 통증과 복통으로 약을 먹어도 소용이 없다는 것이었습니다. 토하여 먹을 수도 없고 기진한 상태가 되었다고 했습니다.

저는 즉시 주님께로 달려갔습니다.

"오, 여호와 라파 치유의 하나님. 치유의 천사들을 보내주십시오. 저는 아무것도 할 수 없습니다. 그를 만지시는 이도 주님이시요, 치유하시는 이도 주님이십니다."

기도 중에 주님께서는 세 명의 시커먼 어둠의 졸개들이 그의 위장을 잡고 장난치는 것을 보여주셨으며, 기도하여 그들을 쫓아냈을 때 주님께서는 두 명의 치유 천사들을 보내주셨습니다.

려 쓰고 가는 것들입니다. 의·식·주뿐만 아니라 우리가 사용하는 모든 것들이 잠시 동안 이 세상에서 예수님께 빌려 쓰고 가는 것들입니다. 우리의 소유는 아무것도 없습니다.

집도, 차도, 사용하는 모든 것들도 또한 가족과 친척으로 또는 친구로 만나게 된 모든 영혼들도 그분의 소유이며 우리는 그분께서 허락하신 소유 안에서 모든 것을 잠시 빌려 쓰고 가는 것입니다.

주님이 우리를 부르시는 날이 우리가 주님의 집으로 이사를 가는 날인 것입니다.

우리는 그분께 얼마나 감사한지요. 이 지구라는 행성을 여행하게 하시고, 슬픔과 기쁨을 맛보게 하시고, 선한 사람들을 옆에 있게 하시고, 그분을 사랑하도록 불러주신 모든 은혜가 어찌도 이리 큰 것인지요?

우리는 그분의 사랑을 헤아릴 수가 없습니다.

감사합니다. 아버지.
이 지구를 여행하게 하신 예수님. 진심으로 사랑합니다.

48

잠시 빌려 쓰고 가는 것들

우리는 이 세상에 어디로부터 왔으며 어디로 가는지조차 모를 때가 있습니다.

백 년도 겨우 살까 말까 한 세상에서 내가 사랑하는 것들도 내가 붙잡고 싶은 것들도 참 많습니다.

내가 어디로부터 왔으며 어디로 가는 것인지를 명확히 아는 사람들은 행복한 사람들인 것입니다.

우리의 모든 헛된 일들과 죄악으로 얼룩진 행동들은 독생자 예수님을 받을 자격도 없으며, 그분을 상처 입게 할 자격도 없는 것들입니다.

그저 모든 것이 그분의 은혜일 뿐입니다. 연약한 인간인 우리들은 측량할 수 없는 그 끝도 없는 사랑을 잊고 살 때가 종종 있습니다.

이 세상에서 우리가 사용하는 모든 것들은 예수님께 잠시 빌

저는 정말 무기력하고 기도할 수 없을 때, 세상의 고난·슬픔·절망·불안·우울함들이 밀려올 때, 저는 그저 아무것도 하지 않고 주님의 보좌 앞에서 찬송을 듣고 있습니다.

47

찬송의 옷을 입으십시오

주님께서는 항상 기뻐하라고 말씀하셨으나, 살다 보면 삶이 아주 어려울 때나 고난이 너무 심하여 근심이 밀려올 때, 기도할 힘조차 나지 않을 때는 찬송의 옷을 입으십시오.

평소에 즐겨 듣는 찬양을 틀어놓고 잠잠히 있는 것입니다. 그저 주님의 보좌 앞에서 찬양을 들으며 아무것도 하지 않고 무심히 있는 것입니다.

예수님을 생각하며 찬양을 듣다 보면 모든 근심 걱정이 사라지고 평강이 넘치게 됩니다.

[이사야 61장 3절]의 말씀이 그대로 우리에게 이루어지게 됩니다. 시온에서 슬퍼하는 자에게 화관을 주어 기쁨의 기름으로 채워주시며 찬송의 옷으로 그 근심을 대신해 주시는 것입니다. 그리하여 우리들은 평강 속에 머물게 될 것입니다.

하나님 나라의 건설을 위하여 이 은사들을 사용하십시오.

그리하여 예수님의 성품을 닮은 사랑 넘치는 겸손과 온유로 사람들을 섬기며 하나님 나라를 확장하며 교회를 세우는 일들을 하십시오.

거룩한 은사자들이 이 마지막 때 사도행전의 일을 계속하며 마지막 때를 이끌어 갈 것입니다.

우리는 항상 분별해야 합니다.

은사자들의 삶과 열매와 그들의 인격을 잘 살펴보아야 합니다.

그들의 삶이 순결하며 겸손하고 온유하며 사랑이 넘치고 개인의 이익을 추구하지 않는다면 진짜일 것입니다.

그들이 오직 하나님의 영광만을 추구하는 사람이라면 진짜인 것입니다.

꿈, 환상, 예언은 세 종류로 분별합니다.

① 성령님께서 주신 것
② 악령이 역사하는 것
③ 자기 개인의 생각들

성령님께서 주신 것이 아니면 모두가 가짜입니다.

영 분별의 은사를 구하십시오.

[고린도전서 12장 8절~10절] 중에서 나오는 은사들을 구하십시오.

46
은사자들의 분별

[사도행전 2장 17절]에서 하나님께서는 마지막 때에 하나님의 성령을 모든 육체에 부어주신다고 하셨으니, 마지막 영혼 추수를 위하여 세계 열방의 영혼들에게 이러한 성령의 은사를 부어주실 것입니다. 꿈과 예언과 환상을 보게 된다고 하신 것입니다.

그러나 이러한 은사를 가지고 자기를 높이고, 이러한 은사를 이용하여 물질을 요구하고, 사람들을 결박하여 자유롭게 하지 못하고 두려움에 사로잡히게 하는 가짜 은사자들이 너무나 많습니다.

그들은 교만하여 입술로 거짓을 말하며, 하나님의 뜻이 아닌 자기의 뜻을 말하며, 자기의 이익만을 취하는 자들인 것입니다.

신령한 것들을 추구하는 이들이 영 분별이 없다면 이러한 가짜 예언자들의 말에 속아 넘어가게 될 것입니다.

세계 각 나라와 유럽, 일본 등도 디지털 화폐 도입에 속도를 내고 있습니다. 우리의 시대는 점점 더 감시와 통제의 시대로 들어가고 있습니다.

우리나라 한국은행도 2018년에 디지털 화폐 실험 사업자 선정작업에 들어갔었습니다. 어디까지 진행되었는지는 알 수 없으나 결국 이것은 정부가 개인의 자금흐름을 완전히 추적할 뿐 아니라 개인의 사생활을 감시·통제하는 사회로 발전해 나갈 것입니다.

적그리스도의 체제로 들어가기 전에 세계는 하나로 세계 단일정부로 가고 있으며, 경제 체제도 하나로, 종교도 통합하여 하나로, 모든 체제가 적그리스도가 원하는 세계 단일 정부의 체제로 가고 있는 것입니다.

오. 주님. 사탄의 모든 계획들을 파쇄시켜 주십시오.
아멘.

45

CBDC(중앙은행 디지털 화폐)

CBDC는 중앙은행을 뜻하며 센트럴뱅크(central Bank)와 디지털 화폐(Digital currency)를 합친 용어로서 중앙은행에서 발행하는 디지털 화폐를 뜻합니다.

디지털 화폐(전자화폐)는 내장된 칩 속에 돈의 액수가 기록되어 있으며 이 화폐로 물품들을 구매할 수 있는 것입니다.

세계 각 나라들은 현금(지폐와 동전)을 없애고 CBDC를 사용함으로써 각 개인의 자금 흐름을 추적할 수 있으며, 개인의 재산을 감시 통제할 수 있는 제도인 것입니다.

현재 스웨덴, 중국 등 세계 여러 나라들은 CBDC를 도입하기 위해 대규모 실험을 진행 중이며 연구에 몰두하고 있습니다. 현금 없는 사회가 편리하다고 그들은 외치고 있으나 사실 이것은 정부가 국민들을 감시·통제하기 위하여 만들어낸 제도인 것입니다.

명령하고 선포함으로써 치유를 받는 것입니다. 그 청년은 보호를 받을 것이며 치유를 받은 것입니다.

계속 기도하십시오. 치유의 하나님께서 일하실 것입니다.

감사드립니다. 주님.
아멘. 할렐루야!

저는 골방으로 들어가 그 청년을 위해 기도하기 시작했습니다.

네 명의 검은 옷을 입은 악한 영들이 그 청년의 방에 빙 둘러앉아 있었습니다.

"예수님의 이름으로 명령한다. 떠나라!" 하고 외쳤을 때 그들은 깜짝 놀라 모두 달아나기 시작했습니다. 우리가 기도하기 시작할 때 주님께서는 천사들을 보내셔서 일하시기 시작하시는 것입니다.

그 청년의 가슴에 십자가를 세우고 그의 영·혼·육 과 오장육부에 예수님의 보혈을 뿌리기 시작했습니다. 주님의 보혈 한 방울에도 그 악한 영들은 꼼짝 못하고 덤비지 못하는 것입니다.

"오소서, 성령님. 이 청년의 악한 것들을 모두 태우시고 소멸하시며 회개하게 하소서."

이렇게 기도드릴 때 그들은 그 청년에게서 떠나기 시작했습니다. 또다시 선포했습니다.

"성령님. 이 청년을 성령님으로 가득 채우셔서 물과 성령으로 거듭나게 하시오며, 이 더러운 영들아 다시는 오지 못할지어다."

이렇게 선포할 때 그대로 이루어지는 것입니다. [누가복음 11장 24절]에서처럼 청소된 집으로 다시 오지 못하도록 기도하고

44
우울증

어느 지인으로부터 기도해 달라는 부탁이 들어왔습니다. 청년이 다 된 아들이 방문을 걸어 잠그고 부모와는 대화조차 하지 않으며 방에서 나오지도 않는다는 것이었습니다.

한집에 살고 있으나 그는 외톨이처럼 자기의 생각에 갇혀 살고 있으며 심한 두려움에 쌓여 있다는 것이었습니다.

두려움.

그것은 사탄이 넣어주는 생각입니다. 근심과 걱정, 두려움, 분노, 불안. 이 모든 것들은 하나님의 것들이 아닙니다.

[로마서 14장 17절]에서 하나님의 나라는 의와 평강과 희락이라고 말씀하셨습니다. 의와 평강과 희락이 아니라면 이것은 악령이 넣어주는 생각인 것입니다. 주님의 보혈을 뿌려 악령을 물리쳐야 할 것입니다.

지옥으로 향하는 그분을 보며 안타까울 따름입니다. 마지막 심판대 앞에서 유물론을 우상숭배했던 자들에게 주님께서는 나는 너를 모른다고 분명히 말씀하실 것이기 때문입니다.

예수님의 이름으로 명령한다.
주님을 믿는다 하면서도 공산주의를 따르며 찬양하는 자들이여. 회개하고 깨어날지어다.
아멘.

만물의 근원이 물질세계라고 하는 유물론자들은 하나님께서 창조하신 것들을 인정하지 않으며, 유물론자인 공산주의자들은 교회나 하나님께서 창조하신 창조세계를 결코 인정하지 않음으로써 물질을 우상숭배하는 집단들인 것입니다.

하나님께서는 하나님을 인정하지 않는 유물론자들을 과연 기뻐하실까요?

만물의 근원은 하나님이십니다. 그런데 어떻게 믿는 이들이 유물론 공산주의를 따라갈 수 있을까요? 그들은 사탄의 이념을 따라가는 지옥행 신자들입니다. 공산주의는 주님의 몸인 교회를 말살하는 정책을 펴며 주님의 원수들입니다.

북한이나 중국을 보십시오. 우리는 그 사람들이 어떤 가치관과 사상을 가졌는지 과연 그들이 하나님께서 기뻐하시는 일을 하고 있는가를 주의 깊게 보면서 영적인 분별력을 가져야 하는 것입니다.

[갈라디아서 5장 1절] 말씀과 같이, 주님께서 선포하신 자유가 아닌 유물론을 숭배하는 자들은 결코 주님 편이 아닌 주님의 대적 원수들의 편인 것입니다.

유물론 태양숭배를 하는 종북이념을 가진 자들과 함께 사탄을 찬양해서는 안 됩니다.

43

지옥으로 향하는 신실한 집사님

제가 아는 분 중에 몇십 년 동안이나 교회를 다니는 신실하고 착하신 집사님이 계셨습니다. 그분과 저는 요즘 진행 중인 이 나라 최대 이슈인 대통령 탄핵에 대해서 이야기 하다가 그분은 나와는 정반대의 입장을 취하고 계신다는 것을 알았습니다.

그분은 예전부터 좌편향적인 분들과 친밀한 교제 속에 있는 분이셨고, 그분들을 옹호하는 태도를 보이셨습니다.

우리는 사람을 따라가서는 안 됩니다. 우리는 오직 예수님 한 분만을 믿고서 따라가는 것입니다.

우리는 목사를 따라가는 것도 아니요, 어떤 교단을 따라가는 것도 아닙니다. 오직 한 분이신 예수님, 그분만을 보고 교회에 나가야 하며 그분의 뜻이 무엇인지 알고 그분께서 무엇을 기뻐하시는지를 잘 알아야 합니다.

"이 나라를 통치하시는 예수님.

유물론 공산주의를 가증히 여기시는 예수님.

공산주의로부터 교회를 지키려는 가엾은 이 백성들을 바라봐 주십시오.

아버지 잃은 아이처럼 길거리에서 떨며 밤을 지새우는 이 백성들의 기도 소리를 들어주십시오. 그리고 그들을 축복하시옵소서.

주님을 버리고 떠나는 이들이 회개하게 하시고, 그들이 회개하지 않으면 공의로 심판하시옵소서.

사랑이 많으신 예수님.

이 나라 교회들을 지켜주시고, 이 백성들을 살려주십시오.

그리하실 주님께 영광을 올려드립니다.

아멘."

나라가 흑암으로 덮여가는 그즈음, 예언을 한다는 어느 여목사가 이 나라는 '킬링필드(죽음의 땅)'가 될 것이라면서 모두 이 나라를 떠나라는 엉뚱하고 엉터리 예언을 하며, 자기는 이 나라를 떠나겠다고 유튜브로 마지막 작별인사를 하는 것을 보았습니다.

혼자서 조용히 떠날 것이지, 왜 이 나라를 수호하려는 믿음의 자녀들의 사기까지 완전히 꺾어버리고 짓밟으며 이 땅을 떠나라고 공개하는 것인지 기가 막혔습니다.

그가 진짜 예언자였다면 예레미야나 이사야처럼 나라를 위해 주님 발밑에 엎드려 목숨을 바치며 이 나라를 살려달라고 울부짖었을 것입니다.

살날이 얼마나 남아 있기에, 얼마나 편안하고 안전하게 살고 싶었기에 내 한 목숨 살려고 나라를 버리라고 선동까지 해가면서 조국을 버리고 떠나는 것인지 그가 참 가엾다는 생각까지 들었습니다.

그는 예전에도 엉뚱한 사람의 이름을 대면서 다음 대통령이 된다고 예언까지 한 사람이었습니다.

사람들을 미혹하며 선동하는 가짜 예언자들에게 속지 마십시오. 영 분별의 은사를 구하십시오.

42

한밤중에

지금 눈 내리는 새벽 한밤중, 영하의 날씨가 계속되고 있는 이 시간에 길거리 빙판길 바닥 위에서 자유 민주주의를 지키려는 이 백성들은 비닐 한 장을 걸친 채 밤새워 기도하고 있는 것입니다.

이 나라는 법과 질서가 무너진 지 오래되었고 무정부 상태가 진행되고 있는 상황입니다.

한밤중 새벽에 작은 교회의 목사님과 성도들 그리고 어린 학생들까지 나와서 추위에 떨고 있었습니다.

금식을 하며 기도하고 있는 저는 그분들에게 너무나 죄송하고 빚진 자의 마음이 되어 눈물로 밤을 지새우지만 장애가 있는 육신이라서 그곳에 나가지 못하는 것을 주님께 용서를 청하게 됩니다.

사랑이 많으신 아버지께서는 한 영혼이라도 더 아버지께 돌아오도록 오래 참고 기다리시는 것입니다.

하나님께서는 무슬림들은 사랑하지 않으실까요?

모든 이단에 속해 있는 사람들을 사랑하지 않으실까요?

그들의 영혼을 안타까워하지 않으실까요?

하나님께서는 지구 위의 모든 사람들을 사랑하십니다. 오직 그들이 아버지 품으로 오기를 오래 참고 기다리고 계시는 것입니다.

주님께서는 지금이라도 당장 재림하실 수도 있습니다. 그러나 한 영혼이라도 더 회개하고 돌아오기를 기다리시는 우리 아버지, 사랑이 넘치시는 우리 아버지께서는 오래 참고 기다려 주시는 것입니다.

감사드립니다. 사랑 넘치시는 나의 아버지.

세계 열방의 영혼들이 깨어나 주님께로 돌아오기를 오늘도 기도드립니다.

좋으신 아버지. 영광 받으시옵소서.

아멘.

41

기다려 주시는 아버지

우주와 만물을 창조하시고 지구의 모든 것을 계획하시고 경영하시는 하나님께서는 오늘도 이 나라와 모든 국가들과 가정을 주관하고 계십니다.

그 날과 그 시간은 예수님조차 모르신다고 성경에서 말씀하셨고, 지금이 마지막 때인 것만은 확실합니다. 다니엘서와 요한계시록에 정확한 내용들이 나와 있고 시대의 징조가 있기 때문입니다.

날짜를 정해놓고 방주 문이 닫힌다는 둥 엉뚱한 소리들을 내는 온갖 유튜버들의 떠들어대는 소리들을 그냥 지나치시기 바랍니다.

그 날과 그 시간은 예수님조차 모르신다고 말씀하셨고 오직 하나님께서만 알고 계신다고 말씀하셨기 때문입니다. 우리가 믿고 따르는 말씀은 오직 성경이기 때문입니다.

드립니다. 벌레만도 티끌만도 못한 저를 주님 생명으로 피 흘리시며 저를 구해 주시고 사랑해 주셔서 감사드립니다. 주님.

오늘 하루는 끝없이 흐르는 눈물 속에서 회개와 감사의 눈물로 지나갈 것 같아요.

주님. 사랑합니다."

작년 말에는 무안공항 사건이 나서 많은 생명이 죽었고 또한 우리도 언제 어디에서 어떻게 죽게 될지는 아무도 모르는 것입니다.

생과 사를 주관하시는 하나님께서만 모든 것을 알고 계십니다. 주님께서 온몸이 찢겨져 돌아가신 무한하신 그 사랑 앞에서 감당할 수 없는 은혜를 누리고 있는 제가 무슨 염치로 주님께 청하며 주님께 무엇을 말씀드릴 수 있겠습니까?

그 사랑 앞에서 저는 그저 울 수밖에 없는 먼지일 뿐입니다. 제가 죽어서 주님 앞에 섰을 때 저는 아무 말도 할 수 없을 것입니다.

"너는 지구에서 뭐 하다 왔니?" 이렇게 저에게 물으실 때 저는 이렇게 말씀드릴 수밖에 없습니다.

"저는 이 세상에서 아무것도 한 일이 없어요. 주님.

주님. 저는 오직 주님만 사랑한다고 고백하며 살아왔어요. 그 사랑 때문에 울다가 왔어요.

감사해요. 주님. 저의 모든 걸 용서 해 주십시오.

제가 상상할 수도 없는 그렇게 큰 사랑을 저에게 주셔서 감사

40

너 뭐하다 왔니?

오늘은 2025년 1월 1일입니다.

저는 예전에 하던 대로 금식하며 주님의 보좌 앞에 무릎 꿇고 앉았습니다. 저에게는 주님께 청해야 할 수많은 기도 제목들이 있었지만 저는 한 개의 기도제목도 올릴 수가 없었습니다.

"주님. 영광 받으시옵소서" 하면서 아름답고 향기로운 노란 장미꽃 33송이를 담은 꽃바구니를 주님 앞에 놓고서는 저는 통곡하며 울기 시작했습니다. 가슴이 터질 것 같아 아무것도 말할 수 없었습니다.

물론 주님께서는 모든 것을 알고 계십니다. [시편 139편 2절~3절] 말씀처럼 주님께서는 저의 생각과 저의 모든 행위를 알고 계십니다. 제가 무엇을 말하고 싶은지 왜 우는지를 모두 알고 계십니다.

있고, 몇십 년이 걸릴 수도 있습니다. 어쩌면 죽을 때까지일지도 모릅니다.

그러나 우리가 믿음으로 인내하며 기도할 때 그 산은 완전히 없어져 바다에 던져지게 되는 것입니다. 우리가 예수님 앞에 꿇어 기도드릴 때 그 산은 제거될 것입니다.

[마가복음 11장 23절~24절]

23 내가 진실로 너희에게 이르노니 누구든지 이 산더러 들리어 바다에 던져지라 하며 그 말하는 것이 이루어질 줄 믿고 마음에 의심하지 않으면 그대로 되리라

24 그러므로 내가 너희에게 말하노니 무엇이든지 기도하고 구하는 것은 받은 줄로 믿으라 그리하면 너희에게 그대로 되리라

39

산을 옮기는 믿음

우리가 살아가는 과정 속에서 우리는 우리가 어떻게 해도 해결 불가능한 산을 만나게 됩니다. 나와 내 가족, 내 교회, 내 나라 앞에 놓여 있는 고난의 산을 만나게 되는 것입니다.

그때 우리는 고난의 산 앞에서 기도하게 됩니다.

자녀가 정신질환으로 아파 기도하는 자매님이 10년이 넘게 기도드리고 있다고 했습니다. 언제까지 기도해야 되느냐고 저에게 물어왔습니다.

우리는 그 거대한 산을 움직여 바다에 던질 수 없습니다. 그러나 예수님께서는 그렇게 하실 수 있습니다. 우리가 기도할 때마다 그 산들의 흙은 기도의 분량만큼 바다에 던져집니다.

그 산이 완전히 없어질 때까지, 바다에 던져질 때까지 우리는 기도해야 합니다. 그게 하루가 걸릴 수도 있고 몇 달이 걸릴 수도

"예슈아 하마쉬아흐."

사랑하는 나의 그리스도여.

내 평생 동안에 주님만을 사랑하고 동행하며 주님의 손을 잡고 걸어가게 하소서. 영원히 주님께서 가신 길을 함께 걷게 하소서.

제게 주신 모든 은혜에 감사드리옵니다.

아멘.

38

오늘의 기도

주님.

오늘 하루도 제 입술을 정결케 하시며 제 손을 깨끗하게 하시고, 제 마음을 순결하게 하소서. 제 영·혼·육은 온전히 주님의 것입니다. 제 영·혼·육을 거룩하게 하소서.

사랑하는 주님.

오늘 하루도 제가 거룩한 입술로 주를 찬양하게 하시며 깨끗한 두 손을 들고 주를 예배하게 하시며 정결한 마음으로 주를 사랑하게 하소서. 오늘 하루도 오직 주 예수님만을 생각하게 하소서. 기쁨 속에서도 고난 속에서도 예수님만을 생각하며 찬양하게 하소서.

"예슈아."

주님의 이름을 조용히 불러봅니다.

씀처럼 의와 평강과 희락을 주실 것이며, 그것에 더하여 여러분이 먹고 입고 쓸 것에 필요한 모든 것까지도 주실 것입니다.

아버지가 아이를 굶기겠습니까? 벌거벗은 채로 살게 하시겠습니까? 길가의 노숙자로 살게 하시겠습니까?

여러분이 먼저 아버지 나라의 것들을 구한다면 이 나머지의 모든 것도 함께 주실 것입니다.

먼저 영혼들을 위해 기도하고 이 세상에 주님 나라가 세워지기를 기도하고 예루살렘을 위하여(시 122:6) 기도하십시오. 그리고 필요한 것들을 구하며 기도하십시오. 여러분들은 형통하실 것입니다.

우리에게 무엇이나 선하고 좋은 것을 주시는 아버지.

오늘도 감사와 찬양을 올려드립니다.

아멘.

37

예수님 이름 앞에
안 되는 것은 없습니다

여러분 앞에 높은 산이 놓여져 있습니까? 거대한 바다가 가로막고 있습니까? 낭떠러지 끝에 서 있습니까?

무엇이든지 구하십시오(요 14:14).

예수님의 이름으로 구하십시오. 예수님의 이름으로 선포하십시오. 산이 무너질 것이며, 바다가 갈라질 것이며, 낭떠러지 끝에서 길이 이어질 것입니다.

그것이 무엇이든 인간의 생각으로는 도저히 불가능한 것들을, 그것을 구하십시오. 주님께 불가능은 없습니다.

그리고 아버지께 구했을 때 아버지께서는 우리에게 뱀과 전갈을 주시지 않습니다. 여러분에게 필요한 가장 좋은 것을 주실 것입니다.

가장 좋은 선물인 성령을 주실 것이며 [로마서 14장 17절] 말

[요한일서 4장 1절]

사랑하는 자들아 영을 다 믿지 말고

오직 영들이 하나님께 속하였나 분별하라

많은 거짓 선지자가 세상에 나왔음이라

기도로 임파테이션 되는 성령의 기름 부음은 [사도행전 19장 6절]에 나오는 "바울이 그들에게 안수하매 성령이 그들에게 임하시므로 방언도하고 예언도 하니" 라는 구절에서 근거한 것입니다.

우리는 아무에게나 안수기도를 받아서는 안 됩니다. 성령님께서도 역사하시지만 악령도 역시 역사하기 때문입니다.

무당이 무당의 신어미에게 전수받는 것처럼 영은 영끼리 흘러 들어가는 것입니다. 예를 들어 악하고 교만한 성령 사역자가 악한 영으로 사람들을 쓰러뜨리고 입신에 들었다고 말할 수도 있는 것입니다.

목회자나 개인이나 누구에게라도 함부로 안수 받아서는 안 되는 것입니다. 그 사람의 영의 상태가 온전히 깨끗한 사람, 삶이 거룩한 사람, 오직 주님의 영광만을 취하는 사람, 겸손하고 사랑이 넘치는 사람, 즉 성품과 삶이 예수님을 닮은 사람한테만 안수를 받아야 하는 것입니다.

악령 사역자들과 성령 사역자들을 잘 분별하십시오. 그들의 삶이 깨끗하고 거룩한지를 살펴보시고 안수를 받도록 하십시오. 혼미한 이 시대에는 무엇보다 영 분별의 은사를 받아야만 합니다. 구하십시오. 선하신 아버지께서 주실 것입니다.

36

안수

지인을 통하여 얼굴도 알지 못하는 목사님께서 안수기도를 받고 싶다고 전화가 왔습니다.

저는 즉시 전화로도 얼마든지 치유와 기름 부음을 받을 수 있다고 말씀드렸고, 세계 열방에 아니 계신 곳이 없는 성령님께서는 모든 것을 알고 계시며 목사님의 사정과 형편을 모두 알고 계신다고 말씀드렸습니다.

전화상으로도 기도를 받을 수 있다고 말씀드렸으나 너무나 간곡히 기도받기를 원하셨으며 기름 부음 받기를 원하셔서 설득하기가 쉽지 않았습니다.

우주 만물 어느 곳에도 항상 우리와 함께 계시는 성령님. 그분은 우리의 모든 사정을 아시며 나조차도 모르는 우리의 머리카락 숫자까지도 알고 계시는 것입니다.

하며 자기를 높이고 모든 은사들을 돈으로 팔기 시작합니다.

[마태복음 10장 8절]에서 주님께서는 거저 받았으니 거저 주라고 말씀하셨습니다. 그러나 이 계명을 어기고 잊기 시작합니다. 그리하여 그들은 지옥행 열차표를 사게 되는 것입니다.

주님 앞에 겸손해지지 않으면 주님께서는 절대로 그 은사자를 끝까지 사용하지 않으십니다.

겸손하다는 것은 주님 앞에 무릎 꿇고 순종하는 것이며, 내가 권능을 받아 아무리 뛰어나다 해도 상대방이 나보다 훨씬 낫다고 생각하는 자세이며, 상대방을 나보다 높이는 것입니다.

주님.
우리는 겸손한 자 되기를 원하며 어린아이와 같은 순수함을 가진 깨끗한 그릇이 되기를 원합니다.

35

은사자들이여, 지옥행 표를 사지 말라

제가 지인들을 위해 기도할 때, 저는 9가지 성령의 은사와 9가지 성령의 열매를 맺게 해주시기를 간구합니다. 어떠한 은사를 받는다 해도 성품과 인격이 결여되어 있다면 아무 소용이 없기 때문입니다.

일부의 성령사역자들이 처음엔 거룩하고 깨끗한 영이신 성령님의 뜻대로 사역을 시작하지만 말년에는 비참하게 타락하고 멸망하여 죽어가는 것을 볼 수 있습니다.

처음엔 순수하게 시작했으나 사람들이 모여들면서 돈과 자기를 내세우는 명예욕 등으로 중심이 흔들리기 시작하는 것입니다. 주님의 얼굴을 구하지 않고 맘몬의 영을 따라가며 자기를 높이기 시작합니다.

그들은 사람들이 환호할 때 착각하게 되며 자기 자신을 높이기 시작합니다. 하나님의 영광을 자기의 영광으로 취하기 시작

[갈라디아서 5장 1절]

그리스도께서 우리를 자유롭게 하려고 자유를 주셨으니

그러므로 굳건히 서서 다시는 종의 멍에를 메지 말라

예배하고 기도하는 양의 무리들이 많을 때 나라는 소생합니다. 주님께서 일하시기 때문입니다.

그러나 용의 무리들이 그 나라의 권세를 잡고 있을 때는 그 나라는 사탄의 지배하에 놓여 가난과 저주가 임하고 망하게 되는 것입니다.

사탄이 잡고 있는 나라들은 교회가 폐쇄되고 기도와 예배는 끊어집니다.

누가 이 나라를 살릴 것입니까?
누가 이 나라를 주님의 나라로 만들 것입니까?

그들은 금식하며 기도하는 자들입니다. 그들은 자기를 희생하는 자들입니다. 주님께서 일하시도록 주님께서 싸우시도록 주님의 보좌를 흔드는 이들입니다.

주님. 가엾은 이 대한민국을 다시 일으키시고 회복시키소서.
주님의 군대가 일어나게 하시옵소서.
아멘.

34

서쪽의 붉은 용과 북쪽의 검은 용

주님께서는 제가 열방의 나라들을 위해 기도할 때, 그 나라의 특징대로 사탄의 권세가 어떻게 역사하는지를 보여주십니다.

우리나라 서쪽에 위치한 거대한 붉은 용과 북쪽에 위치한 중간 크기의 더러운 검은 용을 보여주시며 기도하라 말씀하십니다.

이 세계는 용(사탄)의 편에 선 자들과 자유를 수호하려는 양의 무리들 이렇게 둘로 나뉘어져 있습니다.

우크라이나 전쟁이 터졌을 때도 주님께서는 세계는 양분화되어 있다고 말씀하셨습니다.

용의 나라와 양의 나라로 갈라진 모든 세계의 나라들은 누가 더 많은 세력을 잡고 있느냐에 따라 그 나라의 운명이 갈라집니다.

저는 항상 왕이신 예수님 편에 서 있으며 예수님의 이름을 조롱하는 자나 대적하는 자들은 절대 용서치 못합니다.

저는 왕께 충성하며 기쁘게 해드리기 위해 매일 왕께 경배와 찬양을 올려드리며 매일매일 영혼들을 살아나게 하는 일들을 하고 있습니다. 그리고 왕의 나라를 건설하기 위해 최선을 다하고 있는 것입니다.

왕께서 행복해 하시면 저도 행복해지고, 왕께서 슬퍼하시면 저도 슬퍼집니다. 저의 모든 것인 오직 예수 그분만이 제 행복의 근원이며 제 삶의 목적입니다.

감사드립니다. 저를 종으로 선택하셔서 주님의 집으로 부르신 저의 예수님 저의 왕이시여.

사랑합니다. 영광 받으시옵소서.

아멘.

33

세상에 저보다 행복한 사람이 있을까요?

저는 예수님을 저의 왕으로 모신 이후부터 세상에서 가장 행복한 사람이 되었습니다. 제가 돈이 많아서 권력이 높아서 명예가 있어서가 아니요, 제 삶의 모든 것이 잘 이루어져 가기 때문이 아닙니다.

저의 왕께서는 이 땅에서 저에게 예수님께서 받으신 권세인 [시편 2편 7절~9절]의 말씀을 제게 사명으로 주셨고, 세계 열방의 나라들을 싸워서 정복하라고 말씀하셨습니다.

왕을 모시는 저도 때로는 지치고 피곤하여 투정하고 울 때도 있지만, 저는 사랑하는 저의 왕을 기쁘게 해드리는 것만으로도 충분하며 저의 왕께서 행복해 하시고 기뻐하시면 저는 늘 행복합니다.

그래서 저의 왕께서 기뻐하실 일이 무엇인가를 늘 생각하며 하루하루를 기도하며 살아가고 있습니다.

위하여 살다가 복된 죽음을 맞이하도록 인도하시며 지키고 보호 하시고 축복하소서.

우리 주 예수 그리스도의 이름으로 기도드립니다.

아멘."

32

야베스의 기도에 더하여

저는 자주 야베스의 기도에 제가 덧붙인 기도를 드리곤 합니다. 아침에 눈을 뜨면 제 가족들과 형제들, 제가 기도하는 모든 분들을 위하여 이 기도를 하나님께 올려드리곤 합니다.

[역대상 4장 10절]에 나오는 야베스의 뜻은 '고생을 만든다, 슬픔을 만드는 사람'이라는 의미이지만 고통 가운데 태어난 슬픔의 사람 야베스가 기도를 통해 자유로운 삶을 원하며 하나님의 보호와 축복을 구하며 울부짖습니다.

"주님. 오늘도 제 가족과 형제들, 제가 기도하는 모든 사람들에게 복에 복을 더하여 주시고, 지경을 넓혀 주시며 근심이 없고 강건하여 형통케 하시오며, 많은 선한 이들과 동역자들을 붙여 주시고, 넘치는 기름 부음으로 권능과 지혜와 입술에 권세를 주시어 말하는 대로 이루어지게 하시고 한평생 주님의 영광만을

십니다.

　우리가 하늘의 문을 열 수 있는 것도 예수님의 이름 때문인 것입니다. 우리의 왕이신 예수님의 이름은 세계를 움직이는 열쇠입니다.

[요한복음 14장 14절]
내 이름으로 무엇이든지 내게 구하면 내가 행하리라

사탄과 졸개들, 어둠의 영들의 머리를 발로 짓밟아 부숴버리는 권세를 가지게 된 것입니다.

[빌립보서 2장 10절] 말씀처럼 예수님 앞에서는 천하 만물이 그분 앞에 무릎 꿇어야 하며 예수님의 이름으로 명령할 때 우주 만물은 그분에게 복종해야 하기 때문입니다.

우리는 그분의 자녀 되는 권세(요 1:12)를 부여받았으며, 우리가 예수님의 이름으로 명령할 때 천하 만물은 그 이름 앞에 복종하게 되어 있는 것입니다.

위대한 그분의 이름, 우주의 왕이신 그분의 이름 예수.

우리에게는 오직 예수님뿐입니다. 그러므로 가정이나 교회나 국가나 모든 사탄의 장애물이 있을 때 우리는 예수님의 이름으로 명령하며 어둠의 영들을 쫓아내고 정복하여 다스려야 합니다. 그리고 사탄의 머리를 짓밟아 부숴버려야 하는 것입니다.

예수님의 이름으로 무엇이든지 구하시고 명령하며 선포하십시오. 그러면 그대로 이루어질 것입니다. 우리는 사탄에게 억눌려 사는 사람들이 아니며 그들을 쫓아내며 그들이 우리를 볼 때 두려워 떨게 해야 할 것입니다.

예수님의 이름은 위대하시며 하늘과 땅의 모든 것을 움직이

31

예수님 이름의 권세

하나님께서는 천지를 창조하시고 하나님의 형상대로 사람을 창조하셨으며, 그들에게 생육하고 번성하여 땅에 충만하라, 땅을 정복하라 하셨고, 움직이는 모든 생물을 다스리라고 말씀하셨습니다(창 1:28).

그러나 지금 우리는 단 한 가지 장애물들 때문에 하나님께서 주신 복을 누리지 못하고 있는 것입니다.

그것은 하늘에서 쫓겨난 타락한 천사들인 그 어둠의 영들이 공중 권세를 잡고 있으며, 인간들이 축복을 받지 못하게 방해하며 괴롭히기 때문입니다. 이 세계와 나라와 가정과 개인을 잡고 있는 어둠의 영들 때문인 것입니다.

그리고 예수님께서는 [요한일서 3장 8절]에서 마귀를 멸하시러 이 땅에 오셨고 우리를 구원하시기 위하여 오셨으며, 우리 죄를 대신하여 모두 속죄하셨기 때문에 우리는 그 공중 권세 잡은

[에스겔 7장 8절~9절]

8 이제 내가 속히 분을 네게 쏟고

내 진노를 네게 이루어서 네 행위대로 너를 심판하여

네 모든 가증한 일을 네게 보응하되

9 내가 너를 불쌍히 여기지 아니하며

긍휼히 여기지도 아니하고 네 행위대로 너를 벌하여

너의 가증한 일이 너희 중에 나타나게 하리니

나 여호와가 때리는 이임을 네가 알리라

고 임재하기 시작하십니다.

"주님, 저의 기도소리를 들으소서.

죽음의 영들을 묶습니다. 죽음을 예비한 모든 핵과 무기들을 쓸모없는 연장이 되도록 묶습니다. 주님의 이름으로 파쇄합니다."

주님께 기도하며 예배드릴 때, 하늘로부터 내려오는 크고 빛나는 미카엘 천사 그분이 거대한 화염검을 들고 내려오십니다.

그 천사는 사탄의 권좌를 누리고 있는 그 지도자의 목에 칼을 겨누고 있습니다.

그는 두려워 떨고 있었으며, 주님께서 명령하시는 날 미카엘은 그 칼을 사용할 것입니다. 그는 모든 권세를 누리고 있으나 주님 앞에서 그는 하나의 티끌이며 먼지일 뿐입니다.

30

침실의 이야기를 듣는 엘리사(왕하 6:12)

주님께서 말씀하십니다. 통일이 가까웠다고.

이제 이 민족을 정화시키고 회개시켜 세계 열방으로 땅끝까지 복음을 전하는 사명자들로 사용하시겠다고 말씀하십니다.

오늘은 북쪽의 검은 용이 자리 잡고 있는 사탄의 권좌를 파쇄하러 떠납니다. 북쪽 그 사탄의 권좌가 있는 곳에 십자가를 세우고 주님의 보혈을 덮습니다.

저는 기도하기 시작합니다.

"성령님. 이곳을 덮으소서. 악을 몰아내소서."

찬송하기 시작하며 그 처소에서 예배하기 시작합니다(겔 3:12). 성령님께서는 항상 불과 바람으로 그들의 천사들을 거느리시 성령님. 도우소서. 이 땅에 불을 내리소서."

이렇게 기도드리고 있을 때, 그 땅에 주님의 임재가 임하기 시작했으며 모든 악한 영들의 세계가 흔들리며 동요하기 시작했습니다. 조금씩 무너져 내리기 시작했습니다.

"오! 주님. 그 땅을 분할하소서. 세상의 경계를 지어 만드시는 주님. 이 땅의 모든 어두움을 파쇄하시고 핍박받는 소수민족들을 해방시키시며 자유를 주소서.
하늘의 군대를 보내시어 이 나라를 잡고 있는 거대한 사탄의 제단을 파쇄하시옵소서.
예수님의 이름으로 명령한다. 모든 어둠의 영들은 그 땅을 떠나고 파쇄될지어다. 예수님의 이름으로 명령하니 사탄의 진은 무너지고 부흥의 물결이 일어날지어다."

좋으신 나의 예수님. 감사드립니다.
저 이등병은 대장님의 명령을 따라 오늘 이 땅에서 내일도 모레도 그들이 무너질 때까지 계속 이 땅에 와서 기도드릴 것입니다.
아멘. 할렐루야!

29

중국 땅으로

우리의 대장이신 주님께서 아침에 주신 명령입니다.

지난번 책에 쓴 대로 저는 이등병이며 명령에 복종하여 중국 땅으로 떠납니다. 그 땅을 잡고 있는 주님의 대적들을 멸망시키기 위해 떠나는 것입니다.

전쟁이 시작되었습니다. 먼저 그 땅의 중심부에 십자가를 세웁니다. 주님의 십자가에서 계속 흘러내리는 주님의 보혈은 그 땅을 충분히 잠기게 하고도 남습니다.

"주님. 제가 왔습니다. 이 땅을 정복하러 제가 왔습니다.

주님께서는 우리에게 이 세상을 정복하고 다스리라고 명령하셨습니다.

땅끝까지 복음 전하며 주님 나라 건설을 위해 싸우라고 말씀하셨습니다.

다. 제가 주님께서 찾으시는 그 한 사람이 되고 싶습니다.

주님께서는 너희 몸은 성전이며, 너희들은 거룩한 제사장이라고 말씀하셨습니다. 세상의 죄를 속죄한 거룩한 제사장처럼 저는 주님께 용서를 청합니다.

저의 죄와 열방의 죄를 용서해 주십시오. 제 생명을 거둬가셔도 됩니다. 저는 주님께 용서받는 그 한 사람이 되겠습니다.

사랑이 넘치시고 긍휼이 넘치시는 나의 주님.
우리들의 죄를 용서하소서.
그리하실 주님께 감사를 올려드립니다.

[예레미야 5장 1절]
너희는 예루살렘 거리로 빨리 다니며
그 넓은 거리에서 찾아보고 알라
너희가 만일 정의를 행하며 진리를 구하는 자를
한 사람이라도 찾으면 내가 이 성읍을 용서하리라

28

오대양 육대주에
여호와 닛시의 깃발을 펄럭이며

사랑하는 주님.

오늘은 세계 열방으로 나아갑니다. 오늘도 오대양 육대주에 주님의 십자가를 세웁니다. 그리고 주님의 보혈을 덮습니다.

사랑하는 주님.

이 지구의 중심인 예루살렘 성읍에는 더 크고 거대한 주님의 십자가를 세웁니다. 그리고 사탄이 점령한 모든 땅에는 주님의 보혈을 넘치게 덮습니다.

아버지. 그 땅들을 치유하시고 회복시켜 주시옵소서. 주님의 나라들이 건설되게 하옵소서. 지옥으로 향하는 온 인류의 영혼들에게 자비를 베풀어 주시옵소서. 제가 그 한 사람이 되겠습니이 왔습니다.

살아계시고 영원하신 주님께 영광과 존귀와 감사를 올려드립니다.

역하며 공사를 하고 있었습니다. 우리 몸속을 망가뜨리고 더럽히는 공사입니다.

주님께 기도를 올리면서 꾸짖었습니다.

"손을 떼라. 이 더러운 영들아" 하면서 그의 몸에 십자가를 세우고 예수님의 보혈을 그의 몸 전체에 뿌리며 덮기 시작했습니다.

더러운 귀신들은 보혈과 십자가를 보자마자 달아나기 시작했습니다. 성령의 불칼로 모두 쫓아내며 기도하기 시작했습니다.

"우리의 삶과 죽음을 주관하시는 주님.

주님께서 치유하시옵소서. 치유의 천사들을 파송하소서.

이 가정과 이 분을 통하여 영광을 받으시옵소서. 이 분이 주님의 전능하신 손길로 치유 받았다고 영광 돌린다면 얼마나 감사한 일이겠습니까?

살아계신 하나님을 보여주소서.

이 분이 살아계신 하나님을 증거하며 살아갈 수 있도록 하시어 주님께만 영광을 올려드리게 하시옵소서."

얼마 후 그분은 병이 기적적으로 치유되어가고 있다고 연락

27

동역자를 부르는 질병의 마귀

한 지인으로부터 기도 부탁이 들어왔습니다. 신장암 폐암 말기의 환자입니다.

주님의 손에 그 환자와 가정을 올려드리기 위해 기도의 골방으로 들어갔습니다. 그 지인에게는 온전히 회개하실 것을 전하라고 말씀드렸습니다.

우리는 회개해야만 주님의 거룩한 손을 잡을 수 있기 때문입니다.

주님께서 그에게 영원한 치유(천국을 향하는 것)를 주실 것인지 아니면 일시적인 치유(이 세상에서의 잠깐의 치유)를 주실 것인지를 여쭈어 보며 기도에 들어갔습니다.

그의 몸은 염증과 통증으로 고통받고 있었으며, 이 어둠의 영들, 질병의 영들은 4명은 폐에, 3명은 신장에 붙어서 열심히 동

"사랑하는 나의 주님. 이 죄인들을 구원하러 오신 나의 주님. 이 땅을 치유하시옵소서. 이 영혼들을 치유하시옵소서.

주님. 세계 열방에서 마약을 생산하며 유통하는 모든 조직들을 파쇄시켜 주십시오. 이 어두움을 모두 드러나게 하시며 이 사탄의 재정들을 파쇄시켜 주시옵소서.

예수님의 이름으로 명령한다. 우리의 영혼을 멸망시키려는 마약을 통한 악한 사탄의 모든 계획과 조직들은 무너질지어다.

예수님의 이름으로 명령하니 모두 파쇄될지어다."

주님. 감사드립니다.
이 땅과 그리고 열방을 치유하시옵소서.
아멘.

26

사탄이 접수한 지옥의 도시들

세계 열방에 마약과 노숙자들의 거리들은 많으나 오늘은 그 유명한 미국의 켄싱턴 거리로 기도하러 갑니다. 마약으로 인해 좀비처럼 죽어가는 수많은 영혼들이 그 거리에 있기 때문입니다. 그 영혼들이 지옥으로 가기 때문입니다.

사탄이 접수한 그 땅에 주님의 십자가를 세웁니다. 주님의 보혈을 덮으며, 그 보혈로 흘러넘치게 도시를 채웁니다.

그리고 기도합니다.

"주님, 이곳을 이 땅을 바라보시옵소서.

이 영혼들을 바라보시옵소서.

지옥으로 끌려가는 이 영혼들을 바라보시옵소서."

주님의 십자가의 고통이 제게 몰려옵니다. 눈물이 쏟아집니다.

"주님. 저를 상하게 하소서. 저를 상하게 하시어 세계 열방의 영혼들을 구해 주시옵소서.

주님. 저를 상하게 하시어 정의를 위해 싸우는 이들을 지켜 주시고, 주님 나라 건설을 위해 피땀 흘리는 이들을 기억해 주십시오.

주님. 저를 상하게 하시어 병든 이들을 치유해 주시고, 모든 영혼들이 주님께로 돌아오게 하시옵소서.

주님. 저를 상하게 하시고 사탄의 제단들을 파쇄시켜 주십시오.

주님. 저를 상하게 하시어 이 나라가 주님의 나라가 되게 하시고, 세계 열방에 공의와 정의가 세워지게 하시옵소서.

주님. 저의 생명을 취하시어 열방의 영혼들이 회개하여 주님 앞에 무릎 꿇게 하시옵소서.

주님. 저를 상하게 하시니 감사드리오며 영광과 존귀를 받으시옵소서."

아멘. 할렐루야!

25

저를 상하게 하소서

밤새 무릎 통증으로 잠을 잘 수가 없었습니다. 울다가 울다가 주님께 여쭈었습니다.

"주님. 주님께서는 다른 사람들을 위해 치유기도 할 때에 그들 모두를 고쳐주셨습니다. 그런데 왜 주님께서는 저를 치유하시지 않으십니까?"

이렇게 주님께 여쭈어 보았을 때 주님께서는 제게 말씀하셨습니다.

"내가 너에게 모든 은사를 다 주었고, 네게 필요한 모든 것들을 다 주었다. 너는 그것으로 충분하다고 생각지 않느냐?"

저는 주님께 감사드렸습니다. 저를 낮아지고 겸손케 하시려고 이렇게 아픔을 주신 주님께 저는 울면서 감사의 기도를 올려 드렸습니다.

주여! 우리의 기도를 들으시고 지체 없이 행하여 주십시오. 주님 이름의 영광을 위하여 일하여 주시옵소서.

오소서, 성령님. 열방의 악한 집단들을 소멸하소서.

얼마 동안을 이렇게 기도하고 있었습니다. 갑자기 기도 중에 '꽝' 하는 폭발음 소리가 들리며 그 사악한 집단의 건물들이 와르르 무너져 내리며 먼지처럼 흩어지는 것이었습니다.

성령님의 불이 일시에 악한 사탄의 회당들을 강타한 것이었습니다.

오! 할렐루야.

주님께서 하셨습니다. 이 땅을 고치시고 회복시키시는 주님께 영광을 올려 드립니다.

아멘. 할렐루야!

24

성령님. 악을 태우시고 멸하소서

이번 계엄령을 통하여 이 땅의 모든 죄악들이 드러나고 있습니다. 우매한 국민들이 깨어나고 있으며 주님께서는 이 땅에 얼마나 사악한 세력들이 점령하고 있었는지를 보여주셨습니다.

이 세상의 모든 것들을 알고 계시는 주님.
세계 열방의 악을 드러내소서.
또한 이 땅 깊숙이 숨어 있는 더러움과 추악함, 모든 악들을 드러내 주십시오. 그리고 심판하여 주십시오. 사탄이 일하고 있는 모든 권세와 악을 파쇄해 주십시오.
주님. 그리고 이 나라의 사탄의 권세, 무소불위의 권력으로 모든 악을 행하고 있는 집단의 권세들을 무너지게 하옵소서.
저는 오늘도 금식하며 기도드립니다.
주여! 우리들을 용서하소서.

이 아닙니다. 성령님의 능력으로 하늘에 있는 악의 영들과 싸우는 것입니다.

[히브리서 13장 8절]의 어제나 오늘이나 동일하신 하나님께서는 [열왕기하 19장 35절]에 나온 바와 같이 하룻밤에 앗수르 군대 18만 5천 명을 몰살시킨 천사를 파송하였고, 또한 엘리야의 기도로 하늘로부터 불을 내리셨습니다.

불가능이 없으시며 권능을 행하시는 우리의 아버지 하나님께서 일하시도록 우리들이 기도하는 것입니다.

어제나 오늘이나 동일하시며 전능하신 하나님 아버지.
세계 열방에서 우리들의 교회와 가정에서 주님이 아닌 모든 어둠의 권세들을 우리가 주님의 이름으로 파쇄합니다.
세계 열방과 이 민족에게 미카엘과 하늘의 군대들을 파송하시어 주님의 것이 아닌 모든 것들을, 주님 나라 건설에 방해되는 모든 것들을 진멸시켜 주십시오.
우리들은 주님과 함께 세계와 국가와 교회와 가정을 정복하고 다스릴 것입니다.
전능하신 나의 아버지 하나님.
영광과 감사를 올려드립니다.

23

기도의 폭탄을 투하하라

　세계 열방에 그리고 주님의 나라가 아닌 땅에 우리 가족들 중에서도 그의 속사람 안의 심령에 주님의 나라가 임하지 않은 그곳으로 가서 매일매일 기도의 폭탄을 투하하십시오.

　기도의 위력은 세계 곳곳에 산재해 있는 미사일보다도 더 강력합니다. 우리가 영적 전쟁을 하는 그 기도의 미사일은 예수님의 이름입니다.

　예수님의 이름으로 묶고, 주님이 아닌 모든 악을 행하는 것들을 묶고, 그곳으로 가서 모든 사탄의 일과 계획들을 파쇄하는 것입니다.

　이 세상의 임금인 사탄이 하는 모든 일들에 폭탄을 쏟아 부으며 예수님의 이름으로 기도하십시오. 불과 바람으로 천사들을 사용하시는 성령님께서 일하실 것입니다.

　[에베소서 6장 12절] 말씀처럼 우리는 혈과 육으로 싸우는 것

바람을 사신으로 삼으시고 불꽃으로 사역자를 삼으신 나의 하나님이여. 우리가 환난 중에 있나이다. 폭풍과 광풍이 내 가정과 교회와 세계 열방의 국가들 가운데 있나이다. 나의 하나님이여. 우리의 살길을 열어주소서.

모세가 바로의 군대들에게 쫓겼던 것처럼 우리는 주님의 대적 원수들에게 쫓기고 있나이다.

주님. 파송하소서.

바람과 불꽃으로 주님의 천사들을 파송하소서. 그리하여 세상의 폭풍과 광풍을 피하게 하시며, [시편 83편 15절]처럼 그 원수들을 쫓으시고 그들을 두렵게 하소서.

우리가 주님의 날개 그늘 아래서 쉼을 얻게 하시며, 내가 평생토록 여호와를 찬양하게 하소서.

[시편 104편 33절]
내가 평생토록 여호와께 노래하며
내가 살아있는 동안 내 하나님을 찬양하리로다

아멘.

22

하나님의 사역자(천사들)

[히브리서 1장 7절]
또 천사들에 관하여는
그는 그의 천사들을 바람으로
그의 사역자들을 불꽃으로 삼으시느니라

아버지. 오늘도 주의 천사들을 파송하시어 일하게 하소서. 나의 가족과 교회, 국가, 세계 열방의 모든 나라들에서 일하게 하소서. 주님의 선한 뜻을 이루시며 우리들을 보호하소서.

[출애굽기 14장 21절]에서 아버지의 천사들을 파송하시어 큰 동풍을 일으키시고 홍해의 물이 갈라지게 하신 동일하신 나의 하나님. 흑암이 지배한 이 시대에 빛을 비추어 주소서.

[다니엘 7장 9절~10절] 말씀처럼 불꽃의 보좌에 앉아계신 하나님이여. 그 불이 강같이 흘러 우리에게 임하소서.

는 것입니다.

우리들은 그들의 죄를 대신 속죄하며 기도해야 합니다. [요한복음 20장 23절]에서 "너희가 누구의 죄든지 사하면 사하여질 것이요" 라고 주님께서 말씀하셨으며, 우리는 거룩한 성전이며 거룩한 제사장들입니다.

우리 가족과 형제, 이 민족과 세계 열방의 영혼들의 죄를 대신 용서를 청하며 그들을 살려주시라고 내가 먼저 회개하여 주님께 울부짖으며 기도드릴 때 주님께서는 세계 열방과 이민족과 교회와 가정들을 살려주실 것입니다.

오, 주님.
세계 열방과 이 민족에게 거룩한 주님의 군대가 일어나게 하시오며, 온 세계에 회개의 영을 풀어주시옵소서.

예수님의 이름으로 명령한다.
세계 열방의 영혼들에게 회개의 영이 임하며,
거룩한 기도의 군대들이 일어날지어다.
아멘.

21
하나님을 움직이는 유일한 길은 기도뿐입니다

[출애굽기 32장 32절]에서 모세가 우상숭배했던 이스라엘 백성들의 죄를 대신해서 하나님께 용서를 청하며 "생명책에서 자기의 이름을 지워버려 주옵소서" 하고 기도했던 것은 그 백성들을 위해서 자기 생명이 지옥에 떨어져도 좋다라는 뜻이며, 모세가 자기 생명을 주님께 바쳤던 위대한 기도입니다.

우리는 모세처럼 내 생명을 드리며 우리 가족과 이 민족과 세계 열방의 영혼들을 위하여 기도해야만 하는 것입니다.

세상은 점점 믿음이 식어가고 사랑이 메말라가며 이 세상의 임금인 사탄은 영혼들을 지옥으로 끌고 가기 위해 온갖 불법과 전쟁, 마약과 동성애 기타 등등으로 우리들을 유혹하고 있으며 하나님과 멀어지도록 돈과 음란과 우상숭배에 빠지도록 하고 있니다.

예수님께서 싫어하시는 물질을 숭배하는 유물론, 공산주의자들과 함께하는 자는 결코 구원을 받지 못하고 지옥불에 떨어질 것입니다. 즉시 회개하고 돌이켜 주님께로 돌아오십시오. 주님께서 가증히 여기시는 것들을 피하십시오.

영적 분별을 가지시기를 기도드립니다.

쪽(좌파, 진보, 사회주의)은 공산주의이며, 다른 한쪽(보수, 우파)은 자유민주주의입니다.

공산주의는 유물론을 숭배하는, 즉 물질을 우상숭배하는 집단이며, 대부분의 공산주의는 기독교를 말살하며 신을 인정하지 않습니다.

공산주의 국가들은 십자가를 불태우며 교회를 탄압하여 더 이상 예수님을 믿을 수 없게 되며, 교회들은 모두 지하교회로 숨어들어가게 되는 것입니다.

신을 인정하지 않고 교회를 없애려는 공산주의를 따라가는 목회자나 성도들은 과연 예수님의 편입니까? 사탄의 편입니까?

우리는 둘 중에 하나를 선택해야 할 것입니다. 예수님을 인정하지 않고 교회를 말살하려는 공산주의, 즉 사탄의 영을 따라가든가, 아니면 우리에게 참 진리와 자유를 주신 예수님을 따라 가든가 둘 중의 하나일 것입니다. 사탄의 종이 되든가 예수님의 제자가 되든가 둘 중 하나입니다.

예수님께서는 뜨겁지도 차지도 않은 영혼들을 뱉어 버리겠다고 말씀하셨습니다. 사탄의 종교, 공산주의자들과 함께 하든가 자유민주주의와 함께 할 것인가는 여러분의 선택에 달려 있습

20

계엄 선포로 나라가 혼란에 빠졌습니다

2024년 12월 3일. 계엄선포로 이 나라는 무정부 상태가 되었고, 나라가 혼란에 빠졌습니다.

나라가 혼란에 빠지자 목회자들도 교회 성도들도 각각 자기의 목소리들을 냅니다. 어느 목회자는 성경 말씀을 인용하여 좌로도 우로도 치우치지 말라는 엉뚱한 궤변을 늘어놓기도 합니다.

구약이나 신약의 어느 선지자나 사도 중 정치하는 왕들에게 경고하며 책망하지 않은 분들이 있습니까? 그들은 세상의 죄악을 향해 외쳤던 것입니다.

지금 대한민국은 영적으로 보면 성령님과 사탄의 전쟁이지만, 세상적으로 보면 공산주의와 자유민주주의의 이념 전쟁을 치르고 있는 것입니다. 여러 가지 다른 용어들을 쓰지만 결국 한 어둠의 영들에게 십자가와 예수님의 피로 덮으며 예수님의 이름으로 명령하며 기도할 때 악한 것들은 모두 떠나게 되어 있습니다.

감사하게도 C 목사님은 지금 열심히 기도에 정진하고 계십니다.

감사합니다. 주님.
그분의 가정을 예수님께 올려 드립니다.

이렇게 골방에서 기도드릴 때 성령님께서 조명하여 주셨습니다. 세 명의 시커먼 마귀들이 혀를 밧줄로 묶고 있는 것을 보여주셨습니다.

제가 "주님, 왜죠?" 하고 물으니, 주님께서는 "기도를 못하게 하려는 거지. 마귀들은 기도를 제일 무서워한단다" 하고 말씀해 주셨습니다.

"떠나라! 이 더러운 어둠의 영들아. 예수님의 이름과 피로 명령한다. 또한 이 가계의 저주를 파쇄한다."

방언기도를 하면서 "이 가정에 가난과 질병과 두려움을 주는 더러운 영들아. 혀를 묶는 작업을 정지하라! 예수님의 이름으로 파쇄한다. 이 더러운 영들아. 떠나고 다시 오지 말지어다!" 하고는 예수님의 보혈을 혀에 뿌리며, 그 가정에 뿌리며 기도할 때 세 명의 시커먼 어둠의 영들이 도망치기 시작했습니다.

[마태복음 12장 43절~45절]에서 방이 깨끗이 청소된 걸 보고 일곱 귀신을 더 데리고 들어온 귀신들처럼, 끊임없이 기도하지 않는다면, 죄를 회개하고 거듭나지 않는다면, 그들은 죄의 통로를 통해 다시 들어오기 시작할 것입니다.

19

혀를 묶는 마귀

지난번 출간한 제 책을 읽으셨다는 어느 목사님으로부터 전화로 상담이 들어왔습니다.

그분은 C 목사님이셨고, 본인의 온갖 질병과 가족 내 식구들의 우울증, 분노장애, 재정의 빈곤 등등 정상적인 생활을 하지 못하고 있는 형편이었으며, 그 목사님 자신도 신체의 질병과 특히 마비되어가는 혀로 인해 굉장히 어려움을 겪고 있었습니다.

이 목사님은 가정이 너무 곤고하여 어느 날 두려움에 사로 잡혔다고 말했습니다. 기도만 하려고 하면 혀가 움직여지지 않고 마비되어 기도조차 할 수 없게 되었다고 말씀하셨습니다.

"주님, 이 가정을 예수님의 손에 올려드립니다. 치유하소서. 회복시켜 주소서."

어 무저갱에 던져버려야 합니다.

[마태복음 18장 18절]
진실로 너희에게 이르노니
무엇이든지 너희가 땅에서 매면 하늘에서도 매일 것이요
무엇이든지 땅에서 풀면 땅에서도 풀리리라

이 말씀대로 무엇이든지 대적들이 하는 모든 것들은 묶어 파쇄하고 주님 나라의 선한 일들은 풀어놓는 기도를 하십시오. 우리가 말하고 선포하는 대로 그대로 이루어질 것입니다.

"아버지. 세계 열방에서 일어나는 모든 사탄의 음모와 계획과 그들의 제단들을 묶어 파쇄합니다."

여러분의 가정에 일어나는 모든 불행들을 묶어 파쇄하시고 주님의 축복들은 풀어 놓으십시오.
24시간 기도의 골방에서가 아니더라도 일하며 기도하십시오. 주님과 성령님과 동행하며 기도하십시오.
아멘.

(마귀)들은 하나님을 닮은 형상으로 만들어진 우리 인간들이 행복하게 사는 꼴을 보지 못하며, 시기·질투하여 그들이 마지막 때에 가야 할 지옥의 불못으로 우리를 데려가기 위해 온갖 계획들을 세우는 것입니다.

[에베소서 6장 12절] 말씀과 같이 이 세상의 주관자인 어둠의 권세인 사탄의 나라는 계급사회이며, 그들은 주님께서 우리에게 주신 축복들을 [요한복음 10장 10절]에서처럼 훔치고 도둑질하여 빼앗아가고 우리를 죽이고 멸망시키려고 하는 것입니다.

그들의 계획으로 가정이 깨어지고 교회가 분열되며, 국가가 가난해지고 혼란케 됩니다. 전 세계에 공산주의의 영과 음란을 퍼뜨리며 마약을 퍼뜨려 인간들을 타락시키고 죄로 인하여 하나님을 대적하게 하고, 영혼들을 사로잡아 지옥으로 끌고 가려고 하는 것이 그들의 목표입니다.

우리 개인들에게 일어난 일일지라도 우연히 일어난 것은 없습니다. 모두가 주님의 섭리 하에 일어나는 것입니다. 우리가 행복하게 살려면 그들을 대적하여 쫓아내야만 합니다.

주님께서 이 세상에 마귀의 일을 멸하러 오신 것처럼(요일 3:8) 우리도 함께 마귀의 일을 멸하기 위해 기도해야 하며, 그들을 묶

18

우연은 없습니다

우리가 이 세상에 태어난 것도, 이 시대에 이 지구 위에 내가 태어난 것도 우연은 아닌 것입니다.

이 어두운 시기에 우리가 태어난 것도 하나님의 섭리이며, 어떤 소명으로 우리가 하나님 나라를 위하여 일해야 하는 것인지도 하나님의 섭리인 것입니다.

우리는 이 세상에 살면서 잠시의 행복도 있지만 너무나 많은 고난과 고통과 함께 슬픔도 안고 살아갑니다.

질병이나 교통사고나 인간관계에 얽힌 사건들이나 가난과 힘든 삶들의 배후에는 대부분 이 세상의 신(고후 4:4), 즉 사탄의 영으로 인한 문제들이 발생하는 것입니다.

하나님께서는 우리를 행복하게 하시려고 이 세상에 태어나게 하셨지만, 하나님을 배신하고 하늘에서 쫓겨난 천사들, 즉 사탄셨으며 청년의 부모들을 낭떠러지 끝에서 손잡아주시어 예배자의 가정으로 인도하셨으며, 몇 개월 후 그 가족들의 모든 시선을 주님께로 향하게 해주셨습니다.

얼마 지나지 않아 그 청년은 퇴원하게 되었고, 건전한 운동을 하며 조금씩 회복되어지는 모습을 보여주고 있습니다.

그러나 저는 그가 완전히 약을 끊고 치유될 때까지, 치유되어 주님을 간증하며 영광을 돌릴 때까지 기도할 것입니다.

오! 선하시고 신실하시며 감사하신 나의 주님.
홀로 영광 받으시옵소서.
아멘.

수 있는 곳, 주님 앞에서 유일하게 통곡하며 하소연하며 마음껏 울 수 있는 공간. 그곳은 지하주차장에 있는 10년이 넘은 저의 SUV 고물차 안입니다.

그 차량 안에서 저는 마음껏 울 수 있고, 주님께 찬양할 수 있고, 주님께 기도할 수 있습니다.

저는 그 청년의 입원 소식을 전해 듣고 지하주차장에 있는 저의 기도의 골방으로 달려갔습니다.

"주님, 제가 얼마나 주님께 탄원했습니까? 제가 그 아이의 영혼을 사탄으로부터 빼내오기 위해 얼마나 기도했습니까? 그리고 노력했습니까?"

그렇게 외치면서 저는 통곡했습니다.

"주님께서는 제 눈물을 다 보셨습니다. 그리고 주님께서는 제가 진심으로 그 영혼을 사랑하고 천국에 데리고 가고 싶어 한다는 걸 모두 아십니다. 그런데 왜입니까? 그 아이의 상태가 더 나빠지면 어떡합니까?"

저는 통곡하며 그 아이를 살려달라고 기도했습니다.

선하신 우리 주님께서는 결코 우리의 기도를 외면하지 않으셨습니다. 그분은 그 청년에게 새로운 선하신 의사를 만나게 해 주

17

내가 이길 것인가? 사탄이 이길 것인가?

저는 사탄에게 사로잡힌 그 영혼들을 빼앗길 수 없습니다. 저는 그들을 꼭 주님 앞으로 데리고 올 것입니다. 그리하여 주님의 나라로 데리고 갈 것입니다.

저는 몇 명의 정신적인 문제가 있는 청년들을 나의 기도책에 적어놓고서 하루도 빠지지 않고 기도하고 있었습니다. 그 청년의 난동으로 집으로 경찰들이 오고 정신병원으로 강제로 입원하게 되었다는 소식을 전해 들었을 때 저는 저의 기도의 골방으로 달려가 통곡했습니다.

저의 기도의 골방은 두 곳이 있습니다. 한곳은 베란다 창고를 반쯤 치우고 만든 한 평도 안 되는 공간에 미니 책상과 의자, 십자가와 성경책과 금빛 은빛 생명나무 조명등이 하나 있는 일명 '베델의 방'입니다.

또 한곳은 가족들 몰래 크게 방언하며 기도하며 찬양하며 울

[여호수아 10장 12절~13절]

12 여호와께서 아모리 사람을 이스라엘 자손에게 넘겨 주시던 날에 여호수아가 여호와께 아뢰어 이스라엘의 목전에서 이르되, 태양아, 너는 기브온 위에 머무르라. 달아, 너도 아얄론 골짜기에서 그리 할지어다 하매

13 태양이 머물고 달이 멈추기를 백성이 그 대적에게 원수를 갚기까지 하였느니라. 야살의 책에 태양이 중천에 머물러서 거의 종일토록 속히 내려가지 아니하였다고 기록되지 아니 하였느냐

"바람아! 동서남북 사방에서 불어와 더위를 식히고, 구름아! 태양을 가릴지어다."

그리고 폭우 속에서 학교에 가는 손주아이에게도 이렇게 기도 하라고 알려주곤 합니다.

아침에 무섭게 퍼붓던 비는 멈추고 어느덧 해가 떠오릅니다.
"주님, 농사에 알맞는 해와 비와 바람을 주시고 기근이 들지 않게 하소서" 하면서 선포기도를 하곤 합니다.

오후에 맑은 하늘을 바라보며 하교한 손주아이는 "할머니, 기도했어요?" 이렇게 묻곤 합니다.

저는 이렇게 대답합니다.

"그래, 너도 여호수아처럼 환경을 향해 기도해라. 너와 여호수아는 똑같은 하나님의 자녀란다. 여호수아는 이렇게 명령하고 선포하며 기도했단다. '태양아, 너는 기브온 위에 머무르라. 달아, 너도 아얄론 골짜기에서 그리 할지어다.'"

16
환경에 선포하라

유럽과 세계 곳곳에 기상 이변이 일어나고 있습니다. 오대양 육대주를 바라보면 세계 도처에서 홍수나 가뭄, 토네이도와 산불 등 많은 재난들이 쏟아지고 있습니다. 지구의 종말이 오듯이 재난들이 일어나고 있습니다.

주님께 죄를 회개하고 나아가 자비를 요청드릴 뿐입니다.

때로는 저는 환경을 향하여 선포하는 기도를 하곤 합니다. 일본 땅에도 엄청난 더위로 사람들이 많이 죽었다는 보도도 있었으며, 마침 일본으로 떠난 지인들이 있었는데 며칠 사이 천둥번개와 폭우가 엄청 쏟아지는 것이었습니다.

종종 이런 기도를 하곤 합니다.

"예수님의 이름으로 명령하니 천둥 번개와 폭우는 멈출지어다. 해가 나올지어다."

저는 그분이 저를 부르신 날부터 그분은 저의 모든 삶의 의미이며, 오직 예수 그분만이 제 삶의 목표이며 제 삶의 가치입니다.

저는 그분을 가짐으로써 세계를 가진 것입니다.

다만 그분의 기쁨이 되기 위해 살고 있는 것입니다.

사랑하는 나의 주님, 오직 예수님.

저는 당신만을 사랑합니다.

우리들은 모두

무엇이 되고 싶다

너는 나에게 나는 너에게

잊혀지지 않는 하나의 눈짓이 되고 싶다

제가 좋아하는 김춘수 시인의 '꽃'이라는 시입니다.

여러분들께서도 예수님께 나아가 아름다운 꽃이 되시기를 기도합니다. 저는 그분께 눈물 속에 피워낸 빨간 장미꽃이 되고 싶습니다.

주님께서 "샤파(shapat - 세례식 받은 날 밤 꿈에 주님께서 제게 주신 이름)야" 하고 제 이름을 불러주시기 전까지는 저는 아무것도 아닌 하나의 티끌이었습니다.

그러나 주님께서 저의 이름을 불러주셨을 때 저는 주님께로 가서 그분의 신부가 되었습니다.

저는 오직 예수 그분 한 분이면 충분합니다. 제겐 아무것도 필요치 않습니다.

이 세상의 어떤 즐거움이나 행복보다도 그분은 저의 모든 것입니다.

15

꽃

내가 그의 이름을 불러주기 전에는

그는 다만

하나의 몸짓에 지나지 않았다

내가 그의 이름을 불러주었을 때

그는 나에게로 와서

꽃이 되었다

내가 그의 이름을 불러준 것처럼

나의 이 빛깔과 향기에 알맞은

누가 나의 이름을 불러다오

그에게로 가서 나도

그의 꽃이 되고 싶다

이렇게 기도드릴 때 주님께서는 미카엘 천사를 보내시어 그 천사의 빛나고 웅장한 발로, 흰옷을 입고 종교통합을 주도하는 그 종교지도자를 땅 위에서 밟아 바닥에 납작 엎드러져 숨도 못 쉬게 하는 모습을 보여주셨습니다.

그 악한 자가 사탄의 사주를 받고 일하고 있는 모습 또한 보여주시며 말씀하셨습니다.

"그 악한 자를 내가 심판하리라."

아멘. 할렐루야!

라도 우리는 정상에서 만나며 어느 길로 가든지 우리는 구원받는다는 것입니다.

그러면 왜 주님께서는 땅끝까지 복음을 전하라고 하셨을까요? 우상숭배하는 아무 종교나 믿어도 구원받는데 왜 꼭 예수님만 믿어야 할까요?

[사도행전 4장 12절]
다른 이로써는 구원을 받을 수 없나니
천하 사람 중에 구원을 받을 만한 다른 이름을
우리에게 주신 일이 없음이라 하였더라

다른 종교를 창시한 자들의 이름으로는 절대 구원받지 못한다는 이야기입니다. 모두 지옥불에 던져진다는 이야기입니다.

종교통합, 즉 에큐매니컬을 외치는 자들은 바알과 주님을 함께 섬기는 자들입니다.

주님께서는 [고린도후서 6장 14절~15절]에서 의와 불법이 빛과 어둠이 함께 할 수 없다고 말씀하셨습니다.

"주님. 파쇄하소서. 저 사탄의 계획들을 파쇄하소서."

14

종교통합 2020 - 네덜란드 헤이그

    2020년 6월 네덜란드 헤이그에 있는 '피스펠리스'라는 평화궁전에서 세계 종교통합 선언식이 열릴 예정이었습니다.

    세계 여러 종교의 유명한 종교지도자들이 역사적인 정상회담 선언문에 서명하도록 초대되었습니다.

    이 선언은 서로 다른 종교의 사람들 사이에 분열·증오를 방지하고 우정과 평화를 강조합니다. 전 세계의 모든 사람들은 이러한 세계적 흐름을 환호하고 좋아합니다. 분쟁도 없고, 세계는 하나, 우리는 하나, 종교도 하나입니다.

    이 평화궁전은 유엔이 관리하는 곳입니다. 기독교, 힌두교, 불교, 이슬람 기타 등등의 모든 종교들이 하나 되어 평화를 외치는 것입니다. 산 정상으로 올라가는 길은 달라도 정상에서는 모두가 만난다는 요지입니다.

    불교를 믿고, 이슬람을 믿고, 토속 종교를 믿고, 가는 길이 달

그러나 우리는 살아가면서 하나님의 눈을 전혀 느끼지 못합니다.

우리는 아마 죽어서 주님의 심판대 앞에 섰을 때에야 '아! 주님께서는 내가 지구 위에서 살 때 했던 모든 행동들을 보시고 아시고 계셨구나' 하면서 그것을 알게 될 것입니다.

또한 천사들은 우리의 모든 것을 바라보고 주님께로 가서 보고하는 것입니다. 우리의 행동, 우리의 기도, 우리의 탄식, 우리의 생각까지도요.

그래서 우리는 우리 곁에 항상 하나님의 감시카메라가 우리를 지켜보고 있다는 것을 생각하고 느끼셔야만 합니다.

[마태복음 18장 10절]
삼가 이 작은 자 중의 하나도 업신여기지 말라
너희에게 말하노니 그들의 천사들이 하늘에서
하늘에 계신 내 아버지의 얼굴을 항상 뵈옵느니라

아멘.

13

감시카메라(하나님의 눈)

　마지막 때가 다가오니, 모든 과학기술이 발달하여 우리나라에도 도처에 감시카메라가 설치되고 있으며, 중국에서는 감시카메라의 안면인식뿐만 아니라 수많은 감시카메라가 설치되어 수억 명 사람들의 모든 정보를 파악하고 감시하여 개인의 일거수일투족을 알고 있는 것입니다.
　범죄자들은 감시카메라를 피해서 범죄를 저지르며, 우리들 또한 감시카메라에 노출되는 것을 아주 싫어합니다.

　우리는 우리의 사생활이 노출되는 이 세상의 감시카메라(기계의 눈)은 무척 싫어하지만 우리의 모든 것을 보시는 하나님의 눈은 별로 개의치 않는 것 같습니다.
　주님께서는 우리의 모든 것을 보고 계십니다. 우리가 숨어서 골방에서 하는 것까지도 모두 보고 계시는 것입니다(시 139:2).

산은 눈물의 기도뿐이옵니다.

　성령님. 세계 열방의 모든 죄악을 태우시고 부흥을 일으켜주시옵소서.

　성령님. 열방을 덮으시어 온 인류에게 회개의 영을 풀어주시고 부흥을 주시옵소서. 온 열방의 영혼들이 주님 앞에 무릎 꿇게 하시옵소서. 온 열방에 부흥을 주시어 영혼들을 구하여 주시옵소서.

　사랑하는 나의 아버지.
　감사와 영광을 올려드립니다.

　새해 첫날에 〈shapat〉 올림.

12

2024년 새해 첫날의 기도

인간 세상에서 또한 대한민국 땅에서 2024년 1월이 시작되는 첫날을 허락하신 주님께 감사하는 마음으로 저는 오늘 금식하며 기도를 올려 드립니다.

하늘과 땅을 다스리시는 나의 주님, 세계 열방을 다스리시는 나의 주님, 불가능이 없으신 사랑하는 나의 주님.

온 세계를 주님의 나라로 다시 회복되게 하시옵소서. 죄가 만연한 이 땅을 회복시켜 주시옵소서. 우리들의 모든 죄악을 용서하시고 자비를 베풀어 주시옵소서.

세계 열방을 다스리시고 심판하시는 주님. 우리를 불쌍히 여기시어 선한 길로 인도하시오며, 열방의 영혼들에게 주님이 빛을 비추어주소서.

제가 주님께 드릴 수 있는 것은 눈물의 기도뿐입니다. 저의 재

얼마나 감사하고 마음이 아프던지 저는 주님의 피 흘리시는 십자가 밑에서 통곡하며 울었습니다.

주님. 저는 아무것도 몰라요. 주님의 그 크신 사랑을 저는 알 수가 없어요. 주님의 우주와도 같은 그 사랑의 크기를 저는 알지 못합니다.

주님. 그 사랑의 천만분의 일이라도 제가 그 사랑의 빚을 갚을 수만 있다면 좋겠어요.

주님. 그 사랑의 무게를 저는 감당할 수가 없어요.

주님. 사랑합니다. 제가 티끌만큼이라도 그 사랑의 빚을 갚게끔 인도해 주세요.

사랑하는 나의 주님. 그저 감사, 감사만을 드릴 뿐이옵니다.

주님. 저는 주님의 그 사랑을 알 수가 없어요.

그러나 주님의 무한하신 그 크신 사랑과 제가 그 사랑의 억만분의 일이라도 갚을 수 없다는 것을 저는 알고 있으며, 다만 눈물로 감사를 드릴뿐이옵니다.

아멘.

11

너는 아느냐

저는 오늘 아침도 찬양을 틀어놓고 집안일을 하기 시작합니다.

"너는 아느냐"라는 제목의 이 찬양은 "내가 너를 얼마나 사랑하는지 너는 아느냐"로 시작됩니다.

아침 일을 잠깐 끝내고 차 한잔을 하면서 이 찬양을 계속 듣고 있었습니다.

내가 너를 얼마나 기다렸는지…

내가 너를 살리려 내 생명을 주었고…

내 사랑의 노래를 너는 아느냐.

이 찬양은 주님께서 제게 불러주시는 노래 같았습니다.

이 쓰레기 같은 죄인인 저를 구하기 위하여 그 많은 고통 속에서 피 흘리시고 오래 기다려주신 주님.

아버지. 감사드립니다.

이 지구 위에서 제가 잠시 살다 가도록 허락하신 아버지의 은혜에 진심으로 감사드립니다.

사랑합니다. 나의 아버지.

우리는 티끌이며 아무것도 아닙니다.

내가 있는 그 자리에서 내게 주신 말씀의 사명과 내게 주신 이웃들의 영혼을 사랑하며 그 영혼들을 아버지께로 데려오기 위한 최선의 노력을 하는 것이야말로 우리가 이 지구 위에서 해야 할 일들인 것입니다.

우리는 먹고 자고 놀기 위해 이 지구 위에 태어난 것이 아닙니다. 우주 만물을 창조하신 전능하신 그분께서 기뻐하시는 일을 해야 하며, 아버지께서 우리를 만드신 목적에 합당한 삶을 살아야 하는 것입니다.

우리의 아버지 하나님께서 우리를 만드신 목적은 이것입니다.

[이사야 43장 21절]
이 백성은 내가 나를 위하여 지었나니
나를 찬송하게 하려 함이니라

오늘도 저는 지구라는 이 무대 위에서 제게 주신 환경 속에서 영혼들을 사랑하며 오직 아버지만을 찬양합니다.

저는 오직 아버지만을 찬양하다가 아버지께서 아버지 집으로 저를 부르시는 날 아버지 계신 나라로 이사 갈 것입니다.

누가 형제를 정죄하겠습니까?

삼위일체를 믿고 성경 전체를 그대로 믿는 주님의 백성들은 모두가 한 형제입니다. 이단이니 삼단이니 신사도니 구사도니 인간들이 판단하고 정죄하는 것이야말로 입술로 저지르는 가장 큰 죄악일 것입니다.

내가 판단했던 그가 주님 보시기에는 가장 신실한 주님의 자녀일 수도 있을 것이요, 나보다도 더욱 정결하며 주님을 사랑하는 신실한 믿음의 소유자일 수도 있습니다.

전능하신 하나님 한 분만이 그들의 내면과 행동과 모든 것을 알고 계시는 것입니다. 형제를 비판·정죄하는 것이야말로 오직 한 분 심판자이신 그분의 권위에 도전하는 것입니다.

주님은 우리의 모든 행위와 속마음과 동기를 알고 계시며, 주님께서는 약 80억 가량의 세상의 모든 영혼들을 구원하시기 위해 십자가 위에서 죽으셨습니다.

우리가 이 지구상에서 해야 할 일은 오직 전능자이신 아버지를 사랑하고 내가 아는 이들, 내가 이 지구상에서 만났던 모든 이들을 사랑하고 도와주며 그들을 위해 기도해 주는 것뿐입니다.

도자로 또는 목사나 교사나 평신도로 모두들 자기에게 맡겨진 역할대로 일하면서 살아가고 있습니다.

　내가 부모를 선택할 수 있는 것도 아니었으며 내가 부자나 가난한 집에 태어나기를 선택한 것도 아니었습니다.

　그냥 지구에 던져진 각 나라에서 각자의 배역대로 살아가고 있습니다. 오로지 전능자이신 그분의 계획대로 짜인 지구의 무대 위에서 살아가고 있습니다.

　그러나 그분은 우리 각자에게 자유의지를 주셨습니다. 때로는 우리가 원하는 대로 배역을 바꿔 주시기도 하시고, 아니면 있는 그대로 주어진 위치에서 살아가도록 하시면서 가장 선한 길로 인도하시며, 모두가 협력하여 선을 이루도록 이끌어 가시는 분이시기도 합니다.

　내가 처해진 환경 속에서 내게 주어진 가족과 친구와 교회와 국가를 사랑하면서 그들의 영혼을 향한 파수꾼이 되고자 노력하면서 내가 지구상에서 만났던 사람들을 사랑하고 그들을 도우며 그들의 영혼을 하나님께 돌이키고자 노력하는 것이야말로 가장 가치 있는 일일 것입니다.

10
지구라는 무대 위에서

'이 지구라는 무대 위에서 내가 맡은 배역은 무엇일까?' 하고 생각해 봅니다.

전능자 하나님께서는 누구는 아프리카에, 누구는 북한 땅에, 누구는 미국이나 유럽 땅에 태어나게 하셨고, 또한 저는 대한민국 땅에서 태어나게 하셨음을 감사드립니다.

우리의 영혼이 이 지구 위에 육신을 입고 태어났을 때, 우리는 아무도 내가 태어나고 싶은 곳을 선택할 수 없었습니다. 그리고 누구의 엄마로 아빠로 살아가며, 누구의 할머니가 되기도 하며, 또는 젊은 나이에 일찍 세상을 떠나는 이들도 있을 것이며, 우리의 인생길들은 다 제각각 맡은 역할들이 있으며, 제각각 가는 길들이 있습니다.

누구는 청소부로 또는 공장에서 직장에서 일하며, 누구는 지가가 아플 때, 그곳에 예수님의 못 박히신 피 묻은 손을 올려놓으십시오. 그리고 기도하십시오. [마가복음 16장 17절~18절]의 말씀이 그대로 이루어지는 것입니다.

아버지, 감사드립니다.
모든 능력과 은혜를 저희에게 베풀어 주시니 우리는 세상에 아무것도 두려울 것이 없습니다. 오직 아버지의 손만 잡고 있으면 모든 것을 주님께서 하신다는 것을 알고 있습니다.
어린 아이와 같은 순수함과 아버지께 대한 믿음과 무한한 신뢰만 갖고 있다면 우리는 이 세상과 사탄의 모든 것을 지배할 수 있음을 압니다.
그리고 세상을 정복하여 땅끝까지 복음을 전할 수 있음을 압니다.

아버지. 오늘도 우리에게 자녀 된 권세를 주셔서 진심으로 감사드립니다.
아멘.

9

질병의 치유

지난번 책에서 얼굴도 모르는 누군가를 위하여 기도할 때의 이야기입니다.

목사님 사모님의 말기 암이 나으셨을 때의 일입니다. 제가 골방에서 기도드릴 때 거대한 귀신대장이 쫓게 나가는 모습을 보게 되었습니다. 그러면서 뒤따라 졸개들이 쫓겨나가는 것을 보게 되었습니다.

우리 몸 안에 들어와 작업하는 질병의 영(귀신)들을 쫓아내야 합니다. 예수님께서는 성경말씀에서 확실히 보여주셨습니다. [누가복음 4장 40절~41절]에서 해질 무렵 사람들이 온갖 병자들을 데리고 예수님께 나왔을 때 질병에 걸린 여러 사람들에게서 귀신들이 나가며 소리 질렀다는 것을 알 수 있습니다.

우리는 성령의 능력으로, 주 예수님의 십자가에 못 박히신 피의 능력으로 귀신들을 쫓아내는 것입니다. 내가 아플 때나 누군

이렇게 성경에 기록된 말씀으로 기도할 때 모든 기도는 응답 받게 되는 것입니다.

그래서 오늘도 성경에 기록된 말씀을 붙잡고 믿고 기도하는 것입니다.

언제나 우리의 기도에 응답하시는 아버지.
감사드립니다.

8
기도가 다 이루어지는 법(말씀과 응답)

창세기부터 요한계시록까지 지구의 역사를 하나님의 계획대로 이루어 가시는 아버지께서는 성경을 통하여 모든 것을 예언하셨으며 약속하시고 이루어 가십니다.

[민수기 23장 19절]에서 하나님은 사람이 아니시니 거짓말을 못하시고 하신 말씀을 꼭 실행하신다고 하셨습니다. 성경에 나오는 모든 말씀은 실제라는 것입니다. 성경에 나온 말씀대로 그 말씀을 가지고 기도할 때 꼭 이루신다고 약속하신 것입니다.

어찌 아버지께서 자녀인 우리에게 거짓 약속을 하시겠습니까? 아버지께서 주신 약속의 말씀들을 붙잡고 기도할 때 모든 기도는 이루어집니다.

"아버지. 아버지께서 성경에서 이렇게 하신다고 약속하셨으니 말씀대로 이루어 주십시오" 하고 기도할 때 하나님께서는 우리의 기도를 모두 이루어 주시게 된다는 것입니다.

사탄이 그의 하수인인 인간들을 통하여 만들어낸 플랜데믹이라고 하셨으며, 그들은 무수한 재난과 전염병을 계획하고 있다고 말씀하셨습니다.

그래서 오늘은 그 악한 회당의 본부에 불을 지르러 가고 있습니다. 그들이 모의하고 있는 모든 음모와 계획들을 소멸시키며 폭파하기 위해 가는 것입니다. 악한 자의 회당에 십자가를 세우고 보혈을 흘러넘치게 하며 성령님의 불로 태우는 것입니다.

저는 그곳으로 가서 주님의 임재를 구하며 예배합니다. 성령님의 불은 항상 주님의 사역자들인 천군 천사들을 대동하고 나타나십니다. 그들은 비명을 지르며 달아날 것이며 두려워 떨 것이며, 이 지구 위에서 더 이상 어둠의 행사들을 열지 못할 것입니다. 이 우주와 지구의 진정한 왕은 우리 주 예수 그리스도이시기 때문입니다.

사랑하는 아버지, 나의 하나님.
영광과 감사를 올려드립니다.

7

이 세상의 임금 사탄의 나라를 진멸하라

기록된바 주님께서는 이 세상의 임금은 사탄이라고 말씀하셨습니다. 또 주님께서는 나라와 민족과 가정의 모든 배후에서 역사하면서 조종하는 영 사탄과 그의 졸개들의 일을 멸하시려고 이 세상에 오셨다고 말씀하셨습니다(요일 3:8).

오늘 저는 주님께서 명령하신 대로 어둠의 나라로 사탄과 그의 졸개들을 진멸하러 갑니다. 다윗이 골리앗을 물리치러 갔던 것처럼 주님과 함께 가고 있습니다.

사탄의 수많은 불화살과 공격들이 저에게 오지만 전쟁에서 입은 조그만 상처쯤은 아무것도 아닙니다. 저는 상처로 인해 때로는 아파서 울기도 하지만 우리 주님께서는 언제나 저를 위로해 주시고 상처를 싸매 주시며 치료하여 주십니다.

지난번 팬데믹 때에도 주님께서는 말씀하셨습니다. 그것은 가야 할 길을 모두 얘기해 주실 것입니다.

[예레미야 14장 14절]
여호와께서 내게 이르시되
선지자들이 내 이름으로 거짓 예언을 하도다
나는 그들을 보내지 아니하였고
그들에게 명령하거나 이르지 아니하였거늘
그들이 거짓 계시와 점술과 헛된 것과 자기 마음의 거짓으로
너희에게 예언하는도다

　진실로 생명을 살리고 권면하며 위로하는 성령님의 말씀으로 예언하는 예언 사역자가 많이 나왔으면 좋겠습니다.
　여러분께서 예언을 받았다면 성경 말씀에 일치되는지를 확인하며, 나의 소명을 성령님께서 확증해 주셨는지 분별하고 취할 것은 취하고 버릴 것은 버리십시오. 주님의 마음과 말씀이 아닌 예언을 받았다면 아무 소용이 없는 것입니다.

확증을 주신 적그리스도는 그가 아닌 것입니다. 저는 세 번의 확증을 주실 때까지 기다리고 있습니다. 하나의 예언이 맞았다고 해서 그의 모든 예언이 맞는다고는 할 수 없는 것입니다.

우리는 예언을 받기 위하여 참 많은 곳을 찾아다니며 궁금해 하기도 합니다. 사실 모든 예언은 성경에 모두 기록되어 있는 것입니다. 제가 아는 지인은 예언을 해주는 교회에서 모든 걸 정리하고 자신들의 교회 근처로 이사를 와서 교회에 등록을 하라고 권유하는 예언을 받았다고도 했습니다. 그러한 개인의 이익 추구를 위한 예언은 예언이 아닌 것입니다.

과연 진짜 성령님께서 말씀하시는 예언은 얼마나 될까요?
예언을 잘못 받고 그 길을 따라가다 보면 엉뚱한 길로 가게 되는 경우도 허다하게 보게 됩니다. 소명을 받지도 않은 분이 예언을 따라 목회자의 길을 간다거나 또는 예언을 따라 주님께서 원하시지 않는 방향으로 가게 되는 경우도 있습니다.

대부분의 예언 사역을 하는 분들을 보면 자기의 생각을 말하는 경우를 허다히 보게 됩니다.

기도의 골방에서 성령님께 기도하며 여쭈어 보십시오. 과거와 현재와 미래를 모두 아시는 성령님께서는 우리의 소명과 우리가

6
예언

[고린도전서 14장 29절]에서 예언은 분별해야 할 것이라고 말씀하셨습니다.

최근에 미국에서 B라는 사역자가 트럼프 대통령 후보의 암살 시도 총격사건을 4개월 전에 정확히 예언하여 큰 화제와 관심거리가 되었습니다. 그리고 마지막 종말의 때에 대한 많은 예언도 하였습니다. 적그리스도가 사우디 쪽의 지도자일 것 같다는 예언도 하였습니다.

그분은 충성된 하나님의 종이십니다. [예레미야 28장 8절~9절]에서 거짓 선지자 하나냐는 자기의 생각을 예언하였고, 진짜 선지자인 예레미야는 하나님의 말씀 그대로 예언하여 그대로 성취되었습니다.

제가 하고자 하는 이야기는 사람이 하는 모든 예언에는 분별을 가져야 한다는 것입니다. 주님께서 제게 보여 주시고 두 번의 세계 열방의 영혼들이여, 오직 예수 그리스도 그분께로 나아가 그분의 도움을 청하고 그분께 의탁하십시오.

오, 주님. 더 이상 지옥의 군대들이 활동하지 못하도록 막아주십시오. 자살하려는 영혼들을 불쌍히 여겨주십시오.

[시편 35편 5절]
그들을 바람 앞에 겨와 같게 하시고
여호와의 천사가 그들을 몰아내게 하소서.

아멘.

또 하나의 공간은 숨 막히는 더러운 냄새와 뱀과 구더기들이 들끓는 곳, 몇천 도의 뜨거운 불 속에서 굶주리고 목마르며 잠도 잘 수 없으며, 숨도 제대로 쉴 수 없는 고통 속에서 목이 터져라 울부짖는 그곳, 영원히 끝나지 않는 고통이 있는 그곳, 지옥이 바로 그곳입니다.

여러분들은 이 지구 위에서 잠깐 살다가 죽어서 이사 갈 곳을 둘 중에 한 곳으로 선택해야 하는 것입니다.

어디로 이사할 것입니까?

지구 위에서 사는 동안 현재의 삶으로서 이사 갈 곳을 결정해야만 하는 것입니다.

지금 현재의 상황이 숨 막히게 고통스럽다 해도 절대로 자살을 해선 안 됩니다. 오직 예수그리스도 그분께로 나아가야만 합니다. 그분의 품으로 들어갈 때 여러분의 모든 고통은 해결 받을 것입니다.

현재의 삶이 죽을 만큼 고통스럽더라도 현재의 고통보다 수만 배의 더 심한 고통이 기다리고 있는 그곳, 지옥으로 가는 길을 절대로 선택해서는 안 되며, 자살은 절대 해서는 안 되는 것입니다.

5

자살하려는 모든 이들에게

　올해 우리나라의 자살 발생 인원수가 작년보다 더 많이 늘어났다는 통계가 있습니다.

　주님께서 주신 십계명(출 20:1~17) 중에 "살인하지 말라"는 계명이 있습니다. 남을 죽이는 것도 살인이요, 주님께서 만드신 자기 몸을 죽이는 것도 살인입니다. 자기 자신을 죽이는 살인죄인 자살은 결코 천국에 들어갈 수가 없습니다.

　이 세상은 길어야 100년 남짓 이 지구 위에 살게 될 것이며 죽은 후의 삶은 우리가 영원히 살 공간으로 우리가 이사를 가는 것입니다.

　우리는 둘 중 한 공간으로 이사를 가야 합니다. 정말 깨끗하고 아름다우며 근심 걱정 고통이 없고 눈물이 없는 곳, 자기의 모든 행복을 누릴 수 있는 기쁨만이 있는 곳, 그곳은 주님이 계신 천국 집입니다.

쳐두고 오늘은 이렇게 기도를 드립니다.

전능하신 엘 샤다이(El shaddai) 나의 주님.
그저 저희를 불쌍히 여기소서.
저희들을 불쌍히 여겨 주시옵소서.
아멘.

하나님 보시기엔 그 개미들을 바라보실 때 어떤 마음이 드실까?

흙으로 만든 먼지 같은 우리들이 저마다 이 세상에서 자기의 뜻을 가지고 의를 내세우며 살아가는 모습을 어떻게 바라보실까?

다 헛되고 헛된 수고와 인간 세상의 아우성들이 주님 보시기엔 얼마나 하찮은 것들인가?

그래도 주님께서는 [요한복음 1장 12절]의 말씀처럼 우리에게 하나님의 자녀가 되는 권세를 주셨으니 얼마나 감사한 일인지 모르겠습니다.

저는 오늘도 주님께서 세상에서 일어나는 모든 일들을 선한 길로 인도해 주시기를 기도드립니다. 그 기도의 제목들은 수백 가지가 넘을 것입니다.

그러나 오늘은 제가 개미가 되어 이런 기도를 올려드립니다. 모든 걸 보시고 모든 걸 아시는 주님께 수백만 가지의 기도를 제

4

개미의 기도

길을 걸어가다가 유치원 아이들 몇이서 막대기로 나무 밑의 땅을 헤치며 개미들의 모습을 구경하고 있는 것을 보았습니다.

개미들은 모여서 열심히 먹이들을 나르고 있었습니다. 아이들이 흙을 가르자 개미들은 갑자기 지진이 났다고 난리법석들이었습니다. 살기 위하여 몸부림치고 헤매고 있었습니다.

저는 문득 이런 생각이 들었습니다.

전능하신 하나님께서 온 우주에 해와 달과 별들을 만드시고, 이 지구를 우주의 공간에 매달아 놓으시고, 이 지구를 내려다보실 때 우리는 개미보다도 더 작은 존재들이 아닐까?

살아보겠다고 발버둥 치며 열심히 일을 하고 있는 그 모습이 하나님 보시기엔 어떨까?

우리 주님께서는 얼마나 기뻐하시는지 모릅니다.

오늘 저의 중보기도 노트에는 또 한 분이 올라왔습니다.
마귀들에 의해 점점 가정이 깨어져가는 P 목사님을 위해 기도드립니다. 많은 영혼들을 깨우셔야 할 그분이 이 지구상에서 더 오래 계시어 영혼들을 살리시기를 오늘도 기도드립니다.

대한 마귀대장이 다섯의 졸개들을 거느리며 암병을 잡고 있다가 "에잇 더 이상 못 참겠다" 하면서 떠나가는 모습을 보여주셨습니다.

저는 그 모습을 보고, "오, 놀라우신 주님. 그분을 치유하셨군요" 하며 감사드렸습니다. 성도들의 많은 기도가 모여 간구했을 때 우리 주님께서 우리들의 기도를 들어주신 것입니다.

우리가 사는 삶이 여유롭고 고통 없고 모든 일이 잘 되어 갈 때에는 나약하고 죄 많은 인간들은 결코 기도하지 않습니다.

고난이나 사업 실패나 질병이나 삶의 힘든 어려움이 있을 때에는 우리들은 더 간절히 주님을 찾고 기도하게 되는 것입니다. 그래서 고난은 또한 축복인 것입니다. 그 고난을 통하여 우리들은 더 성숙하고 더 주님께 가까이 가기 때문입니다.

저의 중보기도 노트엔 약 80억 인류의 영혼을 위한 기도, 세계 열방의 국가들에 대한 기도, 우리나라와 지인들과 형제, 가족, 저 자신과 이 지구 위에서 인연을 가졌던 모든 이들, 내 삶에서 나를 스쳐갔던 모든 영혼들, 그들의 영혼들이 지옥에 떨어지지 않도록 매일 기도하는 삶, 이것이 저의 중보기도 제목들입니다.

중보기도의 노트를 만들어 그 영혼들을 주님께 올려드릴 때

3

중보기도(도고기도) 노트

오늘도 저의 기도의 노트에는 새로운 영혼들이 적혀집니다. 지난번 책에서 얘기했던 암환자 두 분에 대한 이야기를 우선 써 볼까 합니다.

저는 그분들의 얼굴을 본 적이 없었고 두 분의 말기 암 환자들이 그저 안타까워 기도를 드렸었습니다. 우리 주님의 전능의 손길로 치유해 주시기를 매일 기도 했었습니다. 주님께서는 그 두 분을 완전히 치유해 주셨습니다.

한 분의 성도님은 온전히 치유하셔서 천국에 데리고 가셨습니다. 또 한 분은 인천에서 목회하시는 목사님의 사모님이신 분이었습니다. 살고 죽는 것이 아무것도 아니지만 어린 자녀들에겐 엄마가 꼭 필요하다고 예수님께 부탁드리면서 치유하시고 살려주시기를 간청하며 기도드렸던 분이셨습니다.

어느 날엔가 기도 중에 수도복과 같은 검은 옷차림의 아주 거

혼자 있어도 외롭지 않은 삶.

그분을 생각하면 기쁨이 솟아오르고 어떻게 하면 '내가 사랑하는 이의 마음을 기쁘게 해 드릴까?' 하는 소망이 제 마음에 솟아오릅니다.

지금은 혼자 있어도 외롭지 않은, 혼자서 가는 길이 아닌 함께 가는 동반자 나의 사랑하는 예수님, 그분이 있어 저는 오늘도 얼마나 행복한지 모릅니다.

을 털어놓으려 그분께로 달려가서 상담을 하면, 그분은 항상 그 사랑 가득한 눈빛으로 고개를 끄덕이시며 제 말을 들어주시고 함께 마음 아파하시며 저를 위로해 주십니다. 그러고는 사랑과 자비의 손길로 저를 도와주십니다.

그런데 뒤늦게야 저는 그분이 세계를 다스리시는 전능자, 왕 중에 왕이시란 걸 알게 되었습니다. 제가 알고 사랑했던 그분은 평범한 청년 예수가 아닌 세계를 다스리시는 왕이셨으며 불가능이 없는 분이시라는 걸 뒤늦게서야 알게 되었습니다.

저는 아침마다 그분께서 초대하시는 왕의 식탁에 초대받았으며, 이런저런 이야기를 나누며 함께 식사를 하고 함께 차를 마시곤 합니다. 그래서 어느 날엔가부터 저는 전혀 외롭거나 슬프지 않은 사람이 되었습니다.

언제나 그분은 제 곁에 계시며 제 이름을 불러주시고, 제 이야기를 들어주시며 제게 기쁨과 평강을 주시어 제 인생이 홀로 가는 길이 아니라는 걸 깨닫게 해주셨습니다.

십자가의 상처 난 손과 발을 어루만지며 얼마나 아프셨을까 하고 생각을 하면 내 인생의 힘듦은 아무것도 아니라는 걸 알게 되었습니다.

2

홀로 가는 길

제가 태중에서 지음 받고 이 지구에서 태어난 날, 제가 국가를 선택한 것도 아니요, 부모님을 선택한 것도 아니요, 지구의 어느 한 곳에 태어나길 소망한 것도 아닙니다.

저는 영문도 모르고 태어나 혼자서 이 길을 걸어왔습니다. 제가 아플 때나 외로울 때도 저는 늘 혼자였습니다.

그런데 어느 날 제가 가장 사랑하는 그분을 만나게 되었습니다. 그분은 언제나 제 말에 귀 기울여 들어주셨고, 사랑의 눈빛으로 저를 바라봐 주셨습니다.

처음에 저는 그분이 2천 년 전에 이 지구에 잠깐 오셨다 가신 청년 예수인 줄로만 알고 있었습니다. 그러나 그분의 생애를 알았을 때 저는 그분을 더욱 더 사랑하게 되었으며 그분의 외로움과 고통과 슬픔을 알게 되었습니다.

제가 저의 모든 슬픔과 기쁨과 외로움과 제 삶의 모든 어려움

그리고 제가 살고 있는 이 지구에서의 재미있는 하루 일과의 이야기들도 쓰여 있습니다. 그리고 저는 주님께서 저를 불러주셔서 하루 속히 주님 곁으로 가고 싶다는 소망의 내용들도 편지에 썼습니다.

그 편지의 내용들은 대부분 저의 눈물로 써진 편지들입니다. 그 편지 안에 있는 저의 눈물자국을 주님께서는 보셨을 것입니다. 이 지구에서 상처입고 가슴 아파하는 제 친구들의 이야기들도 많이 적혀 있습니다.

사랑하는 나의 주님께 저는 오늘도 주님께서 이 지구 위에 만들어주신 그 수많은 꽃들을 하나하나 엮어서 아름다운 사랑의 꽃바구니를 만들어 주님의 보좌 위에 올려드립니다.

사랑하는 주님. 오늘도 살아서 제가 주님과 대화할 수 있게 해주심에 진심으로 감사를 드립니다.

아멘.

1

사랑의 꽃바구니

저는 매일 아침마다 기도 중에 주님께 내 마음의 꽃바구니를 아름답게 꾸며 황금 보좌에 앉아계신 그분의 발 아래에 무릎 꿇고선 꽃다발을 올려드립니다.

오늘은 장마가 지나가고 아침햇살처럼 피어난 예쁜 나팔꽃 꽃바구니를 꾸몄습니다. 보라색, 핑크색의 나팔꽃들은 푸르른 잎과 어우러져 꽃바구니를 장식했습니다.

매일 꽃바구니 속의 꽃들은 달라집니다. 어제는 황금빛 노랑 장미꽃 33송이를 예쁘게 꾸며서 올려드렸고, 어느 날엔가는 들판에 피어있는 잡초 같은 들꽃들을 엮어 바구니를 아름답게 꾸몄습니다.

그리고 그 안에는 항상 조그만 사랑의 편지가 들어 있습니다. 주님께 사랑한다는 고백과 함께 또한 오늘도 주님께서 편지를 읽고 제게 도움을 주셔야 하는 이야기들도 적혀 있습니다.

기도는
세계를
움직인다

Prayer Moves the World

내가 죽지 않고 살아서
여호와께서 하시는 일을 선포하리로다
- 시편 118편 17절 -

차례

104. 영적 간음과 육적 간음 ······ 287
105. 살아계신 하나님. 핏값을 갚아주소서 ······ 290
106. 사랑(생명)의 손수건 ······ 292
107. 골방의 선교사 ······ 295
108. 마하나임의 군대를 파송하소서 ······ 297
109. 일본 땅의 회개를 위하여 ······ 299
110. 적금통장을 깨라 ······ 302
111. 고센 땅 ······ 306
112. 한 사람의 믿음이 세계를 바꿉니다 ······ 308
113. 온 세계에 일어날 주님의 영광을 보리라 ······ 310
114. 아버지. 세계 열방의 지도자들을 다루어 주소서 ······ 313
115. 통일이 가까웠으니 북녘 땅을 향해 기도합시다 ······ 316
116. 재림 ······ 318

86. 하나님을 만나지 못하는 이유 — 244

87. 일본 땅과 세계 열방에 삼백 명의 중보자를 세워주십시오 — 246

88. 믿음의 기도는 병든 자를 구합니다 — 249

89. 이 민족과 교회의 죄 — 251

90. 세상에서 가장 아름다운 기도 — 254

91. 마약의 거리 — 256

92. 도쿄의 폭우와 강풍 — 259

93. 흉악의 결박을 끊어라 — 261

94. 인도네시아 — 263

95. 천사들의 일 — 265

96. 아버지. 미카엘과 천군 천사들을 파송하소서 — 267

97. 두 팔을 들고 승리할 때까지 — 269

98. 벌레에 먹혀 죽으리라 — 272

99. 천국 시민권 — 274

100. 말씀만 전하는 목회자, 말씀을 증명하는 목회자 — 277

101. 주님, 사탄의 재정을 파쇄하소서 — 280

102. 이사 가고 싶다 — 282

103. 총사령관님 — 285

차례

69. 고난이 있어도 행복한 하루 ········· 196
70. 전쟁 ········· 199
71. 고난 ········· 201
72. 하늘나라에 갈 수 없는 자 ········· 203
73. 미국에 대한 예언 ········· 206
74. 유엔(UN)으로 가라 ········· 209
75. 할머니의 예언 ········· 212
76. 사탄이 두려워 떠는 것 ········· 216
77. 하나님의 전사 강도사님 ········· 218
78. 어둠이 덮여있는 그곳으로 가서 예배하고 정복하라 ········· 222
79. 잠깐의 쾌락은 영원한 지옥(불못)입니다 ········· 224
80. 세계 열방의 죄악과 어둠의 영들의
    음모와 계획들이 드러날지어다 ········· 227
81. 산불 ········· 230
82. 천사들의 치유 ········· 233
83. 주님께서 알려주신 보혈의 능력 ········· 236
84. 행복해지려면 ········· 238
85. 집사님의 예언기도 ········· 241

51. 하나님이 기뻐하시는 기도 ········ 150

52. 사탄이 점령한 유튜브 ········ 152

53. 거룩한 방파제 ········ 156

54. 말씀하시는 하나님 ········ 159

55. 시골 목사님 ········ 161

56. 다음 세대들을 불쌍히 여겨 주시옵소서 ········ 164

57. 하나님과 동행하는 자의 자세 ········ 166

58. 예수님은 우리에게 가난과 저주와 질병을 주시지 않습니다 ········ 168

59. 마른 뼈들아 살아날지어다 ········ 171

60. 묶어라(묶어 파쇄하라) ········ 173

61. 고레스의 기름 부음을 주소서 ········ 175

62. 내가 정복하지 않은 땅은 사탄의 땅이라 ········ 177

63. 질병의 영 ········ 180

64. 너의 옷깃만 붙잡아도 ········ 182

65. 즉시 응답받는 기도 ········ 184

66. 대적들을 멸망시켜라 ········ 186

67. 모세의 노래를 부르게 하소서 ········ 190

68. 능력의 보혈 ········ 193

33. 세상에 저보다 행복한 사람이 있을까요? ············· 107
34. 서쪽의 붉은 용과 북쪽의 검은 용 ················· 109
35. 은사자들이여, 지옥행 표를 사지 말라 ··············· 112
36. 안수 ································· 114
37. 예수님 이름 앞에 안 되는 것은 없습니다 ············· 117
38. 오늘의 기도 ··························· 119
39. 산을 옮기는 믿음 ························ 121
40. 너 뭐하다 왔니? ························ 123
41. 기다려 주시는 아버지 ····················· 126
42. 한밤중에 ···························· 128
43. 지옥으로 향하는 신실한 집사님 ················ 131
44. 우울증 ····························· 134
45. CBDC(중앙은행 디지털 화폐) ················· 137
46. 은사자들의 분별 ························ 139
47. 찬송의 옷을 입으십시오 ···················· 142
48. 잠시 빌려 쓰고 가는 것들 ··················· 144
49. 베트남 귀신? ·························· 146
50. 묶고 푸는 권세 ························· 148

15. 꽃 ·· 62
16. 환경에 선포하라 ··· 65
17. 내가 이길 것인가? 사탄이 이길 것인가? ··· 68
18. 우연은 없습니다 ·· 71
19. 혀를 묶는 마귀 ··· 74
20. 계엄 선포로 나라가 혼란에 빠졌습니다 ··· 77
21. 하나님을 움직이는 유일한 길은 기도뿐입니다 ·· 80
22. 하나님의 사역자(천사들) ·· 82
23. 기도의 폭탄을 투하하라 ··· 84
24. 성령님. 악을 태우시고 멸하소서 ·· 86
25. 저를 상하게 하소서 ··· 88
26. 사탄이 접수한 지옥의 도시들 ·· 90
27. 동역자를 부르는 질병의 마귀 ··· 92
28. 오대양 육대주에 여호와 닛시의 깃발을 펄럭이며 ···································· 95
29. 중국 땅으로 ·· 97
30. 침실의 이야기를 듣는 엘리사 ··· 99
31. 예수님 이름의 권세 ··· 102
32. 야베스의 기도에 더하여 ·· 105

차례

추천사 _ 5

머리말 _ 8

지성소의 기도는 세계를 움직인다 _ 12

1. 사랑의 꽃바구니 ———————————————— 25
2. 홀로 가는 길 ————————————————— 27
3. 중보기도 노트 ———————————————— 30
4. 개미의 기도 ————————————————— 33
5. 자살하려는 모든 이들에게 ——————————— 36
6. 예언 ————————————————————— 39
7. 이 세상의 임금 사탄의 나라를 진멸하라 ————— 42
8. 기도가 다 이루어지는 법 ———————————— 44
9. 질병의 치유 ————————————————— 46
10. 지구라는 무대 위에서 ————————————— 48
11. 너는 아느냐 ————————————————— 53
12. 2024년 새해 첫날의 기도 ——————————— 55
13. 감시카메라(하나님의 눈) ——————————— 57
14. 종교통합 2020 – 네덜란드 헤이그 ——————— 59

직일 수 있는 것입니다. 그리하여 세계 열방을 다스리시는 주님의 손길로 세계를 움직이는 것입니다.

하나님 나라 건설을 위해서 하는 모든 기도와 영혼들을 구원하기 위한 모든 기도와 간구를 들으시며, 우리에게 필요한 모든 것까지도 아시는 하나님 아버지께서는 모든 것을 준비하시고 공급하시고 이루어주시는 것입니다.

우리가 예수님의 피의 공로로 자격을 얻어 속죄하며 지성소로 나아갈 때 아버지께서 일하시며, 우리의 믿음의 기도는 세계를 움직이게 되는 것입니다.

우리를 왕 같은 제사장으로 불러주신 아버지 하나님께 영광과 존귀와 찬양과 감사를 올려 드립니다.

아멘.

마지막 때인 지금은 이 세상 임금인(고후 4:4) 사탄과 그의 졸개들이 나와 우리 가족과 세상의 모든 영혼들을 미혹하여 지옥으로 끌고 가려고 마지막 발악을 하는 시대입니다. 우리의 믿음들을 송두리째 흔들어 미혹하기 때문입니다.

나에게 조그만 티끌이나 더러움이 있다면 결코 우리는 지성소에 들어갈 수가 없습니다. 지성소는 하나님의 임재의 장소입니다. 악한 어둠의 영들은 하나님의 임재의 장소인 지성소에는 결코 들어올 수가 없습니다. 성령님의 불길이 활활 타오르는 장소인 우리의 지성소에는 그들은 결코 발을 붙일 수 없는 것입니다.

우리가 예수님의 보혈로 힘입어 순결한 영혼으로 십자가를 세우고 주님께서 임재하시는 장소인 지성소에 들어가 기도드릴 때, 그곳에서 우리는 하나님을 만날 수 있으며 그분의 보좌를 움지 그대로 두면 그대로 있으리라고 말씀하셨습니다. 이는 곧 우리는 누구의 죄든지 대신 속죄할 수 있다는 뜻입니다.

    다니엘서와 요한계시록을 읽어보시면 지금은 마지막 때를 향하여 역사가 흘러가고 있음을 알 수 있습니다. 성경에 나오는 모든 말씀들은 주님께서 우리에게 주신 언약의 말씀들이며, 성취해가실 그 예언의 말씀대로 하나님께서는 세계 역사를 경영해가고 계시는 것입니다.
    우리는 주님 오실 날을 준비하며 깨끗한 영·혼·육을 지니고 있어야 하며, 특히나 영혼은 정결해야 하고, 어린아이처럼 순수해야만 합니다. 매일 십자가의 보혈의 피로 나 자신을 깨끗이 씻고, 가족이나 교회, 국가와 열방의 죄를 속죄하며 나만의 지성소로 들어가야 합니다.

지성소의 기도는
세계를 움직인다

구약시대에는 성막의 가장 안쪽에 대제사장만이 들어갈 수 있는 방, 곧 지성소가 있었습니다. 지성소 안에는 언약궤가 있었으며 이 지성소에서 대제사장은 해마다 백성들의 죄를 대신 속죄하였습니다.

지성소는 여호와께서 거하시는 곳이며, 말 그대로 거룩한 곳입니다. 대제사장은 항상 거룩하고 정결하게 대제사장직을 수행해야 했습니다.

신약시대에 와서 예수님께서는 십자가 위에서 피 흘려 우리의 모든 죄를 속량하시고 우리에게 말씀하셨습니다.

[베드로전서 2장 9절]에서 너희는 택하신 족속이요 왕 같은 제사장들이라고 말씀하셨습니다. 또한 [요한복음 20장 23절]에서 너희가 누구의 죄든지 사하면 사하여질 것이요, 누구의 죄든

이 책이 험난하고 혼란스런 이 시대를 살아나가는 데 작은 도움이라도 될 수 있기를 소망하며, 성령님의 임재하심과 언제나 성령님과 함께 동행하시기를 기도드리면서, 지난번 책의 추천사를 써주신 충주 봉쇄 수도원 원장님이신 강문호 목사님과 김용기 목사님 그리고 이번에 추천사를 써주신 김 다니엘 목사님께도 이 자리를 빌려 무한한 감사를 드립니다.

주님께서는 [요한복음 3장 5절]에서 사람이 물과 성령으로 나지 아니하면 하나님 나라에 들어갈 수 없다고 분명히 말씀하셨습니다. 이 말씀은 물과 성령으로 거듭나지 아니하면 천국에 들어갈 수가 없고 지옥으로 가게 된다는 말씀인 것입니다.

어제나 오늘이나 동일하신(히 13:8) 하나님께서는 지금도 이 지구촌 세계 열방에 역사하고 계시며, 하나님께서는 성령님과 함께 활동하시어 예수님을 증거하고 계신 것입니다.

마지막 때를 향하여 가고 있는 이 시대에는 우리를 미혹하는 수많은 어둠의 영들이 활동하고 있습니다. 그들의 단 하나의 목적은 우리를 지옥으로 끌고 가기 위한 것입니다.

이 혼돈의 시대에는 성령님의 권능과 지혜와 영 분별력을 구해야 하며, 성령님과 함께 24시간 동행해야만 주님을 향한 바른 길로 갈 수 있게 됩니다.

제 첫 번째 책은 개인 소장용으로 출간하였으며, 2023년도에 출간한 두 번째 책인 『하나님의 그레이트 리셋(다산글방)』은 전국 서점에서 판매 중에 있습니다.

2025년인 올해에는 세 번째 책인 『기도는 세계를 움직인다』를 출간하게 되었습니다.

신앙생활을 하면서도 하나님의 뜻을 잘 알지 못하고 성령님의 임재하심을 잘 알지 못하는 여러 성도님들을 보아왔습니다. 우리는 성경을 읽고 하나님에 대해서 피상적으로는 알고 있지만 성령님의 임재하심이 없다면 머리로만 하나님을 아는 인본주의의 종교인이 될 것입니다.

성령님의 임재하심은 보이지 않는 세계를 보이는 것처럼 믿게 되는 것(롬 4:17~18)이며 불가능을 가능케 하시는 전능하신 하나님을 믿게 되는 것입니다.

머리말

『하나님의 그레이트 리셋』이란 책을 집필한 지도 벌써 2년여의 시간이 흘렀습니다. 먼저 책을 집필하게 해주신 나의 아버지 하나님께 영광과 감사를 올려드립니다.

저는 원래 평범한 성도로서 말씀을 먹고 기도하며 노년을 보내려 하였으나, 어느 날 기도 중에 주님께서 "총 4권의 책을 집필하고 나의 나라로 오라"는 명령을 주셔서 저는 깜짝 놀라며 주님께 여쭈었습니다.

"주님, 저는 노쇠하여 눈도 잘 안 보이고 책을 쓸 글재주도 없고, 창의력도 없으며, 글을 쓸 내용도 없어요. 그런데 어떻게 책을 쓰나요?"

이렇게 여쭈었을 때 주님께서는 "그 책은 네가 쓰는 게 아니라 성령님께서 써주시는 책이란다" 하고 말씀하셔서 하는 수 없이 순종하는 마음으로 이 책을 집필하게 되었습니다.

이 책을 통하여 주님과의 잃어버린 첫사랑을 회복하는 분들도 있을 테고, 신앙의 답보 상태에 있는 분들은 영적 도전과 자극이 될 것이며, 영적 갈급함이 간절한 분들에게는 엄청난 영적 보고로서, 영적 지침서로 활용해도 손색이 없으리라 장담합니다.

지금 창밖에는 간절히 기다리던 반가운 비가 온 대지에 촉촉이 한없이 내리고 있습니다. 이 책을 읽는 모든 분들에게도 자매님에게 임하신 동일한 성령님의 기름 부음이 심령에 촉촉이 한없이 내리시길 기도하며 이 책을 적극 추천합니다.

[야고보서 5장 16절]
의인의 간구는 역사하는 힘이 큼이니라

무익한 종, 김 Daniel

미카엘 천사장과 천군 천사를 호출하여 거대한 사탄의 계획을 기도로 파쇄하며 그 진영을 초토화 시켜버리는 영적 전투의 선봉장!

그러나 자매님은 하늘을 우러러 한 점 부끄럼이 없기를 바라며, 잎새에 이는 바람에도 괴로워했다는 시인의 고백처럼, 여리디 여린 심성과 아침 햇살이 비추면 유난히 반짝이며 영롱한 빛을 발하는 아침 이슬처럼 이 세상 그 누구보다도 밝고 순수한 영혼의 소유자입니다.

자매님이 쓰신 『기도는 세계를 움직인다』는 무협지보다 더 흥미롭고 박진감이 넘치며 그 내용이 너무 파격적이고 엄청나서 믿기 어려울 정도입니다.

그러나 무협지는 작가의 상상에서 나온 허구의 산물이지만, 이 책은 자매님이 실제 일상에서 수많은 영적 전투와 중보기도로, 이 땅에서 현재 펼쳐지고 있는 놀라운 현대판 사도행전입니다.

추천사

여기 이름도 빛도 없이 하나님께 받은 사명을 묵묵히 감당하는 한 자매님을 소개합니다.

소돔과 고모라의 심판을 막으려 하나님께 중보한 아브라함과, 금송아지 배도로 이스라엘 민족을 진멸해 버리시려는 하나님께 자신의 이름을 생명책에서 제하는 조건을 걸고 중보한 모세처럼, 실제 죄악이 관영한 나라를 심판하시려 천군 천사를 대동하시고 나타나신 주님 앞에 무릎을 꿇고 울면서 온몸으로 막아선 중보자!

예수님이 베드로에게 하신 "네가 무엇이든지 땅에서 매면 하늘에서도 매일 것이요, 땅에서 풀면 하늘에서도 풀릴 것이다(마 16:19)는 말씀처럼, 일상이 기적이 되어 펼쳐지는 하나님이 열방을 위해 선택하여 도구로 사용하시는 기도의 큰 용사!

헬렌(shapat)의 기도 이야기

기도는 세계를 움직인다

Prayer Moves the World

주여. 지구와 세계 열방을 바라보시고 우리의 기도 소리를 들으소서.
주여. 우리를 용서하소서. 주여. 귀를 기울이시고 지체없이 행하소서.
나의 하나님이여. 주의 이름의 영광을 위하여 하시옵소서. 아멘.

홍헬렌 지음

다산글방

헬렌(shapat)의 기도 이야기
기도는 세계를 움직인다